2018
XISHAN YEARBOOK

中国年鉴资源
全文数据库核心年鉴

锡山年鉴

无锡市锡山区人民政府 主办
无锡市锡山区档案局 编

方志出版社
Publishing House of Local Records

图书在版编目（CIP）数据

锡山年鉴. 2018 / 无锡市锡山区档案局编. — 北京：方志出版社，2018.8
ISBN 978-7-5144-3180-3

Ⅰ. ①锡… Ⅱ. ①无… Ⅲ. ①区（城市）—无锡市—2018—年鉴 Ⅳ. ①Z525.34

中国版本图书馆CIP数据核字（2018）第178959号

锡山年鉴（2018）

编　　者：无锡市锡山区档案局
责任编辑：李　静
出 版 人：冀祥德
出 版 者：方志出版社
地址　北京市朝阳区潘家园东里9号（国家方志馆4层）
邮编　100021
网址　http://www.fzph.org
发　　行：方志出版社发行中心
电话（010）67110500
经　　销：各地新华书店
印　　刷：无锡市金广顺包装有限公司
开　　本：889×1194　1/16
印　　张：30
字　　数：833千字
版　　次：2018年8月第1版　2018年8月第1次印刷
印　　数：0001～1000册
ISBN 978-7-5144-3180-3　定价：180.00元

《锡山年鉴》编纂委员会

《锡山年鉴》编辑部

△ 8月16日，省委书记李强（中）一行到红豆集团考察 （红豆集团 供稿）

△ 8月26日，省长吴政隆（右）在无锡会见参加红豆集团成立60周年活动的柬埔寨发展理事会秘书长索庆达（左）（红豆集团 供稿）

△ 12月18日，无锡市第三届职工创新创优成果展示周在无锡市太湖国际博览中心开幕。图为12月20日，省委常委、市委书记李小敏（前排右二）等一行领导参观锡山展厅　（《新锡山》 供稿）

△ 8月2日，副省长马秋林（前排左三）率队到无锡市中捷减震器有限公司参观调研
（东港镇 供稿）

△ 3月7日，国务院发展研究中心副主任隆国强（右五）一行到无锡一棉纺织集团有限公司考察
（无锡一棉纺织集团有限公司 供稿）

△ 10月31日，2017年锡山区重大项目集中签约仪式举行。34个重大项目成功签约，拟投资总额973亿元。图为市委副书记、市长汪泉（后排右四）、副市长、区委书记陆志坚（后排右三）、区长顾中明（后排左一）等领导出席签约仪式 （《新锡山》 供稿）

△8月9日，全球密封件巨擘无锡恩福油封有限公司增资1.03亿元建设的第一工厂B栋在开发区竣工投产。图为区委副书记、区长顾中明（左三）出席庆典仪式

（《新锡山》 供稿）

◁2月12日，江苏省举行重大项目集中开工现场推进会，会议以省市县视频联动的形式召开，锡山区在有信制造汽车零部件项目现场设分会场，集中开工26个项目，总投资145.2亿元

（《新锡山》 供稿）

△ 10月25日，无锡阿科力科技股份有限公司在上海证券交易所主板正式挂牌上市，成为无锡市第一家新三板挂牌后成功转板的企业（《新锡山》 供稿）

△ 9月27日，尚品宅配工业4.0智能定制家居华东生产基地项目签约仪式在广州尚品宅配集团总部举行。图为区委副书记、区长顾中明（后排左三）出席签约仪式　（徐　菁 摄）

△ 11月2日，锡山区传达党的十九大精神大会在区会议中心举行　（《新锡山》 供稿）

△ 5月22日，无锡中铁城轨装备有限公司暨中铁一局城轨公司掘进设备技术中心在商务区落成　（《新锡山》 供稿）

▽ 10月16日，由意大利优瑞康在亚太地区投资建设的首个生产基地——优瑞康医疗技术（无锡）有限公司在开发区平谦国际（无锡）现代产业园开业投产。图为平谦国际（无锡）现代产业园俯瞰图　（《新锡山》 供稿）

△ 6月23日，江苏爱玛车业科技有限公司、无锡普天铁心股份有限公司等16家企业获评省物联网与工业融合创新试点示范企业。图为无锡普天铁心股份有限公司生产车间 （《新锡山》 供稿）

△4月17日，中科微至智能制造科技有限公司攻克物流业核心技术，智能包裹分拣系统实现“中国造”
（《新锡山》 供稿）

△ 2017年，大德重工等5家企业登陆新三板。图为江苏大德重工股份有限公司设计生产的智能焊割机器人生产线 （《新锡山》 供稿）

▽ 9月，开发区成功跻身全省经济开发区十强之列 （《新锡山》 供稿）

△8月，东港镇入选全国第二批特色小镇 （《新锡山》 供稿）

△ 厚桥街道谢埭荡村和畅园 （吕玉伦 摄）

△ 茶园晨曲 （赵爱琴 摄）

△樱花盛开的天一中学校园 （《新锡山》 供稿）

△ 2月24日，无锡市“春风行动”之走进锡山大型公益专场招聘会在锡山人力资源市场举行
（《新锡山》 供稿）

△ 5月27日，30余名锡北镇青年欢聚柯华生态园，体验穿汉服等传统端午习俗
（《新锡山》供稿）

△ 5月19日，锡山区第九届校园文化艺术节暨市第37届中小学生“百灵鸟”艺术展演（锡山赛场）在锡山实验小学举行 （《新锡山》 供稿）

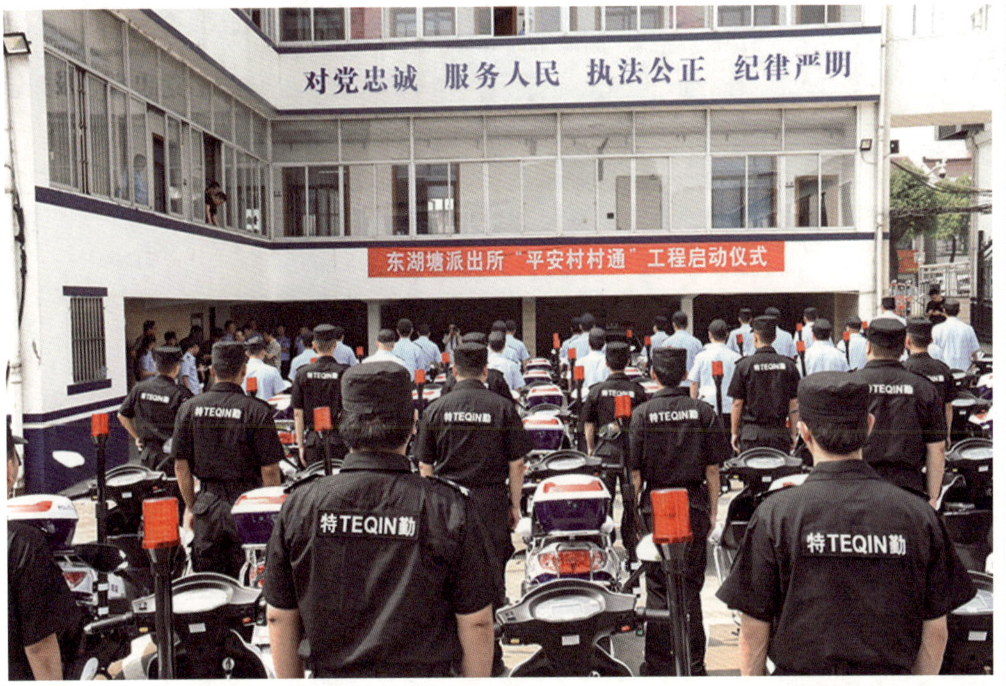

△ 6月8日 东港镇东湖塘派出所“平安村村通”工程启动暨警用电动巡逻车发放仪式举行，共计发放警用电动巡逻车66辆 （《新锡山》 供稿）

△1月18日，区长顾中明（右二）一行到锡北镇慰问生活困难群众　　（《新锡山》供稿）

△7月，江苏大明金属制品有限公司为“全国五一劳动奖章”获得者——江苏大明金属制品有限公司钣金车间焊接技师杜华军（前排左）举行颁奖仪式。区委常委、统战部部长、总工会主席张映雪（前排右）为杜华军颁发“全国五一劳动奖章”（《新锡山》 供稿）

△6月11日，锡山区首届乡村旅游节暨谢埭荡乡村文化旅游周开幕 （陈惠初 摄）

△ 7月2日，为纪念第27个全国土地日，区文明办、锡山国土分局、无锡农业博览园在太湖水稻示范田联合举办“基本农田保护区”插秧体验活动。全市广大市民踊跃参与 （《新锡山》供稿）

△ 7月8日，区文体局和荟聚购物中心相关领导为“锡山区图书馆荟聚阅读点”揭牌。图为荟聚购物中心四楼的智荟读书角 （《新锡山》供稿）

△7月26日，区长顾中明（前排右一）带队慰问在高温下作业的消防战士 （《新锡山》供稿）

◁7月31日至8月7日，锡山区体校垒球队在2017年全国少年U16垒球锦标赛中夺冠，并获多个个人奖项。图为锡山籍垒球运动员张燕

（《新锡山》供稿）

▷9月，羊尖中学学生丁嘉伟（前排左一）的“基于物联网的智能输液架”获第二届世界物联网博览会展会青少年组创新创客大赛一等奖

（《新锡山》供稿）

△9月7日，天一中学校长沈茂德（左）入选2017年度全国教书育人楷模　　（《新锡山》供稿）

△ 10月28日，锡山首届乡村旅游节暨首届“金色山联”菊花旅游文化节开幕

（《新锡山》供稿）

▽ 11月4—5日，“丝路花语”首届无锡玫瑰国际文化艺术节在鹅湖玫瑰文化园举行

（《新锡山》 供稿）

△ 11月24日，云林街道举行许巷惨案遇难同胞公祭仪式，并启用异地新建的许巷惨案纪念馆（盖振华 摄）

△ 9月14日，参加2017年发展中国家水与卫生长期研修班的18个国家的40名学员到开发区江苏杰尔科技股份有限公司参观访问（《新锡山》供稿）

△ 8月，锡东新城商务区的无锡首个ATV全地形车基地迎来首批体验者 （《新锡山》 供稿）

▷锡东新城映月天地
（《新锡山》供稿）

△ 锡东新城夜景 （《新锡山》 供稿）

△3月30日，中国摄影小镇（鹅湖）授牌仪式在荡口古镇举行　　（《新锡山》 供稿）

△国庆节期间，荡口古镇接待游客10.55万人次　　（《新锡山》 供稿）

△5月30日，荡口古镇举行“浓情端午·龙狮汇聚”舞龙舞狮表演　（《新锡山》供稿）

△ 3月18日 由无锡汽车站始发，开往“江苏最美乡村”东港镇山联村的金色山联公交专线通车 （《新锡山》 供稿）

△ 4月20日，2017锡山区老年人体育节启动式暨全国百城千村健身气功交流展示系列活动在无锡现代农业博览园举行 （《新锡山》 供稿）

△厚桥街道安居房　（吴小红 摄）

△胶阳路沿线良好的生态环境成为人们假日休闲的好去处 （过敏慧 摄）

提升就业质量

全年共实现城镇新增就业1.93万人，促进就业困难人员再就业3563人，分别完成年度目标的182%和395.8%，城镇登记失业率控制在0.96%。图为锡山区2017春风行动招聘会现场 （《新锡山》 供稿）

扶持自主创业

全年重点扶持自主创业1268人，其中农村劳动力自主创业345人、大学生创业162人。图为无锡宏源技师学院（东亭街道）创业培训班培训现场

（《新锡山》 供稿）

推进全民参保

全年净增企业职工社会保险缴费11487人，新增断保被征地农民接续缴费4682人。2017年居民养老和2018年居民医疗保险参保缴费工作全面完成，实现居民养老保险参保缴费22040人，居民医疗保险参保缴费248185人。建筑业参保工伤保险工作扎实推进，全年有65个项目申报建筑业工伤保险，涉及缴费金额564万元。图为《中华人民共和国社会保险法》等法律法规宣传现场

（《新锡山》 供稿）

加快学校建设

东亭中学新校区按60班标准建设，截至2017年年底完成40%基础施工。东北塘实验小学分校按48班标准建设，前期准备工作已总体完成，在办理供地手续。东湖塘实验小学按60班标准建设，前期手续已完成并开始工程招投标。怀仁幼儿园按24班标准建设，在准备申报方案。羊尖实验小学异地新建工程已完成规划定点、抗震审查、土地证办理等前期手续，在组织实施三通一平和施工许可证办理。厚桥幼儿园异地新建工程在施工，已完成屋面混凝土浇筑和二层墙体砌筑，装饰施工单位已进场对接。甘露幼儿园改扩建工程主体结构已封顶，在进行内部墙体结构施工，一期工程计划2018年5月前完工。东湖塘中学教学楼改扩建工程已完工并交付使用。安镇东城一品、东北塘东方天郡幼儿园已于2017年9月正式投用。图为东城一品幼儿园建成开园

（《新锡山》 供稿）

深化卫计惠民

新锡山人民医院顺利建成，在进行调试、验收等收尾工作，将于2018年1月正式启用。截至12月底，锡山区基层医疗机构增补药品数达到现有基本药物品种数的14.2%。完成妇女专项疾病（宫颈癌、乳腺癌）免费筛查32815人。全年为555户计生特殊家庭建立信息档案931份，并全部落实结对联系人；开展失独家庭心理援助，为92名精神不乐观对象开展精神卫生评估，为36名重点心理服务对象开展心理援助服务162次。图为主体工程竣工的新锡山人民医院

（孙剑光 摄）

开展爱心助残

全年举办8期残疾人职业技能培训班，共计培训残疾人175名。帮扶35名残疾人自主创业，其中向5人发放一次性创业扶持金，向30人发放自主创业社保补贴。全年适配残疾人辅助器具、改造无障碍设施1323件，纳入贫困精神病人门诊服药救助665人。图为为残疾人家庭进行无障碍设施改造

（《新锡山》 供稿）

改善人居环境

4个老镇区主要街巷改造提升工作有序推进。查桥：街西新村道路改造工程和经一路道路改造、绿化等环境整治提升工程已完成，总投资300万元。八士：镇区广场提升改造、沿线主要建筑物亮化已完成；老镇区门头店招改造及外立面出新方面，已完成通富街综合改造，八士老街、芙蓉南路已完成外立面出新，门头店招改造在进行；镇区主要道路修复拓宽方面，已完成万昆路修复改造和长八路（S228省道—振达路）机非隔离设置及南侧非机动车道改造，振新路综合改造已完成南半幅路面，北半幅路面在施工。甘露：甘露大街改造（外立面出新、店招改造、人行道改造）、朝阳路改造（店招改造、人行道改造）、月溪路（甘露寺—甘虞路）改造（店招改造、人行道改造）均已完工。东湖塘：老锡沙线沿线整治（日晖桥—水利新村）沿街停车场翻建已完工并投入使用；关王桥亚光公园完成立项和景观施工图设计，在实施招投标；沿街建筑立面改造已部分完成，其余在组织进场；东湖塘中学停车场、东升路街头公园已完工并投入使用，沿街建筑立面改造已部分完成，其余在组织进场。府前东路大修工程在摊铺沥青。安镇污水处理厂二期主体工程已全面完工，鹅湖污水处理厂二期土建工程已完成，并于12月28日通过江苏省太湖水污染防治办公室目标任务考核。宛山荡生态提升工程一标段已开工建设，二标段、三标段在招标。截至12月底，杜家塘浜、厚桥河、东风河等10条重点河道清淤工程和前家湾、平家塘等15座排涝站新建工程已全部完成。图为六步港排涝闸站建成投用

（《新锡山》 供稿）

优化路网交通

S340省道锡沙二通道（锡山段）已启动，在完善标底、制订安置补偿方案。东亭北路延伸工程在进行河道挡墙驳岸施工、雨污水管道施工。金港大道南延工程修改线型方案后计划分两段实施，其中：唐巷路—锦湖路段已完成大部分前期手续办理，可行性研究报告已报审；老锡沙线—唐巷路段在办理前期相关手续，已完成重新立项、定点和用地预审。黄土塘路南段全长2.16千米，已建成通车；北段全长2.07千米，已完成可行性研究批复和设计招标。东升路改建工程已进场施工并完成雨水管铺设。延祥路南段续建工程已完成路基建设，在进行路面底基层施工。锡甘路大修工程在施工并完成80%路基建设。全年新辟和优化公交线路8条，其中：新辟3条（810路、710路、709路），优化调整5条（757路、777路、706路、801路、727路）。图为黄土塘路南段全长2.16千米已建成通车

（《新锡山》 供稿）

保障食品安全

全年累计实验室检测2916批次，抽检合格率99.1%；农贸市场快检13万批次，合格率99.56%。对全区49家农贸市场快速检测室建立情况开展排查，因有部分村级农贸市场不符合单独设立快检室的要求，经资源整合后确定建立38家快检室，可以实现对全区49家农贸市场快检任务的全覆盖。截至12月底，38家快检室已全部建成，检测设备和检验人员已配备到位并投入使用，相关检验数据实时联网上传至无锡市食品安全网络监控平台。图为区级快检室完成农产品快速检测并实时网络上传相关检验数据

（《新锡山》 供稿）

加强文体服务

积极开展以“走进新锡山”系列广场文艺演出、全民健身节等传统品牌项目为代表的群众文体活动，全年共计开展各类大型文化体育活动284场次，新增90套公共健身设施已完成安装并投入使用。图为东亭街道庆祝建国68周年、喜迎十九大、欢度老年节广场文艺汇演现场

（《新锡山》 供稿）

编辑说明

一、《锡山年鉴》以马克思列宁主义、毛泽东思想、邓小平理论、“三个代表”重要思想、科学发展观、习近平新时代中国特色社会主义思想为指导，贯彻落实习近平总书记治国理政新理念新思想新战略，坚持辩证唯物主义和历史唯物主义的立场、观点和方法。

二、《锡山年鉴》其前身为《锡山区概览》，自2002年创办，每年编印一册，2007年更名为《锡山年鉴》。其宗旨是全面、系统、翔实地载录锡山区经济社会的基本面貌和发展情况，为社会各界和海外人士了解和研究锡山提供基本资料。

三、《锡山年鉴》采用类目、分目和条目三个层次的结构形式，其中条目是本书反映情况的主要形式，其标题统一加【】表示。全书前有目录，后有索引，具有比较完善的检索系统。

四、《锡山年鉴（2018）》主要载录锡山区2017年经济社会发展的基本资料，设有特载、大事记、锡山区概况、中共锡山区委员会、锡山区人大常委会、锡山区人民政府、政协锡山区委员会、中共锡山区纪委（含监察）、民主党派·无党派联委会、群众团体、军事、法治、农业·水利、工业·电力、开放型经济、服务业、经济管理、城镇建设和管理·环境保护、教育、科学技术、文化、卫生和计划生育、体育、人力资源和社会保障、社会生活、各镇（街道）、人物·荣誉栏、附录、索引29个类目。

五、本卷年鉴的条目由各撰稿单位确定专人撰写，并经单位主要领导审定。撰稿人姓名署于条目之后，若同一人撰写数个相连的条目，则在最后一个条目后署名。

六、本卷年鉴所用统计数据，因统计来源、口径、方式、方法和时间的不同而有一定的差异，使用时请以锡山区统计局提供的数据为准。

审稿领导名单

（以姓氏笔画为序）

丁益民	王利江	王　贤	王祖庚	王　彪	王颐然
王　澄	方宏伟	叶上山	史锡联	冯冬雁	司建新
过文洁	吕　斌	朱一丹	朱洪元	朱晓军	朱　惕
朱雅明	朱　巍	华　兴	华　炜	华　星	许　兰
许雷亮	孙　电	孙　伟	严卫中	李永平	李佩东
杨自安	何　莹	余佳欢	宋永敏	宋吉雯	张立新
张　杰	张晓红	张　瑜	张锡伟	陆　军	陆晓飞
陆晓波	陈旭东	陈荣伟	陈秋峰	范嘉明	郁　枫
周嘉模	孟静卫	赵　琰	胡小坚	胡亚青	费晨波
姚华芳	钱红星	钱雨晨	徐卫兵	徐志军	徐建东
徐　星	徐　悦	唐中明	浦向民	曹显华	崔晴毅
谢旭东	谢　军（区纪委）		谢　军（区邮政分局）		
鲍雪峰	窦　虹	蔡　伟	谭　云		

《锡山年鉴》部分机构（单位）简称全称对照表

简称	全称	简称	全称
区委	中国共产党锡山区委员会	区民宗局	锡山区民族宗教局
区委办	中国共产党锡山区委员会办公室	区政务办	锡山区政务服务管理办公室
区人大常委会	锡山区人民代表大会常务委员会	区重点办	锡山区重点工程建设管理办公室
区政府	锡山区人民政府	区供销社	锡山区供销合作总社
区政府办	锡山区人民政府办公室	团区委	中国共产主义青年团锡山区委员会
区政协	中国人民政治协商会议锡山区委员会	区妇联	锡山区妇女联合会
区纪委	中国共产党锡山区纪律检查委员会	区科协	锡山区科学技术协会
区法院	锡山区人民法院	区残联	锡山区残疾人联合会
区检察院	锡山区人民检察院	区工商联	锡山区工商业联合会
区委统战部	中共锡山区委统一战线工作部	民革锡山总支	中国国民党革命委员会锡山区总支部委员会
区侨办	锡山区人民政府侨务办公室	民盟锡山总支	中国民主同盟锡山区总支部委员会
区人武部	锡山区人民武装部	区无党派联委会	锡山区无党派代表人士联络委员会
区委政法委	中共锡山区委政法委员会	锡山公安分局	无锡市公安局锡山分局
区委农办	中共锡山区委农村工作办公室	锡山国土分局	无锡市国土资源局锡山分局
区委台办	中共锡山区委台湾工作办公室	区市场监管局	锡山区市场监督管理局
区编办	锡山区机构编制委员会办公室	区国税局	无锡市锡山区国家税务局
区级机关党工委	中共锡山区委区级机关工作委员会	锡山地税局	无锡市锡山地方税务局
区发改局	锡山区发展和改革局	锡山规划分局	无锡市规划局锡山分局
区经信局	锡山区经济和信息化局	开发区	国家级锡山经济技术开发区
区科技局	锡山区科学技术局	商务区	无锡锡东新城商务区
区人社局	锡山区人力资源和社会保障局	台创园	无锡锡山台湾农民创业园
区住建局	锡山区住房和城乡建设局	西港特区	西哈努克港经济特区
区人防办	锡山区人民防空办公室	红豆集团	红豆集团有限公司
区卫计局	锡山区卫生和计划生育局	农博园	无锡现代农业博览园
区环保局	锡山区环境保护局	广交会	中国进出口商品交易会
区安监局	锡山区安全生产监督管理局	华交会	中国华东进出口商品交易会
区城管局	锡山区城市管理局	中铁一局城轨公司	中铁一局集团城市轨道交通工程有限公司

无锡市锡山区区域示意图

总 目

目 录

民主党派·无党派联委会
Democratic Party and non Party committee

农业·水利
Agriculture, Water Conservancy

综述
Briefs

农业机械化
Agriculture Mechanization

锡山台湾农民创业园
Taiwan Farmers Pioneer Park of Xishan District

水利
Water Conservancy

工业·电力
Industry, Power Supply

综述
Briefs

对外及对港澳台经济合作
Economic Cooperation with Foreign Countries, and with Hongkong,Macau and Taiwan Regions

锡山经济技术开发区
Xishan Economic and Technical Development Zone

锡东新城商务区
Business District of Eastern Wuxi New City

服务业
Service Industry

综述
Briefs

经济管理
Economic Management

发展改革管理
Development and Reform Management

财政
Finance

国税
State Taxation

地税
Local Taxation

统计管理
Statistics Management

物价管理
Pricing Control

文　化
Culture

卫生和计划生育
Health and Family Planning

人力资源和社会保障
Human Resources and Social Security

社会生活
Social Life

各镇（街道）
Townships & Sub-districts

锡北镇

Xibei Township

东港镇

Donggang Township

云林街道

Yunlin Sub-district

厚桥街道
Houqiao Sub-district

人物·荣誉栏
Figures, Honor List

先进人物
Advanced Figures

荣誉栏
Honor List

附　录
Appendix

经济和社会发展统计资料
Statistics of Economic and Social Development

索 引
Index

特　载

Special Record

牢记使命　再创辉煌
奋力夺取富强美丽和谐幸福新锡山建设新胜利

——在区委四届四次全会上的讲话

顾中明

（2018年1月4日）

一、深入学习贯彻党的十九大精神，奋力践行习近平新时代中国特色社会主义思想

党的十九大是在全面建成小康社会决胜阶段、中国特色社会主义进入新时代的关键时期召开的一次十分重要的大会。大会高举中国特色社会主义伟大旗帜，回顾和总结了过去五年的工作和历史性变革，作出了中国特色社会主义进入了新时代、我国社会主要矛盾已经转化为人民日益增长的美好生活需要和不平衡不充分的发展之间的矛盾等重大政治论断，确立了习近平新时代中国特色社会主义思想的历史地位，提出了新时代坚持和发展中国特色社会主义的基本方略，确定了决胜全面建成小康社会、开启全面建设社会主义现代化国家新征程的目标，对新时代推进中国特色社会主义伟大事业和党的建设新的伟大工程作出了全面部署，在党和国家发展史上具有划时代的里程碑意义。党的十九大闭幕后，全区各级党组织按照中央和省、市、区委的部署要求，迅速传达、学习、宣传、贯彻十九大精神，在凝聚思想共识、指导发展实践上取得了初步成效。下阶段，要进一步抓好十九大精神的学习贯彻，引导全区上下切实把思想和行动统一到十九大精神上来，凝聚到十九大确定的各项目标任务上来，确保党的十九大精神在锡山不折不扣贯彻落实到位。

1、坚持以新时代定位发展坐标。党的十九大指出：经过长期努力，中国特色社会主义进入了新时代，这是我国发展新的历史方位。这个新时代，是承前启后、继往开来、在新的历史条件下继续夺取中国特色社会主义伟大胜利的时代，是决胜全面建成小康社会、进而全面建设社会主义现代化强国的时代。这一重要论断，是以习近平同志为核心的党中央在深刻把握我国发展所处的时代条件、时代方向，清醒认识我们党所肩负的时代责任、时代任务的基础上作出的，为坚持和发展中国特色社会主义标定了历史方位和时代坐标。我们要全面把握中国特色社会主义进入新时代这一新的历史方位，充分认识党中央立足新时代所作出的一系列决策部署的正确性、科学性，自觉把锡山发展放到新时代的坐标系中来定位、来考量，牢牢把握、紧紧抓住新时代需求变化带来的各种发展机遇，以强烈的时代责任感投身改革发展实践，推动锡山各项事业全面发展、全面进步。

2、坚持以新思想指导发展实践。党的十九大将习近平总书记治国理政新理念新思想新战略概括为习近平新时代中国特色社会主义思想，并写入党章，确立为党必须长期坚持的指导思想。习近平新时代中国特色社会主义思想，系统回答了新时代坚持和发展中国特色社会主义的总目标、总任务、总体布局、战略布局等基本问题，并根据新的实践对经济、政治、文化、社会、生态文明建设和党的建设等各方面提出了许多创造性的理论和观点，是马克思主义基本原理和中国具体实际相结合的又一次伟大飞跃。我们要深刻理解习近平新时代中国特色社会主义思想的时代意义和丰富内涵，将学习习近平新时代中国特色社会主义思想同学习马克思主义基本原理、同领会总书记视察江苏时重要讲话、同做好经济社会发展和党的建设各项工作贯通起来，进一步增强学习贯彻习近平新时代中国特色社会主义思想的自觉性和坚定性，切实以科学理论武装头脑、凝聚力量、指导工作，全力推进习近平新时代中国特色社会主义思想在锡山的生动实践。

3、坚持以新方略谋划发展思路。十九大报告鲜明提出了“十四个坚持”的要求，并将之作为新时代坚持和发展中国特色社会主义的基本方略，确立了新

时代坚持和发展中国特色社会主义的战略目标，明确了新时代做好党和国家各项工作的战略举措。这是习近平新时代中国特色社会主义思想的重要内容，是推进新时代中国特色社会主义伟大事业的重大部署。充分体现了当代中国共产党人对世情国情党情的深刻认识和准确判断，充分体现了以习近平同志为核心的党中央对共产党执政规律、社会主义建设规律、人类社会发展规律的深刻理解和科学把握。我们要坚决贯彻新时代坚持和发展中国特色社会主义的基本方略，按照党的十九大对经济、政治、文化、社会、生态文明建设和党的建设各方面工作作出的部署要求，紧密结合锡山实际，进一步明确锡山的发展目标、谋划锡山的发展思路，切实把十九大确定的一系列工作部署转化为推动锡山发展的思路举措，确保十九大精神在锡山落地生根、开花结果。

4、坚持以新征程凝聚发展共识。党的十九大对决胜全面建成小康社会、夺取新时代中国特色社会主义伟大胜利作出了新的全面部署，强调“既要全面建成小康社会、实现第一个百年奋斗目标，又要乘势而上开启全面建设社会主义现代化国家新征程，向第二个百年奋斗目标进军”。这一部署从中国特色社会主义长远发展进程来规划，充分考虑了人民群众当前需要和未来发展可能之间的关系，既具有很强的激励性和感召力，又具有很强的现实可行性，必将激发起全党全国人民团结奋进的强大力量。我们要动员全区各级党组织和广大干部群众，围绕党中央明确的“全面建成小康社会、全面建设社会主义现代化强国”的目标，坚持以功成不必在我的胸襟、建功必须有我的担当，团结一心、众志成城，坚韧不拔、锲而不舍，汇聚起推动经济社会发展的强大合力，把党中央描绘好的宏伟蓝图不断变为锡山发展的美好现实。

二、坚持稳中求进，经济社会发展取得务实成效

去年以来，全区上下以迎接党的十九大、学习宣传贯彻党的十九大精神为强大动力，按照中央和省市各项决策部署，统筹做好改革发展稳定各项工作，全区经济社会发展取得务实成效。全年预计实现地区生产总值780亿元，增长7.4%；完成一般公共预算收入78.79亿元，增长9.1%，完成税收收入68.13亿元，增长6.4%，税收占比达到86.5%；预计完成规模以上工业总产值1160亿元，增长12.2%；预计完成社会消费品零售总额184.4亿元，增长12%；预计实现城乡居民人均可支配收入50045元和28560元，分别增长8.1%和8.4%。

1、产业强区步伐不断加快。按照市委、市政府推进产业强市的部署，深入实施产业强区发展战略，全区产业结构不断优化、实力持续增强。一是产业转型扎实推进。工业经济持续向好，预计完成规模以上工业主营业务收入1150亿元，增长12.5%；技改工作力度加大，预计全年固定资产设备增值税申报抵扣额达到5.8亿元，增长40.4%；健鼎、爱玛等16家企业获评省互联网与工业融合创新示范试点企业。新兴产业不断壮大，生物医药、新材料产业产值预计分别增长20%、16%，全国首个百亿级物联网产业投资基金——中感物联网产业基金成功落户。服务业蓬勃发展，荡口古镇获评全省首个“中国摄影小镇”，锡东跨境电商产业园获评省电子商务示范基地。现代农业提档升级，以台创园为主体的现代农业产业园获批创建国家级园区，欧姆龙智能农业产业园建成开园。二是项目引建取得突破。突出项目对产业发展的支撑作用，持续加大招商引资力度，海尔国际创智谷、尚品宅配、晋拓金属等一批重大产业项目成功签约。项目建设加快推进，全年在建超亿元产业项目97个，国宏硬质合金、平谦机械等一批重大项目竣工投产。项目承载空间不断拓宽，新一轮产业用地整理储备工作扎实推进，整理形成净地969.9亩。三是企业发展质效提升。坚持把助推企业发展作为建设产业强区的重要抓手，全力解决企业生产经营过程中的难题，为企业发展营造温暖的小气候。企业运行态势向好，预计产值超亿元企业达195家，较2016年增加21家。企业上市再创佳绩，新增新三板企业5家，新日股份、东珠景观、阿科力3家企业均在主板成功上市，全区上市企业数累计达到11家。

2、经济发展活力得到增强。按照中央和省市的部署，深耕改革领域，坚持创新驱动，拓展开放空间，不断激发经济发展的活力。一是改革工作稳妥有序。“放管服”改革不断深化，制定出台了深化行政审批制度改革、加快推进“不见面审批（服务）”改革、推进“3550”改革系列配套制度等文件，完成政务服务事项清单、区级部门标准化权力清单编制，东港镇入选省新一轮经济发达镇行政管理体制改革名单。商事制度改革纵深推进，企业“多证合一、一照一码”登记模式全面推行，全区新登记企业数和注册资本分别增长23%和117.7%。二是创新能力持续提

升。产学研合作切实加强，中国科学院微电子研究所智能制造无锡产业化基地成功落户，与美国麻省理工学院达成第三轮合作协议，与教育部留学服务中心签约共建“春晖杯”创业基地，台创园与浙大签约共建浙江大学新农村发展研究院无锡分院。引才聚才力度加大，出台“锡山英才计划”及配套实施细则，构建“1+15”人才政策体系，引育国家“千人计划”人才1名、省“双创计划”项目10个、市“太湖人才计划”产业升级创新人才7名、企业经营管理人才12名。三是对外开放不断深化。对外贸易稳步增长，预计全年完成外贸进出口总额48.6亿美元，增长13.5%，其中出口额36.3亿美元，增长8.1%；出口摩托车电动车质量安全示范区通过国家级续延复审。利用外资总体平稳，新批重大外资项目8个，实现到位注册外资3.92亿美元，其中制造业到位外资2.06亿美元。企业“走出去”步伐加快，预计全年完成境外中方投资额8000万美元；西港特区入园企业达到116家，园区二期开发建设有序推进。

3、**城乡环境面貌有效改善**。统筹推进城乡建设发展和生态文明建设，城市品质内涵和形象面貌不断提升。一是城市功能持续完善。规划编制有序推进，医疗机构设置规划修编初步完成，翠屏山旅游度假区总体规划形成中间成果；全区农村住房建设管理实施细则基本成型，首批15个村庄建设试点方案初步完成。巧克力开心乐园启动建设，八佰伴生活广场加快推进，红豆财富广场基本建成，东港镇入选全国第二批特色小镇名单。锡东电厂建成投运、排放达标；首批惠民工程顺利完工，第二批工程正加快推进。二是城市管理规范有序。市容环境综合整治深入推进，交通干线沿线环境综合整治扎实开展，春江花园社区获评“江苏省城市管理示范社区”。违建整治力度加大，全年拆除违建9.2万平方米。生活垃圾分类工作稳步推行，区环卫综合作业中心启动建设，生活垃圾中转站配套设施及运输车辆更新改造到位。文明城市创建工作巩固提升，城区文明程度指数在市级测评中持续位居第一，锡山地税局获评全国文明单位，东港镇山联村获评全国文明村。三是生态环境不断优化。“263”专项行动扎实开展，制定11个专项行动子方案及年度工作计划，形成了详细的专项行动工作菜单。源头减排力度加大，关停燃煤工业窑炉21台、关停化工企业19家，东亭污水处理厂提标改造顺利完工、分厂新建工程加快推进，安镇、鹅湖污水处理厂二期扩容工程主体完工，全区农村村庄生活污水处理实现全覆盖。水环境综合治理持续深化，完成河道清淤60条、市考河道综合整治9条，区镇村三级河长管理体系不断完善。大气污染防治扎实推进，PM2.5年均浓度同比下降10.9%。生态修复深入实施，新增造林绿化面积2300亩，宛山荡获评省级生态湿地公园。以省环境保护督察组开展环保督察为契机，认真排查梳理环保领域存在的薄弱环节，对排查出来的隐患即知即改、立行立改，一批突出环境问题得到有效整改落实。

4、**群众幸福指数持续提升**。坚持共享发展理念，扎实推进保障和改善民生各项工作，群众的获得感和幸福感不断提高。一是富民增收力度加大。就业质量持续提高，困难群体就业帮扶工作不断深化，全年实现城镇新增就业1.82万人、就业困难人员再就业3563人；创业活力有效激发，扶持自主创业1268人，带动就业6317人。社会保障更加有力，实现断保被征地农民接续缴费4682人；城乡居民最低生活保障标准提高到820元/月。二是社会事业全面发展。教育资源不断优化，东亭中学新校区、查桥中学改扩建等工程全面推进，厚桥实验小学二期、东湖塘中学教学楼等工程顺利完工。医疗服务持续改善，新锡山人民医院全面建成、即将启用，锡山人民医院鹅湖分院正式挂牌，乡镇卫生院危房改造工作正式启动。养老事业加快发展，安镇养老服务中心公办民营试点稳步推进，厚桥养老服务中心建设正式启动，居民养老服务体系不断完善。各类群众文化活动和全民健身运动广泛开展，完成省级文保单位华氏襄义庄、华蘅芳故居修缮工程，青少年业余体校获评全国群众体育先进单位。三是特困救助扩面提标。深度贫困家庭救助持续深化，全年发放救助资金1405.8万元，为29名深度贫困家庭毕业生提供就业帮扶；特困帮扶基金增资扩容，在原始资金基础上再增加2亿元，基金总规模达到4.5亿元，为救助扩面提标提供了坚实的资金保障。“阳光扶贫”工作扎实推进，扶贫的透明化、精准化程度不断提高。薄弱村脱贫步伐加快，“一村一策”脱贫经济项目深入实施，3个市级经济薄弱村实现脱贫转化。四是社会大局和谐稳定。“连心富民、联企强区”大走访活动深入开展，分类解决各类问题近9000件，取得了连民心、促和谐的良好成效。社会治安防控体系不断完善，矛盾纠纷排查、信访积案化解工作扎实推进，社会矛盾纠纷调处成功率达99.2%。安全生产形势稳定，重点行业领域专项整治行动深入开展，居民生产生活安定有序，全区社会大局保持和谐稳定。

5、全面从严治党扎实推进。按照中央和省市委关于全面从严治党的要求，严格落实管党治党责任，不断强化管党治党措施，党的建设得到全面加强。一是意识形态工作抓紧抓实。深化思想政治建设，举办区管干部学习贯彻党的十九大精神轮训班，开展党的十九大精神宣讲，在全区上下掀起了学习宣传贯彻党的十九大精神的热潮。深入开展学习教育，推动“两学一做”学习教育常态化制度化，开展区委中心组集中学习20次，东港镇、厚桥街道获评全省基层党员冬训工作示范镇（街道）。落实意识形态工作责任制，实行意识形态工作责任制清单制度，建立意识形态领域情况分析研判联席会议制度，加强正面宣传，把控舆论导向，落实阵地管理，意识形态工作得到切实加强。二是干部队伍活力有效提升。扎实开展换届后领导干部任职培训，举办区管正职领导干部培训班，干部能力素质全面提升。认真落实好干部标准，坚持人岗相适、人尽其才，加强领导班子配备和干部轮岗交流，干部队伍整体结构持续优化。加大年轻干部培养选拔力度，实施“983”和“812”年轻干部培养计划，干部梯队建设不断加强。三是党的基层基础夯实筑牢。增强基层组织政治功能和服务功能，国内首个党内关爱私募基金会——无锡红豆关爱老党员基金会正式成立，开发区党群公共服务中心建成投用。深入开展“一党委一特色”活动，实施书记抓基层党建项目化管理，推动基层组织建设全面进步、全面过硬。四是民主法治建设深入推进。支持区人大依法履职，支持区政协履行政治协商职能，人大、政协重要作用得到充分发挥。加强统一战线工作，政党协商工作机制不断完善，大统战工作格局持续巩固。法治政府建设稳步实施，法院、检察院依法独立公正行使职权，区法治宣传教育中心建设扎实推进，东港镇东湖法治主题公园获评省级法治文化建设示范点。五是党风廉政建设取得实效。积极配合省委第九巡视组对锡山的巡视，扎实抓好巡视反馈意见整改工作。稳妥有序推进监察体制改革试点，完成区委巡察机构和区纪委派驻机构改革，实现巡察监督和派驻监督全覆盖。严格落实全面从严治党“两个责任”，持续加强作风建设，扎实开展群众身边不正之风和腐败问题专项治理，严肃查处各类违纪违规问题，党风政风持续好转。同时，人武、对台、民族、宗教、档案、史志等工作取得新进步，工会、共青团、妇联、科协、工商联、残联等群团组织作用切实发挥，全区形成了上下一心、团结奋进的良好局面。

在肯定成绩的同时，我们也清醒地认识到，锡山经济社会发展还存在一些差距和不足。主要是：产业转型步伐不快，支柱产业实力还不够强，新兴产业规模还不够大，产业层次、创新能力有待提高；经济发展的后劲还不够强，重大项目招引的力度还需要加大；生态环境质量还有待提升，一些环境问题还比较突出，污染防治的措施还需要进一步落实；保障和改善民生工作还存在薄弱环节，公共服务体系还有待进一步完善；党的建设还需要加强，全面从严治党有待进一步向纵深推进、向基层延伸，等等。对此，我们要在今后的工作中采取有效措施、切实加以解决。

三、以实现高质量发展为导向，加快建设富强美丽和谐幸福新锡山

中国特色社会主义进入了新时代，这是我国发展新的历史方位。在这一新的时代背景下，必须以全新视角，从新的历史方位、新的时代坐标来思考和把握锡山所处的新的发展阶段。锡山是中国现代乡镇企业的发源地，曾经创造了闻名中外的“苏南模式”，蝉联了三届“华夏第一县”的称号。建区以来，特别是近年来，全区上下围绕建设富强美丽和谐幸福新锡山的目标，大力弘扬“四千四万”精神，团结一心、奋勇拼搏，锐意进取、务实作为，全区发展呈现出实力不断增强、资源优势凸显、氛围团结和谐的良好局面。从发展实力看，近几年来，锡山的GDP年均增幅达到8%，人均GDP突破10万元；一般公共预算收入年均增幅达到10%，2017年预计实现一般公共预算收入近80亿元、可用财力近70亿元，主要经济指标增幅持续位居全市前列，在全市的份额比重不断上升。从发展资源看，当前，锡山储备了1.1万亩的工业用地、1.2万亩的经营性用地，项目引育、资源运筹的空间相对较足，具备周边板块无可比拟的资源优势和承载优势。从发展氛围看，全区上下凝聚力强、向心力强，打造了一支敢担当、重实干的干部队伍，形成了干部群众上下一心、政通人和的良好局面。可以说，当前的锡山，已经跃上了新的发展平台、站在了新的发展起点，完全有基础在发展的道路上走得更快、更稳、更好，完全有理由借势突破、乘势而上，完全有条件进一步谱写发展新篇章、再创发展

新辉煌。

今年是全面贯彻党的十九大精神的开局之年，是改革开放40周年，是决胜高水平全面建成小康社会、实施“十三五”规划承上启下的关键一年。今年工作总的指导思想是：全面贯彻党的十九大精神，以习近平新时代中国特色社会主义思想为指导，按照总书记视察江苏重要讲话要求和中央经济工作会议部署安排，坚持稳中求进工作总基调，坚持新发展理念，按照高质量发展的要求，统筹推进“五位一体”总体布局和协调推进“四个全面”战略布局，全面做好稳增长、促改革、调结构、惠民生、防风险各项工作，牢记使命、再创辉煌，奋力夺取富强美丽和谐幸福新锡山建设新胜利，谱写新时代中国特色社会主义锡山实践的新篇章。

建设富强美丽和谐幸福新锡山，是我们贯彻落实十九大精神的实际行动，是习近平新时代中国特色社会主义思想在锡山的具体化。实现这一发展目标，是一个长期的、持续的、渐进的过程，必须一步一个脚印、一年一个台阶，持之以恒、久久为功，锲而不舍、接续推进。当前，要以党的十九大精神为指引，按照高质量发展的要求，紧密结合锡山实际，对“富强美丽和谐幸福新锡山”的标准、内涵进行优化提升、丰富拓展，使“高质量”成为“富强美丽和谐幸福新锡山”的内在要求，体现在锡山经济社会发展的方方面面。

一要建设“富强”锡山，实现区域实力的新提升。坚持以习近平新时代中国特色社会主义经济思想指导锡山的经济发展，扎实推进产业强区建设，深入实施创新驱动战略，加快打造以新兴产业为先导、先进制造业为主体、现代服务业为支撑、现代农业为特色的现代产业发展体系，不断提升经济增长的质量和效益。加强财源、税源培育，强化资源、资本经营，使财政收入更加充实，地方可用财力持续稳定增长。

二要建设“美丽”锡山，构建生态宜人的新家园。树立和践行绿水青山就是金山银山的理念，扎实推进生态环境保护和治理工作，坚定走生产发展、生活富裕、生态良好的文明发展道路，大幅提升资源保护与利用水平，有效解决突出环境问题，使锡山的天更蓝、地更绿、水更清、空气更清新，让人民群众享受到更多的生态红利、绿色福利。

三要建设“和谐”锡山，彰显文明有序的新气象。加强社会主义核心价值体系建设，推动公民思想道德素质和科学文化素质普遍提升。扎实推进平安锡山、法治锡山建设，加快健全公共安全体系，持续完善预防和化解社会矛盾机制，不断提升社会治理的社会化、法治化、智能化、专业化水平，确保社会和谐稳定、人民安居乐业。

四要建设“幸福”锡山，开启共建共享的新生活。深入贯彻以人民为中心的发展思想，在发展中补齐民生短板、促进社会公平正义，在幼有所育、学有所教、劳有所得、病有所医、老有所养、住有所居、弱有所扶上不断取得新进展，着力满足人民日益增长的美好生活需要，让群众在共建共享发展中有更多获得感。

具体要着重抓好以下五个方面的工作：

1、着眼提质增效，推动经济健康发展。顺应经济发展由高速增长阶段转向高质量发展阶段的趋势，坚持质量第一、效益优先，采取有力措施，夯实经济增长基础，推动经济持续平稳健康发展。一要强化项目支撑。坚持把项目引建作为稳增长的重要抓手，立足锡山的产业基础、产业特色，用好以商引商、中介招商等有效手段，广泛收集信息，全面加强对接，加快引进一批基地型、旗舰型重大产业项目。要保持项目招引的定力，以亩均税收、亩均销售收入等绩效指标作为招商引资的权衡标准，严把项目准入门槛，确保招引的项目能够给锡山带来实实在在的效益。要加快项目建设，用好领导挂钩、服务督导等工作机制，提高项目推进效率；特别是要抓好集中签约项目的落地，做好土地保障、审批等服务工作，确保项目早开工、早建成。要深入推进产业用地拆迁工作，积极整理储备一批规模较大的连片净地，为重大产业项目落地提供充足的空间保障。二要坚持创新驱动。发挥企业创新主体作用，落实科技创新扶持政策，鼓励龙头骨干企业建设高标准研发平台，积极参与重大科技项目，瞄准关键领域、核心环节开展技术攻关，不断提高企业的创新能力。要推动产学研深度融合，结合锡山的产业特色、产业基础，进一步深化与中科院金属研究所、浙江大学、美国麻省理工学院的合作，促进科技成果加快转化为现实生产力。开发区、商务区要充分利用自身的产业优势、载体优势、资源优势，高水平打造科技合作平台，切实发挥在产学研合作方面的示范引领作用。要加大人才引育力度，深入实施“锡山英才计划”及配套实施细则，切实优化人才发展环境，着力吸引更多的海内外科技人才来锡山创新创业，加快集聚一批“高精尖缺”型产业领军人才。三要助推企业发展。进一步健全常态化服务企业机制，全力为企业解决发展难题，及时兑现落实各项扶持政策，助推企业加快发展壮大。要持续抓好企业上市工作，加大企业上市引导、服务力度，加强上市企业后备梯队建设，延续好锡山企业竞相上市的良好势头。要深化行政审批制度改革，围绕“3550”工作目标，积极推进“不见面审批（服务）”改革，切实为企业发展营造良好的营商环境。要鼓励引导企业抢抓“一带一路”倡议发展机遇，加快“走出去”步伐，积极开拓海外市场；重点支持红豆集团加快西港特区建设，将其打造成为“一带一路”倡议合作样板园区。

2、**加快转型升级，全力打造产业强区。**大力实施产业强区战略，以智能化、绿色化、服务化、高端化为引领，加快推进产业转型，不断提升锡山产业发展层次。一要优化提升制造业。紧盯技改工作不放松，鼓励企业积极实施一批涉及关键环节、关键工序的重点技改项目，加快工艺流程改造和装备技术更新，推动制造业优化升级。要顺应“互联网+”发展趋势，大力发展智能制造，积极推进两化深度融合，加快智能工厂（车间）建设，着力提升企业在研发、生产、管理和服务等环节的智能化水平。要增强“寸土寸金”意识，坚持“以亩产论英雄”导向，扎实开展工业企业资源利用绩效管理，推动企业走低能耗、低用地、高科技、高投入、高产出的集约发展之路。二要加快发展服务业。依托制造业基础，大力发展金融服务、现代物流、电子商务等生产性服务业，推动二、三产业深度融合。要提升商贸业发展水平，发挥“荟聚·云林”等城市综合体的带动作用，优化商业布局，打造重点商圈，增强锡山商贸业的综合竞争力。要按照发展全域旅游的要求，整合优化全区旅游资源，加快巧克力开心乐园建设步伐，进一步提升荡口古镇、凤凰山生态园等景区的品质内涵，不断提高锡山旅游的知名度和影响力。三要做精做优现代农业。高标准、高质量推进锡山国家现代农业产业园创建工作，大力实施园艺作物种子种苗繁育基地、科技服务中心等项目建设，确保创出特色、创出亮点、创出品牌。依托欧姆龙智能农业产业园、江苏无锡现代渔业产业园等农业园区，大力发展高效农业、精品农业，进一步提高农业产出效益。

3、**注重统筹协调，有效改善城乡面貌。**有序推进城市现代化和城乡发展一体化，推动锡山城市功能不断完善、形象持续提升。一要优化城市功能品质。突出规划先导地位，加强区域空间、用地布局、综合交通等规划的研究，完善翠屏山旅游度假区总体规划，有序开展控规动态更新，形成层次分明、相互协调的规划体系。要加快推进八佰伴生活广场、世奥商业广场等商业载体建设，推动V-Park优化提升，不断完善城市功能。要加快城市基础设施建设，大力推进S340锡沙二通道（锡山段）、新锡路北延等道路工程和望虞河西控、宛山荡水环境改善等水利工程，加强地下综合管廊和海绵城市建设，确保东亭路北延、东升路改造等工程建成通车。要加紧实施电厂惠民工程，积极推进锡东生态园建设，高标准兑现对群众的承诺。二要提升城市管理水平。紧扣市容秩序管理热点难点问题，持续深化市容环境综合整治，加大对违法建设、户外广告、占道经营、偷倒建筑垃圾等行为的治理力度，规范有序管理公共自行车、共享单车，全面完成4个老镇区主要街巷改造，推动市容环境面貌持续改观。要实施数字城管平台升级改造，提高城市管理精细化水平。要推进生活垃圾分类收集，加快环卫基础设施建设与改造，完成区环卫综合作业中心一期、500万立方米渣土消纳场建设等工程。要大力培育和践行社会主义核心价值观，持续加强精神文明建设，将文明创建融入城市建设发展和社会治理，更加注重日常性工作和常态化管理，不断提升社会文明程度。三要实施乡村振兴战略。深化美丽乡村示范村创建，突出产业、文化、生态特色，因地制宜打造一批风格多样的美丽乡村。要加快实施村庄规划修编，稳妥有序推进农村住房建设试点工作，切实改善农村生活居住条件。要积极扶持薄弱村发展，推动经济薄弱村脱贫转化项目落地见效，不断拓宽村级增收渠道。要加强农村集体“三资”管理，抓好清产核资、产权交易、资金收支等环节，完善“三资”管理责任追究制度，提升农村集体“三资”管理的制度化、规范化水平。

4、**坚持绿色发展，持续提升环境质量。**树立和践行绿水青山就是金山银山的理念，进一步深化“263”专项行动，加大生态文明建设力度，推动生态环境质量持续提升。一要突出源头减排。加大减煤减化力度，扎实开展燃煤工业窑炉整治三年行动计划，深入推进化工企业“四个一批”专项行动，全力压减全区用煤总量和落后化工产能，严格控制污染物排放增量。要提高控源截污水平，巩固排水达标区复查整改成效，完成东亭污水处理厂分厂建设和安镇、鹅湖污水处理厂二期扩容工程，进一步提高全区污水集中处理率。要加强微动力设施运行养护和整修，确保设备正常运转、达标排放，切实提高农村生活污水处理成效。二要强化污染治理。围绕市下达的河道整治任务，加快推进河道环境综合治理，坚决消除“黑臭”水体，促进河道水质持续改善。要严格落实“河长制”管理，进一步完善检查巡查、水质通报、限期整改等制度，确保河长监管责任落实到位。要深化大气污染联防联控，落实工业废气治理、扬尘控制、秸秆禁烧等措施，促进空气质量稳步提高。要强化土壤污染防治，抓好土壤污染监测评估和修复治理，不断改善土壤环境质量。三要注重长效监管。加大环境执法力度，认真落实生态环境保护“党政同责、一岗双责”制度，强化部门协同、司法联动，深入开展环保执法专项行动，严厉打击各类环境违法行为。要健全网格化环境监管责任体系，持续加大日常监管、问题曝光、跟踪督办和问责问效的力度，推动环境监管责任有效落实。要提升环境监管水平，进一步完善污染源自动监控系统，加强对重大环境风险源的动态在线监控，确保重点污染源管控到位。

5、致力民生改善，提高群众幸福指数。坚持以人民为中心的发展思想，抓住群众最关心最直接最现实的利益问题，扎实办好各项民生实事，使人民群众的获得感、幸福感、安全感更加充实、更有保障、更可持续。一要拓宽富民增收渠道。突出创业富民，加强创业载体建设和创业技能培训，落实更具针对性的创业扶持举措，让想创业的群众能创业、会创业的群众创成业。要实施更加积极的就业政策，提供全方位公共就业服务，加大就业困难人员就业援助帮扶力度，实现更高质量和更充分的就业。要深入实施全民参保计划，引导企业职工、自由职业者和被征地农民等重点群体参保，不断提高社保覆盖面。二要加大社会救助力度。按照中央和省市关于脱贫攻坚工作的新部署、新要求，扎实推进“阳光扶贫”，进一步完善深度贫困家庭救助制度体系，科学下调救助起评标准，加大异地就医救助力度，切实扩大救助覆盖、提高救助标准，实现救助工作的高位提升。要加强源头帮扶，用好深度贫困家庭子女及孤儿就学就业数据库和爱心企业数据库，深入开展困境未成年人社会保护和分类保障工作，使贫困家庭子女安心就学、确保就业。三要完善公共服务体系。优化区域教育资源布局，加快推进东湖塘实验小学建设、羊尖实验小学易地新建等工程，配合做好南京信息工程大学滨江学院建设。要推进健康锡山建设，扎实开展省健康促进区创建，提高居民健康意识和健康水平；要全面实施基层卫生院危房改造，加强隐患排查，落实工作措施，确保医疗用房安全；以锡山人民医院新建工程落成为契机，大力提升医院的管理水平、技术水平和服务水平，全力把新锡山人民医院建设成为有特色、有影响的三级综合性医院，为群众提供更加优质的医疗卫生服务。要推进养老事业发展，加大养老服务设施供给力度，健全完善居家、社区、机构相结合的养老服务体系，切实满足老年人多样化的养老服务需求。要进一步推动文化事业和文化产业发展，深入实施文体惠民工程，广泛开展群众性文体活动，加强文物保护利用和文化遗产保护传承。四要提高社会治理水平。加强矛盾纠纷多元化解机制建设，积极畅通和拓宽矛盾纠纷化解渠道，全力做好矛盾纠纷排查化解及稳控工作，切实从源头上化解矛盾。要打好防范化解重大风险攻坚战，强化镇级政府性债务管理，切实把风险隐患管控好、化解好。要强化社会治安综合治理，健全落实社会治安综合治理领导责任制，加强人防、技防建设，形成立体化的社会治安防控体系。要深化法治锡山建设，加强公共法律服务，强化行政执法监督，全力打造法治政府。要严格落实安全生产责任制，扎实开展重点领域安全生产隐患排查整治，坚决防范重特大事故发生，全力保障群众生命财产安全。

四、践行新时代党的建设总要求，推动全面从严治党迈上新台阶

党的十九大从党和国家事业发展全局出发，提出了新时代党的建设总要求，并从把党的政治建设摆在首位、用新时代中国特色社会主义思想武装全党、建设高素质专业化干部队伍、加强基层组织建设等方面对全面从严治党作出具体部署。我们要深入落实党的十九大对全面从严治党提出的新部署新要求，全面推进党的政治建设、思想建设、组织建设、作风建设、纪律建设，把制度建设贯穿其中，深入推进反腐败斗争，不断提高党的建设质量，为锡山各项事业发展提供坚强保障。

1、把党的政治建设摆在首位。坚持以党的政治建设为统领，牢固树立“四个意识”，坚定执行党的政治路线，严守政治纪律和政治规矩，坚决贯彻

中央政治局关于加强和维护党中央集中统一领导的若干规定精神，在政治立场、政治方向、政治原则、政治道路上始终同以习近平同志为核心的党中央保持高度一致。要加强和规范党内政治生活，严格执行新形势下党内政治生活若干准则，认真开展批评和自我批评，提高民主生活会和组织生活会质量，增强党内政治生活的政治性、时代性、原则性、战斗性。要严格执行民主集中制，落实和完善党委（党组）集体议事规则、决策程序和责任追究制度，做到既充分发扬民主、又善于集中统一。要加强党员干部特别是党员领导干部的党性锻炼，倡导和弘扬忠诚老实、公道正派、实事求是、清正廉洁等价值观，发展积极健康的党内政治文化。

2、**提升思想建设工作成效。**把坚定理想信念作为党的思想建设的首要任务，教育引导各级党员干部牢记党的宗旨，深入学习习近平新时代中国特色社会主义思想，学习和弘扬“红船精神”“延安精神”等党的优良传统，自觉做共产主义远大理想和中国特色社会主义共同理想的坚定信仰者和忠实实践者。要深入推进“两学一做”学习教育常态化制度化，切实做到抓在日常、严在经常。要按照中央和省市委统一部署，扎实组织开展“不忘初心、牢记使命”主题教育，推动广大党员干部自觉用党的创新理论武装头脑，使习近平新时代中国特色社会主义思想成为认识和改造主观世界、指导各项工作的行动指南。要时刻绷紧意识形态这根弦，严格落实意识形态工作责任制，切实把锡山意识形态领域积极健康向上的态势巩固好、发展好。

3、**建设高素质专业化干部队伍。**全面贯彻党的十九大对干部队伍建设提出的新要求，选拔重用牢固树立“四个意识”和“四个自信”、坚决维护党中央权威、全面贯彻执行党的理论和路线方针政策、忠诚干净担当的干部，切实把好干部标准落到实处。要选优配强领导班子，进一步探索领导班子建设的特点和规律，优化干部队伍梯次和结构，切实把素质优、能力强的干部发现出来、使用起来。要加强年轻干部培养，深入推进年轻干部“983”“812”培养计划，注重在基层一线培养锻炼年轻干部，加快年轻干部成长、成才。要从严加强干部管理，从年度考核、日常综合分析研判等方面入手，进一步加强对干部的日常管理和监督，切实以严的标准要求干部、以严的措施管理干部、以严的纪律约束干部。要坚持严管和厚爱结合、激励和约束并重，进一步完善鼓励激励、容错纠错和能上能下机制，旗帜鲜明为敢于担当、踏实做事、不谋私利的干部撑腰鼓劲。

4、**加强基层党组织建设。**以提升组织力为重点，突出政治功能，把党的基层党组织建设成为宣传党的主张、贯彻党的决定、领导基层治理、团结动员群众、推动改革发展的坚强战斗堡垒。要推动党支部担负好直接教育党员、管理党员、监督党员和组织群众、宣传群众、凝聚群众、服务群众的职责，引导广大党员发挥先锋模范作用。要强化基层党组织带头人队伍建设，深入开展基层党组织书记轮训，提高其履职本领和服务群众能力。要提高发展党员质量，注重从新的社会阶层和非公有制经济组织、社会组织中发展党员，稳妥有序开展不合格党员组织处置工作，永葆党的先进性和纯洁性。要扎实推进“一党委一特色”活动，放大红豆集团党建示范效应，加大园区党建工作力度，打造红色党建示范带、非公企业党建示范带、新农村党建示范带，形成一批具有锡山特色的党建工作品牌。

5、**深入推进党风廉政建设。**严格落实“两个责任”，扎实推进党风廉政建设和反腐败工作，推动全面从严治党向纵深推进、向基层延伸。要持之以恒正风肃纪，毫不松懈抓好中央八项规定和实施细则精神的落实，严格执行省市委具体办法，积极整治“四风”问题，巩固拓展作风建设成果。狠抓纪律执行，综合运用好监督执纪“四种形态”，抓早抓小、防微杜渐，让党员干部知敬畏、存戒惧、守底线。要坚持标本兼治、源头治理，深化廉政文化建设，健全预防腐败制度机制，为广大党员干部打好“预防针”、砌好“防火墙”，切实筑牢思想防线、制度防线。要坚持无禁区、全覆盖、零容忍，加大违纪违法案件查办力度，做到有案必查、有腐必惩，特别是坚决查处发生在群众身边的不正之风和腐败问题，始终保持惩治腐败的高压态势。要按照中央和省市统一部署，扎实推进国家监察体制改革试点，实现对所有行使公权力的公职人员监察全覆盖。要推动巡察监督向纵深发展，探索推动派驻监督与党委（党组）全面监督、纪委专责监督无缝衔接的有效举措，切实增强监督合力。

同志们，新时代提出新使命，新征程需要新作为。我们要紧密团结在以习近平同志为核心的党中央周围，以习近平新时代中国特色社会主义思想为指导，按照中央和省市委的部署要求，不忘初心、牢记使命，锐意进取、真抓实干，不断开创各项事业发展的新局面，奋力谱写新时代中国特色社会主义锡山实践的新篇章！

政府工作报告

——2018年1月16日在无锡市锡山区第四届人民代表大会第二次会议上

锡山区人民政府代区长　王维

2017年工作回顾

2017年，区政府以学习贯彻党的十九大精神为强大动力，在市委、市政府和区委的正确领导下，在区人大、区政协的监督和支持下，紧密团结和依靠全区人民，认真践行新发展理念，坚定实施六大发展战略，稳中求进，攻坚克难，统筹做好改革发展稳定各项工作，较好完成了区四届人大一次会议确定的各项目标任务，在高水平全面建成小康社会、建设富强美丽和谐幸福新锡山的征途上，取得了新的成效、迈出了新的步伐。

一、产业强区扎实推进，经济发展提质增效。经济总量稳步提升。全年地区生产总值达809.27亿元，增长7.4%；工业总产值达1286.06亿元，其中规模以上工业总产值1121.4亿元，分别增长14.4%和13.4%。完成一般公共预算收入78.79亿元，增长9.07%；其中税收收入68.13亿元，增长6.4%，税收占比86.5%。运行态势稳中向好。全年工业用电增长8.3%，同比提高4.3个百分点；产值超亿元企业达195家，较上年增加21家。进出口总额达48.94亿美元，其中出口额36.3亿美元，分别增长13.9%和8.1%；社会消费品零售总额增长12%，其中限额以上零售额增长12%。产业质态不断优化。出台深化现代产业发展、加快发展新一代信息技术及智能制造、推进服务业提质增效等政策措施，加大产业强区政策扶持力度，预计全年高新技术产业产值占比、服务业增加值占比、农业园区化比重分别提高2.04、0.7和0.2个百分点。着力打造高水平产业园区，开发区跻身全省经济开发区十强，以台创园为主体的锡山现代农业产业园获批创建国家级园区，出口摩托车电动车质量安全示范区通过国家级续延复审，锡东跨境电商产业园获评省电子商务示范基地，荡口古镇持续平稳运营。项目引建举力突破。强化产业招商和项目建设，总投资超百亿的海尔国际创智谷、车联网小镇项目以及尚品宅配、晋拓金属等14个超十亿投资项目成功签约落户，全年新批重大外资项目8个、到位注册外资3.92亿美元，在建超亿元产业项目97个，新增注册重点产业项目103个。致力拓展项目承载空间、积蓄发展后劲，全面启动新一轮产业用地整理储备，全年累计拆清地块38个，整理形成净地2355.89亩。集约发展有效落实。预计全年单位GDP能耗下降4.2%、主要污染物排放削减量完成市下达目标。新批境外投资项目6个，西港特区二期开发启动实施，全年完成境外中方投资额1.02亿美元。盘活存量土地4802亩，被评为全省高标准厂房建设与使用先进地区，连续三年获评全省国土资源节约集约利用模范区。开发区集约用地水平排名全国前列，在189个工业主导型国家级经济开发区中位居第十。

二、重点改革持续深化，创新活力不断激发。“放管服”举措落地见效。围绕“3550”改革部署，确立简政放权创业创新环境评价排名全省前十的目标定位，出台深化行政审批制度改革、推进“3550”改革系列配套制度细则，取消行政事业性收费7项，停征政府性基金1项，对新供地工业项目实行超前服务、模拟审批全覆盖和一窗受理、容缺预审、并联审批的新模式，一般工业建设项目审批环节、时限分别压缩50%和55.4%，营商环境得到进一步优化。企业“多证合一、一照一码”登记模式和个体工商户“两证合一”全面推行，新登记企业数、注册资本分别增长22.9%和117.7%。完成政务服务事项清单、区级部门标准化权力清单编制，公布“不见面”审批（服务）事项195项、“见一次面”审批（服务）事项586项。东港入选全省新一轮经济发达镇行政管理体制改革方阵。区公共资源交易中心正式挂牌成立，“锡山百事通”便民服务APP上线运行。股改上市再结硕果。新日股份、东珠景观、阿科力3家企业成功实现主板上市，确成硅化主板上市首发申请报会待审，大德重工等5家企业登陆新三板，鼎邦换热等7家企业完成股改，全区上市企业累计达到10家、新三板挂牌企业累计达到33家。农村改革不断深化。全面完成49个村3.5万农户土地承包经营权确权颁证，新认定家庭农场15个，农村产权交易市场成交额突破3.83亿元，农村集体“三资”管理网络进一步优化，股份合作社改革有序推进。综合医改稳步实施。以锡山人民医院（集团医院）为中心的紧密型医联体全面构建。出台深化基层医疗卫生机构运行机制改革意见，探索开展基层医疗机构财政定额补助试点，居民医保“联合定点、总额包干”新政试点取得初步成效，公立医院药占比下降0.31个百分点。创新驱动步伐加快。企业科技创新、技改提升的积极性不断增强，新增各类企业研发机构31家，获省重大科技成果转化项目1项，新认定“专精特新”产品15个，获评省级制造业与互联网融合创新示范试点企业16家，中科院微电子所智能制造无锡产业化基地成功落户，中铁一局城轨公司掘进设备技术中心竣工落成，全区高新技术企业总数达到180家，全年固定资产设备增值税申报抵扣额增长56.9%、全社会研发投入占GDP比重达到3.21%。出台聚力创新“锡山英才计划”及14个配套实施细则，与麻省理工学院达成第三轮合作协议，与教育部留学服务中心签约共建“春晖杯”创业基地，全年新入围国家“千人计划”人才1名、省“双创计划”项目10个，新引进海归人才95名，培育市高级经营管理人才12名。质量和知识产权战略深入实施，申报市名牌产品33个，入围省名牌产品公示名单6个，万人发明专利拥有量达到38.7件，红豆集团荣获省质量奖、品牌江苏建设“金帆奖”和省商标战略实施示范企业。

三、统筹发展步伐坚实，城乡区域加快融合。规划导引科学务实。配合开展无锡城市总体规划修编，围绕呼应扬子江城市群建设、深度融入锡澄一体化、加强与苏州板块对接等角度，深化对长远发展问题的战略研究，从片区发展功能定位、重大交通路网建设、城镇建设用地调整等方面，积极向市级提出规划建议，最大限度为新一轮建设发展争取资源、赢得先机。强化农村住房建设规划引导，村庄规划修编有序推进，全区农村住房建设实施细则基本成型，首批15个村庄试点方案初步完成。编制完成医疗机构设置规划、锡东生态园（锡山片区）详细规划、农贸市场布局规划，翠屏山旅游度假区总体规划形成中间成果。东港入选全国第二批特色小镇。城乡建设力度加大。新锡山人民医院顺利建成，即将正式启用。东亭中学新校区、东湖塘实验小学、怀仁幼儿园等16项学校建设工程全面推进，其中厚桥实验小学二期、东湖塘中学教学楼等5项工程顺利完工，安镇东城一品、东北塘东方天郡配套幼儿园如期投用。新辟和优化城乡公交线路8条，新锡路北延启动建设，东升路改建、东亭北路延伸、延祥路南段续建、锡甘路大修等工程开工在建，黄土塘南路、新杨路建成通车，S228大修顺利完工。八佰伴城市生活广场加快建设，红豆财富广场、绿地乐和城基本建成，东港万花城商业中心正式投运。城市管理不断强化。市容环境综合整治、村庄环境长效管理等工作深入推进，查桥、八士、甘露、东湖塘4个老镇区主要街巷改造全面实施，交通干线沿线环境综合整治“五项行动”有序展开，全年拆除违建9.12万平方米。生活垃圾分类收集试点稳步推行，生活垃圾中转站配套设施及转运车辆完成更新改造，全区首个大型环卫综合作业中心启动建设。深化文明城市创建，城区文明程度指数在市级测评中持续位居第一，锡山地税局获评全国文明单位，东港山联村获评全国文明村。

四、治污行动提速增力，生态环境有效改善。紧紧围绕“截污全覆盖、污水不入河”目标，坚持近远结合、标本兼治，大力实施“两减六治三提升”专项行动，组建实体化办公机构，制定11个专项行动方案及年度工作计划，分解落实重点目标74项、重点工程170项，定向发力、提速推进、严格督查，环境保护和生态建设得到全面强化。控源截污成效明显。排水达标区复查整改、村庄截污、畜禽养殖和码头污染整治实现全覆盖，全年复查整改排水达标区270个、新建2个，完成村庄截污67个、码头污染治理118个、企业排水许可证专项整治738家，禁养区畜禽养殖场（户）全面关停、限养区实现长效化规范化管理。东亭污水处理厂一二期完成提标改造，分厂新建工程和安镇、鹅湖污水处理厂二期扩容工程加快建设。大力开展燃煤工业窑炉整治和化工企业“四个一批”专项行动，关停燃煤工业窑炉21台、化工企业19家，完成工业企业挥发性有机物污染整治18家。分类治理全面实施。“河长制”管理持续强化，河道整治各项工作提速推进，宛山荡水环境改善工程启动开建，全年清淤河道60条，完成望虞河、九里河等9条市考河道综合整治，桑叶桥港、黄塘河等14条市考河道整治加快实施，钓渚大桥等重点断面水质保持稳定达标。大气治理工程扎实推进，PM2.5年均浓度同比下降10.9%。制定实施土壤污染防治工作方案，完成18个重点地块土壤污染状况调查评估。新增造林绿化面积2300亩，宛山荡获评省级生态湿地公园。监管执法不断强化。环保问题曝光和督查问责力度加大，断面水质达标情况与板块党政领导班子全体成员经济奖惩直接挂钩机制试行实施。积极配合省环保督察，逐一核实督察组交办的384件环境投诉问题，采取坚决有力措施对79件属实、253件基本属实问题进行查处整改。依法严厉打击各类环境违法行为，全年行政处罚环境违法行为281件、移交法院强制执行138件、移送公安机关追究刑事责任2件。

五、社会建设全面加强，民生福祉稳步提升。富民增收扎实有力。新增城镇就业1.82万人，帮扶就业困难人员再就业3563人、被征地劳动力就业1984人，扶持自主创业1268人；新增村级物业面积4.4万平方米，落实经济薄弱村“一村一策”脱贫项目15个，城乡居民人均可支配收入可达50137元和28568元，分别增长8.3%和8.5%。保障力度持续加大。扎实推进全民参保计划，净增企业职工社会保险缴费1.14万人，新增断保被征地农民接续缴费4682人，新增建筑业工伤保险参保项目65个，为全区7941名持证残疾人投保人身意外伤害商业保险，居民养老、居民医疗“两项保险”参保覆盖率继续保持高水平。城乡低保标准提高至每月820元。向特困帮扶基金增资2亿元，基金总规模达到4.5亿元，全年发放深度贫困家庭救助金1405.8万元，帮扶深度贫困家庭子女就学就业29名。公共服务优化提升。出台统筹推进城乡义务教育一体化、促进优质均衡发展的实施意见，编制教育设施三年建设计划，入园入学平稳有序，教育教学质量得到新提升。开展省健康促进区和“十三五”人口协调发展先进区创建，区域卫生信息平台投入运行，居民健康档案建档率达到83.17%，“国家基本公共卫生服务项目”省级绩效考核排名全省第一。着力化解教育、医疗人才短缺问题，持续加强教师和卫计人才队伍建设，在编制总数紧控的情况下，新招录中小学教师181名、高层次和紧缺型卫计人才82名。各类群众文化活动和全民健身运动广泛开展，青少年业余体校获评全国群众体育先进单位。厚桥养老服务中心启动新建，安镇养老服务中心公办民营试点推进，专业化、社会化居家养老服务进一步完善。社会治理切实加强。扎实推进城乡社区协商民主建设，自然村村民自治试点工作有序进行；建成基层社会组织孵化基地8个，实施公益创投项目31个。“七五”普法深化实施，区级法治宣教中心启动建设，公共法律服务水平提升，信访工作不断加强，各类社会矛盾纠纷得到有效化解。扎实开展安全生产大检查，重点行业领域安全隐患专项整治推进有力，无证无照经营查处工作和废旧物品回收站点专项整治切实加强，生产安全事故起数和死亡人数连续六年实现“双下降”。强化食品安全基层责任网络建设，推进镇村农贸市场分级分类管理，食品安全快速检测室实现全覆盖。深化平安锡山建设，社会治安形势持续稳定，群众安全感达97.75%。

一年来，我们在市委、市政府和区委的坚强领导下，切实兑现锡东电厂惠民承诺，首批惠民工程如期完工，生态园、安置房、村庄整治等第二批工程有序推进，土地换社保等惠民措施加快落实，电厂综合调试取得圆满成功并顺利转入试运行阶段。认真学习贯彻党的十九大精神，扎实推进“两学一做”学习教育常态化制度化，深入开展“连心富民、联企强区”大走访活动。全面推行政府法律顾问制度，坚持严格规范公正文明执法，扎实推进政务公开，自觉接受区人大及其常委会的工作监督和法律监督、区政协民主监督和社会监督，认真执行重大事项向人大报告和政协通报制度，如期办复人大代表建议66件、政协提案140件。强化行政执行和效能督查，全年共问责干部27人。严格遵守中央“八项规定”和省市区委“十项规定”，切实加强行政监察和审计监督，全力配合省委巡视工作，大力整治和查处侵害群众利益不正之风和腐败问题，政府系统党风廉政建设得到进一步强化。此外，人武、双拥、民族、宗教、侨务、对台、档案、史志、外事、粮食、物价、供销、工会、妇女、儿童、青少年、科普、慈善等事业也取得了新成效。

各位代表，2017年政府工作各项成绩的取得，是市委、市政府和区委正确领导的结果，是各地各部门和全区广大干部群众共同努力奋斗的结果，也是区人大和区政协履职监督、关心支持的结果。在此，我代表区人民政府，向全区人民，向全体人大代表、政协委员，向各民主党派、工商联、无党派联委会、各人民团体、驻区各条线单位和各界人士，向离退休老同志，向公安干警、双拥共建部队官兵、民兵预备役人员，向所有参与、支持和关心锡山发展的海内外朋友，表示衷心的感谢并致以崇高的敬意！

在看到成绩的同时，我们也清醒认识到发展中面临的问题和工作中存在的不足，主要是：经济增长动力不够强劲，转方式、调结构的任务仍然艰巨；投资结构有待优化，重大制造业项目较为欠缺，后劲支撑亟须强化；体制机制障碍依然存在，改革工作还要不断深化突破；资源环境约束趋紧，一些生态环境问题还比较突出；城乡发展、社会事业等领域的“补短板”工作仍需加大力度，社会治理、城市管理的精细化水平也有待进一步提高；政府机关作风效能尚未真正转变到位，主动尽责、担当作为的工作氛围还要进一步造浓，等等。对此，我们一定高度重视，在今后工作中努力加以解决。

2018年主要任务

今年是贯彻落实党的十九大精神的开局之年，是实施“十三五”规划承上启下的关键一年。做好今年的政府工作，要全面深入学习贯彻党的十九大精神，以习近平新时代中国特色社会主义思想为指引，紧紧围绕高水平全面建成小康社会和建设富强美丽和谐幸福新锡山的总目标，牢牢把握推动高质量发展的根本要求，按照市委十三届五次全会、区委四届四次全会的决策部署，坚持质量第一、效益优先，坚定实施六大发展战略，扎实推进“两聚一高”新实践，持续用力、统筹做好经济发展、改革创新、城乡一体、生态建设、民生保障、社会治理等各项工作，推动全区经济社会发展不断取得新成效、迈上新台阶，奋力谱写新时代中国特色社会主义锡山实践的新篇章。

综合考虑各方面因素，今年全区经济社会发展的主要预期目标是：地区生产总值增长7%左右；一般公共预算收入增长7%左右；固定资产投资增长3%左右；社会消费品零售总额增长8%左右；城乡居民收入增长与经济增长同步；节能减排完成市下达指标。重点做好以下七个方面的工作：

一、坚定不移抓项目、调结构，持续用力推动经济转型、打造产业强区。大力引建优质项目。围绕产业强区发展导向，坚持内资外资并举、一二三产同进，重点聚焦新兴产业和高端装备制造业等行业领域，扎实推进精准招商、大项目招商和全产业链招商，主动加强与各类知名央企、外企和民企的对接争取，着力引进一批投资强度大、科技含量高、带动效应强的重大产业项目。深化领导挂钩、集中会办、督导服务等工作机制，进一步优化项目审批“超前直通车”服务，扎实推进116个超亿元产业项目建设，促进落地项目加快开建、尽早达产。更大力度推进产业用地拆迁，着力整理储备一批净地特别是较大规模连片净地，为承接各类产业项目落地创造条件。加快推动产业升级。大力实施智能制造行动计划，引导企业应用新一代信息技术开展智能化改造，年内组织推进智能化改造重点项目28个。加快发展高新技术产业，引导中小型科技企业深耕行业细分市场、积累技术领先优势，积极培育一批“单打冠军”、“隐形冠军”和行业“小巨人”。全面强化工业企业资源利用绩效管理，加快构建以亩均效益为核心的企业综合评价机制。深入实施服务业提质增效计划，加强服务业集聚区建设和重点企业培育，推动生产性服务业向专业化和价值链高端延伸、生活性服务业向精细化和高品质转变，力争服务业增加值占比达到46.7%。大力推动全域旅游发展，加强旅游规划和营销策划，注重发挥“旅游+”的拉动、催化和集成作用，积极引育优质旅游项目，着力提升荡口古镇等景区运营服务水平，进一步增强锡山旅游的产业贡献度、富民实惠度、主客满意度和城市美誉度。围绕创建国家级现代农业产业园目标，全面推进以台创园为主体的锡山现代农业产业园规划建设，以点带面提升全区农业整体发展水平。深化扩大对外开放。落实外贸稳增长调结构各项政策，组织企业参加境内外重点展会，加强出口品牌培育建设，促进服务贸易和跨境电商等外贸新业态发展，引导企业扩大高附加值产品出口和先进技术设备、关键零部件进口，进一步拓展外贸增长新空间。加强新形势下利用外资工作，积极拓展外资招商渠道，着力创新利用外资方式，不断优化外商投资环境，完成到位注册外资3亿美元。深化外经合作，鼓励更多企业开展境外投资，依托西港特区等载体走出去发展。加快开发区“一特三提升”步伐，更好发挥对外开放主阵地作用。持续优化企业服务。加大服务提质和环境营造力度，健全完善服务企业常态化机制，精准高效做好政策扶持、项目审批服务，尽责担当做好助企提升、帮企解难服务，着力当好服务企业的“店小二”。持续开展企业家交流培训活动，积极营造企业家健康成长环境，大力弘扬优秀企业家精神，更好发挥企业家作用。

二、深化举措抓改革、促创新，持续用力激发内生活力、增强发展动能。深入推进重点改革。落实“放管服”改革要求，围绕简政放权创业创新环境评价排名全省前十的目标定位，深化推进“3550”等各项改革，进一步加强“互联网+政务服务”平台建设，积极构建“不见面”审批（服务）新模式，规范完善涉及审批的中介服务，推行企业投资项目“多图联审”和“多评合一”制度，加强基层行政服务中心标准化建设，着力推动行政审批和政务服务不断提质增效，努力让企业和群众办事更加便捷。加快推行“双随机一公开”监管机制，着力提高全过程监管的精准度和有效性。积极推进文化市场综合执法改革和城管执法体制改革，稳妥开展承担行政职能的事业单位改革试点。支持东港开展经济发达镇行政管理体制改革。继续落实股改上市扶持政策，加强上市后备企业培育，推动优势企业加快上市步伐，引导区内企业积极参与国企混改，支持现有上市企业并购重组、做优做强，巩固扩大企业上市良好势头。注重发挥各类股权投资基金、产业基金作用，积极引导社会资本、产业资本、金融资本投向实体经济和现代产业。深化推进医药卫生体制改革，巩固落实基本药物和分级诊疗制度，健全完善医联体运行管理机制。建立农村土地承包经营权确权登记颁证数据库，推进农村产权交易市场区级平台建设，加强对家庭农场、农民专业合作社等新型农业经营主体的培育扶持。深化村（社区）股份合作制改革，积极推动村级经济多层次、多元化发展，加快经济薄弱村脱贫规划项目落地转化，进一步加强农村集体“三资”监管。更快步伐聚力创新。突出企业创新主体地位和主导作用，集成各类政策资源，激励企业加大创新投入，支持企业建设研发机构，推动重大科技成果加快落地转化，力争全社会研发投入占GDP比重达到3.25%。加强产学研协同创新和国际科技交流，进一步深化与中科院金属所、浙江大学、西安电子科技大学等高校院所的产学研对接，务实推进与麻省理工学院的第三轮合作，着力提高合作载体建设水平，年内组织实施产学研合作项目45项，力争达成国际科技合作项目3项。依托开发区“星创工场”、商务区“创融汇”等众创空间载体，大力营造融合、协同、共享的“双创”环境，更快步伐推进大众创业、万众创新。强化人才智力支撑，深入落实聚力创新“锡山英才计划”及配套实施细则，健全完善人才引育机制和人才服务体系，着力吸引更多的海内外科技人才来锡山创新创业，加快集聚一批“高精尖缺”型产业领军人才。加强高价值专利培育，推进知识产权示范园区建设，力争万人发明专利拥有量达到39.5件。深化实施质量强区战略，引导更多企业开展质量提升行动，加快培育以技术、标准、品牌、服务为核心的质量竞争新优势。

三、统筹协调抓建设、提能级，持续用力加快城乡融合、推动一体发展。完善城乡发展规划。继续配合无锡城市总规修编，统筹做好区域空间发展、功能定位、用地布局、综合交通等规划研究，有序开展控规动态更新和重要节点城市设计，进一步完善翠屏山旅游度假区总体规划。开展农村住房建设。坚持以“乡村振兴战略”为引领，科学有序开展农村住房建设，加快推进实施村庄更新，积极培育打造一批特色田园乡村，力求农村住房建设的成效和水平走在全市乃至苏南前列。深化推进村庄规划修编，加强对农村住房建设空间布局、风貌色彩、建筑户型、公共配套等方面的科学规划和统筹设计，鼓励基层镇村在建设空间、操作路径等方面因地制宜开展探索创新，年内15个试点村庄农村住房建设全面实施、其他村庄普遍完成规划设计，着力为建设城乡一体的高品质美丽乡村奠定良好基础、创造必要条件，让锡山的农村更具江南风情、田园风光、现代风貌。推进重点建设工程。启动查桥实小、张泾实小易地新建和安镇中学改扩建，推进东北塘实小分校、羊尖实小易地新建、甘露幼儿园改扩建、东湖塘实小、怀仁幼儿园建设，完成东亭中学新校区主体工程、厚桥幼儿园易地新建主体工程、查桥中学实验艺术楼和锡东新城中心幼儿园建设。继续配合做好滨江学院建设。深化中医医院建设方案论证研究，启动锡山人民医院精神卫生专科楼和鹅湖分院建设。完善城乡交通基础设施，加快一批主次干道建设和农村道路提档升级，推进实施S340锡沙二通道（锡山段）、新锡路北延、金港大道南延等工程建设，完成东亭路北延、延祥路南段改造、东升路改建、锡甘路大修等工程。深入实施公交优先战略，进一步优化区域公交线网和场站设施，新辟和优化公交线路5条。启动鹅湖尚书苑三期、锡北丰泰苑二期、羊尖花苑南区安置房工程，推进实施东港新湖南苑安置房建设。优化城市功能形态。推进开发区V-Park“企业家城市”、东亭八佰伴城市生活广场建设，加快商务区百和商务广场、网新国科园、泰和诚肿瘤医院等功能项目建设和映月湖中央公园等城市景观提升，继续开展查桥、八士、甘露、东湖塘4个老镇区主要街巷改造，进一步增强功能完善度和环境优美度。健全完善网格化、精细化、数字化、长效化城管机制，加强市容环境全区域、全时段、全覆盖管理。开展生活垃圾分类收运体系建设，建成区环卫综合作业中心一期工程和500万立方米渣土消纳场。全力抓好锡东生态园、安置房、村庄整治、土地换社保等电厂惠民措施，推动各项惠民承诺加快落到实处。

四、毫不松懈抓环保、治污染，持续用力提升环境质量、构建生态文明。牢固树立和自觉践行“绿水青山就是金山银山”的理念，把加强环境保护、构建生态文明摆上更加突出的位置，紧盯重点领域和薄弱环节，深入开展“263”专项行动，坚决打好治污攻坚战，着力推动区域生态环境持续不断改善。加大减煤减化力度。坚持削减存量和消化增量并举，深入实施燃煤工业窑炉整治三年行动计划，加快燃煤电厂超低排放改造，推动全区用煤总量持续下降。全力压减落后化工产能，扎实开展化工企业“四个一批”专项行动，“一企一策”推进专项整治，加强化工园区规范化管理，年内完成16家化工企业关停淘汰，对未列入关停计划的化工企业全部推动实施改造升级。扎实推进环境治理。持续加强水环境治理，巩固提升排水达标区复查整改、村庄截污、畜禽养殖和码头污染全覆盖整治成果，深化推进企业排水许可专项整治，加快实施北兴塘河等重点河道整治和宛山荡水环境改善工程，继续开展河道清淤和保洁管理；完成东亭污水处理厂分厂主体工程和安镇、鹅湖污水处理厂二期扩容工程，提升污水管网建设运营管理水平。强化大气污染防治，突出抓好工业废气治理等“蓝天工程”，大力推进PM2.5和臭氧浓度“双控双减”，加强重污染天气监测预警和应急管控，促进空气质量稳步提升。落实土壤污染防治行动计划，加快推进土壤详查工作。优化生态空间布局。认真落实生态文明建设规划，严格管控生态红线保护区域，推进实施水环境区域补偿和永久基本农田生态补偿。执行最严格的耕地保护制度，加快实施高标准农田建设；强化闲置土地清理处置，积极推进低效用地再开发，不断提高土地节约集约利用水平。加强植树造林和公共绿化，规划启动鹅湖地区湖荡湿地修复与保护。加强环境执法监管。健全网格化环境监管体系，建立“263”专项行动巡查监管信息化平台，鼓励群众举报环境违法行为，持续加大问题曝光、跟踪督办和问责问效力度。强化部门协同、司法联动，大力开展环保执法专项行动，切实加强对重大环境风险源的动态在线监控，依法从严打击各类环境违法行为。

五、聚焦富民抓实事、惠民生，持续用力优化公共服务、改善人民生活。积极促进居民增收。认真落实促进富民增收各项政策举措，积极培育富民产业，更高质量扩大就业，鼓励支持自主创业，着力推动城乡居民收入水平持续提高。坚持把扩大就业作为富民增收的基础抓手，加强就业服务体系建设、职业技能培训和重点群体就业帮扶，全年实现城镇新增就业1万人以上。充分发挥创业带动就业的倍增效应，加强创业引导和政策扶持，年内重点扶持自主创业1000人以上。切实加强社会保障。推进实施全民参保计划，加大社保精准扩面力度，积极引导和促进企业职工、自由职业者和被征地农民等重点群体参保缴费，加快推行建筑业工伤保险，年内实现社保净增缴费2000人以上、被征地农民接续缴费2000人以上。落实居民养老和居民医疗保险政策，巩固提高适龄居民参保覆盖率。健全社会救助协调机制，充分发挥特困帮扶基金作用，统筹低保、医疗、教育、就业等各类救助功能，持续加强对深度贫困家庭及其子女等困难群体的精准帮扶，不断完善“阳光扶贫”信息化监管网络，扎实做好困境未成年人社会保护和分类保障工作。大力发展社会事业。把教育事业放在优先位置，以促进教育公平、拓展素质教育为重点，进一步优化教育资源配置，持续加大学校建设投入，增强优质师资供给能力，深化基础教育课程改革，着力推动城乡义务教育一体化发展，不断提高学前教育、高中教育、职社教育等事业发展水平。落实医疗机构设置规划，开展省健康促进区和“十三五”人口协调发展先进区创建，加强基本公共卫生服务项目化管理和流动人口计生服务管理，推进家庭医生签约服务，营造良好的社会办医环境，提高医疗卫生、疾病防控、妇幼健康服务水平。完善城乡公共文化服务功能，深入实施文体惠民工程，举办区第四届运动会、第七届群众文艺会演（展），加强文物保护利用和文化遗产保护传承。强化精神文明建设，大力培育和践行社会主义核心价值观，传承弘扬优秀传统文化和时代新风，进一步巩固提升文明城市创建成果。积极推进公办养老机构和居家养老服务社会化运营，加快厚桥养老服务中心建设。发展残疾人事业，加强残疾康复服务。

**六、落实责任抓监管、防风险，持续用力加强社

会治理、维护大局稳定。加强城乡社区治理。积极开展城乡社区协商民主建设和自然村“微自治”实践，健全完善“政社互动”工作机制，加强基层社会组织培育和社工队伍建设，促进政府治理和社会调节、居民自治良性互动。注重发挥社区论坛、微博微信、移动客户端等新媒体作用，引导社区居民密切日常交往、参与公共事务、开展协商活动、组织邻里互助，加快推广“互联网+”社区治理和服务新模式。深化平安法治建设。认真落实社会治安综合治理领导责任制，加强三级综治中心规范化建设，推进综治全要素网格化管理。健全社会治安防控体系，加快推进“惠民技防”工程，严密防范、依法打击各类违法犯罪活动。推进实施“七五”普法规划，深入开展“法律六进”“以案释法基层行”等普法宣教活动，加快创建一批民主法治示范村（社区）和法治文化示范点。加强公共法律服务，推进镇村服务平台标准化建设，进一步提高法律援助服务水平。完善社会矛盾纠纷预防和多元化解机制，推进“3531”调解网络建设，提升人民调解工作水平，进一步加强和改进信访工作，促进社会和谐稳定。落实特殊人群服务管理措施，切实抓好社区矫正工作。严格安全监管措施。全面强化问题导向和红线意识，严格落实安全生产责任制，深入开展安全生产大检查，突出抓好道路交通、消防、建筑施工、危化品、群租房等重点行业领域安全隐患排查整治，扎实推进无证无照经营查处工作，严防各类安全生产事故发生。加强食品药品、校园校车等安全监管，推进城乡防洪排涝工程建设，提高应急处置能力。

七、从严从实抓作风、强效能，持续用力推进自身建设、树立良好形象。全面强化精神引领。深入学习贯彻党的十九大精神，坚持以习近平新时代中国特色社会主义思想武装头脑、凝聚力量、引领工作，把十九大精神与推进高水平全面建成小康社会、建设富强美丽和谐幸福新锡山的具体实践结合起来，进一步优化发展思路、完善政策举措、提升工作标准，加快推动十九大精神在锡山落地生根、结出硕果。按照中央和省、市、区委统一部署，推进“两学一做”学习教育常态化制度化，开展“不忘初心、牢记使命”主题教育。始终坚持依法行政。带头尊法学法守法用法，自觉运用法治思维和法治方式开展工作。加强权责清单规范化管理和权力运行监督，深化推进政务公开，始终让行政权力在法治轨道上正确运行。严格按程序决策、按规矩办事，充分发挥政府法律顾问作用，加强规范性文件和重大行政决策合法性审查。全面落实行政执法责任制，健全行政执法监督体系，加强行政执法案卷评查和监督，做好行政复议和行政应诉工作，推动行政执法严格规范公正文明。主动接受各方监督。依法接受区人大及其常委会的工作监督和法律监督，认真执行重大事项向人大报告制度，及时向人大常委会提交重大事项报告计划，支持人大常委会对政府部门开展工作评议。主动接受区政协的民主监督，支持政协履行政治协商、民主监督和参政议政职能，及时向政协通报重大事项和重点工作，广泛听取各民主党派、工商联、无党派人士和人民团体的意见建议。认真办好每一件人大代表建议和政协委员提案，力求实现办理过程、办理结果“双满意”。自觉接受司法监督、新闻舆论监督和社会公众监督，加强审计监督。持续深化作风建设。巩固提升“连心富民、联企强区”大走访成效，进一步创新服务方式、延伸服务触角，着力提供更加精准、到位的政府服务，快速高效办理“12345”政府公共服务热线、“71580”服务企业区长热线诉求事项，切实为群众和企业办好事、让群众和企业好办事。强化政务督查、绩效管理和行政问责，大力整治庸政懒政怠政行为，不断提高政府执行力和公信力。认真贯彻省市委关于建立容错纠错机制的政策精神，把握“四个凡是”精神，坚持“三个区分开来”原则，大力营造敢于担当、主动作为、大胆实践的干事创业浓厚氛围。深入推进反腐倡廉。严守政治纪律和政治规矩，认真执行中央“八项规定”，省市区委“十项规定”及其细则，严格遵守党内政治生活准则、廉洁自律准则和纪律处分条例。切实履行政府党组落实全面从严治党任务的主体责任，深入推进政府系统党风廉政建设和反腐败斗争，严管公共资金、“三公”经费和国有资产，坚决惩治和查处侵害群众利益的各类不正之风和腐败问题。

各位代表，实干成就梦想，奋斗赢得未来。让我们以学习贯彻党的十九大精神为强大动力，在市委、市政府和区委的正确领导下，紧紧团结和依靠全区人民，奋发进取，务实笃行，持续用力推动经济社会各项事业高质量发展，为决胜高水平全面建成小康社会、加快打造富强美丽和谐幸福新锡山而共同努力奋斗，合力谱写新时代中国特色社会主义锡山实践的新篇章！

相关链接

1、新发展理念：创新、协调、绿色、开放、共享发展理念。

2、“983”培养计划：到2021年，通过5年努力，培养90后中层年轻干部80名，其中选拔30名左右优秀年轻干部担任科级职务

3、“812”培养计划：到2021年，通过5年努力，培养80后科级干部100名，其中选拔20名左右正科级干部。

4、六大发展战略：创新驱动、产业强区、全面开放、城乡一体、绿色发展、民生共享发展战略。

5、“放管服”：简政放权、放管结合、优化服务。

6、“3550”：开办企业3个工作日内完成，不动产登记5个工作日内完成，工业建设项目施工许可50个工作日内完成。

7、“多证合一、一照一码”登记模式：将企业、农民专业合作社由工商、质检、税务等多个部门分别核发不同的登记证照和采集备案信息，统一整合到加载统一社会信用代码的营业执照上，并赋予营业执照多种证照和备案的登记功能。

8、个体工商户“两证合一”：将个体工商户登记时分别向市场监管部门、税务部门依次申请核发营业执照、税务登记证，改为一次申请、由市场监管部门核发一个营业执照的登记制度。

9、农村集体“三资”：农村集体资金、资产、资源。

10、省“千人计划”：中央人才工作协调小组组织实施的“海外高层次人才引进计划”。

11、省“双创计划”：江苏省高层次创业创新人才引进计划。

12、交通干线沿线环境综合整治“五项行动”：普通国省道、高速公路、航道、港口码头、铁路周边洁化绿化美化“五项行动”。

13、“两减六治三提升”专项行动：简称“263”。“两减”减少煤炭消费总量、落后化工产能；“六治”治理太湖水环境、生活垃圾、黑臭水体、畜禽养殖污染、挥发性有机物污染和环境隐患；“三提升”提升生态保护水平、环境经济政策调控水平、环境监管执法水平。

14、“四个一批”：关停一批、转移一批、升级一批和重组一批。

15、“两学一做”：学党章党规、学系列讲话，做合格党员。

16、“锡山英才计划”：“十三五”期间，聚力创新，聚集人才，优先支持顶尖人才，重点支持100名以上“高精尖缺”的产业领军人才创新创业，加快引育10000名以上优秀人才在锡山工作，完善配套支持政策，创新人才工作机制，为建设富强美丽和谐幸福新锡山提供人才保证和智力支持。

17、“两聚一高”：聚力创新、聚焦富民，高水平建设全面小康社会。

18、“一特三提升”：“一特”，着力打造特色创新集群；“三提升”，着力提升土地产出率、资源循环利用率和智能制造普及率。

19、“多图联审”：以房屋建筑和市政基础设施工程项目为对象，将住建部门管理的房屋建筑和市政基础设施施工图设计文件审查，公安消防部门管理的消防设计审核，气象、住建部门实施的防雷装置设计审核进行全面整合，实行统一接收、集中办理、分工负责、并联审查、一次告知、整体反馈，全面提升审图质量和审查效率。

20、“多评合一”：整合优化投资项目评估审批流程，将各项评估由串联调整为并联，探索开展区域评估，实行统一受理、同步评估、同步评审、同步审批、统一反馈服务模式。

21、“双随机一公开”：双随机，即随机抽取检查对象、随机选派执法检查人员；一公开，即依托统一的市场监管信息平台，及时公开市场监管信息。

22、“政社互动”：政府行政管理与基层群众自治有效衔接和良性互动。

23、“3531”调解网络：以区镇村3级调委会、医患劳动交通消费物业5类专业性行业性调解组织、公检法3种派驻制人民调解工作室和1个个人调解室为架构的调解组织网络。

24、“四个凡是”：出自省委《关于建立容错纠错机制激励干部改革创新担当作为的实施意见（试行）》，即：凡是有利于解放和发展社会生产力、推动经济社会发展、增进民生福祉、坚持和加强党的领导的，都要鼓励探索创新、鼓励先行先试、鼓励大胆实践。

25、“三个区分开来”：出自习近平总书记在省部级主要领导干部学习贯彻党的十八届五中全会精神专题研讨班上的讲话，即：把干部在推进改革中因缺乏经验、先行先试出现的失误和错误，同明知故犯的

违纪违法行为区分开来；把上级尚无明确限制的探索性试验中的失误和错误，同上级明令禁止后依然我行我素的违纪违法行为区分开来；把为推动发展的无意过失，同为谋取私利的违纪违法行为区分开来。

（区委办　区政府办　区档案局）

编辑：袁　渊

【锡山区文物珍品】

马家浜文化鸭形盉（新石器时代）　　（区文管办 供稿）

马家浜文化鸭形盉，通高13.6厘米，2000年锡山市彭祖墩遗址出土。该盉短直流、鼓腹，器形呈亚腰形，尖尾上翘，一侧有宽平把手，平底。鸭形盉是新石器时代常见实用器形。

大事记

Chronicle of Major Events

1月

7日　在南京市召开的第十届新华高峰会上，“2016新华日报年度经济封面人物”揭晓，红豆集团CEO周海江位列其中。

8—11日　中国人民政治协商会议无锡市锡山区第四届委员会第一次会议举行。

9日　无锡盈华置业有限公司摘得山河路北地块，商务区唯一湖景五星级酒店地块顺利完成出让。

10—12日　锡山区第四届人民代表大会第一次会议举行。区长顾中明代表锡山区人民政府向大会作工作报告。

11日　科技部农村中心副处长孟燕萍、江苏省科技厅农村处副处长吴翔等一行5人，赴台创园调研考察国家首批星创天地“锡山现代农业星创天地”的建设情况。

17—18日　区四套班子领导走访慰问困难群众。

19日　区领导陆志坚、顾中明分别率队走访慰问驻锡部队。

19日　副区长、区红十字会会长陈奕分别带领9个慰问小组深入各镇（街道）困难家庭，开展“新春送温暖”走访慰问活动。

20日　2017年锡山区各界人士迎新春座谈会在区会议中心举行。区委书记陆志坚在会上讲话。

1月　无锡统力电工股份有限公司（证券简称：统力电工，证券代码：870378）成功获批挂牌全国中小企业股份转让系统，成为东港镇第9家在新三板挂牌的企业。

2月

3日　市领导姚建华、王国中、华博雅到锡山区开展“下基层、察实情、促富民”走访调研活动。

3日　“2017年新春摄影图片展”在区政府开幕。展示锡山区在经济、文化、社区、生态建设等方面取得的巨大成就。

12日　江苏省举行重大项目集中开工现场推进会。会议以省、市、县视频联动的形式召开。锡山区在有信制造汽车零部件项目现场设分会场，集中开工26个项目，总投资145.2亿元。

15日　以“就业帮扶、真情相助”为主题的2017年就业援助月招聘会在区人力资源市场举行。

25日　团区委2017年“童心筑梦”儿童成长增能项目在九里河湿地公园启动，全区有100余名儿童在家长的陪同下参加该项目。

25日　大型公益徒步活动在安镇街道映月湖中央公园举行，3000余名徒步爱好者参加该活动。

3月

1—5日　第27届华东进出口商品交易会在上海新国际博览中心举行，锡山区组织18家外贸企业参展。

3日　全区生态文明建设暨“两减六治三提升”专项行动动员会召开。

3日　中共无锡市锡山区第四届纪律检查委员会举行第二次全体会议。副市长、区委书记陆志坚讲话并与各板块、各部门党委（党组）主要负责人签订2017年度党风廉政建设责任书。

3日　锡山区举办“青年之声·青春志愿社区行”主题活动月启动仪式。

4—19日　农博园举办为期半个月的七彩风车节，是无锡规模最大、布景最多、时间最长的一次展示活动。

9日　锡山区举办2017年第一期纪检监察干部素质能力“双提升”讲堂，50余名纪检监察干部参加学习研讨。

10日　锡山区召开“连心富民、联企强区”大走访活动动员大会。副市长、区委书记陆志坚出席会议并讲话。

10日　陆志坚、顾中明、蒋群、章红新等区四套班子领导，率机关干部到东亭街道锡沪路与通云南路交叉口绿化带开展春季义务植树活动。

10日　全区统战（民宗、侨务）工作会议在区会议中心召开。

11日　为期两天的第20届华东旅游风情展暨百家旅行社巡游锡山活动在荟聚购物中心开幕。

15日　区政协2017年第一期委员培训班开班。

15—17日　2017中国国际服装服饰博览会在上海国家会展中心拉开帷幕。红豆集团旗下服装品牌——红豆男装和红豆居家参加博览会。

18日　由无锡汽车站始发，开往“江苏最美乡村”锡山区东港镇山联村的金色山联公交专线通车。

20日　锡山区2017年度村（居）委主任暨社区治理和服务创新专题培训班在中国社区建设培训基地开班。

24日　省总工会副主席马永清在市总工会有关负责人的陪同下到锡山区走访调研工会宣教工作。

24日　由中央党校学习时报社主办、红豆集团协办的企业党建与《中国特色现代企业制度》研讨会在中央党校举行。

27日　中国兵器湖光光电科技园项目开工奠基仪式在锡北镇举行，

项目总投资近10亿元。

28日 南京信息工程大学滨江学院新校区在商务区启动建设。

30日 中国摄影小镇（鹅湖）授牌仪式在荡口古镇举行，同时，以鹅湖风光为主题的全国摄影大展启动，大展持续半个月。

3月 中国科学院微电子研究所智能制造无锡产业化基地项目在开发区签约，总投资1.5亿元。

4月

1日 厚桥中东村第六届梨文化节开幕。

5日 无锡首次大规模政府公房加固工程——锡山区政府直管公房加固工程启动，涉及12栋危楼楼房，总建筑面积10250.18平方米。

2日 鹅湖镇华氏祭祖大会在荡口华氏宗祠举行，参加祭祖大会的有全国各地华氏宗亲500余人。

9日 中国书法家协会副主席翟万益到锡山区为150余名书法家、书法爱好者作关于甲骨文书法创作的专题讲座。

10日 锡山论坛第二讲开讲，省环保厅苏南督查中心副主任殷瑰作关于生态文明建设暨“两减六治三提升”专项行动的专题讲座。

10日 锡山区平安志愿者协会成立大会在东港镇黄土塘村举行。

12日 “九里有戏”安镇街道锡剧票友大赛在安镇街道鑫安睦邻中心举行，拉开了锡山区“锡韵流芳”锡剧票友大赛的序幕。

13日 山东省泰安市岱岳区党政代表团在区委书记亓利群的带领下，参观考察锡山区。

20日 “2017年江苏省老年人体育节无锡市锡山区分会场启动式——全国百城千村健身气功交流展示系列活动”在农博园举行。

23日 2017“青春微公益·低碳绿生活·格桑花家人手牵手”后备厢爱心集市活动在荟聚购物中心停车场开展。

29日 首届锡山乡村旅游节暨第二届花田荡口音乐节在荡口古镇开幕。

30日 “走进新锡山”广场文艺晚会暨云林街道2017年民俗文化活动周开幕式专场演出在云林实验小学“林韵”舞蹈队的《一抹红》中拉开帷幕。

5月

2日 锡山区举行纪念建团95周年座谈会暨“一学一做”教育实践启动仪式。

4日 在红豆股份智慧化推进大会上，红豆股份与国际咨询巨头埃森哲正式签约，携手共建“智慧红豆”。

5日 2017年第一季度“无锡好人·善行义举榜”揭晓，锡山区有4人入选，累计入选“无锡好人”84人，入选人数位居全市前列。

6日 锡山区企业家协会第三届第一次理事大会在红豆杉庄召开。

8日 由省航道局统一规划、建设的锡山区首条“感知航道”监控项目通过专家组竣工验收，正式投入使用。

12日 在南京市召开的江苏省建筑行业协会第七届一次会员代表大会暨2016年度江苏省建筑业“双百强”企业评价排名发布会上，锡山建筑实业有限公司被授予“2016年江苏省建筑业竞争力百强企业”称号，排名第36位。

16日 2017年区管正职领导干部培训班在区委党校开班。

17日 锡山区大走访活动推进会在区会议中心举行。

18日 江苏省司法厅、无锡市人民政府、红豆集团三方共同签署共建江苏省驻柬埔寨“一带一路”倡议法律服务中心框架协议。

18日 港九劳工社团联会副主席吴慧仪带领港九劳工社团联会一行26人参观考察红豆集团。

18日 “5·20”世界计量日现场宣传服务活动在东亭街道丰汇欢乐广场开展。

20日 区残联开展“精准适配”助听器验配活动。100余名听障残疾人受益，拉开锡山区“全国助残日”系列活动序幕。

20日 2017无锡锡山·北航科技成果交流与创新创业大会召开。

21日 第四届“锡东新城杯”全健排舞大赛在安镇街道水岸佳苑街头公园举行，拉开2017年锡山区全民健身节序幕。

22日 市人大常委会主任、党组书记徐一平一行调研锡山区。

22日 无锡中铁城轨装备有限公司暨中铁一局城轨公司掘进设备技术中心在商务区落成。

23日 区人大常委会专题视察锡山区文物保护和利用情况。

26—27日 锡山区举办2017年区新闻发言人与重大事件应对处理专题培训班。

5月 G312国道（锡山段）严埭河大桥和尖岸里中桥桥梁护栏改造工程全部结束。

5月 “法律在身边·工会伴你行”职工徒步活动在映月湖中央公园举行。

6月

7日 市委常委、统战部部长陈德

荣实地调研锡山区统战工作开展情况。

8日　锡山区召开“两减六治三提升”专项行动暨防汛防旱工作会议。

8日　东港镇东湖塘派出所举行“平安村村通”工程启动暨警用电动巡逻车发放仪式，共计发放警用电动巡逻车66辆。

9日　锡山区基层党组织书记培训班暨第二期村、社区书记工作讲坛在区委党校举办。

上旬　安镇街道查桥片区防洪圈启用。

11日　锡山区首届乡村旅游节暨谢埭荡乡村文化旅游周开幕。

12日　“锡山阅读工程”启动仪式暨首届“读书节”开幕式在锡山实验小学举行。

14日　江苏淘车无忧汽车管理服务股份有限公司新三板挂牌仪式暨二手车投资人交流会在北京市举行。

16日　百发动力（无锡）有限公司举行新基地落成暨成立25周年庆典。

16日　江苏省第三届“i创杯”暨无锡市第二届“i-Park杯”互联网创新创业大赛锡山星创工场站在锡山区启动。

17日　锡山区首届“欣盛杯”女子乒乓球团体邀请赛在港下蓝腾运动馆举办。

17日　“文艺进万家”无锡市文艺家志愿者文化惠民系列活动暨“连心富民，联企强镇”广场文艺在荡口古镇举行。

18日　“驿江南·回荡口”锡剧交流演唱会在荡口古镇举办。

19日　无锡慧谷·正广通物流园在锡北镇开园。

19日　上海交通大学国家健康产业研究院灵芝与健康研究所落户位于台创园的无锡大德生物农业发展有限公司。

19日　区领导顾中明、陶波率区发改局等相关部门主要负责人到区政务办进行现场调研。

22日　区政协召开民主监督“两减六治三提升”专项行动工作动员部署会议。

25日　“无锡—柬埔寨西哈努克港”国际航线开通。

25日　欧姆龙智能农业产业园合作项目签约落户锡山区。

28日　2017第三届无锡锡山MIT-CHIEF海外高层次人才创业项目合作洽谈会举行。

28日　区委副书记、区长顾中明一行到安镇街道，走访慰问生活困难的老党员。

29日　全区庆祝中国共产党成立96周年大会在区会议中心召开。

29日　副市长、区委书记陆志坚，区委常委、宣传部部长徐悦一行到云林街道走访慰问老党员和生活困难党员。

29日　云林街道安全生产宣教基地揭牌成立。

30日　锡山区汽车检测与维修技能大赛及汽车车身修复技能大赛举办，标志着锡山区2017职工职业技能大赛全面启动。

30日　锡山区召开“喜迎十九大，共建文明城”全国文明城市创建工作深化推进会。

6月　成立于2007年的锡山区首个村级企业家协会——芙蓉村企业家协会举行建会十周年庆祝大会。

7月

3日　省公安厅党委委员，市委常委、政法委书记，副市长、市公安局局长谢晓军到锡山区调研指导推进“两学一做”学习教育常态化制度化工作。

6日　副市长王进健到锡山区台资企业三能器具（无锡）有限公司开展“走台企、访台商、解难题”走访调研活动。

6日　锡山经济技术开发区与国网江苏省电力公司无锡供电公司签订《共建电力良性协调发展、助力锡山经济技术开发区经济腾飞战略合作框架协议》。

8日　区文体局和荟聚购物中心相关领导共同为“锡山区图书馆荟聚阅读点”揭牌，荟聚购物中心四楼的智荟读书角启用。

10日　区总工会和中铁一局城轨公司在地铁3号线10标项目部共同举行农民工集中入会活动。

12日　锡山区召开《党风廉政建设责任书》执行情况年中汇报会，迎接市委检查组对全区党风廉政建设责任制落实暨《党风廉政建设责任书》执行情况的检查考核。

13日　市委副书记徐劼带队到锡山区调研，考察了解农业农村工作。

25日　副市长、区委书记陆志坚主持召开区委中心组“两学一做”专题学习会。

25日　锡山区召开安全生产工作专题部署会。

26日　中共锡山区委四届三次全体会议举行。副市长、区委书记陆志坚代表区委常委会讲话。

25—26日　副市长、区委书记陆志坚，副书记、区长顾中明分别带队，看望慰问在高温下作业的一线职工。

27日　开发区宛山荡湿地公园正式获批省级湿地公园。

31日　2017年第二季度“无锡好

人·善行义举榜”揭晓，锡山区有4人入选。锡山区累计入选“无锡好人”88人，入选人数位居全市前列。

7月31日至8月7日　锡山区体校垒球队在2017年全国少年U16垒球锦标赛中夺冠，并获多个个人奖项。

7月　全国知名连锁运动品牌——洛克公园在麦德龙锡山店启用。

7月　锡山区有16个国际品牌入选“2017至2019年度江苏省重点培育和发展的国际知名品牌”，红豆集团获“领军企业”称号。

7月　大明国际为“全国五一劳动奖章”获得者——江苏大明钣金车间焊接技师杜华军举行颁奖仪式。

8月

2日　巡视工作动员会召开，省委第九巡视组对锡山区开展为期两个月的巡视工作。

4日　市政协副主席张丽霞率市政协调研组到锡山区调研台资企业发展情况。

9日　区人大召开镇（街道）人大工作交流会。

10日　锡山区召开省“263”专项行动曝光问题整改工作会。

11日　副市长、区委书记陆志坚主持召开区委中心组专题学习会。

14日　锡山区残疾人联合会第四次代表大会在区会议中心召开。

21日　锡山区“光荣人家”牌首发仪式在无锡市国防教育训练基地举行，市委常委、无锡军分区政委柳江南和副区长栾海港出席活动。

24日　锡山区召开区委工作情况通报会。

29日　区青年联合会第五届委员会举行第一次全体会议。

30日　全区出租房屋安全隐患集中整治动员部署会召开。

30日　国家体育总局发布《体育总局关于表彰2013—2016年度全国群众体育先进单位和先进个人的决定》，锡山区青少年业余体育学校和东北塘实验小学荣获全国群众体育先进单位称号。

8月　“创投无锡·挑战1000万”大赛复赛第二场在锡东创融大厦举办。

9月

1日　江苏东珠景观股份有限公司首次公开发行的A股股票在上海证券交易所主板正式挂牌上市。

1日　由锡山区人民政府同人民银行无锡市中心支行共同举办的锡山区银企融资洽谈暨外汇服务座谈会召开。

6日　中荷农业企业合作座谈会在台创园举行。

7日　天一中学校长沈茂德参加全国教书育人楷模及优秀教师代表座谈会，被评为全国教书育人楷模。

7日　副市长、区委书记陆志坚，区委副书记、区长顾中明分别带队走访慰问全区教育工作者们。

8日　区教育系统在天一中学举行第33个教师节庆祝大会。

11日　不动产登记锡山分中心搬迁至新的办公场所（锡山区迎宾南路19号）办公。

12日　2017世界物联网博览会重要成果之一，国家首个100亿级物联网产业投资基金——中感物联网产业基金在锡东新城启动。

13日　区纪委举行派驻纪检机构进驻见面会。

13日　区政府连同受邀为物博会分论坛开展主题演讲的欧姆龙（中国）有限公司农业自动化中心举办“智能农业产业发展高峰论坛”，吸引中日多家行业机构和企业参会。

14日　美国500强企业德事隆集团在开发区投资成立的德事隆特种车辆亚太生产基地无锡工厂开业投产。

14日　参加2017年发展中国家水与卫生长期研修班的18个国家的40名学员慕名到开发区江苏杰尔科技股份有限公司参观访问。

14日　江苏路泰律师事务所开业暨锡东新城——创融大厦公益法律服务站揭牌仪式在锡东创融大厦举行。

25日　第三届“i创杯”互联网创新创业大赛总决赛在南京市石塘互联网小镇举行，锡山区的参赛企业无锡微茗智能科技有限公司的“工业设备物联网大数据分析整体解决方案”项目获二等奖，江苏晟能售电有限公司的“智慧能源一体化平台”项目和酒龙仓电子商务有限公司的“千城万柜”项目获优秀奖。

26日　2017锡山经济技术开发区金秋台商恳谈会召开。

28日　无锡盛基置业有限公司的住宅商业及公建配套用房项目通过“江苏省建筑工程施工许可并联审批一站式申报系统”，领取开发区首张“不见面审批（服务）”电子施工许可证。

9月　开发区正式通过国家知识产权试点园区验收工作，验收分数为2017年江苏省同批次验收单位最高，成为无锡市第一家通过验收的经济开发区。

9月　开发区正式通过ISO: 14001环境管理体系2017年度监督审核。

9月　开发区成功跻身全省经济开发区十强之列。

9月　2017年云林街道“云林一家

亲”社区文化节开幕。

10月

10日 区政府举行新一届法律事务咨询委员会聘任仪式。

10日 “万企帮万村”精准扶贫行动论坛在北京市召开，红豆集团荣获全国“万企帮万村”精准扶贫行动先进民营企业。

13日 锡山区2017职工职业技能大赛之抹灰工职业技能操作比赛在红豆首府二期举办。

16日 由意大利优瑞康在亚太地区投资建设的首个生产基地——优瑞康医疗技术（无锡）有限公司在开发区平谦国际（无锡）现代产业园开业投产。

18日 无锡锡东新城商务区管委会与中国南山开发（集团）举行车联网小镇项目签约仪式。

18日 美国慕斯汽车后视镜系统（无锡）有限公司在开发区盖世理园区的新厂开业投用。

20日 “云林一家亲”社区文化节在祇陀寺广场拉开帷幕。

23日 寄情于民——中国艺术研究院中国画院写生创作展在位于中国乡镇企业博物馆的中国艺术研究院中国画院无锡研创基地举行。

23日 区总工会举办“书香筑梦·品读人生”主题读书会。

25日 无锡阿科力科技股份有限公司首次公开发行的A股股票在上海证券交易所主板正式挂牌上市，成为无锡市第一家新三板挂牌后成功转板的企业。

26日 “喜庆十九大，共圆中国梦”2017年锡山区老年人体育节闭幕式暨“夕阳红”老年健身大会健步走大联动启动式在馨和园广场举行。

27日 区人大常委会专题视察河道管理工作情况。

28日 锡山区首届乡村旅游节暨首届“金色山联”菊花旅游文化节开幕。

30日 奥地利ERBER集团下属百奥明饲料添加剂（无锡）有限公司在开发区举行开业典礼。

31日 2017年锡山区重大项目集中签约仪式举行。34个重大项目成功签约，拟投资总额达973亿元，签约项目单体投资额、计划总投资额均创锡山区历史记录。

7—10月 锡山区部署开展“绿刃2017”环保11个专项行动，严厉打击各类环境违法行为。

11月

1日 以“创业新生代、发展新动能”为主题的2017“智汇无锡”大学生创业大赛决赛在江南大学北区大学生活动中心举行。开发区“星创工场”的两个项目分获一等奖、三等奖。

1日 首届“云林遗韵”书法作品展在中国艺术研究院中国画院无锡研创基地结束。

2日 全区传达中共十九大精神大会在区会议中心召开。

3日 区台商联谊会举办一年一度的“煮酒品蟹话锡山”联谊活动。

4日 “丝路花语”首届无锡玫瑰国际文化艺术节在鹅湖玫瑰文化园开幕。

6日 无锡农村商业银行与港下农贸市场携手，共同推出手机扫码支付功能的服务产品，便于商户与居民之间的商品交易。

7—9日 首届大陆台资企业产品展销会在南京国际博览中心举办。健鼎（无锡）电子有限公司、无锡百和织造股份有限公司、三能食品器具股份有限公司等3家台企参展。

8日 副市长刘霞率市农委、市粮食局等相关部门负责人，到锡山区太湖水稻示范园、锡山区地方粮食储备库等地，深入了解秋收秋播、秋粮收购等情况。

8日 锡北镇被确定为2016年度省耕地保护激励单位，同时获200万元奖励资金。

10日 锡山区云林街道2017年“云林一家亲”社区文化节落幕。与开幕式的社会组织路演首尾呼应，作为云林街道社会公益事业的全新载体——云林社会组织联盟正式成立。

14日 江苏省关心下一代工作委员会常务副主任张艳一行3人到锡山区调研基层关工委工作。

15日 鹅湖镇首个“一站式”居家养老服务中心尚书苑站举行开业仪式。

16日 全区宣传文化系统举行学习宣传贯彻中共十九大精神会议。

16日 区检察院承担的两项省检察院课题成果，分别荣获江苏省法学会行政法学研究会2017年年会优秀学术论文一等奖、二等奖。

17日 全国精神文明建设工作表彰大会召开，锡山地税分局获“全国文明单位”称号，东港镇山联村获“全国文明村”称号。

22日 区委召开专题民主协商座谈会，听取区各民主党派、工商联和无党派联委会围绕“聚力创新稳增长，聚焦富民惠民生”专题发表的意见和建议。

22—29日 分3期对全区区管干部开展学习贯彻中共十九大精神集中轮训，每期安排2天集中授课、2天结合实际调研。

24日 云林街道举行许巷惨案遇难同胞公祭仪式，并启用异地新建的许巷惨案纪念馆。

26日 农工党中央召开开展坚持和发展中国特色社会主义学习实践活动总结表彰大会，农工党锡山区基层委员会获“中国农工民主党参政议政工作先进基层组织”称号。

11月 在无锡市群众体育先进集体和先进个人表彰大会暨第十二届运动会闭幕式上，锡山区7个单位获评2013—2016年度无锡市群众体育先进集体，张斌、诸海燕等12人获评先进个人。锡山区文体局获“第十二届运动会体育道德风尚奖”。

12月

1日 锡山现代农业产业园合作推介会在南京国际博览中心举行。

1日 市委常委、市总工会主席陈德荣带领市总工会“工会工作项目化管理”领导小组到锡山区，对锡山区工会星级职代会创建和打牢劳动争议调解“第一道防线”两大项目进行现场观摩评议。

4日 锡山区各政法、专业法40余部门在东亭街道馨和园广场联合开展法治宣传服务活动，正式启动全区“12·4”国家宪法日暨法治宣传月集中宣传系列活动。

6日 开发区科创园企业——无锡市鼎奕创新科技有限公司带来的首款使用两轮设计、集娱乐与代步于一体的电动滑板在有着工业设计界“奥斯卡”之称的2017国际金圆规奖颁奖典礼中成为江苏省唯一入围作品，并获得荣誉奖。

7—10日 区工商联组织企业赴广州、深圳开展商务考察活动，并出席深圳市无锡商会第二届会员大会暨无锡市招商推介会。

12日 2017中国（无锡）国际轻型电动车创新技术大会在锡山区召开。

15日 日本积水化学集团旗下公司韩国映甫株式会社投资新设企业——映甫高新材料（无锡）有限公司举行开工仪式。

15日 锡山区致公党党员、晶晟科技股份有限公司总经理助理、东港青年企业家俱乐部会长冯科杰获“江苏优秀青年企业家”称号。

18日 无锡市第三届职工创新创优成果展示周在无锡市太湖国际博览中心开幕。

19日 云共创Google AdWords体验中心启动仪式暨无锡品牌海外营销大会在商务区创融大厦举行。

19日 2017年第三季度“无锡好人·善行义举榜”揭晓，锡山区有3人入选，累计入选“无锡好人”91人，入选人数位居全市前列。

19日 无锡锡山建筑实业有限公司获评江苏省建筑业“优秀企业”。

22日 无锡市公共资源交易中心锡山分中心正式揭牌。

26日 鹅湖镇人社所成功创建“全省乡镇（街道）巡回仲裁庭示范单位”。

28日 安镇街道违法用地建设行为防控查处联合执法办公室正式揭牌。

12月 荷兰泰高国际集团进驻开发区，其出资的斯凯汀水产饲料项目正式签约落户，是年内落户开发区的第3家世界500强企业。

12月 “锡山学习在线”专题片《乐学，悦行——锡山学习在线》获“第十四届中国中小学校园影视奖校园专题类一等奖”。

12月 省科技厅公布2016年度452家省级以上科技企业孵化器绩效评价结果，无锡锡山科技创业园有限公司被评为“优秀（A类）科技企业孵化器”，并获得45万元孵育计划资金。

12月 在第13届中国少年科学院“小院士”课题研究成果全国展示交流活动中，无锡市荡口实验小学“钱伟长少年创造学院”的学生戴岩、朱峻佑分别被授予“中国少年科学院小院士”和“中国少年科学院预备小院士”称号；教师朱晓军等被授予“全国优秀科技教师”称号。

（区档案局）

编辑：袁　渊

2017年锡山区安全生产工作会议　　（《新锡山》供稿）

12月18日，无锡市第三届职工创新创优成果展示周在太湖国际博览中心开幕，图为锡山区职工周荣飞现场进行绝技绝活泰式西瓜雕刻表演　　（《新锡山》供稿）

锡山区概况

Survey of Xishan District

地情概要

【位置面积】 锡山区位于长江三角洲腹地，江苏省东南部，无锡市东北部。南临太湖，北通长江，东邻苏州、常熟，东至上海128公里，西至南京177公里，为苏锡常中心地区，水陆空交通十分便捷。沪宁、锡澄（京沪）、锡张高速公路在区内交汇，G312国道穿境而过，京杭大运河贴界而过，距苏南硕放国际机场仅15公里。设立在锡山区安镇街道的京沪高铁无锡东站于2011年6月竣工并投入使用。无锡地铁2号线于2014年12月28日开通运行，起于滨湖区梅园，终于锡山区安镇街道。全区总面积399.1平方千米。境内土地肥沃，物产丰富，经济繁荣，是中国近代民族工业和现代乡镇工业的发祥地。

（区档案局）

【气候】 2017年，锡山区气温偏高，降水正常偏多，日照正常。冬春季气温持续偏高，梅雨期略偏短，梅雨量偏少，盛夏出现罕见持续性高温热浪天气，秋季多连阴雨，降水异常偏多。主要灾害性天气有寒潮、连阴雨、暴雨、高温、强对流、雾霾等。气象条件对主要农作物、旅游及交通行业为较好气候年景，对水资源及水产养殖等行业为正常气候年景，而水环境气候年景则较差。年平均气温17.5℃，年极端最高气温40.6℃，年极端最低气温-5.1℃，年高温日数（日最高气温≥35℃）31天。年降水量1322.8 毫米，年雨日124天，日最大降水量211.3毫米（9月25日，历史第一），年暴雨日数（日降水量≥50毫米）4天。年降水量月际震荡明显，特别是7月和8月旱涝急转，7月降水显著偏少，8—10月转为多雨期。年日照时数略偏少。

（市史志办　区档案局）

【人口】 2017年年末，全区户籍总户数13.78万户，总人口455086人，比上年增加11785人，增长2.7%，是近十年来锡山户籍人口增长最快的一年。其中，男性人口222206人，女性人口232880人。全年出生人口4512人，其中男婴2302人，女婴2210人；死亡人口3306人，人口自然增长率为2.7‰。（刘异伟）

【区划建置】 商末（约公元前12世纪），古公亶父（周太王）之长子泰伯，为让位于三弟季历，偕二弟仲雍南奔南蛮，定居梅里，自号“句吴”。汉高祖五年（公元前202年），始设无锡县，属会稽郡。清雍正二年（1724年），分无锡县为无锡、金匮两县。民国元年（1912年），又合二为一，复称无锡县，初属江苏苏常道，民国16年（1927年）直属江苏省。1949年4月23日，无锡解放，析城区及近郊，置无锡市，市、县分置。1983年3月，江苏省实行市管县新体制，无锡县属于无锡市。1995年6月8日，经国务院批准，撤销无锡县，设立锡山市。2000年12月，经国务院批准，撤销锡山市，分设锡山区和惠山区，隶属于无锡市，沿太湖7个镇分别归无锡市滨湖区和新区。（区档案局）

【行政区划】 2017年9月28日，经区政府同意，东港镇在新湖苑、新湖东苑、怀仁东苑、怀仁西苑和东湖新村等集中安置区设立怀仁社区居民委员会。12月6日，东北塘街道在锦旺新村集中安置区设立锦旺新村社区居民委员会。至2017年年末，锡山区辖5个街道、4个镇，75个行政村、47个社区居委会和1个国家级开发区、1个锡东新城商务区。

（区档案局）

2017年年末锡山区村（居）委会一览

表1　　单位：个

单位	村（居）委会名称	数量
东亭街道	东街社区　柏庄一村社区　桑达园社区　春江花园社区　门楼社区　柏庄社区　春星社区　春合社区　庄桥社区　北街社区　东亭社区　新屯社区　映月社区　华亭社区　东城社区　明泉社区	16
安镇街道	鑫安社区　吼山社区　谈村社区　锦安社区　白丹山村　大厍头村　先锋村　查桥村　山河村　春光村　安南村　胶西村　安西村　胶山村　胶南村　安镇村　团结村	17

续表1

单位	村（居）委会名称	数量
羊尖镇	羊尖社区　羊尖村　南村村　宛山村　廊下村　南丰村　严家桥村　丽安村　龙凤巷村	9
鹅湖镇	人民路社区　青虹路社区　甘露社区　尚书苑社区　鹅湖村　青荡村　三新村 圆通村　新桥村　圩厍村　群联村　松芝村　彩桥村	13
东北塘街道	严埭社区　锡通社区　东北塘社区　梓旺新村社区　锦旺新村社区　裕巷村 埈坝村　大马巷村　正阳村　锦阳村　梓旺村	11
锡北镇	八士社区　张泾社区　斗山花苑社区　新坝村　八士村　联新村　劲丰村　斗山村 春风村　东房桥村　光明村　寨门村　泾西村　泾新村　新明村　周家阁村	16
东港镇	东湖塘社区　港下社区　湖塘桥社区　蠡涸西社区　怀仁社区　朝阳村　东升村 黄土塘村　亚光村　东青河村　东南村　华东村　新巷村　张缪舍村 港东村　山联村　勤新村　港南村　陈墅村　东湖村	20
云林街道	云昌社区　云龙社区　云林社区　云祥社区　云扬社区　春雷社区 竹园社区　新农丰社区　蓉阳村　芙蓉村　双桥村	11
厚桥街道	厚桥社区　南桥头村　年余村　太芙村　新联村　新厚桥村　嵩山村　中东村　谢埭荡村	9

（区民政局）

经济和社会发展

【概况】 2017年是“十三五”规划实施的关键之年，在区委、区政府的领导下，全区上下坚持稳中求进工作总基调，树立五大发展理念，主动适应经济发展新常态，加快推进产业强区，加快实施创新驱动，锡山经济社会发展取得新成效。

【项目引领产业强区】 2017年，锡山在建超1亿元重大产业项目97个，其中，年内开工建设新项目27个，建成竣工项目46个。项目招引精准发力，围绕现代产业发展新方向和投资需求新动向，尚品宅配、韩国积水化学汽车内饰件等一批重大产业项目顺利落户；中国南山开发（集团）车联网小镇、海尔国际创智谷等75个重大项目成功签约。依托产业强区的主导战略，全区经济实现新发展。工业经济方面，2017年，全区工业总产值1286.1亿元，比上年增长14.4%，其中规模以上工业总产值1121.41亿元，比上年增长13.4%，增幅创近6年最高水平。骨干企业发展良好，全区产值超1亿元企业205家，比上年增加31家。服务业经济方面，服务业增加值占GDP的比重为46.2%；社会消费品零售总额比上年增长12.0%，其中，限额以上零售额比上年增长13.7%；旅游营业收入突破8亿元；锡东跨境电商产业园被评为“省电子商务示范基地”。现代农业方面，2017年，锡山现代农业产业园获批创建国家级园区，20个重点农业园区加快提升发展，总投资5000万元的欧姆龙智能农业园在锡山落户开园。

【人才引领科技创新】 人才高地建设得到有效推进，出台《关于聚力创新实施“锡山英才计划”的意见》，举办第三届MIT-CHIEF（麻省理工学院中国创新与创业论坛）海外高层次人才创业项目合作洽谈会，与MIT（麻省理工学院）开启第三轮合作，培育省“双创计划”项目10个，培育入围国家“千人计划”1名，培育市“太湖人才计划”

企业经营管理人才12名、入围产业升级创新人才7名，引进“双高”人才385名、海归人才95名。重大创新载体建设持续加快，开发区“星创工场”累计入驻企业和项目109家（个）；中国科学院微电子研究所智能制造无锡产业化基地等一批产学研合作项目成功落户。全区高新技术企业累计达到180家；全区高新技术产业产值（八分类）达到553.59亿元，全年全社会研发投入占GDP比重达到3.21%。科创成果加速转换，年内全区获批省级工程技术研究中心4家、省级工程中心2家、省级企业技术中心2家、高新技术产品134个、省重大成果转化1项，万人发明专利拥有量达到39.05件。传统制造加快融合发展，全区列入市级以上技术创新项目115项、省“专精特新”产品15个，获评省两化深度融合创新示范试点企业16家，3家企业产品入选省重点推广应用目录名单。

【服务推动改革开放】简政放权继续深化。编制完成政务服务事项清单、区级部门标准化权力清单，开展“不见面审批（服务）”事项清单梳理公布工作，有效简化办事程序；东港镇入选省第一轮经济发达镇行政管理体制改革名单，无锡市公共资源交易中心锡山分中心正式挂牌成立，锡山百事通App上线运行。企业“多证合一、一照一码”登记模式和个体工商户“两证合一”全面推行。对外贸易稳步回暖，2017年，全区完成进出口总额48.94亿美元，比上年增长13.9%，其中，出口额36.54亿美元，比上年增长8.3%。境外投资持续增长，全年完成境外中方投资额1.02亿美元；无锡一棉投资有限公司埃塞俄比亚纺织生产基地项目正式签约；西港特区建设步伐加快，入园企业达118家，园区二期开发启动实施。利用外资结构趋优，全区制造业到位外资2.06亿美元，占全部到位注册外资57.1%；新批重大外资项目10个，新批世界500强企业投资项目3个。

【城乡统筹稳步推进】城市功能不断完善。八佰伴生活广场项目有序推进，红豆财富广场、绿地乐和城基本建成，东港万花城商业中心正式投运。“红豆杉健康小镇”入选市第一批特色小镇创建培育名单。基础设施建设稳步推进。道路整修扎实开展、校舍新建有序实施、医疗配套逐步完善。生态治理持续强化。2017年，全区关停整治燃煤工业窑炉21台，燃煤工业窑炉清洁能源替代率达80%；关停化工生产企业19家，环保行政处罚281件；累计关停畜禽养殖场（户）210家、达标整治50家；煤炭消费总量削减7.1万吨。河道整治工作加速推进。“河长制”管理持续强化，东亭污水处理厂一、二期完成提标改造，东亭污水处理厂分厂新建工程和安镇、鹅湖污水处理厂二期扩容工程加快建设。自然湿地保护成效明显，宛山荡被评为“省级生态湿地公园”。锡东电厂顺利复工，各项惠民措施加紧实施，锡东生态园建设进展顺利。

【富民增收取得成效】居民收入与经济增长同步。2017年，全区城镇居民人均可支配收入、农村居民人均可支配收入分别达到50137元、28569元，比上年分别增长8.3%、8.5%。就业帮扶成效明显。全年实现城镇新增就业1.93万人，失业人员再就业2279人，就业困难人员再就业3563人，被征地劳动力就业1984人。精准扶贫持续推进。全年发放低保金1497.63万元，发放深度贫困帮扶资金1405.8万元，为29名深度贫困家庭毕业生就业提供定向帮扶。新一轮薄弱村扶持工作扎实推进，落实“一村一策”脱贫项目15个，实现脱贫转化市级经济薄弱村3个。基本公共服务持续提升。城乡义务教育优质均衡发展，入园入学平稳有序，教育教学质量得到新提升。区域医疗联合体建设不断深化，积极推进公立医院管理体制改革，分级诊疗制度框架逐步形成；开展省健康促进区和江苏省“十三五”人口协调发展先进区创建，“国家基本公共卫生服务项目”省级绩效考核排名江苏第一。文体活动广泛开展，青少年业余体校被评为“全国群众体育先进单位”。积极推进公办养老机构和居家养老服务社会化运营，推动厚桥街道养老服务中心建设。社会治理水平持续提升。“连心富民、联企强区”大走访活动扎实推进，全区各级深入基层一线走访群众18.7万户、企业6832家，分类解决各类问题9000余件；97%的城市社区和96%的农村社区达到省级和谐社会建设标准；“七五”普法顺利实施，社会矛盾纠纷调处成功率99.2%，社会万人刑事发案率比上年下降1.6个百分点。

（张　诚　姚佳慧）

精神文明建设

【概况】2017年，全区精神文明建设工作围绕区委、区政府中心工作，根据年度宣传工作会议确定的重点工作目标，继续深化文明创建、品牌建设和未成年人思想道德建设，推动全区精神文明建设工作迈上新台阶。

【“讲文明树新风”公益广告宣传】落实通稿刊载工作，持续推进公益广告展架、建筑工地围挡、电子屏、LED显示屏等载体“讲文明树新风”公益广告落实工作，公益广告占比达到目标要求。加大先进典型宣传力度，在东亭路和华夏路新增无锡市“道德模范”公益广告宣传道旗百余幅。区情简报《新锡山》定期刊发通稿作品，锡山宣传网站开设公益广告专栏，登载通稿作品。

【道德模范和身边好人推荐宣传】制定下发《关于进一步做好“我推荐我评议身边好人”活动的通知》，明确各板块、各部门年度推荐任务，备选好人库320余人。7月，锡山公安分局推荐的邱海波入选“江苏好人”，2017年，全区入选“江苏好人”1名、“无锡好人”15名。推荐周海江候选全国道德模范，并获“第六届全国道德模范提名奖”。在《新锡山》开设“身边好人专栏”，官方微博、微信“锡山发布”同步宣传好人事迹。

【志愿服务制度化、信息化建设】2017年，依托“志愿无锡”网上服务平台，对各级志愿服务组织和志愿者进行管理。3月，区委常委、宣传部部长徐悦在全区宣传工作会议上进行专题部署，4月，区文明办召集各镇（街道）宣传干事召开工作推进会，进一步明确时序安排和达标要求。5月，在全市7大板块中率先完成目标任务，“志愿无锡”网上服务平台注册率、活跃率分别为31.5%、12.1%，全面超越市文明办下达的25%、10%的目标任务，形成志愿服务团队661个、志愿者15.7万余人、志愿服务时长32万小时的志愿服务立体网格，形成全区人人可言善、个个能行善的群体引领效应。2017年，“蓝翼”志愿服务队被授予“2016年全国学雷锋志愿服务‘四个100’最佳志愿服务组织”称号，锡北镇推荐的稀有血型志愿者包准被评为“2017年省优秀志愿者”。

【未成年人思想道德建设】落实2017年市未成年人思想道德建设相关工作项目，以中国梦主题教育为主线，融入“孝义崇善之区”精神文明建设内涵，联合区教育局等部门推进未成年人思想道德建设。回顾总结2014年后未成年人文明礼仪养成教育工作，以《构建中小幼纵向衔接的文明礼仪养成教育体系》为题，选取精彩瞬间，编辑宣传专版。开展第四届“美德少年”推荐评选活动，推荐15名公众代表票选省、市“美德少年”，12名锡山区青少年入选第四届无锡市“美德少年”，天一中学的虞协青被评为“第四届江苏省美德少年”。部署做好10个上级扶持乡村学校少年宫项目网络管理平台档案填报工作，新申报锡北镇东房桥小学、东港镇黄土塘小学入省扶持乡村学校少年宫项目，实现全区乡村学校和少年宫全部获得上级扶持。结合“清明”“六一”等时间节点，组织相关学校登录专题网页，开展“网上祭英烈”“学习和争做美德少年”网上寄语活动等。根据市有关部门的部署，组织学生参与无锡市第五届“文明风尚好少年”全媒体选拔大赛和第十三届无锡市十佳小公民评选等活动。

【文明城市创建季度测评迎检】4月，按照《无锡市关于开展季度城市文明程度指数测评活动的通知》提出的要把季度测评作为巩固文明城市创建成果，推进创建工作常态长效发展有效手段的新要求，确定继续抓好城市文明程度指数季度测评迎检工作、巩固领先优势的目标定位。突出惠民利民导向、强化过程质量管理，把握实地考察、问卷调查、重点工作三个关键环节，加强创建成员单位联动和协调，提升长效、常态迎检水平，继续在季度测评成绩上领先全市7大板块。在全年四个季度两项测评迎检中，锡山实地考察、问卷调查成绩全市排名继续保持第一，持续巩固2012年后领先位置。

【全国文明城市复查迎检工作】2017年，无锡迎来全国文明城市三年一次的复检，蝉联第五届全国文明城市荣誉是全市精神文明创建的主要目标。6月26日，无锡市创建全国文明城市工作领导小组（以下简称市创建办）召开专题会议，全面部署全国文明城市复查保牌迎检工作。锡山区先后召开党政联席会议、动员会议，专题传达贯彻全市会议精神，研究部署全区文明城市创建工作深化推进方案，并从健全组织领导、梳理工作重点、完善推进机制和强化督查考核等方面，全面推进复查保牌迎检工作。根据锡山区的目标任务和测评体系分解表，进行详细再分解，9个板块和相关部门明确目标任务。6—8月，重点完成省复查前准备和省复查实时工作。根据市创建办关于报送台账资料的通知要求，组织专门工作组进行台账资料收集、整理。7月12日，提交相关资料，并在后期继续完善充实相关台账资料。同时，注重沟通协调，做好营造创建氛围、开展舆论宣传、布置更新公益广告等具体工作。根据市创建办下发的实地督查情况，及时整改回复18期涉及锡山的整改任务，做到件件有落实、有回复，并举一反三、巩固成效。8月10日，锡山区复查迎检工作进入实战状态。11日至12日上午，省检查组先后5次考察馨和园广场、锡山区图书馆、东亭实验小学、东亭街道、东北塘街道、东港镇，为无锡市迎接省复查工作承担较多任务，为无锡市蝉联第五届全国文明城市荣誉做贡献。

（安志强）

组织机构和领导人员名单
（2017.1—2017.12）

中共锡山区委

书　记　陆志坚（至12月）
　　　　顾中明（12月任）
副书记　顾中明（至12月）
　　　　言国强
常　委　李　江　张映雪
　　　　窦　虹
　　　　周柏平（至9月）
　　　　朱洪元
　　　　谢　军
　　　　徐　悦
　　　　陈秋峰
　　　　王颐然（11月任）
　　　　张永宏（挂职，至8月）

区委办公室
主　任　徐　悦
副主任　李　冰　赵　琰
　　　　刘宇峰
　　　　费晨波（11月任）

区委研究室

区委机要保密局
局　长　徐　悦
副局长　刘宇峰（3月任）

区委组织部
部　长　窦　虹
副部长　孙军伟（至3月）
　　　　徐建东
　　　　王美娟
　　　　华　晓（3月任）

区新经济社会组织党工委
书　记　王美娟
副书记　周志刚（至11月）

区委宣传部
部　长　徐　悦
副部长　张　晔　冯筱虹

区精神文明建设指导委员会办公室
主　任　张　晔
副主任　王　强（至7月）
　　　　陆平良（11月任）

区委统战部
部　长　张映雪
副部长　丁益民　王祖庚
　　　　陈志贤

区政府侨务办公室
主　任　丁益民

区委政法委
书　记　朱洪元
副书记　陈　伟
　　　　荣晓峰
　　　　金建国（挂职）

区社会管理综合治理委员会办公室
主　任　陈　伟
副主任　沈　锋
　　　　陈涌浩

区委农村工作办公室
主　任　华　星（至11月）
副主任　费晨波

区委台湾工作办公室
主　任　谢旭东
副主任　陆志斌
　　　　过育东（11月任）

区政府台湾事务办公室
主　任　谢旭东
副主任　陆志斌
　　　　过育东（11月任）

区委党校
校　长　言国强
副校长　朱一丹　王丽霞
　　　　黄四文

区行政学校
校　长　言国强
副校长　朱一丹　王丽霞
　　　　黄四文

区委区级机关工委
书　记　华　星
副书记　戴文明

区机构编制委员会办公室
主　任　徐建东
副主任　李婷婷　吴梦娜

区事业单位登记管理局
局　长　徐建东

区委老干部局

局　长　徐建东
副局长　邓建华

区档案局、区档案馆

局　长、馆　长　宋永敏
副局长、副馆长　周红亚
倪　勇
周　枫

锡山区人大常委会

党组书记　蒋　群
党组副书记　陈建清　辛谊忠
主　任　蒋　群
代理主任　张黎平（至1月）
副主任　陈建清（1月任）
辛谊忠（1月任）
毛　晨
黄懿斌（1月任）

区人大常委会办公室

主　任　华　兴
副主任　钱智卿
曹红芬（12月任）

区人大常委会研究室

主　任　华　兴（至12月）
周　勇（12月任）

区人大常委会人事代表联络工作委员会

主　任　邓建华
副主任　蔡洪中

区人大常委会内务司法工作委员会

主　任　童建伟

区人大常委会财政经济工作委员会

主　任　胡建明

区人大常委会教科文卫工作委员会

主　任　许　晔

区人大常委会环境资源城乡建设工作委员会

主　任　朱　华
副主任　顾国清（至12月）

区人大常委会农业农村工作委员会

主　任　李　立（至7月）
席子南（12月任）

锡山区人民政府

党组书记　顾中明
党组副书记　李　江
区　长　顾中明
副区长　李　江
包　鸣（至5月）
赵　鞠（5月任）
陈　奕
李佩东
周建伟
陶　波
吴伟君（3月任）
周　刚（挂职，至1月）
徐为民（挂职）
张永宏（挂职，至9月)
栾海港（挂职，5月任）
徐雪高（挂职，7月任）

区政府办公室

主　任　张　瑜
副主任　张立新（至12月）
莫祚文（至8月）
李广飞（至12月）
滕国良
丁维伟
保海燕
刘人大
吴健龙（12月任）
党委书记　张　瑜

区政府法制办公室

主　任　刘飞平（至3月）
副主任　张晓红（3月任）

区政府法制办公室（机构单列）

主　任　刘飞平（4月任）

区信访局

局　长　张立新
副局长　王安华　许孝强

区外事和接待办公室

主　任　许　兰

区区级机关事务管理局

局　长　张　瑜

区采购中心（1月机构调整）

主　任　滕国良（至11月）

区发展和改革局

局　长　王立新
副局长　虞科峰（至12月）
陆　军　孟振华
党组书记　王立新

区物价局

区经济和信息化局

局　长　华　炜
副局长　周建新
胡亚青（至12月）
路永明（至12月）
虞科峰（12月任）
顾仲明（12月任）
党委书记　华　炜
党委副书记　周建新
虞科峰（11月任）
纪委书记　周建新（至7月）

区中小企业局

局　长　周建新
副局长　路永明（至12月）

区乡镇企业局

局　长　周建新

区教育局
局　长　冯冬雁
副局长　孟晓东
　　朱卓君
　　吴洪明　范　忠
党委书记　冯冬雁
党委副书记　吴洪明（11月任）

区政府教育督导室
主　任　孟晓东
副主任　华　敏（至7月）
　　吴洪明（12月任）

区科学技术局
局　长　王　彪（至12月）
　　郁　枫（12月任）
副局长　程宇峰　赵又力
　　陈雪军　郭明州
　　苏珍珠（挂职）
党组书记　王　彪（至11月）
　　郁　枫（11月任）
纪检组长　薛　静（至7月）

区知识产权局
局　长　王　彪（至12月）
　　郁　枫（12月任）

区生产力促进中心
主　任　程宇峰

区人力资源和社会保障局
局　长　孙　伟
副局长　钱　伟（至12月）
　　边荣伟
　　华　军（8月任）
　　李文君
　　姚惊雪（挂职，8月任）
党组书记　孙军伟
纪检组长　华　军（至7月）

区财政局
局　长　浦向民
副局长　匡凤娟
　　沈炳伟
　　吴建一（至12月）
党组书记　浦向民

区财政结算中心
主　任　周肖平

区财政投资评审中心
主　任　徐　卿

区监察局
局　长　张建华
副局长　华维晔　何建忠

区民政局
局　长　席子南（至12月）
　　张立新（12月任）
副局长　陆　军　周　奕
　　马亚明（12月任）
党组书记　席子南（至11月）
　　张立新（11月任）
纪检组长　钱琳萍（至7月）

区司法局
局　长　蔡　伟
副局长　谢　敏　钱亚锋
　　周铁军（11月任）
党组书记　蔡　伟
纪检组长　孙周卿（至7月）

区住房和城乡建设局
局　长　张　杰
副局长　黄新丰　马益明
　　张健明（至12月）
　　倪宏伟
　　朱雅明
　　王赛亮（至12月）
　　沈　强
党委书记　唐珏如（至11月）
　　张　杰（11月任）
党委副书记　张　杰（至11月）

区人民防空办公室
主　任　张　杰
副主任　朱雅明

区房屋拆迁管理办公室
主　任　马益明

区交通运输局
局　长　许雷亮
副局长　王赛亮（12月任）
　　倪大尧
　　吴健刚
党委书记　许雷亮
党委副书记　王赛亮（11月任）

区重点工程建设管理办公室
主　任　许雷亮

区水利局
局　长　孟静卫
副局长　周志刚（12月任）
　　许正东　顾春新
党委书记　孟静卫
党委副书记　周志刚（11月任）
纪委书记　徐　晴（至7月）

区农林局
局　长　华　星（3月任）
副局长　胡建伟
　　王培军（至8月）
　　蒋红梅　华　翊
　　周　斌（12月任）
党委书记　司建新（至3月）
　　华　星（3月任）
党委副书记　胡建伟
纪委书记　胡建伟（至7月）

无锡市现代农业开发试验区管委会
主　任　华　星（3月任）

区农业资源开发局
局　长　华　星（3月任）

区商务局

局　长　王　琪（至12月）
　　　　过文洁（12月任）
副局长　丁　磊　汤　沸
　　　　滕文杰　陈　冠
党组书记　王　琪（至11月）
　　　　　过文洁（11月任）

区招商局

局　长　王　琪（至12月）
　　　　过文洁（12月任）
副局长　陈　冠
　　　　巫银科（11月任）

区旅游局

局　长　王　琪（至12月）
　　　　过文洁（12月任）

区投资促进中心

主　任　王　琪（至11月）
　　　　过文洁（11月任）

区卫生和计划生育局

局　长　徐志军
副局长　钱岷丹（至8月）
　　　　孙根福
　　　　朱莉敏
　　　　戴伟东
　　　　祁　萍（12月任）
党委书记　徐志军
党委副书记　钱岷丹（至7月）
纪委书记　赵　征（至7月）

区红十字会

会　长　陈　奕
副会长　赵　征（7月任）

区市场监督管理局

局　长　王利江
副局长　周　毅
　　　　金海荣（至3月）
　　　　丁军武　顾静燕
　　　　谢旭东　叶　锋
　　　　周　廷
　　　　何鹏福（挂职，12月任）
党委书记　华荣清
党委副书记　王利江
纪委书记　许建民（至7月）
开发区分局分局长　顾一军
开发区分局副分局长
　　　　章红栋（至12月）
商务区分局分局长　辛红卫
东亭分局分局长　盛　俊
羊尖分局分局长
　　　　吕　静（至3月）
　　　　周　廷（12月任）
鹅湖分局分局长　华　晟
东北塘分局分局长
　　　　吴斌言（至12月）
　　　　章红栋（12月任）
锡北分局分局长
　　　　王　栋（12月任）
东港分局分局长
　　　　吴斌言（12月任）

区食品药品监督管理局

局　长　王利江
副局长　金海荣（至3月）
　　　　丁军武
开发区分局分局长　顾一军
开发区分局副分局长
　　　　章红栋（至12月）
商务区分局分局长　辛红卫
东亭分局分局长　盛　俊
羊尖分局分局长
　　　　吕　静（至3月）
　　　　周　廷（12月任）
鹅湖分局分局长　华　晟
东北塘分局分局长
　　　　吴斌言（至12月）
　　　　章红栋（12月任）
锡北分局分局长
　　　　王　栋（12月任）
东港分局分局长
　　　　吴斌言（12月任）

区审计局

局　长　吕　斌
副局长　华义良　刘水长
　　　　钱国红
党组书记　吕　斌
纪检组长　董　斌（至7月）

区环境保护局

局　长　陆晓波
副局长　党　政（至12月）
　　　　殷晓伟　林伟庆
党组书记　陆晓波
纪检组长　许虎良（至7月）

区环境监察大队

大队长　苏　彪
教导员　程　赟

区安全生产监督管理局

局　长　朱晓军
副局长　顾君伟　蒋晓湖
党组书记　朱晓军

区城市管理局

局　长　司建新
副局长　张文龙（至7月）
　　　　马新华　周　刚
　　　　郁　奇（11月任）
党组书记　司建新

区城市管理行政执法局

局　长　司建新

区城市管理行政执法大队

教导员　施敏宇

区文体局

局　长　郁　枫（至12月）
副局长　邹忆军　汤　屹
　　　　保海燕

党组书记　郁　枫
纪检组长　吕颖芳（至7月）

区文化遗产局

无锡中国乡镇企业博物馆

馆　长　郁　枫（至12月）

区统计局

局　长　陈旭东
副局长　韩　薇
　　　　孙　朝
党组书记　王立新

区粮食局

局　长　陈荣伟
副局长　周国英　陈云山
　　　　杨　超
党组书记　陈荣伟

区民族宗教事务局

局　长　王祖庚

区政务服务管理办公室

主　任　李　江
副主任　钱雨晨　钱　敏
　　　　徐沫泉
党组书记　钱雨晨

无锡市公共资源交易中心锡山分中心（1月机构新设）

主　任　钱雨晨（11月任）

区供销社

主　任　华　炜（至11月）
　　　　胡亚青（11月任）
副主任　朱　坚
　　　　李　宾
党委书记　华　炜（至11月）
　　　　　胡亚青（11月任）
党委副书记　朱　坚
纪委书记　朱　坚（至7月）

天一中学

校　长　沈茂德
党委书记　冯　朴
副校长　许　芹　朱卓君
　　　　陈梦俭　陈志刚
　　　　周　斌
党委副书记　许　芹（11月任）

区医院

院长、党委书记　华建平

区卫生局卫生监督所、区疾病预防控制中心

所长、主任　张坚强
党支部书记　张坚强

锡州花园酒店

总经理、党支部书记　凌志刚

政协锡山区委员会

党组书记　章红新
党组副书记　章建新
主　席　章红新
副主席　章建新　石国洪
　　　　朱卓君
　　　　孙军伟（1月任）
　　　　史锡联（1月任）

区政协办公室

秘书长、主任　宋吉雯
副秘书长　吴健龙
副主任　吴健龙

区政协学习文史和社会法制委员会

主　任　张骁杰
副主任　龚　磊（兼）
　　　　徐　军（兼至1月）
　　　　缪叶锋

区政协提案委员会

主　任　周　勇
副主任　吴健龙

区政协经济科技委员会

主　任　吴伟鸿
副主任　汤　沸（兼）
　　　　周建新（兼至1月）

区政协文教卫体委员会

主　任　洪　叶
副主任　王祖庚（兼）
　　　　汤红星（至7月）

区政协人口资源环境和城乡建设委员会

主　任　李惠珍
副主任　张健明（兼）
　　　　朱莉敏（兼至1月）

中共锡山区纪律检查委员会

书　记　谢　军
副书记　张建华　金士健
常　委　张小伍
　　　　余宏伟
办公室主任　戴雪泉（7月任）
纪检监察干部管理监督室主任
　　　　余　阳（11月任）
党风政风监督室主任　钟　昇
信访室主任　周达科
第一纪检监察室主任　余宏伟
第二纪检监察室主任　马韶军
案件审理室主任　蒋德莉
纪检监察一室主任　张小伍
纪检监察二室主任　华维晔

区纪委派驻纪检监察组（7月新设）

第一纪检监察组组长
　　　　张建平（7月任）
第二纪检监察组组长
　　　　钱琳萍（7月任）
第二纪检监察组副组长
　　　　佘文忠（7月任）
第三纪检监察组组长
　　　　薛　静（7月任）

第三纪检监察组副组长
王振新（7月任）
第四纪检监察组组长
孙周卿（7月任）
第四纪检监察组副组长
李汉中（7月任）
第五纪检监察组组长
董　斌（7月任）
第五纪检监察组副组长
张倩雯（7月任）

区委巡察工作办公室（7月新设）

主　任　钱岷丹（7月任）
副主任　何鸣宇（9月任）
　　　　周　亮（7月任）

区委巡察组（7月新设）

第一巡察组组长
华维晔（7月任）
第一巡察组副组长
包昕慧（9月任）
第一巡察组副组长
钱　军（7月任）
第二巡察组组长
王　强（7月任）
第二巡察组副组长
吕颖芳（7月任）
第三巡察组组长
蒋新岐（9月任）
第三巡察组副组长
黄凌莹（9月任）
第三巡察组副组长
过旭东（7月任）

区检察院

检察长　何　莹（1月任）
副检察长　何　莹（至1月）
　　　　龚　磊　周燕华
　　　　徐　峰
党组书记　何　莹
党组副书记　周燕华（至11月）
纪检组组长　岳有仁（至7月）

区法院

院　长　蒋　飞（至9月）
代理院长　谭　云（9月任）
副院长　谭　云（9月任）
　　　　王　春　曹　彪
　　　　虞静珠
党组书记　蒋　飞（至8月）
　　　　谭　云（8月任）
纪检组组长　林　坚（至7月）

人民团体·工商联

区总工会

主　席　张映雪
副主席　方宏伟　汪海峰
　　　　沈威威
党组书记　方宏伟

团区委

书　记　余佳欢
副书记　童依菲　浦卓雅（兼）

区妇联

主　席　姚华芳
副主席　华颖珍　巫敏燕
　　　　高宇芳（兼）

区科协

主　席　张荣兴（至11月）
　　　　钱红星（11月任）
副主席　李伏魁　徐　军
　　　　李明杰（兼）

区残联

理事长　徐卫兵
副理事长　倪　虹　谢浩庆
　　　　韩庆东（兼）

区工商联

主　席　史锡联
副主席　陈志贤　戈兴栋
　　　　于永军（兼）
　　　　尹克勤（兼）
　　　　冯建昌（兼）
　　　　华啸威（兼）
　　　　许运枫（兼）
　　　　杨仲华（兼）
　　　　杨建林（兼）
　　　　林柱英（兼）
　　　　周永钧（兼）
　　　　戴　飚（兼）
党组书记　陈志贤

锡山经济技术开发区

党工委书记　陆志坚（至12月）
　　　　顾中明（12月任）
党工委副书记　李佩东
党工委委员　夏养波　周维科
　　　　邓重高（至9月）
　　　　钱　斌（9月任）
　　　　王　琪（9月任）
　　　　王立新（12月任）
纪工委书记　邓重高（至9月）
　　　　钱　斌（9月任）
管委会副主任　李佩东　夏养波
　　　　周维科
　　　　王　琪（9月任）
　　　　王立新（12月任）
　　　　刘景升（挂职，4月任）

内设机构

党政办公室主任　张京东
党群工作部部长　徐　星
党群工作部副部长　周　骏
　　　　曾照英（挂职，5月任）
经济发展局局长　尤东升
经济发展局副局长　万颖岚
　　　　严纯洁　盛汉平
　　　　夏　苏（挂职，5月任）
　　　　祁成元（挂职，12月任）
财政局局长　吕政威
财政局副局长　周立东
招商局局长　陈涵杰
招商局副局长　朱　艳

高大纲（11月任）
建设城管局局长　韩邦民
建设城管局副局长　胡建国
拆迁安置管理办公室主任　华晓东
拆迁安置管理办公室副主任
张建春
安全环保局局长　王晓东
安全环保局副局长　张少华
服务外包产业园管理局局长
张　栋
服务外包产业园管理局副局长
顾　艳
科学技术局局长
史锡联（至11月）
李　峰（11月任）
科学技术局副局长
李　峰（至11月）
马成樑（11月任）
胡士奇（挂职，至8月）
彭勇刚（挂职，11月任）
监察室主任（审计局局长）
朱　锋
监察室副主任（审计局副局长）
臧立丹
科技创业服务中心主任
史锡联（至11月）
李　峰（11月任）
科技创业服务中心副主任
程　涛
马成樑（11月任）

无锡锡东新城商务区

党工委书记　陆志坚
党工委副书记　章金伟（7月任）
党工委委员　陈秋峰
章金伟（至7月）
纪工委副书记　马明初
管委会副主任　陈秋峰　章金伟

内设机构

党政办公室主任　黄　庆
经济发展局局长　唐　皓（至3月）
李　冰（11月任）
经济发展局副局长　张智慧
徐君健
陈　昊（挂职，至8月）
孙大林（挂职，11月任）
招商局局长　章金伟
招商局副局长　王季燕　耿志强
财政局局长　王　洪
财政局副局长　薛　武　陆相林
建设局局长　王　健
建设局副局长　李　荣
彭　雷（挂职，5月任）
城市管理局局长　戴德峰
城市管理局副局长　李晔军
莫祚文（7月任）
监察局（审计局）局长　马明初
监察局（审计局）副局长　周志清

江苏无锡锡山台湾农民创业园

管委会主任　言国强
管委会副主任　钱红星（至12月）
张锡伟（12月任）
程铭心
徐勇惠

内设机构

党政办公室主任　陶慧敏
综合管理部部长
周　斌（至11月）
招商部部长　史建红

条线驻区单位

锡山区人武部

部　长　周柏平（至12月）
周文伟（12月任）
政　委　张寅华（至6月）
王颐然（6月任）

无锡市公安局锡山分局

局　长　蒋文伟
政　委　张正怿
副局长　陈洪泉（至5月）
江　山
胡　玮
梁世凯
吴永君
谷友炳
陈　珏（7月任）
纪检组长　梁世凯
区维稳办主任　江　山
区维稳办副主任　曹伟龙

无锡市公安局交警支队锡山大队

大队长　周立平
教导员　雷淦泉
副大队长　肖壮凌　丁　明
范桂锦

无锡市锡山区国家税务局

党组书记、局长　李永平
副局长　戴秋良
王茹辛（至3月）
张宇炜（3月任）
周影东（3月任）
纪检组长　朱　斌（至3月）
陈盘林（3月任）

无锡市锡山地方税务局

党组书记、局长　严卫中
党组副书记　吴晓红（至5月）
副局长　陶　江　戴　炜
张　益
沈潇敏（6月任）
纪检组长　吴晓红（至5月）

无锡海关驻锡山办事处

主　任　陆晓飞
副主任　朱国正（至10月）
金欣伟（11月任）

无锡市国土资源局锡山分局

党委书记、局　长

黄朝奎（至2月）
孙　电（2月任）
副局长　张锦锋　曹小龙
李惠明　胡中华
王海滨
党委委员　张锦锋　曹小龙
李惠明　胡中华
王海滨
浦元军（3月任）

无锡市规划局锡山分局

局　长　张忠坚（至10月）
王　贤（10月任）
副局长　徐国良

锡山区公安消防大队

大队长　李正学（至5月）
杨大雷（10月任）
教导员　胡育来
副大队长　蒋　骅

锡山区邮政分局

区局长　谢　军
副区局长　任　鸣

中国电信无锡锡山区局

局　长　崔晴毅
副局长　吕可达（3月任）
周利国

锡山区烟草专卖局

局长（经理）　曹显华
副局长（副经理）
钱煜翔　王　杰

各镇（街道）

东亭街道

党工委书记　周建伟（至11月）
范嘉明（11月任）
副书记　范嘉明（至11月）
虞　军
王　群（11月任）
纪工委书记　吴晓朗
区人大东亭街道工委主任　朱锦伟
办事处主任　范嘉明（至12月）
副主任　过敬伟
王　群（至12月）
虞　军　冯汉伟
马新峰
薛志荣（12月任）
雷　霄（挂职，至6月）
吴兆毅（挂职，6月任）
金海强（挂职，12月任）

安镇街道

党工委书记　陈秋峰（至3月）
章金伟（3月任）
副书记　徐涵明（至11月）
辛　毅　陆　敏
路永明（11月任）
纪工委书记
施春开（7月至11月）
陈　征（11月任）
区人大安镇街道工委主任
滕　卫
办事处主任　徐涵明（至12月）
副主任　辛　毅　沈　源
吴剑峰　孙　怡
徐希伟
施春开（12月任）
耿志强（12月任）
刘相蕖（挂职，6月任）

羊尖镇

党委书记　鲍雪峰（至11月）
王　彪（11月任）
副书记　王　澄
华锡炎
纪委书记　包昕慧（至9月）
人大主席　周凤南
镇　长　王　澄
副镇长　顾正强　桂　彬
奚新华　高　杰
祁　萍
徐海黎（挂职，至8月）
张　华（挂职，11月任）

鹅湖镇

党委书记　钱　斌（至11月）
叶上山（11月任）
副书记　叶上山（至11月）
蒋新岐（至9月）
李　立（至3月）
唐　皓（3月任）
朱继峰（11月任）
范展智（挂职，5月任）
余佳欢（挂职，11月任）
纪委书记　朱　明
人大主席　陈　钢
镇　长　叶上山
副镇长　朱继峰　华　倩
王　挺　周品飞
华新萌
陈存广（挂职）

荡口古镇

党工委书记
钱　斌（至11月）
叶上山（11月任）
副书记　李　立（至3月）
唐　皓（3月任）
余佳欢（挂职，11月任）
管委会主任　李　立（至3月）
唐　皓（3月任）
管委会副主任　朱继峰（至12月）
周云芳
余佳欢（挂职，11月任）

东北塘街道

党工委书记　朱　惕
副书记　殷旭东　邹春舫
纪工委书记　薛凯元（7月任）
区人大东北塘街道工委主任
陆兴荣（至12月）
办事处主任　殷旭东

副主任　钱献忠
何鸣宇（至9月）
周可军
陆建伟
徐石平
冯　军（挂职，6月任）

锡北镇

党委书记　陶　波（至3月）
陈秋峰（3月任）
副书记　过文洁（至11月）
张建国（至11月）
徐涵明（11月任）
沈　勇（11月任）
陆敏方
纪委书记　姚曙东
人大主席　张锦标
镇　长　过文洁
副镇长　张建国　张品红
陆敏方　许　峰
卢益芳　褚云雁
陈海卫（挂职，至8月）
詹　旭（挂职，11月任）

东港镇

党委书记　胡小坚
副书记　张　盛
张　岩（至11月）
沈　勇（至11月）
李广飞（11月任）
纪委书记　马亚明（至11月）
人大主席　张岩
镇　长　张　盛
副镇长　陈　忠　时　峰
高　峰　蒋红江
顾凤艳　钱　庆
贾　程（挂职）

云林街道

党工委书记　唐中明
副书记　张晓庆　高晓伟
纪工委书记　陆可为（7月任）
区人大云林街道工委主任　浦征宇
办事处主任　张晓庆
副主任　陶继东
徐志高（至3月）
顾敏霞　王　杰
罗　贲（12月任）

厚桥街道

党工委书记　周嘉模
副书记　张锡伟（至11月）
张建国（11月任）
朱　萍（11月任）
纪工委书记　张锡伟（至7月）
周敏伟（7月任）
区人大厚桥街道工委主任　陈亚萍
办事处主任　张建国（12月任）
副主任　万　新
朱　萍（至12月）
汪苏湘　倪志刚
赵燕余（12月任）

（区委组织部　区档案局）

编辑：袁　渊

【锡山区文物珍品】

玉镯（商）　（区文管办 供稿）

玉镯，直径8厘米，1975年无锡县东绛乡张湾出土。玉镯是人类最早的装饰品之一。该件玉镯玉色黄褐，间有沁斑；造型规整自然，表面光洁细腻。

中共锡山区 委员会

CPC Xishan District Committee

综　述

【概况】2017年，中共锡山区委团结和带领全区广大干部群众，以迎接中共十九大、学习宣传贯彻党的十九大精神为强大动力，按照中央和省市各项决策部署，统筹做好改革发展稳定各项工作，全区经济社会发展取得务实成效。全年实现地区生产总值809.27亿元，比上年增长7.4%；完成一般公共预算收入78.79亿元，比上年增长9.1%，税收收入68.13亿元，比上年增长6.4%，税收占一般公共预算收入86.5%；完成规模以上工业总产值1121.41亿元，比上年增长13.4%；完成社会消费品零售总额184.36亿元，比上年增长12%；实现城乡居民人均可支配收入50137元和28569元，分别比上年增长8.3%和8.5%。

【产业强区步伐加快】按照市委、市政府推进产业强市的部署，深入实施产业强区发展战略，全区产业结构不断优化、实力持续增强。产业转型扎实推进。工业经济持续发展，完成规模以上工业主营业务收入1122.8亿元，比上年增长12.3%；技改工作力度加大，全年固定资产设备增值税申报抵扣额达到5.39亿元，比上年增长66.9%；健鼎（无锡）电子有限公司、江苏爱玛车业科技有限公司等16家企业被评为“省互联网与工业融合创新示范试点企业”。新兴产业不断壮大，生物医药产业产值比上年增长20%，新材料产业产值比上年增长16%，全国首个100亿元级物联网产业投资基金——中感物联网产业基金成功落户。服务业蓬勃发展，荡口古镇获评全省首个“中国摄影小镇”，锡东跨境电商产业园被评为“省电子商务示范基地”。现代农业提档升级，以台创园为主体的现代农业产业园获批创建国家级园区，欧姆龙智能农业产业园建成开园。项目引建取得突破。突出项目对产业发展的支撑作用，持续加大招商引资力度，海尔国际创智谷、尚品宅配、晋拓金属等一批重大产业项目成功签约。项目建设加快推进，全年在建超1亿元产业项目97个，国宏硬质合金、平谦机械等一批重大项目竣工投产。项目承载空间不断拓宽，新一轮产业用地整理储备工作扎实推进，整理形成净地64.66公顷。企业发展质效提升。坚持把助推企业发展作为建设产业强区的重要抓手，全力解决企业生产经营过程中的难题，为企业发展营造温暖的小气候。企业运行态势向好，产值超1亿元企业达205家，比上年增加31家。企业上市再创佳绩，新增新三板企业5家，江苏新日电动车股份有限公司、江苏东珠景观股份有限公司、无锡阿科力科技股份有限公司3家企业均在主板成功上市，全区上市企业数累计达到10家。

【经济发展活力增强】按照中央和省市部署，深耕改革领域，坚持创新驱动，拓展开放空间，不断激发经济发展的活力。改革工作稳妥有序。“放管服”改革不断深化，制定出台深化行政审批制度改革、加快推进“不见面审批（服务）”改革、推进“3550”改革系列配套制度等文件，完成政务服务事项清单、区级部门标准化权力清单编制，东港镇入选省新一轮经济发达镇行政管理体制改革名单。商事制度改革纵深推进，企业“多证合一、一照一码”登记模式全面推行，全区新登记企业数和注册资本分别比上年增长23%和117.7%。创新能力持续提升。产学研合作切实加强，中国科学院微电子研究所智能制造无锡产业化基地成功落户，与美国麻省理工学院达成第三轮合作协议，与教育部留学服务中心签约共建“春晖杯”创业基地，台创园与浙江大学签约共建浙江大学新农村发展研究院无锡分院。引才聚才力度加大，出台“锡山英才计划”及配套实施细则，构建“1+15”人才政策体系，引育国家“千人计划”人才1名、省“双创计划”项目10个、市“太湖人才计划”产业升级创新人才7名、企业经营管理人才12名。对外开放不断深化。对外贸易稳步增长，全年完成外贸进出口总额48.94亿美元，比上年增长13.9%，其中出口额36.54亿美元，比上年增长8.3%；出口摩托车电动车质量安全示范区通过国家级续延复审。利用外资总体平稳，新批重大外资项目8个，实现到位注册外资3.92亿美元，其中制造业到位外资2.06亿美元。企业“走出去”步伐加快，全年完成境外中方投资额1.02亿美元；西港特区入园企业达到118家，园区二期开发建设有序推进。

【城乡环境面貌改善】统筹推进城乡建设发展和生态文明建设，城市品质内涵和形象面貌不断提升。城市功能持续完善。规划编制有序推进，医疗机构设置规划修编初步完成，翠屏山旅游度假区总体规划形成中间成果；全区农村住房建设管理实施细则基本成型，首批15个村庄建设试点方案初步完成。巧克力开心乐园启动建设，八佰伴生活广场加快推进，红豆财富广场基本建成，东港镇入选全国第二批特色小镇名单。锡东电厂建成投运、排放达标；首批惠民工程顺利完工，第二批工程正加快推进。城市管理规范有序。市容环境综合整治深入推进，交通干线沿线环境综合整治扎实开展，春江花园社区被评为“江苏省城市管理示范社区”。违建整治力度加大，全年拆除违建9.51万平方米。生活垃圾分类工作稳步推行，区环卫综合作业中心启动建设，生活垃圾中转站配套设施及运输车辆更新改造到位。文明城市创建工作巩固提升，城区文明程度指数在市级测评中持续位居第一，锡山地税局被评为“全国文明单位”，东港镇山联村获评全国文明村。生态环境不断优化。“263”专项行动扎实开展，制定11个专项行动子方案及年度工作计划，形成详细的专项行动工作菜单。源头减排力度加大，关停燃煤工业窑炉21台、关停化工企业19家，东亭污水处理厂提标改造顺利完工、分厂新建工程加快推进，安镇、鹅湖污水处理厂二期扩容工程主体完工，全区农村村庄生活污水处理实现全覆盖。水环境综合治理持续深化，完成河道清淤60条、市考河道综合整治9条，区镇村三级河长管理体系不断完善。大气污染防治扎实推进，PM2.5年均浓度比上年下降10.9%。生态修复深入实施，新增造林绿化面积153.33公顷，宛山荡被评为“省级生态湿地公园”。以省环境保护督察组开展环保督察为契机，认真排查梳理环保领域存在的薄弱环节，对排查出来的隐患即知即改、立行立改，一批突出环境问题得到有效整改。

【群众幸福指数提升】坚持共享发展理念，扎实推进保障和改善民生各项工作，群众的获得感和幸福感不断提高。富民增收力度加大。就业质量持续提高，困难群体就业帮扶工作不断深化，全年实现城镇新增就业1.93万人、就业困难人员再就业3563人；创业活力有效激发，扶持自主创业1268人，带动就业6317人。社会保障更加有力，实现断保被征地农民接续缴费4682人；城乡居民最低生活保障标准提高到每月820元。社会事业全面发展。教育资源不断优化，东亭中学新校区、查桥中学改扩建等工程全面推进，厚桥实验小学二期、东湖塘中学教学楼等工程顺利完工。医疗服务持续改善，新锡山人民医院全面建成、即将启用，锡山人民医院鹅湖分院正式挂牌，乡镇卫生院危房改造工作正式启动。养老事业加快发展，安镇街道养老服务中心公办民营试点稳步推进，厚桥街道养老服务中心建设正式启动，居民养老服务体系不断完善。各类群众文化活动和全民健身运动广泛开展，完成省级文保单位华氏襄义庄、华蘅芳故居修缮工程，青少年业余体校被评为“全国群众体育先进单位”。特困救助扩面提标。深度贫困家庭救助持续深化，全年发放救助资金1405.8万元，为29名深度贫困家庭毕业生提供就业帮扶；特困帮扶基金增资扩容，在原始资金基础上再增加2亿元，基金总规模达到4.5亿元，为救助扩面提高标准提供坚实资金保障。“阳光扶贫”工作扎实推进，扶贫的透明化、精准化程度不断提高。薄弱村脱贫步伐加快，“一村一策”脱贫经济项目深入实施，3个市级经济薄弱村实现脱贫转化。社会大局和谐稳定。“连心富民、联企强区”大走访活动深入开展，分类解决各类问题9000件，取得连民心、促和谐的良好成效。社会治安防控体系不断完善，矛盾纠纷排查、信访积案化解工作扎实推进，社会矛盾纠纷调处成功率99.2%。安全生产形势稳定，重点行业领域专项整治行动深入开展，居民生产生活安定有序，全区社会大局保持和谐稳定。

【党的建设全面加强】按照中央和省委、市委关于全面从严治党的要求，严格落实管党治党责任，不断强化管党治党措施，党的建设得到全面加强。意识形态工作抓紧抓实。深化思想政治建设，举办区管干部学习贯彻中共十九大精神轮训班，开展中共十九大精神宣讲，在全区上下掀起学习宣传贯彻中共十九大精神热潮。深入开展学习教育，推动“两学一做”学习教育常态化制度化，开展区委中心组集中学习20次，东港镇、厚桥街道被评为“全省基层党员冬训工作示范镇（街道）”。落实意识形态工作责任制，实行意识形态工作责任制清单制度，建立意识形态领域情况分析研判联席会议制度，加强正面宣传，把控舆论导向，落实阵地管理，意识形态工作得到切实加强。干部队伍活力有效提升。扎实开展换届后领导干部任职培训，举办区管正职领导干部培训班，干部能力、素质全面提升。认真落实好干部标准，坚持人岗相适、人尽其才，加强领导班子配备和干部轮岗交流，干部队伍整体结构持续优化。加大年轻干部培养、选拔力度，实施“983”和“812”年轻干部培养计划，干部梯队建设不断加强。党的基层基础夯实筑牢。增强基层组织政治功能和服务功能，国内首个党内关爱私募基金会——无锡红豆关爱老党员基金会正式成立，开发区党群公共服务中心建成投用。深入开展“一党委一特色”活动，实施书记抓基层党建项目化管理，推动基层组织建设全面进步、全面过硬。民主法治建设深入推进。支持区人大依法履职，支持区政协履行政治协商职能，人大、政协重要作用得到充分发挥。加强统一战线工作，政党协商工作机制不断完善，大统战工作格局持续巩固。法治政府建设稳步实施，法院、检察院依法独立公正行使职权，区法治宣传教育中心建设扎实推进，东港镇东湖法治主题公园被评为“省级法治文化建设示范点”。党风廉政建设取得实效。积极配合省委第九巡视组对锡山的巡视，扎实抓好巡视反馈意见整改工作。稳妥有序推进监察体制改革试点，完成区委巡察机构和区纪委派驻机构改革，实现巡察监督和派驻监督全覆盖。严格落实全面从严治党“两个责任”，持续加强作风建设，扎实开展群众身边不正之风和腐败问题专项治理，严肃查处各类违纪违规问题，党风政风持续好转。同时，人武、对台、民族、宗教、档案、史志等工作取得新进步，工会、共青团、妇联、科协、工商联、残联等群团组织作用切实发挥，全区形成了上下一心、团结奋进的良好局面。（张会坡）

重要会议

【全区经济工作暨项目建设工作会议】 3月3日，全区经济工作暨项目建设工作会议在区会议中心召开。会议回顾总结2016年全区经济发展取得的成绩，深入分析2017年形势，并就做好该年经济工作各项任务进行研究部署：一是发挥产业的基础作用，不断提高经济发展的质量和效益；二是发挥项目的支撑作用，确保项目早竣工、早达产、早见效；三是发挥企业的主体作用，切实以企业发展实力的提升推动锡山区经济不断迈上新台阶；四是发挥改革的牵引作用，推动改革取得更大突破；五是发挥创新的驱动作用，真正让创新成为驱动锡山区发展的强劲引擎；六是发挥服务的保障作用，切实以高效、便捷的服务推动锡山区经济更好更快发展。会议号召全区各级各部门迅速行动起来，以更加振奋的精神、更加务实的作风，主动担当、积极作为，推动全区经济工作和项目建设工作不断迈上新台阶，为建设富强美丽和谐幸福新锡山做出新的更大贡献。

【全区生态文明建设暨“两减六治三提升”专项行动动员会】 3月3日，全区生态文明建设暨“两减六治三提升”专项行动动员会在区会议中心召开。会议深入贯彻落实省市“两减六治三提升”专项行动动员大会精神，研究部署2017年全区生态文明建设和“两减六治三提升”专项行动目标任务：一是强化整改落实、二是突出源头减排、三是加强环境治理、四是坚持保护优先、五是提升监管水平。会议号召全区上下迅速行动起来，按照中央和省市的部署要求，全力攻坚、真抓实干，高标准高质量完成专项行动各项任务，不断开创锡山生态文明建设新局面，为建设富强美丽和谐幸福新锡山作出更大贡献。

【全区“连心富民、联企强区”大走访活动动员大会】 3月10日，全区“连心富民、联企强区”大走访活动动员大会在区会议中心召开。会议深入贯彻落实全市“连心富民、联企强市”大走访活动动员大会精神，对全区开展大走访活动进行动员部署：一是统一思想，提高认识，切实增强开展大走访活动的内在自觉；二是对照要求，有序推进，确保大走访活动扎实开展；三是加强领导，精心组织，推动大走访活动取得实效。会议号召全区各级党组织和广大党员干部迅速行动起来，按照省委、市委的部署要求，以严的标准、实的举措，扎实组织推进大走访活动，真正走进基层、深入群众，服务企业、促进发展，为建设富强美丽和谐幸福新锡山做出新的更大贡献，以优异成绩迎接中共十九大胜利召开。

【全区推进“两学一做”学习教育常态化制度化工作部署会】 5月16日，全区推进“两学一做”学习教育常态化制度化工作部署会在区会议中心召开。会议传达学习省市“两学一做”学习教育工作座谈会精神，对全区推进“两学一做”学习教育常态化制度化进行部署：一是在整改落实上取得更大成效；二是关键要落到支部；三是切实加强组织领导。会议号召全区上下紧密团结在以习近平同志为核心的中共中央周围，以坚定的信心、务实的作风、扎实的举措，推动学习教育不断取得新的成效，以优异成绩迎接党的十九大胜利召开。

【区委四届三次全体会议】 7月26日，区委四届三次全体会议在区会议中心召开。会议深入贯彻中共十八大和十八届三中、四中、五中、六中全会精神，认真落实习近平总书记系列重要讲话精神和治国理政新理念新思想新战略，按照省委十三届二次全会和市委十三届四次全会的决策部署，总结上半年工作，安排下半年任务。会议认为，在具体工作推进上，下半年要着重抓好五个方面的工作：一是推进产业强区，不断提高发展质效；二是深化改革创新，切实增强发展活力；三是注重城乡统筹，有效改善城市面貌；四是坚持绿色发展，持续提升环境质量；五是强化富民导向，全力增进民生福祉。会议强调，全区各级党组织和广大党员干部要认真贯彻落实中央和省委、市委关于全面从严治党的部署要求，以更高标准、更实举措，严格落实管党治党责任，不断强化管党治党措施，推动全面从严治党迈上新台阶。会议号召全区各级党组织和广大党员干部紧密团结在以习近平同志为核心的中共中央周围，高举中国特色社会主义伟大旗帜，按照中央和省市委的部署要求，振奋精神、凝心聚力，开拓进取、扎实奋斗，加快建设富强美丽和谐幸福新锡山，以优异成绩迎接中共十九大胜利召开。

【省委第九巡视组巡视无锡市锡山区工作动员会】 8月2日，省委第九巡视组巡视无锡市锡山区工作动员会在市民中心召开。会议认真学习贯彻中央及省委要求，并就做好巡视工作提出要求：一是突出坚持党的领导，着重了解被巡视地区党委（党组）是否充分发挥领导核心作用；二是突出加强党的建设，着重了解是否严肃党内政治生活；三是突出全面从严治党，着重了解是否认真履行全面从严治党党委主体责任、纪委监督责任。会议要求，全区各级党组织、各级党员领导干部从讲政治的高度强化自觉接受监督的意识，实事求是、客观公正地反映情况和问题，充分信任、坚决支持、积极配合省委巡视组工作，确保省委交付的巡视任务圆满完成。

【全区传达中共十九大精神大会】 11月2日，全区传达中共十九大精神大会在区会议中心召开。会议深入传达学习中共十九大精神，并就当前和今后一个时期全区学习宣传贯彻中共十九大精神进行部署：一是衷心拥戴习近平同志这个中共中央的核心、全党的核心，自觉在思想上政治上行动上与中共中央保持高度一致；二是全面准确领会中共十九大精神，用习近平新时代中国特色社会主义思想武装头脑；三是迅速兴起学习宣传贯彻中共十九大精神热潮，最大限度凝聚共识、凝聚智慧、凝聚力量；四是以中共十九大精神为指引，进一步丰富完善锡山经济社会发展的思路举措。会议号召全区上下更加紧密地团结在以习近平同志为核心的中共中央周围，高举中国特色社会主义伟大旗帜，以习近平新时代中国特色社会主义思想为指引，按照中央和省市的决策部署，不忘初心、牢记使命，锐意进取、真抓实干，奋力推动锡山经济社会更好更快发展。

（张会坡）

组织工作

【概况】 2017年，全区各级党委组织部门和广大组工干部紧紧围绕建设富强美丽和谐幸福新锡山目标，选干部配班子，建队伍聚人才，抓基层打基础，整体推进各项工作，着力提高组织工作科学化水平，取得良好成效。

【推进“两学一做”学习教育常态化制度化】 领导带头，层层示范。出台《关于推进“两学一做”常态化制度化的实施方案》和《区委常委会学习教育年度工作安排》，建立区委常委“两学一做”学习教育联系点，制定《一把手职责任务清单》，强化各级党（工）委（党组）书记“第一责任人”职责。学做结合，注重实效。抓细抓实学习教育，全区1600余名党支部书记紧扣10项职责任务，落实党支部10项重点工作，充分发挥领导带头作用。围绕锡东电厂复工建设，区、镇两级做好、做实群众工作，新建锡东能源、光大环保两个党支部，引导党员在锡东电厂复工建设过程中冲在前、干在先。强化问题导向，真抓实改。坚持“带着问题学、针对问题改”，列出问题清单，建立工作台账，教育引导全区党员干部边学边改、即知即改。强化大走访，走深访透。履行好“双重职责”，一方面，充分发挥组织部门职能优势，完成好大走访活动的综合组和基层党建工作组等工作，解决基层党建类问题18个。另一方面，组织部门带好头作示范，走访锡北镇2个村、45户农户、19家企业，查找解决问题建议36项。

【领导班子整体功能和干部队伍整体能力提高】 优化领导班子配备与提升干部素质能力并重。优化领导班子配备，全年调整区管干部154人次，其中提任51人次，交流64人次。选优配强党政正职，全年调整6个板块12名党（工）委书记、镇长（主任）。提升干部素质能力，举办2期轮训班学习贯彻十八届六中全会、习近平总书记系列重要讲话精神，举办3期区管干部学习轮训班贯彻深化中共十九大精神，举办2期区管正职领导干部培训班，全年培训干部3300人次。年轻干部选拔培养与实践锻炼并重。强化选拔培养，制定《2017—2021年锡山区加强年轻干部培养选拔工作的意见》，实施年轻干部“983”和“812”培养计划，推荐105名35周岁以下中层干部和43名90后干部，分“比较成熟”“较有潜力”“继续关注”三个层次建立数据库。强化挂职锻炼，组织14名干部到市级机关和区重点部门挂职锻炼，建立挂职干部管理制度，通过上岗压担、培训提能、轮岗交流等方式，促进其加快成长成才。从严管理与关心关爱并重。注重严格管理，严把领导干部因私出国（境）关，1232名干部完成首次填报个人事项报告，开展超职数配备干部等5项专题专项清理活动，制定并落实干部选任刚性流程图（表）、各板块、相关职能部门刚性责任表、8个环节刚性时间表。注重关爱激励，强化基层用人导向，11名优秀村（社区）书记（主任）和13名大学生村官选任进入事业单位。

【推动基层组织建设】 抓实党建责任。以“三级联述联评联考”为抓手，推进“一把手”书记抓基层党建工作项目负责制，完成1个市级书记项目、10个区级书记项目。抓实带头人队伍。举办基层党组织书记培训班暨第二期村、社区书记工作讲坛，分类赴三个兄弟市（县）区进行现场教学。3名基层干部获评省农村基层党建工作突出贡献奖。抓实示范引领。放大红豆党建示范效应，打造红豆西港特区党组织“一带一路”倡议第一支部，成立全国首个党内关爱私募基金会，微视频《一带一路上的共产党员》获评全省微党课二等奖。大力开展“一党委一特色”活动，培育28个特色项目、22个市级和25个区级“雁阵计划”单位，开发区建成开放性综合性党群服务中心。

【提高人才服务经济社会发展效能】 制定“1+14”政策体系。出台《关于聚力创新实施“锡山英才计划”的意见》，研究制定14个配套实施细则。全年培育1个全市唯一的国家“千人计划”项目，新增10个江苏省“双创计划”项目。建设“2+X”载体体系。高标准建设开发区、商务区各类人才载体，建设各具特色的示范园区载体及企业研究院，布局“一镇一园一产业”。与麻省理工学院开启第三轮全面战略合作，设立北美人才工作站，开发区被教育部留学服务中心授予“‘春晖杯’创业基地”称号，中科院和中国南山开发（集团）等一批重大优质三创载体相继落户开建。健全考核评估体系，实施“一把手”抓“第一资源”的领导机制，制定人才工作考核指标，增加人才工作的考核权重，加强人才投入保障。

相关链接

“1+14”政策体系：一个意见，即《关于聚力创新实施“锡山英才计划”的意见》，14个配套实施细则，即《顶尖人才团队和领军型团队申报评审及扶持资金实施细则（试行）》《新兴产业创业领军人才申报评审及扶持资金实施细则（试行）》《产业升级创新领军人才申报评审及扶持资金实施细则（试行）》《先进制造技能领军人才申报评审及扶持资金实施细则（试行）》《生产性服务业领军人才申报评审及扶持资金实施细则（试行）》《乡土人才申报评审及扶持资金实施细则（试行）》《企业经营管理领军人才申报评审及扶持资金实施细则（试行）》《电子商务中高端人才申报评审及扶持资金实施细则（试行）》《服务外包领军型人才、中高端人才申报评审及扶持资金实施细则（试行）》《文化和体育人才申报评审及扶持资金实施细则（试行）》《农林人才申报评审及扶持资金实施细则（试行）》《锡山区区级人才发展专项资金管理办法（试行）》《医疗、教育服务保障实施细则（试行）》《项目评审管理办法（试行）》。

“2+X”载体：2个省级以上开发区即指锡山经济技术开发区、锡东新城商务区；X指全区各类专业产业园区、产业研究院、企业研究院和众创空间等科技孵化载体。

一镇一园一产业：即以乡镇为主体，围绕地区特色产业与全国大院大所通过建立产业研究院的模式来近距离服务企业转型升级，推进科技人才交流合作，促进地方经济社会发展。

（李　铭）

【全区党组织和党员情况】 至年末，全区有基层党组织1680个，其中直属党委15个（镇党委4个，机关办局党委10个，非公有制企业党委1个）、二级党委22个、党总支178个、党支部1465个（包括分支部）。全区有党工委10个（开发区党工委、商务区党工委、荡口古镇党工委、区级机关党工委、区新经济社会组织党工委和5个街道党工委）。全区非公有制经济控制的企业法人单位建立党委13个、党总支28个、党支部511个（包括联合党支部）。年内，全区发展党员320名，其中女性党员165名，占发展党员总数的51.6%；35岁以下的党员220名，占发展党员总数的68.8%；大学专科以上文化的党员297名，占发展党员总数的92.8%，其中大学本科以上文化的党员211名，占发展党员总数的65.9%。至2017年年末，全区有党员31866名，其中女性党员9287名，占党员总数的29.1%；35岁以下的党员7882名，占党员总数的24.7%；36岁至45岁的党员6078名，占党员总数的19.1%；46岁至60岁的党员7904名，占党员总数的24.8%；61岁及以上的党员10002名，占党员总数的31.4%。初中及以下文化的党员9476名，占党员总数的29.7%；高中、中技文化的党员5117名，占党员总数的16.1%；中专文化的党员1935名，占党员总数的6.1%；大专文化的党员5776名，占党员总数的18.1%；本科文化的党员8687名，占党员总数的27.3%；研究生学历的党员875名，占党员总数的2.7%。分布在乡镇、建制村的党员17210名，占全区党员总数的54%，其中分布在建制村的党员11290名，占全区党员总数的35.4%。分布在街道、社区（居委会）的党员11626名，占全区党员总数的36.5%，其中分布在城市社区（居委会）的党员4335名，占全区党员总数的13.6%。

（李红梅 张 健）

宣传思想工作

【概况】 2017年，全区宣传思想工作深入贯彻习近平新时代中国特色社会主义思想，按照全国宣传部长会议和省市委相关会议的具体部署，全面开展迎接、学习、宣传、贯彻中共十九大会议精神的相关工作，严格落实中央和省、市、区委意识形态工作责任制，围绕中心、服务大局，对内凝心聚力，对外提升形象，为高水平全面建成小康社会、建设富强美丽和谐幸福新锡山强化思想保证与舆论支撑。

【理论基础扎实】 围绕习近平新时代中国特色社会主义思想和中共十九大精神等重要专题，组织区委中心组集体学习20次，举办“锡山论坛”4期，向区委中心组成员推荐学习书目10余册，抓好专题调研，提升中心组成员研究解决实际问题的能力，1篇调研成果在“坚定实施‘六大发展战略’，谱写‘强富美高’新无锡精彩篇章”专题读书调研活动中获三等奖。开展2016—2017年度全区党委（党组）中心组学习示范点评选工作。制订《关于做好学习贯彻中共十九大精神宣讲工作方案》，组建区委学习贯彻中共十九大精神宣讲团，开展各类宣讲活动250余场次，受众37000人次，发放《党的十九大精神学习手册》宣传折页35000份。按照全市理论宣讲“一十百千万”行动计划，组织开展理论宣讲文艺作品征集活动、“百姓名嘴”风采展示活动等。加强原有“移动云学堂”“锡山慕课学习在线”“锡山理论随身充电宝”App等平台内容建设和功能运用，推送“深入推进供给侧结构性改革”“聚力创新、聚焦富民的发展路径”“十九大对党章的重要修改”等学习内容60余期。探索开设“H5锡山理论微刊”，制作“速读十八届六中全会公报”“从严治党六大关键词”2期微型党课。编发《2017年全区学习型党组织建设工作要点》。以冬训为抓手，紧紧围绕中共十八届六中全会、十九大和省、市、区党代会精神等内容，区、镇、村三级联动、层层推进，推动基层党员干部理论修养建设。厚桥街道、东港镇获评2016—2017年度全省基层党员冬训工作示范乡（镇、街道）。锡山区检察院、锡北镇获评无锡市马克思主义大众化（理论宣讲）示范基地。

相关链接

理论宣讲“一十百千万”行动计划：一场“百姓名嘴”风采展示活动，十个理论宣讲示范基地，百家理论宣讲示范队，千场主题理论宣讲及千名理论宣讲志愿者，万人次理论宣讲受众。

【正面宣传深入推进】 以“我为中国实业代言”活动为契机，配合协调国家级主流媒体“组团式”多次采访报道西港特区。《新锡山》开设“加快构建现代产业高地”“‘连心富民、联企强区’大走访进行时”“263锡山在行动”“喜迎十九大”等主题专栏和“学习贯彻中共十九大精神”系列专版，“锡山发布”政务微博、政务微信配合报道，形成强劲宣传声势。聚焦重要板块，紧扣产业、项目、环保、扶贫、民生、旅游等重点亮点工作，做好典型报道、亮点报道，充分展现锡山区改革发展良好局面。利用电视、广播、移动客户端、地铁广告等载体立体式展播锡山亮点特色，不断提升美誉度。精心制作锡山区形象宣传片，编撰完成《2014—2016锡山新闻集锦》及对外宣传画册。围绕社会主义核心价值观和锡山区“孝义崇善”精神内涵，大力发掘、宣传身边的“真善美”，《新锡山》设置“身边好人”“社区故事”等栏目，报道锡山优秀群体。以“E路创新换个视角看锡山”为主题，策划开展“飞越新锡山”无人机摄影大赛、创新英雄梦创讲堂、“锡山发布”粉丝团探访创新英雄等一系列网络文化活动，激发创新创业热情，并提升“锡山发布”政务微博、政务微信关注度。

【文明建设常态化】 将文明创建融入城市建设发展和社会治理，加强日常性工作和常态化管理，8月，高标准、高质量配合全市完成省级文明办对无锡市继续保留全国文明城市荣誉称号的复检工作。继续抓好季度城区文明程度指数测评工作，全年实地考察、问卷调查成绩均保持全市第一，自2012年后连续6年季度测评成绩保持全市第一名。突出抓好省级以上文明单位社会责任落实工作，其中红豆集团、锡山地税局分别与丰县相关经济薄弱村确定结对共建关系。锡山地税局、东港镇山联村分别当选为第五届全国文明单位、全国文明村。区、镇两级齐抓共管，推进志愿服务制度化、信息化建设，加强“志愿无锡”平台的推广使用并不断提高其活跃程度，平台注册率和活跃率分别为31.5%、12.1%，位居全市前列。2017年，“蓝翼”志愿服务队被授予“2016年全国学雷锋志愿服务‘四个100’最佳志愿服务组织”称号，锡北镇稀有血型志愿者包准获评2017年省优秀志愿者。不断充实完善“好人推荐库”，持续开展道德模范、各级“好人”选树，周海江获评第六届全国道德模范提名奖，天一中学沈茂德、许芹分别获评2017年全国教书育人楷模和省最美教师。开展“美德少年”推荐评选活动，12人入选市“美德少年”，1人入选省“美德少年”。

【文化发展强区惠民】 强化保障扶持，巩固基层社团建设，区书法家协会、东港镇凤凰音乐沙龙、锡北镇音乐舞蹈协会等84个特色文化团队获无锡市小额资助扶持资金。探索创新群众文化活动内容和展演形式，开展以“走进新锡山”系列广场文艺活动为代表的各类广场文艺演出90余场次；突出民俗文化和群众喜好，全年开展各类邻里群众文化活动1500余场次；注重提升群众文艺修养，积极举办“寄情于民”中国艺术研究院中国画院写生创作展等20余场主题展览。“云林一家亲”颁奖文艺晚会、“丝路花语”首届无锡玫瑰国际文化艺术节等被纳入第十九届中国上海国际艺术节无锡分会场展演。加强对文化产业企业的跟踪扶持，不断优化市场环境，全年新增文化产业类企业132家，其中注册资金1亿元以上的1家，5000万元以上的1家，3000万元以上的1家，1000万元以上的19家。指导扶持江苏新广联科技股份有限公司、无锡广新影视动画技术有限公司、无锡市鹅湖玫瑰园艺文化有限公司等6家企业的8个项目获2017年度无锡市文化产业政策第一批扶持项目资金。无锡广新影视动画技术有限公司的动画片《成长不烦恼》获“第十三届中国国际动漫节‘金猴奖’”提名。江苏利特尔绿色包装股份有限公司董事长顾成获“第五届无锡市唐鹤千卓越青年文化创意人才奖”。不断加强文物保护和利用，完成省级文保单位华氏襄义庄、华蘅芳故居修缮工程，完成文物库房改造一期工程，成功举办“锡山藏珍——锡山区第一次可移动文物普查成果图文展”“喜迎十九大·让文物活起来——锡山区文物保护与利用成果展”等展览。大力弘扬非遗文化，成功举办锡山区第二届“锡韵流芳”锡剧票友大赛、“吴风锡韵、多彩锡山”非遗展示等系列活动。完成省、市级非遗代表性传承人补助资金申报工作和传承人（项目、基地）申报工作，并组织非遗调研讨论会和非遗项目实地考察。

【意识形态管控有力】 按照区委制定的《党（工）委（党组）意识形态工作责任制的若干规定》《实行意识形态工作责任清单制度》等文件要求，加强全区意识形态工作。以省委意识形态专项巡视为契机，进一步完善区委统一领导、党政齐抓共管、宣传部门组织协调、有关部门分工负责的工作格局。建立意识形态领域情况分析研判联席会议制度，并召开2次联席成员会议，加强对意识形态领域的分析、研判、处置工作。加强有关报告会、研讨会、讲座论坛的管理，严格实施讲坛报告备案制度，严格审核讲课人员提纲与课件，切实把好立场关，做到应备尽备。对区内从事新闻信息、具有媒体属性和舆论动员功能的传播平台从严监管，规范网络传播秩序。狠抓“明责、督责、追责”三个环节，坚持有错必纠、有责必问，强化刚性问责。始终坚持党管意识形态、党管宣传、党管媒体的原则不动摇，确保各类意识形态阵地可管可控，不给错误观点和言论提供传播渠道。建立健全全天候网络搜索监控机制，确保第一时间全面掌握舆情实况。规范舆情报送流程，编发《舆情快报》21期、《领导参阅件》4期，为舆情研判、决策、处置提供信息支撑。面对突发事件与舆情热点，及时与上级部门有效沟通，主动做好媒体接待和解释工作，加强对舆情发生相关板块、部门的高效反馈，积极应对、有效处置、正面引导。围绕锡东电厂复工全局性重点工作，大力争取各级相关部门支持，牢牢把握线上线下舆论主导权，为全区经济社会发展保障平稳正面舆论场。举办2017年锡山区新闻发言人与重大事件应对处理专题培训班，切实提升新闻发布和舆情应对能力。（吴　双）

统战工作

【概况】2017年，锡山区统战工作全面贯彻落实中央、省委、市委统战工作会议精神，扎实推进省市各项工作要求，围绕中心、服务大局，凝聚各方共识，汇聚各方力量，不断提升统战工作成效和水平，为建设富强美丽和谐幸福新锡山做出积极贡献。

【构建大统战工作格局】完善区委统战工作领导小组工作制度，大统战格局更加协调、更加有效、更有影响力。健全统战工作考核督查机制，制定《2017年度锡山区统战工作考核细则》。完善政党协商工作机制，年初制订民主党派关于政党协商工作计划，下发《中共锡山区委办转发〈市委办关于加强政党协商的实施办法的通知〉》，制订政党协商计划，将全年政党协商计划上报区委，制订出台《中共锡山区委批转区委统战部关于2017年区委同民主党派开展政党协商工作安排的请示的通知》。11月，召开“聚力创新稳增长、聚焦富民惠民生”专题民主协商会，各民主党派提出有建设性的调研报告或意见建议。完善党政干部与党外人士联系结对制度，年初出台《中共锡山区委办公室关于调整区中共党员领导干部与党外代表人士联系交友工作名单的通知》，明确16名党员领导干部与41名党外代表人士结对交友。落实对口联系制度和特约员制度，7月，区检察院聘请8名党外同志为特约检察员。

【加强党外代表人士队伍建设】深化学习实践活动，开展“不忘合作初心，继续携手前进”专题教育，并将专题教育贯穿于全年各项工作之中。做好党外人士政治安排工作，认真做好区人大、区政协换届中党外人选的酝酿、推荐、提名、协商等相关工作，新一届区人大代表中有党外人士75人，区政协委员中有党外人士137人；全区现有区管以上党外干部26人，其中副处职5人，正科职（级）9人，副科职（级）12人。各民主党派和无党派主要负责人7人，其中副处职4人，正科职2人，正科级1人。加强党外代表人士教育培训，在省社会主义学院举办2017年度锡山区党外（统战）干部培训班。加强新的社会阶层人士统战工作，区委常委会议专题研究新的社会阶层人士统战工作，制定并出台《中共锡山区委办公室印发关于加强新的社会阶层人士统战工作的实施意见》《中共锡山区委办公室关于建立锡山区新的社会阶层人士统战工作联席会议的通知》等文件。对全区范围内符合条件的新的社会阶层人士开展摸底调查，拟定《锡山区新社会阶层人士示范基地创建方案》，召开新的社会阶层人士示范基地创建工作推进会。加强民主党派自身建设，推进区各民主党派基层组织建设制度化、规范化进程，建立党外后备干部储备库，各民主党派全年发展新成员计划25人，发展正式成员23名。推动开展“同心”实践和社会服务。民进锡山区基层委员会、区无党派联委会、民建锡山区基层委员会、民革锡山总支先后挂牌成立“同心实践基地”。民革锡山总支在达利园物流科技集团有限公司成立“党员之家”；民盟锡山总支在江苏求精集团建立“盟员之家”。

【维护民宗领域和谐稳定】落实党的民族工作方针政策，切实维护少数民族群众合法权益，开展民族团结进步创建活动，加强少数民族流动人口的服务管理，促进少数民族流动人口均等享有基本公共服务。建立健全基层少数民族联络员和清真网点自治管理组织，锡北镇寨门村建立少数民族之家。开展扶贫帮困、助学、走访活动，共计走访87户贫困家庭，扶助金额10万余元。开展全区少数民族贫困子女高考助学活动，对6名少数民族贫困学子助学每人2000元。关心支持少数民族生活习惯，对全区78名具有清真饮食习惯的少数民族居民发放清真饮食补贴。充分发挥民主促进会作用，加强全区各民族之间的联络联谊活动和民族团结政策的宣传。不断推进宗教“中国化”锡山实践。以“星级创建”“档案星级创建”为载体，提升锡山宗教活动场所内部管理，鹅湖基督教堂、锡北基督教堂、羊尖基督教堂、羊尖镇天台寺、羊尖镇云庆寺、鹅湖镇植福寺、云林街道祇陀寺、厚桥街道嵩山寺被评为“省级二星级档案室”，东亭基督教堂被评为“省级三星级档案室”。对重大宗教活动进行管理，指导各宗教活动场所举办丰富多彩的宗教和民俗活动，把好重大宗教活动安全关，严格审批和协调处理大型宗教活动，确保全年宗教活动开展安全有序。积极推进宗教慈善事业，指导宗教界开展“五教同力·慈爱人间”活动，全区宗教界积极参与社会慈善捐款140余万元，展示了宗教界良好形象。

【促进非公经济“两个健康”发展】 加强新的社会阶层人士统战工作，对全区民营企业管理技术人员开展摸底调查，建立重点联系对象数据库。初步建立民营企业新的社会阶层人士统战工作联席会议制度。突出服务发展，成立“锡山区纳税人之家”。认真做好非公有制经济人士的综合评价工作，对涉及市、区人大、政协、工商联换届过程中的161名非公有制经济代表人士开展综合评价，并对评价结果合理利用。配合做好江苏发展大会嘉宾推荐工作。统筹做好锡山区与丰县“百企帮百村”精准扶贫工作，挂钩村增加至5个，排查帮扶项目12个。抓好青年企业家组织的培育发展。3月，区工商联组建的第一个以青年企业家为主体的协会组织东港青年企业家俱乐部成立。红豆集团再次入围“2017中国民营企业500强”，红豆集团董事长周海江获“无锡市十大杰出锡商人物”表彰，14位企业家获“无锡市百名锡商人物”表彰，11家企业获“无锡市百强民营企业”表彰。无锡英特派金属制品有限公司工程师金英杰等3名企业一线工程师获“第五届无锡市唐翔千卓越工程师奖”，得奖名额占全市颁奖总数的30%。

相关链接

两个健康：非公有制经济健康发展和非公有制经济人士健康成长。

【拓展港澳台和海外统战工作领域】 荡口古镇创建为“江苏省为侨服务中心”；农博园申报“江苏省中华文化海外交流基地”，弘扬中国优秀农耕文化，促进与海外年轻一代的联系和沟通。积极参加香港唐氏上海唐君远基金会成立30周年庆祝大会，唐君远基金会为羊尖实验小学易地新建项目认捐200万；专程拜访基金会理事长唐英年先生，引进中国香港精明（无锡）金属科技有限公司投资项目。重新修缮华绎之故居，弘扬华绎之生前爱国奉献、发明创造、捐赠珍宝、回报家乡等事迹；落实美籍华人姚微明提出的为“两弹一星”元勋姚桐斌故居重新装修布展的建议要求。鹅湖镇、锡北镇新坝村分别创建“侨之家”。切实为年轻一代的华人华侨、归侨归眷、侨资港资企业解决实际问题、做好服务工作。

【提升基层统战工作科学化水平】 召开专题培训会、学习会，深入学习贯彻中共十九大精神及习近平总书记系列讲话精神，贯彻落实统一战线新思想、新观点、新要求，引导广大统战干部和统一战线成员牢固树立政治意识、大局意识、核心意识、看齐意识，把维护以习近平总书记为核心的中共中央权威落实到行动中去，落实到各项工作中去。加大信息宣传力度，开办“锡山统战”微信公众号，全面完成市委统战部下达的信息、宣传任务，着力提高信息工作质量和水平，不断扩大锡山区统一战线影响力。推进统战特色镇建设，组织鹅湖镇镇政府、荡口古镇管委会等单位主要负责人赴梁溪区惠山古镇专题学习同心实践联盟建设；随同市委统战部考察徐州市新沂市、安徽省宣城市古镇统战文化建设；挖掘荡口古镇统战文化，推进华绎之洋房、钱伟长旧居等的布展工作，推进同乐拾珍历代艺术馆、民盟公益之家建设，打造统战文化特色镇。

（华敏展）

对台工作

【概况】 2017年，全区对台工作以习近平总书记对台工作重要思想为指导，牢牢把握两岸关系发展大方向，把服务中央对台工作大局和服务江苏“两聚一高”（聚力创新、聚焦富民，高水平全面建成小康社会）事业，以及建设富强美丽和谐幸福新锡山紧密结合起来，进一步发挥优势和特色，进一步创新思路和举措，全面提升锡台交流合作水平，努力开创全区对台工作新局面。

【涉台经济工作】 锡山有13家台资企业入围“第二届江苏台资企业500强”，其中，健鼎（无锡）电子有限公司以104.6亿元人民币位居企业资产总额第3名，其自有资金（净值）更以72亿元位列全省第2名。除大型台资企业外，三能器具（无锡）有限公司、无锡百和织造股份有限公司、新麦机械（无锡）有限公司、超特（无锡）化学科技有限公司等中小台资企业亦榜上有名，而且在一些单项指标上名列全省前茅，反映了锡山台资企业的活力。截至2017年12月底，全区累计批准台资项目492家，总投资56.42亿美元，注册台资31.32亿美元，到位台资17.19亿美元。新批台资项目8个，全区台资企业增资项目6个。

【锡台交流交往】2017年，完成赴台团组审批32批次，共98人次，其中公务团组3批，18人次。接待到锡团组8批，250余人次。接待2个经贸考察团组。3月，在第四届“海外台商江苏行”活动中，由泰国华侨协会主席、世界台商联合总会名誉会长余声清率泰国台商一行36人，参访锡山台资企业无锡百和织造股份有限公司和无锡泰花淀粉有限公司，实地考察锡山区经济和社会发展情况，并现场召开台商座谈会，推介锡山区投资环境。10月，中国台湾新光国际集团、新光国全投资咨询有限公司董事、总经理周成业一行考察商务区，参观锡东新城规划展示馆，实地考察无锡东站周边商业地块，听取商务区的规划发展介绍，重点了解商住、商办地块及投资环境情况，寻求投资互惠双赢可能。接待民间交流团组6个。其中，6月，中国台湾新北市议员邱烽尧率中和区里长联谊会、中和妇女倡导队等一行50人的志愿者交流团到锡参访交流；9月，中国台湾台东县议会副议长、中国国民党台东县委员会主任委员陈宏宗一行24人到锡参访交流，做好接待服务工作，陪同参观荡口古镇，让中国台湾同胞深刻感受到当地的风土人情和文化底蕴。暑假期间，组织厚桥实验小学和柏庄实验小学两支少年棒球队参加“希望杯”苏台青少年棒球交流赛暨“太湖风两岸情”棒球嘉年华活动，不仅为锡山的少年棒球队伍开阔眼界、提升球技，更增进锡台两地青少年之间的同胞情谊。

【涉台服务工作】以开展大走访活动为抓手，不断提升对台服务工作水平。坚持问题导向，把解决问题贯穿活动的全过程。每走访一个企业填写一张《企业问题调查表》，每走访一个村（社区）填写一张《入村（社区）调查表》，每走访一个农户填写一张《入户调查表》，对走访和问题梳理情况进行全程纪实。按照“边走访、边调研、边梳理、边解决”的工作思路，深入基层一线，走深访透，真正了解基层所思所想所盼，积极为企业出谋划策，协调联系，进一步加强动态跟踪服务，与开发区及相关职能部门及时沟通联系，帮助6家企业解决用地、技改等问题。同时，将涉台服务工作与大走访活动相结合。主动扩大大走访活动覆盖面，通过大走访活动的开展，进一步加深对台资企业和台商台胞的了解，进一步提升服务企业服务基层的水平。深化“两学一做”，保持良好工作作风。进一步推进“两学一做”学习教育常态化制度化，把大走访活动作为深化“两学一做”专题教育的重要载体，通过走访基层，进一步转变党员干部工作作风，有效提升全体党员干部做群众工作的能力。依照法律法规和《江苏省保护和促进台湾同胞投资条例》，协助相关部门协调解决7起违法违规和矛盾较大的民事案件，及时为企业协调用工、用电、用水等困难10余起，积极协调劳资、工伤、安全生产、保险等矛盾10余起，较好地服务企业的生产经营与发展，及时有效解决台商台企和台胞台属实际困难。积极发挥协会服务功能。做好在锡山骨干台商的工作，健全规范无锡市台湾同胞投资企业协会锡山联谊会工作机制，进一步增强其对台商的吸引力，提升工作影响力。锡山台商联谊会组织区内台商台干台青参加与百佳妇产医院联合举办的女性健康保健知识讲座、“赏春鼋头渚”一日游等文体活动；组织台企参加市公安消防支队举办的消防安全教育讲座，进一步督促企业加强消防安全基础管理，提高全员消防安全意识和消防安全突发事件应对处置能力；组织台企参加“两岸反避税稽查措施对大陆台商之影响”讲座，帮助会员企业构建完善的税务管理策略。

【涉台宣传工作】积极参与省市纪念两岸恢复交流交往30周年系列活动。参与省委台办在江苏、中国台湾两地举办的“两岸一家亲——苏台交流合作30周年”主题征文及史料征集活动以及“生根之路——两岸交流合作微视频大赛”。区台办根据锡山区实际情况，围绕主题，搜集资料，拍摄《家的容器》《行在锡山共创未来》《小而美的精致农业》3部微视频，其中《家的容器》获“生根之路——两岸交流合作微视频大赛”优秀作品奖；参与“远纺杯”纪念海峡两岸交流交往三十周年征文大赛。组织撰写《舍不去的故乡愁 割不断的血脉情——我与台湾亲人的三十年》《台胞故乡行 两岸一家亲》2篇征文；参与无锡市纪念两岸开放交流三十年成果展。以图文展板形式积极宣传锡山经济社会的时代变迁及锡山台商、台企的发展历程；组织锡山区台企参加在南京举办的“大陆台商台企30年发展成就展”。该次成就展是中共十九大后大陆首场大型对台经贸活动，经过前期走访沟通准备，筛选出健鼎（无锡）电子有限公司、三能器具（无锡）有限公司和无锡百和织造股份有限公司3家规模较大、社会形象较好、科技含量较高、产品知名度较高的企业赴宁参展，充分展示两岸开放交流30年后对台经贸合作的丰硕成果和台资企业发展成就。在该活动中，锡山区台办获评大陆台商台企三十年发展成就展最佳组织奖。

【台商台企热心公益】 引导台商投身公益慈善活动，积极倡导台资企业扶贫帮困、奉献爱心。8月15日，台资企业联茂（无锡）电子科技有限公司向区内62名在读优秀贫困大学生现场发放24万余元奖助学金，同时向云林实验小学、云林幼儿园分别捐赠6万元和5.1万元。

（翟景璐）

农村农经工作

【概况】 2017年，区委农办认真贯彻落实市、区农村会议精神，发挥农村工作综合协调职能，深入推进农村改革创新，加快城乡一体化发展和新农村建设步伐，全区农村各项重点工作稳步推进。薄弱村脱贫步伐加快，“一村一策”脱贫经济项目深入实施，3个市级经济薄弱村实现脱贫转化。确权工作推进稳妥有序，全区49个确权村已基本完成确权登记颁证工作，并通过区级检查验收，确权承包地总面积6800公顷、确权农户3.5万户。加快培育经济强、百姓富、环境美、社会文明程度高的“强富美高”示范镇（街道）、村（社区）和新型农业经营主体，引导东港镇、鹅湖镇2个城乡一体化示范镇遵循产业集聚型、古镇保护型的创建定位，加大体制机制创新力度，积极开展试点示范。登记认定家庭农场15家，创建成省级示范家庭农场2家、市级示范家庭农场5家、市级十佳家庭农场2家。

相关链接

一村一策：针对一个村的实际情况，科学分析、趋利避害，采取有针对性的对策促进村级发展。

【集体经济基础夯实】 积极转变扶持经济薄弱村发展思路，细化薄弱村专项资金奖补办法，以薄弱村“一村一策”项目为重点，制定脱贫转化规划。着力强化经济项目带动，以符合全区城镇发展规划和产业导向为前提，引导经济薄弱村按照“一村一策”的要求制定脱贫转化五年规划，通过自建物业发展飞地经济、合作经济、休闲农业等途径实现增收。由区分管领导带队，组织城乡一体化领导小组成员单位，召开薄弱村脱贫转化现场推进会，对所有薄弱村脱贫转化项目逐一推进，审核薄弱村脱贫项目发展计划、项目资金来源、预期经济效益等重点要素的可行性，加强政策咨询和难点问题协调，为项目的多元化、合理化、规范化操作提供有力支持。切实强化镇级第一责任人的角色，将村级集体经济发展与薄弱村扶持纳入镇（街道）工作绩效考核体系，实行村级主体责任制和镇（街道）党政主要领导负责制，明确每年薄弱村转化数量，并签订目标责任书。薄弱村脱贫步伐加快，“一村一策”脱贫经济项目深入实施，3个市级经济薄弱村实现脱贫转化。

【土地确权进度加快】 按照全面完成确权登记颁证工作并通过检查验收的总体目标，强化组织保障，倒排时序进度，实施挂图作战，稳妥有序推进确权工作。全区49个确权村已基本完成确权登记颁证工作，并通过区级检查验收，确权承包地总面积6800公顷、确权农户3.5万户。召开全区农村土地承包经营权确权登记工作推进会，分批次进行检查验收，并组织力量开展“回头看”，对不规范的环节加快整改完善。建立信息上报、集体会商、督查通报等多项工作机制，定期下发督查简报分析面上推进情况，深入镇（街道）、村（社区）开展专项调研、服务指导，协调解决确权工作中遇到的问题，保障确权工作扎实推进。实行全程质量监控，将入户调查、测量制图、公示审核、签字确认、颁证归档等各个步骤形成标准规程，严格把握、规范操作，把每个阶段、每个节点的工作做细做实，真正做到“确实权、颁铁证”。

【城乡整合发展推进】 围绕新型城镇化和城乡发展一体化战略，因地制宜、统筹规划，突出特色、注重创新，加快培育一批“强富美高”示范镇村。启动城乡一体化示范镇建设工作，引导东港镇、鹅湖镇2个示范镇遵循产业集聚型、古镇保护型两种不同的创建定位，选准主攻方向、强化资源整合、注重功能叠加，精心制订实施计划，并结合市专家组评审意见，进一步挖掘产业特色、人文底蕴和生态禀赋，加大体制机制创新力度，积极开展试点示范工作。以打造布局形态美、绿色产业美、富民生活美、宜居生态美、乡风和谐美的“五美”乡村为目标，推进美丽乡村示范村建设，有针对性地进行个性化塑造和特色化提升，因地制宜打造自然景观型、历史文化型、产业发展型、建筑风貌型等不同形态和风格的美丽乡村，东港镇山联村、厚桥街道谢埭荡村入选首批“无锡市美丽乡村示范村”。加强家庭农场登记管理，建立健全已认定家庭农场名录，实行动态跟踪监测，开展示范家庭农场创建活动，培育出一批生产经营示范和带动作用强的家庭农场，2017年，登记认定家庭农场15家，创建省级示范家庭农场2家、市级示范家庭农场5家、市级十佳家庭农场2家。

【为民服务能力提升】 2017年，根据区委、区政府“连心富民、联企强区”大走访的要求和精神，统一思想、周密部署，深入农户家中、企业生产一线听取群众意见和诉求。在与区委农办结对的东北塘街道垓坝村，参加村两委班子会议和村民代表会，了解村级集体经济发展等具体情况，走访24户贫困家庭，关心他们的生产生活状况；先后走访无锡歌迪服饰有限公司等8家企业，与企业负责人、一线骨干交流谈心。全年走访参加会议6次、走访农户24户、企业8家、谈心谈话32人。对提出的2个重点问题，认真与相关部门和街道进行联络，做好回复和解释工作。在大走访活动中，根据区委要求，由领导带队抽调业务骨干，从事锡东生态园建设中的土地承包权置换城乡社会保障工作，在时间紧、任务重、压力大的情况下，拟定实施计划方案试点、置换人员界定口径、操作流程，对镇、村开展业务培训，完善置换协议、证明材料等法律文书，为锡东生态园建设中的土地置换和人员安置提供相关政策支撑。

（王莉群）

机要保密工作

【概况】 2017年，全区机要工作以密码管理安全可靠、密码通信优质高效为原则，顺利完成市电子政务内网接入工程以及加密视频会议系统建设，切实做好密码通信和信息化服务保障，全年收发办理各级各类电报465份，监控流转各级各类公文57562件，为机关部门排除电脑及网络故障20余次，确保了密码通信和网络公文畅通，为区政令上传下达提供了有力保障。全区保密工作以新形势下加强保密管理为抓手，依托全区互联网接入口保密检测平台，强化互联网信息监管；加强涉密人员管理，完成涉密人员培训考核工作。继续开展全区部门单位自查自评工作，切实提高全区各部门单位的保密意识。全年组织保密宣传教育活动3次、各类保密培训2次，开展保密专项检查5次，有效确保不发生失泄密事件。

（杨　真）

老干部工作

【概况】 2017年，全区老干部工作认真学习贯彻习近平总书记系列重要讲话精神，突出迎接中共十九大和学习贯彻十九大精神主线，进一步落实中共中央办公厅、国务院办公厅《关于进一步加强和改进离退休干部工作的意见》（以下简称《意见》），牢牢把握老干部工作为党和人民事业增添正能量的价值取向，成立中共锡山区委离退休干部工作委员会，深入推进全面从严治党要求，切实加强离退休干部“两项建设”，充分发挥广大离退休干部独特优势和作用，为高水平全面建成小康社会做出新贡献。老干部工作者以全国老干部工作“双先”（先进集体和先进工作者）典型为榜样，积极参加争先创优活动，区委老干部局副主任科员、秘书科科长周军获“全省先进老干部工作者”荣誉。全区有离休干部85人，享受地市级政治生活待遇1人，享受地市级医疗乘车待遇4人，享受县处级待遇26人，享受乡科级待遇54人；平均年龄88.36周岁，最高年龄99周岁。

【老干部“两项建设”扎实推进】 扎实开展“畅谈十八大以来变化、展望十九大胜利召开”主题活动，做好学习培训、讨论交流和宣讲工作，推动“两学一做”学习教育常态化制度化，全面加强离退休干部“两项建设”。采取邀请有关领导及党校老师进行讲学，区委宣讲团成员、锡山区委副书记言国强为离退休干部作十九大精神宣讲报告，利用支部书记例会培训骨干领学，主动到各支部服务送学，组织就近参观实地感知促学的“四学”方式，通过读原著、学原文、悟原理，学思践悟，融会贯通等形式，着力抓好中共十八届六中全会和十九大精神的学习领会，增强“四个意识”，坚定理想信念，努力使老干部工作领域成为巩固的思想阵地，离退休干部活动阵地成为坚强的战斗堡垒。安镇、查桥、厚桥、区法院、区教育局、锡山公安分局等离退休干部党支部活动组织严密，成效明显。注重发挥典型示范引领作用，采取“走出去”“请进来”的方式，组织离退休干部党支部书记赴江阴市祝塘镇“炎黄”陈列馆，听取介绍、座谈了解、实地观摩，老干部积极参与“学炎黄、见行动”活动，增添正能量。注重先进典型的学习活动，积极宣传“热心公益之星”离休干部朱介良和“造福桑梓之星”退休干部王文兴的先进事迹。注重发挥“锡山老干部夕阳红爱心助学基金会”的作用，为离退休干部关心下一代成长提供平台，全年向区贫困小学生捐款2万元。查桥离退休干部党支部“关爱基金”向查桥实验小学贫困生捐款6700元。注重开展党建创新活动。6月1日，锡山区第一个社区离退休干部党支部在春江花园社区成立，为老同志就近学习教育、参加组织生活、发挥作用和接受服务管理提供便利。

【老干部服务深入推进】 用心用情用力做好经常性服务管理工作，区委深入学习贯彻《意见》精神，区委、区政府领导分别多次走访慰问区老干部、老党员，以实际行动把党和政府的关怀送到离退休干部的心坎。落实大走访机制。区委老干部局开展“大走访、大落实”活动，认真组织区委老干部局工作人员和有关单位专兼职干部走进老干部家门和老干部病房，与老干部零距离接触，“面对面”倾听心声，实打实解决问题，其中区委老干部局慰问462人次，发放慰问品176411元，发放慰问金327012元，合计503423元。完善保障机制，出台《锡山区离退休干部日常督察考核实施办法（试行）》和《关于明确机关事业单位离退休人员相关经费的通知》，帮助解决老干部实际问题。充分调动老同志发挥余热的积极性，健全激励机制。选树黄义初、朱介良、王文兴、顾永祥等离退休干部先进个人，挖掘离退休干部先进事迹，采取召开先进经验交流座谈会等形式，激发更多老干部积极参与增添正能量活动。构建爱心助老温馨家园，为抗战离休干部做好有线电视费优惠办理工作，为老干部办理电视机、钟表维修、工资卡转移和报纸杂志邮寄地址变更等事宜67次。扎实推进“四就近”（就近学习、就近活动、就近得到关心照顾、就近发挥作用）服务工作，完善离休干部家庭、原单位、医疗部门、社区、老干部工作部门“五位一体”服务机制，努力为离休干部提供多样化、个性化、亲情化服务。加强对离休干部“两项待遇”落实情况的督查。通过全面走访和电话了解离休干部“两项待遇”落实情况，及时解决存在的问题。认真做好离休干部自负医药费结报工作，执行好老干部病区巡查制度，对医院服务情况进行走访调研。精心打造“夕阳红”老干部24小时服务热线和短信服务平台。继续为老干部及家属发送思想政治学习、时政要闻、区情简报、天气、慰问、健康知识等短信近5680条次；接听服务热线69人次，进行答疑解惑，协调解决生活服务、家庭纠纷等实际困难求助52次；接待老干部来访38人次，实现件件有回复。

【老干部阵地作用发挥明显】 开展“畅谈新变化、畅想新生活、喜迎十九大”系列活动，召开学习中共十九大精神座谈会，热议中共十九大报告中提出的新时代、新思想、新目标、新征程，畅谈学习体会，进一步倡导离退休干部弘扬真善美，增添正能量，为谱写中国梦的锡山篇章做出新贡献；组织主题创作、演出活动、诗词书画摄影展，推进老干部诗词书画摄影等“三进”活动，将区老干部诗、词、书、画摄影等作品送进社区、学校、敬老院等；举办“畅谈新变化、畅想新生活、喜迎十九大”老干部诗词创作活动，老干部们积极响应、踊跃创作诗词歌赋，选送优秀作品参加市诗词创作活动，在市委老干部局《晴晖新韵》诗词集104首作品中，锡山区老干部19首诗作入选汇编的喜迎十九大诗词专刊，展示锡山离退休干部弘扬社会正能量的精神风貌，为中共十九大胜利召开营造良好氛围；组织老干部摄影小组举办“摄影迎盛会”作品展，精美的照片给人带来强烈视觉冲击力的同时，更让人深切感受到锡山区经济社会发展的新变化和取得的新成就；组织老干部书画小组在街道、社区开展写春联、送祝福公益活动；举办“喜迎十九大，增添正能量，展示新风采”图片展；举办“纪念中国人民解放军建军90周年暨香港回归20周年书画展”、《翰墨丹青、抒怀铭志》锡山区老干部喜迎中共十九大书画展，区委老干部局、区老年书画协会举办锡山区“庆祝建军90周年暨香港回归20周年”书画展、喜迎中共十九大老年书画展等，获得社会各界好评；区委老干部局、区老年体协举行区老干部象棋、围棋、乒乓球、门球等各类赛事，展示老干部健康幸福的晚年生活和积极向上的精神风貌。锡山区离退休干部在各个活动阵地，传播正能量，唱响主旋律，弘扬社会主义核心价值观，营造了文明和谐的社会氛围。（薛玉宝）

机关党工委工作

【概况】2017年，在区委的领导下，区级机关党的工作坚持以迎接中共十九大召开和学习贯彻中共十九大精神为主线，牢牢把握服务中心、建设队伍两大核心任务，以贯彻落实《中国共产党党和国家机关基层组织工作条例》为重点，按照走在全区基层党组织建设前列的要求，努力提高机关党的建设科学化水平，有效促进各项工作任务的完成。

【机关党员思想政治素质提高】筑牢思想根基。认真学习中共十九大会议精神，学习中央和省、市、区委精神，特别是习近平总书记系列重要讲话精神。通过多种形式组织党员加强理论学习，提高理论素养，增强做群众工作的本领、处理复杂问题的本领、履行岗位职责的本领。各党（总）支部结合工作实际，采取个人自学、集中学习、组织研讨交流等方式，提高学习的针对性和实用性。加强交流互动和调研。组织研讨交流和广泛征求意见相结合，通过召开党建工作片会、到机关部门实地调研、召开座谈会等方式，开展“从严治党要求下，机关基层党建工作如何更加贴近机关基层的实际情况，发挥好走在前作表率作用”的专题调研，通过交流互动广泛征求意见、建议。建立党建工作信息制度。通过制定信息奖励考核办法对各部门年度信息工作进行统计。确保各党委、总支每月报送信息不少于1篇，党支部每两月报送信息不少于1篇，将信息报送情况纳入年终党建工作考核，切实提高机关党建信息的质量，有效宣传机关党建工作最新成果。积极推进学习型党组织建设。坚持以中心组学习为示范，以支部学习为主体，以个人自学为补充，争创学习型党组织、学习型党员干部。认真落实《关于推进学习型党组织建设的意见》，结合区级机关实际，深入开展学习型党组织创建活动，明确目标任务、工作原则、学习内容和基本要求，建立学习制度，制定学习计划，改进学习方法，认真组织实施，要求党员个人做好学习笔记、撰写学习心得，支部做好学习记录。充分发挥微博、微信、手机短信等新媒体技术在党建工作中的重要作用。不断拓展党建工作领域，延伸党建工作触角，扩大党建工作的覆盖面，增强党建工作渗透性。指导好安监、人社、国税等党组织的阵地建设。

【机关党建科学化水平提升】深入开展大走访活动和“阳光扶贫”帮扶线建设。机关各级党组织重点围绕基层党组织作用的发挥、机关服务职能的转变、党员队伍的建设、党员教育常态化建设展开工作，切实解决好基层发展的重点工作、企业发展的难点工作、群众关注的民生工作，使广大群众享受到经济发展的成果。承担“阳光扶贫”工作帮扶力量线建设，完成1665户贫困户的帮扶力量线匹配结对工作，有力保障“阳光扶贫”系统的顺利上线运行。建设优良队伍。根据市、区要求，积极做好优秀共产党员评选推荐工作。在先进典型的激励作用下，广大共产党员立足本职，勤勉工作，敬业奉献，在区级机关中形成你追我赶、积极进取的良好氛围。组织庆祝活动发扬光荣传统。在区委党校组织“不忘初心跟党走，青春建功新锡山”主题演讲比赛活动，11名参赛选手用优美的文字、生动的故事讲述平凡而又感人的故事，立足岗位为建功新锡山添砖加瓦。区级机关各级党组织以纪念建党96周年为主题，先后组织书法、摄影比赛等活动，回顾党的光辉历程，弘扬党的光荣传统，唱响爱党主旋律。采取措施提升机关干部工作能力。针对换届后新任机关党务干部队伍中存在的党务知识欠缺等问题，采取有力措施提升机关干部工作能力。通过专题培训的方式，努力实现党务干部“站起来能讲，坐下来能写，蹲下去能抓，靠上去能帮”的目标。继续组织好新党员、入党积极分子培训班，加强对入党积极分子的培养教育，组织新党员集中宣誓。大力推进基层组织建设。深入推进“基层党组织统一活动日”制度的贯彻落实，以“统一活动日”为基本依托，固定党员学习日，规范组织生活，严格党内制度。坚持把“三会一课”（支部党员大会、党支部委员会和党小组会，党课）、谈心谈话、思想汇报、民主评议党员等作为“统一活动日”的经常性工作，进一步提升组织生活规范化水平。继续开展“三省、三学、三比”活动，深入践行党的群众路线。在机关中形成相互学习、相互促进、共同提高的浓厚氛围。继续做好发展党员的材料会审，亲属的政审函调；进一步完善党内激励、关怀、帮扶机制，帮助生活困难党员和老党员解决实际困难。做好“四心”服务品牌。不断扩大影响力，激励全体党员爱岗敬业、争创一流。进一步改善离退休支部的服务管理工作。为加强对离退休老干部学习教育的管理和服务工作，在上门走访、听取意见建议的基础上，研究制定服务管理办法。建立机关党组织向离退休老干部传达党内文件、通报工作情况、走访老干部等制度。加强离退休老干部党支部建设，从党费中提取专项费用，帮助老党员用于学习、教育和开展活动。

相关链接

“三省、三学、三比”：反省自己是否尽力替基层群众办事，反省自己是否紧密联系基层群众，反省自己是否深入学习党的政策理论；带着问题学、联系实际学、针对短板学；比党性、比作风、比业绩

“四心”：在党员学习、工作和生活中遇到困难时，做到热心接待、细心服务、耐心教育、关心疾苦

【反腐倡廉建设出成效】 深入开展廉政文化建设活动。围绕廉政教育重点，落实建立长效机制，牢固树立机关干部秉公用权、廉洁从政的执政理念，培育机关干部廉荣贪耻、诚实守信的道德观念。精心设计廉政文化进机关各项活动，举办廉政书法摄影比赛，指导锡山区国税局建设党风廉政教育阵地，抓好廉政文化建设示范点创建培育活动。对已建成的廉政文化示范点进行回访，及时总结和推广成功经验和做法，在区级机关内广泛开展各类廉政文化建设活动，丰富党员干部的廉政文化生活，推动区级机关廉政文化建设向纵深发展。切实履行党组织的监督职能。进一步加强机关党组织的监督管理职能，突出抓好党风廉政的监督检查，及时发现和纠正存在的问题。认真落实《信访条例》，保持正常的信访工作秩序，扎实推行信访举报办事公开，化解社会矛盾。协助区纪委抓好党员干部廉洁自律工作，及时纠正部门行业不正之风，切实解决党员干部廉洁从政方面存在的突出问题。

【群团组织服务职能提高】 通过组织登山、乒乓球比赛等活动，吸引大量机关党员干部的积极参与。指导锡山区国税局建设好“心之角”职工之家。机关团工委组织机关青年60余人参加“激扬五四，青春随行”户外拓展活动，展现广大机关青年的精神面貌，激发机关干部工作热情，吸引更多的团员青年积极投身岗位实践，带头弘扬创新精神，争当岗位排头兵，营造共创幸福生活的浓厚氛围。机关妇工委组织举办“相约春天·拥抱自然”户外徒步活动，参加人员扩大到机关全体人员，参加人数达到500余名，形成有一定影响力的机关特色文化品牌，广大党员干部通过参与活动，进一步增强归属感，强化服务理念，机关党员精神面貌蓬勃向上。（郎　英）

党校工作

【概况】 2017年，区委党校（区行政学校）设办公室、教育科、总务科3个科室，有在编教职工24人，其中公务员4人，参照《中华人民共和国公务员法》管理的工作人员9人，专业技术人员6人，机关工勤人员3人，事业编制工勤人员2人。专兼职教师9人，其中副教授1人、高级讲师8人，具有硕士研究生及以上学历7人。区委党校坚持“党校姓党”根本原则，从严治校、从严施教、从严管理，不断加强干部教育培训，开展课题调查研究，扎实推进理论宣讲工作，着力提高服务保障能力，圆满完成各项工作任务。

【教育培训】 认真落实区委干部教育培训计划，以党的理论教育和党性教育为主业主课，着力抓好以“两学一做”学习教育常态化制度化、中共十八届六中全会精神、中共十九大精神、习近平新时代中国特色社会主义思想等为重点内容的学习宣传。在区委组织部、区人社局和相关部门的支持配合下，紧紧围绕区委、区政府中心工作，创新培训理念和培训模式，加大对全区党员和干部的教育培训力度，培训质量不断提升。相继组织学习贯彻中共十八届六中全会精神轮训班、锡山区区管正职领导干部培训班、锡山区政法综治干部业务培训班、锡山区基层党组织书记专题培训班、锡山区新闻发言人与重大事件应对处理专题培训班、区管干部学习贯彻中共十九大精神轮训班等。全年组织各类培训班30期，培训学员2472人次。其中，主体班9期

1165人次，联办班19期1184人次，外地班2期123人次。

【科研工作】围绕经济社会发展重大现实问题和区委中心工作，发扬理论联系实际的优良学风，积极开展科学研究，充分发挥区委党校作为党委、政府的“思想库”和“智囊团”作用。全年顺利结项7项市党校系统科研课题，优秀结项数量在同级党校中名列前茅。申报立项9项科研课题，其中市委党校系统科研课题6项，环太湖发展研究中心课题3项。在各级各类刊物发表论文10篇，其中区委《内部参考》刊登1篇；在各级研讨会提交论文 8 篇，其中5篇获无锡市党校系统学习贯彻中共十九大精神理论研讨会暨“党校论坛”2017年年会优秀论文，优秀率位居全市之首。集结出版包含31篇论文、15.6万字的《中共锡山区委党校锡山区行政学校2016—2017年度科研成果汇编》。

【理论宣传】充分发挥理论宣讲、政策宣传的主渠道、主阵地、主力军作用，组织教师交流研讨、精心备课、送教上门，积极开展“两学一做”学习教育、中共十八届六中全会精神、中共十九大精神等专题的宣讲工作。全年组织教师深入机关部门、镇（街道）、村（社区）和学校、医院、企业宣讲63场，其中中共十八届六中全会专题宣讲9场，中共十九大专题宣讲39场，“两学一做”学习教育专题讲座7场，其他讲座8场，努力做到理论宣讲全覆盖，服务群众促发展。

【校际交流】长期参与长三角地区县级党校联盟载体建设，借助各种平台，积极“走出去”。相继参加无锡市党校系统教师TOT培训班，无锡市党校系统教学观摩会，基层党校教师马克思主义素养提升培训班，中央党校、延安干部教育学院组织的学习贯彻中共十九大精神培训班等，承办无锡市党校系统学习贯彻中共十九大精神理论研讨会暨“党校论坛”2017年年会，邀请中央党校、省委党校及市党校系统的专家与教师参与，借助该平台展示区委党校阶段性科研成果与办会水平。

【会务保障】完善工作机制，制定设施设备自巡查制度、客房卫生与安全自查与抽查制度、食堂卫生与生产安全制度，细化总务工作每周汇总汇报制度等。树立“细节决定成败”的理念，突出强调会务接待、会场服务、客房休息、食堂就餐等方面的细节管理。加大设备、设施的维保力度，增加卫生辅助设施，更新、更换消防报警系统，加大校园环境整治，提升精细化管理水平。全年接待各级各类会议和培训班281个38566人次，服务工作受到办会、办班单位及学员的充分肯定。（靳丹铃）

编辑：袁　渊

【锡山区文物珍品】

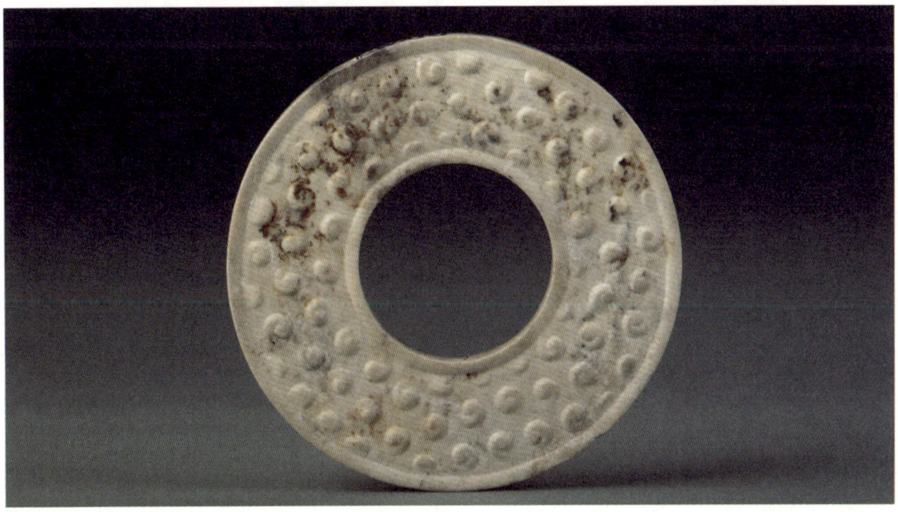

玉璧（战国）　　（区文管办 供稿）

鸿山越国贵族墓出土，2004年度全国十大考古发现之一，填补春秋战国时期越国考古资料的空白。

5月9日，国内首个党内关爱私募基金会——无锡红豆关爱老党员基金会正式成立。市委常委、组织部长周英（左二），红豆集团董事长周海江（右二），区委常委、组织部长窦虹（左一）出席成立仪式 （戴丽娜 摄）

6月7日，市委常委、统战部长陈德荣（右二）调研锡山统战工作

（区委统战部 供稿）

7月6日，市政府副市长王进健（右二），在锡山区三能器具（无锡）有限公司走访调研 （区委台办 供稿）

11月22日，锡山区区管干部学习宣传贯彻党的十九大精神专题轮训班开班式在区委党校举办 （靳丹铃 摄）

6月28日，2017第三届无锡锡山MIT—CHIEF海外高层次人才创业项目合作洽谈会在锡山区委党校举行，区委常委、组织部长窦虹致欢迎辞　　（区委组织部 供稿）

3月10日，全区统战（民宗、侨务）工作会议在区委党校举行　（区委统战部 供稿）

6月9日，中国台湾新北市议员邱烽尧率中和区里长联谊会、中和妇女倡导队等一行50人的志愿者交流团参观荡口古镇 （区委台办 供稿）

11月，区委农办和镇、村干部商讨解决农户土地确权中的问题 （区委农办 供稿）

12月，区委农办走访严埭社区，共商脱贫规划

（区委农办 供稿）

7月11日，区委老干部局组织全区离退休干部党支部书记和局全体干部职工到“炎黄”陈列馆参观学习 （区委老干部局 供稿）

4月1日，2017年区级机关党的工作会议在区委党校召开

（区级机关工委 供稿）

锡山区人大常委会

The Standing Committee of Xishan District People's Congress

综　述

【概况】 2017年，是区四届人大常委会依法履职的开局之年。区人大常委会认真贯彻中共十八届六中全会及中共十九大精神，学习贯彻习近平新时代中国特色社会主义思想，全面落实区第四次党代会精神，依法履行各项职责，圆满完成区四届人大一次会议确定的任务，各方面工作取得新进展、新成效。全年召开常委会会议5次、主任会议20次，听取和审议“一府两院”工作报告23项，开展执法检查2项、视察6项，依法作出决议、决定8项，组织44名新任命的国家机关工作人员、25名人民陪审员向宪法宣誓。（陆晓伟）

重要会议

【区四届人大一次会议】 1月9—12日，区四届人大一次会议召开。会议听取和审议区政府工作报告、区人大常委会工作报告、区法院工作报告和区检察院工作报告；审议锡山区2016年国民经济和社会发展计划执行情况与2017年国民经济和社会发展计划草案的报告、2016年财政预算执行情况和2017年财政预算草案的报告及锡山区人民政府关于区三届人大五次会议代表建议办理情况的报告；审查和批准锡山区2016年国民经济及社会发展计划执行情况和2017年国民经济及社会发展计划的决议、锡山区2016年财政预算执行情况和2017年财政预算的决议；会议选举产生新一届锡山区人大常委会、锡山区人民政府领导班子和锡山区人民法院院长、锡山区人民检察院检察长以及出席无锡市第十六届人民代表大会的代表；会议还通过其他有关事项。

2017年锡山区四届人大常委会会议情况一览

表2

时间	会议名称	会议内容
3月10日	区四届人大常委会第一次会议	会议审议并通过区人大常委会2017年工作要点、2017年区人大代表活动的意见、区第四届人民代表大会常务委员会代表资格审查委员会名单、《无锡市锡山区人民代表大会常务委员会人事任免办法》《锡山区人大常委会关于锡山区人民代表大会代表建议、批评和意见处理办法》《无锡市锡山区第四届人大常委会关于开展创先争优活动的意见》；听取和审议区政府关于“农贸市场建设与管理”专题询问审议意见落实情况汇报；通过有关人事任免事项
5月19日	区四届人大常委会第二次会议	会议听取和审议区政府关于2016年度环境状况和环境保护目标完成情况的汇报、区法院关于破解执行难工作情况汇报；审议并通过无锡市锡山区第四届人民代表大会常务委员会关于批准区人民政府调整2017年度财政预算内收支计划的决定、关于同意安排财政资金2亿元用于增加无锡市锡山区特困帮扶基金会原始基金的决议
7月28日	区四届人大常委会第三次会议	会议听取和审议区政府关于2017年上半年国民经济和社会发展计划执行情况的报告、2016年度财政决算和2017年上半年财政预算执行情况的报告、2016年度区预算执行和其他财政收支的审计工作报告、区四届人大一次会议代表建议办理情况汇报；审议区人大财经委员会关于区2016年本级财政决算审查结果的报告、《城镇排水与污水处理条例》执法检查报告；批准2016年度财政决算的决议；审议并通过关于接受李立辞去无锡市锡山区第四届人民代表大会常务委员会委员职务和关于接受李立辞去无锡市锡山区第四届人民代表大会代表职务的决定；通过有关人事任免事项
9月21日	区四届人大常委会第四次会议	会议审议《中华人民共和国社会保险法》执法检查报告；审议并通过关于接受蒋飞辞去无锡市锡山区人民法院院长职务请求的决定；通过有关人事任免事项

续表2

时间	区四届人大常委会	会议内容
12月7日	区四届人大常委会第五次会议	会议听取和审议区政府关于依法行政工作情况报告、“两减六治三提升”环保专项行动情况报告；听取区人大常委会人事代表联络工作委员会关于区四届人大一次会议代表建议办理复查情况报告；审议并通过关于召开无锡市锡山区第四届人民代表大会第二次会议的决定、关于接受陆兴荣辞去无锡市锡山区第四届人民代表大会常务委员会委员职务和关于接受陆兴荣等辞去无锡市锡山区第四届人民代表大会代表职务的决定、关于选举无锡市锡山区第四届人民代表大会代表的决定；通过有关人事任免事项

（卢　煜）

重要工作

【推进转型升级创新发展】 区人大常委会视察开发区，在肯定成绩的基础上，要求开发区以产业发展为主、瞄准重点领域和方向，力争在引进先进制造业等重大项目上取得实质性突破，促进全产业链整体升级；要求开发区加大扶持力度，抓好企业上市挂牌工作，鼓励企业通过资本市场规范发展、做优做强，支撑开发区经济更好更快发展；视察商务区，建议坚持产业立城理念，抓住南京信息工程大学滨江学院建设契机，深入推进产学研合作，促进创新能力提升；坚持适度超前，城乡一体，提升城市能级，优化功能布局，提升城市品质。听取中小企业转型发展情况，建议企业坚持创新驱动战略，通过自主创新，破解发展瓶颈，激发内生动力；要求相关部门强化服务意识，积极协助企业解决实际问题，推动企业做大做强。听取商务经济发展情况，建议“引进来”和“走出去”并重，鼓励企业参与“一带一路”伟大倡议建设，形成示范效应，带动整体发展；建议相关部门突出产业招商，集聚发展动能，推进产业强区；要求强化全域旅游理念，注重整体谋划，出台扶持政策，推动全区乡村旅游业加快发展。

【财政监督力度加大】 区人大常委会修订《锡山区全口径财政预决算审查监督的实施办法》，进一步规范预算审查监督工作。审议锡山区2016年决算报告、审计报告，批准锡山区2016年本级财政决算，要求建立审计查出问题整改销号制度，维护预算执行刚性。审议锡山区2017年上半年预算执行情况报告、锡山区2017年预算调整情况报告，批准锡山区2017年预算调整方案，要求完善全口径预算管理体系，将开发区和商务区财政预决算纳入审查范围，健全政府性债务管理制度，织密扎紧预算制度“笼子”。审查锡山区2018年预算草案编制情况报告，为区四届人大二次会议审查批准预算，促进预算合理安排打下良好基础。

【促进发展环境优化】 区人大常委会听取税收工作情况，建议政府及财税部门坚持依法征管，重视税源培育，提升服务水平，营造良好环境，促进企业健康发展。听取土地管理工作情况，提出严守耕地红线，节约集约利用土地，合力化解涉土矛盾等建议。听取质量监管工作情况，督促政府以提高发展质量和效益为中心，注重发展规划、机制完善、品牌建设和服务保护，把“质量强区、质量兴企和质量惠民”摆在突出地位，整体谋划“锡山制造”品牌建设，做大做强全区品牌经济。视察台创园，提出充分发挥“互联网+农业”创新驱动作用，积极打造农业发展新引擎，培育和催生园区产品推广、旅游发展新动力，带动园区经济快速发展；提出立足高端定位，结合自身资源和产业优势，着力引进主导优势项目，促进产业转型升级，辐射带动全区现代农业发展。

【依法决定重大事项】 区人大常委会积极承担改革任务，抓住事关全局性、根本性、长远性的问题，适时进行讨论、审议和决定。区人大财政经济工作委员会依法开展财政预决算审查，提请区人大常委会审议通过2017年度财政预算调整决议，保障财政预算的顺利执行。根据政府关于安排财政资金2亿元用于增加无锡市锡山区特困帮扶基金会原始基金的请示，区人大法制委员会及时调研，加强沟通，依法审查，经区人大常委会审议后通过，并作出决议。

【执法检查有效开展】 立足推动《中华人民共和国社会保险法》的贯彻落实，区人大常委会执法检查坚持问题导向，抓住社会保险的扩面增缴、机制建设等关键问题，督促政府强化政策法律宣传、抓好参保扩面工作，进一步提升管理服务水平。组织开展《城镇排水与污水处理条例》执法检查，就规划布局不尽合理、基础设施建设滞后、管理水平有待提升等问题对锡山区政府提出整改要求。区政府高度重视，完善排水管理网络，加大基础设施投入，优化监管执法机制，全区水环境质量得到提升。积极配合上级人大开展执法检查和立法调研工作，及时反映意见建议，上下联动解决问题。

【依法行政有序推进】 区人大常委会紧扣法治锡山建设要求，审议区政府依法行政工作，就提高依法决策水平、完善依法治理机制、提升依法行政的能力等方面提出建议，推动法治政府建设。听取“3550”改革工作情况，要求进一步推进简政放权、优化监管服务，打造良好环境。持续关注公共法律服务体系建设，建议通过整合法律服务资源、丰富法律服务产品等方式，更好满足群众法律服务需求。监督社会治安基层基础工作，听取治安防控体系建设情况汇报，就加强资源整合、完善部门联动等方面提出建议。继续加强规范性文件备案审查工作，做到有件必备、有备必审、有错必纠，切实维护法制的严肃和统一。

【司法监督得到加强】 区人大常委会开展对区法院执行工作及其改革监督，提出树立审执“一盘棋”思想，完善信息共享、联合执法、失信惩戒等机制，加强执行队伍建设，努力破解“执行难”的审议意见。区法院抓好落实，加强部门协作，执结率得到提高。听取区检察院环境保护检察监督工作汇报，要求继续探索“精确打击、精准监督、精细保护”环境资源保护检察新模式，严厉打击破坏环境资源刑事犯罪，守护锡山区“碧水蓝天”。认真贯彻中央和省、市、区委关于国家监察体制改革的意见精神，依法做好改革准备工作。认真办理和接待群众来信、来访，依法及时处理、转办、督办信访13件（次）。执行《中华人民共和国国歌法》，区人大常委会会议宪法宣誓仪式上奏唱国歌。

【促进社会事业进步】 区人大常委会关注全区教育事业发展，对民办幼儿园发展情况开展监督，就政策制定、规划统筹、日常监管等方面提出建议，促进政府进一步增加学前教育资源，扩大普惠性幼教覆盖面，更好地满足社会对学前教育的需求。跟踪问效医疗卫生改革和发展，调研深化医药卫生体制改革进展情况，听取医疗资源规划利用情况，要求政府优化医疗资源配置，加强医卫队伍建设和人才引育，提高服务水平，改善群众就医感受。锡山区“十三五”医疗机构设置规划工作已经完成并通过审核。就群众反映强烈的区中医医院、鹅湖医院硬件条件亟须改善的问题，广泛走访调研，形成专题调研报告，以《代表之声》的形式建议政府尽早规划、异地重建。政府高度重视，鹅湖医院建设拟列入2018年为民办实事项目予以启动，区中医医院建设方案进入深化论证研究阶段。围绕文化惠民要求，专题视察文物保护利用工作，协助市人大拍摄“人大之声”——“让文物活起来”，印发视察通报，区政府认真研究处理，已完成对馆藏文物的保护整改，文物保护、管理、利用水平得到提升。

【持续聚焦生态文明建设】 区人大常委会审议2016年度环境状况和环境保护目标完成情况，要求区政府加大财政投入和政策支持力度，完善环境保护工作机制，严格环境保护监督执法，持续改善全区生态环境质量。着眼优化人居环境，审议“两减六治三提升”环保专项行动情况汇报，督促政府建立健全环境保护长效工作机制，巩固整治成果，推动全区生态文明建设。以促进区域水环境品质提升为重点，结合监督落实“河长制”，对河道管理工作开展视察，推动区政府抓好河道保护规划的实施，协调好城乡发展与河道保护关系，加大河道治理与保护力度，促进河道资源可持续利用，保障全区经济社会生态可持续发展。

【扎实推进城乡统筹发展】 区人大常委会持续关注民生实事项目的实施，对农贸市场建设与管理工作开展专题询问的跨年度跟踪监督，专题听取审议意见落实情况报告，并进行满意度测评，力促为民办实事项目的落实情况。加强对交通公共服务的监督，听取交通运输管理情况，要求完善交通基础设施，优化交通通行环境，提升执法水平和管理效率，保障人民群众安全出行。直面城乡发展不平衡、不充分问题，视察撤并老镇区整治改造情况，支持督促区政府加强组织领导，用更多的精力关注老镇区的发展和建设，优化环境布局，提升整体功能和形象，改善居民生活质量，更好地统筹推进城乡一体化发展。

【增强代表履职能力】针对换届后新人大代表较多的实际，区人大常委会有计划、分批次的组织开展代表培训工作，通过举办代表培训班、邀请专家作专题讲座等方式，帮助新代表尽快掌握人大业务知识，迅速进入工作角色，进一步提高代表的政治理论、法律知识水平和依法履职的能力。坚持邀请代表列席常委会会议、政府常务会议，参与视察调研、执法检查等活动，拓宽代表知情督政渠道，为代表依法履职提供信息、创造条件、打造平台。全年有15名代表列席常委会会议，14名代表列席政府常务会议，24名代表参加执法检查和视察活动。

【拓展代表履职平台】区人大常委会紧紧围绕聚焦富民目标，结合代表工作实际选准切入点，组织开展“水生态环境治理”代表主题活动，推行评议部门工作方式，推动主题活动取得新成效。569名区、镇两级人大代表走访村（社区）105个，联系选民1574人次，提出意见建议147条。区政府抓好整改落实，进一步加强水生态环境综合整治，全区水生态环境得到明显改善。落实代表联系选民制度，以“代表之家”“代表工作室”为载体，组织开展代表定期接待选民活动，推动代表深入基层，了解社情民意。组建6个区人大代表专业组，吸纳更多领域、界别的代表参与常委会工作，发挥专业组代表作用，使常委会提出的建议更具针对性、专业性和可操作性。

【强化代表建议督办】修订完善《锡山区人大常委会关于锡山区人民代表大会代表建议、批评和意见处理办法》，进一步明确办理工作各环节的主要任务及时间节点，增强办理工作的规范性。组织交办区四届人大一次会议的66件代表建议，选择群众普遍关注、难度较大、有可操作性的12件建议由常委会领导领衔重点督办，以点带面推动建议办理工作。强化对建议办理全过程的监督，采取常委会审议建议办理情况报告、主任会议听取重点督办、组织机关工作人员复查、开展建议办理落实情况第二次评价活动等措施，推动办理工作从“答复型”向“落实型”转变。做好闭会期间代表建议交办工作，通过编发《代表之声》，向区委、区政府反映，努力推动相关问题的解决。

【加强基层联系指导】区人大常委会认真贯彻《关于加强县乡人大工作和建设的若干意见》，实行常委会领导分工联系镇（街道）人大工作制度，密切沟通和联系。邀请镇（街道）人大（工委）负责人参与执法检查、外出学习培训等活动，定期召开镇（街道）人大工作会议，总结交流工作，分析解决问题，提升基层人大工作水平。指导各镇贯彻落实《江苏省乡镇人民代表大会工作条例》，规范各镇人民代表大会召开，提升会议质量。制定下发关于建立街道人大工作联络员队伍的意见，指导各街道选聘73名人大工作联络员，延伸街道人大工作触角，密切代表与人民群众的联系。深入开展“连心富民、联企强区”大走访活动和“阳光扶贫”工作，组织机关党员干部深入57户家庭、6个村（社区）、42家企业，收集、督办建议32件。

【强化人大履职宣传】围绕人大及其常委会的中心任务，深入报道区人大常委会依法履职情况及各级人大代表履职风采。全年有80余篇通讯及信息在市级以上媒体刊登，较好地宣传了锡山区人大工作。充分发挥常委会门户网站、《新锡山》“人大之窗”等阵地作用，做好人大理论和工作研究，不断扩大人大工作的社会影响力。加强调研工作，组织赴外地开展法律服务体系建设、家庭医生签约服务和分级诊疗、代表履职平台建设等专题调研，形成调研报告3篇，为进一步做好相关工作，提供借鉴和启示。

（陆晓伟）

人事任免

【概况】区人大常委会遵循党管干部和依法任免的原则，规范人事任免程序，强化对任命干部的监督。全年依法任免56名国家机关工作人员。其中，8名干部参加任前法律知识考试，14名任命干部作任前承诺。

2017年锡山区人大常委会任免人员主要情况一览

表3

时间	会议名称	任免人员及职务
3月10日	区四届人大常委会第一次会议	任命张永宏为无锡市锡山区人民政府副区长，吴伟君为无锡市锡山区人民政府副区长，张瑜为无锡市锡山区政府办公室主任，王立新为无锡市锡山区发展和改革局局长，华炜为无锡市锡山区经济和信息化局局长，冯冬雁为无锡市锡山区教育局局长，王彪为无锡市锡山区科学技术局局长，孙伟为无锡市锡山区人力资源和社会保障局局长，浦向民为无锡市锡山区财政局局长，张建华为无锡市锡山区监察局局长，席子南为无锡市锡山区民政局局长，蔡伟为无锡市锡山区司法局局长，张杰为无锡市锡山区住房和城乡建设局局长，许雷亮为无锡市锡山区交通运输局局长，孟静卫为无锡市锡山区水利局局长，华星为无锡市锡山区农林局局长，王琪为无锡市锡山区商务局局长，徐志军为无锡市锡山区卫生和计划生育局局长，王利江为无锡市锡山区市场监督管理局局长，吕斌为无锡市锡山区审计局局长，陆晓波为无锡市锡山区环境保护局局长，朱晓军为无锡市锡山区安全生产监督管理局局长，司建新为无锡市锡山区城市管理局局长，郁枫为无锡市锡山区文体局局长，陈旭东为无锡市锡山区统计局局长，陈荣伟为无锡市锡山区粮食局局长，王祖庚为无锡市锡山区民族宗教事务局局长；免去马骏的无锡市锡山区人民检察院检察员职务
5月19日	区四届人大常委会第二次会议	任命赵鞠为无锡市锡山区人民政府副区长，栾海港为无锡市锡山区人民政府副区长；免去包鸣的无锡市锡山区人民政府副区长职务
7月28日	区四届人大常委会第三次会议	任命徐雪高为无锡市锡山区人民政府副区长；免去李立的无锡市锡山区人大常委会农业农村工作委员会主任职务
9月21日	区四届人大常委会第四次会议	任命谭云为无锡市锡山区人民法院副院长、代理院长、审判委员会委员、审判员，林坚为无锡市锡山区人民法院审判委员会委员；免去张永宏的无锡市锡山区人民政府副区长职务，朱振峰的无锡市锡山区人民法院审判委员会委员、审判员职务，孙福兴的无锡市锡山区人民法院审判员职务
12月7日	区四届人大常委会第五次会议	任命周勇为无锡市锡山区人大常委会研究室主任，席子南为无锡市锡山区人大常委会农业农村工作委员会主任，曹红芬为无锡市锡山区人大常委会办公室副主任，郁枫为无锡市锡山区科学技术局局长，张立新为无锡市锡山区民政局局长，过文洁为无锡市锡山区商务局局长，刘家强、陆凌云、吴修贵为无锡市锡山区人民法院审判员，过建华、叶锡忠、华奋、华建清、陈华、陈萍、黄锡瑛、缪燕萍、乔晓、林毅、钱荣源、戴丽红、周演、孙滇、邵兴祖、李钧、吴志慧、许永华、王玲、陶磊、邱新华、缪菊芬、张建英、许金根、邢晓润为无锡市锡山区人民陪审员，周婷为无锡市锡山区人民检察院检察员；免去陆兴荣的无锡市锡山区人大常委会东北塘街道工作委员会主任职务，华兴的无锡市锡山区人大常委会研究室主任职务，顾国清的无锡市锡山区人大常委会环境资源城乡建设工作委员会副主任职务，王彪的无锡市锡山区科学技术局局长职务，席子南的无锡市锡山区民政局局长职务，王琪的无锡市锡山区商务局局长职务，郁枫的无锡市锡山区文体局局长职务，王恒来、曹梦云、张婷的无锡市锡山区人民陪审员职务，余景军的无锡市锡山区人民检察院检察员职务

（卢　煜）

编辑：袁　渊

6月20日，人大代表视察鹅湖人民医院 （区人大 供稿）

10月20日，区人大加强代表建议督办，对建议办理落实情况进行复查 （区人大 供稿）

5月19日，区四届人大第二次常委会表决通过有关重大事项　　（区人大 供稿）

7月5日，区人大组织开展《城镇排水与污水处理条例》执法检查，视察安镇污水处理厂运行情况　　（区人大 供稿）

锡山区 人民政府

Xishan District People's Government

综　述

【概况】 2017年，区政府认真践行新发展理念，坚定实施创新驱动、产业强区、全面开放、城乡一体、绿色发展、民生共享六大发展战略，稳中求进，攻坚克难，统筹做好改革发展稳定各项工作，较好地完成各项目标任务。全年地区生产总值比上年增加7.4%；工业总产值、规模以上工业总产值分别比上年增加14.4%和13.4%。完成一般公共预算收入78.79亿元，比上年增加9.1%；其中税收收入68.13亿元，比上年增加6.4%。全年工业用电比上年增加8.3%，产值超1亿元企业比上年增加31家。进出口总额48.94亿美元，其中出口额36.54亿美元，分别比上年增加13.9%和8.3%；社会消费品零售总额比上年增加12%。

【经济发展提质增效】 出台深化现代产业发展、加快发展新一代信息技术及智能制造、推进服务业提质增效等政策措施，加大产业强区政策扶持力度，着力打造高水平产业园区，开发区跻身全省经济开发区十强，以台创园为主体的锡山现代农业产业园获批创建国家级园区，锡东跨境电商产业园获评省电子商务示范基地。强化产业招商和项目建设，总投资超百亿的海尔国际创智谷、中国南山开发（集团）车联网小镇项目以及尚品宅配等14个超10亿元投资项目成功签约落户，全年到位注册外资3.92亿美元、在建超1亿元产业项目97个。盘活存量土地320.29公顷，锡山区被评为全省高标准厂房建设与使用先进地区，连续三年获评全省国土资源节约集约利用模范区。

【改革创新持续深化】 出台深化行政审批制度改革、推进“3550”改革系列配套制度细则，取消行政事业性收费7项，停征政府性基金1项，企业“多证合一、一照一码”登记模式和个体工商户“两证合一”制度全面推行。完成政务服务事项清单、区级部门标准化权力清单编制，公布“不见面审批（服务）”事项195项、“见一次面”审批（服务）事项586项。东港镇入选全省新一轮经济发达镇行政管理体制改革方阵。江苏新日电动车股份有限公司、江苏东珠景观股份有限公司、无锡阿科力科技股份有限公司3家企业成功实现主板上市，江苏大德重工有限公司等5家企业登陆“新三板”，全区上市企业累计达到10家、“新三板”挂牌企业累计达到34家。探索开展基层医疗机构财政定额补助试点，以锡山人民医院（集团医院）为中心的紧密型医疗联合体全面构建。新增各类企业研发机构31家，获省重大成果转化项目1项，新认定“专精特新”产品15个，获评省级制造业与互联网融合创新示范试点企业16家。出台聚力创新“锡山英才计划”及14个配套实施细则，与麻省理工学院达成第三轮合作协议，全年新入围国家“千人计划”人才1名、省“双创计划”项目10个。质量和知识产权战略深入实施，红豆集团获评省质量奖、品牌江苏建设金帆奖和省商标战略实施示范企业。

【城乡区域加快融合】 强化农村住房建设规划引导，村庄规划修编有序推进，首批15个村庄试点方案初步完成。东港镇入选全国第二批特色小镇。新锡山人民医院顺利建成，东亭中学新校区、东湖塘实验小学、怀仁幼儿园等16项学校建设工程全面推进，其中东湖塘中学教学楼等5项工程顺利完工，东城一品、东方天郡幼儿园如期投用。新辟和优化城乡公交线路8条，新锡路北延工程启动建设，东升路改建、锡甘路大修等工程开工在建，黄土塘南路、新杨路建成通车，S228省道大修工程顺利完工。市容环境综合整治、村庄环境长效管理等工作深入推进，查桥、八士、甘露、东湖塘4个老镇区主要街巷改造工程全面实施。深化文明城市创建，城区文明程度指数在市级测评中持续位居第一，锡山地税局获评全国文明单位，东港镇山联村获评全国文明村。

【生态环境有效改善】 紧紧围绕“截污全覆盖、污水不入河”目标，大力实施“两减六治三提升”专项行动，定向发力、提速推进、严格督查，环境保护和生态建设得到全面强化。排水达标区复查整改、村庄截污、畜禽养殖和码头污染整治实现全覆盖，东亭污水处理厂一、二期工程改造完成，分厂新建工程和安镇、鹅湖污水处理厂二期扩容工程加快建设。不断推进燃煤工业窑炉整治和化工企业“四个一批”专项行动，关停燃煤工业窑炉21台、化工企业19家，完成工业企业挥发性有机物污染整治18家。“河长制”管理持续强化，河道整治各项工作提速推进，宛山荡水环境改善工程启动开建，完成望虞河、九里河等9条市考河道综合整治，钓渚大桥等重点断面水质保持稳定达标。大气治理工程扎实推进，PM2.5全年平均浓度比上年下降10.9%。制订实施土壤污染防治工作方案，完成18个重点地块土壤污染状况调查评估。新增造林绿化面积153.33公顷，宛山荡获评省级生态湿地公园。环保问题曝光和督查问责力度加大，断面水质达标情况与板块党政领导班子全体成员经济奖惩直接挂钩机制试行实施。积极配合省环保督察，采取坚决有力措施逐一核查整改督察组交办的环境投诉问题。

【民生福祉稳步提升】全年实现城镇新增就业1.93万人，扶持自主创业1268人，落实经济薄弱村“一村一策”脱贫项目15个，城乡居民人均可支配收入分别比上年增长8.3%和8.5%。净增企业职工社会保险缴费1.14万人，新增断保被征地农民接续缴费4682人，居民养老、居民医疗“两项保险”参保覆盖率继续保持高水平。向特困帮扶基金增资2亿元，全年发放深度贫困家庭救助金1405.8万元。编制教育设施三年建设计划，入园、入学平稳有序，教育、教学质量得到新提升。开展省健康促进区和“十三五”时期人口协调发展先进区创建，“国家基本公共卫生服务项目”省级绩效考核排名全省第一。各类群众文化活动和全民健身运动广泛开展，青少年业余体校获评全国群众体育先进单位。厚桥街道养老服务中心启动新建，安镇街道养老服务中心公办民营试点推进，专业化、社会化居家养老服务进一步完善。“七五”普法深化实施，各类社会矛盾纠纷得到有效化解。扎实开展安全生产大检查，重点行业领域安全隐患专项整治推进有力，生产安全事故起数和死亡人数连续六年实现“双下降”。强化食品安全基层责任网络建设，食品安全快速检测室实现全覆盖。深化平安锡山建设，社会治安形势持续稳定。（陈建东）

重要会议

【区政府常务会议】区政府全年召开11次常务会议，审议并通过《锡山区“两减六治三提升”实施方案》《关于开展全区化工企业“四个一批”专项行动的实施意见》《关于深化行政审批制度改革加快简政放权激发市场活力的实施意见》《关于推行政府法律顾问制度的若干意见》《关于加快推进现代服务业提质增效的实施意见（2017—2019年）》《关于加快发展信息技术产业深入推进智能制造的实施意见（2017—2019年）》《锡山区燃煤工业窑炉整治三年行动计划（2017—2019年）的实施方案》《锡山区土壤污染防治工作方案》《锡山区税收征管及税收遵从引导实施办法》《锡山区生活垃圾分类工作实施意见》等事项59件。（印宏绯）

【全区经济工作暨项目建设工作会议】3月3日，全区经济工作暨项目建设工作会议在区会议中心召开。会议强调，全区上下要进一步坚定信心、振奋精神，咬定目标、真抓实干，全力推动锡山经济更好更快发展。会议要求，要发挥产业的基础作用、项目的支撑作用、企业的主体作用、改革的牵引作用、创新的驱动作用、服务的保障作用，推动全区经济实力不断迈上新台阶。会议还表彰了2016年度锡山区工业企业纳税十强、服务业和建筑安装业企业纳税十强、房地产企业纳税五强、工业企业纳税增幅十强、服务业和建筑安装业企业纳税增幅十强、工业企业亩均税收十强、上市工作先进企业、技术改造先进企业等。

【全区生态文明建设暨“两减六治三提升”专项行动动员会】3月3日，全区生态文明建设暨“两减六治三提升”专项行动动员会在区会议中心召开。会议强调，全区上下要深入贯彻落实省市“两减六治三提升”专项行动动员大会精神，以更加坚决的态度、更加有力的举措，全力打好生态保护和环境治理攻坚战。会议要求，要坚持问题导向，聚焦重点领域，主攻薄弱环节，尽早实现生态环境质量的根本性好转，努力开创经济持续增长、污染持续下降、生态持续改善的良好局面。（华洼丰）

【全区安全生产工作会议】3月4日，全区安全生产工作会议在区会议中心召开。会议通报《2016年度安全生产工作目标任务考核结果》，下发各板块、各部门《2017年安全生产工作责任书》。会议指出，2016年全区安全生产形势持续稳定向好，全年未发生较大以上安全事故，事故起数、死亡人数连续5年“双下降”，为经济社会健康发展创造了安全稳定的环境。会议要求，2017年全区安全生产工作要坚持“管行业必须管安全、管业务必须管安全、管生产经营必须管安全”，全面消除监管盲区，突出明责、问责，着力压严、压实责任；狠抓安全检查，全面消除安全隐患；强化机制创新，着力优化监管模式；夯实基层基础，着力提升保障能力。（徐泽元）

【锡山区企业家协会第三届第一次理事大会】 5月6日，锡山区企业家协会第三届第一次理事大会在红豆杉庄召开。会议选举产生了协会新一届的理事会，全面总结二届理事会后的工作，安排部署下一个时期的任务，红豆集团董事局主席周海江连任新一届协会会长。

（徐泽元）

【全区质量工作会议】 6月8日，全区质量工作会议在区会议中心召开。会议强调，质量是社会生产力水平的重要标志，质量问题也是关系每一个老百姓切身利益的重大民生问题。会议要求，要全力做好质量建设的各项工作，持之以恒加强质量创新，锲而不舍打造锡山品牌，多措并举确保质量安全，让锡山质量成为推动锡山经济从传统制造向科学化、智能化、可持续化迈进的有力支撑。会议表彰了2016年度质量建设获奖企业。（华注丰）

重要活动

【2017年锡山区重大项目集中签约仪式举行】 10月31日，2017年锡山区重大项目集中签约仪式在锡州花园酒店举行。北京复华未来世界、中国南山开发（集团）车联网小镇、海尔国际创智谷、安普瑞斯锂电池、尚品宅配等34个重大项目成功签约，拟投资总额973亿元，签约项目单体投资额、计划总投资额均创锡山区历史记录。市长汪泉，副市长、区委书记陆志坚出席并致辞。该次集中签约的34个项目涵盖了智能装备、精密零部件、新能源核心部件、总部经济和文化旅游等多个领域，其中单体投资超100亿元的项目达到4个。活动得到海内外新老客商的积极响应，对锡山区优化产业结构、加快转型升级、增强发展后劲具有重要意义。

（徐泽元）

机构编制管理

【概况】 2017年，区编办紧紧围绕“放管服”改革，推动简政放权，加快政府职能转变，强化机构编制管理，为开创锡山改革发展新局面提供有力的体制、机制保障。

【行政审批制度改革】 根据《关于深化行政审批制度改革加快简政放权激发市场活力的实施意见》，全面部署“放管服”改革。扎实推进“3550”改革，推动出台相关工作方案及配套文件，完成2016年度及2017年度江苏省市、县简政放权创业创新环境评价工作。落实《关于加快推进“不见面审批（服务）”改革的实施方案》，推进“不见面审批（服务）”改革，公布三批“不见面”和“见一次面”审批（服务）事项清单。根据《锡山区“减证便民”专项行动方案》，全面清理涉及群众和企业办事创业的各类证明材料。推进“双随机一公开”监管制度落实，在环保、交通、市场监管领域建立抽查对象随机、执法人员随机（双随机）监管模式。完成东港镇作为第二批经济发达镇报批工作，着手推进经济发达镇行政管理体制改革。

【机构编制管理】 根据省市关于加强党委巡察工作的相关文件精神，设立区委巡察工作办公室，明确3个区委巡察组和5个区纪委派驻纪检监察组机构编制事项。整合采购中心与建设交易招投标办公室，组建无锡市公共资源交易中心锡山分中心；撤销无锡市锡山人民医院分院，整建制划入无锡市锡山人民医院，无锡市锡山区鹅湖人民医院更名为无锡市锡山人民医院鹅湖分院。设立锡山区河湖管理所，进一步理顺“河长制”工作管理运行体制。加强控编减编，严格控制招录计划指标，探索在公立医院实行备案制管理。坚持实名制信息系统动态管理，全年完成1177人次的信息审核工作。逐月机构编制上报月报，每季度公办幼儿园机构上报编制季报。实时更新机关中层干部和事业单位领导干部信息数据库，全年完成149人次的职位审核备案手续。继续做好“三责联审”工作，全年完成区安监局、厚桥街道、区交通运输局3个单位党政领导“一把手”离任的机构编制审核工作，并形成审核报告。

【事业单位管理】 开展2016年度事业单位法人年度报告直接公示工作，全年办理事业单位年度报告直接公示240家，设立登记17家，变更登记39家，注销登记1家，证书补领2家。试点事业单位改革，选取锡山人民医院为事业单位章程建设试点单位、东湖塘中心小学为事业单位法人治理结构建设试点单位、羊尖镇卫生院为事业单位信用等级评定试点单位。（高　雯）

政务服务

【概况】 2017年，区政务办认真贯彻落实区委、区政府的决策部署，重点深化落实“放管服”和

"3550"改革工作，认真贯彻落实区委四届三次、四次全会精神，坚持以政务服务供给侧改革为主线，创新行政服务举措，优化政务服务环境，使各项政务服务更加精准对接发展所需，企业所想，群众所盼，为建设富强美丽和谐幸福现代化新锡山做出贡献。区、镇两级政务服务中心受理行政服务事项358891件，办结358658件，按时办结率99.94%。其中，区政务服务中心受理133767件（即办件94975件，即办率71%），各类收费9775万元（建设项目前期报批阶段统一收费9743万元）；镇（街道）政务服务中心累计办理各类服务事项225124件。

【务实开展大走访活动】 3月10日，全区开展"连心富民、联企强区"大走访活动动员大会，区政务办高度重视，认真制定工作方案，明确专人负责，按照既定工作时序推进，确保活动有组织，走访有记录，问题有落实。12名党员累计走访困难群众36户85人次，走访东方国际轻纺城等12个企业30人次，并深入挂钩结对的云林街道蓉阳村，通过列席村民代表大会和村"两委"班子会议详细了解相关情况。5个贫困户问题和3个企业问题均得到相关部门的认真办理和解决，获得企业和群众的一致好评。无锡电视台新闻综合频道和经济频道对该作名为"锡山区政务办推行代办制力促大走访活动取得实效"的专题报道。根据区委工作部署，区政务办承担全区大走访活动"二级数据库"建设和日常运行管理工作职责。在工作推进过程中，区政务办突出抓好"快开发、快培训、快提升、快运作"，通过内部调整科室和外部招聘2名劳务派遣人员，用12天时间开发完成锡山区大走访信息管理系统。按照一次性规划，边用边完善并适当留用余地工作思路，在市级数据平台的基础上增加了"谈心谈话""会议记录"2个模块；按照信息录入、事项办理和事项办结分批次组织区、镇、村三级进行培训，累计培训系统操作人员300余人，做到人员培训全覆盖。8月，配合区委大走访信息组全力做好省"大走访系统"数据库建设，高效完成省相关部门部署工作任务。全区累计大走访人数292186人次，走访户数121009户，上报问题123065个，办结8085个，办结率79%。

【无锡市公共资源交易中心锡山分中心建成】 12月22日，无锡市公共资源交易中心锡山分中心揭牌成立。无锡市公共资源交易中心锡山分中心，是区委、区政府批准设立的副科级事业单位，有工作人员12名，主要负责进行建设工程招投标、产权交易、政府采购等交易活动，是为公共资源交易各方主体提供公开、公平、公正和诚信服务的一个"阳光平台"，有利于促进公共资源交易行为进一步规范，促进公共资源交易活动高效廉洁运行，构建完成锡山"一办三中心"一体化综合政务服务平台。

【基建项目审批服务不断便捷】 根据省市关于"3550"改革要求，区政务办对区一般工业建设项目流程进行再梳理，制订《关于加快实现工业生产建设项目施工许可50个工作日内完成的工作方案》和《关于加强涉及建设项目审批中介机构管理的实施意见》，明确备案项目在26.5个工作日内，核准项目在41个工作日内完成全部审批手续，从8个环节压缩至规划用地许可证办理、规划工程证办理和施工许可证办理3个环节。全区累计发放施工许可证的工业项目20个，其中新建项目9个，平均完成审批时限25.1个工作日。最短的红豆杉生物科技有限公司项目，从7月10号项目立项到7月28日取得施工许可证，15个工作日完成所有审批手续，区发改局、区环保局、区规划分局等部门均在当天就完成审批工作，提速45%。

【"超前直通车"服务不断优化】 在2016年成功对泾州机械、森科金属、东亚电力等项目开展"超前直通车"服务的基础上，2017年，区政务办着重推动"超前直通车"服务运行机制常态化。积极向区政府建议把所有新建项目纳入"超前直通车"服务机制，并以文件形式加以明确，得到区领导的支持，同时，通过每季度电话对接，QQ邮箱发放《镇（街道）工业建设项目有关情况统计表》以及电话跟进的方式主动与各镇（街道）联系，了解项目相关报建计划，对2017年11个重点工业项目进行逐个跟踪，列出项目审批进度表，及时提供企业需要的审批服务。累计为红豆杉生物科技有限公司、法兰德电机科技、锡山阀门厂、晶石新能源、力达金属制品等7个项目提供"超前直通车"服务，刊发相关《会议纪要》7期，其中9月19日第三期《关于无锡市力达金属制品有限公司新建厂房及办公楼项目组织开展了全流程审批再提速"超前直通车"现场推进会会议纪要》得到区长顾中明批示。

【代办服务能力不断提升】 区政务办根据《关于进一步加强和规范锡山区项目代办服务工作的意

见》，制定出台《锡山区项目代办服务工作实施细则》。针对投资项目推出精准代办，做到一个项目一套方案一个代办员，通过“一卡一表一志五单”规范代办流程，继续强化业务培训提升代办能力，全力当好企业“店小二”，确保项目建设顺利实施、快速推进。1—12月，全区25个代办员累计办理6456件次，其中代办工商注册（含开、变、歇）5547件，为124个项目代办立项等手续909件次。代办工作开展良好，得到上级领导和周边地区的肯定。2月9日，《新华日报》刊登题为“无锡市锡山区全程无偿代办提升项目建设速度”的报道；6月11日，《江苏新时空》刊登名为“推进改革攻坚，聚集行政审批制度改革，无锡锡山代办制代出项目投资落地加速度”的报道；南京市高淳区、苏州市吴江区、南通市通州区、山东省济南市长清区、山东省寿光市、徐州市高新区等地均到锡山区学习调研。

【“互联网+政务”服务改革推进】 为深入贯彻落实《国务院关于加快推进“互联网+政务”服务工作的指导意见》和省市的统一部署，成立区“互联网+政务”服务工作领导小组，由区分管领导为组长，区发改局等30个部门的主要负责人为成员，在区政务办设立办公室。4月，区政府召开“互联网+政务”服务工作动员会，提出建成区、镇、村三级联动、部门协同、一网办理、实现全覆盖的锡山特色政务服务网，明确5个时间节点26项具体工作。9月，区政府再次召开工作推进会，对标找差，迅速行动。区政务办认真梳理排查，精心组织对各部门进行录入培训，累计培训近300人次。推进业务平台建设。在完成编制全区许可、征收、给付、确认、奖励、其他等10类事项清理工作基础上，区权力事项按照省“三级四同”要求，相关部门完成了事项在省政务服务网上的认领工作，并建立动态更新机制，实现同一事项、统一标准、统一编码的工作目标。完善事项服务指南的编制。为方便企业群众办事，按照省政务服务管理办公室统一部署，推动政务服务事项办事指南的网上编制工作。对事项基本信息、申请材料、办理流程、表格及样表和收费信息等按照省“互联网+政务”服务评估指标体系的明确标准，组织相关部门进行网上录入。针对企业设立等方面涉及部门广、关联事项广的特点，组织相关部门对30余个常见企业类型，编制套餐式服务指南。建立锡山百事通App。为进一步推进“互联网+政务”服务工作，方便企业、群众办事，根据移动互联网的要求开发锡山百事通App，通过与省政务服务网对接把锡山审批事项的查询和申报功能扩展到网络，把205项公共服务事项整合到App中，进一步方便基层群众生活。提升“互联网+政务”服务集中度，34个部门966项事项进驻政务服务大厅。公布行政权力清单（6040项）、公共服务事项清单（205项）、不见面政务服务事项清单（530项）三个权力清单，不见面政务服务事项在80%以上，统一认证在80%以上。全区“一张网”App下载量18635次，用户注册量31183次，实名认证量11174个，超额完成省定工作任务目标。

【“12345”政府公共服务热线运行顺畅】 6月，省市“12345”政府公共服务热线诉求事项处理工作自区信访局转移至区政务办，区政务办主动与市“12345”政府公共服务热线管理中心进行对接，认真向区信访局沟通学习，快速组建工作班子，配合做好“作风面对面”锡山专场的问题梳理和答复工作，出台《关于成立锡山区“互联网+政务服务”工作领导小组的通知》《区政府办公室印发关于加强省、市“12345”政府公共服务热线诉求事项处理的工作方案的通知》，全力打造“12345”升级版。全年接到“12345”诉求工单11694件，满意率93.1%，满意率居全市政务服务热线第一名，办理单位涉及开发区、商务区，9个镇（街道），区发改局等25个板块和职能部门。其中，投诉类诉求工单最多，占比55.89%，其次为咨询类诉求工单和举报类诉求工单。2017年无重大突发事件。诉求件主要为城市管理、房土建规、环境污染和其他类四大类别。（曹志宏）

政务信息化

【概况】 2017年，认真贯彻落实省、市工作部署，牢固树立创新、协调、绿色、开放、共享理念，紧紧围绕政府治理和公共服务的改革需要，逐步推进政务信息系统整合共享。

【政府网站公共服务功能增强】 坚持“突出特色、利企便民、创新驱动、统筹集约”原则，将区级政府门户网站打造成功能更全面的政务公开平台、更权威的政策发布解读和舆论引导平台、更关注民生的便民服务平台，着力构建以“中国锡山”政府门户网站为龙头，各部门各板块为支撑的整体联动、高效惠民的网上政府系统。

【政务信息资源目录编制工作】按照全市政务信息资源目录编制工作要求，认真梳理本区政务信息资源，明确可共享的信息资源，建立锡山政务信息资源目录体系，推进政务信息资源的统筹管理，为进一步提升信息化水平和政务服务水平打好基础。

【政务网络安全保障工作】全面摸清全区关键信息基础设施底数和安全保护现状，排查网络安全风险，找补网络安全漏洞，落实网络安全责任，深入实施国家网络安全等级保护制度，全面提高网络安全保障能力，坚决防止发生重大网络安全事故。（夏潇柯）

政府信息公开

【概况】2017年，全区紧紧围绕改革发展大局，结合锡山区情实际，依法做好政府信息主动公开和依申请公开，切实加强政策回应解读，积极推动各项工作有序开展。

【信息主动公开工作】2017年，区本级主动公开政府信息20975条，其中门户网站信息公开专栏信息19953条，政府公报类信息135条，包括重大决策、重要政策落实情况，实事项目确定、进展和完成情况，人大代表建议、政协委员提案办理情况，区本级和所属部门财政预决算报告、“三公”经费使用情况，公共资源配置和采购情况，教育、医疗、就业及社会保障等情况。

【信息依申请公开工作】在区门户网站首页设置“申请获取政府信息10项指引”，公开申请政府信息的方式、邮箱、咨询电话，为群众申请信息公开提供帮助。做好依申请公开服务，在行政复议、行政诉讼、信访等环节涉及有关政府信息公开事项的，主动向申请人进行告知。严格按照《政府信息公开条例》规定的答复时限、形式等法定要件进行依申请公开信息工作，2017年，受理并办结依申请公开信息26件。

【政策公开和解读】区政府主要领导通过参与“政风面对面”电视栏目、互联网络或借助参加人大、政协会议的机会，多次向社会公众和人大代表、政协委员解读政府重要政策。分管领导先后多次专题研究部署政策解读工作，推动解决工作中出现的突出问题和群众反映的实际问题。区政府及相关部门通过门户网站“政民互动”“咨询投诉”等专栏和“12345”政府公共服务热线，及时收集、处理、反馈各类社情民意；通过《新锡山》、锡山发布政务微博、政务微信等载体做好重要政策措施的发布和权威解读，2017年发布政策解读信息168条。

【信息公开制度建设】出台《区政府办公室关于贯彻落实无锡市2017年政务公开工作要点的通知》，再次强调和明确政务公开内容、主动公开目录、网站内容保障等要求。建立健全政务公开督查考核机制，将政务公开工作作为政府部门绩效考核内容，放入部门年度目标考核任务，2017年开展政务公开专项督查4次。（陈菁华）

外事和接待工作

【概况】2017年，区外事和接待办公室严格遵守中央、省、市有关接待的各项规章制度，全区完成接待任务66批755人次，其中接待中外来宾58批690人次，包括马尔代夫国家反腐败委员会考察团，欧姆龙株式会社高层，SK海力士集团高层，中央社会主义学院党组书记、第一副院长潘岳，全国政协原副主席李金华，以及中纪委、外交部、宣传部、工信部、水利部、农业部、国务院发展研究中心、中国工程院、中央党校等单位的考察团，江西省、宁夏回族自治区银川市、陕西省延安市、广东省佛山市、山东省泰安市、青海省海东市、青海省海东市化隆县、新疆维吾尔自治区克州阿合奇县、广西壮族自治区贵港市、四川省成都市新津县、四川省成都市蒲江县、湖北省黄冈市罗田县等地的党政代表考察团。

【促进友好交流】2017年，区外事和接待办紧紧围绕全区中心工作和重点任务，解放思想聚新力，巧借外力促跨越，进一步强化服务开放、服务对外合体职能，有效展示锡山区形象，提升锡山国际美誉度，为全区经济社会全方位对外交流合作做出积极贡献。全年接待“两弹一星”元勋姚桐斌之女姚微明、各国议会联盟秘书长马丁·纯贡、柬埔寨西哈努克省代表团、巴西索罗卡巴大区费利斯港市考察团、英国苏格兰中国国际协会会长吴颖思等重要领导和宾客8批79人次。

【规范因公出国（境）管理】按照中央八项规定以及最新出台的因公出国（境）管理各项规定，从严掌握因公出国（境）任务安排。全年办理因公出国（境）团组30批59人次，其中党政领导干部出访24批53人次，学校教师出访6批6人次。出访国家及地区涉及英国、美国、德国、加拿大、日本、希腊、匈牙利、丹麦、挪威、澳大利亚、新西兰、新加坡、柬埔寨等国家和中国香港地区。全年办理国际APEC商务旅行卡备案9张。

相关链接

APEC商务旅行卡：持卡人凭有效护照和旅行卡在三年内无须办理入境签证，可自由往来于已批准入境的各APEC经济体之间，从而便利APEC范围内各经济体的商务人员往来。

（钱烨莉）

信访工作

【概况】2017年，区信访局受理来访、来信、来电信访事项807件，比上年上升7.5%。其中到区来访134批555人次，分别比上年下降11.3%、44.8%（集访30批382人次，分别比上年下降50%、54.8%）；来信535件，比上年上升9%；来电17件，比上年上升183.3%。市“12345”政府公共服务热线电子工单及区网上咨询投诉受理总量5521件，扣除1—6月“12345”政府公共服务热线电子工单4911件，网上咨询投诉比上年上升48.4%。

【信访特点】走访数量明显减少。一些突出信访问题得到及时处理和稳控，未发生因信访问题引发有影响的群体性事件和个人极端事件。信访秩序持续好转。随着依法逐级走访权益保障卡的有效推行，上访群众依法逐级上访、依法理性维权意识明显提高。网上信访因其高效快捷已成为群众咨询反映问题的首选方式。

【信访热点】2017年，全区信访热点有十大类。城乡建设类，受理信访事项3716件，占信访及咨询投诉总量的56.3%，主要是咨询城乡建设规划，反映违规拆迁和安置补偿标准低、商品房保修及小区基础设施养护不到位、无证摊贩占道经营以及举报违章搭建等问题。环境保护类，受理信访事项805件，占总量的12.2%，主要反映违规排污、噪音扰民等问题。商贸旅游类，受理信访事项382件，占总量的5.8%，主要反映违规经营及欺诈销售等问题。民政类，受理信访事项374件，占总量的5.7%，主要反映因病致贫造成家庭生活困难及伤残退役人员优抚待遇等问题。教育文体类，受理信访事项313件，占总量的4.7%，主要反映外来务工人员子女上学难、学区划定不合理等问题。农村农业类，受理信访事项199件，占总量的3%，主要反映农村土地承包经营和河道治理等问题。交通运输类，受理信访事项179件，占总量的2.7%，主要反映道路及设施破损及交警执法等问题。国土资源类，受理信访事项149件，占总量的2.3%，主要反映违规用地等问题。劳动社保类，受理信访事项149件，占总量的2.3%，主要反映劳资纠纷、违规用工等问题。卫生计生类，受理信访事项128件，占总量的2%，主要反映医疗单位服务差、餐饮企业卫生不达标等问题。

【信访积案化解工作】锡山区按照“减存量、控增量”的要求，积极开展信访积案化解工作。区信访工作联席会议办公室专题部署，全部积案均落实领导包案，并及时与每位党政领导做好对接，以书面形式把包案工作方案的主要内容、工作建议、所包案信访事项的详细情况发给每位领导。5月初下发书面通知，对积案化解的目标要求、方法步骤进行明确。区包案领导会同区相关部门和镇（街道）对所包案信访事项的化解进行会商研判，加以督促指导，各镇（街道）按照会商方案对信访人加以分类处理，通过思想心理疏导、宣传政策法规、必要的人文关怀、帮助解决困难等，引导信访人逐步回归理性，合理、合法诉求。

【矛盾纠纷排查工作】各镇（街道）和区各职能部门坚持源头预防、分类化解、属地为主、各方协同，形成合力做好矛盾纠纷排查化解工作。区、镇两级坚持区每月、镇（街道）每周社会矛盾排查化解工作机制，及时就地做好矛盾化解和稳控工作。重要敏感时段，区信访工作联席会议办公室将重点信访事项集中交办各镇（街道）化解稳控，对交办的重点信访事项加强督导，对跨地区、跨部门信访问题和疑难复杂信访问题加大协调会办力度，全力做好矛盾化解缓解和人员教育稳控工作，避免矛盾激化、上行。

【争创群众满意接访窗口】按照省市下发的《关于开展争创“群

众满意接访窗口”活动的实施意见》，及时转发市信访局的创建通知，按“形象更佳、服务更优、窗口更亮、环境更美”的要求，对照评分细则，争创群众满意接访窗口。区人民来访接待中心在软硬件上进行升级，添置了安检门、工作服、视频等设备，被无锡市信访局评为“2017年度全市信访系统群众满意窗口”。

【阳光信访系统全面升级】阳光信访信息系统自2015年1月1日启动后，全面实现信访信息网上录入、流程网上管理、活动网上督查、绩效网上考评。2017年，系统全面升级，信访问题和矛盾纠纷网络处理环节进一步优化，进展和结果更为公开透明，群众查询评价更方便，有利于接受社会监督，进一步提高了信访工作水平和工作效率。阳光信访系统运行较好，及时受理率及办结率均达100%。（蒋 妤）

侨务工作

【概况】2017年，区侨办深入贯彻落实中共十九大精神，紧紧围绕率先基本实现现代化、建设富强美丽和谐幸福现代化新锡山的总目标，以“凝聚侨心、汇集侨智、发挥侨力、维护侨益”为抓手，在联络联谊、侨务创建、暖侨服务、宣传捐赠、侨联工作等方面，取得了新的工作成效。

【联络联谊】1月，跟随无锡市侨联考察团出访荷兰、英国，拜访荷兰无锡商会、英国中国专业人士协会等海外社团和侨领，商谈招才引智事宜。7月，跟随无锡市侨商会经济考察团出访柬埔寨、菲律宾，考察柬埔寨西港特区，拜访菲律宾菲华商联总会、菲律宾L.K大中华集团董事长、博士邱仁士和世华国际开发行政总裁黄清族等著名华人。5月，接待中国香港港九劳工社团联会一行26人，组织参观考察红豆集团。7月，接待“两弹一星”元勋姚桐斌小女儿美籍华人姚晨芳，陪同姚女士就其父亲姚桐斌的骨灰安放问题考察无锡市华侨公墓。9月，接待阿联酋籍华人、阿联酋马斯达尔学校教授、美国材料研究协会能源与水纳米材料论坛共同主席张铁军；10月，接待美籍华人、哈佛大学博士后周晓辉等；10月，接待美国无锡商会会长谢菊宝；11月，接待美国无锡商会副会长、美籍华人吴洪。全年接待海外侨胞和国内侨界人士10余批、120人次。

【侨务创建】9月，在荡口古镇承办由市侨办召集的南京、杭州、合肥、宁波、芜湖、无锡六市侨务工作交流联动合作活动和苏州、无锡、常州、南通四市侨务工作联席会议。推荐江苏聚慧科技有限公司等11家侨港资企业分别担任无锡市第四届海外交流协会副会长、常务理事和理事；推荐无锡欣盛纸制品有限公司等9家侨资和侨眷企业参加无锡市侨联企业家联谊会；组织10名侨企业主、侨眷骨干参加市侨办组织的“侨这新时代”新春联谊会；根据省市侨办关于开展对园区侨情进行调查的通知要求，调查39位新侨和归国留学人员信息；组织参加省侨办举办的2017年“水韵江苏”摄影图片征集活动；无锡现代农业博览园有限公司申报“江苏省中华文化海外交流基地”，被无锡市侨商会设立为“海外交流基地”并挂牌；鹅湖镇建成华绎之纪念馆和“侨之家”；姚桐斌故居根据其在美家属要求重新调整布置。鹅湖镇人民路社区获评2017年度江苏省“侨务工作示范社区”称号；区侨办主任丁益民被江苏省人民政府侨务办公室评为“全省侨办系统先进工作者”。

【暖侨服务】全区侨务系统广泛开展“侨爱工程——暖侨敬老”活动，结合大走访、全区留学归国留学人员调查和开发区侨情调查等工作，对全区500余名侨界人士、留学归国留学人员及家属进行调查摸底和走访，利用元旦、春节前和夏季高温走访慰问，开展对老年归侨、重点侨眷和侨界代表人士的送温暖、送清凉活动。区侨办春节前召开全区侨界代表人士座谈会；安镇街道、羊尖镇、锡北镇、和云林街道等在中秋、国庆双节前，召开侨界代表人士座谈会并走访慰问侨界代表人士，走访慰问23人次；为25位归侨侨眷征订《华人时刊》杂志。

【宣传与认捐】在做好侨法宣传的同时，全年在省、市、区各种媒体发表信息报道41篇，7月，《大洋日报》江苏专版2017年第四期整版刊登题为《无锡锡山——江南福地，梦里水乡》的报道，加大区域经济社会发展、风土人情、海外侨胞和归侨侨眷典型事迹的对外宣传力度。羊尖镇长期保持与香港唐氏家属联系联络，为羊尖实验小学搬迁争取到唐氏教育基金会200万元的捐款。接待“两弹一星”元勋姚桐斌的大女儿、美籍华人、教授姚微明及爱人，姚女士将其父亲姚桐斌的《兵役证》、文献《研究工作方法》、“两弹一星”功勋科学家纪念章以及部分获奖证书、纪念章（金、银）等14件文献史料及实物捐赠给无锡市博物院，无锡市博物院向姚女士颁发“收藏证书”、无锡市侨办为姚女士颁发“捐赠证书”。

【侨联工作】推荐锡北镇侨眷周亚坚、无锡欣盛纸制品有限公司董事长黄艳燕为省侨联第七次归侨侨眷代表大会代表，周亚坚被江苏省归国华侨联合会和省侨办评为“江苏省归侨侨眷先进个人”；推荐区商务局副局长巫银科等11名同志为无锡市第九次归侨侨眷代表会大会代表，周亚坚当选为无锡市第九届归国华侨联合会常委；区归国华侨联合会获区编办批复成立。

（周国明）

机关事务管理

【概况】区机关事务管理局认真学习中共十九大会议精神，紧紧围绕区委、区政府中心工作，深入贯彻落实中央八项规定和省市区委十项规定精神，以加强和规范机关事务管理、建设节约型机关为主线，夯实工作基础、强化工作落实、较好地完成各项工作任务。

【办公用房管理长效机制不断完善】联合区委办督查科、区政府办督查科多次对各部门、各单位办公用房清理情况进行督查，并向区委、区政府作专项汇报。由各单位负责人签字盖章确认本单位办公用房使用情况，由管理局对资料存档保存。对空置用房调整使用并建立台账，组织开展整改“回头看”活动，采取暗访检查等形式，巩固整治成效。

【公务用车制度改革深入实施】加强问题排查和情况通报。专门抽调相关部门工作人员组成专项督查组，对全区保留公车单位的用车情况进行逐一检查梳理。加强制度建设和内部管理。在区公车服务中心设公车集中管理平台，对集中办公的部门机要应急用车和接待调研用车，实行集中管理，统筹使用。参照市有关规定，制定《锡山区公务出行保障和保留车辆管理办法》《锡山区保留车辆使用暂行办法》，细化保留车辆使用、驾驶员管理、车辆维修、加油等日常管理办法。所有保留车辆严格按照规定使用，从严控制，按照车辆使用申请流程，规范操作，规范使用，建立车辆使用台账制度。按照要求对全区事业单位公务用车完成基础信息的收集，为下阶段省、市、区启动事业单位公务用车改革打下坚实基础。

【公共机构节能管理扎实推进】提升公共机构节能意识，在全区范围内部署开展节能活动，用实际行动倡行绿色低碳节能理念。加大公众节能宣传力度，宣传学习节约节能法律法规知识。强化监督检查机制，督促各重点工作单位对当月资源消耗统计数据进行比对分析，发现异常及时分析原因杜绝资源浪费。推进政府大院最优节能模式，加大节能改造和用能管理。

【机关综合事务管理继续加强】严格执行中央八项规定和省市区委十项规定，严格按照工作目标要求，执行用餐接待标准、控制会议活动经费、规范公务用车使用管理。做好受托国有资产管理，受国资部门委托，完善建立国有资产管理制度及工作流程，发挥国资管理职能。做好租赁合同管理工作，对现有房屋租赁严格按照合同约定管理。对区行政事业单位装修修缮工程、公务用车维修、保险等项目，采取公开招标形式明确定点采购目录。加强提升服务外包的监管水平，严格按照合同约定管理，结合《机关后勤服务外包项目绩效考评办法》推进中心内部管理制度规范化、合法化。加强落实安全生产。对设备设施进行彻底排查，对有安全隐患设备设施进行改造。与各部门负责人签订《安全生产责任书》，建立由一把手负责人为第一责任人工作领导机制，明确各岗位责任及安全生产的重要性。与信誉好有资质的大公司如麦德龙、五稼农庄等供货商签订《食品原料定点采购协议书》，从源头上确保机关职工食品安全。

【机关事务服务质量提升】发挥广大职工工作积极性，确保各窗口单位服务质量。切实做好机关大院餐饮服务、安保服务、保洁服务、室内外绿化管理、有害生物防治等服务监管工作，确保机关大院安全、卫生、环境优美。年内，对大院内的下水管道、地下管网、电线线路、空调机组、屋顶防水、办公用房等设备设施进行维修改造；对四号楼卫生间、通信风系统进行彻底改造，确保设备日常安全正常运行。认真做好“两会”等区级各类会务活动的保障工作，确保“零”差错。做好报刊收发、车辆服务、人事、档案、电话维护等一系列工作。

（陆　丹）

编辑：袁　渊

8月3日，区委常委、统战部部长张映雪（右二），区委统战部副部长、区侨办主任丁益民（左一）在东港镇新华苑二期高温走访香港同胞陆琴娟（中） （周国明 摄）

区信访局被无锡市信访局评为2017年度全市信访系统“群众满意窗口”

（区信访局 供稿）

10月31日，2017年锡山区重大项目集中签约仪式在锡州花园酒店举行，图为签约仪式会场　　（《新锡山》供稿）

东北塘街道锦旺新村社区改造后大大提升了居民的居住满意度　（《新锡山》供稿）

政协锡山区委员会

National Committee of the Chinese People's Political Consultative Conference of Xishan District

综　述

【概况】2017年，区政协牢牢把握团结民主主题，紧紧围绕全区中心工作，发扬务实创新精神，积极履行政治协商、民主监督、参政议政职能，充分发挥协调关系、汇聚力量、建言献策、服务大局的作用，为建设富强美丽和谐幸福新锡山做出新的贡献。全年召开常委会议4次、主席会议6次，组织开展视察调研活动5次，形成调研报告19篇，近100篇稿件在各级各类媒体上发表。　　（马良军）

重要会议

【区政协召开民主监督“两减六治三提升”专项行动工作动员部署会议】6月22日，区政协召开民主监督“两减六治三提升”专项行动工作动员部署会议，全面启动2017年的专题民主监督工作。会议明确2017年民主监督工作突出一个“专”字，分别向区发改局、区经信局、区住建局、区交通运输局、区水利局、区农林局、区环保局和区城管局等承担“263”专项行动工作任务较集中的部门委派8个监督员小组，通过对口联系、座谈研讨、实地视察、协商讨论、明察暗访、群众访谈、舆情收集等形式集中关注11项“263”重点工作推进情况。

【区政协监督“治水工程”】7月5日，区政协委员走进水利局，听取和了解水利部门推进“263”专项行动相关任务情况。面对2020年三类水达标率70%的紧迫任务，政协领导要求委员以“敢监督、会监督”的姿态，多学习有关水利的法律、法规，多下基层了解整治工程的进展、倾听群众的呼声，多提专业性高、针对性强的良策，助力治水工作按计划有序推进，全力确保各项工程如期完成。

【区政协专题学习新党章】11月30日，区政协开展“不忘初心 牢记使命”中共十九大《中国共产党党章》学习。会议认为，中共十九大通过的关于《中国共产党章程（修正案）》的决议，把习近平新时代中国特色社会主义思想同马克思列宁主义、毛泽东思想、邓小平理论、“三个代表”重要思想、科学发展观一道确立为党的行动指南，是中共指导思想一次重大的“与时俱进”。要牢固树立党章意识，自觉把思想和行动统一到中央精神上来。

表4　　2017年区四届政协常委会议情况一览

时间	会议名称	会议内容
3月9日	区政协四届一次常委会议	会议学习传达省市政协会议精神；协商通过区政协2017年度工作要点（草案）；协商通过关于开展2017年度“创先争优”评比活动的意见（草案）；协商通过关于各专委会、工委会委员分组安排的决定（草案）；协商通过关于界别活动小组分组安排的决定（草案）；协商通过关于加强和改进界别活动的意见（草案）；协商通过关于加强和改进反映社情民意信息工作的意见（草案）；协商通过关于区政协领导分工联系常委的通知；协商通过有关人事任命决定（草案）
7月18日	区政协四届二次常委会议	会议听取并讨论区政府上半年主要工作和2017年实事工程进展情况的通报；听取并讨论全区重大产业项目建设情况的通报；协商通过区四届政协相关工作规则（草案）；协商通过关于加强政协委员管理的意见（草案）；协商通过委员调整和有关人事任免决定（草案）
10月19日	区政协四届三次常委会议	会议听取并讨论区政府关于区政协四届一次会议大会发言议题办理情况的通报；听取并讨论区政府对区政协四届一次会议委员提案办理情况的通报；民主评议提案办理工作

续表4

时间	会议名称	会议内容
1月12日	区政协四届四次常委会议	会议传达学习市政协十四届二次会议精神；传达学习区委四届四次全会精神；听取并讨论区政府关于2017年经济社会发展情况及2018年工作打算的通报；协商通过关于表彰2017年度工作先进的决定（草案）；协商通过委员调整和增补、人事任免的决定（草案）；协商通过关于召开区政协四届二次会议的决定（草案）；协商通过区政协四届二次会议议程（草案）、日程安排（草案）；协商通过区四届政协常委会工作报告；协商通过区四届政协常委会关于提案工作情况的报告；协商通过区政协四届二次会议委托报告人建议名单；协商通过区政协四届二次会议大会秘书处及各组成员建议名单；协商通过区政协四届二次会议委员分组建议名单；协商通过区政协四届二次会议大会发言建议名单

（马良军）

重要工作

【发挥政治协商作用】 充分利用全体会议、常委会议、主席会议、专题视察调研、对口协商会议等协商形式，就全区经济社会发展的重大战略、重大决策、重要事项开展协商。四届一次会议期间，委员们认真协商讨论“一府两院”工作报告，以建设富强美丽和谐幸福新锡山为中心议题，积极建言献策。常委会议、主席会议紧扣全年改革发展的重点任务，组织重要履职活动12次，就重大产业项目建设、科技创新工作、锡东新城建设发展、企业上市工作、教育基础设施建设、新锡山人民医院投运等议题展开协商，为区委、区政府科学民主决策和重点任务的推进落实资政建言。召开政情交流会，与区政府及其他有关部门协商沟通，准确把握政府重点工作推进安排，为委员参政议政搭建平台、创造条件。各专委会、工委会、界别活动小组围绕水环境治理、职业教育发展、安全生产等工作举行对口协商75次，为党政决策、工作落实和政府部门作风建设建言献策。

【发挥民主监督职能】 围绕“两减六治三提升”专项行动开展专题监督，分别向区发改局、区经信局、区住建局、区交通运输局、区水利局、区农林局、区环保局和区城管局等部门委派监督员小组，按照“动员部署、知情明政、沟通协商、办理反馈、跟踪问效”的监督流程，通过对口联系、实地视察、协商讨论、明察暗访、群众访谈、舆情收集、提出建议等形式开展民主监督工作。全年开展41次专题监督活动，提出意见建议28条，形成疏通流域河网水系、完善污水处理体系、挖掘水乡生态文化、强化长效管理机制为重点的监督建议书。编发监督信息专报，《关于加快建筑垃圾处置场建设的建议》《关于加强对企业排污行为监管的建议》《关于提高减煤专项工作重视程度的建议》等得到区委主要领导批示和责任单位积极承办，有力助推“263”专项行动的开展。

【主题活动深入民众】 深入开展大走访活动。通过走访村（社区）、农户和困难户、企业负责人、中高级人才、一线员工以及召开座谈会等形式收集报送各类问题121个，经交办后，基本得到及时有效的办理。开展“让政协走进群众、请群众走进政协”活动。通过走访界别群众，邀请群众代表参加协商议政活动，设立委员工作室，建立网上工作平台，挂钩联系企业和群众等方式，拓展联系服务群众的面和量，真正做到主动问政、问计、问需于民。活动开展后，共走访企事业单位234家，走访群众600余人；开展委员下基层服务44次，参与委员286人次；邀请148名群众代表参加政协活动17次；整理报送363名群众代表反映的问题214个，通过协调和交办，切实为基层和群众解决许多实际困难和问题。

【反映民情民意】 区政协四届一次常委会议收到提案162件，立案151件，交办140件，提案内容基本涵盖基层和群众普遍关注的发展问题和民生问题。主席会议研究确定8件重点提案、18件重要提案，采取主席包案督办、联合督办、跟踪督办等措施，落实提案办理工作。至年末，所有提案已全部办结。引导委员深入基层、深入群众，运用社情民意渠道访民情、集民意、解民忧。除委员工作室、委员接待日等平台载体之外，通过建立委员微信群、企业联络站、社情民意微信群等形式，加强与社会各界的互联互通，获取各方有价值的民意信息，及时收集编报。全年收集社情民意信息95条，编发报送90条，其中43条得到区委、区政府主要领导批办。（马良军）

编辑：袁 渊

【锡山区文物珍品】

玉蝉（汉）（区文管办 供稿）

玉蝉，长5厘米，宽3厘米，1980年无锡县胡埭乡出土。该玉色泽青绿，蝉身雕成正菱形，左右堆成，形象简明概括。玉器表面琢磨得平整洁净，线条挺秀，刀法简练，是典型的“汉八刀”技法。自汉代后，皆以蝉的羽化比喻人的重生，故玉蝉常作为葬玉置于逝者口中，寓意精神不死，再生复活。

10月11日，区政协领导调研基层工委工作 （区政协 供稿）

6月29日，区政协实地视察中铁一局城轨公司 （区政协 供稿）

9月21日，区政协考察东亭中学　　（区政协 供稿）

12月18日，区政协工作座谈会在区委党校召开　　（区政协 供稿）

中共锡山区 纪委

CPC Xishan District Committee of Discipline Inspection & Supervision

（含监察）

综　述

【概况】2017年，区纪委坚持全面从严治党，坚守职责定位，强化监督执纪问责，切实推动全区党风廉政建设和反腐败工作取得新成效。区纪委和机关1名纪检监察干部分别获“全省纪检监察系统先进集体”“全省纪检监察系统先进工作者”称号。区委巡察机构、纪检派驻机构、农村纪检监察工作室、监察体制四大改革相继完成。

【严明纪律规矩】深化纪律教育，通过组织开展“5·10”思廉主题教育月、廉政谈话、廉政警示教育等活动，引导广大党员干部时刻绷紧纪律和规矩这根弦。加强廉洁文化阵地建设，东亭街道春星社区入选省级廉政文化建设示范点，鹅湖镇荡口古镇廉洁文化展示厅建成并面向社会开放。对“连心富民、联企强区”大走访活动、“263”专项行动、安全生产、阳光扶贫等区委、区政府重大决策部署执行情况开展监督检查，问责27人，用严明的纪律保障各项重点工作顺利推进。落实市委“1+3”文件［《关于运用监督执纪“四种形态”的意见》和《关于建立容错纠错机制的办法（试行）》《关于治理“为官不为”行为的办法（试行）》《关于对党员和公职人员侮辱诽谤诬陷他人行为的查核处理办法（试行）》］，实施容错、纠错2起，对锡东环保能源有限公司复工工作进行改革创新风险备案。严把党风廉政意见回复关，对12批次、90名拟提任和进一步使用的区管领导干部廉洁自律情况进行审核把关。推进覆盖全区580余名科级领导干部的廉政档案信息系统建设，动态掌握领导干部勤政廉政情况。

【夯实“两个责任”】协助区委分类制定2017年度党风廉政建设责任书，细化责任清单和问题清单，强化履责的刚性约束。实行全面从严治党“两个责任”履责记实制度，履责情况纳入“两个责任”年度考核评价体系。协助区委开展全面从严治党主体责任述职评议活动和年度全区党风廉政建设责任制检查考核，下发反馈意见18份，督促整改问题56条。定期督查基层纪检监察组织“四种形态”运用和自办案件查处情况，压紧、压实监督责任。严格落实问责条例，强化刚性问责，实施“一案双查”，问责党组织12个、党员领导干部6名。

【深化作风建设】以落实中央八项规定精神和省市区委十项规定精神为重点，紧盯重要时间节点、具体问题线索和“四风”问题新动向，开展作风建设督查20余次，检查单位460余家，查处违反中央八项规定精神问题13起，处理17人，点名道姓通报曝光3件。开展违规吃喝问题专项整治和会所清理整治“回头看”，严肃查处违纪违规问题。通过引入第三方专业机构独立评议、扩大评议参与面、优化参评对象等途径，组织开展“千人千企”评议机关活动。

【强化执纪审查】健全“信、访、网、电、微信”信访举报五位一体平台，受理信访举报345件（次）。注重大数据运用，从各类平台收集、比对违法信息4万余条，发现问题线索72条。制定《锡山区重要问题线索集体会审试行办法》，常态化开展问题线索集体会审，涉及重要问题线索70个。坚持挺纪在前、抓早抓小，运用监督执纪“四种形态”处理274人次，其中运用第一、第二种形态处置量占总处置量的89.4%，运用第三种形态处置量占总处置量的2.9%，运用第四种形态处置量占总处置量的7.7%，“四种形态”结构特征基本显现。坚持有案必查、有腐必惩，全区纪检监察组织立案115件，给予党纪政纪处分107人，其中涉及乡科级干部8人，实施“两规”措施2次，移送司法机关处置1人。

【惩治基层腐败】协助区委成立巡察工作领导小组，制定巡察工作实施办法和年度巡察计划，配合做好省委第九巡视组巡视锡山区工作。发挥巡察监督作用，完成对区粮食局、区交通运输局、东港镇等9个单位、板块巡察，发现各类问题190个，移交问题线索30条。围绕农村集体“三资”管理、惠农补贴发放、农村基层工程建设等六个方面，深化群众身边不正之风和腐败问题专项治理工作，查处群众身边不正之风和腐败问题43起，处理45人，通报典型案例8件。督促推进全区“阳光扶贫”和农村集体“三资”监管系统建设，通过随机抽查、明察暗访，保障结对帮扶精准到位。（胡月明）

重要会议

【中共锡山区第四届纪律检查委员会第二次全体会议】3月3日，中共锡山区第四届纪律检查委员会第二次全体会议在区会议中心召开。会议深入学习贯彻习近平总书记在中央纪委七次全会上的重要讲话以及中央纪委和省市纪委全会精神，总结2016年工作，部署2017年任务，动员全区上下以坚定的决心、务实的举措，不断把党风廉政建设和反腐败工作引向深入。副市长、区委书记陆志坚出席会议并讲话，与各板块各部门党委（党组）主要负责人一同签订2017年度党风廉政建设责任书。会议强调，要持之以恒加强作风建设。坚决贯彻中央和省市委关于加强作风建设的部署要求，把大走访活动作为加强作风建设的重要举措，密切关注不正之风的新动向新表现，深入开展作风问题专项治理，坚决防止“四风”问题反弹回潮，不断巩固作风建设成效。要重拳出击严厉惩治腐败。按照习近平总书记的部署要求，坚持铁腕治腐，努力减少腐败存量、重点遏制腐败增量，切实保持惩治腐败的高压态势；综合运用监督执纪“四种形态”，全面加强纪律建设，深入开展党纪政纪教育，把解决群众身边的不正之风和腐败问题放在突出位置来抓，加大“微腐败”问题的查处力度，切实增强群众对反腐败工作的获得感。要动真碰硬开展监督问责。切实用好问责利器，真正做到失责必问、问责必严，加大问责力度，从严考评问责，突出问责重点，加强责任追究，努力实现问责一个、警醒一片的效应。要全力以赴建强纪检队伍。打铁还需自身硬，全区各级纪检监察机关要以更高的标准审视自己，切实把严格要求、严格教育、严格管理、严格监督贯彻到干部队伍建设的全过程，着力打造一支让党放心、人民信赖、忠诚干净担当的纪检监察干部队伍。

【区委巡察和纪检派驻机构改革工作动员部署会】6月29日，区委巡察和纪检机构派驻改革工作动员部署会在区会议中心召开，副市长、区委书记陆志坚出席会议并讲话。会议强调，全区各级党组织要站在政治和全局的高度，充分认识该次改革的重要性，自觉把思想和行动统一到中央和省、市、区委的部署上来，确保改革工作按时序、按要求推进到位。一要增强巡察实效。坚持问题导向，深入检查各级党组织和党员领导干部在思想政治建设、执行民主集中制等方面的情况；强化巡察整改，各级党组织负责人和班子成员要对巡察发现的问题主动认领，确保任务到人、责任到岗、要求到位。二要明确派驻职责。各派驻机构要准确把握与区纪委的关系是“紧密型领导关系”，要紧紧依靠区纪委开展监督；准确把握与驻在部门的关系是监督与被监督的关系，要严格落实对驻在部门党组织和领导干部的监督。三要加强自身建设。保持绝对忠诚，不断增强政治意识、大局意识、核心意识、看齐意识；严守纪律底线，带头遵守党章党规党纪，做严守纪律规矩的表率；勇于担当负责，切实把党章赋予的职责担起来，把监督执纪问责的职能作用发挥好。

【中共锡山区纪委派驻纪检机构进驻见面会】9月13日，中共锡山区纪委派驻纪检机构进驻见面会在区会议中心召开，区委常委、区纪委书记谢军出席会议并讲话。会议强调，派驻纪检机构改革是全面从严治党的内在要求，事关全区党风廉政建设和反腐败工作水平和成效。一要提高政治站位，增强接受监督的行动自觉。全区各级党组织要牢固树立“四个意识”，落实主体责任，自觉接受监督，充分保障派驻纪检机构的知情权、监督权。二要把握职责定位，理顺派驻监督的工作关系。派驻纪检机构依据党章规定，接受区纪委领导，围绕监督执纪问责，履行监督派驻单位党委的职责。三要发挥三大作用，提升派驻监督的工作实效。各派驻纪检监察组要本着关爱干部的出发点，发挥“前哨”“探头”和“裁判”作用，加强日常监督，提高监督实效，保障改革发展稳定。四要进入工作状态，打开派驻监督的良好局面。各派驻纪检监察组组长要尽快建立起与派驻单位顺畅的沟通机制，强化调查研究，完善工作机制，不断提高派驻监督工作的制度化、规范化水平。五要严格监督管理，加强派驻队伍的自身建设。派驻纪检监察组是监督别人的，对自身首先要严格监督管理，培养责任意识，完善绩效考核，加强干部交流。

【锡山区纪检监察系统传达学习中共十九大精神会议】12月9日，锡山区纪检监察系统传达学习中共十九大精神会议在区会议中心召开，区委常委、区纪委书记谢军出席会议并就全区党风廉政建设和反腐败工作发表讲话。一要“埋头学”，深刻领会中共十九大精神，做到全面准确、学深悟透、融会贯通。要原原本本学，读原著、学原文、悟原理；要领导带头学，切实履行好第一责任人责任，带头学习、带头思考、带头交流；要转变作风学，大兴调查研究之风，深入基层、深入群众、深入实际。二要“回头看”，系统梳理全年工作，做到紧扣重点、查漏补缺、全力冲刺。要抓紧完成扫尾工作，利用最后不到1个月时间，加大拾遗补缺力度；要突出抓好重点工作，抓紧推进监察体制改革试点工作，督促推进“阳光扶贫”和农村集体“三资”监管系统建设，推进乡镇巡察全覆盖；要全面进行年度总结，确保各项工作有始有终、善作善成。三要“抬头望”，就是要精心谋划明年工作，做到不松劲、不停步、再出发。要结合上级精神主动谋划，明确工作重点、难点，细化工作举措、方法；要围绕工作创新重点谋划，以创新破解工作难题、推动事业发展；要紧扣体制改革超前谋划，做到有的放矢、先人一步、胜人一筹。四要“带头干”，心无旁骛一心工作，做到忠心、净心、用心。要对党忠诚，热爱工作，用心工作，心无旁骛。

【锡山区纪检监察系统“找差距、知不足、明方向”专题工作会议】 12月15日，锡山区纪检监察系统“找差距、知不足、明方向”专题工作会议在区会议中心召开。会议对2017年特色性工作进行总结，查找工作中存在的差距与不足，并谋划2018年的工作思路。区委常委、区纪委书记谢军出席会议并讲话。会议强调，纪检监察干部要贯彻落实好习近平总书记重要批示精神，带头兴务实之风，从大处着眼、小处着手，将各项工作落到实处；带头守担当之责，坚守主责主业，忠诚干净担当；带头树进取之志，高标准、严要求；带头怀律己之心，严于律己，管好自身，为党风廉政建设和反腐败工作贡献力量。

（胡月明）

重要工作

【纪检监察体制改革稳步推进】 完成派驻、巡察体制改革，成立区委巡察工作办公室、3个区委巡察组、5个区纪委派驻纪检监察组，实现对机关部门单位的监督全覆盖。制定区纪委派驻纪检监察组“一规定四办法”，推动派驻监督规范化。完成农村纪检监察工作室综合改革，在原有农村纪检监察工作室的基础上组建两个执纪监督工作室，制定工作运行“一方案三办法”，优化农村工作室职责定位，推进镇（街道）纪（工）委深化“三转”。推进监察体制改革试点，按期完成机构设置、编制划转、人员转隶、监委挂牌等工作，区纪委新设案件监督管理室1个、增设纪检监察室2个，进一步增强监督执纪和审查调查一线力量。

相关链接

一规定四办法：《锡山区纪委派驻纪检监察组信访举报工作办法（试行）》《锡山区纪委派驻纪检监察组监督工作办法（试行）》《锡山区纪委派驻纪检监察组问责工作办法（试行）》《锡山区纪委派驻纪检监察组执纪审查工作办法（试行）》。

一方案三办法：《区纪委执纪监督工作室问题线索管理办法（试行）》《区纪委执纪监督工作室开展监督检查工作实施细则（试行）》《区纪委执纪监督工作室建立工作协作机制实施意见（试行）》。

三转：转职能、转方式、转作风。

【“打铁还需自身硬”专项行动扎实推进】 明确责任落实。成立专项行动领导小组，全面负责专项行动的督促、指导工作；建立专项行动例会制度，定期听取工作进展汇报；将任务分解为四个方面14项重点工作，并分别明确责任领导、牵头部门、配合部门。强化常态教育。运用省纪委内网、清风手机App和锡山区纪委微信群，积极推进纪检监察干部网上学习、掌上互动、实时交流；依托纪检监察干部“双提升”讲堂，开展“纪法衔接”培训，提升纪检监察干部履职能力。加强规范管理。严把准入标准，严格落实“两个提名”考察办法，坚决防止“带病进岗”“带病提拔”；建立择优选调、公开招录、压担培养的人才引进和使用模式，配优配强纪检监察干部队伍。实施立体监督。建立分层分级家访工作制度，全方位、多维度了解纪检监察干部的思想动态、工作生活情况，及时发现、解决存在的问题和困难，充分激发干部干事创业热情；组织区、镇两级纪检监察干部报告个人事项，重点对执纪审查关键岗位负责人进行核查，确保报告事项真实准确。（胡月明）

编辑：袁 渊

6月29日，中共锡山区委巡察和纪检派驻机构改革工作动员部署会在区委党校召开
（林　峰　摄）

3月9日，《中国共产党纪律检查机关监督执纪工作规则（试行）》专题研讨活动在区委党校召开
（林　峰　摄）

9月13日，中共锡山区纪委派驻纪检机构进驻见面会在区委党校召开　　（林　峰　摄）

12月15日，锡山区纪检监察系统"找差距、知不足、明方向"专题工作会议召开

（林　峰　摄）

民主党派·无党派联委会

Democratic Party and non Party committee

中国国民党革命委员会锡山区总支部委员会

【概况】2017年，民革锡山总支围绕区委、区政府加快建设富强美丽和谐幸福新锡山目标，认真履行党派职能，注重发扬民革特色，推动自身建设、参政议政、祖统工作和社会服务全面发展，开创工作新局面。年末，党员总数23人。主委保海燕，副主委张如丹、陶碧舸，委员刘见、刘瑜、龚婷婷。其中，市人大代表1名，市政协委员1名，区政协常委2名，区政协委员7名。主委保海燕当选民革无锡市第七届委员会委员、民革江苏省第十一届委员会妇女和青年工作委员会委员；副主委陶碧舸当选民革无锡市第七届委员会监督委员会委员；委员刘见当选民革江苏省第十一届委员会理论研究与学习委员会委员。总支部下设两个支部，年内一支部被民革无锡市委授予"示范性支部"称号。

【思想建设】按照无锡市委统战部"凝心聚力'十三五'行动实施方案"通知精神，把民革无锡市委"不忘合作初心，继续携手前进"主题教育活动作为加强自身建设的重要内容，定期召开领导班子成员会议，认真组织开展民主生活会，将主题教育贯穿至全年组织生活和各类活动中。鼓励并积极推荐骨干党员参加各级各类培训学习，深入学习中共十九大精神、习近平总书记系列重要讲话、多党合作理论等。组织党员第一时间收看中共十九大新闻发布会，组织部分党员集中收看中共十九大开幕式，11月28日，召开专题会议交流中共十九大学习体会。党员朱杰代表民革锡山总支参加民革无锡市委"建党七十周年知识竞赛"并获优胜奖，保海燕、陶碧舸、张如丹、刘见、朱杰5名党员参加区党外统战干部培训班，龚婷婷、李若瑜、尤燕芳3名党员参加民革无锡市委"不忘合作初心，继续携手前进"主题教育活动，副主委张如丹参加市委统战部第26期民主党派多党合作理论研修班。

【团队建设】坚持示范引领，着力加强思想建设、制度建设、组织建设、履职能力建设。9月，市人大代表保海燕向区人大常委会作了《不负重托，认真履职》的述职报告，常委会满意测评结果100%。年内发展2名新党员，分别为荡口古镇管委会企划部经理邹炜和达利园物流集团董事长袁玉海。党员邹炜为总支部创建微信公众号"锡山民革"，并利用工作之余维护和管理。10月16日，民革锡山总支建成"党员之家"，党员袁玉海为"党员之家"提供场所和帮助。依托党员的爱好开展各类健康、积极向上的特色活动。党员张继军喜爱健身长跑，2月，民革锡山总支组织开展"绿色徒步、健康出发"活动；党员丁磊喜爱读书，3月组织开展"读书漂流活动"，之后定期举办读书心得交流活动。

【参政议政】建立新机制，多次组织党员深入企业、部门、镇（街道）和单位进行调研，共同完成参政议政工作任务。完成调研报告5篇，"一人一案"21篇，政协提案12篇，向民革无锡市委报送信息31篇。由主委保海燕、党员李若瑜撰写的《关于在公共文化体育服务体系提档升级中彰显"文化锡山"魅力的建议》在区政协大会上进行交流发言，被锡山区政协评为"优秀调研报告"；由委员刘见撰写的《提升特色小镇效能，筑牢产业强市根基》在无锡市委民主协商会上进行交流发言，被评为"市政协优秀集体提案"；由委员刘见、党员李若瑜撰写的《关于我区水利河道生态景观化改造的思考与建议》在区委民主协商会上进行交流发言；由委员刘见撰写的《关于完善一般工业固废处置机制，确保环境治理全覆盖的建议》在区政协大会上进行交流发言；由主委保海燕撰写的《关于加强锡山区水生态综合治理的建议》作为区政协建议案，由区政府办重点办理；党员尤燕芳撰写的《无锡市生态补偿工作调研报告》、委员刘见撰写的《锡山区旅游产业发展的实践与思考》被民革无锡市委评为"优秀调研报告"；《关于提升我区水生态环境的建议》《关于在我区实施生活垃圾分类收集、分类处置的建议》2篇提案被评为"锡山区政协优秀提案"；主委保海燕撰写的《关于对"无支出能力"贫困家庭开通医疗救助绿色通道的建议》、委员刘见撰写的《警惕房地产市场未备案交易的潜在社会风险》被评为"区政协优秀社情民意"。委员刘见撰写的《建议及早采取措施，消除望虞河西控工程负面效应》《警惕房地产市场未备案交易的潜在社会风险》《通主城和锡东新城最后一公里的建议》3篇提案被民革无锡市委评为"优秀提案"；委员刘见撰写的《关于尽快缩减我市公共自行车系统建设规模并调整布局的建议》被市政协评为“优秀社情民意”。李若瑜、刘见、邹炜3位党员被民革无锡市委评为“优秀宣传员”和“优秀信息员”。

【民主监督】 6月，4名党员被区政协委派为民主监督员，主委保海燕担任区水利局民主监督小组组长，委员龚婷婷、刘瑜、刘见分别担任区交通运输局、区农林局、区城管局民主监督员。各小组通过对口联系、座谈研讨、实地视察、协商讨论、明察暗访、群众访谈、舆情收集等形式对监督部门开展民主监督工作，与部门一起共同推进“两减六治三提升”专项行动。7月，委员刘见获聘锡山区第三届特约检察员，主要任务为通过开展民主监督工作，促进检察机关法律监督水平。委员刘见被评为“2017年度无锡市优秀政协委员”，副主委陶碧舸被评为“锡山区优秀政协委员”，主委保海燕被评为“锡山区优秀民主监督员”。

【祖国统一工作】 深入学习贯彻习近平总书记对台工作重要思想和中共中央对台工作大政方针，力所能及促进对台交流合作。4月，由主委保海燕带队，锡山区体校高中棒球队赴中国台湾进行主题为“以球会友，以情交流”体育文化交流活动。5月，民革锡山总支3位党员赴上海拜访中国台湾知名人士萧苑瑜。萧苑瑜专程为“2017两岸台企产品展销会”到上海，应邀与上海台办进行互动交流。9月，民革锡山总支与市关爱抗战老兵服务团结对，共同开展关爱抗战老兵活动。9月，参与民革市委“不忘初心，继续前进——关爱抗战老兵影像作品展”活动，提供黄埔老人栾德群图片和事迹，邀其参加活动，党员袁玉海为该次影像作品展活动捐款5000元。

【社会服务】 6月27日，在区特殊教育学校举办九年级毕业典礼暨“同心·博爱”基地揭牌仪式，开启为期五年的助力“爱心之旅”，旨在搭建一个学校、家庭与社会的互动通道，引导毕业生在可能的情况下继续开展康复训练，最终实现就业并融入社会。定期看望居住东亭街道的黄埔老人栾德群，为其协调解决实际困难。党员陆荣忠被选举担任蔚蓝都市花园小区业主委员会主任，主持业委会工作，公益为全体业主服务，以实际行动体现民革党员的社会责任和担当。党员龚婷婷、陶碧舸、丁磊、张继军、袁玉海被民革无锡市委评为“优秀博爱志愿者”，党员陆荣忠为未满十八周岁的黄某提供法律援助被民革无锡市委评为“优秀法律援助案例”。

【岗位贡献】 民革党员在各自的工作岗位上建功立业，取得了许多新的成绩。委员刘见被评为“2017年度商务区管委会先进个人”；党员刘喻、朱杰获“2017年度全区教育系统考核优秀（嘉奖）”；党员张继军获“2017年度全区卫生系统考核优秀（嘉奖）”；党员孙奕华带领所在财务科获“江苏宁沪高速公路股份有限公司年度考核财务预算管理、财务综合管理”两项第一。委员龚婷婷获民政部颁发的“2017年第二批全国专业社会工作领军人才”和江苏省民政厅授予的“2017年第二批江苏省社会工作领军人才”两项殊荣。

（刘　见）

中国民主同盟锡山区总支部委员会

【概况】 民盟锡山总支成立于2002年，年末有46位盟员，下设三个支部，成员主要是从事教育、文体工作的中高级知识分子。其中，有市人大代表2名，市政协委员3名，区人大代表5名，区政协委员12名。2017年，民盟锡山总支围绕区委、区政府建设富强美丽和谐幸福现代化新锡山的发展要求，认真履行党派职能，发挥群体优势，积极建言献策，做好岗位奉献，为共建新锡山做出努力。在民盟无锡市委的评比中，民盟锡山总支荣获“参政议政工作先进集体（一等奖）”“盟员之家建设先进集体”“宣传工作先进集体（二等奖）”“社情民意先进集体（一等奖）”；副主委朱小红、郭明州被评为“参政议政先进个人”、副主委朱小红获“宣传工作特别贡献奖”“社情民意信息工作先进个人（第一名）”，盟员诸海燕、虞红磊被评为“社会服务工作先进个人”；副主委郭明州撰写的《推进科技基础设施建设，加强中小企业创新支持》、副主委朱小红撰写的《如何化解生活垃圾焚烧的“邻避”问题》《关于加强我市文物保护的意见建议》分别被评为“优秀调研成果一、二、三等奖”；“喜迎十九大，欢度国庆节——走进敬老院慰问演出”被民盟无锡市委评为“十佳活动”。在区政协四届二次会议上，副主委郭明州、盟员全纵海被评为“优秀政协委员”，《关于加快我区产业投资基金发展的建议》被评为“优秀履职成果”，《关于鼓励现有企业厂房升级改造、增加招商引资载体的建议》被评为“优秀提案”。另外，副主委朱小红当选为中国民主同盟第十二次全国代表大会代表并赴北京参会，该是对民盟锡山总支发展具有里程碑意义的一件大事，也是对锡山总支盟务工作的高度肯定。

【思想建设有引领】民盟锡山总支认真组织盟员进行政治学习，学习民盟的光辉历史，学习中共十九大、民盟十二大会议精神，编印《党的十九大文献资料集》供盟员学习，组织盟员前往无锡民盟一大会址、无锡文化传承地“寻根”活动，围绕“同心行”目标，进一步加强盟员的思想建设；配合相关活动，组织骨干参加市信息骨干、区党外干部、区政协委员等专题培训，进一步提高每个盟员的政治把握能力、组织协调能力、参政议政能力、合作共事能力。12月，民盟锡山总支“盟员之家”在副主委段哲所在的江苏求精集团落成，区委常委、统战部部长张映雪，民盟无锡市委副主委皮何总等为“盟员之家”揭牌。

【基层建设有提升】根据民盟锡山总支制定的十项制度，认真有序地开展各项活动。民盟锡山总支基层制度建设经验在“民盟无锡市委基层干部培训班”上作介绍推广。总支和支部的每次活动，有主题、有内容、有主讲、有记录、有总结，并要求每一位盟员在会上汇报休会期间的工作情况，上交社情民意，并对所提交的社情民意进行研究，及时上报。开拓创新盟务工作，提高盟员对盟工作的责任感、使命感，使盟工作更有吸引力、凝聚力和战斗力。主动关心盟员的工作，切实关心盟员的成长，在盟员所在单位了解情况的基础上，向上级单位认真推介优秀人才。继续做好活动宣传工作。积极向上级相关报刊投稿、做好宣传工作，盟务活动、盟员先进事迹等100余篇宣传报道，分别被刊登在《团结报》、《江苏民盟》、《无锡盟讯》、全国政协网、中国民主同盟网站、民盟江苏省委网站上。经过努力，盟务工作均能正常、有序、高效的开展，民主意识、主人翁意识越来越强烈。

【参政议政有业绩】民盟锡山总支始终把调查研究、参政议政放在重要的位置。2017年，调研工作顺利开展，涌现出郭明州、毛晓丹、全纵海、虞红磊等积极分子。围绕区委、区政府的重点工作，进行分析研究，提出对策建议。副主委郭明州负责的调研报告《强化质量提升，狠抓品牌建设》，引起区委、区政府的高度重视，在政协全会上发言；民盟锡山总支认真组织相关人员参加政府、政协、统战等部门组织的协商活动，积极建言献策，提出许多建设性的建议，得到相关部门的重视。在“两会”前，为提高建议、提案的质量，民盟锡山总支认真组织全体代表委员进行专题研究，在区四届一次“两会”上提出了关注锡山社会、经济、文化等领域的建议、提案13个，其中2个提案被评为重点提案，为区委、区政府作出决策提供参考。继续做好社情民意的收集、上报工作。充分发挥盟员在社情民意方面的主体作用，认真做好“一盟员一建议”活动，副主委朱小红被民盟无锡市委聘为“首席信息员”，全年向民盟无锡市委提供社情民意46条，《解决锡东垃圾焚烧发电可能产生邻避问题的建议》等24条次信息分别被中共江苏省委、民盟江苏省委、省政协、省统战部、市政协、市统战部等录用，考核得分在全市民盟基层组织中位居第一，其中有3条信息分别被省委常委、市委书记李小敏，市长汪泉批示；副主委郭明州提出的《强化太湖新城建筑垃圾清运管理监管刻不容缓》，盟员郭方成提交的《政企互动，化解共享单车乱停管理难题》、盟员虞红磊提交的《312国道华夏路段整治建议》、盟员杨海春提交的《新市民“入城”受随迁子女教育困扰应引起关注》等信息，作为特供信息上传无锡市委、市政府，越来越多的盟员参与到民盟锡山总支社情民意撰写中来，盟员华鸣洁、过玉涵、朱含辉等都参与提供有效信息线索，从多角度、全方位关注锡山区、无锡市乃至全国社会、经济、文化的发展。

【社会服务有亮点】2017年，民盟锡山总支的社会服务工作精彩纷呈。三个支部各有特色：一支部在东北塘垅坝小学举办“让阅读成为习惯”的讲座，并进行赠书活动，引导外来民工子弟学校的孩子们从小养成良好的阅读习惯。二支部关注锡山区旅游业发展状况，聚焦农家乐发展专题，深入浙江省湖州市长兴县、无锡市宜兴市等地，考察学习农家乐建设及运营情况，并撰写相关报告以供借鉴。三支部全年继续关注精准帮扶工作，三次到鹅湖镇彩桥村，从“助果农销售”到“种下梧桐树”，其间，还关注外来民工子女的读书、生活。同时，盟员诸海燕成立“锡山民盟求精精准服务队”，常年活跃在公益活动第一线。9月30日，民盟锡山总支在无锡市江南颐养院牵头组织的“喜迎十九大，欢度国庆节”慰问演出活动，被民盟无锡市委评为“2017年度‘十佳’活动”。《团结报》、全国政协网、中国民主同盟网站等媒体对民盟锡山总支精准帮扶之“助果农销售”进行全面介绍，使该充满意义的活动，成为民盟锡山总支社会服务的亮点，取得良好的社会效益，受到民盟江苏省委、民盟无锡市委领导的充分肯定。

【岗位贡献有佳绩】 有作为才能有地位，作为民主党派人士，首先在工作岗位上做好自己的本职工作，才能更好地为社会服务。围绕盟员履职素质和岗位素质“双提升”的目标，每一位盟员立足本职争创佳绩，在平时工作中，开拓创新、乐于奉献，争创佳绩。盟员项洪伟带领的无锡洪汇新材料科技股份有限公司作为上市企业，在锡东电厂复工建设中，为政府分忧，做出重大贡献，受到市、区有关领导的高度肯定；副主委段哲所在的江苏求精集团，不断寻找转型发展，企业越做越大、越做越强，被中国不锈钢行业协会评为“质量管理、信誉等级最高单位”；盟员诸海燕，常年进行社会服务工作，被誉为“公益达人”，全年以锡山民盟总支的名义，组织、主办、承办数十项活动，获得许多荣誉，为锡山民盟赢得良好的社会声誉；盟员陈平，在北京师范大学创新教育研究院、全国教育创新区域同盟、《中国教师报》组织的评比中，荣获“全国优秀课改教师”称号；企业家盟员刘小武是国家重点研发计划“云计算和大数据”重点专项评审专家，他认真组织支部活动，每年用在支部活动上的费用超过5000元。民盟锡山总支的其他成员也在岗位上做出积极贡献，一些退休的老盟员，坚持老有所为、老有所乐，认真参加各项活动，热心公益事业，成为民盟锡山区总支宝贵的财富。 （朱小红）

中国民主建国会锡山区基层委员会

【概况】 2017年，民建锡山区基层委员会以中共十九大精神为指引，紧紧围绕发展大局，认真履行参政议政职能，发挥密切联系经济界的特色和优势，各项工作扎实开展，稳步推进。年末，会员总数60名，全年发展新会员4人，转出1人。

【思想教育】 组织会员学习贯彻中共十九大精神和习近平新时代中国特色社会主义思想，与中国共产党在思想上同心同德、目标上同心同向、行动上同心同行。开展“不忘合作初心，继续携手前进”专题教育活动，学习多党合作历史和民建会史，加深会员对多党合作和政治协商制度的认识。会员谈秋明、惠拯中、韩琦被评为“民建无锡市委专题教育活动先进个人”。组织骨干会员和新会员参加民建无锡市委、各级统战部门举办的各类培训班、讲座。

【组织建设】 积极推进组织建设的科学化、规范化和制度化，年初详细制定全年工作要点、活动安排表和重点课题调研实施方案。把好会员入口关，注重数量和质量相结合，机关工作人员和非公经济人士相结合，高学历、高职称和高参政议政水平人士相结合。发挥各支部主体作用，常态化、特色化开展以支部为单位的活动。

【参政议政】 围绕区委、区政府中心工作，组织骨干会员重点调研，形成《整合国际资源，提升开放型经济发展水平》《立足企业打造锡山区人才高地》调研报告2篇，其中《整合国际资源，提升开放型经济发展水平》被锡山区政协评为“2017年优秀调研报告”。会员邓秋萍就如何充分发挥党派监督、提高监督能力和水平等问题，与市理论研究工作委员会共同撰写的《保持政党独立性，加强民主监督工作实效性》被民建江苏省委评为“2017年度理论研究优秀成果”。针对经济和社会发展中存在的一些问题和现象，全年报送社情民意12条，提案19条，其中《梦溪小镇来了Vpark如何发展应对》《关于推广“居家就业”促进弱势群体就业的建议》被评为“2017年度区政协优秀社情民意”。履行民主监督职能，发挥人大代表、政协委员、特约民主监督员作用，开展经济发展、环境保护、司法办案、社会保障等方面的民主监督工作，会员汤沸被评为“锡山区优秀民主监督员”，会员惠拯中、韩琦被评为“锡山区优秀政协委员”。

【实践活动】 充分发挥联系经济界的特色和优势，引导广大会员贯彻新发展理念，开展“聚力创新——锡山民建争先创优促转型专题活动”，组织企业家会员参观无锡吉兴汽车部件有限公司、江苏博宇建筑工程设备科技有限公司，与无锡科技职业学院签约政产学研合作科技项目协议书，开展“走进无锡地铁3号线”党建联盟交流活动。在会员企业许许农业发展文化园挂牌“同心实践基地”，打造党派自觉践行“同心”思想，彰显优势、发挥作用的新载体。组织会员赴宜兴开展交流活动，学习兄弟组织先进经验。组织会员参观鹅湖玫瑰文化园，向鹅湖镇镇政府提出乡村旅游发展建议。上述活动进一步提升了会员凝聚力。

【社会服务】坚持把打造社会服务的特色品牌作为开展“同心”实践活动的着力点，积极开展社会服务和慈善公益工作。2017年，民建锡山区基层委员会被民建无锡市委评为“社会服务特色支部”。以精准扶贫为目标，连续六年开展“关爱儿童结对助学”活动，制定出台《关于民建会员结对帮扶困境儿童的实施意见》，建立长效工作机制，根据儿童家庭状况动态管理，进一步梳理并调整结对儿童名单，确保将救助金发放到需要帮扶的家庭手中，结对儿童增加至15名，发放助学金4.5万元。春节组成慰问组到15名儿童家里实地走访慰问，“六一”儿童节组织结对儿童在“同心基地”开展赠书选书和悬挂心愿卡活动。（韩　琦）

中国民主促进会锡山区基层委员会

【概况】2017年，民进锡山区基层委员会以习近平新时代中国特色社会主义思想为指导，深入学习贯彻中共十九大报告和民进十二大会议精神，按照建设高素质参政党的要求，全面加强自身建设，紧紧围绕建设富强美丽和谐幸福新锡山中心工作，凝聚全体会员之智，努力提高履职水平，积极开展社会服务，各项工作取得可喜成绩。经过组织考察，发展李蔚、周洁、曹虔三位教师和民生银行锡山支行副行长黄春花为新会员。年末，会员总数55名。其中，市人大代表1名，区人大代表3名，政协委员9名，省特级教师4名，省课改专家3名，有全国劳动模范、全国“五一劳动奖章”获得者、国家级基础教育教学成果一等奖获得者、全国模范教师、世界残奥会冠军、江苏省劳动模范、国家级工艺美术大师、上海工匠、全国十佳心理健康教师等一大批精英会员。

【自身建设】深入开展主题教育活动。民进锡山区基层委员会先后组织开展中共十八届六中、七中全会精神和中共十九大报告以及民进中央、省、市委会议精神的学习活动，全面落实民进中央、省、市委会议精神和工作决策部署。坚持班子成员例会学习制度，每季度召开一次基层委员会委员扩大会议，两个月召开一次主副委会议，每次会议安排一个政治学习专题，交流学习心得体会。积极组织安排会员尤其是班子成员参加各类专题学习培训活动，委员吴虹霞参加全国政协第106期地方政协干部（委员）培训活动；刘水长、华小勤、唐磊、吴虹霞4名班子成员参加区委统战部和组织部举办的党外（统战）干部培训活动；副主委刘水长参加民进省委骨干会员培训活动。开展组织活动，增强组织活力和凝聚力，三个支部开展形式多样、内容丰富的活动。4月7—8日，教育支部开展缅怀先辈主题教育活动，参观民进先辈王绍鏊纪念馆和吴江存志外国语学校；11月25—26日，教育支部和综合支部联合组织开展浙江省嘉兴市南湖革命圣地的参观学习。退休支部坚持组织活动常态化、形式多样化，组织集中理论学习、外出考察交流、工作总结等多种活动。继承优良传统，对部分老会员开展祝寿、春节走访慰问活动，全体退休会员于重阳节前参观最美乡村——东港镇山联村，使老会员感受到组织的温暖，体验锡山区新农村建设的成果。加大宣传力度，扩大组织影响力。每年将宣传工作列为重点工作，年初制订宣传工作制度和年度宣传工作目标与重点，召开信息宣传专题工作会议，举办统战信息写作技巧专题培训班，安排信息宣传骨干参加民进无锡市委组织的信息工作培训活动，充分发挥宣传骨干作用，宣传工作取得良好成效。2017年，石燕萍、华小勤、周震、钱万丰、吴虹霞等会员共向民进中央，市委统战部、区委统战部；民进省、市委会刊、网站，《新锡山》，锡山教育网，基层委员会微信群等单位、媒体提供信息66篇次，及时宣传报道民进锡山区基层委员会开展的重要活动、履职成果、社会服务和获得的荣誉。其中，委员吴虹霞撰写的锡山民进工作简讯刊登在国家级刊物《团结报》，实现了在《团结报》上发表文章“零”的突破；副主委刘水长、会员石燕萍与委员吴虹霞撰写的两篇党派工作报道被团结网采用。尤其是会员石燕萍在各类平台发表宣传信息35篇次，完成的会员风采专访稿《民进会员华忠明：一片忠心揽明月》被《无锡民进》采用。上述宣传报道弘扬主旋律，充满正能量，有效地增强会员的党派意识和荣誉感、责任感，扩大党派的社会影响力。民进锡山区基层委员会主动加强与东港镇政府、区科技局、区教育局的对口联系，在互动交流、参政议政选题、联合调研、社会服务等方面进行沟通与协作，取得很好的成效，党派履职能力得到提升，参政议政领域得到拓宽，社会服务思路得到拓展，党派影响力得到进一步扩大。

【参政议政】 民进锡山区基层委员会始终坚持参政议政“五个一”（一支部一调研、一代表一建议、一委员一提案、一会员一信息、一地区一特色）的要求，充分调动骨干会员特别是区人大代表、政协委员和全体会员的积极性，聚全会之智，举全会之力，利用政治协商、参政议政和民主监督的平台和渠道，服务锡山区委、区政府中心工作，为经济社会发展建言献策。教育支部、综合支部围绕年度调研工作目标，精心制订调研工作方案，组织骨干会员深入调研，顺利完成年度调研任务，分别向基层委员会提交由会员周震执笔的《关于促进校外培训机构健康发展的建议》、由会员黄春花执笔的《关于助力我区新三板挂牌企业加快发展的建议》两篇调研报告。11月22日，主委朱卓君、副主委刘水长参加区委专题民主协商座谈会，主委朱卓君代表民进锡山区基层委员会作《关于助力我区新三板挂牌企业加快发展的建议》的专题汇报。在政协锡山区四届二次会议上副主委刘水长就集体提案《关于促进校外培训机构健康发展的建议》作大会发言。经过完善参政议政机制，注重参政议政队伍建设，充分发挥会员人大代表、政协委员和信息员队伍的主体作用，会员撰写参政议政提案和信息的积极性得到激发，黄敏元、唐静屏、俞迎新、华忠明、钱万丰、李蔚、过春燕、唐磊、周震、华小勤、吴虹霞等会员全年向民进无锡市委反映社情民意41条，会员华小勤撰写的《合理设置行人过马路的红绿灯及人行横道线的建议》被省委常委、市委书记李小敏批示，实现民进锡山区基层委员会被省委常委、市委书记批示的“零”的突破；会员周震全年向民进无锡市委提交14篇社情民意信息，被各级部门录用8篇次。主委朱卓君在政协无锡市十三届委员会第一次大会期间提交的提案《关于充分挖掘保护民俗文化，促进民俗特色旅游发展的建议》被评为“无锡市政协2016年度优秀集体提案”、《关于优化社区教育资源配置的建议》被评为“无锡市政协2016年度优秀个人提案”。副主委刘水长在区政协四届一次会议期间提交的集体提案《关于我区经济薄弱村帮扶转化工作的建议》被确定为“区政协八个重点提案”之一。市人大代表盛玉红在无锡市第十六届人民代表大会第一次会议期间提交《关于解决无锡市残障人士免费乘车卡年检事项》的个人建议。华忠明、尤迎九、钱希洁、吴虹霞、皮郁清、石燕萍等会员在2017年区“两会”期间均提交委员个人提案和个人建议案。无锡市“两会”期间委员吴虹霞作为基层政协委员代表接受无锡广播电视台“2017无锡‘两会’直播”的记者采访。3月15日，区政协副主席朱卓君主持“锡山区政协委员专题培训”大会，委员吴虹霞作为优秀政协委员代表在大会上作《关于如何写好社情民意》的经验介绍。9月，委员吴虹霞还应浙江省湖州市德清县政协邀请在全县政协委员参加的“莫干山讲堂”活动中作“关于社情民意”的讲座。会员周震、吴虹霞被民进无锡市委评为“2017年度参政议政个人贡献奖”。受区四届政协委派，副主委刘水长、委员吴虹霞担任区住建局的民主监督员，副主委刘水长任民主监督员小组副组长。两位会员积极参与督查区住建局“两减六治三提升”专项工作，为民主监督工作建言献策，副主委刘水长被区政协评为“优秀民主监督员”。

【社会服务】 2017年，坚持服务社会，把“阳光进校园”系列活动打造成社会服务的一个品牌、一张名片；坚持集体项目与个人项目、社会服务与岗位建功、智力帮扶与扶贫帮困三个相结合为特色，巩固老阵地，拓展新领域，感人事迹接连不断。“阳光进校园”社会服务项目进入第六年，在巩固对口帮扶东港镇外来务工人员子女学校蠡澜小学老阵地的同时，联合区教育局、东港镇政府在东港镇勤新实验小学开展主题为“不忘初心，携手同行”的教学研讨和赠书活动，并向两所学校捐赠价值8000元的图书。在该次教学研讨活动过程中，无锡市语文教学能手教师周震和锡山区语文教研员作了精准点评，有30余名老师参与活动，统战部部委委员许芝艳应邀出席。部分骨干会员充分利用自身优势和专业特长，纷纷参与社会服务和社会公益活动。副主委章晓东到省内外学术讲座上课10余次；会员尤迎九应邀在8家单位作班主任培训、教师培训、学生考前心理辅导，受益1574人，于8月被中国杰出心理讲师协会评为“中国杰出心理讲师”；会员何志奇在中国教师教育视频网、全国高中数学教师工作室协作体论坛、江苏省省级数学骨干教师培训、国培计划2017——一线教师培训技能提升研修项目“高中数学教师培训班”等教学研究活动上作讲座；会员钱希洁在2017年江苏省苏派名师“教海领航”教学研讨中执教示范课、做学术报告和点评，在苏州大学、常熟理工学院、淮南师范学院等单位讲课20余次，随区教育局组织的名师送教团到安徽省阜阳市颍东区、安徽省合肥市送教，执教示范课和讲座；会员蒋国兴向上海市浦东新区高行镇志愿者基金会捐赠20万元；会员皮郁清扶贫捐款8.6万元；会员周震慈善捐款500元，助学捐献图书30册（约500元）；会员邹红英担任小区绿色环保志愿者、慈善捐款500元。

【岗位奉献】 会员在本职岗位上取得优异的成绩。3月10日，主委朱卓君代表民进锡山区基层委员会在区统战工作会议上作经验介绍；9月14日，其领题的《促进学生生长的学习系统构建与实践》获“2017年江苏省教学成果二等奖”；11月25日，在全省课程基地促进育人模式转型成果交流会上天一中学被评为“示范学校”，主委朱卓君作大会交流发言。会员盛玉红作为国家队主教练带领中国女子坐式排球队在亚洲、大洋洲锦标赛中勇夺冠军；在国家级运动刊物上发表关于《提升坐式排球训练方法实用性研究》的论文1篇。副主委章晓东被同济大学聘为硕士生导师，发表省级论文5篇，被常熟理工学院再次聘为兼职教授。会员钱希洁被教育部任命为职业教育公共基础课程标准开发研制组专家，是职业院校外语类专业教学指导委员会委员、“一师一优课”指导老师，在无锡教育电视台第二季《师缘》年度人物评选中，获“无锡教育电视台第二季《师缘》特等奖”；主持的无锡市教研课题《小学英语语篇教学非模式化的实践研究》结题并获“无锡市教师教研课题一等奖”；主持的江苏省“十二五”规划课题《小学语文课堂教学非模式化的实践研究》顺利结题；全年发表论文9篇。会员周震被评为“2015—2017年度市优秀教育工作者”“2015—2016年度无锡市学陶先进个人”。9月，会员石燕萍被评为“锡山区教育系统2017‘最美阅读者’”。

（吴虹霞）

中国农工民主党锡山区基层委员会

【概况】 2017年，农工党锡山区基层委员会深入开展坚持和发展中国特色社会主义学习实践活动和“不忘合作初心、继续携手前进”主题教育活动，紧紧围绕建设富强美丽和谐幸福新锡山的奋斗目标，凝心聚力谋发展，主动作为促提升，在履职尽责、加强自身建设等方面取得显著的成绩。5月，被农工党江苏省委评为“先进基层组织”；11月，被农工党中央评为“参政议政工作先进基层组织”，该是继全国社会服务先进基层组织、全国先进基层组织之后，农工党锡山区基层委员会荣获的第三个全国性先进称号。年末，党员总数90名，发展新党员5名。

【思想建设稳步推进】 围绕“五个一”抓细抓实思想政治教育。开展一次中共十九大精神专题学习，为每位党员购买《十九大报告学习辅导百问》，通过观看开幕直播、召开学习座谈会等形式，组织党员学精神，谈认识，讲体会，话感悟。编印一本《党员知识读本》。收集《中国农工民主党党章》、党史、统战理论等方面资料，编印《党员知识读本》，下发给每位党员。组织一场党派知识竞赛。12月初，基层委员会组织开展“重温党史党章，不忘合作初心”党员知识竞赛，5个支部的15名选手和60余名党员参加了活动。组织一次追寻红色记忆之旅。6—7月，基层委员会组织党员赴南京大屠杀遇难同胞纪念馆、淮安周恩来故居、周恩来纪念馆参观学习。撰写一篇理论调研报告。回顾总结近年来在思想建设、党派履职和自身建设等方面的工作经验，向无锡市委统战部和农工党无锡市委提交《牢记合作初心，强化责任担当，服务科学发展》调研文章。

【参政议政】 2017年，农工党锡山区基层委员会以调查研究为基础，以健全工作机制为抓手，以提高参政议政质量为核心，积极探索参政议政工作新机制和新方法。注重理顺机制，健全一支部一调研、一成员一建议制度，对重点调研，统一抽调党员组成调研组，集中调研、讨论和审核把关，对人大建议、政协提案通过加强会前协商，汇聚集体智慧。注重合作交流。积极参加农工党江苏省委、农工党无锡市委组织的养老、医药卫生体制改革等方面的联合调研，加强与云林街道、区建设局、区环保局等对口单位联系沟通，建立联合调研机制。注重成果的转化应用。及时把调研成果转化为会议发言、大会提案、社情民意信息，或者以论文形式发表，最大限度发挥参政议政作用。围绕外贸稳增长、新三板挂牌企业发展、焊接作业场所职业危害防护、特色古镇建设等课题，完成调研报告4篇、人大建议7件、政协提案14件。全年向农工党无锡市委报送信息宣传等材料在50篇以上，录用30篇次，社情民意信息工作多年来始终保持在全市前列，其中，党员万颖岚撰写的社情民意《当前“红顶中介”涉企收费“简”而不“减”需梳理》，得到中共中央政治局委员、中共江苏省委原书记李强的批示。党员万颖岚获“农工党江苏省委参政议政先进个人”称号。农工党锡山区基层委员会还组织力量，编印出版《2012—2017年参政议政成果选编》，全面展示五年间参政议政成果。

【社会服务】 继续深化提升“健康同行”系列服务内涵。围绕点对点、强能力，抓基层帮扶。每月在云林街道设立锡山农工“社会服务日”，组织专家开展送医下乡活动，并通过专家查房、预约门诊、联系转诊等手段，有效提升云林社区卫生服务中心医疗卫生服务水平。围绕实打实、纾民困，抓济困送医。5月，与云林街道10户贫困高血压家庭签订协议，启动第六轮结对帮扶，提供免费体检，为贫困高血压家庭赠医送药和发放生活用品。围绕心连心、育希望，抓瑶寨助学。连续第五年对口帮扶广西壮族自治区贫困山区学生和带教老师，已有44名党员资助学生59名，资助代课老师6名，累计资助金额超过30万元。围绕面对面、送服务，抓社区义诊。在云林街道开展1次大型义诊，组织15名专家免费接诊500人次，对发现的病人和慢病高危人群及时进行就医指导和健康教育，受到当地群众好评。经过6年的发展提升，“健康同行”活动成为农工党锡山区基层委员会的一个品牌项目，得到《团结报》、中国政协网等主流媒体关注和报道。在支部层面，各支部继续结合自身优势，因地制宜开展社会服务活动，卫生一支部组织职业卫生专家走进广场和工地，开展职业病、艾滋病防治知识宣传；卫生二支部组织党员为鹅湖镇荡口敬老院老人义诊和开展生活护理；综合一支部开展送图书下基层公益活动；综合二支部在五芝源生态农庄与锡山区乐助社工事务所联合开展“健康小农夫”活动。

【组织建设】 抓活动。1月，义工小组组织党员到无锡市特殊教育学校参加协助聋哑孩子做手工活动；3月，农工党锡山区基层委员会组织20余名女性党员到巡塘古镇采风，并参观农工党无锡市委会；3月2日，卫生一支部10名党员赴无锡市中心血站参观，并与血站支部联合开展组织生活；5月，户外健身小组组织30余名党员在映月湖畔开展徒步活动；6月，综合一支部赴锡山区污水处理厂参观一、二期总氮升级改造工程；7月，农工党锡山区基层委员会组织骨干成员与农工党淮安市基层委员会进行“面对面”交流；12月，在东亭医院首次举办党员知识竞赛。严规范。制定完善政治学习、参政议政、社会服务、日常运行等规章制度，涵盖3个工作职责，11个工作制度和1个工作程序。在创建成无锡市“十佳支部”“特色支部”的基础上，继续丰富支部管理内涵，年初制定支部考核评分表，对各支部工作执行量化评分考核，并将考核结果作为支部评先、评优和评价支部班子成员工作的依据。强能力。全年选送10人次参加农工党江苏省委、农工党无锡市委举办的培训班，10人参加区委统战部培训班，1名党员参加无锡市党外中青年干部培训班。通过“交任务、压担子”等措施，有计划、有目的地把后备干部放到党派管理岗位上进行锻炼。常联系。加强与区住建局、区环保局、云林街道等对口联系单位互动交流。农工党锡山区基层委员会组织建设工作得到上级组织的高度肯定，11月17日，主委石国洪在农工党江苏省委基层组织建设工作经验交流会上作题为《强化基层基础管理，建设合格基层组织》的交流发言。

【宣传工作】 2017年，坚持“谁活动谁宣传”原则，进一步理顺宣传工作运行机制。全年按照“一事一宣传，一典型一宣传，一特色一宣传”总思路，向各级媒体发送宣传信息50篇次，在瑶寨助学活动中形成的《涓涓爱心涌向广西大山深处——农工党无锡山区基层委员会瑶寨助学项目纪实》信息被《团结报》和全国政协网站录用、综合一支部报送的《送书到廊下书香伴成长——农工党锡山区综一支部开展送图书下基层公益活动》、卫生一支部报送的《艾滋病宣传走进建筑工地》两篇信息均在《团结报》头版刊登。全年被无锡统战网站录用20篇、《农工苏讯》录用4篇，省农工网站录用15篇，《无锡农工》录用20篇，无锡农工网站录用28篇。1名党员荣获“无锡市统战信息工作先进个人”称号，5人荣获“农工党无锡市委宣传信息先进个人”“农工党无锡市委理论研究先进个人”称号。

【岗位贡献】2017年，广大党员按照“有声音、有作为、有作用、有贡献、有影响”的要求，大力弘扬“建功必须有我”精神，立足本职岗位，争先创优，率先垂范，取得显著成绩。全年党员在省级以上专业期刊发表论文28篇。党员华巍峰作为锡山人民医院东亭分院负责人，面对新医改带来的新挑战，积极抓好医院内涵建设，在医联体建设、服务领域拓宽、服务质量提档上下功夫，为医院下阶段快速发展积累后劲。党员孙伟在锡山人民医院副院长岗位上，积极投身到新锡山人民医院建设和搬迁工作中，获“锡山区卫计系统优秀院长”“无锡市扬子江杯优秀管理者”等称号。党员徐科威作为锡山区污水处理厂主要负责人，在抓好新厂建设的同时，带领职工做好东亭污水厂升级改造工程，为锡山经济社会健康发展提供保障。党员顾成长期推动无锡文化创意产业发展，2017年获无锡市委统战部、无锡市文广新局颁发的第五届无锡市唐鹤千卓越青年文化创意人才奖。党员祁萍在羊尖镇工作期间，民政、教育、卫生等分管工作扎实开展，羊尖镇卫生院代表无锡市迎接省国家基本公共卫生项目绩效考核，获全省第一名。党员林欣所带领的宁沪高速无锡指挥调度中心获“全国用户满意服务明星班组”和“江苏交通控股系统‘创先争优’标兵班组”称号；党员徐颖工作中兢兢业业，经常加班加点，被区卫计系统评为“年度优秀个人”；党员华宏棣作为锡山人民医院东亭分院副院长，抓管理，严规范，促提升，成绩优异，获“锡山区卫计系统优秀院长”称号；党员华力英，长期工作在基层公共卫生工作第一线，努力守好群众健康第一道防线，获“江苏省优秀基层卫生骨干人才”“无锡市优秀基层卫生骨干人才”称号；党员章新红撰写的《开发区V-Park聚力打造“企业家城市”》等9篇新闻稿在《新锡山》头版头条发表，在文学刊物发表散文3篇；王钺、李根兴等老党员继续发挥自身业务专长，做好传、帮、带，为提升基层医疗单位的业务水平发挥作用。（高福安）

九三学社
锡山区基层委员会

【概况】2017年，九三学社锡山区基层委员会弘扬“爱国、科学、民主”精神，深入学习贯彻中共十九大精神，与时俱进，勇于担当，为锡山经济社会发展做出新贡献，被九三学社江苏省委员会评为“思想建设优秀基层组织”和“2017年思想宣传工作先进集体”；社员张央琴、王俊分别被九三学社江苏省委评为“思想宣传标兵”和“2017年参政议政工作先进个人”；社员高梅红、王晓岚、张自强被九三学社无锡市委评为“先进个人”；社员徐旦、黄小英、李成柱被区政协评为“优秀政协委员”，社员张健明被区政协评为“优秀民主监督员”。年末，有社员49名，其中，担任副科级以上领导职务6名；市人大代表1名，区人大代表4名（区人大常委1名）；区政协委员15名（区政协常委3名）。

【思想和组织建设】组织全体社员专题学习贯彻中共十九大会议精神，将学习贯彻中共十九大精神作为当前和今后一个时期最重要的政治任务，结合中共十九大报告，社员围绕自身岗位工作，人人撰写学习心得体会，九三学社无锡市委在微信公众号中发布“锡山社员谈十九大”专版报道。在羊尖镇组织开展以“行走美丽锡山，畅响九三梦想”为主题的徒步活动，丰富社员的组织生活，联系沟通社员感情，提高组织凝聚力、战斗力。与九三学社梁溪区基层委员会领导班子开展联谊交流活动。双方就组织制度、内部建设、社会服务、参政议政等多方面内容展开经验交流，取长补短。制定组织发展年度计划，严把入社质量关，全年发展新社员3名。

【参政议政】“两会”前组织九三学社锡山区基层委员会新一届人大代表、政协委员召开2017年参政议政会议，充分调动社员参政议政积极性。在2017年区政协四届一次会议上，提交提案14件，其中杨自安主提的九三集体提案《整合优势资源，更快更好打造翠屏山旅游度假区特色》被立为重点提案，殷晓伟主提的《在新的起点推进锡山特色小镇建设》、黄小英主提的《关于建立污水管网养护智能化管理的建议》两件集体提案被立为重要提案。李成柱撰写的《关于规范废品回收站的建议》被区政协评为“2017年度优秀社情民意”。积极与对口单位交流联系。全年分别就锡山区生活垃圾分类处理现状、锡山区卫生和计划生育工作成果和存在的困难等热点问题到区城管局、羊尖镇镇政府、区卫计局等对口单位进行调研，活动成效显著，形成良性互动，共同为推动区域经济社会良性发展贡献力量。深入开展切实有效的调研活动。九三社锡山区基层委员会三个支社领导班子和成员年初围绕锡山区委、区政府重点工作，根据支社自身优势确定调研课题，深入基层及相关单位调研，寻找解决问题的措施办法。分别在无锡市明江保温材料有限公司调研锡山区制造业发展的现状，针对调研课题《环保网格化管理的问题与思考》深入东港镇对该镇环保网格化管理情况进行调研，组织部分社员赴安徽省宣城市泾县开展组织活动，社员们在当地的板桥革命老区开展了“缅怀先烈事迹，学习先烈精神”红色教育活动，并在当地的特色小镇——宣纸小镇和查济古镇建设进行专题调研。全年社员递交51篇信息及社情民意，2篇调研文章。社员华军的《推进网格化环境管理实现精准监管》在区委专题民主协商会议上发言，社员黄小英的《关于锡山区特色小镇建设发展的建议》在区政协四届二次会议上发言并获“2017年度优秀调研报告”。

【岗位贡献】全体社员立足岗位，认真总结一岗双职经验，充分发挥专业优势，通过辛勤的耕耘，为锡山区的环境改善、建设安全、区域改革和发展等做出重要贡献。企业家社员继续加大技术创新步伐，努力提高企业管理水平，企业绩效稳中有升。企业家社员带领申锡机械有限公司在维护知识产权及维护国际公平贸易方面取得历史性成就，欧盟最高法院的上诉判决书维持胜诉的一审判决，该公司全年授权专利8项，获主要荣誉6项。社员吴杰获“辽宁省科学技术奖”“第九届无锡市专利奖”。

【社会服务】探索社会服务新思路和新模式，扩大服务面和社会影响，通过扶贫帮困，捐资助学，热心公益等实际行动回报社会。在羊尖镇九三学社专家工作站开展“国际科学与和平周”活动，九三学社无锡市委副主委任克奇等与无锡淡水渔业中心的3位专家参加活动。专家们现场向羊尖镇的十几位水产养殖户发放渔药并解答养殖户们在养殖过程中碰到的问题，为养殖户排忧解难，促进渔业增效、渔民增收，为锡山区依靠科技进步促进农业现代化发展提供强有力的科技支撑。积极参与扶贫和脱贫攻坚行动，在实现精准扶贫、精准脱贫中提高实效。全年向羊尖镇帮扶学生捐赠助学金6000元。坚持回馈社会，热心社会慈善公益事业，申锡机械有限公司出资18万元促进吴文化发展；无锡市海联舰船附件有限公司出资10万元对徐州市丰县进行精准扶贫；无锡洲翔重工科技有限公司出资4万元支持锡山区慈善会。社员吴杰个人捐助3000元资助青海省的格桑花基金；社员何晓阳个人捐助5000元资助贵州大学郑强奖助学基金。（张央琴）

锡山区无党派代表人士联络委员会

【概况】2017年，锡山区无党派代表人士联络委员会始终围绕服务全区经济社会发展，学习贯彻中共十九大和习近平总书记系列重要讲话精神，积极参政履职，服务社会延续公益。年末，会员总数23名。其中，11月吸纳4名新会员。

【参政议政】区无党派联委会坚持为百姓做贴心事，积极为民生献言献策。“两会”后，会员立足本职工作，就未成年人教育、防洪、防偷倒垃圾、共享单车管理、独生子女费发放等与百姓生活密切相关的方面提出20余条提案、社情民意，体现出紧贴区情、关注民生、更接地气的特点。在区政协第四届第二次会议上，会员陈小玮被评为“优秀政协委员”，会员龚磊、蒋加星被评为“优秀民主监督员”，会员蒋加星执笔的《关于加强辖区内共享单车管理的建议》被评为“优秀社情民意”。会员陈小玮还获评江苏省第29届金钥匙科技竞赛优秀科技教育校长。会员张骥获评江苏好青年、江苏省农村青年致富带头人、无锡市优秀农民企业家，成为江苏省首批乡土人才“三带”培养对象，经营管理的鹅湖玫瑰文化园获评江苏百家创意农园、江苏省科普教育实践基地、无锡市先进农业园区、无锡市一二三产融合示范点。会员高宇芳所在江苏宸扬律师事务所获评江苏省妇联巾帼文明岗。围绕持续多年跟踪关注的锡山地区新农村特色经济发展问题进行调研，区无党派联委会副主任徐军执笔的《关于我区优势特色农业提质增效的建议》在区政协第四届第二次会议上被评为“优秀调研报告”。11月10日，区无党派联委会组织到南京市高淳区“国际慢城”进行考察，高淳区与城市发展传统模式反其道而行，迁出工业、回归田园生活，对锡山区打造特色旅游具有新启发意义，会员吴琦执笔完成的《关于以文化产业推动乡村古镇旅游的建议》调研文章在区委民主协商会上交流。

【同心聚力】区无党派联委会会员中的多位优秀企业家是锡山区经济快速发展新活力的代表，区无党派联委会于1月23日、8月25日组织走进会员刘熠经营管理的无锡吉兴汽车部件有限公司和会员蒋加星经营管理的无锡杰夫电声有限公司，通过了解企业情况、交流管理经验，由点及面加强会员对服务锡山区经济发展作出思考和建议。5月5日，在鹅湖玫瑰文化园启用“同心实践基地”，并举行揭牌仪式。以同心同德为主旨，以玫瑰园建设为切入点，利用好实践基地的载体，进一步凝聚共识丰富实践，打造品牌提升服务。

【回馈社会】深耕法律服务，于12月4日联合锡北镇、区宗教局、民进锡山基层委员会在锡北镇周家阁文化公园举行以“建设社会主义法治文化，树立宪法法律至上，法律面前人人平等的法治理念”为主题的普法宣传活动。该活动以“国家宪法日”为契机，宣传法治理念，区无党派联委会会员中的法官、检察官、律师组成法律专业团队在现场提供公益法律服务，取得较好的社会反响。区无党派联委会会员多年来始终热心公益，持续用捐款的方式助学、扶贫。会员钱新华为慈善、脱贫、助学等项目共捐款97万元；会员刘熠连续9年参加“心手相连，情暖万家”慈善活动，每年捐款70万元；会员蒋加星、陈小玮等通过参加慈善捐款、区特困帮扶基金会、“红十字人道万人捐”、腾讯公益等多种方式积极参加社会公益项目。

（吴　琦）

编辑：袁　渊

【锡山区文物珍品】

金五梁冠（明）　　（区文管办 供稿）

五梁冠，长10厘米，高6.3厘米，金笄长14.5厘米，重112.5克，1979年无锡县银行调拨，是中国古代一种有五根横脊的礼冠。该冠以纯金打造，上设弧形五梁金片，四周饰以如意云纹，内插五棱形金笄，整体略呈桥形。根据《明史·舆服志》记载：“一品冠，七梁；二品冠，六梁；三品冠，五梁……”可见在明代，需要三品以上的大官，才有资格配戴五根横梁的礼冠。

10月16日，在达利园物流集团举办民革锡山总支党员之家揭牌仪式

（民盟锡山总支 供稿）

6月2日，民盟锡山总支主委毛晨（右五）参加中国民主同盟江苏省第十二次代表大会

（民盟锡山总支 供稿）

6月27日，在锡山特殊教育学校举办九年级毕业典礼暨民革“同心”博爱基地揭牌仪式 （民盟锡山总支 供稿）

12月7日，民盟锡山总支副主委朱小红当选为中国民主同盟第十二次全国代表大会代表并赴北京参会 （民盟锡山总支 供稿）

11月7日，民建锡山区基层委员会参观鹅湖玫瑰文化园 （张燕军 摄）

9月21日，民进锡山区基层委员会会员吴虹霞赴浙江省“德清政协·莫干山讲堂”作讲座　（吴虹霞 供稿）

12月6日，民进锡山区基层委员会“不忘初心、携手同行”捐赠书籍活动　（吴虹霞 供稿）

7月，农工党锡山区基层委员会赴淮安市参观周恩来纪念馆　（农工党锡山区基层委员会 供稿）

11月，农工党锡山区基层委员会主委石国洪在农工党江苏省基层组织建设工作经验交流会上作交流发言

（农工党锡山区基层委员会 供稿）

11月14日，羊尖镇九三学社专家工作站开展“国际科学与和平周”活动　　（九三学社锡山区基层委员会 供稿）

12月18日，九三学社锡山区基层委员会参政议政结对共建交流会在无锡汉神电气股份有限公司召开

（九三学社锡山区基层委员会 供稿）

群众团体

Mass organization

锡山区总工会

【概况】2017年，锡山区各级工会按照区总工会三届十二次全委（扩大）会议确定的工作任务，积极履行工会职责，服务大局成效明显、服务职工措施有力、整体工作全面推进，较好地完成年度各项目标任务。全区有基层工会7679个，会员20.7万名。

【宣传和培训工作】专题摄制《传承工匠精神，筑梦美丽锡山》纪录片和4组反映劳模先进事迹的宣传片，利用“五一”庆祝大会等时机进行播放和宣传。组织9000余名职工参加“喜迎十九大，铁心跟党走”报纸答题和网上知识竞赛，举办9场“喜迎十九大，建功新锡山”文化关爱进基层活动。举办“书香筑梦，品读人生”系列读书活动，收到职工撰写的读书征文124篇，110余名职工参加两期读书分享会。举办三期宣传信息工作骨干培训活动，建立锡山工会宣传工作微信群和QQ群，全年在市级以上媒体刊发稿件650余篇，其中省级以上52篇。举办育婴师、办公自动化、机械CAD和电气自动化4期培训班，210余名职工参加培训，其中育婴师和机械CAD两个班的学员98%以上获得技能等级证书。推出菜单式上门送课培训34场次，培训职工1600余人。

【职工劳动竞赛】联合区交通运输局、区人社局举办市级技能大赛——“汽车检测与维修技能大赛”，84名选手通过大赛获汽车维修工高级工以及汽车维修钣金工高级工证书。举办“抹灰工技能大赛”“急救技能大赛”等区级技能大赛。举办电动车装配技能竞赛等15个镇级技能竞赛。同方计算机等100余家企业举办企业内部技能竞赛，全区有12000余名职工参加各类技能大赛。职工边明杰团队、黄鸣月团队以及钱庆年团队分别获“市职工十大科技创新成果”“市职工十大先进操作法”“市职工十佳金点子”荣誉。以第三届职工创新创优展示周锡山展厅的布展为抓手，宣传锡山区职工创新创优成果，以科技含量高、体验感强吸引大量参观者。积极开展劳模（高技能）人才创新工作室创建工作，全区成功创建闵信俊劳模（高技能）创新工作室等12家劳模（高技能）创新工作室。

【困难职工帮扶】元旦、春节期间，区总工会开展向一线职工送年夜饭活动，走访东港镇东南村10户困难职工，走访各类困难对象365名，发放慰问金、救助金款物计88.64万元。各基层工会筹集送温暖资金353万元，慰问困难职工2049人次。对符合条件的38名困难职工实施临时救助，发放救助金14.7万元。对市、区两级特困（困难）职工开展大病医疗救助，向经审核符合条件的38名特困（困难）职工发放医疗救助金10.2万元。开展职工互助互济工作，向52名患大病的会员发放互助金23.6万元。办理五年期互助互济续保工作，为4161人办理续保工作。开展金秋助学活动，资助困难职工子女122人，发放助学金18.25万元。举办“关爱·圆梦”工程授牌和实习学生岗前安全培训活动，13家爱心企业成为首批“关爱·圆梦”实习基地，12名学生获勤工助学机会。

【服务职工平台】区总工会出资购置东亭街道劳动就业中心七至九楼共2485.17平方米的办公用房，用于区职工综合服务中心建设。云林、锡北、厚桥三个镇（街道）完成职工服务中心的建设。全区累计建成9个镇级职工服务中心。全区新增鹅湖、羊尖等9个职工爱心驿站，新建羊尖、东港、鹅湖3家爱心母婴休息室。

【构建和谐劳动关系】组织镇、企两级330名工会干部参加业务培训活动，137名规模企业工会主席参加劳动保护培训活动，310名企业班组长参加安全培训和考核活动。完成区职工法律援助律师团换届，成员由7人增至9人。联合区人社局、区仲裁委员会举办锡山区首届劳动人事争议仲裁员和调解员岗位业务技能竞赛，百发动力（无锡）有限公司和无锡市安迈工程机械有限公司的两名工会干部分获调解员组冠军和第五名，东北塘街道和锡北镇分获团体第二、第三名。深入推进工会劳动法律监督评价工作，区总工会等11家单位被评为“无锡市工会劳动法律监督工作先进单位”。健全劳动关系预警机制建设，坚持每月排查，报送重大隐患信息并落实职工队伍稳定调研排查化解专项工作。全年接待职工信访92起152人次，结案率100%。全年有1234家企业4193个班组68695名职工参与“安康杯”竞赛。着力加强小微企业工会劳动保护监督检查员片区服务站建设，已建成片区服务站68家，覆盖小微企业3498家。区总工会实施送教下基层，对开发区、各镇（街道）片区服务站劳动保护监督检查员开展岗前业务培训活动，累计送课10场，培训人员超过1000名。

【职工民主管理】各基层工会积极开展集体协商“要约行动”，企业协商员、指导员积极参加民主管理法律知识培训班。全区签订企业工资集体协议4897家，签订率98%。单个企业签订工资协商协议1052份，区域和行业协议114份，覆盖企业3845家。各镇（街道）坚持工会代表常任制，教育、卫生等工会以及建立工会委员会的企业均召开职代会，落实职工的知情权、参与权、监督权。无锡锡州机械有限公司获“全省厂务公开民主管理示范单位”，无锡吉兴汽车部件有限公司、无锡统力电工股份有限公司、江苏新日电动车股份有限公司获“全省厂务公开民主管理先进单位”，开发区获“全省推动厂务公开民主管理先进单位”。

相关链接

集体协商“要约行动”：集体协商主体的一方依法就签订集体合同或专项集体合同、协调劳动关系其他相关事宜，以书面形式向对方提出进行集体协商要求的行为。

【工会组织基础】各级工会干部深入企事业单位，认真细致进行调查，摸清企业底数、会员底数，着力做好会员实名制登记。区总工会分批次对全区实名制登记信息员进行培训，召开推进会，交流介绍实名制登记工作先进单位经验，完成工会会员实名制登记156300余人，企业5000余家。新建工会组织220家，其中独立工会65家，新入会会员4462人，其中农民工2850人。开发区总工会完成换届工作，厚桥街道工会召开第一次代表大会，选举产生厚桥街道总工会第一届委员会。

【党风廉政建设】完善党组中心组学习制度，制定2017年中心组专题学习计划和支部月度学习安排，使“两学一做”学习内容更贴近主题、更贴近工作。坚持全员参与大走访，区总工会机关16名同志均参加大走访活动，参与率100%，除走访挂钩定点的严家桥村33户农户和江苏华中冷弯机械有限公司、无锡市东特机械科技有限公司以及无锡市志成生化工程装备有限公司等12个企业外，还走访农村居民65人次，社区居民60人次，走访企业71家，同时与14家企业的51个班组。33名工会干部以及劳模、先进等密切联系。加强工会经费管理，对村级工会的经费收支情况、专项资金管理情况进行审查。区总工会接受上级工会的专项资金检查和区委的巡察。通过财务检查、审计，进一步宣传国家相关法规、政策，促进工会财务工作规范化。（浦　亚）

共青团锡山区委员会

【概况】2017年，团区委以突出培养中国特色社会主义事业建设者和接班人为根本，以保持和增强政治性、先进性、群众性为目标，构建凝聚青年、服务大局、当好桥梁、从严治团四维工作格局，着力提高团的吸引力和凝聚力，扩大团的有效覆盖面，实现共青团思想引领的感召力提升、服务大局的动员力提升、面向青年的服务力提升、凝聚青年的向心力提升“四个提升”，团结带领全区青年为高水平全面建成小康社会、加快建设富强美丽和谐幸福新锡山贡献青春力量。全区有14—28周岁青年7.18万人，团员30875人，直属团组织21个，基层团支部（总支）721个。

【团的基层组织建设】推进磐石工程，成立团区委“学习总书记讲话，做合格共青团员”教育实践领导小组。团区委开展“学习总书记讲话，做合格共青团员”教育实践主题团日活动，由团区委书记余佳欢作专题团课授课，团区委副书记童依菲部署教育实践工作安排。下发《关于印发〈在全区共青团组织开展“学习总书记讲话，做合格共青团员”教育实践的实施方案〉的通知》和汇编材料。各镇（街道）累计开展“学习总书记讲话，做合格共青团员”实践活动50余次。召开全区团支部“磐石工程”暨“双述双评”工作部署会，下发《关于开展全区团支部书记“双述双评”工作扎实推进“学习总书记讲话，做合格共青团员”教育实践深入开展的通知》。团区委全体工作人员对接2—3个镇（街道）参与团支部“双述双评”工作。下发《全区基层团支部情况调查表》，在全区47个基层团（工）委开展团支部调研统计；以东北塘街道团工委为样板，召开基层团（工）委“双述双评”工作动员培训学习会；依托“支部网上行动”，以全区试点板块、基层团（工）委、基层支部为单位分别建立微信群或QQ群，创新解读和宣传的方式方法，通过“图解团支部书记职责清单”“测试履职指数”“互动问答”等方式帮助基层团支部书记掌握业务知识和技能，提升团员青年的身份意识和责任意识。着重调控中学（中等职业学校）发展团员比例，初中毕业班团员学生比例控制在35%以内，高中（含中等职业学校）毕业班团员学生比例控制在78%，实际发展团员数量达到2017年发展团员预计目标。“青年之家”综合服务平台建设工作顺利推进，区级“青年之家”平台建设完成并良好运作，东亭街道、东北塘街道、安镇镇、厚桥街道、云林街道五个街道全部完成青少年综合服务平台的建设，锡北镇、鹅湖镇、东港镇、羊尖镇四个镇建成率100%。区级“青年之家”云平台2017年全年累计开展活动24次，参与人数523人，各镇（街道）“青年之家”云平台2017年全年总计开展活动218次，参与人数5408人。

【青少年思想引导】 网上共青团工作顺利开展，“青年之声”平台运营活跃，每月报送“青年之声”平台建设月报表，配合团市委落实网络值班任务，全年参与重大网络舆论引导工作5次。宣传思想文化，开展“砥砺奋进勇担当，青春建功十三五”——各界青年纪念建团95周年座谈会，“不忘初心跟党走”锡山区新团员入团仪式，“青年之声·青春志愿社区行”志愿服务主题月活动启动仪式，锡山青年卡通形象代言人征集大赛，“不忘初心跟党走，青春建功新锡山”锡山区青年主题演讲比赛，“新时代、新青年、新使命”锡山共青团党团建知识竞赛，“青年朗读者，青听中国梦”锡山区各界青年诗朗诵比赛等活动。无锡市鹅湖玫瑰园艺文化有限公司总经理张骥、江苏永尚能源科技有限公司董事长于彩成入选“江苏好青年”百人榜；无锡斗山白茶园茶文化有限公司的朱一鸣、无锡市尚品园艺家庭农场的胡春宏获评无锡市2017年度最美新型青年农民；江苏通用科技股份有限公司设备技术员王卫明获评2017年度无锡市优秀青年工匠。举办“奋斗的青春最美丽”好青年故事分享会5场。微信公众号“锡山青年汇”原创微刊30余篇，联系苏州工艺美术学院制作锡山青年卡通形象代言人及系列文化产品。

【青年发展与青年人才】 8月29日，锡山区青年联合会第五届委员会第一次全体会议召开，余佳欢当选为委员会主席；沈晗、钱新华、高杰、郭明州、童依菲、褚云雁等6人当选为委员会副主席；朱虹等12人当选为常务委员会委员。青年创业工作推进，依托社会资源，积极建设苏青C空间，在开发区无锡中皓创业孵化管理有限公司“星创工场”建成无锡青创空间1家并积极开展活动。开展银行挂职团干部服务创业青年行动，积极开展“职场微体验，暑期莫宅家”“万名总经理助理见习计划”就业见习行动。举办首届“风还巢”暨第三届“勇往职前”大学生职业素养训练营。围绕“促创新、提技能、保安全”主线，在全区企业中广泛开展青年职工“三争当”活动，提升青年职工的创新意识、岗位技能、安全责任意识，开展青年创新尖兵、青年技能标兵、青年安全哨兵评选，红豆集团西服厂团支部吊挂一组获评市级青年安全生产示范岗，红豆集团国际公司进出口支部上衣车间获评市级青年安全生产示范岗创建优秀集体。依托电动车等行业协会的作用，开展共青团蓝领学堂活动，广泛开展技能培训、劳动竞赛、导师带徒等活动30余场。开展青年文明号“亮号”行动，1家单位获评省级青年文明号，2家单位获评市级青年文明号。1人获评市级青年岗位能手，云林街道获评市级青年岗位能手活动优秀组织奖。青年志愿行动推进，继续加强关爱新市民子女行动，做好“希望来吧”的常态化运行管理工作，各级共青团开展关爱新市民子女志愿服务活动40余次。深化青年志愿者队伍建设，以“青春微公益”为统领，打造“低碳新生活”后备厢义卖、“七彩阳光·爱满厚桥”活动、“和陌”学堂——新市民子女爱心助学计划、“义米阳光”贫困青少年情绪管理提升项目、“益路同行，青春零距离”活动、爱在东北塘志愿服务总队等志愿服务特色活动项目20个，发挥青年志愿者在生态环保、爱心助困、文明倡导、社区服务等方面的能动作用。积极推广使用“志愿者打卡器”，促进志愿服务常态化、项目运行社会化。积极培养“护河卫士”等青少年环保社团并扶持公益环保项目，全年招募青少年环保志愿者100余名，开展“进学校、进社区、进企业、进机关”活动15场。加大希望工程“圆梦行动”助学力度和共青团“暖冬行动”帮扶力度，向贫困家庭大学生发放助学金5万余元和价值1万余元的物品。发挥青商“星”基金作用，继续实施童心筑梦项目，提升贫困家庭儿童学业水平、自我价值感、人际交往能力、社会适应能力。

【团队一体化】 推进中学、中等职业学校共青团改革，中学共青团、少先队改革稳步推进，中小学仪式教育制度逐步建立和规范，活力共青团、魅力少先队打造初显成效，“一队一品”建设量质齐升，市少先队活动课月观摩（锡山专场）活动深受好评，少先队活动课程实施水平切实提升。中小学“团队一体化”整体建设推进，探索“积分入团”，举办“积分入团”专题培训活动，开展区中学、中等职业学校团工作考核，推进中小学“团队一体化”整体建设。加强学生社团建设，组织区优秀学生社团评选，提升中学、中等职业学校共青团员组织意识。推进少先队改革，落实每周1课时的少先队活动课。依托教研组精准教研、互联网开放教研、名辅工作室深度教研、教研共同体分层教研，积极构建少先队活动课程教研机制，推动常态化实施。全区13所小学召开少先队代表大会，成立学校少先队工作委员会。积极开展动感中队创建工作，全区8所学校动感中队被评为“全国优秀动感中队”，14所学校动感中队被评为“江苏省优秀动感中队”，4个优秀动感中队被《辅导员》杂志推荐介绍。成功举办第五届小学班主任（辅导员）基本功大赛，组队参加无锡市辅导员风采展示获评团体特等奖，云林实验小学教师单霞娟作为无锡代表队队员参加省辅导员风采展示获评少先队基础专业知识笔试项目特等奖第一名，港下实验小学、厚桥实验小学、勤新实验小学选送的“红领巾寻访”视频获评省辅导员风采展示视频案例特等奖，包揽前三名。锡山中等专业学校获评省“三下乡”社会实践活动先进团队，“少先队活动课‘四步教研法’”被评为“省优秀少先队工作项目”。

【青少年权益】 联合锡山公安分局、区社会管理综合治理委员会办公室、区卫计局、区妇联等部门，采取入户走访、下发调查表等方式，对全区重点青少年进行“拉网式”排查，全面摸清重点青少年底数。开展“共青团与人大代表、政协委员面对面”集中活动4场。组织开展“Summer乐园，红领巾成长营”自护夏令营，进校园组织开展“安全自护”、自护小卫士、安全伴我行以及学习急救知识、提高健康意识等青少年安全自护课堂教育。 （蒋华佳）

锡山区妇女联合会

【概况】 2017年，全区各级妇联认真学习贯彻习近平总书记系列重要讲话精神，落实中共中央及省、市、区委一系列决策部署特别是关于加强和改进党的群团工作的部署要求，坚持正确方向，把握时代主题，履行基本职能，推进改革创新，各项工作扎实推进。年末，全区有镇（街道）妇联9个、村（社区）妇联121个。

【区第四次妇女代表大会召开】 6月9日，锡山区妇女第四次代表大会在区委党校会议中心召开，全区158名妇女代表参加会议。市、区领导陆志坚、顾中明、蒋群、张映雪、窦虹、赵鞠、章建新，市妇联副主席王健参加开幕式。会议回顾总结区妇女第三次代表大会后的主要工作，研究部署此后五年的奋斗目标和重点举措，选举产生区妇联第四届执行委员会。姚华芳当选为新一届区妇联主席。

【基层工作体系覆盖广泛】 落实全国、省、市妇联组织改革新要求，壮大基层工作力量。有效扩大基层妇联工作队伍。区妇联增设兼职副主席岗位，增加区妇联常委、执委数量。新增兼职副主席1名，新一届常委9人，比上届增加2人，提高28.58%；新一届执委35人，比上届增加16人，提高84.21%。区妇女第四次代表大会158名代表中，各行各业的妇女代表89名，占代表总数的56.33%。完善镇（街道）妇联组织构架，扩大执委比例，近年来换届的鹅湖镇、锡北镇、东港镇妇联，换届后镇妇联执委人数都有相应增加，且都增配2名兼职副主席。有效吸纳各方力量，形成妇联工作合力。新兴领域组建妇联有突破，东亭科创中心妇联等一批新兴业态妇联组织建立，一批女企业家、女职工代表被吸纳进妇联组织，有效增强妇联组织的凝聚力。发挥基层阵地作用。强化妇女儿童工作项目化运营，深化基层“妇女儿童之家”建设，推动社会资源更多更好流入妇女儿童和家庭服务领域，召开市妇联公益项目督导会议，对市级公益创投扶持项目、公益复制项目负责人进行培训。

【引领妇女参与经济社会发展】 联合相关部门，开展妇女创业就业技能培训活动494人次，开展创业意识教育890人。积极组织锡山区女能手、女经纪人参加市巾帼电商服务、全省来料加工女经纪人义乌培训班。联合区人社局举办“三八架金桥，春风送岗位”女性专场招聘会，有28家用人单位提供市场营销、文秘、财会、缝纫工等300余个工作岗位，吸引众多女性求职者咨询应聘。进一步落实妇女创业小额担保贴息贷款政策，全区发放妇女创业小额担保贷款和劳动密集型小企业贴息贷款800余万元。继续开设“思雅学堂”，传播优秀传统文化，开设书法、国画、插花、瑜伽、中医养生等公益课程，新培训妇女100余人，举办诗歌诵读、音乐赏听、亲子书签制作沙龙各1期。积极选树宣传各类女性创新创业典型。新培育无锡中皓创业孵化管理有限公司、联东U谷无锡国际企业港等巾帼创业创新孵化基地4个，选树女性科技领军人才3人，培育巾帼电商服务站9个，培育巾帼农家乐、现代农业科技示范基地6个，培育巾帼来料加工示范基地、专业合作组织10个，带动妇女致富1615人。锡山区地税局被评为“全国巾帼建功先进集体”，江苏宸扬律师事务所、歌迪服饰有限公司（江苏自营一区）等5个单位被评为“江苏省巾帼文明岗”。

【家庭文明创建】 深入挖掘、选树和宣传百姓眼中的“最美家庭”，周海江家庭获“全国‘最美家庭’”称号。注重家风展示，在《新锡山》开设《和美家风，德润锡山》专版，对无锡市最美书香润德家庭、区孝义崇善家庭等文明家庭典型进行重点宣传报道，在全区进一步宣扬尊老爱幼、男女平等、夫妻和睦、勤俭节约、邻里团结的家庭美德。响应市妇联“一封家书”征集令，在全区广泛发动“写家书、递亲情”活动，全区征集128封家书，充分展现锡山区相亲相爱的和睦好家风。各基层妇联通过举办文明家风交流会、家训家规评议会、自编自演文艺节目、社区公益活动等家庭美德实践活动，倡扬家庭文明新风，传播社会正能量。

【家庭教育工作】 规范各类家长学校建设。2017年，锡山实验小学家长学校、隆亭实验小学家长学校等5所学校的家长学校获评市级示范家长学校，云林街道云龙社区家长学校、安镇街道鑫安社区家长学校、东亭街道映月社区家长学校等7所村（社区）家长学校被评为“市级优秀家长学校”。扎实打造“云家教”新媒体家庭教育服务平台，将家庭教育服务与自媒体平台运作相结合，“云家教”微信订阅号累计推送家庭教育微刊335期。依托朝阳网上家长学校、家庭教育讲师团，举办专题讲座、咨询服务，提升广大家长科学教子的能力。在东北塘街道、锡北镇开展《隔代不隔爱——隔代教育如何扬长避短》《家庭教育中孩子良好的行为习惯养成》家庭教育公益讲座。组织区家庭教育讲师团成员、心理咨询师志愿者走进厚桥街道、鹅湖镇、安镇街道开展家庭教育咨询、讲座等活动，为广大家长提供家庭教育服务，把科学的家教知识送到家长们身边。全区累计有18462名家长参加各级家长学校的培训活动。

【妇女儿童合法权益得到保障】 充分发挥区妇女儿童工委办公室统筹协调职能，积极贯彻落实省政府妇女儿童工委2017—2018年8件实事的推进落实。制定区“十三五妇女儿童发展规划”，为全区妇女儿童事业发展提供制度保障。牵头做好区四套班子领导“六一”走访慰问活动，对柏庄实验小学、东北塘中心幼儿园等4所小学、幼儿园进行走访慰问。开展“三八”维权周活动。通过开展法律服务社区行、《中华人民共和国反家庭暴力法》广场宣传等宣教活动，加强妇女法制宣传教育，强化妇女维权服务。全区开展维权活动25次，参与人数704人，接受宣传咨询和服务2410人，发放维权宣传资料4233份。区妇联全年接待来信、来访、来电18件，结案率100%。开展婚姻家庭纠纷排查化解专项行动，选聘122名婚姻家庭纠纷调解员，排查出53户婚姻家庭纠纷，提供综合维权服务24次，一批家庭和社会矛盾消除在萌芽状态。积极开展妇女儿童公益社工服务项目。羊尖镇妇联“编织美丽人生”——就业困难女性帮扶计划、东北塘街道锦旺社区妇女儿童之家“我”最卓越——锦旺社区困境家庭妇女儿童成长赋能计划等项目获2017年度省级扶持妇女儿童工作专项资金支持。

【亲子阅读活动稳步开展】 在全区家庭中开展亲子阅读活动。加强亲子阅读研究与指导，开展多种形式的家庭亲子阅读活动，引导家长和儿童养成阅读习惯。向全区9个村（社区）妇女儿童之家赠阅适合3—6岁儿童阅读的绘本918册。联合区教育局开展“书香飘万家”村（社区）亲子阅读指导研讨活动，探索整合专业力量为社区家长学校的亲子阅读提供支持和指导的路径和方法。在全国妇联举办的“我爱我家，同悦书香”亲子阅读活动中，东亭街道盛向阳家庭获评全国亲子阅读书香家庭、厚桥街道浦莉莉家庭推荐的图书入选“我家最爱读的一本书”名单。

【巾帼志愿服务蔚然成风】 各级妇联倾力打造“邻里守望·姐妹相助·与爱同行”服务品牌，持续开展关爱困难妇女、困境儿童、空巢老人等志愿服务活动。开展“百团四送进百家”活动，引导妇联团体会员、各妇女委员会以及各类女性社会组织、巾帼志愿队伍，共同走进村（社区）“妇女儿童之家”，开展“送科技、送教育、送文化、送服务”等贴近民生需求的志愿服务活动。据统计，全区参与服务的各类女性团体84个，接受服务的妇女儿童之家121个，接受服务的妇女儿童人数1437人。

【助力“母亲邮包”项目】助力“母亲邮包”项目，动员多方力量积极参与省妇联、省儿童基金会在腾讯公益一起捐平台上发起的“给贫困母亲一份温暖”捐款活动，成效显著。据统计，全区发动264人捐款，筹款22714.24元，在全省55支参与捐款活动队伍中位列第一名。整个活动期间，区女企业家协会积极响应、大力支持，以实际行动生动诠释锡山女企业家的社会责任感和大爱精神。

【妇联队伍建设加强】强化岗位培训。先后举办全区妇联干部培训班、区妇联执委（扩大）培训班，对全区专兼职的镇、村（社区）妇联主席、区妇联四届执委、各系统党委妇女委员会主任等进行专题培训，切实增强妇联干部和执委们的身份意识、履职意识，有效提升广大妇女干部的工作能力。以大走访为契机，深入开展“走进春天、玫瑰有约”妇联干部大走访活动。约访女性社会组织负责人、女企业家、女性创业人员、流动妇女、女职工、退休妇女主任、单亲贫困母亲等各行、各业、各类女性代表和贫困妇女等，虚心问计，诚心解忧，真心服务。（陈　薇）

锡山区科学技术协会

【概况】2017年，全区各级科协组织及所属团体坚持以习近平新时代中国特色社会主义思想和科学发展观为指导，全面贯彻落实中共十八届六中全会和中共十九大会议精神，紧紧围绕建设富强美丽和谐幸福新锡山的奋斗目标，充分发挥党和政府联系科技工作者的桥梁纽带作用，坚持为科技工作者服务、为创新驱动发展服务、为提高全民科学素质服务、为党和政府科学决策服务“四服务”的工作职能定位，统一思想，奋力拼搏，圆满完成年初制定的各项任务。全区有镇（街道）科协9个，村（社区）科普工作站116个；科协所属学会（协会、研究会）12个，企业科协30个；科普志愿者队伍4支，科普志愿者9721人。

【品牌科普活动成效明显】围绕科普主题，结合锡山区实际，进一步整合全区各类科普资源，努力提升全区大科普氛围水平。在科普志愿者服务月、科普宣传周、全国科普日和“三服务”（服务领导、服务基层、服务群众）下乡活动期间，围绕“科技强国，创新圆梦”等主题，开展科普知识讲座、核科学技术专题展、农科“110”专家田埂行、科普志愿者行动和科普电影巡回展等13项主要科普活动，近2万人次参与。区科协制作科普宣传伞1500把、科普宣传纸杯35000个和主题科普展板10套，编印科普宣传书籍5000册，分发到参与活动的各个单位，科普活动氛围浓厚。区医学会等4个单位被评为“无锡市第29届科普周先进集体”，成斌等5人被评为“无锡市第29届科普宣传周先进个人”。

【科普设施建设加快】着力打造全区科普宣传阵地，推动科普资源惠民益民。完成东亭街道东街社区等18个社区的“科普云”信息服务系统大屏的安装工作。为云林街道云昌社区等村（社区）安装标准科普画廊6个，实现获得市级以上科协（科普）工作荣誉村（社区）的科普硬件设施提升全覆盖。对荟聚购物中心POD智荟体验空间和东港镇山联村综合科普馆等人流量较大的科普场馆进行设备检修和更新。完成荟聚购物中心POD智荟体验空间科普展具的全新升级，并与东亭街道春星社区开展科普场馆之间的展具相互流转和升级再利用试点工作，增加村（社区）级科普场馆的体验新鲜感。依托扎实的科普硬件设施，东亭街道映月社区等5个村（社区）被评为“无锡市科普示范村（社区）”。云林街道云祥社区岳军家庭等10户家庭被评为“无锡市科普示范家庭”。

【全民科学素质提升】以创建新一轮全国科普示范区为契机，大力推动《锡山区全民科学素质行动计划纲要》的实施。针对未成年人，以科技活动为载体，通过联合区教育局举办学校科技节、青少年机器人竞赛和科技创新大赛等赛事活动，提高未成年人的科学认知水平。在省第二十八届青少年科技创新大赛上，天一中学选送的3个项目获一等奖，总成绩为中学组全省第一；锡东高级中学被评为“江苏省少年科技教育三星级先进集体”；天一中学、锡东高级中学和锡山实验小学被评为“江苏省STEM（科学、技术、工程、数学）项目学校”；区科协获评江苏省第二十八届青少年科技创新大赛优秀组织奖。针对农民，以科普惠农服务体系建设为切入点，提高农民运用先进技术发展生产、增产、增收致富的能力，成立农业技术协会、农业合作社和家庭农场。全年组织农民职业培训班和农业干部培训等农业培训活动36期，培训6100余人次，有效提高农业从业人员的技术水平。结合农机科技入户工程，加强农机技术培训，举办2期80人次新机具、新技术培训班。针对城镇劳动者，以加强学历教育为重点，提升城镇劳动者的学习能力、职业技能和技术创新能力。全年新增高技能人才1762人，完成职业技能取证3264人；完成机关事业单位工勤人员职业素质提升培训考核206人；培养和输送先进制造高技能人才40人；企业职工岗位技能提升培训20353人。针对领导干部和公务员，全区干部教育培训工作按照教育培训规划要求，按照分级、分类和全员培训的原则，有计划、分层次地推进各项教育培训工作，通过上党课、专题辅导和研讨交流会等形式培训各级领导干部。针对社区居民，以开展“社区科普益民行动”和科普示范社区创建为着力点，组建科普志愿者服务团和科普讲师团，利用社区科普学校、文化广场和科普画廊等阵地，举办知识竞赛、科普讲座、科普展览、医疗卫生进社区等一系列活动，进一步普及面向社区居民的科学知识。

【学术交流水平提升】 围绕锡山经济社会发展的难点和产业结构调整的重点，充分发挥学会组织和企业科协组织在自主创新中的重要作用，深入开展“企会协作”和“讲比竞赛”等活动，不断鼓励和支持企业加强核心技术的合作研发，协助企业建立与高校、科研机构和学术团体的对口联系机制。全年有17家企业的52名科技人员参加各类竞赛，立项17项，完成立项17项，提出合理化建议 24条。“抗菌防霉聚合物母粒”等项目参加市科协青年会员创新创业大赛并获奖，无锡新乐活农业科技有限公司与区老科学技术工作者协会农业分会协同合作的“蔬果新品种开发”等两个项目参与无锡市“企会协作创新计划”优秀项目评选获评优秀奖。

【科普惠农工作】 大力推动发展现代高效农业，以科普惠农服务站等形式建立科普惠农长效机制，促进农业项目发展壮大。厚桥中东桃梨合作社被评为“省级基层科普行动计划科普示范基地”，并获奖补资金6万元。无锡双喜金阳生物有限公司等两家企业获“无锡市百名科技专家兴农富民工程农业科技（科普）示范基地”称号，获奖补资金1万元。

【服务党和政府科学决策】 以中国科协会员日为载体，通过走访、座谈等形式，开展多种形式的“科技工作者之家”创建活动。充分发挥科协人才荟萃、组织网络和客观独立的优势，围绕锡山区经济社会发展中的热点、难点问题，组织开展专题调研、科学论证和决策咨询活动，为区委、区政府及有关部门决策提供科学建议和意见。全年完成调研课题12个，建言献策14条，其中4条建议被区委主要领导批转有关部门办理。 （钱　玮）

锡山区工商业联合会

【概况】 2017年，区工商联深入学习贯彻中共十九大精神，认真履行职责，发挥职能作用，创新工作思路，完善工作机制，团结引导广大非公有制经济人士扎实开展工作，各项工作取得进展。

【推进“百企帮百村”精准扶贫工作】 统筹做好锡山区与徐州市丰县的挂钩扶贫工作，扩充扶贫范畴，从原本的3个村增加到5个村。精心挑选出红豆集团、无锡兴达泡塑新材料股份有限公司等5家实力强、规模大、信誉好的非公企业，于2016年8月、2017年4月开展实地调研考察，5月底，邀请挂钩5个村的党支部书记和相关镇的分管领导一行12人，到锡山区的红豆集团、无锡市英特派金属制品有限公司、东港镇山联村参观学习，促进村、企加深了解，敲定帮扶项目7个。明确各项目的筛选与推荐、申报与审批、管理办法与分工、跟踪督查等各项细则。6月，扶持资金100万元落实到位，帮扶项目在9月20日前招标结束，11月底前已全部完工。

【商会服务职能履行】 3月底，与锡山地税局、锡山区国税局等部门提升“纳税人之家”服务功能，把纳税服务送到企业身边。开展“税务进商会”活动。发放“锡山区纳税人之家”诉求征集表，共计收到企业意见、建议3条，并在第一时间进行答复处理。开展青年企业家税收优惠及涉税风险座谈交流活动，邀请江苏方正税务师事务所的专业人士结合丰富的案例剖析，为与会企业代表做政策宣讲。健全完善政企、警企、税企等协作平台，不断深化区工商联与政府职能部门的联系协作机制。搭建融资服务平台，着力拓展银企、投融资服务、“资本+技术”项目对接等服务平台。发挥区工商联对外交流合作的平台作用，做好青海省海东市工商联、山东省青岛市工商联、苏州市昆山市工商联、徐州市睢宁县工商联和惠山区洛社镇商会、宜兴市万石镇商会等的来访接待，并与徐州市睢宁县工商联缔结友好商会。组织企业家赴广东省广州市、深圳市参观考察。组织开展第七次民营企业军民两用高新技术及产品研发生产情况专项调查，报送军民融合企业6家。落实省委“万企大走访大调研”活动的相关要求，报送营业收入30亿元以上企业调查问卷5份，新兴产业、“小冠军和小巨人”企业调查问卷7份，全省民营企业家思想状况调查表10份，提交调研报告1份。做好上规模民营企业调研工作，上报上规模民营企业调研16家，红豆集团再次入围“2017中国民营企业500强”。配合市工商联做好全球锡山大会的准备工作，认真做好各类奖项的推荐申报工作，做好无锡长江精密纺织有限公司、江苏大明金属制品有限公司等6家企业的专题片素材收集工作。认真落实好2个项目到会签约，总投资6亿元。周海江获“无锡市十大杰出锡商人物”表彰；14位企业家获“无锡市百名锡商人物”表彰；11家企业获“无锡市百强民营企业”表彰。全区非公经济代表人士在区“两会”期间提交政协提案15件，人大建议4件。《关于提升开放型经济发展水平的建议》《关于行业协（商）会创新发展的思考》两篇调研报告分别在区政协和区委民主协商会议相关活动中进行交流汇报。

【锡山民企基业长青工程推进】建立青年企业家联谊、联系的公共服务平台——东港青年企业家俱乐部。通过全区基层商会工作会议、区工商联主席（会长）会议，推广东港青年企业家俱乐部的先进经验，尝试以镇（街道）为平台，大力推进全区青年企业家组织的培育。锡北镇、云林街道等已就该项工作进行具体部署。组织21名青年企业家参加无锡市青年企业家“基业长青”培训班，组织新、老企业家互动交流活动。培育民营企业专技人才。积极组织参加“唐翔千卓越工程师奖”和“唐鹤千卓越青年文化创意人才奖”评选。无锡市英特派金属制品有限公司工程师金英杰等3名企业一线工程师获“第五届无锡市唐翔千卓越工程师奖”表彰，占全市得奖人数的十分之三。与区委统战部、区人社局、区总工会等部门联合开展知识技能大赛，面向全区非公企业管理技术人员广泛开展专业知识更新教育。组织开展非公经济代表人士的培训活动。加快基层培训平台、培训基地建设，努力推进人才学院在全区基层板块的落地，锡北镇商会、红豆集团、无锡恒田企业有限公司已分别与格局商学人才学院达成合作意向。

【行业协会建设】高度重视行业组织建设，行业组织不断壮大，年内新组建行业协会两家。开展行业协会创新发展座谈交流，积极探索行业组织发展新路径。江苏省高空机械吊篮协会通过制订推行《行规行约》，规范行业运营秩序、创建公平贸易预警站（点），为行业企业积极应对国际贸易摩擦建立服务平台、承担技师职业资格培训与鉴定工作、建立法律服务团队维护协会和会员企业的合法权益、组建“中国高空机械与吊篮产业联盟”、举办《建筑工业化高层论坛》、建立专家委员会树立监督管理权威等，大大增强协会的影响力和号召力，成为引领行业创新发展的先行者和开拓者。无锡市建筑装饰设计师协会积极为广大设计师搭建沟通、交流、合作的平台，以让“世界听到无锡设计的声音”为使命，不断规范行业发展，促进设计师与设计师、设计师与建材装饰产业链之间的交流合作，嫁接国内国际高端专业平台，平均每月至少一次活动安排，在业内引起巨大影响。无锡市信息技术应用协会开展企业信息化咨询诊断活动，助力全市智能制造务实推进；9月，组织多种形式的服务活动，组织专家组赴企业开展走访调研工作，成立企业信息化咨询诊断专家组、两化融合贯标专家组、企业工控信息安全专家组三支专家组队伍，拥有专家20余名，确保咨询诊断的全面性、公正性、客观性和准确性。

（戈兴栋　华　悦）

编辑：袁　渊

11月3日，市妇联副主席王健（左二）率队调研锡山区妇女工作　（区妇联 供稿）

区妇联主席姚华芳（左一）向江苏省“十大农民女状元”、厚桥中东桃梨专业合作社技术员王书灵（右一）宣讲中共十九大精神。　（区妇联 供稿）

1月15日，区科协利用假期组织未成年人开展魔术训练营科普活动 （区科协 供稿）

8月21日，无锡荟聚中心科技设备捐赠仪式在东亭街道春星社区举行，无锡荟聚中心向东亭街道春星社区捐赠科普馆设备 （区科协 供稿）

7月7日，区工商联召开行业协会创新发展交流座谈会　　　　（区工商联 供稿）

11月8日，区工商联组织20余名青年企业家举办税收优惠及涉税风险提示座谈交流会
（区工商联 供稿）

军　事

Military Affairs

人民武装

【概况】2017年，区人武部坚决贯彻中共中央、中央军委和习近平系列重要讲话精神，以强军备战为核心，以调整改革为关键，以安全稳定为底线，突出稳思想、强能力、抓基层、保稳定，扎实做好各项工作，全面建设稳步推进。随着省军区系统调整改革落地，区人武部编制由过去的7名干部编制调整为3名干部（部长、政委、副部长）和7名文职人员。2017年度，区人武部被江苏省军区评为“先进团级单位”。

【思想政治建设坚强有力】把讲政治讲规矩作为基本准则，教育引导干部职工自觉维护中共中央权威，始终在思想上、政治上、行动上同中共中央、中央军委和习近平保持高度一致。严格落实党委中心组理论学习，扎实开展“维护核心、听从指挥”专题教育，大力推进“两学一做”学习教育常态化制度化，深入学习领会习近平系列重要讲话精神，强化号令意识，增强打赢信心。认真开展“坚决服从改革大局，忠实履行职能使命”专题学习教育，深入开展“强军我有责、改革做贡献”实践活动，不断增强干部职工的政治意识、大局意识、核心意识和看齐意识，引导大家打破思想禁锢，破除思维惯性，自觉破除求稳怕变、求易怕难、守陈怕新的思想障碍，严格执行“四铁”（铁一般的信仰、铁一般的信念、铁一般的纪律、铁一般的担当）指示，自觉做改革的坚定拥护者、模范实践者、积极推动者。

【军事训练】区人武部积极组织全体干部进行以参谋业务、指挥技能、体能素质等为主要内容的军事训练。年初，参加无锡军分区干部考核，取得单位综合第一和个人综合第一的好成绩。

【民兵训练】全年组织民兵训练500余人次。2月13—17日，组织全区130名专武干部、民兵营长集训，梳理总结的《坚持破立并举，以实际行动迎接改革大考》集训做法被无锡军分区转发。6月，组织300名防汛抗洪骨干集训活动，有效应对严峻的防汛形势。年内，选送30名民兵参加上级组织的抢险救灾、森林灭火、防化救援骨干集训活动。

【民兵整组】2017年，区人武部围绕有效履行支援保障打仗、参与反恐维稳、参加抢险救灾职能，主动适应经济发展新常态，在全区优化编组1800名基干民兵。

【兵员征集】2017年，区人武部贯彻落实国防部征兵办“五率”（报名率、上站率、合格率、择优率、退兵率）量化考评办法，加强征兵宣传，严把体格检查、政治考核、走访调查、集体定兵关口，畅通大学生入伍绿色通道，年度完成征兵任务。

【红豆集团民兵营党建工作】区人武部研究探索在大型民营企业中开展民兵党建工作的方法路子，指导红豆集团抓好民兵营组织建设，推动基层党组织功能作用的发挥。年内，红豆集团民兵营接待省内和无锡各市（区）、企业人武部参观学习300余人次。

【抗洪抢险】汛期，区人武部组织辖区民兵应急分队人员、装备和车辆备勤，确保能够随时出动。9月26日深夜，紧急召集70名民兵驰援羊尖镇抗洪抢险。

【“光荣人家”牌首发仪式】8月21日，锡山区“光荣人家”牌首发仪式在安镇国防教育训练基地举行，市双拥办，区政府及区人武部领导，辖区现役军人、专武干部、退役军人代表，以及全体应征青年参加。（张　宾）

人防工作

【概况】2017年，区人防办紧紧围绕市民防局下达的年度目标任务，认真筹划，扎实工作，全力推进人防全面建设，在人防指挥通信、人防工程建设、人防宣传教育、人防依法行政和队伍建设等方面均取得了新的突破。

【人防指挥通信建设】经过指标审批、车辆购置、系统集成建设和联调联试等环节，10月，顺利完成区人防机动指挥通信系统建设；11月、12月，分别参加市民防局组织的赴南京市、扬州市的全市人防机动指挥通信系统拉练。加强人防警报设施建设。8月，对全区所有警报设施进行巡检，排除故障，保证警报设施完好；9月14日，召开全区警报试鸣任务布置会和举办警报设施责任人培训班，进一步明确任务要求，提高管理水平；9月18日，在全省统一实施的防空警报试鸣中，所有警报设施准时鸣放，圆满完成警报试鸣任务。完善警报系统建设，11月，新购置3台固定警报器，同时根据原有警报点建筑的变化情况，及时调整警报器的安装点。

【人防专业队及人防队伍建设】按照上级开展人防专业队整组的相关要求，在协调区有关部门和各镇（街道）统计上报人防专业队和民防志愿者队伍基本情况的基础上，认真汇总情况，及时归纳整理人员及装备器材资料，4月底，按时完成区人防专业队和民防志愿者队伍的年度整组，进一步完善了相应的连、排、班组织，配齐配强了基层骨干队伍，结合“5·12”全国防灾减灾日、“9·18”警报试鸣等活动，带动人防专业队的应急抢修和应急救援科目训练，提高了人防应急处置能力。

【人防工程建设与维护管理】全区人防工程建设保持快速发展。严格做好人防工程从发放许可到竣工验收等各个环节的把关和监管工作，推动人防工程可持续建设。2017年，全区人防工程新立项16个，新开工11个，新竣工13个，均远超年度指标。开展人防工程车位使用情况的普查，以实地查看、现场问询和电话了解等方式，调查整理全区已投入使用的人防工程车位的出售（或变相出售）、出租和平时管理使用情况，并按规定时限上报省人防工程管理系统。年底前，按照上级要求，完成人防工程使用证的发放更换工作。

【人防依法行政】做好人防行政的优质服务。积极主动协调各方关系，做好人防工程结建新旧政策过渡期间的人防许可服务工作。坚持依法行政，主动热情周到地为板块、项目方服务，推进项目的顺利进展。坚持权力公开运行，保证全过程网上审批，提高行政许可的透明度和办事效率。全年办理人防审批事项32件，收取易地建设费5067余万元，完成年度指标的6.3倍多。扎实推进人防法制服务体系建设，按照省市民防局的通知精神，在规定时限内，认真梳理人防部门行政权力清单，制定和公开区人防办权力事项办事指南。同时，按照省民防局的部署要求，完成全省民防法治信息管理系统的运行和填报工作。

【人防宣传教育】积极开展人防宣传教育活动，在“5·12”第九个全国“防灾减灾日”活动期间，按照上级统一部署，积极投入到以“减轻社区灾害风险，提升基层减灾能力”为主题的“5·12”防灾减灾综合演练及宣传活动中。5月11日下午，协调并配合医疗、消防等人防专业队伍走进云林街道春雷社区，进行以高楼火灾紧急疏散逃生演练、常用灭火器使用、急救知识讲解、心肺复苏技能培训等为主要内容的综合演练；同时开展广场宣传和咨询活动，详细解答群众提出的问题，发放《居民防空防灾常用知识手册》《地震应急小知识》等宣传资料2000余册。9月18日警报试鸣期间，组织东亭街道春星、庄桥等城镇中心社区开展演练和防空防灾知识宣传。认真开展学校民防教育，按照全市中小学民防知识教育培训计划，完成全区各中小学人防教材的征订和发放工作。9月初，和教育局共同督促各中小学校开展民防知识宣传，推动民防知识教育落到实处。深入校园开展演练和宣传活动，5月4日，联合区地震办、云林街道在仓下中学举办“防震减灾知识讲座”及人防知识宣传活动，发放《居民防空防灾常用知识手册》《地震应急小知识》等宣传资料1500余册。5月12日，区人防办、区教育局、区民政局，锡山消防大队等在云林实验小学春雷分部，指导开展学生模拟疏散逃生演练活动。9月18日，在羊尖中学组织开展有1200名师生参与的防空防灾应急疏散演练活动。11月9日，结合消防宣传日活动，在查桥中学开展防空消防综合演练。积极利用媒体扩大人防工作的社会影响，全年“江苏省民防网”录用信息1篇，图片1张；《江苏省民防》杂志录用信息1篇，图片1张；“无锡市人防网”录用信息7篇，图片3张。全年悬挂宣传横幅15条，发放各种宣传资料12000余册，受教育人数16000人次。　（刘胜利）

编辑：张　彤

6月，区人武部组织锡山区民兵防汛抗洪骨干集训　　（张　宾 供稿）

5月12日，区人防办、区教育局、区民政局、锡山消防大队等在云林小学春雷分部开展逃生演练活动，图为学生模拟疏散现场　　（刘胜利 摄）

法 治

Rule of Law

政法委及综治

【概况】2017年，全区政法综治工作以中共十九大精神和习近平新时代中国特色社会主义思想为引领，按照中央和省、市政法工作会议部署要求，主动适应形势发展变化，坚持专项治理与系统治理、综合治理、依法治理、源头治理相结合，不断提高治理社会化、法治化、智能化、专业化水平，为中共十九大胜利召开和建设富强美丽和谐幸福的现代化新锡山创造了良好的社会环境和公平正义的法治环境。2017年，锡山区人民群众的安全感和对法治建设的满意度分别以97.75%和98.5%的高分位居全市前列，区综治办被无锡市政府记集体三等功。

【社会大局持续和谐稳定】深入开展涉稳暴恐、搜情调查、“走出去”企业和民营军工企业专项工作，严密防范境内外敌对势力、敌对分子和邪教组织的渗透破坏活动，全区国家安全人民防线基础建设水平进一步提升。扎实做好“一带一路”（“丝绸之路经济带”和“21世纪海上丝绸之路”）高峰论坛、江苏发展大会、世界物联网博览会、“中共十九大”等重要节点的安保工作，确保锡山区在中共十九大等各个重点时期的安全稳定。圆满完成锡东电厂复工维稳安保工作，全力保障锡东电厂综合调试、点火运营的推进以及各项惠民工程的落实。集中组织对无锡市挂牌督办的两个治安重点地区和一个社会面治安问题进行整治，全区娼赌警情比上年分别下降13.08%、12.42%。认真落实“应评尽评”稳评机制，全年登记备案稳评项目31个，实施稳评项目31个。积极开展矛盾纠纷排查调处工作，全区各级调解组织排查社会矛盾纠纷6081件，调处率和调处成功率分别为100%和99.2%。扎实开展信访积案化解工作，省市交办积案化解15件；化解率39.5%，化解率位居全市前列。全区去省越级访批次和人次比上年下降50%和93.8%，实际进京上访人次比上年下降31.3%，无中央信访工作联席会议办公室通报进京非访事项。

【平安锡山建设稳步提升】制定出台《锡山区健全落实社会治安综合治理领导责任制实施办法》，进一步明确各级领导班子和领导干部履行社会治安综合治理的责任内容，全面构建党委领导、政府主导、综治协调，各部门齐抓共管，社会力量积极参与的社会治安综合治理工作格局。部署启动锡山区公共视频共享云平台工程，完成对辖区公安、城管、水利等部门已建和新建公共安全视频前端设备布点踏勘工作，结合各相关单位建设需求制订全区总体建设初步方案。全面推进平安志愿者协会建设，4月10日，无锡市锡山区平安志愿者协会成立大会在东港镇黄土塘村召开；5月底，各镇（街道）分会组织架构及会员登记工作全部到位，全区注册平安志愿者22719人。制定出台《关于加强特殊人群服务管理工作的实施意见》，全面落实对易肇事肇祸精神障碍患者免费治疗和有奖监护政策。扎实开展社会矛盾和安全隐患大排查大整治、出租房屋安全隐患集中整治行动，制定出台《锡山区出租房屋安全隐患集中整治工作机制》，出租房安全隐患整治长效机制初步形成。

【法治锡山建设继续深化】认真落实中央和省市有关司法体制改革的工作部署和《党政主要负责人履行推进法治建设第一责任人职责规定》精神，不断建立完善依法治区工作协调推进机制。加强法治政府建设，完成《区级部门标准化行政权力清单》和《政务服务事项清单》的编制审核工作。出台《关于深化行政审批制度改革加快简政放权激发市场活力的实施意见》，确定改革任务23项，提出保障措施4项。规范行政执法行为，严格执法人员资格管理，开展执法案卷评查，全面掌握各单位行政执法工作的真实情况。制定《锡山区特邀行政执法监督员工作规则》，邀请社会各界人士加入执法监督队伍，扩大监督覆盖面。全面规范执法办案程序，完善行政执法文书公开制度，强化制约监督，推进“阳光司法”，司法公信力进一步提升。扎实推进区、镇、村三级公共法律服务实体平台建设，全年办理法律援助案件539件。实施区级法治惠民实事项目10件，其中区检察院创建的“第三方参与化解涉法涉诉信访机制”获评2017年度无锡市法治惠民实事工程二等奖。扎实推进“七五”普法，加强法治文化建设，创新法治宣传教育方式，新建市级法治文化建设示范点7个，更新普法微博微信3000余条，全民守法氛围日益深厚。深化法治系列创建，东港镇、东亭街道获评市法治镇（街道）创建示范单位，新增省级“民主法治示范村（社区）”5个，年内全区创建成51个，创成率41.8%。

【基层基础建设全面夯实】 加强综治平台规范化建设，区级综治中心完成改造升级，镇、村两级综治中心规范化建设30%达到江苏省三级目标。全面加强省综治信息系统实战化应用工作，移动终端用户账户的配置率和平安江苏APP的使用率得到进一步提高。推广应用“互联网+”农村（社区）公共服务平台，民生厚桥、民情安镇、幸福东亭等各类“百事帮”App（公众号）全面覆盖，年内，全区注册应用“百事帮”App（公众号）用户11.9万人次，家庭用户占比91.5%。加强铁路护路联防工作，京沪高铁沿线所涉镇（街道）新建铁路护路联防工作站4个，全区护路联防“两个双向延伸”（技防和人防工作在地方和铁路两个方向彼此相互延伸）全线贯通。加强交通事故人民调解室建设，年内新建交通事故人民调解室3个，交通事故人民调解室实现全覆盖。集中组织开展政法综治干部业务培训活动，全区政法综治干部的业务水平不断提升。 （沈 锋 郭广亮）

法治政府建设

【概况】 2017年，区政府坚持以中共十九大和十八届六中全会精神为指引，以落实中共中央、国务院《法治政府建设实施纲要（2015—2020）》《江苏省法治政府建设实施纲要（2015—2020年）》和《无锡市法治政府建设规划（2015—2020年）》为主线，深入推进依法行政，加快完成法治政府建设各项任务，为推动锡山加快全面建成小康社会提供有力法治保障。

【法律顾问体系建立】 搭建法律咨询委员会平台。聘请17位专家学者成立新一届法律咨询委员会，通过“外脑”力量，进一步拓宽政府在重大决策中听取意见的渠道，确保各项决策合法合规。以《区政府关于推行政府法律顾问制度的若干意见》为抓手，启动新一轮政府法律顾问招投标项目。以公开招标的方式优胜劣汰，向社会公开遴选15家律师事务所75名律师组成名单库，进一步健全政府法律顾问体系。

【决策机制健全】 转发《无锡市规范性文件和重大决策合法性审查程序规定》，明确规范性文件、重大决策未通过合法性审查的，不得提请各级党委、政府及其部门会议讨论决定，并将合法性审查情况纳入法治政府建设考核和目标责任制考核内容。积极为公众参与提供机会和平台，主动听取社会各界意见建议，提升决策的民主性。

【行政执法规范】 制定《锡山区特邀行政执法监督员工作规则》，邀请社会各界人士加入执法监督队伍，拓宽监督途径，扩大监督覆盖面，促进监督资源的整合和共享，切实提高监督效能。区检察院、区监察局、区法制办共同出台《关于在行政执法检察监督中加强协作配合的意见（试行）》，从保障行政机关依法履职、维护社会主义法治权威的大局出发，通过分工负责、相互配合、相互制约、召开联席会议等方式，充分发挥各自职能，共同推进法治建设。

【社会矛盾化解】 切实履行行政复议职责，发挥行政复议委员会作用，注重吸收专家意见、建议。畅通行政复议申请渠道，不断改进案件审理工作机制，依法运用调解、和解的方式解决纠纷，强化听证审理。全年收到复议申请44件，受理38件，审结34件，其中维持15件，驳回3件、确认违法2件、责令履行法定职责1件、终止13件。（王 莹）

公 安

【概况】 2017年，全区公安机关坚持“做人讲诚信、做事讲法治”总原则，持续推进“诚信、人文、有序、创新”特色警队建设，聚焦夯实维稳根基、提升警务效能、深化公安改革、升级防控体系、打造职业警队建设，公安工作取得新发展。全年抓获刑事作案人员比上年上升12.89%；公诉完成率102.23%，为历史最高值；命案连续六年保持全破。圆满完成中共十九大、锡东电厂等系列重大安保维稳任务。2017年度，锡山公安分局副局长兼东湖塘派出所所长陈珏被公安部评为“全国优秀人民警察”；锡山公安分局东亭派出所被江苏省人力资源和社会保障厅评为“全省优秀公安基层单位”，锡山公安分局东湖塘派出所民警包立坚被江苏省公安厅评为第五届“江苏最美警察”，锡山公安分局刑警大队民警朱子良、锡山公安分局云林派出所副所长浦俊敏被江苏省公安厅评为“全省优秀人民警察”。

【重点维稳任务圆满完成】 全国首例原址复工的“垃圾焚烧发电”项目投入生产运营，有效化解锡城“垃圾围城”风险。12月13日，中央维护稳定工作领导小组办公室就该情况至锡山公安分局开展专题调研。突出组织领导。积极贯彻市委“坚决的态度、坚定的意志、坚强的担当”指导思想，牢固树立“有人负责我配合，无人负责我担当”的大局意识和看齐意识，成立“锡东电厂项目”维稳应急处置指挥部，由分局长亲自担任总指挥，其他局领导任副总指挥，各机关部门“一把手”为成员。先后召开全局性专项维稳动员部署会议2次，明确执行“一把手负责制”、全天候工作制和板块条线联动制，做到职责清晰、分工明确，组织领导坚强有力。突出科技强警。以市公安局“三网三机制”（巡防网、技防网、数据网，联合指挥机制、合成研判机制、合成打击机制）建设为契机，投入大量资金着手强化黄土塘地区技防设施建设，安装各类摄像头224个，购置警用无人机、“鹰眼”侦测系统、人脸识别、电子围栏等一批先进技术设备，建立24小时舆情监测导控机制，实现对黄土塘地区社会形势的动态信息化掌控。其间，编报专刊300余期，发现、处置相关负面舆情750余条。突出法治维稳。抽调100名梯队精干警力常态入驻东湖塘，全体民警实行“三个一律”（一律在岗在位、一律取消休息、一律不准饮酒）战时纪律两余月，营造现场高压稳控态势。在此基础上，立足法治维稳，依法快速处置造谣生事、言论偏激等行为。

【保民平安建设持续优化】坚持整体推进、形成合力，推动“打击、防范、管控、治理”各环节紧密衔接、相互支撑，打防管控水平明显提升。重点打击，整体防控。深入开展“三打击一整治”（打击传统“盗抢骗”犯罪、打击通讯网络诈骗犯罪、打击网络贩枪犯罪，整治重点地区）专项行动，强力挤压违法犯罪时空，始终保持对各类刑事犯罪活动的严打高压态势。全年破获刑事案件比上年上升12.08%，成功摧毁“黄某某、陈某等人特大传销案”“无锡汇聚、乾成、乾友小贷公司非法拘禁案”“张某某、王某某等人诈骗案”3伙300余人。打防结合，标本兼治。围绕“三网三机制”建设要求，全区特勤队力量从90人扩充至332人；以数据采集汇聚会战为契机，加大“感知源”建设，汇聚社会面视频监控668路，采集、核对各类社会数据1.55万余条。年内，全区刑事发案与2012年的峰值相比下降32.53%。其中，“八类”（故意杀人、故意伤害致人重伤或者死亡、强奸、抢劫、贩卖毒品、放火、爆炸、投毒）案件和入室盗窃案件实现五连降，比上年分别下降10.1%和11%，网络通讯诈骗比上年下降11.2%。排查隐患，补齐短板。以“深化走访、排查问题、化解风险、服务群众”等各类专项活动为抓手，认真开展隐患排查工作。走访村（社区）120个、企业642家、农户900余户，整改各类隐患2140余处，化解风险144个，解决群众实际困难40余件。组织集中检查8场次，检查各类场所、行业3000余家次，查处违规违法行业单位197家，消除各类风险隐患50余处。全年，辖区未发生安全方面有影响的案（事）件；火灾发生数149起，比上年下降50.17%。

（杜　明）

检　察

【概况】2017年，区检察院以“全面监督强质效，补齐短板促创新，提升素能争一流”为总目标，依法全面履行各项检察职能，稳步推进司法改革，狠抓队伍素能建设，各项工作取得新成效，为促进全区经济社会健康发展做出了积极贡献。区检察院获“全国检察机关文明接待示范窗口”“全国青年文明号”“全国检察宣传先进单位”称号，获“无锡市文明单位”“2016年度无锡市规范执法示范点”等市级以上集体荣誉17项。干警58人次先后获“全国检察机关职务犯罪侦查部门优秀侦查员”“江苏省检察研究人才”“全市检察机关刑事申诉检察十佳办案能手”等称号。

全面依法履行检察职能，全年受理审查批捕案件317件490人，经审查，批准逮捕380人，不批准逮捕103人。受理移送审查起诉案件870件1272人，提起公诉1100人，不起诉29人。不断深化诉讼监督工作，监督侦查机关立案6件6人，监督撤案3件3人，纠正漏捕3人、漏诉5人，书面纠正侦查活动违法11件次，发出刑事再审检察建议2份，提请市检察院抗诉2件，开展羁押必要性审查42人次，开展指定居所监视居住执行监督17人次，监督财产刑执行3件5人，监督收监1人。立案查办贪污贿赂案件7件9人，渎职犯罪案件2件2人。深入开展职务犯罪预防，召开医疗卫生系统职务犯罪典型案例剖析会，与国网无锡供电公司举行“检企共建”活动，与无锡市房地产开发集团有限公司举行南京信息工程大学滨江学院建设项目“检企堡垒双共建”活动，受到市政府主要领导批示肯定。办理行贿犯罪档案查询2749次，开展警示教育15次。深化民事行政检察监督，监督诉讼违法行为7件，监督执行活动8件，发出再审检察建议1份，提请市检察院抗诉1件，监督虚假诉讼案件8件，监督行政执法机关向公安机关移送案件3件3人。全年控告申诉检察接收各类信访129件，成功化解信访125件，对7名特困刑事被害人发放司法救助金7.5万元。

【生态环境司法保护】 紧紧围绕生态文明建设，着力探索“精准打击、精准监督、精细保护”环境资源保护检察新模式，全方位守护锡山“碧水蓝天”。积极参与“两减六治三提升”专项行动，与公安、环保、水利部门会签《关于加强水域生态环境保护工作的协作意见》，与锡山国土分局会签《建立国土资源行政执法与检察监督联动机制的实施意见（试行）》，完善水域生态和土地资源环境保护机制，实现对行政执法案件线上处理、线上备案、线上查询、线上跟踪的全程全面监督。提前介入引导侦查取证，依法起诉污染环境案件2件7人，纠正漏诉3人，提起公诉的3件16人均被判处有期徒刑。向区委和区人大报送《开展行政公益诉讼试点工作的情况报告》，向区人大主任会议专题汇报生态环境和资源检察保护工作情况，获区委、区人大大力支持。办理环境公益诉讼诉前程序案件58件，督促相关部门及时追缴国有资金6亿余元，得到区政府主要领导批示肯定。12月，区检察院召开新闻发布会，通报助力生态环境保护工作情况，发布6起典型案例，中国新闻网、《新华日报》等16家媒体出席并集中报道。

【知识产权司法保护】 构建知识产权专业化办案机制，遴选业务经验丰富的检察官组成知识产权办案组，在企业设立知识产权保护联系点，聘任联络员，设立微信群专线咨询，形成“检察室与联系点相结合、检察官与联络员相配合”的保护网体系。与区市场监理局、区科技局等会签《关于在知识产权司法保护工作中加强协作配合的意见》，完善知识产权联席会议、案件移送、通报等机制。邀请知识产权领域专家为非公企业作专题讲座，组织召开电动车行业知识产权保护座谈会，编印并赠送《涉企知识产权案例选编》1000余册，服务企业创新发展。聚焦农产品知识产权保护，深入甘露水产协会、锡北镇茶业协会和厚桥中东桃梨专业合作社进行农产品品牌保护调研，会签《关于加强农产品品牌保护协作意见》，服务农业供给侧改革。

【积极参与社会治理】 结合司法办案加强社会风险排查研判，针对发现的社会治理漏洞和制度缺陷，向区委、区政府报送风险研判报告11份，《建筑领域拖欠民工工资事件频发极易引发社会矛盾亟需高度重视》等4份研判报告得到区委主要领导批示。联合区卫计局启动全区医疗卫生系统“远离回扣、廉洁从医”主题专项活动，推动区市场监管局开展无照废旧物品回收站点和无证无照非法生产专项整治行动，敦促区人社局开展非法雇佣童工专项检查，制发检察建议督促市人民医院强化药品监督管理。对接镇（街道）综治管理平台，构建“互联网+检察”精准服务民生工作机制，获2017年度全市政法创新项目二等奖。强化社区矫正检察监督，协助区司法局规范社区矫正人员管理帮教。联合锡山公安分局建立涉法涉诉信访化解协作机制，合力化解社会矛盾纠纷。完善未成年人立体化维权保护机制，扎实开展“守护彩虹行动”等“法治进校园”主题系列活动，举办“防治校园欺凌，护航未成年人成长”检察开放日活动，开展“法润天使·情暖童心”全面维护新市民子女合法权益行动，被评为2017年“无锡青少年权益工作创新优秀项目”。

【司法责任制改革】 完善检察人员分类管理，9月，区检察院遴选补增第二批员额检察官9名，设立检察官办案组，建立“随机为主、指定为辅”的案件分配机制，入额区检察院领导、部门主要负责人直接办理各类案件272件，有效发挥履职示范作用。健全检察权配置与运行机制，制定完善《检察官岗位设置清单》《检察官年度考核绩效等次和等级评定办法（试行）》等配套文件13个，建立检察官联席会议、司法档案、绩效考核制度，强化办案流程监控和案件评查，出台《关于开展反向审视工作的实施意见》，建立双管互动内部监督机制，自主研发“司法办案绩效考核档案系统”，实现网上办案、实时监督、全程留痕，用信息化手段全面记录检察官办案质效、司法作风技能和职业操守等情况，确保“权力放到位、监督不缺位”，推进“谁办案谁负责、谁决定谁负责”的司法责任制落实。

【监察体制改革】 坚决拥护中共中央关于国家监察体制改革的决策部署，在市纪委、区委的领导下，区检察院认真做好线索清理、职能划转、人员转隶等各项准备工作，成立积存线索评估小组，制定落实转隶方案，确保转隶队伍梯队配备合理，思想稳定，政治、业务素质过硬，经市、区两级纪委考察筛选，16人转隶全部一次性通过。

【检察信息化建设】落实省市检察院信息化工作要求，加快科技强检步伐，创建智能信访研判系统，借助智能系统自动梳理相关信息，有效化解矛盾纠纷11件。规范应用全省“苏检e访通”控申信息管理系统，代表市检察院在全省检察系统网信工作会议上作推广发言。成立区检察监督信息化建设领导小组，加强与锡山公安分局、区法院、区卫计局、区环保局、区教育局等单位协作，通过接专线、授权登陆执法系统、U盘数据拷贝等方法，实现海量数据实时同步更新、实时查询。采集20余家执法单位各类案件信息120余万条，其中行政处罚案件信息4674条、行政强制等案件信息6854条，为切实履行检察监督职能提供大数据支撑。搭建集群门户网站、案件信息公开网和“锡山检察”微信公众号、“锡山检声”微博于一体的新媒体矩阵，公开工作要闻和重大案件，发布案件程序性信息1134条，发布重要案件信息51条，公开法律文书787份，以专题片、微电影宣传检察工作实效，主动接受社会各界监督，传播法治正能量，2017年2月，新媒体作品《传销，你让我蓝瘦，香菇……》获评2016年度全省检察“十佳微信作品”。主动对接江苏省检察院微信企业号、市检察院政务管理系统两大平台，实现办文办事、检务保障等全程网上、掌上（手机）操作，即时提交、即时审批，办公信息化水平明显提升。2月，区检察院应邀在全市检察机关移动办公和政务管理系统应用培训班上作经验介绍，1名干警被省检察院抽调进行“苏检掌上通”和“OA”政务管理系统项目组开发。（赵丛华）

法　院

【概况】2017年，区法院紧紧围绕“让人民群众在每一个司法案件中感受到公平正义”的工作目标，坚持司法为民、公正司法，忠实履行宪法和法律赋予的职责，各项工作取得新进展。全年受理各类案件13469件，审执结11018件，比上年分别上升7.80%和9.69%；解决诉讼标的额64.60亿元。受理各类刑事案件778件，判处罪犯1069人。其中，审结故意伤害、抢劫、抢夺以及盗窃等案件270件；审结聚众斗殴、寻衅滋事、开设赌场等妨害社会管理秩序的案件100件；审结严惩贪污贿赂和渎职犯罪案件4件，判处被告人5人；审结电信诈骗案件15件44人、侵犯公民个人信息案件4件5人；对27名未成年人轻罪犯罪记录进行封存，24名未成年被告人被判处非监禁刑。审结各类民商事案件6769件，涉案标的额46.95亿元。其中，审结涉医疗、消费、拆迁安置补偿、人身财产损害赔偿等各类纠纷1447件，审结房屋买卖、租赁、建设工程等案件594件，审结劳动争议案件393件，审结消费者权益纠纷案件38件，审结买卖、租赁等各类合同案件1454件，审结金融借款、民间借贷等纠纷1342件。审结各类行政诉讼案件14件，其中以撤销、确认违法等方式判决行政机关败诉5件，以驳回诉讼请求等方式支持依法行政的6件。依法审查涉建设、质监、城管等非诉行政案件311件，其中准予执行289件，发出“禁止令”叫停13家企业的违法生产行为，执行行政罚款791.9万元。推动法治锡山进程，及时向有关行政机关发送司法建议2份。继续加大执行力度，建立执行指挥中心24小时备勤制度，全年开展集中执行会战27次，执结案件3112件，兑现债权17.74亿元。实施联合信用惩戒，将1412名被执行人纳入失信被执行人名单。

【破产案件审理取得新成果】审结无锡通容电子有限公司、无锡神羊化纤有限公司等破产清算案8件，无锡联合收割机有限公司破产重整案1件，无锡盾建重工制造有限公司进入破产分配阶段。全力保障职工权益，试行职工工资先行垫付机制，确保职工债权优先受偿，实现破产全过程“零震荡”。注重挖掘企业优质资产的运营价值，防止企业资质、资产、品牌价值不当贬值。将资产处置与招商引资衔接，通过股权转让等并购方式，推动无锡联合收割机有限公司重整成功；推行重整式破产清算，通过资产受让人原地建厂、招募老员工等方式，变资产转让为营业转让，实现企业“换壳”重生。年内，通过破产程序分流企业职工1537人，兑现职工权益5108万元，化解银行不良贷款9.13亿元，盘活资产4.33亿元，释放土地资源74.53公顷、工业厂房面积36万余平方米，实现了破产审判在优化资源配置、规范市场秩序、化解社会矛盾等方面的积极作用。

【严抓终本案件管理成效显著】区法院通过实施专项管理、创新方式方法等途径，严管终本案件（终结本次执行案件），着力提升执行案件的实际结案率和执行效果，成效明显。坚持终本案件现场调查原则，严把审批关，对申请终本的案件，执行干警必须亲自到执行现场进行调查，并将相关执行情况录像录入法综系统，严格终本结案标准。2017年，区法院终本结案760件，终本率23.63%，比上年下降18.19%，远低于全省法院平均水平。对全院终本案件进行专项管理，终本案件管理室定期进行线上、线下查控，每半年完成一次对被执行人财产的查询，发现有财产的立即采取查封、扣押、冻结等强制性措施，全年恢复执行300件，审结282件。实行调查令机制，拓宽财产发现渠道，提高实际执行效果。申请执行人自行调查被执行人财产因客观原因遇到困难的，经向法院申请许可，可由其委托律师向有关单位和个人进行调查，全年已针对终本案件发出调查令85份，发现可供执行财产线索52条，经核实后恢复执行立案43件，已结40件。2017年，区法院执行局在全市执行攻坚竞赛中获第二名，被省高级人民法院记执行系统集体三等功。

【强化环保审判职能】发挥司法保护生态文明的促进作用，审结倾倒有毒有害物质污染环境、危险物品肇事等破坏环境资源犯罪案件7件。审结噪声污染、固体废物污染等环境民事案件5件，依法保障人民群众环境权益。支持环保部门开展专项执法行动，制裁各类环境违法行为，依法审查环保非诉案件252件。将生态环境的有效修复与污染预防作为环保审判的落脚点，妥善审理因环境违法行为衍生的民事公益诉讼案件1件。健全生态补偿制度，以侵害人自愿缴纳生态补偿金为调节手段，拓宽生态补偿金的用途，在涉案生态环境修复完毕的基础上，将补偿金突破性地用于涉案地块周边环境的生态修复及项目保护中，助力辖区生态建设。

【积极推行庭审实质化工作】完善侦查人员、鉴定人、证人出庭作证机制，强化控辩平衡对抗，发挥庭审在查明事实、认定证据、保护诉权、公正裁判中的决定作用，逐步实现庭审由形式化向实质化转变。对存在事实不清、证据不充分或存在瑕疵的案件，依法建议补充侦查，改变公诉机关指控定性的案件6件，变更事实及自首、立功、主从犯、累犯等情节的认定20件。全年有证人和鉴定人出庭作证11人次，3名侦查人员参加庭前会议作出情况说明；有辩护人参加诉讼的案件有194件，其中指定辩护49件。逐步提高速裁案件的当庭宣判率，当庭宣判率从一季度的2.7%逐步提高至四季度的58.1%。诉讼证据出示在法庭、案件事实查明在法庭、控辩意见发表在法庭、裁判结果形成在法庭已经逐渐成为刑事审判常态。

【组建速裁团队】以派出人民法庭为重点，强化案件繁简分流，组建速裁团队，合理配备团队力量，简化庭审流程和裁判文书，加快案件办理节奏，切实回应人民群众对审判效率的司法需求。2016年9月起，根据不同特点，区法院对速裁工作进行探索与调整，在诉讼服务中心和各人民法庭分别设置速裁团队。至年末，区法院速裁团队有员额法官8人，法官助理7人，书记员14人，速裁员额法官数占全院员额法官总数的比例为18.6%。区法院全年受理速裁案件2705件，占全院同期民商事案件收案数的比例为40%；审结速裁案件2527件，占全院同期民商事案件结案数的比例为37.33%。

【试行庭审记录模式改革】根据相关文件精神，区法院制定以庭审录像替代庭审笔录工作的规定细则，对适用范围、操作流程、规范及视频资料归档等方面的内容作出明确规定。在部分对抗性较低的刑事和民事案件中，尝试运用庭审录像代替庭审笔录。庭审记录模式的改革，是区法院在大数据时代下提高审判效率、缩减司法成本的一次有益探索，审判人员将在庭审理念、工作模式等方面继续研究与磨合。3月后，采用该方式的案件有215件，大大提高审判效率。

【推进以司法责任制为核心的重大基础性改革】司法人员分类管理基本到位。遴选增补第二批员额法官3人，年内有员额法官43人，占政法专项编制33.86%；实行办案承诺制，进入员额的院、庭长审理各类案件4425件，占全院总数的40.16%；完善法官助理、书记员、司法警察等审判辅助人员的配套改革管理，实现各类人员各归其位、各尽其责。司法责任有效落实。明确审判组织权限和法官职责，处理好“监督”与“放权”的关系，制定法官及其他人员权力、责任清单，确保权责明晰、权责统一、监督有序、制约有效，落实“让审理者裁判，由裁判者负责”的要求。新型办案机制逐渐形成。取消行政化的案件审批制，突出合议庭、法官办案主体地位，优化资源配置，完善组织运行模式，探索采用集约化和社会化外包等方法，处理送达和卷宗扫描等辅助事务，有效减轻法官事务性工作负担，提升办案质效。

（王　潇　邹　玥）

司法行政

【概况】2017年，全区司法行政系统深入贯彻区委、区政府决策部署，认真落实省市司法行政工作会议精神和全区政法（综治）暨信访稳定工作会议要求，坚持惠民导向，强化创新驱动，全面提升司法行政依法履职能力，大力推进人民满意服务型司法行政机关建设，在服务富强美丽和谐幸福新锡山建设中取得了新业绩。鹅湖司法所所长荣江被评为“全省司法行政‘四个全覆盖’体系建设先进个人”，区司法局社区矫正工作科晏才明被评为“全省司法行政系统党的十九大安保维稳工作先进个人”。

相关链接

四个全覆盖：矛盾纠纷排查调处全覆盖、公共法律服务全覆盖、特殊人群服务管理全覆盖、法制宣传教育全覆盖。

【法治宣传教育】扎实推进“七五”普法规划实施，区委办、区政府办印发《锡山区法治宣传教育第七个五年规划实施情况考核验收办法》，下发《关于加强国家工作人员学法用法工作的意见》，开展科级领导干部任前法律知识考试45人次。制定区级机关部门普法责任清单，涵盖44个部门、163项普法工作，促进“谁执法谁普法”工作落实。组织开展“法艺双润·唱响主旋律”法治宣传系列活动，举办法治文艺演出13场，放映法治电影90余场，征选法治文化作品150件，更新普法微博微信3000余条，法治宣传教育覆盖面、实效性进一步提升。大力实施法治文化品牌工程，区法治宣传教育中心启动建设，新建市级法治文化建设示范点7个，东港镇东湖法治主题公园被评为“省级法治文化示范点”。深入开展“民主法治示范村（社区）”创建工作，新创建成省级民主法治示范村（社区）5个，安镇街道安西村通过“全国民主法治示范村”创建考核。

【人民调解和“大调解”】着力完善全区矛盾纠纷排查调处全覆盖工作体系，加强矛盾纠纷预测预警预防，深入开展矛盾纠纷“大排查大整治”“百日会战”等专项活动，有力维护了“两节”、“两会”、中共十九大等特殊节点期间全区社会的和谐稳定。2017年，全区各级调解组织开展社会矛盾纠纷排查837次，受理调处矛盾纠纷6080件，调处率和调处成功率分别为100%和99.2%，编发稳定信息快报、专报及研判报告34篇。加强多元化矛盾化解组织网络建设，新设立交通事故人民调解工作室4家，实现人民调解组织对交巡警大队、中队全覆盖。制定《锡山区公调对接“派驻式”人民调解工作室工作手册》，东北塘、云林街道建成“派驻制”公调对接工作室。组织开展优秀人民调解员、优秀人民调解案例评选活动，区司法局、区财政局下发《关于人民调解个案补贴和表彰奖励实施意见》，队伍活力和工作保障进一步增强。

【公共法律服务工作】出台司法行政聚焦惠民举措12项，设置司法所及专职人民调解员公示牌388块，设立“法律诊所”5家，配置法律服务触摸查询一体机两批70台，成立“12348”法律服务队，建立“区法律顾问之家”群1个、“村（社区）法润民生”群119个。全年区、镇、村三级公共法律服务平台接待群众2800余人次，接听“12348”法律咨询电话1800次，办理法律援助案件539件。扎实推进公共法律服务平台建设，区级公共法律服务中心完成改造升级，东亭街道、鹅湖镇、东港镇公共法律服务中心实现柜台式开放化服务模式；依托镇（街道）政府为民平台，公共法律服务网络平台建设逐步推进。组建刑事、民事、劳动争议法律援助律师专家库，设立劳动争议法律援助工作站，法律援助工作质量得到提升。建立律师事务所、司法所、基层法律服务所“三所对接”机制，广泛开展“律师进社区”“法治惠民村村行”等活动，推动专业力量下沉基层、服务一线，真正让公共法律服务更多更好地惠及基层群众。

【特殊人群服务管理工作】扎实做好特殊人群安全监管工作，加强安全隐患排查和风险预防管控，以战时机制强化中共十九大安保工作，实现“四不发生”（社区服刑人员不发生有影响的严重刑事犯罪、不发生参与危害国家安全和社会稳定的重大政治事件、不发生参与影响社会稳定的重大群体性事件、不发生个人极端事件）工作目标。2017年，全区累计接收社区服刑人员287人，解除社区矫正196人，在册社区服刑人员267人，开展各类调查评估413起，实施警告28人；接收刑满释放人员257人，执行重点对象“必接必送”29人次；接受后续照管33 人，操守保持率在90%以上。狠抓日常监管，严格落实定期排查制度和社区矫正重大事项专报、外出请假、居住地变更等制度，对28名违规社区服刑人员实施警告处分，对1名脱离监管社区服刑人员实施收监执行。区社区矫正中心建设实现提档升级，加大电话语音汇报、生物考勤、电子腕带定位等科技监管手段运用，全面推广使用社区矫正监管手机App“锡山向阳之旅”，建立完善电子定位巡查制度，提升管控工作效能。借助无锡源沐心理咨询公司、锡山区光芒矫正社会服务中心等社会组织和力量，开展心理辅导、法制教育、公益活动，提升教育矫正水平。

【法律服务行业管理】 年内，全区有律师事务所13家，其中合伙所10家，个人所1家，分所2家，公司律师事务部1家；有执业律师192人，其中专职律师182人，兼职律师5人，公司律师5人，实习律师26人。全区有10个法律服务所、64名法律服务工作者通过了年检、注册，其中3名新进人员通过考核录用允许执业。2017年，全区法律服务行业代理各类案件3571件，业务收入7718万元。积极服务经济发展，引导和鼓励律师深入企业开展“法律体检”，帮助企业完善内部管理，防范法律风险。江苏锡州律师事务所张晓峰律师、北京德恒（无锡）律师事务所王建明律师受聘区委法律顾问，江苏行德律师事务所等4家区属律师事务所入选区政府法律服务名单库。加强律师人才培养，锡山区有无锡市名优律师14名，江苏开炫律师事务所虞仕俊等3名律师被评为“无锡市优秀专业律师”，江苏金易律师事务所《无锡太湖铜材厂诉无锡富柏电子有限公司买卖合同纠纷案件》5个案例被评为“无锡市优秀专业案例”。

【加强司法行政基层基础和队伍建设】 认真推进《区政府关于加强司法行政基层基础建设意见》实施，贯彻落实《江苏省司法所建设导则》，开展标准化司法所创建活动，锡山区达标率78%。强化司法行政专编使用管理，基层司法行政专编落实率93%。持续推进队伍“三化”建设，加强教育培训和实战练兵，强化督察考核，系统工作活力和执行力不断提升。深入开展中共十九大精神学习培训，扎实推进“两学一做”学习教育常态化、制度化，积极参与“政法干警永远忠于党”主题教育活动，司法行政队伍“四个意识”（政治意识、大局意识、核心意识、看齐意识）进一步强化。按照区委大走访活动部署，组织全系统开展法律服务“三进三促”（进村入户访企，促民生幸福、企业发展、基层稳定）活动，活动成效被“江苏大走访”App报道。认真履行全面从严治党“一岗双责”（领导干部担负单位的业务工作和党风廉政建设双重责任），组织开展“打铁还需自身硬”专项活动，层层签订廉政责任书，队伍拒腐防变能力不断增强。

【“法艺双润·唱响主旋律”深入开展】 以迎接中共十九大为主题，在全区组织开展“法艺双润·唱响主旋律”法治宣传系列活动，通过举办“法艺双馨·爱我锡山”法治文化作品评选、“对法律的感悟——我身边的法律故事”征文比赛、“百场法治电影进村居”、百家姓氏法治家规家训征集、法治楹联作品征集等活动，举办法治文艺13场，放映法治电影90余场，收到各类法治文化作品83部、法治征文74篇，进一步提升法治宣传教育的群众知晓率、满意率。同时，在青少年中开展“喜迎十九大，遵纪守法我做起”法治宣传主题系列活动，向学校赠送“平安校园”漫画读本，组织青少年参加“爱学习、爱劳动、爱祖国”暑期青少年主题夏令营，观摩区法院“开放日”、参观全国最美乡村山联村、开展法治自护教育情景剧校园巡演，进一步增强全区青少年尊法学法守法用法的自觉性。

【法律服务“三进三促”活动成效明显】 按照区委大走访活动统一部署，区司法局结合部门实际，大力实施法律服务“三进三促”行动，积极推动法律服务进村入户访企，力促民生幸福、企业发展、基层稳定，活动中全系统党员干部走访家庭352户、困难群众19人、企业162家，收集企业和群众法律服务需求74条，提供法律咨询190人次，帮助解决涉法问题12个，工作成效得到省市大走访工作简报和无锡电视台报道。大力实施法律惠民行动，为村（社区）配备法治宣传服务触摸查询一体机70台，赠送法律书籍4000余册。实施法律助企行动，组织对红豆集团有限公司、高德（无锡）电子有限公司等12家“走出去”企业进行专项走访，为企业发展提供全方位法律服务。实施法律促稳行动，先后对261名社区服刑人员、700名刑满释放人员进行走访，为特殊人群困难家庭送去粮油以及学习用品，帮助社区服刑人员解决就业安置、子女就学等问题。

【公共法律服务网路平台建设加快推进】区司法局认真贯彻司法部推进公共法律服务平台建设电视电话会议精神，紧扣公共法律服务实体平台、网络平台、热线平台“三位一体”建设工作任务，坚持信息化、网络化的发展导向，总结东亭街道公共法律服务网路平台建设运行的做法和经验，确立依托政府为民服务平台推进公共法律服务网络平台建设的工作路径。11月29日，区政府在东亭街道召开公共法律服务网路平台建设现场推进会。年内，全区6个镇（街道）建立公共法律服务平台，占全部镇（街道）的67%，另有2个镇（街道）正在推进。镇（街道）公共法律服务网络平台，设有“法律咨询”“法律援助”“人民调解”“法律宣传”等子栏目，可为群众提供在线法律咨询、在线查询法律法规、在线申请法律援助和在线进行人民调解等服务，能让群众不出家门就能获取多样化、个性化、多层次的法律服务，提升公共法律服务的普惠性、精准度。

【社区矫正“大社会”工作机制探索】围绕实施行刑矫治损害修复工程，区司法局探索建立社区矫正“大社会”工作机制，充分利用各种社会资源、整合社会各方面力量参与社区矫正工作，不断提高社区矫正工作科学化、社会化水平，进一步优化教育矫正的针对性和实效性。借助社会组织力量。建立锡山区光芒矫正社会服务中心，协助开展社区服务、心理疏导、生活关怀等社区矫正非执法类辅助性事务9次，通过“柔性方式”促进社区服刑人员教育转化。加大政府购买力度。通过政府购买“无锡市心理咨询师协会”、无锡市源沐心理咨询公司的专业心理咨询服务，为社区服刑人员开展心理健康讲座5场，心理健康测评252人次，实施一对一心理辅导6人。开展社会化帮扶教育。区政法系统成立“五老”（政法系统离退休的老公安、老法官、老检察官、老司法、老民政干部）帮教小组，挂钩结对社区服刑人员40余人，促进了精准帮扶。开展特困社区服刑人员关爱行动，共走访特困对象30余人，送去帮扶物资近2000元。（雷　凯）

编辑：张　彤

【锡山区文物珍品】

双耳印纹陶罐（商）　　（区文管办 供稿）

双耳印纹陶罐，高15厘米，口径11.5厘米，1974年无锡县查桥乡出土。

8月22日，省委常委、省政法委书记王立科（前排中）一行至锡山公安分局检查指导重点工作，图为参观“清宁苑”警营文化中心 （杜 明 摄）

9月4日，市委政法委书记、副市长、公安局长谢晓军（前排左二）检查指导锡东电厂点火复工专项维稳工作 （张 洋 摄）

12月1日，区检察院党组书记、检察长何莹（左一）为全院干警作学习领会党的十九大报告专题辅导讲座 （王 鹤 摄）

8月24日，锡山公安分局巡特警大队在怀仁高级中学操场组织开展专项维稳应急处置拉动演练 （杜 明 摄）

7月14日，锡山公安分局成功摧毁一大型传销犯罪团伙，抓获成员220余名。图为看押现场 （杨节红 摄）

5月27日，区检察院举行“防治校园欺凌，护航未成年人成长”检察开放日活动 （王 鹤 摄）

11月14日，区检察院联合区卫计局组织召开医疗卫生系统职务犯罪典型案例剖析会 （王　鹤 摄）

12月15日，区检察院召开“锡山检察助力生态环境保护”新闻发布会，通报该院自2016年后开展环境保护检察工作的举措和成效 （王　鹤 摄）

2月26日，区法院审理洪志军等57名被告人传销案。图为庭审现场
（高黎丹 摄）

4月20日，青海省非营利性民间公益组织“格桑花教育救助会”至区法院参观交流。图为法官进行法制宣传 （高黎丹 摄）

7月8日，区法院在三阳广场开展法制宣传活动。图为法官向市民分发宣传手册，并进行法律问题解答 （高黎丹 摄）

7月21日，区司法局组织社区青少年参观全国最美乡村山联村　（区司法局 供稿）

8月27日，区司法局在荟聚购物中心开展“法治新荟聚、娱乐新体验”——法治进企业暨暑期亲子系列活动　（区司法局 供稿）

农业 · 水利

Agriculture,Water Conservancy

综 述

【概况】2017年，锡山区认真贯彻落实中央一号文件和省市有关农业农村工作会议精神，以习近平“三农”思想为指针，找准稳中求进总基调，调好农业供给侧改革总色调，串联无锡国家现代农业示范区、核心区建设主线，通过求真务实，真抓实干，现代农业经济始终保持稳中向进、进中向新的良好局面，实现城乡经济社会协调融合和农业可持续发展。

【现代农业载体建设推进】深入推进农业园区提档升级，锡山现代农业产业园获批成为全国30家国家级现代农业产业园之一，欧姆龙智能农业产业园成功落户厚桥街道，全面引进先进农业生产模式，江苏无锡现代渔业产业园、许许庄园、多多花园等的基础设施建设进一步完善，鹅湖玫瑰文化园休闲功能进一步拓展，全区农业园区化面积占农业用地总面积比例为56.2%。全区新建高标准农田面积64.42公顷，新培育市级以上农业龙头企业3家，培训职业农民630人。

【现代农业科技取得新成效】科研院校合作不断加强，实施产学研合作项目4个，中外合作交流呈现良好态势，组织参加2017年中国江苏农业科技大会并举办无锡锡山专场推介会，推动农业物联网技术和农业电商不断发展。全区综合机械化水平在90%以上，农机粮食生产全程机械化工作稳步推进，益农信息社建设实现涉农行政村全覆盖，农技耘App用户数量超过1000户，新申报无公害基地7家、无公害农产品、绿色食品和有机农产品“三品”标志20个，“三品”产量达到农产品总量的58.8%，科技进步对锡山农业增长的贡献率超过36%。

【现代农业产业融合实现突破】现代农业产业布局规划逐步完善，产品结构、产业结构、布局结构进一步优化，全区高效设施农业面积占比25.8%，主导产业加工转化率35%，原生地农产品产业链逐步拓展，各类农业休闲景点和农事节庆活动资源逐步整合，创意休闲农业和农业主题旅游稳步发展，锡北镇寨门村、东港镇山联村被评为“一二三产融合示范点”，安镇街道许许庄园被评为“无锡市休闲农业示范点”，鹅湖玫瑰文化园举办国际文化艺术节、东港镇山联村举办菊花展，有江苏省第一批农业特色小镇1个和中国美丽宜居示范村1个。“互联网+农业”蓬勃发展，青年农民返乡创业和内生型乡贤会富有活力。

【农业生态实现可持续发展】推进“263”专项行动，畜禽养殖场（户）超额完成关闭计划，畜禽规模场治理率、粪便综合利用率顺利完成市级指标。完成造林绿化153.33公顷，全区林木覆盖率24.08%，蔬菜农残合格率99.7%，水产养殖业污染管控进一步强化，创新开展池塘水质动态监测和养殖尾水处理工程试点，推广渔稻种养模式46.69公顷，稻谷亩产达到350千克。推进化肥、农药零增长行动和秸秆综合利用，有序开展土壤污染治理修复和生态补偿工作，主要农作物化肥利用率和农作物农药利用率分别为42.5%和41.5%，稻麦测土配方施肥技术到位率100%，秸秆机械化还田率80%，综合利用率在95%以上。锡东新城宛山荡湿地成为锡山区第一个省级湿地公园并正式挂牌。（华 栋）

农业机械化

【概况】2017年，锡山农机系统紧紧围绕农机化工作目标任务，全面推进粮食生产全程机械化，大力加快农机转型发展，切实抓好农机管理、安全监理和农机推广工作，全面推进规范化农机专业合作社场库建设，全区农机化事业保持又好又快的发展态势。年末，全区农业生产综合机械化水平90%，水稻机插秧水平83%，秸秆综合利用率99.9%，机械植保水平100%，机械收获水平99.9%。

【农机管理】以源头管理为抓手，提高农机“三率”（登记率、检验率、驾驶人持证率）水平。认真排查农机台账，规范农机培训考试、登记检审等牌证管理工作。印发《关于开展2017年度非营运拖拉机和联合收割机及驾驶人检审工作的通知》，组织开展纯农机及驾驶人免费实地检审工作，严格标准，确保农机“三率”水平稳步提高。全年检审中型拖拉机257台，收割机94台，小型上路运输机98台，审验驾驶证90本，换证8本；核发跨区作业证11张；组织安全隐患检查16次，参加人数50人次，发现隐患14条，整改14条，整改率100%。

【农机化发展】围绕粮食生产全程机械化和高效农机装备发展目标任务要求，根据“园区优先”原则和项目带动战略，因地制宜，攻坚克难，加快农机化实业转型发展。以园区发展为切入点，突出重点，积极探索高效农业各业态主要生产环节机械化技术路线和应用模式，通过试验、探索和应用，为区域内的高效农业园区生产主要环节机械化的实施起到引领和技术支撑作用。全年向市级编制、申报项目1个，高效农业机械化水平（种植业、畜牧业、林果业、渔业、设施农业五项均值）49%，完成年度目标任务。认真开展省级示范工程即机械化秸秆还田工作，积极探索“机插、机收、机秸秆还田”技术集成应用。

【农机推广】 坚持政策透明、阳光操作，确保政策把握上一视同仁，资金使用上公开透明。将购机补贴政策、补贴流程张贴到每个涉农村，及时在网上公布购机清册、资金使用进度情况。结合培训活动、技术指导等多种有效形式，让广大农民和农机操作人员接触到先进技术，了解新机具、新功能和补贴工作新政策。就农机购置补贴工作与各镇（街道）签订“2017年度农机购置补贴工作目标考核责任书”。2017年，全区推广农机具232台套，其中有育秧流水线6台套，烘干设备22套，中型拖拉机23台，高速乘坐式插秧机29台，联合收割机26台，条播机62台，动力喷雾机25台，喷杆式喷雾机1台，机具总值1230余万元。

【农机服务组织】 按照区政府《关于加快发展农机专业合作社的实施意见》要求，加快推进农机场库建设工作，完成锡北镇泾西村镇西农机专业合作社农机场库基础建设和农机专业合作社入驻工作并通过验收，在秋收农忙期间正式投入使用。2017年，完成8个标准化农机场库建设，全部投入使用，创建锡山区农机规范化示范社7个。

【粮食生产全程机械化】 2017年，以创建粮食生产全程机械化示范镇为契机，进一步推进锡山区粮食全程机械化生产。统筹协调，与各镇（街道）签订目标责任状，结合实际，积极做好引导工作，提高广大干部群众的思想认识。积极争取各级财政资金，投入3945万元，其中区财政投入资金800万元，镇财政投入1720万元，民间资金也积极投入，为创建工作打下坚实基础。做好“两中心”创建工作，落实机械装备与作业面积。2017年创建4个育插秧中心（羊尖镇福羊育插秧中心、羊尖镇严家桥育插秧中心、锡北镇镇西育插秧中心、鹅湖镇育插秧中心）、2个烘干中心（羊尖镇宏斌家庭农场烘干中心、无锡市福羊农机专业合作联社），并通过验收，顺利完成市农机局下达创建3个示范镇的目标任务。

（浦明龙）

锡山台湾农民创业园

【概况】 2017年，锡山台创园管委会调入行政在编人员1名（正科职1名），调出行政在编人员1名（正科职1名），下属事业单位锡山台创园发展服务中心调出事业在编人员1名（副科职1名），管理体制机制进一步理顺，基本实现独立化、实体化运行。台创园积极贯彻落实区委、区政府的决策部署，全面启动锡山现代农业产业园建设，园区基础建设投入不断加大，高端项目加快引入，产业融合步伐加快，成果转化亮点纷呈，辐射带动效应明显增强。园区全年实现总投入5000万元，实现经营性收入1463万元；申报省、市、区各级项目41项，申请财政资金3532.4万元；新引进企业（项目）14个，总投资超5000万元，其中注册资本1000万元以上企业（项目）的有2个，500万元以上企业（项目）的有4个；全年旅游人数50余万人次，接待旅游团队1000余批次，政务接待170余批次，人数超3500人。以台创园为主体的锡山现代农业产业园获批成为全国30家国家级现代农业产业园之一，下辖的无锡现代农业博览园有限公司获批市级农业产业化龙头企业。

【园区建设推进】 基础设施不断完善，重点完成锡山区土地整治项目、锡山区农业面源污染综合治理示范区建设项目、无锡国家现代农业示范区核心区配套道路改建工程及配套工程、农博园停车场改造工程等工程建设，累计投入建设资金超5000万元，园区环境面貌及配套设施建设水平得到进一步提升。平台建设成效凸显，与江苏省农科院、江苏大学、上海交通大学、浙江大学、江南大学等院校合作引进悦田农机政产学研中心、上海交通大学国家健康产业研究院灵芝与健康研究所、浙江大学新农村发展研究院无锡分院、江南大学锡山农产品加工研发中心等产学研平台4个。

【项目引育】 招引力度加大，全年引进无锡丰金源生物科技有限公司项目、无锡微云农业科技有限公司项目等现代农业项目14个，其中台资项目1个，总注册资本超5000

万元，其中500万元以上项目4个，1000万元以上项目2个，有力推动园区快速发展。项目提档升级，围绕园区项目高、精、特、优的特色，重点推进古来承山堂铁皮石斛展示馆、悦田农机、大德农产品展示中心、乐创、梵希尔酒店、三阳三期等一批重点项目的改造提升工作，企业亮点和项目承载能力明显提升。

【产业转型】 培育主导要素，与中国中信集团有限公司合作建立中信逸农示范区——无锡种植基地，按照有机种植规范种植有机稻21.01公顷，开启园区水稻有机种植先河；承担省市级农业部门试验示范新品种40余个，较上年增长一倍以上；与浙江大学合作新推出8个水稻新品种，在江苏省、安徽省、浙江省等地进行品种试验；新装太湖水稻示范园仓库物联网设备，新建蓝莓、草莓等地块的农业现代化生产服务示范基地，实现台创园“物联网+生产”的全覆盖；申请彩色苗木、物联网等相关专利12项，其中发明专利2项，获专利授权10项。助推企业发展，加大技术帮扶和服务，台创园主要领导挂钩企业，走访企业250余次，组织重点企业赴日本、中国台湾、北京市、云南省昆明市、宁夏回族自治区银川市等地参加农业科技直通车、农业培训班、农产品交易会等考察交流活动13次，牵头院校与企业接洽合作，推动产学研相互对接，不断优化产业结构，实现企业经济增长点的新突破，企业年产值超6亿元，新获批市级农业产业化龙头企业1家。

【农产品与旅游产业经营】 全年实现经营性收入1463万元。强化旅游品牌打造，积极打造佳友福田、亨田等新型休闲旅游亮点，完善园区导览图、指示牌等标志标牌，成功举办无锡农博园国庆缤纷嘉年华、无锡农博园七彩风车节、梨园会等特色活动18个，旅游人数超50余万人次，接待旅游团队1000余批次。推动农副产品销售，在原有农产品基础上新增铁皮石斛等名贵中草药品种，进一步丰富农产品种类。针对节庆活动，整合开发年货、端午、中秋等农产品精品礼盒，从大批量散售模式向精品包装礼盒销售模式转化，打响高端农产品品牌知名度。加大项目对上争取力度，全年申报省、市、区各级项目41个，申请财政资金3532.4万元，成功立项市、区各级项目28个，落实财政资金1151.33万元。

【科技部农村中心领导调研】 1月11日，科技部农村中心副处长孟燕萍、江苏省科技厅农村处副处长吴翔一行赴台创园调研考察国家首批“锡山现代农业星创天地”建设情况。先后到江苏东郁园林科技有限公司、无锡悦田农业机械科技有限公司和无锡市三阳生态农业发展有限公司，详细了解“锡山现代农业星创天地”的功能定位、特色理念、服务模式以及目标规划等方面重点工作，要求进一步提升孵化能力和培育功能，积极探索投融资平台等服务模式，打造一个真正符合国家级定位的，有特色、有影响力、有品牌效应的“锡山现代农业星创天地”。市、区科技局以及台创园相关人员陪同调研。

【悦田农机政产学研中心挂牌成立】 4月7日，台创园联合江苏省农科院农业设施与装备研究所、江苏大学农业装备工程学院、无锡悦田农业机械有限公司共同组织的四方合作项目签约揭牌仪式暨2017蔬菜智能化精细生产装备研发研讨会举行，开启台创园农业农机现代化的新篇章。园区将成为江苏省现代农业机械的一块“试验田”，为先进装备和智能制造在农业上的应用探索新路。区委常委、组织部部长窦虹，副区长陶波、徐为民参加签约揭牌仪式。

【上海交通大学国家健康产业研究院灵芝与健康研究所挂牌成立】 6月20日，上海交通大学国家健康产业研究院灵芝与健康研究所落户位于台创园内的入园企业大德生物农业发展有限公司。研究所将本着“优势互补、资源共享、共同发展”的原则，与台创园建立长期紧密的合作关系，在大德生物农业发展有限公司灵芝生产基地的基础上，共同挖掘、开发以灵芝为代表的中草药宝库，更深入挖掘灵芝的健康保健价值，更大程度提高灵芝产品的科技含量，为建设“健康中国”的健康产业目标而努力。上海交通大学国家健康产业研究院院长鲍勇，副区长徐为民出席签约仪式。

【中荷农业企业合作座谈会在台创园举办】 9月6日，中荷农业企业合作座谈会在台创园举办，荷兰的豪根道公司、飞利浦公司、安祖花卉公司等10余家企业和锡山区20余家企业参加会议。荷兰农业代表团一行实地参观锡山农业科技创新中心、无锡国家农业科技园花卉中心和无锡市三阳生态农业发展有限公司等地，观看园区宣传片，中荷双方企业就相关农业产品咨询、合作方式、有关政策等问题进行座谈交流，并达成多项初步合作意向。荷兰驻上海总领事馆副总领事欧雅琳、荷兰驻上海领事馆农业和食品官员洪雨年，区委常委、副区长李江，区农林局、台创园等相关负责同志参加会议。

【国家现代农业产业园创建】9月22日，农业部、财政部公示第二批创建国家现代农业产业园名单，以台创园为主体的锡山现代农业产业园成功获批国家级产业园创建资格。下阶段，产业园将按照产业园创建一年有起色、两年见成效、三年成体系的总体要求，加大园区创建步伐，力争将园区建设为全国园艺作物种子种苗集聚度最高、科技孵化能力最强、设施装备先进、生产方式绿色、辐射带动有力的现代农业产业园，成为全国园艺作物种子种苗产业的领军园。12月1日，锡山现代农业产业园（锡山台创园）合作推介会在南京国际博览中心举行。会议组织40余家农业企业参会，集中展示园区现代农业发展的最新成果，提高园区知名度，扩大行业间农业企业交流与合作，并与8个企业签署意向协议，涉及生物育种、种苗繁育、种子加工等多个方面。区委常委、副区长李江，副区长徐为民出席活动。

【无锡农博园国庆缤纷嘉年华活动开幕】9月30日，为期8天的“锡山乡村旅游节——无锡农博园国庆缤纷嘉年华活动”开幕。该次活动依托农博园依山傍水、得天独厚的自然生态景观，有如梦如幻的国际梦幻灯光展、富含特色风味的广场美食节、精彩绝伦的舞台表演、妙趣横生的仿生恐龙展、寓教于乐的森森水族秋季展销会、无锡市面积最大的花卉贸易基地——卉聚花卉中心花市大促销活动等多项活动，同时配套餐饮、娱乐、购物、采摘等功能服务，满足多层次游客的精神文化生活需求。国庆期间入园游客突破10万人次。　（毛　丹）

水　利

【概况】2017年，全区完成水利建设总投资2.75亿元，水利建设总土方115万立方米。完成农村河道（河塘）疏浚60条（个）85万立方米；新翻建防渗渠道3千米，新改建标准化泵站29座；新增高效节水灌溉面积约100公顷；加高加固圩堤及新翻建各类护岸20千米，圆满完成市下达计划任务。（陈新峰）

【汛期气象资料】2017年，汛期从5月1日开始至9月30日结束，153天。总降雨量761.8毫米（数据采自区防汛防旱指挥部办公室监测点）。全区汛期雨量偏丰，平均雨量833毫米，降雨天数62天，比历年同期708.7毫米多17.5%。其中，日最大降雨量出现在9月25日，为128.1毫米，达到大暴雨级别。入梅较常年略偏迟，梅雨期23天，较常年平均梅雨期短3天，梅雨期（6月19日至7月11日）平均雨量425毫米，全区日雨量东北塘街道最大，锡北镇最小，分别为70.5毫米和42.2毫米。受强降雨影响，全区九个镇（街道）水位全部超过最高水位（2015年），为历史最高或第二高水位，代表性水位东北塘街道、东港镇、鹅湖镇水位分别达到5.38米、5.18米、4.67米，超2015年最高水位9厘米、7厘米和6厘米，运东大包围工程的东亭街道、云林街道水位也突破圩区控制水位，分别达到4.22米和4.25米，超最高水位（2015年）10厘米和13厘米。

【防汛工作】针对各地行政领导变化，结合各地实际情况，区、镇二级均对防汛防旱指挥部成员进行调整充实。5月9日，区政府专门召开锡山区2017年度防汛工作会议，向区防汛防旱指挥部成员单位下达防汛责任书，并在《新锡山》上公布了各镇（街道）防汛责任人等信息，全面落实防汛责任。从5月1日步入汛期起，全区各级防汛部门均实行24小时防汛值班制度，并修订落实防汛预案，开展汛前各项准备工作。9月25日暴雨期间，及时启动相应防汛预案，快速、及时处置险情，控制险情成灾，努力把灾害损失降到最低。同时，为满足防汛抢险需要，全区组建防汛抢险队伍95支2391人，其中锡山公安分局负责的区级应急合成分队1支120人，区人武部负责的区级防汛抢险队伍8支1100人，各镇（街道）负责的抢险队伍86支1171人。区、镇二级储备编织袋21万个、桩木647根、土工布6160平方米，定点落实储备铁丝877公斤、元钉350公斤，储备应急备用移动电源16台，各类应急机动排涝水泵132台套。防汛主要物资达到市防指下达的储备任务。加强防汛决策系统维护改进，为防汛提供现代化技术支撑。确保灾害程度降到最低，为全区经济社会健康发展提供防汛安全保障。

（庄宝庆）

【水利工程建设】全区完成水利建设项目80个，实现区域内水利建设总投资2.75亿元。市级及以上重点水利项目圆满完成年度建设任务，完成九里河、伯渎港综合整治工程并初步发挥效益，完成望虞河除险加固工程年度建设任务，投资8007万元，完成望虞河西岸控制工程锡山境内工程年度建设任务，投资4010万元，完成2017年中央财政小型农田水利重点县项目，全区水利基础设施水平得到进一步完善。

（陈国兴）

【“河长制”管理】 被省河长制办公室明确为全省“河长制”工作“一地一策”样本。编制出台《锡山区全面深化河长制实施方案》，进一步健全区、镇、村三级河长管理网络，全区695条村级以上河道均设立河长。健全完善“河长制”组织体系及“河长制”办公室机构设置。研究制定一系列“河长制”管理配套制度，加强责任落实和考核监督。完成河长公示牌更新完善，实现区、镇、村三级河道“河长制”公示牌全覆盖。实施“河长制”微信公众号平台建设，进一步畅通公众参与举报途径，提升河道治理管理水平。强化水质监测工作，实行“河长制”全覆盖河道单月水质监测，23条市考河道单月水质监测，北兴塘河及其支流河道单月水质监测以及九里河及其支流河道半月水质监测，并督促各板块逐步建立村级河道水质监测，真正将监测预警落实到各级水系的“神经末梢”。完成望虞河、北兴塘河、九里河等9条市考河道综合整治，桑叶桥港、黄塘河等14条市考河道环境综合整治加快实施。宛山荡钓渚大桥段清淤工程顺利完工，宛山荡水环境改善工程启动开建，全年完成清淤河道60条85万立方米。钓渚大桥、庙桥等国控、省控重点断面水质保持稳定达标。加强河道巡查督查，建立水利系统涉河管理部门联合巡查督查机制，建立23条市考河道专项督查机制，建立23条市考河道排污口专项巡查调查机制，建立九里河流域专项巡查督查机制，实现全区河道网格式全覆盖巡查督查。

（蔡　军）

【水资源管理】 继续落实最严格水资源管理制度，加强区域用水总量控制，全区地表水和地下水工业取水总量分别为1457.94万吨和15.15万吨，均控制在市级下达的取水总量计划之内。加强浅层地下水井、基岩地下水井和保留深井管理，严格实行年度开采地下水量计划，全区地下水平均埋深28.59米，稳定控制在省政府划定的50米埋深红线以内。全年单位地区生产总值用水量比2015年下降11.59%，单位工业增加值用水量比2015年下降17.59%，农田灌溉水有效利用系数为0.667，均达到无锡市下达的目标要求。节水型社会建设继续深化，高分通过节水示范区的省级验收，全年完成节水型社会载体建设项目8个。

（华艳萍）

【依法行政力度加大】 通过水行政执法和水行政许可两大措施为水利建设发展保驾护航。采取正常巡查与突击检查相结合、一般巡查与重点检查相结合，主动出击与举报查处相结合的方式开展水行政执法监察工作。开展河湖保护专项执法行动，参与开展“全市水政联合执法月”行动，全年组织巡查1856人次，出动执法船59次，发现和制止水事违法行为47起，立案查处1起，维护良好的水事秩序。全年办理水行政许可149起，全社会水法制意识得到进一步提升。

（龙　雄）

编辑：袁　渊

10月28日，锡山区首届乡村旅游节暨“金色山联”菊花旅游文化节开幕 （区农林局 供稿）

无锡谢埭荡渔业产业园 （区农林局 供稿）

1月11日，科技部农村中心副处长孟燕萍（右二）一行调研台创园 （台创园 供稿）

9月6日，中荷农业企业合作座谈会在台创园举行　（台创园 供稿）

9月25日，东北塘街道锦阳社区抢险救灾　（区水利局 供稿）

安镇街道九里河风光带　（区水利局 供稿）

工业·电力

Industry,Power Supply

综　述

【概况】2017年，面对国际和国内复杂的宏观经济形势，区经信局把产业强区作为深入贯彻落实供给侧结构性改革的重要任务，坚持“智能化、绿色化、服务化、高端化”导向，围绕打造先进制造业高地的目标，以企业为基础、以产业链为支撑、以创新为动力，以服务为保障，工业发展水平持续迈上新台阶。全年完成规模以上工业总产值1121.41亿元，比上年增长13.4%；完成工业投资360.85亿元，比上年降低0.4%；完成规模以上工业主营业务收入1122.8亿元，比上年增长12.3%；全年产值超1亿元企业205家，比上年增加31家，实现产值919.4亿元，比上年增长15.7%。

【经济运行稳中有升】全年完成规模以上工业总产值1121.41亿元，比上年增长13.4%，增幅高于上年同期9.2个百分点。强化运行监测。每月对规模工业产值、工业投资等主要经济指标和运行特点开展预警预测分析，实行月中监测、月底分析制度，对出现的苗头性、趋势性问题及时研究，主动积极应对。强化对全区重点产业、重点行业、重点企业、重点产品、重大项目的跟踪监测服务，提高调控、管理经济的能力和效率。建立健全全区工业企业数据库管理平台，详细掌握全区工业企业的基本情况、用地情况和主要经济指标完成情况，直观反映各板块和各企业的亩均产出和亩均贡献情况。全区产值超1亿元企业205家，完成产值919.4亿元，比上年增长15.7%，高于全区平均水平2.3个百分点，占全区规模以上工业总产值的比重为82%，比上年提高0.3个百分点。强化增量培育。对确定的重点增量企业逐个落实目标、落实进度、落实措施，确保增量到位。推动各类生产要素向优势企业集聚，加大高成长性企业的培育力度，对高成长科技型企业建立跟踪服务机制，及时协调解决困难，促进企业加快成长。强化要素保供。鼓励重点企业加快生产，建立工业用电月报分析机制，对用电下降较多的企业，及时摸清情况、查找原因。着力抓好煤、电、油、运、气等生产要素的协调，确保企业生产正常。2017年，全区工业用电量46.02亿千瓦时，比上年增长8.4%。

【项目建设有序推进】全区以加快项目开工为导向，以加强项目建设服务为抓手，咬定目标、倒排进度，密切跟踪、强化服务，确保工业投入规模进一步扩张，全区完成工业投资360.85亿元。狠抓重大项目建设，全区新开工超1000万元工业项目155项，完成投资91.6亿元，比上年增长26%，新日电动车、平谦机械、宏宇汽车等43个超1亿元项目相继开工建设；全区新竣工超1000万元项目139项，海尔日日顺电商产业园、正罡自动化等39个超1亿元项目顺利竣工。狠抓骨干企业技改，全力支持骨干企业改造提升，深入组织实施市“千企技改”行动计划，全区技术改造项目完成投资244.8亿元，占全部工业投资的67.9%；完成固定资产设备增值税抵扣5.39亿元，比上年增长66.9%，折合设备投资37.1亿元，占全部工业投资的10.3%，比上年增长4.2%。

【集约集聚成效突出】加快推进园区改造提升，推动专业园区由工业集聚区向科技创新先导区、新兴产业承载区转型。完善园区基础设施建设。按照“规划引领、业态升级、空间集中”的思路，在拉开框架、整体开发的基础上，进一步完善基础设施功能，加大基础设施改造投入，基本完成专业园区道路、电力、热力等配套设施建设。提高入园项目准入门槛。坚持以全区产业发展重点领域为导向，严格执行环境、能源影响评价制度和项目发展水平评估实施标准；重点关注亩产效益和单位能耗、排污强度等主要指标，建立提高存量土地产出效益、合理开发环境容量的约束激励机制，重点强化引进项目的准入管理，不断完善新增用地工业项目核报制度，把项目选择与结构调整有机结合，增量发展与节能减排有机结合，着力提升高科技含量、高附加值、低污染、低能耗的“两高两低”项目投资比重，坚决淘汰一批高污染、高能耗、低投资强度、低产业密度、低赋税比率的工业项目。依托专业园区引进高端产业项目。将专业园区打造成为承载新兴产业的优质载体，精心包装，广泛宣传推介，利用原有招商平台，创新招商机制和手段，围绕新材料、新能源汽车、智能传感（含智能电网）、生物医药、高端装备制造等战略性新兴产业领域开展项目招商攻坚。2017年，10个专业园区规模以上企业完成产值541.1亿元，比上年增长12.9%，占全区规模以上工业经济总量的比重为63.3%。东港镇的新材料产业园、锡北镇的轨道交通装备产业园、商务区的电驱动交通产业园充分依托自身优势，加大由区位优势、资源优势向产业优势转化力度，均呈现出高速发展的态势，工业产值分别比上年增长30.9%、29%和25.3%。

【工业经济提质增效】加快技术创新。强化企业创新主体地位，大力引导企业创建国家、省、市企业技术中心，并充分做好各类技术创新项目的梳理征集工作，无锡洪汇新材料科技股份有限公司和无锡英特派金属制品有限公司成功创建省级企业技术中心，无锡市东特机械科技有限公司、无锡巨龙硅钢片有限公司等11家企业成功创建市级企业技术中心。江苏新广联科技股份有限公司、无锡锡锻机床有限公司、无锡海拓环保装备科技有限公司3个企业的4个产品入选省新技术新产品重点推广目录。实施两化融合重点项目69项，新增无锡市两化融合示范企业22家，创建江苏省两化深度融合创新（互联网与工业融合创新）示范试点企业16家，无锡普天铁心股份有限公司、鹰普（中国）有限公司、无锡汉神电气股份有限公司、红豆集团被评为“2017年江苏省两化融合管理体系贯标试点企业”，无锡普天铁心股份有限公司被评为“2017年江苏省两化融合网络信息安全试点企业”。健鼎（无锡）电子有限公司、无锡恒诚硅业有限公司和恩欧凯（无锡）防振橡胶有限公司成功创建省级智能化示范车间。

【工业绿色化加快推进】2017年，做好循环经济、清洁生产、减煤减化以及资源综合利用等节能减排工作，规模以上工业万元产值能耗0.07吨标准煤，比上年下降8%。强化对年耗能5000吨标准煤以上企业节能工作的指导、服务和监督检查，列入“十三五”重点用能的25家企业全部提交年度能源利用状况报告，能源管理负责人备案率100%。全区企业共计完成2.6万吨标准煤节能量，超额完成年度重点用能单位1.52万吨标准煤节能量的指标任务。全年完成15家企业的清洁生产审核，投入资金2563万元，实施无、低费方案142项，中、高费方案24项，合计166项；每年可节电155.5万千瓦时，节约蒸汽434吨；可年减排二氧化硫0.23吨，二氧化碳7.63吨、COD（化学需氧量）0.017吨；实现年经济效益1199万元。宣传节能扶持政策，鼓励企业改进工艺、更新设备，实施节能和循环经济项目。全年完成市级以上节能与循环经济项目18个，总投资6145万元，年节能2.6万吨标准煤。顺利完成2家废塑料利用企业循环经济试点创建工作。淘汰落后生产设备，按照整改三年计划，全面推进燃煤工业窑炉整治。全年关停燃煤工业窑炉21台，顺利完成市下达燃煤工业窑炉清洁能源替代率40%的目标。

【服务企业不断深入】突出服务的常态化，完善“71580”服务企业区长热线运行管理机制，建立以“企业服务月”、领导挂钩服务为主要内容的常态化服务企业制度体系，帮助企业协调解决生产经营中的困难和问题。突出服务的精准化，根据规模骨干企业、中小企业等不同类型企业的实际需要，坚持一企一策、分类指导，为企业提供有针对性的服务。“71580”服务企业区长热线全年受理企业诉求53件，办结率100%，企业满意度96%。加大生产要素供给，优先保障重大产业投资项目、重点骨干企业的用地需求，做好水、电、油、气等生产要素的科学调度和监管，最大限度为企业生产经营提供强有力的要素支撑。创新金融服务方式，鼓励金融机构采取更加灵活的授信方法、担保形式，帮助企业拓宽融资渠道、缓解融资压力。组织区内企业使用无锡市转贷应急资金264笔15.4亿元。开展租赁存量集体建设用地使用证的办理工作，为17家企业办理租赁存量集体建设用地使用权证，有力支持企业融资、扩大经营。

（翟　庆）

“两车”产业

【概况】锡山区是国内摩托车、电动车主产区之一，产业经过多年发展日趋成熟，形成了一定规模的产业集群、完整的产业链条和强大的研发能力，有摩托车、电动车及零部件生产企业400余家，整车企业超100余家，2017年销售超815万辆，占全国总销量的25%。拥有爱玛、雅迪、新日、绿源、台铃、小刀、小鸟等全国知名电动自行车品牌，杰宝大王、比德文、宝岛、真爱、新蕾、欧派、真爱、吉祥狮等众多品牌都已落户锡山区，年生产电动车总量占江苏省一半以上，控制器、充电器、塑件、车架、轮毂、避震等配件生产形成完整的产业链，锡山区电动车产业的发展成为全国电动车行业发展的风向标。

【产业提质升级取得成效】2017年，锡山区不断深化出口摩托车、电动车质量安全示范区建设，着力提升全区产品质量水平，随着工业4.0时代的到来，“互联网+”蓬勃发展，智能电动车成为大势所趋，锡山区电动车产业不断加大科技创新力度，以雅迪科技集团有限公司、江苏新日电动车股份有限公司等龙头企业为代表，在智能电动车开发上取得突破，不断刷新消费者对电动车的传统印象，推动产业的转型升级，真正引领“锡山制造”走向“锡山智造”。

【品牌创新不断提升】锡山区电动车产业致力于产品创新、出口海外、提升质量、打造品牌，引领电动车产业发展潮流，创新成果不断增多。至年末，锡山区建成5家省级以上高新技术企业、10家省市级工程技术研究中心、8家省市级企业技术中心、22家省级民营科技企业、1家省级博士后工作站、1家院士工作站、1家市级重大研发（设计）机构、3家市级工业设计中心、7家省市级电动车辆相关公共技术服务平台，累计拥有近1000项专利，拥有中国驰名商标13件、江苏省著名商标18件。

【企业上市取得突破】区政府不断强化政策引导和跟踪服务，为全区电动车企业上市提供有力支持，推动电动车产业跨越式成长。2017年江苏新日电动车股份有限公司在上海主板A股上市，成为电动自行车行业首家登陆主板上市的公司。

（翟　庆）

项目建设

【概况】2017年，区经信局积极化解不利因素，引导企业加大有效投入，推动项目顺利实施，促进工业投资趋稳向好。全年工业投资累计完成360.85亿元，总量位居全市第三位。其中，完成技术改造投资244.8亿元，技术改造投入占全部投入比重达67.9%。

【主要板块稳健增长】2017年，开发区累计完成工业投资178.5亿元，比上年增长6.7%，占全区工业投资的比重为49.5%。羊尖镇、鹅湖镇、锡北镇、东港镇四镇投资走势平稳，支撑效应明显，四镇累计完成工业投资164.2亿元，占全区工业投资的比重为45.5%。商务区累计完成工业投资16.7亿元，比上年增长16%；东北塘街道累计完成工业投资1.4亿元。

【重大项目拉动明显】全力推动重大项目建设，实施重大项目建设专人负责制，每月深入板块跟进项目建设进度，及时做好项目现场的记录和存档，准确掌握项目建设节点，做好针对性服务。全区新开工超1000万元工业项目155项，完成投资91.6亿元，比上年增长26%，新日电动车、平谦机械、宏宇汽车等43个超1亿元项目相继开工建设；全区新竣工超1000万元项目139项，海尔日日顺电商产业园、正罡自动化等39个超1亿元项目顺利竣工。

（翟　庆）

服务企业

【要素保供强化】加大生产要素供给，优先保障重大产业投资项目、重点骨干企业的用地需求，做好水、电、油、气等生产要素的科学调度和监管，最大限度为企业生产经营提供强有力的要素支撑。完善工业用电月报分析机制，对用电下降较多的企业，及时摸清情况、查找原因。2017年，全区工业用电量46亿千瓦时，比上年增长8.3%。充分利用好无锡市中小企业转贷应急资金的政策，帮助企业解决融资困难的问题，保证企业资金正常运行，防范企业债务风险，全年累计申请使用无锡市转贷应急资金264笔，使用资金额度15.4亿元；锡山区信泰担保公司为246家企业办理担保业务，年末在保余额6.1亿元，有效帮助区内中小微企业解决发展资金难题。

【市场开拓强化】构建即时对接渠道，有效提升企业间配套对接效率，积极帮助企业开拓市场，释放企业产能，建立各类企业协作配套对接平台，鼓励企业参加境内外综合性展会和各类知名品牌展览会，帮助企业推介产品，开辟和扩大市场份额。每月组织一场配套交流活动，提升企业产品配套能力。供需服务网络化，建立网上信息对接机制，加强信息服务，提升企业对接、配套信息的及时性和有效性。加大国际国内市场开拓力度。结合锡山区产业特色，加大名特优产品的综合性、专业性对接，鼓励企业参加国内国际知名展会，提升锡山产品知名度。举办名特优产品展示、产品协作配套、重点客户采购对接、中小企业市场开拓、专业领域展示展销、产业合作等各类主题活动。精心组织无锡农星科技有限公司、红豆集团、无锡辰星机器人科技有限公司等企业参加2017世界物联网博览会，充分展示锡山区信息化产业的特色和优势。成功举办2017第十一届中国无锡国际电动车展览会，全国各地的200余家整车厂、部件厂参展洽谈，展览面积超过3万平方米，参观人数5万人次，全面展示锡山电动车产业作为全国重点板块的综合实力。

【企业对接强化】 深入开展“连心富民、联企强市”大走访活动，千方百计帮助企业解决实际问题，全年走访企业100余家，深入了解企业节后开工、生产订单、劳动力、资金和原材料等情况，开展形势宣讲、政策落实、问题收集解答等工作，帮助协调解决涉及厂房搬迁、企业用电、企业融资、项目推进等多项问题，增强企业应对困难和挑战的信心。进一步推进锡山区“71580”服务企业区长热线规范、高效、有序运行，发挥热线联系企业、服务企业、服务发展的功能。积极拓宽诉求受理手段，成功升级“71580”服务企业区长热线，通过建立综合性服务热线网络平台，全方位受理企业的诉求、建议和投诉，实时提供诉求提交、政策法规等咨询服务，全面实现从“被动接听”向“主动服务”延伸，不断满足企业日益多样的服务需求。全年受理企业诉求53件，办结53件，累计办结率100%，办结满意率96%。受理中心每月对区内155家超1亿元企业、50家重点服务业企业、14家农业龙头企业进行一次电话专访，每季度对1090余家1亿元以下规模企业进行一次电话专访，并以短信方式进行提前告知。受理中心24小时关注电话诉求和网上诉求，根据受理时间及时提醒承办单位处理企业诉求，并在承办单位办结反馈后跟踪访问企业满意度。

【专题培训加强】 积极组织并推广提高企业家创新素质和能力的培训活动，全年组织辖区内1300人次参加各类经营管理人才培训活动。围绕培育工作，积极拓宽培训渠道，重点在提升人才经营管理水平上下功夫。依托优质平台组织培训，先后组织十余位企业老总参加“领袖苏商”专题培训活动。组织30位企业高层经营管理人员参加重点企业转型升级和创新发展培训活动。区经信局、区委组织部等部门，组织全区高级经营管理人才前往复旦大学听课。围绕热点、难点领域开展精准培训活动。重点在物联网、软件、信息技术、智能制造等方面开展专题授课，全年累计举办培训活动5期，培训人数400人次。通过培训活动增强企业家在管理企业及企业成长方面的信心。进一步优化人才引育环境，在引育人才的质量上下功夫。贯彻落实区委、区政府《关于聚力创新实施“锡山英才计划”的意见》，积极营造有利人才招引的发展氛围。重点加强企业高级经营管理人才的招引工作，对入围无锡“太湖人才计划”且纳税年薪超24万元以上的人才进行薪酬补贴，对引才企业给予相应奖励。积极实施以培训促人才的工作新格局，年内引育高级经营管理人才12名，累计引育49名。

【政策落地强化】 完善出台《区政府关于深化现代产业发展政策的意见（试行）》等政策意见，进一步加大对企业转型升级的扶持，重点围绕战略性新兴产业发展、传统产业升级改造、科技创新、中小企业民营经济发展等领域，全方位争取上级政策扶持，促使更多资金和荣誉称号落户锡山区企业。全年获批省工业和信息产业转型升级专项资金项目18个，资金849万元；获批市工业发展资金项目、技术改造引导资金项目、物联网产业发展资金项目、软件和云计算产业扶持资金项目、智慧城市建设示范项目等89项，资金3955.55万元。积极为企业减负，落实好固定资产投资增值税抵扣、引进技术设备进口关税减免、重大技术装备进口关键零部件和原材料免税、企业研发投入加计抵扣、资源综合利用认定和合同能源管理税收优惠等税费减免政策。

【良好环境营造】 推动星级公共服务平台创建，经审核推荐、专家评审和网上公示，锡山区参评的江苏正卓恒新会计师事务所有限公司被评为二星级公共服务平台，无锡新人居科贸有限公司和江苏省高空机械吊篮协会被评为一星级公共服务平台。加快推进全区社会信用体系建设，积极培育一批省市信用管理贯标企业、示范企业。2017年，全区新增市级信用管理贯标企业19家、市级信用管理示范企业2家。积极争创依法管理诚信经营先进单位，全面推进企业各项制度的完善和落实，扎实做好企业法治文化建设、法律风险防范、履行社会责任等工作。经过逐级推荐、信用审查、专家审核等环节，无锡锡州机械有限公司获评省级依法管理诚信经营先进单位。 （翟　庆）

节能降耗

【概况】 2017年，锡山区以“智能化、绿色化、服务化、高端化”为引领，着力做好循环经济、清洁生产、减煤减化以及资源综合利用等节能减排工作，预计万元GDP能耗下降值实现市级目标，规模以上工业万元产值能耗0.07吨标准煤，比上年下降8%。

【重点用能监督加强】监管重点用能单位，强化对年耗能5000吨标准煤以上企业节能工作的指导、服务和监督检查，列入“十三五”重点用能的25家企业全部提交年度能源利用状况报告，能源管理负责人备案率100%。全区企业共计完成2.6万吨标准煤节能量，超额完成年度重点用能单位1.52万吨标准煤节能量的指标任务。

【清洁生产推进】积极组织清洁生产审核工作，全年完成15家企业的清洁生产审核，投入资金2563万元，实施无、低费方案142项，中、高费方案24项，合计166项；每年可节电155.5万千瓦时，节约蒸汽434吨；减排二氧化硫0.23吨/年，二氧化碳7.63吨/年、COD 0.017吨；实现年经济效益1199万元。

【节能和循环经济项目实施】推进节能技术改造，大力宣传节能扶持政策，鼓励企业改进工艺、更新设备，积极实施节能和循环经济项目。全年完成市级以上节能与循环经济项目18个，总投资6145万元，年节能2.6万吨标准煤。顺利完成2家废塑料利用企业循环经济试点创建工作。淘汰落后生产设备。按照整改三年计划，全面推进燃煤工业窑炉整治。全年关停燃煤工业窑炉21台，顺利完成市下达燃煤工业窑炉清洁能源替代率40%的目标。

（翟　庆）

重点企业选介

【江苏大德重工股份有限公司】江苏大德重工股份有限公司成立于2007年11月，2016年在新三板挂牌上市，公司由江苏省“双创人才”李明杰创办，主要从事研发各类自动焊接成套装备及智能化弧焊机器人、数控等离子、激光切割机等相关高科技产品研发，产品通过国家强制性“3C”认证及欧盟CE认证，企业在同行业内率先通过中国船级社ISO 9001质量体系认证，系中国电器工业协会电焊机分会理事单位，2011年成为江苏省机器人与智能装备产业技术创新战略联盟理事单位。

公司作为江苏省高新技术企业，在智能化装备弧焊机器人方面综合研究开发实力处于国内领军地位。在国内建有10个营销机构，国外建有2个代理机构，产品在全国大部分地区均有应用，部分产品出口至日本、欧洲、美国、东南亚、中东等国家和地区。企业未来发展战略目标是：立足船舶、石油化工、核电等行业，以先进制造技术为核心，发展成为具有国际竞争力的大型焊割机器人装备制造产业基地。

【罗斯（无锡）设备有限公司】罗斯（无锡）设备有限公司由美国罗斯公司投资，美国罗斯公司创立于1842年，专业从事各类工业用搅拌、混合、分散设备的研制、开发与生产，距今已有一百多年历史，生产出世界第一台混合设备，为全球混合、搅拌设备最大的制造商。2003年9月，公司入驻开发区，罗斯（无锡）设备有限公司拥有一批高素质的设计人员和优秀的技术工人，设备远销世界各地，为众多知名企业提供产品及服务，赢得良好口碑。公司新建项目位于开发区团结路东、万全路南，总投资4500万美元，用地3.29公顷，建筑面积24435平方米，拟建造成为美国罗斯公司旗下的主要制造基地、产品革新基地及利润输出基地，项目已竣工，开业准备中。

【无锡东方希望动物营养食品有限公司】无锡东方希望动物营养食品有限公司是东方希望集团独资兴建的生产销售猪、鸡、鸭、兔等各类畜禽饲料及鱼类水产饲料的大型专业饲料公司。公司创建于1994年，位于东港镇，占地面积1.48公顷，注册资本3000万元，拥有国内先进的饲料生产线三条，年生产各类饲料能力20余万吨。已开发生产高、中档畜禽水产优质饲料50余种，拥有十大片区、250余个大、中型销售网点。产品畅销江苏、安徽、浙江、上海、湖南等省市，在行业内拥有较高的知名度。公司先后获“无锡市农业龙头企业”“锡山区农业龙头企业”“重合同、守信用企业”“守信用、讲信誉、重信义企业”等荣誉。

【江苏捷阳科技股份有限公司】江苏捷阳科技股份有限公司是专业从事建筑节能及物联网智能家居集成系统等产品的研发与制造，并实现施工一体化的高新技术企业。公司拥有多套进口自动化生产线，年生产聚氨酯复合板约300万平方米，卷帘窗及金属门窗8000套。企业通过技术创新，为客户提供专业、优化的工程解决方案，公司在建筑节能以及物联网智能家居集成系统产品的技术研发上，始终走在同行业的前列，引领新型、节能型建筑领域的新潮流。致力于成为全球绿色、智能建筑行业的领导者。

企业是江苏省高新技术企业，拥有“捷阳”“易捷”等国内商标，同时注册“捷阳”法国和秘鲁等地国际商标。其中“易捷”商标2014年获“江苏省著名商标”称号。企业拥有授权发明专利8项，实用新型专利12项；参与国家行业技术标准有：保温板通用技术标准、铝合金硬卷帘技术标准、国家建筑遮阳图集等。公司已在新三板挂牌上市。

【无锡鼎邦换热设备有限公司】
无锡鼎邦换热设备有限公司是一家集研发、设计和制造于一体的石油化工装备专业公司。主要产品有各种列管式换热器、螺旋折流板换热器、空冷式换热器（空冷器）、板束式换热器和A2级压力容器，以及采油机行星差速启动器等。公司占地面积10.6公顷，厂房6万平方米，自有资产1.2亿元；拥有专业工程技术人员50余人，其中高级职称12人；具有A2级压力容器制造许可证、D1/D2级压力容器设计许可证、A3级空冷式换热器注册证、美国ASMEU钢印制造许可证、美国LUMMUS HEAT TRANSFER公司螺旋折流板换热器授权制造资格，以及国际标准化组织ISO 9001质量管理体系认证；并拥有二项自主知识产权发明专利。

公司为国内外石油化工行业客户制造大批的换热器、空冷器和压力容器，主要用户遍及中国石化、中国石油集团公司旗下的各石化企业和其他石化企业，产品批量出口日本、俄罗斯、苏丹、阿尔及利亚等国。年生产能力2万吨。

【无锡斯吉利机械制造有限公司】
无锡斯吉利机械制造有限公司成立于2003年，注册资本1600万元。公司主要经营风力发电机零配件、电子控制柜、工程机械、汽车配件、阀门生产、通信器材的生产。公司占地面积23公顷，员工500人，已与西门子，维斯塔斯，阿特拉斯，SMA等多家国际知名500强企业建立长期友好合作伙伴关系，获得ISO 9000、ISO 14001、欧盟CE认证。

公司是一家集精密加工、精密钣金、阀门生产于一体的综合型企业，拥有国内一流的加工设备、检测设备、生产流水线，有投资达500万元的试验室、盐雾试验台、三座标测量仪和现代化的生产办公条件。公司具有机加工配件5000万套、钣金配件5000万套及阀门5000套的年生产能力，已成为一家为风电、核电和医疗设备配套的零部件制造企业。（翟　庆）

电　力

【概况】 2017年，全区全社会用电量55.58亿千瓦时，同比增长8.4%。其中，工业用电量46.02亿千瓦时，同比增长8.3%；商贸用电量1.62亿千瓦时，同比增长10.7%；居民生活用电量5.70亿千瓦时，同比增长9.4%；农业用电量1955万千瓦时，同比增长8.2%；社会事业用电量4392万千瓦时，同比增长7.8%。全年月平均工业用电量3.84亿千瓦时，比2016年增加0.01亿千瓦时；工业用电高峰出现在6月、7月、8月和9月，分别为3.97亿千瓦时、4.10亿千瓦时、4.62亿千瓦时、4.25亿千瓦时，有5个月工业用电量超过全年平均工业用电量。全年工业用电量总体增长态势平稳。

（张　诚　姚佳慧）

编辑：袁　渊

3月27日，“连心富民、联企强区”大走访活动动员大会在区经信局召开

（区经信局 供稿）

5月26日，财政部制造企业竞争力调研活动组在锡山区调研（区经信局 供稿）

8月29日，区经信局开展企业安全生产检查　　（区经信局 供稿）

10月13日，第十四届中国国际中小企业博览会在广州市闭幕，图为无锡汉神电气股份有限公司展位　　（区经信局 供稿）

无锡普天铁心股份有限公司生产车间　（新锡山 供稿）

江苏大德重工股份有限公司自动化生产车间　（新锡山 供稿）

开放型经济

Open Economy

综　述

【概况】2017年，全区坚持稳中求进，注重提质增效，深化改革创新，积极应对宏观经济环境变化影响，着力推动商务经济持续稳定增长。利用外资及港澳台资稳中有进。全年完成到位注册外资及港澳台资3.92亿美元，其中制造业到位注册外资及港澳台资2.06亿美元，占全区到位外资及港澳台资的52.56%。新批重大外资及港澳台资项目10个，其中总投资超1亿美元项目6个，制造业项目4个。新批世界500强企业投资项目3个，新增跨国公司地区总部1家。对外贸易稳定增长。全年完成外贸进出口总额48.94亿美元，比上年增长13.9%；出口额36.54亿美元，比上年增长8.33%。全年电器电子、纺织品、机械装备、化工行业、塑料橡胶等主要出口行业实现正增长。对美国、欧盟、日本三大传统贸易市场出口总额分别增长6.15%、7.69%、11.83%，对“一带一路”倡议64国出口总额增长11.52%。境外投资有序推进。全年完成境外中方投资额1.02亿美元，新批境外投资项目8个。确成硅化学股份有限公司、无锡华辰再生资源利用有限公司、无锡市中欣塑料厂3家企业赴泰国轮胎配套项目年内建成投产，推进于氏家具美国项目、通用科技美国亚特兰大项目、吉兴汽车日本增资项目实施。无锡一棉投资有限公司埃塞俄比亚30万纱锭项目前期工作开展，确成硅化学股份有限公司投资法国1.05亿欧元生产基地和研发中心项目达成意向协议。西港特区建设稳步推进，入园企业达到118家，开始生产经营98家，园区二期开发工程启动实施。服务外包较快发展。全年完成服务外包接包合同协议金额、执行金额分别为10.52亿美元、9.93亿美元，分别比上年增长20.5%、15.6%；离岸外包合同协议金额、执行金额分别为8.5亿美元、7.88亿美元，分别比上年增长26.5%、31.8%。

（薛　飞）

对外及对港澳台贸易

【概况】2017年，全区外贸进出口总体呈回稳向好态势，锡山区积极巩固和提升传统优势，培育出口品牌竞争新优势，顺利完成出口增长8%的年度目标，进出口和出口总额均创撤市建区后历史最高水平。以美元计价，全区外贸进出口总额48.94亿美元，比上年增长13.9%。其中，出口额36.54亿美元，比上年增长8.33%；进口额12.4亿美元，比上年增长35.1%。以人民币计价，全区外贸进出口总额331.5亿元，比上年增长16.9%。其中，出口额247.6亿元，比上年增长11.3%。

【出口创历史最高水平】2017年，锡山区对美国、欧盟、日本三大传统贸易市场分别出口5.95亿美元、5.2亿美元、3.42亿美元，分别比上年增长6.15%、7.69%、11.83%。“一带一路”倡议64个国家出口额11.21亿美元，比上年增长11.52%，其中主要出口市场东南亚11个国家出口额5.6亿美元，比上年增长18.1%。电器电子行业出口额9.91亿美元，比上年增长4.89%；机械装备行业出口额4.31亿美元，比上年增长10.24%；纺织品行业出口额6.48亿美元，比上年增长6.82%；化工行业出口额2.52亿美元，比上年增长33.69%；塑料橡胶行业出口额2.62亿美元，比上年增长28.88%；金属制品行业出口额1.6亿美元，比上年下降0.16%；食品行业出口额1.08亿美元，比上年下降2.51%。“两车”行业出口额1.6亿美元，比上年下降9.29%，其中电动车出口额7509万美元，比上年下降12.62%。一般贸易出口额27.17亿美元，占全区出口比重的74.36%，比上年增长12.07%，加工贸易出口额9.08亿美元，占全区出口比重的24.85%，比上年下降3.22%。

2017年锡山区出口前10位内资企业情况一览

表5

序号	企业名称	累计出口（万美元）	同比（%）	所在地区
1	江苏红豆进出口有限责任公司	9201	21.17	东港
2	大明国际进出口有限公司	8051	17.76	东北塘
3	江苏通用科技股份有限公司	6142	46.56	东港

续表5

序号	企业名称	累计出口（万美元）	同比（%）	所在地区
4	无锡兴达泡塑新材料股份有限公司	5630	51.23	东港
5	无锡中天丝路云联纺织股份有限公司	5590	606.90	开发区
6	无锡锡州机械有限公司	4798	19.88	锡北
7	无锡新亚安全用品有限公司	3347	6.13	东亭
8	无锡统力电工有限公司	3208	11.72	东港
9	无锡邦得机械有限公司	2451	9.75	开发区
10	无锡市洪汇新材料科技股份有限公司	2356	14.95	东港

2017年锡山区出口前10位外资及港澳台资企业情况一览

表6

序号	企业名称	累计出口（万美元）	同比（%）	所在地区
1	健鼎（无锡）电子有限公司	49553	0.92	开发区
2	康普电子（无锡）有限公司	9178	-13.86	开发区
3	鹰普（中国）有限公司	7566	19.02	开发区
4	确成硅化学股份有限公司	7276	29.45	东港
5	高德（无锡）电子有限公司	6686	25.66	开发区
6	无锡超科食品有限公司	6027	10.56	开发区
7	无锡国丰电子科技有限公司	5919	35.19	开发区
8	科瑞莱（无锡）日用品有限公司	5532	83.52	开发区
9	恩欧凯（无锡）防振橡胶有限公司	4683	-13.21	开发区
10	无锡恒田纺织品有限公司	4393	33.38	东北塘

【品牌建设】2017年，江苏省、无锡市对出口品牌分别进行三年与两年一度的评审，锡山及早谋划，早动员早部署，经过三年的培育，省市两级品牌建设又上新台阶。2017至2019年度，获江苏省重点培育和发展国际知名品牌16个，新增加锡州、瑞昌、速捷、安士达等4个，同时红豆集团获得“领军企业”称号，省出口品牌数超过宜兴，在无锡城区各板块中占比超60%。加快挖掘一些有出口发展潜力的品牌如爱玛、捷通、福祁等，做好市级出口品牌评选工作，全区19家企业获“2017至2018年度无锡市重点培育和发展的国际知名品牌”称号，市级品牌数与江阴并列第一，出口品牌梯队培育不断壮大。

【国际市场拓展能力提升】2017年，组织企业参加第121届广交会、第122届广交会、第27届华交会。在两届广交会上，为全区84家企业争取到368个展位；为18家企业争取到32个华交会展位。同时，组织企业参加境内的宁波消博会、昆山进口商品展、第十一届中国—东北亚博览会及境外的法兰克福春季消费品展、日本大阪展、澳大利亚“中国纺织服装服饰展”等各类国际重点展览40余个，参与企业超300家。锡山区“两车”国家级出口基地（示范区）内企业形成抱团开拓市场氛围，其中，7家企业抱团参加哥伦比亚国际两轮车展，6家企业抱团参加11月意大利米兰国际两轮车展。通过引导出口企业走出国门，参加适合企业的专业性展览会，开拓更多国际市场，结识更多客户，抢抓更多订单，巩固提升全区外贸出口能力。

【外贸政策作用明显】2017年，争取并兑现2016年锡山区促进外贸稳增长扶持（第二批项目），2016年下半年中小企业国际市场开拓资金，2017年省级商务发展专项资金（第一批项目），2016年市商务发展资金第一批项目、第二批项目142个，国家进口贴息等项目资金11批次，项目684项，惠及企业250余家，争取资金总额5750.73万元。在加快补贴资金兑现频次和速度的同时积极落实好国家、省、市各级扶持资金绩效考核工作，更好发挥外贸资金稳增长作用。为帮助中小微外贸企业解决融资难问题，区商务局、中国银行锡山支行、宁波银行锡山支行推广落实市中小微外贸企业信用贷款政策。全年网上审核通过企业38家，发放贷款企业17家，发放贷款金额7635.37万元。各级外贸政策的兑现落实，进一步提振企业坚定出口的信心。

【出口基地（示范区）建设规范完善】2017年，锡山区“两车”国家级出口质量安全示范区迎来两年一度的复审，区商务局、无锡出入境检验检疫局召开示范区企业复审动员会，对照条件，弥补不足，采集数据，收集相关材料，认真做好各项复审准备工作。通过调查摸底，动态调整一批示范企业，重新制作示范区建设的宣传视频，在无锡市产品质量监督检验院设立“两车”质量示范区产品展示厅，展示三年间示范区建设的成绩。通过近一年的努力，11月，顺利通过国家质检总局的续延复审。为帮助“两车”企业更好地开拓东南亚市场，5月中旬，区商务局、无锡出入境检验检疫局、区工商局等部门组织区内相关电动车企业赴云南省红河州实地考察中越跨境产业经济合作区，为“两车”企业投资设厂，深度开拓东南亚市场打下基础。

【公平贸易日益强化】2017年，指导江苏省高空机械吊篮协会公平贸易工作站认真开展行业动态、预警分析、案件应对、预警工作，为全区吊篮行业的出口做好行业动态与预警分析，顺利通过省级考核。继续指导无锡于氏家具有限公司参加每年度美国反倾销行政复审工作，使之出口美国的家具仍然享受零关税。通用科技的卡车及公共汽车轮胎美国双反案于年初裁定未造成实质性损害，取消征收反倾销税，并及时向省商务厅汇报与备案。11月，无锡艾格尼科技有限公司的电动自行车遭欧盟反倾销调查，区商务局及时沟通企业、商会、上级部门，为涉案企业寻找最佳解决方案。　（孙科军）

利用外资及港澳台资

【概况】2017年，全区完成到位外资及港澳台资3.92亿美元，比上年增长11.84%，进度112.01%，进度排名列全市第三名；制造业到位外资及港澳台资2.06亿美元，比上年增长2%，进度89.72%，进度排名列全市第四名，制造业到位外资及港澳台资占全区到位外资及港澳台资总额的57.1%；新批重大外资及港澳台资项目10个，协议外资及港澳台资161881.49万美元，其中制造业项目4个；新批跨国公司地区总部1个；新落户世界500强企业投资项目3个。

【协议外资较快增长】2017年，全区批准外资及港澳台资项目73个。其中，新批项目50个，协议外资及港澳台资165674.8万美元，比上年增长268.44%；增资项目23个，协议外资及港澳台资20329.26万美元，比上年增长45.2%。全区重大外资及港澳台资项目10个，比上年增加4个，分别为美能有限公司（增资）、江苏大明金属制品有限公司（增资）、无锡皓运通建设投资有限公司、宏银融资租赁有限公司、无锡万通投资有限公司、无锡美能人工智能科技有限公司、无锡鼎固房地产开发有限公司（增资）、无锡建悦房地产开发有限公司、无锡融通新蓝科技产业有限公司、乐星汽车技术（无锡）有限公司。新批跨国公司地区总部1个，为江苏大明金属制品有限公司，新批世界500强企业投资项目3个，分别为积水化学工业株式会社投资的映甫高新材料（无锡）有限公司，投资总额5300万美元，协议外资2400万美元；LG集团投资的无锡陆金新能源科技有限公司，总投资额700万美元，协议外资105万美元；荷兰SHV集团投资的思凯汀（无锡）饲料有限公司，投资总额4500万美元，协议外资1500万美元。（巫银科）

对外及对港澳台经济合作

【概况】2017年，全区完成境外投资项目8个，完成中方投资额1.02亿美元。其中，无锡福祈制药有限公司、无锡万奈特测量设备有限公司两家企业成功并购美国公司，2016年投资泰国的三家企业成功投产，境外投资质量不断提高。

【着力“走出去”质量与安全】2017年，锡山区深入贯彻落实中央“一带一路”倡议，重点推进西港特区建设发展，服务好上年投资审批的确成硅化学股份有限公司、无锡华辰再生资源利用有限公司、无锡市中欣塑料厂3家企业赴泰国轮胎配套项目的开工建设，确保建成投产。力推无锡于氏家具有限公司、无锡福祈制药有限公司两家企业在美国的境外项目的实施。为无锡一棉投资有限公司投资埃塞俄比亚项目、确成硅化学股份有限公司投资法国项目两个境外投资的重大项目提供意见建议，力争2018年项目得以实质性启动。积极落实国家对外投资企业安全生产要求，全面开展安全隐患排查治理，将区内境外投资企业安全生产纳入日常工作，逐家走访全区14家正在运营的境外投资生产型企业，落实对外投资合作企业境内主体的对外投资合作项目的安全生产工作责任，堵塞安全管理漏洞，强化安全生产措施，有效防范和坚决遏制各类生产安全事故发生，为全区企业“走出去”提升安全意识，强化安全防护制度建设，配足配齐管理人员和安全装备，营造良好环境。

【西港特区规模国际化】2017年，西港特区已初步形成国际工业园区规模，首期5平方公里区域内实现“五通一平”（通路、通电、通水、通讯、排污，平地），建有170栋厂房及1个月处理5000吨大型污水处理厂，配套建设综合服务中心大楼、柬埔寨籍员工宿舍、集贸市场、生活服务区等。引入柬埔寨发展理事会、西哈努克省政府等机构入区办公，为企业提供“一站式”服务；建立劳动力市场，定期在区内举办人力资源劳工招聘会，将企业的招工需求与柬埔寨全国各地的就业需求进行有效对接；联合无锡商业职业技术学院共同开展培训工作，提供语言及技能培训，培养产业工人，开展11期培训活动，累计2.5万人次参加。区内引入中国、欧美、日韩等国家及地区的企业118家，生产经营98家，区内从业人员近2万人。6月23日，开通无锡至西港特区直航，方便两地客商往来，带动西港特区旅游事业发展。无锡第一人民医院与西港特区医疗服务中心开通远程视频医疗业务，提升当地医疗卫生事业水平。

2017年锡山区新批境外企业（机构）情况一览

表7　　单位：万美元

序号	境外企业名称	投资国别或地区	总投资额	中方投资额	投资类型	设立或增资时间	投资中方主体
1	红豆新加坡公司	新加坡	480	480	外贸公司	2017年1月	红豆集团有限公司
2	于氏公司	美国	220	150	生产企业	2017年5月	无锡于氏家具有限公司
3	安达莱斯制药有限公司	美国	1000	200	生产企业	2017年8月	无锡福祈制药有限公司
4	贝旭国际有限公司	美国	10	10	外贸公司	2017年8月	无锡贝旭环球电子商务有限公司
5	日本吉兴合同会社	日本	305.1	305.1	生产企业	2017年11月	无锡吉兴汽车部件有限公司

续表7

序号	境外企业名称	投资国别或地区	总投资额	中方投资额	投资类型	设立或增资时间	投资中方主体
6	通用橡胶（北美）有限公司	美国	550	550	生产企业	2017年12月	江苏通用科技股份有限公司
7	美国万奈特有限责任公司	美国	320	320	生产企业	2017年12月	无锡万奈特测量设备有限公司
8	新亚（亚太）安全用品有限公司	香港	10	10	外贸公司	2017年12月	无锡新亚安全用品有限公司

（孙科军）

锡山经济技术开发区

【概况】2017年，开发区紧紧围绕“全国一流、全省十强、全市前列”奋斗目标，以创新为主题，做大格局为关键，创造环境、服务企业为根本，各项工作取得新的成效。全年完成规模以上工业总产值465亿元，比上年增长12%；完成公共财政预算收入29.2亿元，比上年增长18.7%；全社会固定资产投资257亿元，比上年增长8%，其中工业投入178.5亿元，比上年增长6.7%；到位外资及港澳台资2.33亿美元，比上年增长28.3%；进出口总额26.6亿美元，比上年增长14.75%，其中出口总额20.6亿美元，比上年增长10.6%。在2016年度全省经济开发区科学发展综合考核评价中，开发区位列全省110家国家级、省级开发区第10位，成功跻身全省十强之列。全国国家级经济技术开发区综合发展水平考核排名从136位升至58位。

【项目建设】2017年，开发区新开工超1亿元项目15个，主要为有信制造（无锡）有限公司、无锡顶锋日嘉金属制品有限公司、埃姆媞（无锡）分离技术有限公司、无锡通威生物科技有限公司等项目。竣工投产项目7个，达产后预计年产值30亿元。积极推动企业上市，无锡国宏硬质合金模具刃具有限公司、无锡德林防务装备股份有限公司完成股改，无锡鑫宏业特塑线缆有限公司与三大中介机构签订上市协议。

【招商引资】牢固树立产业强区、项目为王理念，进一步整合招商资源，拓展项目渠道，创新招商方式，利用外资水平不断提高。到位外资及港澳台资2.33亿美元，比上年增长28.3%，其中制造业到位外资及港澳台资1.47亿美元，占比近七成。全年新落户外资及港澳台资项目26个，主要集中于金融服务业、智能装备、汽车零部件等领域。由世界500强LG化学投资的陆金新能源、美国500强德事隆集团投资的德事隆特种车辆、窍普智能、龙友光学、瑞克赛尔、吉特世密封科技、赛飞滑泰脚轮、东发精密部件、奥特马电子、爱思尔医疗器械等一批优质项目也相继签约落户。服务业招商成效明显。全年新增注册企业近150家，注册资本总计超46亿元，其中超1亿元项目有华润置地、金开投资等8个。地产项目再获重大突破，恒大集团以总价18.6亿元、楼面价每平方米11686.9元竞得金光纸业东、二泉路北地块，刷新了锡山区最高楼面价。

【科技创新】强化企业主体地位，集聚高端创新要素资源，推进科技与产业深度融合，开发区核心竞争力不断增强。全年完成高新技术产业产值212.2亿元，比上年增长12%，占规模以上工业总产值的比重达45%；培育引导罗斯（无锡）设备有限公司、中科微至智能制造科技江苏有限公司等33家企业申报省高新技术企业，开发区高新技术企业累计数有望突破100家；培育申报生物医药、新能源等多个领域省高新技术产品82个。全年累计申报市级各类科技计划项目38项，省级各类科技计划项目7项。全年专利申请总量2605件，发明专利申请1255件，专利授权总量1439件，开发区万人发明有效专利拥有量135件，位居全市第一名。圆满通过国家知识产权试点园区验收工作，验收分数为2017年江苏省同批次验收单位最高，成为全市第一家通过验收的经济技术开发区。引进无锡易知自动化科技有限公司、无锡其诺电气有限公司、无锡比洛德汽车部件有限公司等高科技企业29家，培育年销售超1000万元企业20家，领军型企业呈现快速成长势头。

【园区建设】坚持“以产兴城，以城促产”理念，推进开发区形态开发、功能开发，进一步完善商务、生活、交通、休闲等公共配套，宜居宜业的产业与城市互动新格局初步形成。拆迁安置稳步推进，完成新日地块拆迁，春江路南、春雷学校等地块有序推进，春雷庄后居民组整体拆迁进展顺利。以市政道路建设为重心，完成安泰一路、竹园浜路、坊达路道路工程建设及团结路、通云路安全隐患整改工程；启动高邓路、镇北路道路工程建设。完成厚桥实验小学改扩建工程、厚桥幼儿园土建安装工程；启动厚桥街道养老服务中心、春雷幼儿园、云林广场等社会事业工程建设。以服务招商为中心，精密机械加工园、精密机械产业园全面启动建设；集智广场、赛维拉商业广场及科技创业园、中科微办公楼等提升改造工程有序推进。认真开展“263”专项行动，共计实施环保治理项目35项，总投资3.4亿元；完成污水处理厂一期二期总氮升级改造工程，污水处理厂分厂加快建设，土建工程主体完工，配套管网建设同步推进；完成能达热电超低排放工程建设；宛山荡获批省级湿地公园；开发区通过ISO 14001环境管理体系监督审核。

【世界500强LG集团新能源项目落户开发区】2月，由韩国LG集团旗下的LG化学和深圳科陆电子科技股份有限公司合资成立的无锡陆金新能源科技有限公司落户开发区。LG化学隶属于世界500强韩国LG集团，深圳科陆电子科技股份有限公司则为国家重点高新技术企业，为智慧能源和能源互联网提供核心技术与系统解决方案。该次双方合作在开发区投建新生产基地，项目投资额为1000万美元，主要生产锂离子电池储能系统等新能源产品，预计达产后年产值超5亿元。

【昌航精铸有限公司落户开发区】3月，由北京昌航精铸技术有限公司投资成立的昌航精铸有限公司落户开发区。项目总投资3亿元，专业从事金属合金材料及制品的研发、生产制造及销售，预计达产后年销售额不低于3亿元，年利税可达1000万元以上。

【中国科学院微电子所智能制造无锡产业化基地落户开发区】3月，中国科学院微电子研究所智能制造无锡产业化基地项目在锡山经济技术开发区管理委员会签约落户。项目总投资1.5亿元，围绕智能制造产业进行开发建设，着力构建智能制造公共技术支撑平台和产业孵化平台，将打造成为中国科学院微电子研究所智能制造领域在江苏省的产业化基地和技术研发中心。

【航空航天检测设备生产项目落户开发区】3月，由无锡市海航电液伺服系统股份有限公司投资的航空航天检测设备生产项目落户开发区。项目注册资本1000万美元，主要从事航空航天检测设备的研发和生产，项目达产后预计年开票收入3亿元，纳税3000万元。

【东发精密部件（无锡）有限公司落户开发区】4月，中国香港东发实业制品有限公司投资成立的东发精密部件（无锡）有限公司顺利落户开发区。总投资2100万港币，主要从事精密五金部件的研发、生产和销售，自营和代理各类商品及技术的进出口业务，预计年产值1.2亿元。

【安普瑞斯增资项目落户开发区】5月，安普瑞斯（无锡）有限公司与开发区签署投资协议书，决定增加注册资本5000万美元，总注册资本达到9000万美元。安普瑞斯（无锡）有限公司一期厂房面积27491平方米，二期规划厂房面积24000平方米，主要从事电池系统管理软件技术的研发以及消费类电子产品的锂离子电池的开发及生产，一期已完工并投产。

【无锡龙友光学材料有限公司落户开发区】6月，由韩国D-PARTNER株式会社等三方合资成立的无锡龙友光学材料有限公司落户开发区。总投资1250万美元，主要从事移动通信、平板电脑、笔记本电脑、显示器、电视机用等平面显示背光模组（Back Light Unit）所用的各类膜片及导光板的研发加工。项目投产后预计年产值1.8亿元。

【无锡博硕精睿科技有限公司落户开发区】7月，由秦皇岛博硕光电设备股份有限公司投资设立的无锡博硕精睿科技有限公司落户开发区。项目注册资本1亿元，计划将精密器械等方向的业务转移到无锡市，并将总部逐步转移到无锡市，投产后预计年产值3亿元。

【宛山荡获批省级湿地公园】8月，根据江苏省林业局批复，开发区宛山荡湿地公园正式获批“无锡宛山荡省级湿地公园”。公园规划面积243.21公顷，北至盛塘河北缘、西至宛山湖西路、南至通锡高速、东至宛山湖东路（包括大成路南部拟建的宛山湖东路，部分区域沿湖岸划分）。

【省示范博士后科研工作站获批】9月，省人社厅发文公布第二批10家省示范博士后科研工作站名单，开发区博士后科研工作站成为全省首家获批的区域性博士后科研工作站。自2012年引博进站后，已累计实现产值近8亿元，申请和获得专利616件，在核心期刊、权威杂志和SCI（美国《科学引文索引》）等发表论文28篇。

【美国德事隆特种车辆亚太生产基地投产】9月14日，美国500强企业德事隆集团投资成立的德事隆特种车辆亚太生产基地无锡工厂开业投产。项目总投资2亿元，作为全新的亚太区研发与生产总部基地，主要研发与生产全球最高端的E-Z-GO高尔夫球车、机场牵引车等，产品广泛应用于高尔夫球场、机场、景区度假村和高级酒店等，预计全面达产后年产值超5亿元。

【意大利优瑞康亚太区生产基地建成投运】10月16日，由意大利优瑞康公司投资建设的优瑞康医疗技术（无锡）有限公司开业投产，是其在亚太地区投资建设的首个生产基地。优瑞康公司是欧洲专业从事生物医疗等离子生物喷涂涂层的公司，主营业务分布于汽车、航空、医疗领域。其生物医疗技术领先世界，已向全球120余个医疗器械制造商提供骨科、齿科、脊柱和创伤等产品的等离子喷涂和增材制造服务，项目总投资1000万美元，预计达产后年产值2亿元。

【美国慕斯汽车后视镜系统（无锡）有限公司建成开业】10月18日，拥有汽车后视镜盲点监测系统专利所有权，全球行业中居领导地位的美国慕斯汽车后视镜系统（无锡）有限公司在开发区盖世理园区的新厂开业投用。公司将主要服务于中国和亚洲地区的客户，项目达产后年销售额3亿元，预计到2020年产能可达600万个。

【百奥明饲料添加剂（无锡）有限公司开业】10月30日，世界公认的霉菌毒素控制和风险管理的领导者——奥地利ERBER集团下属百奥明饲料添加剂（无锡）有限公司开业。项目注册资本1050万美元，总投资2500万美元，主要从事研发与生产动物保健食品、新一代饲料添加剂等，达产后预计年产值2.2亿元，年纳税2300万元。

【世界500强企业荷兰泰高国际集团进驻开发区】12月，世界500强企业荷兰泰高国际集团出资成立的斯凯汀水产饲料项目正式签约落户。项目总投资4500万美元，注册资本1500万美元，用地3.67公顷，主营业务为水产饲料的生产和销售，预计达产后年销售额7亿余元，年纳税超过2000万元。

【世界500强映甫高新材料（无锡）有限公司开工】12月15日，日本积水化学工业株式会社旗下公司韩国映甫株式会社投资的映甫高新材料（无锡）有限公司开工。积水化学工业株式会社为全球500强跨国公司，该次积水化学工业株式会社计划由韩国映甫化学株式会社出资在开发区设立新工厂，从事汽车内饰件及内饰发泡材料的生产。项目首期注册资本2400万美元，总投资5300万美金。项目达产后预计年销售额3亿元，利税约3000万元。

【开发区土地集约利用跻身全国前十】12月，国土资源部发布《国家级开发区土地集约利用评价情况通报（2017年度）》，数据显示，开发区亩均产出由初期的不足50万元提高至近400万元。开发区综合得分在全国238个经济类开发区中名列第十，园区土地利用效率得到明显提高。（陈术峰）

锡东新城商务区

【概况】无锡锡东新城商务区管理委员会为锡山区人民政府派出机构，正处级建制，主要负责商务区44.06平方千米的开发建设和城市经营。商务区下设党政办公室、经济发展局、招商局、财政局、建设局、城市管理局、监察局（审计局）7个部门，安镇街道委托商务区管理，挂“社会事务局”牌子。2017年，商务区围绕“区域性枢纽换乘中心、城市东部的副中心、高端产业集聚区”功能定位，加快推进“产业兴城”，经济社会呈现持续健康发展态势。

【经济运行稳中有进】2017年，完成公共财政预算收入12.4亿元，比上年增长7.1%。完成开票销售收入360.9亿元，比上年增长41.3%，增幅全区第一。其中，工业开票销售收入184.0亿元，比上年增长12.3%。完成工业总产值95.6亿元，比上年增长17.3%，增幅全区第二。其中，规模以上工业总产值83.7亿元，比上年增长17.0%。完成固定资产投资149.7亿元，比上年增长8%。其中，服务业投资133.0亿元，比上年增长9.7%；工业投资16.7亿元，比上年增长16%，增幅全区第一。完成限上单位零售额21.6亿元，比上年增长38.4%，增幅全区第一。完成外贸出口1.7亿美元，比上年增长5.4%。

【项目引进成效明显】 2017年，实现到位外资及港澳台资8615万美元，比上年增长31%。引进超1亿元重大项目12个、总投资94.55亿元。签约落户北京复华未来世界文旅项目、中国南山开发（集团）车联网小镇项目、海尔国际创智谷3个超100亿元项目。集中落地中感投资、海涛投资、东之星投资、天汇苏民投等11个基金项目。其中，中感物联网产业基金为全国首个100亿元级物联网产业投资基金。

【项目建设全速推进】 商务楼宇加快推进。红豆财富广场主楼建成。功能项目建设加快。凤凰山立方谷一期项目建成开业，宇培电商物流园二期竣工投用，巧克力开心乐园、泰和诚肿瘤医院启动建设。地产销售持续火爆。景瑞望府三期、金域杏颂洋房、碧桂园B区二期、恒大二期项目竣工交房；中梁、美的南地块、融创3个楼盘年内开盘即全部售罄。工业项目推进有力。国威一期、台铃一期、庆欧、华亮节能等项目竣工投产，隆达超合金项目试生产，新日电动汽车、巨龙科技、博瑞纳科技等项目启动建设。

【创新创业全面发力】 上市工作取得突破。江苏新日电动车股份有限公司主板上市，成为国内A股主板电动车第一股。国内知名的二手车经营公司总部江苏淘车无忧汽车管理服务股份有限公司实现新三板挂牌。江苏隆达集团、无锡华能塑业有限公司、无锡鼎邦换热设备有限公司等一批企业上市工作进展顺利。创新平台日益丰富。国家级中铁一局城轨公司掘进设备技术中心正式落成，将实现华东地区盾构设备的“无锡制造”，打造国内一流、世界先进的掘进设备制造和地下空间投资开发及科研基地。无锡臻和精准医学检验中心落地，实现锡山区基因检验实验室零的突破。无锡首个Google AdWords体验中心投用，助推传统企业开拓跨境电子商务。载体建设不断加快。入驻无锡浙大网新国际科技创新园一期的中铁一局城轨公司，2017年完成产值超50亿元，并顺利通过无锡市总部企业认定和国家高新技术企业认定，成为2017年锡山区唯一一家新设总部；无锡浙大网新国际科创园二期方案调整完成。“锡东创谷”“智慧港”项目共引入102家企业，出租面积超1.5万平方米。锡东创融大厦累计入驻企业197家，2017年完成开票销售收入37563万元，纳税4559万元。人才支撑强化。申报省“双创计划”人才项目2个、市“太湖人才”项目1个，江苏隆达集团中国科学院院士谢建新入选市产业升级创新领军人才，隆达超合金研发团队入选市创新领军团队。

【人居环境持续改善】 功能配套日益完善。南京信息工程大学滨江学院地块土壤修复工作按时高质完成，成为锡山首个地块检测和修复项目，也是全市第一个完成验收的土壤修复项目。新锡山人民医院全面建成启用，新城医疗服务不断改善。翠屏山旅游度假区总体规划形成中间成果，加快布局旅游产业。映月天地商业广场完成招商面积12321.98平方米，于10月正式开街，成为无锡市商业靓丽新名片。市政设施加快建设。完成益林路绿化工程、镇北路街头公园、胶阳路景观提升工程等项目，启动润锡路景观提升工程、映月湖中央公园提升工程，城市环境风貌进一步改善。对区域内706路、727路、801路三条公交线路的走向、站点及班次等进行全面调整，为市民出行提供极大便利。城市管理不断深化。深入推进网格精细化管理，构建多部门一体的快速处理、快速联动的网格管理机制，基本达到辖区重点部位无难点、难点道路有序化、违法行为发现处理及时化的目标。按照“新增违建零增长，历史违建负增长”的违建整治工作宗旨，明确分工、落实违建问责制，全年拆除各类违法设置户外广告面积3817平方米、违法建筑9104平方米。

【南京信息工程大学滨江学院新校区开工建设】 3月28日，南京信息工程大学滨江学院新校区正式启动建设。省委常委、市委书记李小敏出席并宣布项目开工。学院新校区位于商务区新韵路以东、锡东大道以西、京沪高铁以南、锡山大道以北，建设用地逾60公顷，预留远期用地13.34公顷。项目按照近期在校学生1万人，远期在校学生1.5万人的办学规模进行规划建设，总建筑面积超过30万平方米。项目建设工期3年，分两期施工建设，一期计划于2018年7月建成使用，二期计划于2019年9月建成使用。

【新日股份成为国内A股主板电动车第一股】 4月27日，江苏新日电动车股份有限公司首次公开发行的A股股票在上海证券交易所主板正式上市，新日股份成为国内A股主板电动车第一股，也是商务区第一家主板上市企业。公司成立于2007年，注册资本1.53亿元，主要研发、生产和销售电动自行车。作为中国电动自行车行业领导品牌，新日的上市开启电动车行业的新时代。新日股份该次发行人民币普通股5100万股，每股发行价6.09元。

【国家级掘进设备技术中心落成】 5月22日，无锡中铁城轨装备有限公司暨中铁一局城轨公司掘进设备技术中心落成仪式在商务区举行。掘进设备技术中心由中铁一局集团、中铁隧道装备制造有限公司两家大型央企强强联合、共同打造，基地占地4.67公顷，主要从事隧道掘进机的制造、销售、维修改造、安装、租赁、技术服务，预计年产能达20台，产生经济价值8亿元。无锡中铁城轨装备有限公司以中铁一局城轨公司掘进设备技术中心为依托，由中铁装备提供盾构机研发技术资源，打造国内一流、世界先进的隧道掘进机制造和地下空间投资开发基地。

【全国首个100亿元级物联网产业投资——中感物联网产业基金启动建设】 9月12日，中感物联网产业基金启动仪式在锡东创融大厦举行。中感物联网产业基金规模100亿元，是全国首个针对物联网产业的100亿元规模基金。该基金由中感投资管理有限公司成立，公司由感知集团有限公司、红豆集团有限公司、远东控股集团有限公司、海融资本管理有限公司等共同发起成立，红豆集团董事局主席兼CEO周海江担任公司董事长。基金成立后将辐射长三角地区，布局全国，投资领域以物联网产业、物联网改造为主。

【无锡首个Google AdWords体验中心启动】 12月19日，云共创Google AdWords体验中心启动仪式暨无锡品牌海外营销大会在锡东创融大厦举行。无锡Google AdWords体验中心位于创融大厦C座9楼，占地约1500平方米，运营主体为无锡云共创信息科技有限公司，是Google公司在中国地区的核心合作伙伴。云共创Google AdWords体验中心设有AdWords体验中心、大数据分析应用中心、跨境电商服务中心和跨境电商培训基地。该体验中心立足无锡，面向苏南地区的企业及政府机构提供海外营销的相关服务，旨在协助培育一批跨境电子商务贸易的龙头企业。

【100亿元级车联网小镇项目落户】 10月18日，无锡锡东新城商务区管委会与中国南山开发（集团）举行车联网小镇项目签约活动。中国南山开发（集团）车联网小镇项目总投资120亿元，以车联网产业（包括汽车物联网、汽车金融、汽车文化旅游、汽车后服务）为核心，整合全国汽车产业资源，通过物联网和互联网技术，围绕全国唯一的特色车联网服务中心目标，打造汽车后市场物联网服务标杆平台和车联网示范区，华东汽车文旅展示中心、苏南汽车金融服务中心、苏南高端平行进口车和二手车中心“一区、三中心”。　（陆洪明）

编辑：袁　渊

10月，锡山电动车企业参加广交会
（区商务局 供稿）

2月24日，恩欧凯（无锡）水处理开业典礼在开发区举行 （开发区 供稿）

3月9日，有信制造（无锡）有限公司奠基庆典在开发区举行　　　　（开发区 供稿）

9月14日，德事隆特种车辆亚太生产基地无锡工厂开幕典礼在开发区举行

（开发区 供稿）

京沪高铁无锡东站 （商务区 供稿）

5月22日，无锡中铁城轨装备有限公司暨中铁一局城轨公司掘进设备技术中心落成仪式在商务区举行 （无锡锡东会营销策划有限公司 供稿）

12月15日，积水映甫高新材料（无锡）有限公司开工奠基仪式在开发区举行

（开发区 供稿）

12月19日，无锡首个Google AdWords体验中心投用

（无锡锡东会营销策划有限公司 供稿）

服务业

Service Industry

综　述

【概况】2017年，面对错综复杂的国内外形势，全区上下始终坚持稳中求进的总基调，以贯彻实施《无锡市现代服务业提质增效三年（2017—2019年）行动计划》为抓手，强化措施，统筹推进，全力以赴推动服务业转型与跨越发展，全区服务业继续保持平稳较快发展的良好态势。

2017年，全区服务业经济稳步增长，实现服务业增加值373.57亿元，比上年增长8%，占GDP比重为46.2%。全区实现社会消费品零售总额184.36亿元，比上年增长12%；实现限额以上批发业销售额856.56亿元，比上年增长30.4%；实现限上单位零售额72.26亿元，比上年增长13.7%。全区完成服务业固定资产投资361.65亿元，比上年增长2.8%，占全区固定资产投资总额的50.1%。全区58个1000万元以上服务业重点产业项目完成投资额144.4亿元，宇培电商物流园二期、普洛斯物流园三期竣工投运，锡山八佰伴生活广场、巧克力开心乐园等项目开工建设。

【电子商务发展迅速】全区实现网络零售额26亿元，比上年增长20%。以电子商务示范创建为抓手，引导企业加快电商应用，东港镇被评为“江苏省第二批农村电子商务示范镇”，商务区跨境电商产业园被评为“江苏省2017—2018年度电子商务示范基地”，无锡择尚科技股份有限公司、江苏红豆实业股份有限公司等4家企业获评江苏省2017—2018年度电子商务示范企业。加快推动电商产业集聚发展，无锡宇培电商物流园二期竣工投运，投资额2亿元；商务区跨境电商产业园新增入驻企业近100家，其中二手车网上交易平台企业江苏淘车无忧汽车管理服务股份有限公司新三板挂牌，Google AdWords（无锡）体验中心正式运营，中感投资管理有限公司、海涛物联网投资有限公司、无锡优美地物联网科技有限公司等一批重点电商企业入驻运营。大力推进电子商务培训工作，组织企业参加跨境电商培训班、电子商务实训班、电子商务运营技能赛等各类培训活动，全年培训500余人次。

【商贸流通成效显著】2017年，全区加快传统商贸物流业提档升级，大力引进知名商业综合体开发和运营商，引进知名品牌，丰富商业业态。8月底，东港红豆万花城开业，引入国内外众多商业知名品牌，进一步提升锡山区商业发展水平。大力开展商贸物流标准化示范创建，推动商贸物流标准化水平的全面提高。锡山区商贸物流综合信息服务平台、城市共同配送模式创新项目等获省级商务发展资金139万元，占全市商贸物流项目获得扶持资金的91.4%；江苏明佳供应链智慧物流信息管理平台等2个项目获2017年无锡市国家物流标准化试点项目扶持资金287.68万元；正广通城市共同配送与托盘公用系统建设项目等2个项目获批第二批无锡市国家物流标准化试点项目。

【服务企业硕果丰富】通过将政策公开到政府网站、企业群及实地走访企业等形式，不断加大政策宣传，积极指导企业用好用足政策，切实强化政策落实，提高企业普惠率。2017年，锡山区进一步完善产业扶持政策，出台《区政府关于深化现代产业发展政策的意见（试行）》，通过加大扶持力度，降低扶持门槛，更好地支持企业建设，促进企业发展壮大。全年对上争取省市服务业扶持资金936.4万元，兑现2016年区级服务业扶持资金963.2万元，争取省第二批农村电子商务示范镇、省电子商务示范基地等服务业品牌9个。认真开展基层、企业走访服务活动，举办两期电子商务培训班，开展政策宣讲及电商知识普及，深受广大企业的好评。

【全区农贸市场布局规划通过专家评审】6月15日，区政府召开区农贸市场布局规划论证会，邀请江苏省、南京市、无锡市相关专家组成专家组，对全区农贸市场布局规划进行评审。经专家组研究讨论，一致同意通过《无锡市锡山区农贸市场布局规划》。

【Google AdWords体验中心落户锡山】12月19日，云共创Google AdWords体验中心启动仪式暨无锡品牌海外营销大会在商务区举行。该中心是Google AdWords体验中心在中国第26家、无锡首家体验中心。Google AdWords，即谷歌自助广告投放平台，项目旨在培育一批跨境电子商务贸易的龙头企业，聚集一批高科技知识人才，向广大企业传授外贸实战技巧。无锡体验中心由无锡云共创信息科技有限公司负责运营，将依托Google搜索优势和Google官方支持的便利性，利用大数据，为中国企业精准推广海外市场，提供从推广策略到广告制作、投放、评估、优化的一站式解决方案；还为企业提供外贸营销型网站建站、多语种翻译等增值服务；同时，为出口企业提供交流平台，培养跨境电子商务人才，孵化有潜力的创新型企业。锡山区在“一带一路”倡议和大众创新、万众创业的发展机遇下，力求利用“互联网+”的理念带动传统制造业和外贸转型升级，不断促进跨境电子商务产业的发展。但由于海内外文化和地域的差异限制，中国企业出口海外有一定难度。Google AdWords体验中心落户锡山区，将更好地帮助锡山区中小型外贸企业开拓海外市场，寻找精准用户，提高跨境贸易效率，降低海外推广的时间和资金成本，对锡山区大力发展跨境电子商务无疑是一个重大利好。

【无锡巧克力开心乐园启动建设】9月，无锡巧克力开心乐园项目正式启动建设。无锡巧克力开心乐园是继上海巧克力开心乐园之后，国内第二家以巧克力为主题的乐园。该项目地处轨道2号线映月湖公园站和查桥站中央，占地面积约3.33公顷，计划打造以家庭亲子为主要群体的体验型文化旅游综合体，包括各种以巧克力文化为核心的综合多主体空间的创意乐园，有室内和室外多元化多业态组合形式，将观赏性、娱乐性和美食甜点相结合，打造轻休闲模式的主题乐园。

【全区第二、三期电子商务培训班成功举办】4月18—20日，区商务局组织全区第二期电子商务培训班，有40家企业、个体从业者70人参加培训。该次培训班特邀高校“无锡市创建国家电子商务示范城市”电子商务人才培训兼职讲师杜化俊为参训人员“量身定制”培训课程，并邀请第一期跨境电商培训参训学员、创业初步成功的李明阳给大家谈经验教训、讲心得体会，进一步激发广大学员的参训兴趣，让广大学员在短短的培训过程中初步掌握电商平台的一些要点。12月13—14日，全区第三期电子商务培训班正式开课。区内各板块服务业办公室工作人员，各工业品、农产品加工企业的负责人和管理人员，以及其他从事农村电商的人员约70人参加培训活动。该次培训班，区商务局特别聘请“淘宝大学”的专家讲课，采取“案例＋实操”方式，主要内容涉及农产品电子商务的发展，农产品标准化及品牌建设，淘宝村模式现状与案例分析，淘宝开店流程和运营实操技巧等。该培训活动是自4月锡山区电子商务培训基地挂牌后，举办的第二期电商培训班。区商务局通过建立基地、定期组织培训活动，不仅为政、企、校间架设“纵向沟通”桥梁，还为广大企业间提供“横向交流”平台，更重要的是将会促进锡山电子商务经济的持续稳定发展。

（姚锦春）

粮　食

【概况】2017年，区粮食局以中共十九大精神为引领，全面开展粮食流通现代化达标工作，积极推进企业核心竞争力建设，扎实完成粮库智能化升级工作，进一步提升企业作业自动化水平，扎实完成港下、羊尖粮管所防洪设施建设工程，着力推动对上争取工作，取得突出的成绩；通过产业链一体化市场运行新机制，深入贯彻“三品一精”（品质、品种、品牌和精细化管理）质量管理方针，全面实现全区粮食收储新格局，进一步推动区域内粮食企业的健康发展。区地方粮食储备库通过无锡市AAA级，江苏省A级信用体系建设评定。区粮食局获“2017年度全省粮食安全工作先进集体”称号。在夏秋两季收购遇到复杂形势下，全年收购年内入库稻谷28000吨，小麦18000吨，为保障区域粮食安全贡献了力量，实现了粮食市场供应平稳和质量安全。

【加强粮油稳供】密切关注市场变化，加强粮食宏观调控。坚持制定并落实应急保供预案，完善应急保供网点建设。进一步加强对粮食企业执行政策的执法监督，加快全区粮食收储全新运营模式建设步伐，并与苏北、安徽等优质粮源基地建立战略合作关系，为强化宏观调控、维护市场稳定奠定基础。抓好夏秋两季收购，本地粮食应收尽收。立足本地，严格落实收购政策，做到不压级压价、不抬级抬价，明码标价，以质论价，切实保障农民利益。同时，设立举报监督电话，严厉打击非法收购、违反政策收购等不法行为。抓好仓储管理，保证存粮安全。指导企业提高科学保粮新技术水平，推行仓储“五化”（程序化、标准化、信息化、精细化、高效化）管理新模式，督促企业抓好冬季通风降温及春季密封工作，定期深入廒间对水分、杂质、虫害、粮温等粮情进行动态监测、实时监管，定期召开粮情分析会，对有苗头性问题的粮食及时采取措施，确保储粮安全。落实清仓查库长效管理机制，确保粮食数量真实、质量良好、账实相符、账账相符。全面推行“满意苏粮”App使用，切实提高粮食行政管理效能，减轻数据汇总劳动强度。

【抓好市场监管】深入镇（街道）、企业和社区，利用“3·15”国际消费者权益日和全国粮食科技活动周、两季收购以及其他主题宣传等活动，广泛开展粮油政策、法律法规和粮油科学消费知识宣传，现场发放宣传资料1.5万余份，接受市民咨询450余人次，并实物展示优劣粮食，帮助消费者提高识别能力。召开全区两季收购业务会议及举办粮食收购政策培训班，与收购企业签订“夏、秋粮收购承诺书”和“防范投诉承诺书”，明确相关收购纪律，并通过各镇（街道）农服中心深入做好政策宣传工作，大力营造依法收购的浓厚氛围，确保全区两季收购期间无投诉事件发生。在《新锡山》上刊登《给全区粮农的一封公开信》，宣传国家收购政策，引导广大粮农积极踊跃售粮。组织好全区第七批“放心粮油”经营单位的评审和授牌活动，做到“放心粮油”全覆盖，开展食用油脂、粮食收购资格核查、粮食库存检查、粮食仓库清查等专项检查活动，全年开展市场粮油执法检查38次，抽检样品180件，产品合格率在98%以上，确保区级粮食市场流通有序。

【加强粮食系统安全】强化国有资产管理，对全系统资产进行核对梳理，对103家承租企业全部登记造册，建立详细的基础台账，并实现精细化管理；高质量解决东湖塘粮管所围墙破损倾斜问题，进一步筑牢安全生产防线。建立重大安全事故应急预案，明确职责范围，健全安全生产应急体系。通过举办消防知识培训讲座和职工安全技能培训讲座等活动，进一步强化全系统安全责任意识。全年对系统内各单位、承租户进行安全清查12批次，发现隐患15处，全部及时整改到位，系统安全生产管理进一步走向规范。　（王品元）

供　销

【概况】2017年，区供销社紧密围绕区委、区政府中心工作，认真贯彻中央和省市关于深化供销合作社综合改革的有关文件精神，以服务“三农”（农业、农村、农民）为宗旨，稳步有序推进全区供销合作社综合改革，扎实开展为农服务，全年实现商品销售额165.8亿元，比上年增长8.4%；利润总额21万元，比上年大幅增长；实现消费品零售额18.3亿元，农副产品生产资料2.98亿元。创新工作举措，增强工作活力，全力做好资产管理工作，全年租金收入445.32万元，比上年增长14.2%，资产总额3.1亿元。年初，按要求启动区供销社符合条件人员参照公务员管理的培训、考试、登记、报批等相关工作，并完成职务职级平行办理。

【深化供销合作社综合改革】中央、省、市关于深化供销合作社综合改革的决定和意见出台后，区供销社深入学习贯彻各级文件精神。加强宣传工作，营造综合改革良好氛围。5月，区政府办公室第七期《工作研究》编发题为《深化供销社改革，强化为农服务职能》的文章；8月，区供销社编印《供销合作社综合改革文件材料汇编》，加大对区级机关各部门、各镇（街道）党委政府的宣传力度，为区供销社贯彻落实区委、区政府的改革意见营造良好的舆论氛围。全面细致调查基层供销社、专业合作社等基层组织的发展现状，对无锡市三阳生态农业发展有限公司（以下简称“植物工厂”）进行调查，并撰写情况汇报；组织工作人员到“植物工厂”挂职锻炼，摸清产品生产流程及企业经营情况；配合区国有资产管理部门对社有资产进行清理核实，摸清社有资产家底。通过地域联系、业务联系等方式，强化各基层组织间的横向联系与合作交流，逐步形成有一定规模、一定数量的基层组织储备。稳步有序推进薄弱基层社改造，按照“六个有”（有证照、有场所、有标识、有人员、有收入、有为农服务项目）标准将安镇供销社改造成具有一定自主经营网点、一定综合实力和为农服务能力的合作经济组织，并通过验收。厘清全区供销社综合改革的重点、难点，基本明晰在拓展经营和服务领域、体制机制改革、基层组织建设、社有经济发展等方面的改革发展方向和思路，并完成深化供销合作社综合改革实施意见的送审稿。

【为农服务活动开展】结合区政府、市供销合作总社下达的年度目标任务，区供销社认真制订工作计划，狠抓各项措施落实，提前完成各项任务指标。加强专业合作社、联合社、农资现代流通服务网点建设。新创建无锡箐菊种植专业合作社、无锡中一苗木花卉专业合作社2家专业合作社，组建锡东现代农业专业合作社联合社，在八士、查桥新建2个农资供应网点。建成“植物工厂”体验馆，按计划推进一二三产业融合发展企业建设。积极开展农业社会化服务，推进现代农业综合服务中心建设，大大提升为农服务能力。年内，中东现代农业综合服务中心在原有基础上增添1台收割机、2台烘干机等多台机械设备，土地托管面积增至400余公顷，土地流转面积66.67公顷，服务范围覆盖周边乡镇，为加强与该中心的联系，3月，区供销社组织工作人员赴该中心开展助农增收实践活动，强化供销社系统工作人员的服务意识。大力推进农超对接、农企对接和展销推介等活动，促进农产品流通。9月1—2日，组织中东桃梨专业合作社参加“2017全国农资科技博览会暨全国品牌农产品交易会”，皇冠梨等特色农产品物美价廉，赢得消费者的一致好评。10月15—17日，组织锡山区品牌农产品参加“2017海峡两岸（江苏）名优农产品展销会”，进一步提升锡山区农产品的影响力和知名度。

【加快重点项目建设步伐】 为进一步推动社有企业转型升级，做大做强实体经济，区供销社加大对无锡苏芽食品有限公司的扶持力度，3月，对无锡苏芽食品有限公司增资60万元，累计投资160万元，占股18.18%，计划启动无锡苏芽食品有限公司搬迁工作，原有厂房将对外出租。9月，对“植物工厂”增资100万元，累计持股200万元，用于企业生产和厂房建设。

【规范社有资产管理】 聘请常年法律顾问参与资产管理活动，规范资产经营行为，慎重处理历史遗留问题，确保社有资产保值增值，努力实现资产使用效能最大化。东林大厦商场楼顶的广告阵位租期到期，区供销社配合梁溪区城管局，督促已到期租赁单位拆除原有广告牌，并推进该广告阵位的招租工作；广益新村150号仓库因涉及拆迁，承租人的经营业务受到严重影响，区供销社本着实事求是的原则对承租人进行减租，尽可能为承租人提供良好的经营环境。加强安全生产管理，落实安全巡查制度；定期召开安全生产工作会议，定期开展现场巡查及安全“大回访”活动，全年累计出动276人次，对发现的隐患立查即改，确保全系统不发生重大安全事故。加大资金投入力度，消除系统各资产点安全隐患；落实防汛物资储备及货源，严格按照区政府要求，储备5万余个防汛用编织袋，落实10万个防汛用编织袋等防汛物资货源。

（陆锦华）

烟草专卖

【概况】 锡山区烟草专卖局（分公司），秉承“国家利益至上、消费者利益至上”的行业共同价值观，坚持“与客户共创成功”的服务理念，为地方经济科学发展做出了积极贡献。2017年，“后勤综合管理App的研发”项目，先后获无锡市烟草专卖局、江苏省烟草专卖局、国家烟草专卖局“2016—2017年度优秀QC小组成果发布会一等奖”。区烟草专卖局（分公司）被江苏省质量管理协会评为“质量信得过班组”，被江苏省工商管理局评为“2015—2016年度省级守合同重信用企业”。

【卷烟营销】 秉持“与客户共创成功”的理念，致力服务与管理，对零售户关心的行业政策、货源投放、品牌内涵等热点问题进行系统讲解，就门店的布置，卷烟的陈列、消费者的消费心理、品牌推荐和促销等方面开展多种方式的培训活动，不断提升零售客户的经营能力和盈利水平。全年销售卷烟4.4万箱，比上年增长5.82%，销售总额16.3亿元，比上年增长3.92%，税利贡献5.05亿元，比上年增长9.43%，经济运行质量在高基数上稳步提升。

【专卖执法】 大力推进依法行政，坚持公正廉洁文明执法，把“国家利益至上、消费者利益至上”作为工作的出发点和落脚点，积极履行专卖监督管理职责，严厉打击假、私、非等违法经营卷烟行为，扎实推进法治烟草建设。全年查处各类违法案件458起，侦办非法经营网络案件2起，查获各类违法卷烟981万余支（其中假烟444万余支），上缴罚没款84.4万余元。

【行政许可】 坚持依法许可，建立健全许可证管理制度，实行许可受理、审核、决定三项分离，同时优化许可证办理环节，缩短许可证审批办理时限，减少办证群众等待时间，让群众更加满意。全年受理行政许可866宗，其中新办434宗、延续408宗、变更24宗，办结率100%。

（周　晶）

旅　游

【概况】 2017年，区旅游局坚持抓项目促增长、抓市场促消费、抓创建促服务、抓发展促形象，扎实推进“怡然锡山”长三角旅游目的地建设，实现旅游业的稳步健康发展。全区旅游接待总人数631.5万人次，旅游营业收入8.13亿元，12个重点项目完成投资13.59亿元。无一例有效投诉，无一例旅游安全事故。

【形象定位趋于合理】 立足“全域旅游”发展，编制完善“十三五”锡山旅游规划；制作完成旅游宣传片；制作完成宣传口号和Logo，为下一步旅游独立宣传，扩大锡山旅游影响力和美誉度做好基础准备工作。

【主题活动蓬勃开展】 3月，华东旅游风情展暨百家旅行社巡游锡山活动成功举办。2017年，区旅游局推出首届锡山乡村旅游节，作为节庆品牌，将各个景区和乡村旅游点举办的形式多样的旅游活动串联起来，贯穿全年，提升了整体形象。其中，荡口古镇举办旅游节开幕式和花田音乐节，为旅游节揭开序幕，营造了浓厚的文化氛围；谢埭荡村开展为期一周的文化旅游周活动，将当地特色的渔文化资源用比赛形式进行宣传，举办垂钓大赛、烹饪大赛等活动；山联村举办首届“金色山联”菊花旅游文化节暨“金色山联”杯首届锡山区美食大赛，把旅游节人气推向最高峰；农博园、鹅湖玫瑰文化园、柯园、锡山高科技农业示范园的佳友福田等单位也举办各具特色的系列活动；新星智火、西林农场等乡村旅游点，根据季节特点，陆续举办有机草莓、火龙果、翠冠梨等特色采摘活动。各景点同时充分利用清明节、劳动节、国庆节等假期，开展各类优惠活动，吸引大量游客。

【宣传推介稳步进行】 为进一步促进全区旅游业快速发展，加速提升锡山旅游业和旅游品牌知名度，打造优质丰富的近郊“周边游”市场，2017年，区旅游局进一步加大旅游宣传力度，积极构建“主流媒体、行业媒体和地方媒体”三位一体的旅游形象宣传模式。《锡山旅游》杂志精品化发展，进一步提升杂志品味。为适应智慧旅游和移动互联网的发展潮流，全区旅游微信项目启动，举行线上线下联动活动，增加了粉丝数量。利用市旅游局与无锡电视台合作的大型旅游真人秀节目《周末去哪儿》，推广宣传锡山区旅游景点。通过平面、移动自媒体、传统媒体等立体网络，全方位展示宣传锡山区旅游新形象。坚持旅游宣传精准投入，在《现代快报》《无锡商报》《华东旅游报》《扬子晚报》《无锡日报》《新锡山》等主要媒体均进行专版旅游形象宣传和活动推广。调研文章《关于推进锡山全域旅游发展的思考》刊登在区委第24期《内部参考》上。

【对上争取有序推进】 做好2017年品牌创建工作，1家单位（鹅湖新星智火农场）获批省三星级乡村旅游区（点），斗山白茶园等14家单位获批省二星级乡村旅游区（点），居全市之首。山联村基础设施建设获省级旅游专项引导资金40万元；斗山茶文化中心基础设施项目获市级引导资金4.25万元。山联村山联菊花及火龙果采摘项目获批2017年美丽乡村休闲旅游示范村新增休闲项目。溢盛农庄等4家民宿入围无锡市十大民宿评选。

【行业监管持续有力】 以旅游安全推广为抓手，由局领导亲自带队成立安全检查组，深入旅游景区、景点开展相关旅游单位安全隐患排查。与30余家重点企业签订安全责任书，对各旅游企业就落实目标管理责任制、旅游安全生产的标准化、各企业年度安全生产计划、安全生产各项管理规章制度、安全生产应急预案建立，安全生产宣传和教育培训计划情况进行逐条逐项检查，对有关问题督促相关单位进行现场整改，进一步强化安全生产责任意识。重点时期重点整治，“黄金周”和“小长假”等提前安排部署，确保全区平安旅游。2017年，通过抓好安全组织机构建设，企业主体责任落实，隐患排查治理，专项行动落实，气候安全预警等各个环节的工作落实，全区旅游市场秩序良好、安全工作平稳有序，无安全生产责任事故发生。做好文明旅游台账，制订工作方案，在网站公布服务警示、出境游行为指南、国内游文明公约等。做好无锡感知安全生产系统网上申报工作。

【营销方式不断创新】 与旅游公司、微信平台、电商企业等5家企业签订战略合作协议，并将合作落实到实处。与无锡康辉旅行社有限公司合作，举办华东旅游风情展；与太湖云电商有限公司合作，对锡山旅游企业进行培训，将锡山区旅游商品和特色农副产品整体上线，帮助企业开拓网上商机；与无锡中国国际旅行社有限公司合作，针对短途游客，开设山联村、荡口古镇一日游两条线路，并已推向市场；与无锡锡东会营销策划有限公司合作，举行线上线下各种宣传活动。

针对旅游行业新趋势，举办全域旅游课堂等培训班，提升旅游从业人员的服务能力和水平。

（马芝敏　谈秋明）

金　融

【概况】锡山区不断优化金融服务，加强金融风险防控，推动金融市场稳健发展。全区金融运行良好，驻区各银行存贷业务保持平稳增长，至年末，全区21家银行的各项存款余额1014.14亿元，比年初增加70.73亿元，比上年增长7.5%，贷款余额836.19亿元，比年初增加33.72亿元，比上年增长4.2%。全区存贷比水平82.5%。全区7家农村小额贷款公司注册资本规模余额13.3亿元，融资（或股东借款）规模8689万元。全区7家农村小额贷款公司累计为3408个客户放贷232亿元，在贷客户694户，贷款余额17.3亿元，平均年利率11.9%。实现营业收入7818万元，上缴税收773万元。

【加强银企对接】加强企业走访，做好企业融资协调服务。根据“连心富民、联企强区”大走访活动要求，深入企业了解实情，梳理出有融资需求企业29家，融资总金额2.39亿元，全部向驻区银行进行推介。组织银企融资洽谈会。成功举办锡山区银企融资签约暨外汇服务座谈会，全区499家企业获年度授信103.54亿元。构建信息互通机制。将区重大热点议题、会议及时传达辖区金融机构，及时把区重大产业项目信息、企业上市进展情况、企业融资需求传递给金融机构。

【直接融资发展较快】2017年，全区新增境内上市企业3家（江苏新日电动车股份有限公司、江苏东珠景观股份有限公司、无锡阿科力科技股份有限公司）、新三板挂牌企业5家（江苏大德重工股份有限公司、无锡丰华智慧轮胎股份有限公司、江苏淘车无忧汽车管理服务股份有限公司、邦威防护科技股份有限公司、无锡晶石新型能源股份有限公司）。境内外上市企业累计10家、新三板挂牌企业累计34家。全区资本市场直接融资45.31亿元，其中江苏新日电动车股份有限公司、江苏东珠景观股份有限公司、无锡阿科力科技股份有限公司首发融资15.89亿元，红豆集团发行各类债券28亿元，江苏德诺车道汽车服务股份有限公司、无锡统力电工股份有限公司、无锡丰华智慧轮胎股份有限公司新三板定向增发融资1.42亿元。

【加强互联网整治】加强对重点企业的跟踪关注。根据工信部要求，全面评估了解风险点，督促企业从规模、经营品种上只减不增，及时化解风险。做好金融风险防控。畅通非法集资举报途径，对有群众举报涉嫌非法集资的情况，联合相关部门开展调查，配合司法机关予以处理。做好类金融企业备案管理。加强互联网金融企业的备案管理，对辖区内新设和存量的涉及投资、股权、基金等金融企业，做好工商注册、变更审核工作。

【做好企业财务危机的预警和协调】针对企业在转贷过程中需要协调的难题，积极统筹协调，为企业和银行之间搭建良好的沟通机制，为企业寻求战略合作的重组、重整之路。

【支持农村小额贷款公司创新业务】积极开展互联网科技小额贷款试点工作。抓住省政府政策契机，根据科技小额贷款公司投、贷经营模式和互联网线上经营优势，积极开展申报组建互联网科技小额贷款公司相关工作，于7月初获省人民政府金融工作办公室同意筹建批复，已上报开业申请报告。拓展金融创新产品。全区农村小额贷款公司分别取得开展融资性担保、应付款保函、开鑫贷、中小企业私募债、资产证券化等资格。阿福农村小额贷款公司、恒昌农村小额贷款公司开展中小企业私募债业务分别为7880万元、3800万元，兴达农村小额贷款公司、新丰农村小额贷款公司开展融资性担保业务分别为3500万元、1000万元。

（邹宁倩）

软件和信息服务产业

【概况】锡山区坚持“稳中求进”总基调，全面推进“中国制造 2025”试点示范城市群建设，推动信息化和工业化深度融合，帮助制造业企业全面优化业务流程，推动关键环节的整合与创新，提高经营效率、管理水平和智能制造水平。2017年，锡山区以物联网为龙头的新一代信息技术产业规模稳步增长，全年完成软件和信息服务产业收入65.5亿元，比上年增长12.5%；完成高端软件系统集成领域营业收入3.8亿元；完成大数据产业营业收入3.1亿元，超额完成市政府下达的各项目标任务。

【两化融合】 全区新一代信息技术创新活跃，技术融合步伐不断加快。2017年，新增省两化深度融合创新（互联网与工业融合创新）示范企业1家、试点企业15家；新增市两化融合示范企业21家，新增示范企业数量位居全市首位；中科微至智能制造科技江苏有限公司等6家企业获“市物联网示范应用项目”，3家企业获“市物联网产业化项目”。新日MIKU MIX智趣电动车和普天铁心的以智能立库为核心的变压器铁心智能工厂建设项目入围无锡国家传感网创新示范区第五届物联网十大应用案例。为深入实施“中国制造+互联网”战略，引导企业进一步加大智能化改造力度，组织企业积极申报智能车间评选，其中无锡恒诚硅业有限公司、健鼎（无锡）电子有限公司和恩欧凯（无锡）防振橡胶有限公司3家企业被评为“省级优秀示范智能车间”；无锡超科食品有限公司、无锡法雷奥汽车零配件系统有限公司、江苏新广联半导体有限公司等7家企业入围市级智能车间。组织10家智能制造产业的企业编写智能装备制造应用案例手册，搭建智能制造供需服务平台。无锡微茗智能科技有限公司成为日本发那科公司（FANUC）在国内物联网行业唯一战略技术合作伙伴，被评为“无锡市软件和信息服务业（企业）十大最具影响力事件”。新一代信息技术逐步成为锡山区经济社会赶超发展的重要推动力。

【服务企业】 为深入贯彻落实无锡市“十三五”信息化总体规划部署，锡山区加强与无锡市软件行业协会等相关部门的沟通合作，组织召开锡山区软件产业政策暨信息技术服务标准（ITSS）宣讲会；举办锡山区两化融合管理体系贯标培训班，邀请业内专家对全区制造业企业如何应用互联网技术融合创新进行指导，进一步提升企业运用新一代信息技术的能力；组织企业参与第三届“i创杯”互联网创新创业大赛，其中无锡微茗智能科技有限公司的“工业设备物联网大数据分析整体解决方案”项目获二等奖，江苏晟能售电有限公司的“智慧能源一体化平台”项目和酒龙仓电子商务有限公司的“千城万柜”项目获优秀奖。

【中科微至智能制造科技江苏有限公司】 中科微至智能制造科技江苏有限公司是一家以科技创新为驱动的高新技术企业，隶属于中国科学院，在中国科学院STS（科技服务网络）项目、先导专项及科技部重点研发计划项目的资助下，依托于中国科学院微电子研究所（中国微电子科学领域的最高科研机构），长期专注于计算机视觉、信号处理、自动化控制及多核DSP（数字信号处理）系统的理论研究与技术开发，特别针对物流快递行业的关键核心技术进行长期深入的攻关，取得突破性成果，是世界范围内唯一一家同时掌握快递包裹自动分拣六大核心技术的企业，技术成果达到国际领先水平，在物流行业真正实现中国装备、中国部件、中国器件和中国芯片的梦想。公司主营业务是面向物流快递行业的高端智能化自动化分拣系统的研制和生产，通过高度有效的成本控制，实用性的人性化设计，高度融合的定制方案，高度灵活的工作模式，高度紧密的合作服务五大核心竞争力打造最具性价比的高端自动分拣设备。

【无锡微茗智能科技有限公司】 无锡微茗智能科技有限公司坚持以提升企业核心竞争力为目标，将IT（互联网技术，指在计算机技术的基础上开发建立的一种信息技术）与技术制造业相结合，为企业实现设备网络化、数据集成化、生产自动化提供一站式解决方案，是一家专注于制造企业智能化建设的创新型科技公司。公司以其专业的加工设备数据采集方案以及求真务实、合作创新的经营理念成功服务涉及汽车、模具、3C（计算机、通讯和消费电子产品三类电子产品的简称）、航天、电子等不同行业的知名企业。2017年，公司的“工业设备物联网大数据分析整体解决方案”项目在第三届“i创杯”互联网创新创业大赛中获二等奖。

（俞志雷）

邮　政

【概况】 区邮政分局是为锡山区内各级党政军机关、社会团体、企事业单位和居民等客户提供邮政普遍服务的社会公用性企业。主要经营国内和国际邮件寄递、报刊等出版物发行、集邮、电子商务、产品分销、邮政汇兑、金融、证券、保险、数据咨询服务以及国内国际包裹速递物流等服务。根据国家有关规定，承担邮政普遍服务义务；提供机要通信、义务兵通信等特殊服务。服务区域涵盖锡山区行政范围和梁溪区部分范围，下辖服务网点13个，投递段道78条，邮路单程总长度400余千米，在册职工261人。

【服务社会民生】按照《中华人民共和国邮政法》和《邮政普遍服务标准》的要求，认真做好信函、包裹、汇兑、报刊发行等邮政普遍服务工作和机要通信、党报党刊发行等特殊服务职能，不计盈亏，不论远近，迅速准确传递每一份报刊邮件，以均一低廉的服务资费、遍布城乡的服务网点、深入千家万户的投递网络，保障了广大人民群众，尤其是弱势群体的合法通信权益。2017年，对区内邮政网点布局、硬件设施、服务能力和营业时间进行调整和提升，扩大服务范围，延长服务时间，提升服务水平；加大对投递车辆和设施的投入，加强投递队伍建设，提高投递服务规范化水平，全年投递各类报刊邮件5000余万件，投送快递包裹70万余件。全面推进金融网点销售化转型工作，提升窗口服务水平，所有网点储蓄窗口均开办代收交通罚没款、水电煤费用、有线电视费用业务，用户在就近的网点即可办理缴款手续。全年印发防电信诈骗宣传资料10万份，在金融网点播放防电信诈骗宣传片。6月，开展"'邮'缘在一起·文明在社区"江苏邮政杯社区广场舞大赛，锡山区招募40支参赛队，578人次参加该次比赛，进一步弘扬了社会主义核心价值观，推动形成向上向善、邻里守望的社会风尚。无锡作为全国"警邮合作"首批试点城市，在锡山区邮政3个网点设置试点，业务范围包含补（换）领机动车号牌、行驶证、检验合格标志、机动车驾驶证，机动车抵押、解除抵押登记，机动车联系方式变更等机动车登记业务等；自9月开办后，受理业务1000余单。热心公益事业，面向贫困学子、孤寡老人、病残人员等弱势群体，开展爱心帮扶、爱心包裹等社会公益活动，送去党和政府的温暖与关怀，彰显企业的社会责任与担当。

【助力企业发展】利用邮政绿色通道，助推企业经营发展。依托资金、信息、物流"三流合一"的网络优势，构建覆盖城乡的邮政综合服务平台，实现邮政营业网点、城镇（农村）便民服务站科学合理组网，为企业和经营户提供全天候物流服务和金融资金服务。2017年，新增电商企业110余家，为所有电商企业免费提供仓储服务，新增2个揽收站点，全年揽收国内国际小包300万件。随着移动支付越来越普及，为丰富商贸类客户的收付渠道，邮政提供"聚合支付"收付款平台，助推企业市场开拓。发挥邮政"数据咨询，精准分类，定向传播"优势，利用分众传媒、快讯商品广告（DM）、微信朋友圈、形象期刊、个性化邮票等邮政特有媒体，帮助中小企业发布企业形象宣传信息，为广大中小企业在寻找目标客户、传递产品信息、策划物流配送、代收结算资金等方面提供资源平台。

相关链接

聚合支付：收单机构运用安全、有效的技术手段，对采用不同交互方式、具有不同支付功能或者对应不同服务品牌的多个支付渠道统一实施系统对接和技术整合，并为特约商户提供一点接入和一站式资金结算、对账的服务。

【全面服务"三农"】建设渠道平台加盟体系。依托邮政的网络优势，锡山区渠道平台有加盟店180余家，覆盖至各镇（街道）、村（社区），各加盟店均可常年为群众提供代收水电费、煤气费、通讯费，代售汽车票、机票、分销商品、商品分销、线上代购、金融业务等便民服务，方便农村地区居民的生活，使农民享受到与城镇居民相同的缴费公共服务。依托渠道平台加盟体系，与创维公司联合举办"创维家电节"，以厂家直销方式让利于百姓。充分利用优势资源服务"三农"，为锡山区知名农产品提供销售渠道，2017年，开展甘露青鱼、葡萄、金水梨等邮政渠道销售，打响锡山区农产品名片。

相关链接

渠道平台：用信息技术整合邮政营业、邮政储蓄、邮政投递、报刊零售、自助终端、便民服务站、"11185"客服中心、邮政网站、邮政短信等渠道资源，构建覆盖面最广、服务功能最全的营销服务平台。

（周　芸）

电　信

【概况】2017年，中国电信无锡分公司锡山区局坚持党建统领，加快规模发展、加强存量经营，围绕"2+5"（天翼、宽带，云和大数据、物联网、翼支付、天翼高清、互联网+）战略，聚焦创新促转型，聚力发展促规模，努力实现收入规模和市场份额双提升。

【通信建设与资源投入加强】锡山区局按照区委、区政府要求，加强通信建设与资源投入，大力推进全光通信升级改造，至年末，完成锡山全光镇建设，实时推出手机4G不限量，宽带200M的高速公众宽带服务，确保基于高速宽带承载的智慧家居、智能应用的进一步普及；大力推进电信社区店建设，面向锡山区广大社区居民提供更快捷、更高效的电信服务；积极签约各类商超、店铺翼支付，通过翼支付返利等活动将实惠传递给广大市民。

【电信民生服务推进】 积极参与地方建设、推进各类民生服务。对接区、镇两级招商、建设部门，积极配合区域重点开工项目、重点企业两化融合项目。运用移动互联网大数据分析，助力镇（街道）、综合体等实现人流量统计、消费分析；5月，锡山区全域开通窄带物联网（NB-IOT），锡山区局结合物联网、云技术，强化“平台+通道”的业务模式创新，提升企业信息化水平，推动锡山企业转型升级，助力地方经济发展。 （平 怡）

编辑：钱惠芳

【锡山区文物珍品】

青瓷盘口壶（西晋） （区文管办 供稿）

盘口壶是东汉至唐代流行的一种陶瓷器，两晋时期常用作陪葬品。该壶器形规整，盘口短颈，腹部圆鼓，两肩附有对称小系，有一圈网格纹装饰。壶的釉色浅青泛灰，下腹近底处露胎。

9月1日，区粮食局赴羊尖镇百信北京华联超市开展放心粮油检查
（程再新 摄）

3月23日，区烟草专卖局工作人员走进“物流中转密集区”，采取发放普法“告知书”以及进入快递配送点开展普法小课堂等形式，提高其协助查处非法运输卷烟的自觉性 （周 晶 摄）

12月4日，区烟草专卖局在馨和园广场设置展台，积极开展“12·4”国家宪法日和全国法治宣传日活动 （周 晶 摄）

中国科学院微电子研究所智能制造科技无锡中心　　　　（区经信局 供稿）

11月，中国电信无锡分公司锡山区局党员走进锡北镇斗山花苑社区提供便民服务　　　　（平　怡 供稿）

经济管理

Economic Management

发展改革管理

【概况】2017年，区发改局紧紧围绕建设富强美丽和谐幸福新锡山的奋斗目标，坚持稳中求进工作总基调，凝心聚力、提振信心，在优化经济结构 、促进产业调整升级、推动项目建设、改善金融环境、引导企业上市、深化改革创新等方面进一步发挥发改职能，取得了较好的工作成效。

【突出计划指标】拟订国民经济和社会发展计划。根据锡山区经济社会发展实际，拟订《锡山区2016年国民经济和社会发展计划执行情况与2017年国民经济和社会发展计划草案的报告》，结合2017年市、区两级计划指标要求，分解下达2017年度各板块主要经济指标目标任务。抓好月度经济运行分析。加强统计分析和数据挖掘，及时对全区经济运行进行预警、预测分析，把握经济发展趋势，提出合理建议和应对措施。强化目标任务考核。拟订《关于2017年度开发区、商务区、镇（街道）工作绩效考核的意见》《关于2017年度区级机关部门绩效考核的意见》和《开发区、商务区、各镇（街道）2017年主要经济指标及重点工作目标任务》，充分发挥考核“指挥棒 ”作用，服务经济发展。

【狠抓重大项目】规范项目审批核准备案管理。积极落实国家简政放权有关政策以及省市相关规定，进一步优化流程，确保规范运行、高效服务。2017年，审批、核准、备案项目539个（不包括开发区、商务区），批准总投资311.8亿元。大力推进重大产业项目建设。紧扣区委、区政府关于项目引建各项目标任务，聚焦重点、聚力突破，加快集聚优质项目、不断增强发展后劲。在省、市、县（区）三级联动的重大项目推进活动中，锡山区集中开工有信制造汽车零部件等26个重大项目，总投资145.2亿元。全区105个超1亿元重大产业项目在建97个，在建率92%，至12月末，完成投资176.5亿元。不断推动行政审批制度改革。紧扣区审改办行政审批制度改革工作要点，不断推动项目建设管理“放管服”工作向纵深发展，贯彻落实江苏政务服务网（一张网）、投资项目在线审批平台建设，确保项目审批过程全公开、全透明，梳理并确定企业投资项目备案为“不见面”审批事项，为推动全区项目建设保驾护航。

【着力资本运作】明确目标任务。制定下发2017年全区企业上市工作目标任务，紧扣重点环节，完善部门联动机制，为企业上市挂牌提供便利。加大宣传引导。密切与各板块之间的联系，充分发掘板块的基础性、能动性、全面性作用。加强与企业之间的联系，帮助企业借力资本市场，实现做优做强。落实奖励扶持。对2016年符合锡山区上市及新三板挂牌奖励扶持条件的20家企业，落实相关奖励扶持3759万元。组织32家企业申报省市两级奖励共计1160万元。2017年，新增境内上市企业3家，新增新三板挂牌企业5家。全区累计有境内外上市企业10家，新三板挂牌企业34家，全区资本市场直接融资45.31亿元，资本市场中的“锡山板块”正加速形成。

【优化金融服务】加强组织协调。组织金融机构座谈会，摸清银行信贷政策动向，向金融机构提供区产业发展、项目投资、拟上市企业等信息。9月1日，成功举办锡山区银企融资签约暨外汇服务座谈会，全区499家企业获得年度授信103.54亿元。积极开展互联网科技小额贷款试点工作。抓住省政府政策契机，根据科技小额贷款公司投、贷经营模式和互联网线上经营优势，积极开展申报组建互联网科技小额贷款公司相关工作，于7月初获省人民政府金融工作办公室同意筹建批复，已上报开业申请报告。严密防控金融风险。加强互联网金融企业的备案管理，对辖区内新设和存量的涉及投资、股权、基金等金融企业，做好工商注册、变更审核工作。加强互联网金融专项整治，对重点企业加强跟踪管理。至12月末，全区各项存款余额1014.14亿元，贷款余额836.19亿元。全区存贷比水平82.5%。7家农村小额贷款公司累计放贷232亿元，贷款余额17.3亿元。

【落实产业强区】完善产业扶持政策。本着“聚焦重点、有进有退、规范管理、精准扶持”的原则，对现代产业政策进行调整完善，梳理、汇总28条修改建议，以进一步提高现代产业政策的精准性和可行性。做好申报审核工作。围绕扎实推动全区产业发展工作要求，先后协助无锡福祈制药有限公司、无锡洪汇新材料科技股份有限公司、江苏捷阳科技股份有限公司等10余家企业开展各项产业项目和平台的申报工作，为区内企业创新发展奠定扎实基础。做好特色小镇申报工作。围绕省市特色小镇创建申报工作要求，立足锡山区特色，启动东港镇红豆杉健康小镇、鹅湖镇荡口古韵小镇、羊尖镇绿色慢生活小镇以及商务区跨境电商特色小镇等特色小镇申报工作。东港镇红豆杉健康小镇获批入选无锡市第一批特色小镇培育创建名单，同时被列入省级特色小镇创建培育名单。

【做好牵头工作】 牵头做好经济体制改革相关工作。按照区委、区政府部署要求，负责区经济体制和生态文明体制改革专项小组牵头工作，围绕“三去一降一补”（去产能、去库存、去杠杆，降成本，补短板）五项重点任务，结合锡山区实际抓好落实，着力提高供给体系的质量和效率，推进科技创新、结构转型升级和制度优化。牵头做好对口支援帮扶工作。做好青海省海东市化隆回族自治县扶贫帮扶对接工作，组织企业参加第21届丝绸之路国际博览会暨中国东西部合作与投资贸易洽谈会、海东市招商推介会，和对口帮扶对象保持及时的信息沟通，积极落实帮扶项目，确保帮扶成效。2017年，累计划拨区级帮扶资金650万元。牵头开展区“十三五”基层基本公共服务功能配置情况普查工作。对照《无锡市“十三五”基层基本公共服务功能配置标准（试行）》要求，组织相关部门和板块全面开展并完成“十三五”基层基本公共服务功能配置情况普查工作。

【强化价格监管】 加强价费管理工作。以稳物价、惠民生为出发点，做好粮、油等主副产品的定时跟踪监测和分析，强化平价商店的日常监管，平价蔬菜、粮食等累计销售299.52万千克，销售额2448.44万元，低于市场均价26%，受益群众599余万人次，惠民金额673.08万元。实施商品房价格备案管理，维护房地产市场价格秩序。强化价格维权工作。充分发挥“12358”价格举报热线作用，全年受理咨询、投诉、举报484件，其中投诉、举报办结率97.52%，咨询回复率100%。开展教育收费、商品房价格专项检查，开展节假日市场价格检查，组织开展5次市场价格检查，出动检查人员约20人次，检查单位20余家。做好价格鉴证工作。认真开展涉案物价格鉴定、行政执法案件价格认定、道路车物损价格认定等工作，累计完成各类价格认证案件187件，标的额108万元。 （陈俐萍）

财　政

【概况】 2017年，区财政局紧紧围绕年初确定的各项目标任务，加大财税改革力度，发挥积极财政政策，加强政府债务管理，严格预决算执行，财政运行总体平稳，预算执行情况总体良好，为加快建设富强美丽和谐幸福新锡山提供财力保障。2017年，全区完成一般公共预算收入78.79亿元，比上年增长9.1%。

【助推实体经济转型升级】 全面落实减负政策。全年“营改增”政策减税2.55亿元；全年减免高新技术企业所得税8.01亿元，企业出口退税45.40亿元，福利企业退税3000万元；免征新型墙体材料专项基金、散装水泥专项资金，以及小微企业教育费附加、地方教育附加、残疾人就业保障金等，暂停征收小微企业职业技术教育统筹经费、防洪保安资金，全年减轻企业负担约5000万元。加大财政投入力度。修改完善《关于加快推进现代产业发展的政策意见（试行）》，积极落实现代产业发展、“锡山英才计划”及企业上市和挂牌等扶持政策，进一步加大对产业和人才扶持力度。同时，区本级加大财政投入力度，继续出资1亿元参与太湖（浦发）股权投资基金运作，设立1.50亿元现代产业发展扶持资金，重点用于推进科技创新、总部经济、企业上市、技术改造、外经贸发展和人才引进等方面。积极开展大走访活动。区财政局深入开展“连心富民、联企强区”大走访活动，走进企业了解发展中的难题，积极研究协调解决。全年帮助503家企业对上争取申报项目557个，争取上级各项扶持资金3亿余元，并按规定及时拨付到位。

【加大民生事业统筹发展】 加大精准扶贫力度。通过盘活财政存量资金2亿元，将区特困帮扶基金提高至4.50亿元，全年安排深度贫困家庭救助资金2300万元。进一步加强集体经济薄弱村村级财力建设，贯彻落实《关于推进集体经济薄弱村发展的实施意见》，积极做好经济薄弱村发展专项资金对上争取工作，全面提升薄弱村可持续发展能力。大力开展“阳光扶贫”工作，加快数据录入和修正，及时跟踪工作进度，重点督办走访过程中发现的资金问题。完善社会保障体系。进一步提高居民养老保障水平，基础养老金从月人均370元提高到405元；被征地农民政府保养金从月人均400元提高到425元，全年发放额6.65亿元。就业创业服务体系进一步完善，年内，对吸收就业困难人员的企业及灵活就业人员发放社保补贴5436.58万元。足额保障居民医疗保险财政补助经费，全区安排24.98万名参保居民财政补助资金1.11亿元。机关事业单位全面缴纳养老金和职业年金，上交养老金收支缺口2.67亿元。助推医疗事业发展。进一步保障基层医疗卫生机构平稳运行，安排社区卫生服务中心收支差额补助2240万元。保障公立医院提档升级，安排新锡山人民医院设备设施购置资金1亿余元，四家公立医院综合改革补助1000万元。支持教育事业发展。进一步加大教育投入，足额保障教师工资、学校公用经费、校舍维修改造、免学费补贴等支出；为改善办学条件，全力保障东亭中学、怀仁幼儿园、东湖塘实验小学等新校区建设，全年教育投入14.30亿元。落实绿色发展要求。加大对防治大气污染、水污染、土壤污染和农村面源污染的投入力度，区级安排环境综合治理专项资金3.47亿元，对上争取生态补偿专项经费4.50亿元，安排污水处理服务费、污泥处置费、污水管网建设经费9200万元；安排地铁建设及运营经费、重点工程年内和以前年度工程款及还本付息资金8.50亿元。

【继续规范财政财务管理】 及时调整收支预算科目。按照《财政部中国人民银行关于修订2017年政府收支分类科目的通知》有关规定，及时取消或调整部分非税收入收支预算科目，对其形成的财力全部纳入财政统筹使用，取消专款专用。规范预算编制与执行。按照“金财工程”（政府财政管理信息系统简称GFMIS，是利用先进的信息技术，支撑以预算编制、国库集中支付和宏观经济预测分析为核心应用的政府财政管理综合信息系统，是财政系统信息化建设目标和规划的统称）要求和《关于推进国库集中支付电子化管理改革的指导意见》文件精神，进一步整合完善全区财政业务系统（软件），稳步推进财政支付电子化改革；开展行政事业单位内部控制报告编制工作，研究探索区级行政事业单位部分通用资产配置预算标准；继续推进区级行政事业单位会计集中核算向国库集中支付转轨，累计理顺13个部门的财务核算职能；严格执行上级压减一般性支出要求，全年预计压减在5%以上；继续开展财政存量资金清理工作，及时收回部分财政专户存量资金统筹使用。做好全区债务管理。加强政府性债务风险监控，及时排查风险隐患，明确应急处置措施；组织开展政府融资担保清理整改工作，进一步健全规范政府举债融资机制；按上级要求，再次甄别认定政府债务范围，制定政府债务化解方案。加强财政监督。继续规范专项资金管理，2017年，对现代农业引导资金、学校公用经费和免学费补贴、现代产业发展扶持资金（技术改造经费）、基本公共卫生项目经费等8个项目采取“自我评价 ”和“中介机构评价”两种形式进行绩效评价，提升资金使用绩效；进一步规范预算信息公开工作，除在区政府门户网站统一公开外，还在江苏政务网预决算公开统一平台公开，集中接受全社会监督；加强政府投资项目评审工作，全年完成评审项目26个、核减金额约2亿元；依法加强政府采购监管，加大宣传力度，全年完成政府采购3.42亿元，资金节约率约15%。 （马　俊）

国　税

【概况】 2017年，区国税局贯彻落实中共十八大、十八届历次全会精神，以中共十九大精神为根本指引，以“服务科学发展、共建和谐税收”为主题，紧紧围绕锡山区产业强区发展战略及全年七个方面工作部署，积极投身富强美丽和谐幸福现代化新锡山建设，上下同心、奋发进取，国税工作取得良好进展，为推动锡山经济社会的转型升级发展做出积极贡献。2017年，区国税局、区国税局第二税务分局被评为“江苏省文明单位”，区国税局第一税务分局办税服务厅被评为“江苏省巾帼文明岗”。2017年，完成各类国税收入86.03亿元（含调库收入20.84亿元），比上年增长26.72%。其中，完成国税直接收入65.19亿元，比上年增长22.56%。按税种分析，入库一般增值税36.57亿元（不含调库20.84亿元），比上年增长7.21%；入库企业所得税16.07亿元，比上年增长27.45%；入库“原营改增”税收2.31亿元，比上年增长28.31%；入库“新营改增” 税收10.04亿元，比上年增长121.83%。完成一般公共预算收入41.2亿元，比上年增长42.06%，占全区一般公共预算收入的52%，比上年占比高出17个百分点，国税对地方财力基础性、支柱性、保障性作用不断提升。

【税收优惠政策全面落实】 认真执行落实国务院六项减税举措，及时兑现各类优惠政策。2017

年，办理直接退税25.96亿元，征前减免税款10.97亿元，合计兑现税收优惠36.93亿元，比上年增长42.58%。征前减免税款中属于鼓励高新技术类减免6.24亿元，促进小微企业发展类减免1.36亿元，支持“三农”类减免8134万元，改善民生类减免6972万元，支持文化教育体育类减免6939万元，支持金融资本市场类减免5337万元，支持节能环保类减免4237万元，让纳税人应享尽享各类税收优惠“红包”。

【纳税服务持续优化】 持续推进线上办税，各项具体指标名列前茅，其中电子税务局的使用率100%，大力推广发票邮递“O2O”，发票邮寄比例91.07%，位列全市第一名，让纳税人少走马路、更爱走“网路”。通过扎实举措、深化合作，纳税人满意度实现跃升，在省国税局组织的2017年度纳税人满意度调查中，区国税局排名跃升至全市第一位。在全市率先启动完成“一厅一窗一人一机”国地税联合办税新模式，按照共享办税资源、共商办税业务操作规范及合作岗责体系、共建“小而强”“小而美”“小而优”国地税服务示范区精神，全面实现国地税一窗通办、联合办税要求，纳税人“进一个厅、取一个号、到一个窗、办两家事”，实现征纳“双减负”，纳税人满意度和遵从度不断提升。

【税收管理改革深入推进】 对照省国税局打造新业态总账和市国税局深改台账具体任务，明确责任，查漏补缺，积极实现事前审核向事中事后监管、固定管户向分类分级管户、无差别管理向风险管理、经验管理向大数据管理的“四个转变”，持续开展“以案说法”系列活动6期，切实增强税法威慑力，以敬畏之心执法，促进严格公正文明执法，区国税局风险应对成效大大提升，年内，实现风险应对综合成效3.51亿元，累计直接入库税款3.13亿元（含稽查），综合成效和入库成效大幅度增长，征管组收努力程度、风险管理成效贡献率等重要指标位居全市前列。积极协同区财政局、锡山地税局和代征站顺利召开锡山区个体及零星税收综合管理工作会议，落实《锡山区个体及零星税收综合管理试行办法》文件规定，强化零星个体税收管理力度。

【国税、地税征管体制改革深化】 进一步强化组织领导，完善顶层设计，由区国税局和锡山地税局牵头，区委办公室、区政府办公室制定印发《锡山区深化国税、地税征管体制改革落实方案》《锡山区税收征管保障及税收遵从引导实施办法》《锡山区个体及零星税收委托代征管理办法》“一方案两办法”三个文件，在全区明确深化国地税征管体制改革的思路方案、路径要求，积极构建以“政府领导、财税主管、条块结合、部门协作、社会参与、信息支撑”为主要内容的现代化税收共治格局。

【国税基层建设活力迸发】 坚持党建统领，创新“三五”（筑五基、蓄五力、提五度）党建工作法，争创“红色情怀·党徽闪耀”党建示范点，全面推进基层国税建设。大力开展“8·28” 主题系列活动，包括梦之队“五爱行动”、“百名党员进企业”、“两个服务”（先带领好党员，才能服务好群众；先善待好干部，才能服务好税户）座谈、“纳税人体验日”及风险应对“竞标比武”系列活动，进一步激发税务干部“爱国、爱党、爱税、爱局、爱家”的五爱情怀。组织召开各层级座谈会27场，归集整理基层问题71项，逐一对标并制定26项举措整改。积极开展“脑洞奖”，133名干部踊跃参加，参与率94.33%，两期“脑洞奖”征集意见建议211项，直接采用50项。持续推进“问需求、优服务、促发展”主题实践活动，走访辖区9个地方板块，刊发9期国税专报，解决问题80余个。以快、实、合三字法对焦堵、痛、难点问题，开展“连心富民、联企强区”大走访，先后走访农户354家，企业117户，发现问题43个，解决问题36个。 （朱兴寿）

地 税

【概况】 2017年，锡山地税局准确把握后“营改增”时期地税工作的新定位、新要求，紧紧围绕组织收入工作重心，坚持问题导向，实施重点突破，注重创新集成，巩固改革成效，深入推进“放管服”改革，努力优化税收营商环境，实现收入质量与治税效能的同步优化、办税满意与队伍素质的同步提升，圆满完成全年目标任务。全年入库各项收入74.02亿元，同口径增长17.36%。其中：税收收入38.03亿元，同口径增长32.74%；非税收入35.99亿元，比上年增长5.08%。一般公共预算收入30.48亿元，同口径增长19.95%，其中税收预算收入27.01亿元，同口径增长23.86%。全年完成社保费征收31.98亿元，比上年增长5.64%。

【服务经济】2017年，锡山地税局有效落实税收优惠政策。全年为1048户次企业办理各类自行申报及备案涉税事项，直接减免应纳税额1.59亿元，比上年增长43.53%；减免收入或应纳税所得额13.4亿元，比上年增长103.93%，其中小微企业100%享受政策优惠。完成全市首例个人所得税股权激励优惠备案，涉及金额58.85万元。对欠税费较多、舆情较大的企业提请区法院在失信平台公布名单，公布失信被执行人12户。将社保费欠费申请法院强制执行作为一项常规工作，社保费强制征缴工作不断走上正轨。全年征缴入库社保费29.07亿元，比上年增长5.94%，征缴率99.22%，清理欠费2265万元，清缴户率99.71%。

【改革发展】锡山地税局运用大数据治税理念和“互联网+”思维，围绕征管体制改革进程，进一步完善税收征管服务体系，撤销原有的办税服务便民点，全面实现国地税共建办税服务厅（点），基础管理股进驻对应辖区风险应对分局办公，推行“征”（纳服）、“管”（基础）联动管理。9月初，税收征管服务体系新模式全面落实到位，各项业务运行情况良好。上半年，财产性税源管理平台一期开发圆满完成，实现应用国土宗地共享信息开展辖区内土地税源核查，进一步细化房产税、土地使用税的管理。平台自动筛查推送疑点1062户，完成核查781户，增加应税登记面积166.86万平方米，补缴税款1537.26万元；入库房产税、土地使用税5.27亿元，比上年增长13.33%，比全市房产税、土地使用税增幅高出3.11个百分点。加快推进税收共治示范点合作进程，搭建由区国税局、锡山地税局主抓、多个相关部门联合治理的“2+N”税收共治平台，建立健全“政府主导、税务主责、部门协作，公众参与、信息共享”的税收共治格局。充分利用第三方信息分析应用，全年完成中等风险应对431户，应对绩效38660.06万元。

【纳税服务】锡山地税局持续深化国地税合作，推进“放管服”改革，优化税收营商环境，创新打造“锡山税务”办税服务品牌，提高纳税人满意度。率先试点“一窗一人一机”联合办税新模式，基本实现全区各办税服务网点全覆盖。至年末，完成“一窗通办”业务1.4万余件，服务企业5000余户。推行不动产登记“最多跑一次”改革，与锡山国土分局、区住建局联合开设“交易、纳税、登记三联办”试点窗口，将原先的分别取号办理模式更新为“一次取号、一份资料、内部流转”的新模式，流程总时长缩短近35分钟。联合区工商联与区国税局，成立“锡山区纳税人之家”，进一步实现纳税人维权组织全覆盖。组织开展2016年度企业所得税汇缴辅导培训活动14场次，参训企业2337户。举办个人所得税自行申报培训活动，开通大企业个税自行申报直通车，走进健鼎（无锡）电子有限公司、红豆集团上门辅导。锡山国地税携手服务“一带一路”倡议企业的举措获得省地税局局长江建平批示肯定。另外，锡山地税局积极贯彻落实“重点服务对象走访联系制度”，梳理出辖区内24家“两代表一委员”企业和133家重点税源企业，作为重点服务对象，制订详细走访方案，扎实开展走访服务，确保全局干部人均走访一户以上企业。以党支部为单位，深入厚桥街道中东村，开展“百名党员进村企，便民服务春风行”活动，为企业送上税收优惠政策；建设“蓝翼维权梨花小栈”，由“蓝翼”志愿服务队队员赴中东村，开展涉税维权和法律咨询援助服务，匡扶村民、村企合法权益。先后走访企业110家、农户303户，查找问题107个，已全部解决。

【依法行政】锡山地税局围绕“职能科学、权责法定、执法严明、公开公正、廉洁高效、守法诚信”目标，努力完善执法防控，强化执法监督，全面推进依法治税。认真做好2017年税收执法大督察和重点督查工作，对“坚决不收‘过头税’，严守依法征税底线情况”等六项重点内容开展督察，认真自查自纠，全面总结整改。经自查和市地税局抽查，发现问题147户次，补缴税款10.9万元。开展对国家地税总局随机抽查的40个集团企业、建筑企业、房地产开发企业等重点税源企业的检查，加强对企业所得税、个人所得税和房产税、土地使用税的检查。检查企业33户，结案17户，入库税款472.09万元，自查辅导企业56户，入库税款8430.92万元，稽查职能充分发挥，收入贡献增长明显。对房地产、建筑安装等行业的发票使用情况加大检查力度，联合区国税局对虚开发票、违法受票企业实施精准打击。年内，有7户涉及发票违法问题，涉及金额3534.89万元，查补税款451.86万元，处罚比例

16.86%。2017年，连续第三年被评为“无锡市规范执法示范点”。

【服务社会】锡山地税局坚持履行社会公益责任。以党群共建为合力，依托“蓝翼”志愿服务品牌，开展“地税爱心文化课堂”义教活动，设置“环卫工人爱心饮水点”，继续推进“萤火虫行动”公益项目，实施脑瘫儿童关爱陪护，结对捐助特殊教育学校贫困生，2013—2017年，捐款捐物100余万元。2017年，“蓝翼”志愿服务队被授予“2016年全国学雷锋志愿服务‘四个100’最佳志愿服务组织”称号，并得到国家税务总局局长王军的表扬性批示；锡山地税局还被授予“第五届全国文明单位”称号。（王黎佳）

统计管理

【概况】2017年，区统计局认真贯彻中共十九大精神，落实省市统计工作会议精神，以提升统计服务能力，夯实统计基层基础，提高统计数据质量，加强队伍建设为重点，全力开创锡山区统计工作新局面，为加快建设富强美丽和谐幸福新锡山的目标，全体干部职工通力协作、开拓进取，较好地完成了全年的工作任务。

【统计监测】每月对全年重点指标走势进行分析预测，重点分析投资和产值，形成报告，提供区委、区政府领导参阅。季度及时召开指标数据形势分析会，主要对农业指标、富民指标、科学发展观指标进行预测和分析，确保各指标数据走势平稳。

【统计分析】年初出台《锡山区统计局关于加强信息和分析工作的意见》。邀请市统计局统计分析专家对全区统计系统人员进行授课培训，提高统计分析能力，重点突破课题难点。有针对性地撰写《关于加快推进政务数据信息共享的思考》《大数据时代的政府统计》《城市商业综合体发展现状分析》《居民收入消费情况分析》《规上工业企业产值与纳税销售对比分析》《规上工业企业效益分析》《规上工业企业产值情况分析》《商品房销售面积情况分析》《村级经济发展探索——以锡山嵩山村为例》等，获得区委、政府领导的肯定，其中《规上工业企业产值情况分析》获区委书记陆志坚的批示。2017年，区统计局在区统计局的内外网上和中国·锡山政务E点通协同办公平台上发布统计信息230条、统计分析82篇、课题7篇；被省统计局录用信息17条，被市统计局录用信息44条，被区委、区政府录用信息29条。

【统计普法宣传】利用重要时间节点和新媒体，开展形式多样、生动活泼的统计普法宣传教育，营造依法统计的良好氛围。12月4日，区统计局根据区里统一安排，在馨和园广场设摊进行统计法制宣传，发出宣传手册200余份。通过年报培训会议，对新入库“四上企业”（规模以上工业企业、限额以上批发零售住宿餐饮企业、有资质的建筑业企业和房地产开发企业、规模以上服务业）发放法律事务告知书。

【统计执法】区统计局大力推进依法行政、依法统计，充分发挥法制工作在改善统计工作环境、维护统计工作秩序方面的作用。年初，下发《2017年统计执法计划》。9月，对安镇街道进行“回头看”；10月，对锡北镇进行统计执法检查；受市统计局委托，10月，对羊尖镇进行“回头看”。通过加大统计执法，提高单位对统计工作的重视程度，进一步提高统计数据的质量。两人通过全国统计执法资格培训考试。

【统计行政指导】加强与基层统计机构、重点企业的统计工作联系，深入企业开展调研和业务指导。出台《2017年锡山区统计行政指导工作计划》。5月，对东北塘街道以及该街道32家“四上企业”进行行政指导，有效提高企业统计人员的业务能力和水平。

【组织实施第三次全国农业普查】认真贯彻落实省市农业普查办公室的工作要求，立足锡山区实际，明确工作目标，落实工作责任，精心组织实施。始终保持农业普查宣传力度不放松，采取多种宣传方式，坚持把宣传工作贯穿农业普查全过程。先后组织综合试点、清查摸底、普查小区图绘制、调查对象界定、掌上电脑（PDA）数据录入和处理等培训活动，多方位强化普查员业务能力提升，保证普查工作质量。严格按照省市农业普查办公室数据质量审核要求，及时组织“回头看”，全力抓好数据质量审核和指导督查，保质保量完成数据质量抽查、普查数据补录、核实修正及审核验收等相关工作，确保普查数据质量和各阶段工作任务的圆满完成。

【完善“数据锡山平台”建设】2017年，区统计局着眼于将数据锡山平台打造成锡山区的综合数据库，在征求相关部门以及领导的意见后，在平台数据指标中增添反映全局性的重要指标，满足党政领导和社会各界对统计数据的需求，充分发挥政府综合统计整体功能。利用平台的优势，丰富统计服务产品。开发完成“数据锡山手机App平台”，已在区领导层面上初步推广。

【建立专业与板块对口业务联络制度】为进一步加强对基层统计工作的指导和夯实统计基层基础工作，确保全区统计工作平衡发展，建立各专业科室与基层统计办公室对口联系制度，帮助板块协调解决统计工作中的有关问题。2017年，区统计局各专业科室与东亭街道和锡北镇统计办公室建立对口联系制度，帮助基层培训“四上企业”统计人员200余人次，得到基层的好评。

【建立“荟聚”商业综合体动态监测制度】为了提高和完善综合体统计制度，区统计局挑选区内三个商业综合体进行实地调研，重点了解综合体内商户统计工作；同时为了更全面快速地掌握全区综合体发展态势，建立“荟聚”商业综合体动态监测制度，将调查频率调整为季度调查。

【建立部门统计工作考核制度】加强部门统计基础规范化建设，制定部门统计考评办法，建立网上考评平台。进一步明确和落实部门统计工作职责、规范部门统计管理，建立健全部门统计工作考核办法。根据考评办法，建立网上考评平台，提高工作效率，同时实时记录部门统计工作信息，作为区委、区政府对部门考评的重要依据。

【强化基层统计工作的考核】出台《2017年开发区、各镇（街道）统计考评办法》，考评结果作为区委、区政府对各板块统计工作考核和年终对开发区、各镇（街道）统计办公室统计工作评先评优的主要依据。

【定期召开经济形势与统计工作座谈会】每季度召开开发区、镇（街道）经济形势与统计工作座谈会，与基层统计人员“面对面”加强沟通和交流，及时全面掌握基层的情况和经济发展态势。

【开展村（社区）统计规范化建设示范点创建】根据市统计局文件的要求，区统计局下发《锡山区统计局关于开展村（社区）统计规范化建设示范点创建活动的通知》，并专门召开全区统计办公室主任会议贯彻落实，要求每个板块选取1—2个村（社区）作为创建对象上报区统计局，区统计局再择优选取东亭街道的庄桥社区和东港镇的东升村作为市统计局示范点，并对2个市级示范点进行现场调研和指导，为明年全面推广奠定基础。

【投资项目和“四上企业”入库审批】认真做好“四上企业”和投资项目的审批工作，实行“企业一套表”制度后，所有的“四上企业”和投资项目的进入、退出都要进行审批，区统计局严格按照上级统计部门要求，认真细致收集各项审批所需要的资料，督促和协调区内重点项目、大项目完备入库手续。全年，锡山区申报新增入库“四上企业”196家，通过率100%，其中工业企业136家，服务业企业21家，批零和住餐业企业39家。

【住户调查样本轮换】根据国家、省、市新一轮住户调查样本轮换工作安排，认真做好样本抽选、调查摸底、开户和试记账工作，加强对辅调员的业务培训，确保开户成功率，大力推行电子记账，为新一轮住户调查打好基础。

【月度劳动力抽样调查】全区涉及4个板块的4个村，每村每月调查20户，每月进行50%的样本轮换。加强对样本点调查指导员和调查员的培训工作，确保熟练掌握工作流程、指标解释、报表填报和PDA使用等方面知识。

【人口变动抽样调查】锡山区抽中7个板块的14个调查小区，其中2个为国家调查点，12个为省调查点。认真组织实施“两员”（指导员和调查员）选聘、方案培训、PDA培训、地图绘制、调查摸底、入户登记、数据审核录入，做到不重不漏。

【四众平台年报工作】对全区374家疑似四众平台（为其他企业、团队或个人提供众创、众包、众扶、众筹等服务的单位）的单位进行全面核查，逐个电话查询及实地走访，同时联合开发区科技局、服务外包管理局对两个园区科创园和Vpark园区进行梳理，确定7家四众平台单位并完成2016年年报。

【“三新”重点领域试点项目工作】明确课题，通过初步调研确定三个调查对象，布置报表开展正式调查，调查完成后进行实地走访评估，了解数据收集的基层情况，整理数据完成调研报告和试点项目的工作总结。

相关链接

三新：新产业、新业态、新商业模式专项报表制度。

【投入产出调查准备工作】根据市统计局投入产出调查工作安排，区统计局成立投入产出领导小组及办公室，做好投入产出单位的摸底工作，积极参加上级培训活动，谋划人员配备和培训方案，加强宣传发动，积极主动做好投入产出调查的前期准备工作。

【谋划第四次全国经济普查】为保证锡山区第四次全国经济普查工作有序开展，按照国家、省、市工作要求，紧紧围绕工作重点，统筹安排，扎实做好经济普查的各项前期谋划工作。（高 健）

物价管理

【概况】2017年，锡山区物价局认真贯彻落实省市价格工作会议精神，围绕“扩大消费需求、促进经济结构调整，稳定物价保民生”的首要任务，加强价格监管，规范价格行为，开展价格服务，完善价格监测和分析制度，为富强美丽和谐幸福新锡山建设营造良好的价格环境。

【加强民生价格监管】认真落实无锡市2017年度价格调控目标任务，做好粮、油等主副产品的定时跟踪监测和分析。开展“平价商店规范年”活动。全区9家平价商店制度落实、信息化建设到位，数据智能化传送及时、准确。至12月末，全区平价蔬菜、粮食等销售量299.52万千克，销售额2448.44万元，低于市场均价26%，惠民金额673.08万元。开展平价蔬菜进农贸市场活动，督促各农贸市场规范商品明码标价，规范自产自销区设置，开设平价蔬菜区。全面参与由区市场监督局牵头的相关职能部门对全区农贸市场的打分考核活动。加强收费动态管理。在中国锡山网站实时公开国家、省、市公布的行政事业性收费、涉企政府定价的经营服务性收费项目目录等收费清单。开展涉企收费减免政策落实情况专项检查，重点检查区民政局、区住建局、区交通运输局等重点单位的收费公示落实情况；落实各级收费政策情况。开展企业降本减负政策督查调研。市政府《关于贯彻落实省政府降低实体经济企业成本进一步促进经济平稳发展的实施意见》下发后，在全区范围内开展降本减负政策落实情况督查，从督查情况看，政策落实到位，企业满意。实施商品房价格备案。至12月末，共计备案商品房面积443016.06平方米，备案均价每平方米11320元。5月起，无锡市实行新一轮商品房价格调控政策，超过区域均价的楼盘由市物价局根据成本及周边楼盘成交均价，实行审核性备案，区级物价部门负责做好市物价局和区政府在制定价格时的信息传递和协调工作。

【强化价格检查和价格维权】充分发挥“12358”价格举报热线的重要作用，耐心解答群众咨询，确保人民群众对价格问题诉求渠道的畅通。严格按照法定程序办理价格举报案件，做到认真受理，耐心解释，严肃查处，及时反馈。全年，受理来电来访网络件484件，其中投诉、举报323件，办结315件，办结率97.52%；咨询161件，答复161件，回复率100%。通过调解帮助消费者获得退赔款27.21万元，做到举报件件有着落，事事有回复。节日期间，认真做好“12358”价格举报电话的职守工作，工作时间安排专人接听，其余时间电话录音接听，确保24小时畅通，及时维护人民群众的合法价格权益。

【加强价格综合工作】规范价格认定服务。至12月末，价格认证中心完成各类价格认定案件187件，标的额108万元。充分利用政府网站和“锡山物价”微博等平台加强价格法律法规宣传，发布工作动态，回应热点。开展“3·15”国际消费者权益日现场咨询活动，发放价格资料，解答群众咨询。12月4日，区物价局在馨和园广场，开展纪念国家宪法日暨全国法制宣传日广场宣传活动，现场发放价格宣传资料200余份，现场宣传“12358”价格投诉电话和价格法律法规政策，现场接受群众价格咨询10余件，深受老百姓的欢迎。通过活动，提高了消费者自我保护意识，扩大了“12358”举报电话的影响。（叶亚芬）

土地资源管理

【概况】2017年，锡山国土系统紧紧围绕“保护资源、节约集约、维护权益、改革创新”的工作总要求，主动适应经济发展和国土资源管理新常态，始终坚守资源保护红线，努力提升节约集约水平，不断规范服务管理，坚持推进改革创新，为锡山经济社会平稳健康发展提供有力支撑。

【保护资源成效显著】落实最严格的耕地保护制度，做好永久基本农田划定。积极推进城市周边永久基本农田划定核实举证工作，划定永久基本农田8440公顷，其中城市周边永久基本农田3460公顷。做好锡北镇湖光光电地块6.92公顷耕地耕作层剥离和再利用试点，完成高标准农田建设任务333.33公顷。高标准做好土地整治。2017年，区政府下达各街道（板块）耕地占补平衡任务66.67公顷。全区入库耕地占补平衡项目56个，计划新增耕地面积79.60公顷，已竣工74公顷；入库建设用地挂钩复垦项目5个，计划新增耕地面积2.46公顷，全部竣工。同时，积极拓宽耕地占补平衡指标的外部来源，以每亩35.2万元的价格从连云港市灌云县购买耕地占补平衡指标52.03公顷，在江苏省2017年第四批补充耕地指标挂牌交易中以每亩45万元的价格成功竞得耕地占补平衡指标33.33公顷。

【资源配置逐步优化】全力做好用地保障。全力保障经济社会发展各项用地需求，加快报批和供地进程，完成农用地转用和土地征收8个批次，面积134.12公顷；完成供地91宗，面积330.10公顷。其中，工业项目37宗，面积129.52公顷；经营性项目10宗，面积69.67公顷；民生、基础设施等项目23宗，面积121.61公顷；临时用地供地21宗，面积9.3公顷。全力盘活存量土地。积极与区经信局对接落实技改盘活项目，盘活可利用土地资源351.93公顷，对照省国土资源厅下达的240公顷年度目标任务，完成率146.64%。通过供地盘活消化批而未供土地140.08公顷，对照《消化批而未供土地专项行动工作方案》下达的100公顷目标任务，完成率140.08%。完成地块复绿133.53公顷，实现应绿尽绿。稳步推进低效用地再开发。完成低效产业用地再开发专项规划和年度实施计划的编制工作，确定规划期内低效产业用地再开发规模412.19公顷，地块229个。其中2017年度实施计划目标任务120公顷，完成125.35公顷，完成率104.5%。

【土地执法愈加严格】开展违规违法用地专项整治行动。以专项整治行动为契机，对卫片执法、土地例行督察等尚未整改到位的违法用地进行全面排查摸底，切实落实整改，及时消除违规违法状态。强化土地执法动态巡查。建立“以视频监控为主，实地巡查为辅”的日常动态巡查模式，年内新增50个监控摄像头，做到基本农田和矿产资源违法易发区全覆盖。打好防控查处联动“组合拳”。积极推动落实执法监管共同责任机制，主动与区城管局沟通联系，联合出台《关于建立锡山区违法用地建设行为防控查处联动机制的若干意见》。

【信息化引领智慧守土】依托“锡山区国土资源数据中心”，开展年度变更调查、不动产登记数据（小区）调查整合的在线变更和验收工作，同步推进现状数据和审批数据的对比查看、实时变更、综合统计等特色功能开发。立足“一查多用”的指导思想，创新方法，利用国土资源和行业大数据完成锡山区农村建设用地利用状况调查及地籍调查，率先通过区、市级验收和省级核查，是全省第一批通过省级核查的地区。

【有力保障群众权益】推进不动产登记“放管服”改革。按照“3550”改革部署出台12项不动产改革重点任务，下属6个网点9个集成服务窗口全面实现房屋交易、纳税、不动产登记“一窗受理、集成服务”，全年完成不动产登记办件83034件，发放不动产证书、证明57088份。全面实施不动产登记“5个工作日内”办结制度，所有登记业务在5个工作日内完成（除批量件外），其中实体经济企业可在3个工作日内取得不动产权证书，完成当场办结件30513件，当场办结率37%。做好土地征收与失地农民补偿安置工作。按照《江苏省征地补偿与被征地农民社会保障办法》文件精神，做好土地征收与安置补偿工作，严格规范征地程序，做到依法、依规征地，切实将法律、法规规定的程序履行到位。2017年，批准农用地转用和土地征收8个批次，总面积134.12公顷，新增建设用地面积106.85公顷，农用地面积98.46公顷，其中耕地76.89公顷，安置被征地农民345人。在土地征收实施过程中加强与板块和区财政、人社等部门的配合，按照《江苏省征地补偿与被征地农民社会保障办法》和《市政府关于印发无锡市市区征地补偿和被征地农民社会保障办法的通知》文件，做好土地补偿费的放发和被征地农民保障工作。推动热点、难点问题有效化解。以大走访活动为契机，实地走访企业39家、其他单位18家、农户44户、居民家庭39户，收集各类问题64个，已给予答复或解决58个，办结工单41件，答复率100%。2017年，锡山国土分局受理各类信访230件，比上年增长170.59%，特别是“12345”政府公共服务热线办理件与上年同期相比增加450%。通过积极开展领导接访、下访和包案化解涉土信访积案工作，领导包案结案率100%。

（潘妮尔）

审计管理

【概况】2017年，区审计局落实全面从严治党要求，不断加强党风廉政建设，适应经济发展新常态，落实改革创新举措，推动审计工作不断向前发展，充分发挥审计保障经济社会运行的“免疫系统”功能作用。全年完成审计项目29个，计划外完成固定资产投资审计633个，核减工程款1.98亿元。审计查出管理不规范金额13.77亿元，违规金额557.22万元，损失浪费金额133.35万元，非金额计量问题32个。审计促进整改落实有关问题金额10.60亿元，被审计单位制定整改措施76项。移送司法机关、纪检监察机关、有关部门处理事项3项，金额1.23亿元。审计信息被审计署网站采用1篇，《中国审计》采用1篇，《中国审计报》采用2篇，省审计厅网站采用14篇，市审计局简报采用36篇，《每日情况》采用3篇，《新锡山》采用1篇。

【财政审计】区审计局加强财政审计工作，重点关注财政资金使用绩效情况，是否合理安排、有效使用，同时围绕稳增长、促改革、调结构、惠民生一系列政策措施，关注政策落实情况。2017年，对区本级预算执行和其他财政收支情况（包括开发区、商务区）进行审计，同时对锡山公安分局和区市场监督局年度部门预算执行情况进行审计。通过审计，发现全区性政府专项预算执行不到位、非税收入未及时解缴国库、存量资金未有效使用、部分项目预算执行率偏低等问题。提出合理编制预算，规范预算执行，切实提高预算执行率，盘活存量资金，充分发挥积极财政政策作用等审计建议，财政同级审工作获人大常委会高度肯定。完成专项资金审计5个，涉及专项资金3.92亿元，查出管理不规范金额322.92万元，切实维护福利彩票公益金、惠民技防工程建设资金等专项资金使用安全；完成财务收支审计8个，保障被审计单位收支的真实性、合法性。

【固定资产投资审计】区审计局不断加大投资审计项目力度，提高政府投资建设项目管理水平。重点关注基本建设项目管理程序是否符合审批程序，有无将政府投资项目分解、邀请招标等违反招投标法情形，项目财务管理是否到位等情况。全年完成结算审计项目355个，送审金额8.55亿元，核减金额0.97亿元，审减率11.34%；审标送审项目180个，送审金额22.89亿元，核减工程造价1.01亿元，审减率4.41%；实施跟踪审计98个，送审金额21.95亿元。促进政府投资建设项目不断提高质量效益，为党委、政府决策提供依据。为更好服务区委、区政府工作中心，持续开展覆盖拉网式农村环境综合整治专项资金审计交办项目，促进整治项目各项建设程序合法合规，提出项目管理中进一步完善深化长效管理机制，持续加大工作力度，巩固长效管理成果，切实提升村庄环境管理的规范化、精细化、长效化水平等审计建议。

【经济责任审计】区审计局深化经济责任审计，按照审计全覆盖要求，加强对权力运行的监督和制约，揭露存在问题，促进领导干部廉洁从政、“阳光”用权。关注领导干部贯彻落实中央八项规定和实施细则及省市区委十项规定和具体办法要求精神，加强对会议、出访、接待活动等行政经费使用情况的监督审查。完成经济责任审计项目8个，其中任中审计3个，任中比例37.5%。查出管理不规范金额9.53亿元，违规金额557.22万元，损失浪费金额133.35万元。发现处置国有资产履行手续不合规、违规收费、专项资金使用不规范、财务管理不到位等问题。明确领导干部相关责任，并依照相关法律法规和制度规定，提出明确的整改要求，督促相关单位切实进行整改，促进领导干部正确履行经济责任。

【贯彻落实人财物管理改革试点工作】区审计局积极贯彻落实人财物管理改革试点工作各项任务及相关配套制度，自觉接受上级机关组织领导。加强本地区审计项目计划的统筹和安排，坚持尽力而为，量力而行原则，围绕区委、区政府工作中心，制定全年审计项目计划任务，报本级政府、市审计局审核，并上报省审计厅。围绕改革创新要求，加大审计整改力度。严格执行《关于无锡市审计发现问题整改销号的实施意见》，将审计发现问题纳入审计整改销号表格，确保审计整改工作不留盲点，切实提高审计整改工作实效。加大审计工作统筹力度，坚持上下联动、整合资源，合理安排本单位审计任务，优化审计资源配置。积极选派人员参与上级审计机关项目审计，完成省审计厅统一组织实施的对常州市武进区的保障房跟踪审计；选派5人次参加省创新政策专项资金跟踪审计、涟水县扶贫政策措施落实情况审计、江苏省世行贷款淮河洼地治理工程审计；精选业务科室参加市审计局村级“三资”审计任务等。

【配合其他部门开展系列工作】区审计局积极配合巡视组工作，按照省委第九巡视组的巡视要求，组织人员整理提供2014年至2016年审计监督的相关材料；配合区纪委开展对羊尖镇等单位的专项巡察和党风廉政建设责任落实情况专项检查工作，配合区财政局开展锡山区镇（街道）财政管理专项检查工作，配合区委农办开展农村集体“三资”管理专项检查等，有效发挥审计工作专业优势。（沈　喆）

安全生产监管

【概况】2017年，区安监局紧紧围绕落实企业安全生产主体责任主题，一手抓安全生产责任制的完善落实，一手抓安全隐患排查治理和打非治违，进一步规范安全生产秩序，确保安全生产形势持续稳定。考核年度内，全区安全生产事故死亡人数占指标的94.2%，其中生产安全事故死亡人数占指标的66.7%，道路交通事故死亡人数占指标的98.9%，火灾死亡人数占指标的100%。

【奠定分级管控基础】集中半年时间，发动镇、村两级安监人员，会同中介机构专业人员，对全区企业的基础信息、安全要素进行全面深入彻底的普查，完成信息普查表5632份，全部录入信息系统。全面掌握全区涉爆粉尘、有限空间、冶金煤气、涉氨制冷等高危行业的数量和分布情况，为下阶段安全风险分级管控、隐患排查治理双重预防机制的建立奠定基础。

【改进监管服务方式】确立“专项培训、监督检查、严格执法”的监管程序。在职业卫生、有限空间、涉爆粉尘分行业领域，组织业主和安全管理人员先进行宣传培训活动，明确法规、标准、文件要求，由企业自查自纠后，进行监督检查，对整改不到位和拒不整改的进行严肃查处。做到“明规范在先、细检查在中、严执法在后”。搭建同行业交流互查平台，企业安全管理人员定期到各企业轮流开展现场检查和交流，实现同行业相互借鉴、共同提高的目的。在东港镇新材料产业园成立动火作业安全管理互助服务组，要求园区14家化工企业先行一步，在进行动火作业前必须经过互助服务组的审核把关。

【开展“打非治违”行动】通过监察执法，促进企业主体责任的落实。全年完成执法检查455家，出具各类执法文书1500份，其中责令限期整改指令书377份，现场处理措施决定书48份，发现和消除隐患2130条。对不符合安全生产基本条件、存在严重违法违规行为的企业，坚决依法采取停电、查封、扣押等强制措施，始终保持依法治安的高压态势。全年立案80起，占检查企业的17.6%。处罚79起。其中，5万元以上重大案件19起，处罚金127.7万元；事前处罚共处罚金195.3万元，事前处罚数比上年增加192%；停产整顿10家，停产企业数比上年增加900%。全年实施行政处罚480余万元，处罚数创历史最高水平。

【开展各类宣传教育】开展“安全生产月咨询日活动”、安全宣传系列活动、安全生产校园行主题活动，创建成无锡首个基层大型安全生产宣教基地，开展群众性宣教活动。开展分类培训活动，培训危化品、有限空间、一般企业以及涉及职业危害企业负责人、安全管理人员9544人；加强安监业务培训活动，培训村（社区）主任、镇工业园区分管安全的负责人和专兼职安全管理员250余人；培训区、镇两级安监人员100余人。（李丹丹）

市场监督管理

【概况】2017年是实施“十三五”规划的关键之年，是供给侧结构性改革的深化之年，也是全区市场监督管理系统改革转型的提升之年。区市场监督局认真贯彻中共十九大精神，紧紧围绕区委、区政府工作部署，以全面建成小康社会和建设富强美丽和谐幸福新锡山为目标，全面落实“五位一体”（经济建设、政治建设、文化建设、社会建设、生态文明建设五位一体）总体布局和“四个全面”（全面建成小康社会、全面深化改革、全面依法治国、全面从严治党）战略布局，以服务经济发展、激发市场活力、推动安全发展为首要任务，努力营造良好的市场准入环境、市场竞争环境、市场消费环境，促进经济平稳健康发展和社会和谐稳定。

【深化商事制度改革】 通过扎实开展企业“五证合一”（将工商营业执照、组织机构代码证、税务登记证、社会保险登记证和统计登记证整合为加载统一社会信用代码的营业执照）、个体工商户“两证合一”登记制度改革，进一步落实放宽市场主体住所（经营场所）登记条件政策，积极推进名称和企业设立的网上登记，探索试点企业简易注销制度，营商环境不断改善，市场活力不断释放。全年，全区累计新登记内资企业3413户、注册资本274.79亿元，分别比上年增长22.3%和85.91%；新办外资及港澳台资企业70户、注册资本19.19亿美元，分别比上年增长66.67%和249.3%；新登记个体工商户6895户、出资总额8.26亿元，分别比上年增长41.1%和62.10%；登记“住用商”242户、“一址多照”423家，受理企业名称查询7322家次，比上年增长65.51%，核发电子营业执照2439份，完成20家企业的简易注销试点。全区累计换发企业“一照一码”执照21124张，占在业企业的90.77%，办理个体工商户“两证合一”11149户。

【助推经济转型升级】 深入实施商标品牌战略。2017年，省著名商标新申请10件、再认定24件；获73件无锡市知名商标，6个江苏名牌产品、26个无锡市名牌产品，4家企业跻身江苏“双百品牌”。4家企业获得省AA级以上工业企业质量信用评价。品牌发展工作正获越来越多的企业重视，区内规模企业申报积极踊跃。9月下旬，红豆集团因对品牌江苏建设做出的突出贡献，获省商标战略实施工作领导小组评选的“金帆奖”。着力推动标准化示范项目建设。新增省级标准化试点示范项目1家。积极指导企业主导和参与标准制（修）订，新增主导和参与制（修）订国家标准4项、行业标准2项。助推标准转型升级取得新突破，全区新增国家标准工作组1家。全年获省级促进转型升级标准化补助经费60万元、省级标准化试点补助经费38万元。有力推进企业产品标准自我声明公开试点工作。全年企业产品标准自我公开声明596项。帮助化解企业融资瓶颈。全年办理动产抵押物登记100件，担保主债权价值10亿元。引导和促进个体工商户转型升级为企业，全年办理“个转企”登记35户。

【强化重点领域监管】 强化食品安全监管。全年食品监督抽检任务2900批次，按常住人口计算全区食品抽检率高于每千人4批次。成立区级食品安全快速检测中心，对全区食用农产品、流通环节预包装食品开展快检，覆盖农药残留、硼砂、二氧化硫、甲醛、兽药残留、瘦肉精、三聚氰胺、重金属残留等多种项目的检测。加大对食用农产品、预包装食品的快检频次和力度。创新开展“你点我检、你送我检”抽检活动，全年开展快检400批次。全面落实主体责任，推进食品安全信息公示栏上墙工作，120家食品生产企业完成公示栏全覆盖，餐饮经营服务单位覆盖2750家，覆盖率94%。全年核发食品经营许可证3981张，比上年增长167.62%。建立食品生产经营单位动态等级评价机制，强化生产流通环节市场监管。加强食品安全检查，全年出动7892人次，检查食品生产经营单位5995家次。着力推广食品生产企业安全质量追溯体系建设，年内完成11家，累计22家，实现重点食品生产企业全覆盖。强化药（品）械安全监管。全年，全区药品抽验合格率99.77%。加强动态管理，维护药品零售远程监管平台运行稳定，数据上传正常企业占比为95%，位居全市第一位。开展GSP认证跟踪检查，发现主要缺陷12项，一般缺陷85项，整改后复查10家，给予警告2家。回应热点关注，全面细致开展疫苗排查、医疗器械经营企业冷链排查，未发现违法行为。开展全区社会医疗机构专项整治，检查35家，抽检8批次。做好药品和医疗器械不良反应监测工作，监测报告量质齐升。试点完成58家零售药店标识统一工作，完成全区230家零售药店挂牌清理家庭小药箱工作，让药品安全成为“走心”的民生工程。强化特种设备安全监管。2017年，区市场监督局特种设备安全监察条线出动检查人员2553人次，对1151家特种设备使用单位进行现场安全检查。发现一般隐患77条，整改75条，整改率97%，发现严重安全隐患101条，整改98条，整改率97%，发出特种设备安全监察指令书87份。开展落实特种设备安全生产主体责任专项行动，编制“特种设备安全生产主体责任承诺书”，要求特种设备相关单位签字承诺并开展隐患自查自纠，发放承诺书及登记表4056份，回收2037份。制定《瓶装液化石油气安全管理专项整治工作实施方案》，督促液化石油气瓶充装单位落实向气瓶使用者开展安全告知责任，全年检查相关单位302家次，组织开展隐患自查单位113家，发现并整改一般隐患5条，开展联合检查3次，取缔非法气瓶经营点1家，移交相关部门餐饮单位“三无”气瓶（无检验环、无充装标签、无警示标签）4个。强化网络市场监管。开展网络市场监管、互联网金融广告专项整治摸底排查等专项行动，检查网站、网店2442个，实地检查网站、网店137个，提请关闭网站2家。指导网络经营主体亮标经营，推动网络交易信用监管建设，全年核准884家，亮标366家。

相关链接

GSP：英文Good Supply Practice的缩写，意即良好供应规范，是控制医药商品流通环节所有可能发生质量事故的因素，防止质量事故发生的一整套管理程序。

【加快监管方式创新】扎实做好市场主体信息公示工作。全区2016年度市场主体年报率82.6%。企业经营异常名录管理工作有效推进，全区2557家企业因未履行年报义务、85家企业因通过登记的住所（经营场所）无法联系被列入经营异常名录，其中有850家企业通过补报年报、41家企业通过登记的住所（经营场所）重新取得联系，申请移出经营异常名录。提升农贸市场建设管理水平。积极开展文明诚信市场、平安市场等创建工作，通过定期、不定期地对场内经营户日常经营活动进行打分、评比及公示，进一步提升场内经营户诚信经营、文明经营水平。至年末，全区有五星级市场1家、四星级市场5家、三星级市场7家，星级文明市场创建工作初见成效。集中开展专项整治行动。2017年，集中开展计量器具、民营医疗机构、酒类领域商标侵权、“两车”行业、校园食品安全、火锅类餐饮服务食品安全等六类专项整治，有效遏制违法行为，切实维护广大人民群众的合法权益。积极发挥微信公众号宣传作用。全年发布各类信息163条，至年末，关注人数37000余人，创历史最高水平，并维持稳定上升趋势，访问量19407次，有效扩大市场监管部门宣传的覆盖面和影响力。

【促进市场环境净化】营造放心消费环境。2017年，新增全国12315互联网平台，进一步建立健全消费维权网络，形成渠道畅通、反应快捷、运转高效的全社会消费维权机制，充分发挥“12315”消费者申诉举报、“12365”打假举报、质量申诉和“12331”食品药品举报电话网络等投（申）诉渠道作用，切实履行职能，及时处理消费者在商品质量、服务质量等方面的投（申）诉，全年受理各类投诉、举报3938起，处理3683起，争议金额410.36万元，挽回经济损失267.35万元，合计罚没款81.56万元。组织流通领域商品质量抽查，全年抽查商品214批次，已有检验结果194批次，其中合格125批次，合格率64.43%，对不合格产品作出相应处理，立案27起。坚持规范执法。全年妥善处理行政争议40起。继续做好行政强制执行。全年对13起行政处罚案件申请行政强制执行。强化行政执法与刑事司法相衔接，确保涉刑案件100%移送。强化大案要案查处。2017年，区市场监督局立案查办各类行政违法案件521件，涉案经营额1167.52万元，向锡山公安分局移送15起涉嫌犯罪的违法案件。创建放心消费示范单位。组织辖区内的4家单位进行创建申报，除无锡易买得购物中心有限公司因面临转让外，其他3家单位均通过评审组的现场考核验收，另外组织辖区内的3家单位进行省放心消费创建先进示范单位的创建申报。受理合同争议案件22起，达成行政调解22起，争议金额127.23万元，挽回经济损失67.25万元。营造诚信经营环境。新培育省级重合同守信用企业6家，无锡市AAA级重合同守信用企业25家，392家重合同守信用企业通过复评。规范公平计量环境。对全区29家集贸市场、8个板块的44家社区卫生服务中心的在用计量器具进行免费检定，不合格计量器具全部停止使用，乡镇医院、村级卫生室、计生服务站计量器具修理后合格率100%，新增省级诚信计量示范单位1家。（徐　芸）

海　关

【概况】2017年，无锡海关驻锡山办事处认真贯彻落实中共十八届六中全会和中共十九大会议精神，加强党风廉政建设、业务建设和队伍建设，不断提高把关服务的履职能力，践行“五个坚持”（坚持政治建关、法治立关、改革强关、人才兴关、从严治关）工作思路，固本强基、强化监管、优化服务，圆满完成各项任务，有力地促进了地方开放型经济平稳发展。

全年加工贸易手册设立560份，同比下降3.6%；实际进出口金额13亿美元，同比下降0.3%；内销补税1.67亿元，同比增长33.8%。办理内外资减免税项目备案55个，审批减免税货物征免税证明2716份，审批货值4.45亿美元，减免关税、增值税3.1亿元；办理减免税设备结转7笔；办理免税货物退运5笔；实现后续补税64笔，货值1211.59万美元，补交关税和增值税合计为336.00万元；办理税款担保226笔，审批货值8268.30万美元；办理抵押贷款2笔，货值870.12万美元。在企业管理方面，办理新企业注册1436家；企业信息变更2045家；报关人员备案203人；报关人员注销56人；企业注销184家；出具信用证明102份；新增高级认证企业1家，新增一般认证企业1家。完成常规、专项稽查62家，完成保税核查203家；企业主动披露49家；稽核查补税6396万元；全年移交缉私部门案件线索45条，案值1.48亿元。接受通关一体化、加工贸易一体化两中心后续核查指令10起，确认风险并检查发现问题8起。稽查有效建议5个，反馈提醒了相关部门。

【精准服务企业】关区加工贸易一体化改革后，无锡海关驻锡山办事处主动服务企业，通过现场指定专人负责咨询答疑，完成261家企业易集通通道授权，对1家企业开展单耗自核试点工作，尝试委托中介机构开展保税核查业务。立足现场职能，精准服务企业，协调解决健鼎（无锡）电子有限公司免予征收风险保证金8.6亿元、超特（无锡）化学科技有限公司免予征收风险保证金2500万元、安普瑞斯（无锡）有限公司在上海海关所缴保证金173.94万元退还等问题；加快办理江苏大明金属有限公司手册报核业务，释放台账保证金近1000万元；将红豆集团所属江苏红豆进出口有限责任公司、无锡爱梦服饰有限公司、无锡苏服服饰有限公司、无锡泰伯服饰有限公司纳入不予征收风险担保的“白名单企业”，缓解企业年保证金占用500万元左右。

【扎实推进信用管理】继续推动信用管理体系建设，以提升企业认证质量为宗旨和导向，在企业咨询、前期辅导、实施认证等环节，指定业务专家全程指导，有效规范和提升企业内部管理水平。严把认证质量关口。以提升企业认证质量为宗旨和导向，加强企业监控，严格动态调整企业信用等级程序，确保企业“能上能下”。年内，下调11家企业信用等级（3家企业从高级认证到一般认证，1家企业从高级认证到一般信用，4家企业从一般认证到一般信用，3家企业从一般信用到失信企业）。突出专业化服务，在企业咨询、前期辅导、实施认证等环节，指定业务专家全程指导，有效规范和提升企业内部管理水平。对无锡速捷脚手架工程有限公司申请高级认证企业的需求，无锡海关驻锡山办事处多次派员上门辅导。从企业制度建设、守法规范、贸易安全等多个方面给予指导，企业基本具备申请条件。加强正面宣传引导作用。以新型关企合作关系建设为目标，利用“12360”政策宣讲会、微信推送、走访调研、主流媒体报道等多层次、多形式的方式，大力宣传海关信用管理新政，提高行业、企业对信用管理的认知、认可度。发挥地方信用体系作用。积极参与地方诚信体系建设，与商务、工商、税务、银行、国检等部门实现资源共享，信息互换，积极推动落实国家40个部委《对海关高级认证企业实施联合激励的合作备忘录》，实施联合激励、联合惩戒。

【提升服务效能】主动为企业落实税收优惠政策，协同地方部门开展联席会议、调研走访、政策宣讲，年内对重点企业举办两场减免税政策宣讲会，送政策上门，合力提醒、扶持企业享受海关税收优惠政策。同时，强化减免税工作分析，结合区域实际，梳理集成电路、新型显示器件（偏光片）、外资研发中心3项海关税收优惠政策的分析报告，提出海关税收优惠政策运用对于产业强市的带动作用的建议，为地方主管部门提供决策参考。开展风险联合研判，年内排查出11家高风险企业，检查发现3家企业存在擅自抵押减免税设备事实，提高了减免税后续监管的质量。加大企业巡查力度，巡查企业26家，对8家注册信息失实的企业责令其限期变更企业信息，发挥了企管信息的基础性作用，进一步落实“由企及物”“由企及人”的风险管理理念，防控虚假贸易。贯彻落实《中华人民共和国海关稽查条例》及《海关稽查操作规程》，严格落实稽查执法各项规范和制度，常规稽查随机选取作业对象比率100%。同时，利用综合评定、随机选取、以事定项三个方式，引入社会中介机构参与8项稽核查工作，与中介机构签订廉政协议，防范廉政风险。

【继续深化后期监管】稽查工作主动围绕“多查合一”“常规稽查双随机”“主动披露”“引入中介机构”等业务改革，完成稽查作业62起，保税核查作业203起，主动披露作业49起，稽核查补税6396万元。年内，稽查部门对进出口重点企业、特许权使用费涉及企业、减免税设备使用企业开展政策宣讲10次，参加企业近300家，提高海关稽查的社会影响力和政策透明度，提升企业知法、守法、配合执法等意识。伊顿工业（无锡）有限公司、乐星汽车电子（无锡）有限公司、恩欧凯（无锡）防振橡胶有限公司通过接受政策宣讲，以主动披露方式向海关说明特许权使用费对外支付情况，避免了海关实施行政处罚行为。

（顾明琰）

编辑：钱惠芳

【锡山区文物珍品】

石佛像（北宋）　　（区文管办 供稿）

石佛像，通高17厘米，1975年无锡县地区征集。宋代后，南方中小型石窟兴起，使得佛像趋于小型化。该座石佛像，面部丰腴，双目凝视前方，结跏趺坐，双袖下垂。造像容貌端庄秀美，神情慈爱祥和，显示出宋代后佛像日趋世俗化、生活化的时代风格。

9月14日，区财政局组织党员活动，参观远望号展览馆　　　　（王海青 供稿）

12月8日，区财政局在局会议室举办《共产党人的初心和使命——党的十九大精神学习辅导》讲座　　　　（王海青 供稿）

7月26日，在区行政服务中心，税务窗口“一窗一人一机”正式开通，通办国地税业务　　（区国税局 供稿）

8月28日，区国税局开展“8·28”系列活动，组织升国旗仪式　　（孙曦晖 摄）

12月28日，区国税局开展“百名党员进企业”活动，向新型农业企业宣讲税收政策　　（孙曦晖 摄）

3月9日，锡山国地税深入推进“一窗一人一机”联合办税新模式（林宇亮 摄）

3月30日，升级版锡山区纳税人之家成立大会暨第26个税收宣传月启动仪式在锡州花园酒店举行（王黎佳 摄）

4月12日，锡山地税局税法宣传走进校园（徐晓玉 摄）

1月5日，分管物价的区发改局副局长陆军（左三）在鹅湖镇荡口菜场开展节日市场价格检查　　（蒋丽琴 供稿）

9月21日，锡山国土分局邀请市国土资源局朱敏芳走进柏庄实验小学开展国家版图知识讲座　　（潘妮尔 摄）

12月12日，锡山国土分局与锡山区城管局违法用地建设行为防控查处联席会议在区委党校召开 （潘妮尔 摄）

12月27日，锡山不动产登记分中心取消午休，为百姓收缴土地收益金

（锡山国土分局 供稿）

10月19日，区审计局领导深入一线现场巡查　　　　　　（孙　菁　摄）

2月21日，区审计局开展锡山区惠民技防专项资金绩效审计　　　（章力刚　摄）

6月16日，2017年锡山区安全生产月启动仪式暨送安全生产书籍进企业活动举行

（袁　颖摄）

6月29日，云林街道安全生产宣教基地揭牌仪式举行　（袁　颖摄）

4月13日，健鼎（无锡）电子有限公司向无锡海关驻锡山办事处赠送锦旗

（宋吾妍 摄）

9月20日，无锡海关驻锡山办事处关员在健鼎（无锡）电子有限公司调研

（黄　宁 摄）

城镇建设和管理·环境保护

Urban Construction and Management, Environmental Protection

城乡规划

【概况】2017年，锡山城乡（不含锡东新城）规划以服务供给侧改革、服务产业发展转型、服务保障改善民生、打造“强富美高”新无锡为目标，以“统筹发展、推动城乡一体融合”为核心，以服务地方经济发展为主线，积极创新工作方法和手段，全面抓好各项工作落实，推动全区经济社会又好又快发展。

【规划编制】按照市政府关于总体规划编制的统一部署，积极协调地方板块参与相关工作，开展总体规划纲要、历史文化名城、综合交通规划等专项规划的调研和意见反馈工作。根据市委、市政府关于《锡东生态园》会议要求，协助完成锡东生态园（锡山片区）详细规划的编制工作；积极推进锡东生态园配套工程的规划服务工作；积极落实60班东湖塘实验小学、24班怀仁幼儿园的建设方案和审批工作；大力推进28万平方米安置用房的建设方案审批工作；加强服务，推进工业安置区空间的落实工作；完成金港大道、黄土塘路等9条道路工程的规划方案设计和选址工作。根据市委、市政府出台的《关于加强和改进农村住房建设管理意见》和《关于加快推进村庄规划编制工作的通知》的要求，积极协助区、镇两级深入研究农村住房建设的规划工作，结合特色田园乡村建设，全面协助各镇和涉农街道开展村庄规划编制工作。

【规划实施】贯彻落实全国深化简政放权放管结合优化服务改革精神，针对省市提出产业项目的“3550”、“不见面审批”等办理要求，锡山规划分局加强与区政务办对接，全面梳理业务指南，重点针对立项、规划方案审查、建设工程规划许可证核发、规划核实等阶段，结合项目管理实际，针对实施过程中的主要环节进行优化，向原有办理周期、办理模式挖潜力、要效率，一般工业项目实现行政审批全周期13个工作日。强化高效服务实体经济发展，大力推进“项目直通车”，在区政务办协调下，会同项目建设管理职能部门现场集中办公，梳理问题，快速解决，保证红豆杉生物制药、法兰德机械、锡山阀门等6个项目的快速落地建设。积极围绕“互联网+政务”服务的理念，根据新的形势和要求，进一步优化窗口管理工作，将原先的许可科单一科室派驻人员的模式优化为各相关科室共同派驻人员模式，进一步提升窗口办事效能，实现既受理又办理。对项目提前介入，进一步加强分类指导，全力确保锡山八佰伴生活广场、当代春风湖上、中洲花溪樾、恒大东北塘项目、红豆天一地块、融科二期等重大经营性项目提速推进。至11月末，办结各类行政审批456件，其中一书两证251件、其他205件。

【规划监督】进一步加强与相关部门、各镇（街道）的沟通对接，妥善处理好高效服务和监督管理之间关系，最大程度确保两者有机统一，为经济发展保驾护航。主动向区人大、政协汇报锡山规划在积极推进规划编制、加强规划服务等方面所做的工作，并认真听取服务对象对规划工作的意见和建议，得到社会各界的肯定。针对房地产项目引发的业主维权、上访事件呈现高发态势，继续加强对全区所有在建房地产项目的沙盘、宣传资料进行清查，告知建设项目在宣传、建设等方面存在的问题、下一步整改要求以及注意事项，进一步增强建设单位规范建设的意识，确保建设项目的顺利推进，最大程度避免出现潜在矛盾与隐患。　　（黄铁军）

锡东新城规划

【概况】2017年，锡东新城围绕建设富强美丽和谐幸福新锡山的发展目标，以无锡市城市总体规划修编为契机，积极贯彻落实“城市现代化、城乡一体化”会议精神与锡东新城“产城一体、产城融合”的要求，创新工作机制，强化行政效能，确保重大项目落地，切实发挥好规划的引领和服务职能。

【规划编制】配合完成城市总体规划中期成果，把握锡东新城区作为无锡总体规划确立“一城、两核、三片、六组团”中的产城融合片区的规划发展方向，配合开展总体规划纲要的调研与意见反馈，配合城市更新、综合交通规划等多个总体规划研究专题的编制与研究，积极为地方发展在总体规划编制中争取更多主动；邀请国内著名设计机构清华同衡规划设计院开展旅游度假区总体规划编制与特色小镇规划研究。科学引导度假区规划建设，落实省级度假区考核要求，有序引导度假区特色化发展；以中国南山开发（集团）车联网小镇项目为先导，完成车联网小镇概念性城市设计，打造独具特色的产业、服务、文化与宜居空间。为了扩大公众利益，提升城市综合服务能力，及时开展4个管理单元的动态更新工作。完成春雷、云林管理单元动态更新，增加云林广场用地空间与社区级配套设施用地，优化了春鑫路北幼儿园的用地布局；完成查桥、高铁站南管理单元动态更新，落实查桥小学新建选址、增设民办学校与康体娱乐设施，统筹优化用地布局与交通组织，从整体优先保障了义务教育设施，进一步提升地区教育品质与综合服务能力。统筹全面推进村庄规划编制，辖区内两个涉农街道各选取一个行政村作为试点村，开展村域总体规划编制，统筹整体建设空间，开展发展村建设规划编制，落实农村住房、公共设施及基础设施建设，同时，针对一般村庄建设改造更新进行专项规划研究。自下而上，充分征求村民意见，积极引导街道业务及管理人员全程参与，同步开展村庄规划及管理培训，确保美丽乡村建设与管理协同推进。

相关链接

一城、两核、三片、六组团：由梁溪区、滨湖区全部和锡山区、惠山区、新吴区部分组成的中心城；中心老城和太湖新城；锡东新城片区、惠山新城片区、高新片区三个产城综合片区；玉祁—前洲、洛社、阳山、东港—锡北、羊尖、鹅湖六个外围城镇组团。

【规划服务】围绕“3550”工作方案，全面落实“不见面审批”制度，进一步提升服务效率。优化内部管理，加强内部流转效率；强调项目预审，推进并联审批机制，开好超前服务直通车；强化主动对接，预控审批节点，创立重点项目全程服务模式。2017年，工业项目办理周期全部实现“3550”改革目标要求，其中90%左右项目办理建设用地规划许可证平均周期约1.1天，办理工程证平均周期约1.6天，平均提速率在60%以上。强化保障重大项目建设规划服务。全力确保南京信息工程大学滨江学院建设快速推进。未雨绸缪，将并联审批模式运用于规划服务各个阶段，确保项目各项手续及时办理，快速推进项目建设；积极推进区综合环卫中心规划建设，使该项目成为市政府公布的环卫设施建设计划中第一个进入实质建设实施阶段的项目。积极配合开展重大产业项目招引及服务。主动提供项目地块选址、规划条件等规划指导服务，完成新日新能源电动汽车项目等重大产业项目的规划选址及地块编制，成功促成中国南山开发（集团）车联网小镇、复华文旅、海尔创智谷等超100亿元产业项目，以及安普瑞斯动力、时硕金属、新麦机械等重要工业项目成功签约落户锡东新城。提前储备规划地块，提前介入项目招商，配合参与项目对接与洽谈工作，确保用地开发空间需求，确保商务区面积最大居住地块（万业南地块）顺利挂牌出让。全面助推各类建设项目实施。开展商务区教育设施选址研究，统筹研究教育资源布局，优先落实义务教育设施，着力提升教育品质；加强新锡山人民医院、泰和诚肿瘤医院、厚桥街道养老服务中心、厚桥花苑幼儿园、云林广场等民生项目的规划服务。加快巧克力开心乐园、中隆广场、上药山禾等功能载体与产业项目的推进速度，跟踪做好百宏总部商办项目、宇培电商物流园三期、网新创意产业园、红豆财富广场，盈华置业五星级酒店等产业项目的规划服务。顺应锡东新城已成为全市房地产发展高地的形势，重点做好中梁、美的、融创、蓝光、华润、恒大、建发等一批高品质房地产项目的规划服务引导，巩固锡东房地产高地的地位。2017年，办结各类规划审批与服务事项610余件，其中项目230余件；其他服务事项380余件，大力推进了新城的各项建设与发展。

相关链接

一书三证+方案审查：建设项目选址意见书，建设用地规划许可证、建设工程规划许可证、建设项目规划核实证，建设项目规划设计审查。

【规划监督】强化法治规划与政务公开，积极推行阳光规划与项目落地、依法行政与高效服务相结合，确保项目稳步、顺利推进，为地方发展保驾护航。坚持推进阳光规划与规划落地的有机结合；及时办理市、区人大、政协议案建议和提案；主动向区政协专题汇报在推进省级旅游度假区规划和加强规划服务等方面所做的工作。坚持有效推进违法建设监督管理，及时制止、纠正、整改、处理违法建设行为，有效遏制各类违法建设的行为，维护了法规的严肃性；跟踪管理，及时了解情况和把握动态，强化社会风险控制，配合解决联营电力、开发区科创园等多宗用地历史遗留问题，最大限度化解可能出现的矛盾和问题。（王　丰）

城市建设

【概况】2017年是实施“十三五”规划的重要一年，是供给侧结构性改革的深化之年。区重点办深刻领会“创新、协调、绿色、开放、共享”新发展理念，全面贯彻中共十九大和中共十八届三中、四中、五中、六中全会精神，统筹推进“五位一体”总体布局和协调推进“四个全面”战略布局，坚持稳中求进工作总基调，牢固树立和贯彻落实新发展理念，紧紧围绕区委、区政府的决策部署，深入开展“两学一做”学习教育，积极推进锡山区道桥基础设施及公共设施等重点工程的建设。基础设施建设步伐不断加快，各项重点工程建设按照既定目标稳步推进。道路网络结构进一步完善，完成延祥路北段大修工程、黄土塘路（锡港公路—S228省道）改建工程、电厂路绿化等重点道桥及绿化工程；公共设施建设加快推进，完成锡山人民医院新建工程，锡山区不动产登记中心服务大厅及档案库房维修改造工程、无锡市公共资源交易中心锡山区分中心交易用房维修改造工程、锡山区综治中心业务用房维修改造工程等。

【延祥路北段大修工程】 延祥路北段大修工程位于锡山区，起点为锡太路交叉口，终点为蘅芳路交叉口，路线整体呈南北走向，道路全长2331.549米，总投资1504.87万元。全线按城市次干道标准设计，设计时速每小时40千米，路面结构为沥青砼路面，道路红线宽度18.25米。全线有三座桥梁和一道管涵，其中三座小桥进行拼宽改造，管涵维持现状，保留利用。该项目于2016年6月底开工，2017年3月底完工。

【黄土塘路改建工程】 黄土塘路（锡港公路—S228省道）改建工程位于东港镇，起点为锡港公路，向北延伸，终点为S228省道，路线全长2164.334米，总投资约1800万元。该道路定位为城市次干路，规划红线宽度20米，道路采用一块板断面型式，行车道宽9米。全线新建板梁桥1座，该桥跨越规划排水河道；利用现状坝里桥1座。该项目于3月开工建设，9月底竣工。

【电厂路绿化工程】 电厂路位于无锡市锡北镇、东港镇交汇处，是2017年度锡山区重点惠民工程之一。该工程北起锡东电厂，南至S228省道，全长约2.1千米，包含道路两侧各30米绿化带，绿化面积约12.6公顷，工程造价约883万元，种植各类乔灌木近10000株，色带花卉近1公顷。该项目于7月1日开工，12月15日完工。项目的建成为东港片区乃至锡山区的生态环境和绿地系统的完善奠定了基础，将提高该片区居民的生活和绿化环境，减少垃圾焚烧发电对周边居民生活的影响。

【锡山人民医院新建工程】 锡山人民医院新建工程用地西靠锡东新城南北主动脉锡东大道，南临进入商务区的快速路——新华路—大成路，东为鑫安路，北为益林路。该项目规划总用地面积约6000平方米，按照集医疗、教学、科研、预防、保健、康复、急救功能于一体的现代化综合性三级医院标准建设，拟建成床位1200张。项目分二期实施，其中一期按850张床位建设，建设内容包括门急诊医技住院综合楼、科研生活楼、门卫、污水处理站等单体建筑；二期床位350张的住院楼一栋。该项目总建筑面积16.2万平方米，其中一期建设建筑面积12.8万平方米（地上9.9万平方米，地下2.9万平方米），一期预计总投资10亿元。一期工程中，医技楼5层，住院楼22层，科研生活楼8层。该项目遵循科技为先、适度超前的设计理念，按照绿色二星建筑项目标准进行设计，最大限度地节约资源，尊重建筑与自然的共生，尊重空间的适用，实现绿色医院发展策略。该医院建成后将成为锡东新城商务核心东部的标志性建筑。该工程从开工开始就高标准、严要求，严格按照国家优质工程标准进行施工、验收和管理。该项目一期工程于2014年4月开工建设，2015年6月下旬主体结构封顶，至2017年年末，基本完成土建工程、安装工程、装饰工程，2018年1月竣工，并正式启用。建成后先期开放14个病区，将成为无锡地区医院中首家配置轨道小车物流系统的综合医院。

【锡山区不动产登记中心服务大厅及档案库房维修改造工程】 锡山区不动产登记中心服务大厅及档案库房维修改造工程位于华夏中路5号原锡山区工商局1楼至2楼及西侧辅房，装饰面积约2500平方米。该项目于4月6日开工，7月29日竣工，总投资约550万元。改造内容包括天棚、门窗、卫生间等装饰工程及电气、给排水、应急照明、消防泵房、消火栓、电话网络、监控、灯具及空调设备安装工程。

【无锡市公共资源交易中心锡山分中心交易用房维修改造工程】 无锡市公共资源交易中心锡山分中心交易用房维修改造工程位于华夏中路5号原锡山区工商局3楼至4楼，装饰面积1230平方米。该项目于

8月1日开工，10月30日竣工，总投资约200万元。改造内容包括天棚、墙面、地面、门窗、卫生间等装饰工程，以及电气、给排水、应急照明、消火栓、消防报警、电话网络、监控、灯具及空调设备安装工程。

【锡山区综治中心业务用房维修改造工程】 锡山区综治中心业务用房维修改造工程位于华夏中路5号原锡山区工商局内，为多个部门办公场所，装饰面积约4000平方米。该项目于8月15日开工，12月23日竣工，总投资约600万元。改造内容包括天棚、墙面、地面、门窗、卫生间等装饰工程，以及电气、给排水、应急照明、消火栓、消防报警、电话网络、监控、灯具及空调设备安装工程。 （张 露）

村镇建设

【概况】 全区766台微动力污水处理设施出水稳定、达标，水系水体得到有效净化，农村环境明显改善，取得了明显成效。在日常工作中加强与相关部门的联动，强化对微动力设备运行监管，经监测，全区微动力设备出水合格率在94%以上。针对部分微动力设备零件老化情况制定改造方案，实施整修改造，同时跟进监理、跟踪审计，全面完成设备整修工作。2017年，完成67个村庄生活污水新截污工作，基本实现全区农村村庄生活污水处理全覆盖。全面开展锡山区燃气安全专项整治工作，全年无安全责任事故。

【拆迁安置】 坚持“依法、规范、合力”的原则，狠抓集体土地征收和国有土地司法强拆手段，全年完成47.77万平方米，占计划量的64%，拆除项目38个，比往年有明显增加。强势推进新锡路北延等3个国有土地司法强拆项目和大明商业等16个集体土地司法强拆项目，其中大明商业地块等5个地块年内完成，全力抓好新锡路北延清点工作，确保如期完成新锡路北延项目征收拆迁任务。认真做好涉拆信访工作，确保社会稳定。加快推进安置房建设管理。完成华亭苑二期2.22万平方米和6个新竣工项目初始登记，全年累计通过安置资格审核5166户9975套。完成2017年安置住房上市交易补交土地收益标准和安置满五年征地拆迁安置住房认定工作。完成安置房信息化管理系统的开发工作。

【控源截污工作】 完成2块排水达标区新建任务，完成270块已建排水达标区复查整改，完成排水达标区覆盖范围外排水设施改造375个，完成企业排水许可证专项整治738家，完成安镇、鹅湖污水处理厂扩容主体工程，云林街道竹园浜黑臭河道整治方案通过专家论证。

2017年锡山区房屋拆迁情况一览

表8 单位：万平方米

所在地	拆除住宅	拆除非住宅	总面积
开发区	0.8	9.47	10.27
东亭街道	0.04	1.62	1.66
安镇街道（商务区）	1.45	5.11	6.56
羊尖镇	0.6	0.36	0.96
鹅湖镇	2.82	1.83	4.65
东北塘街道	0.88	2.16	3.04
锡北镇	0.07	—	0.07
东港镇	19.95	0.61	20.56

续表8

所在地	拆除住宅	拆除非住宅	总面积
合计	26.61	21.16	47.77

2017年锡山区安置房建设情况一览

表9　　单位：万平方米

所在地	施工面积	竣工面积
开发区	—	—
东亭街道	2.22	2.22
商务区（安镇街道）	—	—
羊尖镇	—	—
鹅湖镇	—	—
东北塘街道	—	—
锡北镇	—	—
东港镇	—	—
合计	2.22	2.22

2017年锡山区房产开发项目综合验收备案一览

表10

名称	竣工面积（平方米）
长泰国际社区北B一期（B1号至B20号及B1号至B20号、G2号地下室，G2号，G4号）	60338
网新科创园一期（1号至7号、9号至12号及一期地下室）	39777
香颂花园二期（7号至10号、门卫及二期地下室）	96337
世纪嘉城五期（32号、33号、36号、38号、41号至45号、46A号、46B号、变电所、地下车库、A地下室）	89900.51
泉山商业中心一期（4号至11号）	83290.19
绿景雅苑B3地块A区（19号至22号房、G1号至G3号房、大地下室）	122045.92
万花城市广场一期（1号至3号楼、汽车库）	71784.34
东璟家园A2地块（A12号至A25号及A2地块大地下室）	190696.63

续表10

名称	竣工面积（平方米）
阳光福邸东地块一期（1号至8号楼、4号楼商业、5号楼商业、8号楼商业1、8号楼商业2、2号配电间、入口门廊、地下室）	91329.38
泉山商业中心二期（1号至3号）	59353.5
长泰国际社区北B一期A1A2（A1号、A2号、变电所1、大地下室A1A2区）	69690
花海家园一期（1号、2号、3号、5号、6号、8号至11号、17号、20号至22号）	31576.98
鸿景雅园二期（3号至4号商业、25号至56号、58号至59号、61号）	85664.92
金世名园（1号至4号商业、1号至10号住宅、1号至2号配电间、地下汽车库）	117722.97
嘉荫园二期（26号至35号、37号至42号、56号、D1号、D5号）	88269
东望景苑A3三期（78号、79号、80号、变电所1、变电所2、D11地下室）	67874.75
汇灵大厦（商务办公用房）	59742
东方天郡C区幼儿园	3817.04
世纪锦园A块三期、四期（B1号至B15号、配电间2、配电间3、配电间4及室内停车库）	129866
花海家园二期（7号、12号、13号、16号、19号及地下车库）	26443.51
香颂花园三期（11号至16号及三期地下室）	53552
星邻里生活广场（A区商业S1号至S5号）	31650.71
瑞景望府三期（60号、61号、63号、64号、2号小区变电所、3号小区变电所、地下室2）	116769
宁泰华辰大厦	49653
凯旋华庭B区二期（B5楼、B8楼、B9楼、变电所B、B12号至B14号楼、变电所C、变电所D、B15号幼儿园及地下室）	131728
东望商务广场A1一期（1号至5号及地下车库）	161436.48
东望景苑A2一期（4号、5号、6号、7A号、8号<6号裙房>、大地下室）	61687.59
悦诚源筑二期一组团（16号至21号及地下室）	100102.16
锦绣大厦（华夏大厦）	45354
福源华庭一期（A1号至A3号、A5号至A13号、A15号至A21号、B1'号、B1号至B3号、B5号至B9号、B11号、B13号、B16号、B17号、B26号、B28号、B31号、B32号及地下机动车库〈一期〉）	81268.03
新都丽苑XDG-2011-53号地块（13号至17号、13号房裙房、S1号、变电站4、变电站7、地下车库）	129179

（徐　凤）

建筑业

【概况】2017年，全区有建筑施工企业140家。其中，一级企业17家、二级企业37家、三级（包含不分等级）企业84家，施工劳务企业2家。房产开发企业49家，其中一级1家、二级（暂二级）44家、三级（暂三级）4家。全年新开工建筑面积249.36万平方米，办理施工许可证63份，按期办结率和群众满意率均为100%。

【工程质量稳步提高】全区新开工项目面积245.35万平方米。狠抓工程质量，开展住宅工程质量通病防治工作，巩固工程质量治理两年行动成果，以《房屋建筑和市政基础设施工程质量行为执法检查手册》为依据，实现工程质量监督标准化。在日常监督过程中发出局部停工通知书6份，工程质量整改通知书76份，处理质量投诉89起。检测中心完成检测39450项，检出不合格512项，质监覆盖率99%。积极调动建设单位、施工单位创优积极性，明确创优目标任务，全区创建成“太湖杯”优质工程10个。

【建筑安全管理到位】全区有在建项目115项，建筑面积630万平方米。层层落实安全责任，认真开展节后复工安全生产大检查、大型机械设备专项自查自纠、建筑工地施工扬尘专项治理、安全生产大检查和夏季百日执法行动、安全生产宣传教育，检查工地667个次，发出整改通知单253张，排查隐患946条，整改930条，整改率98%；对39项违法违规行为进行立案处罚，全区建设工程安全生产管理平稳可控。

【招投标管理严格规范】扎实做好招投标的日常监督和服务管理，全区建设工程公开招标项目125个标段，工程总额约18亿元，邀请招标项目25个标段，工程总额约14亿元；合同备案项目71个标段，工程总额 49.71亿元。集中开展政府投资建设工程项目招投标专项整治工作。

【城建档案管理不断发展】做好工程建设档案接收、查档服务、库房管理等日常工作，馆藏累计6.5万卷。认真指导安镇街道、锡北镇做好省一级村镇建设档案室创建工作，12月，通过省级验收。

（徐　凤）

房地产业

【概况】2017年，锡山区在建商品房项目67个，全年核准预售商品房面积181.42万平方米，实现商品房销售163.91万平方米，比上年下降25.3%，成交金额157.06亿元，比上年下降10.8%。二手房累计成交59.32万平方米（不含集体土地上各类房产及厂房），成交金额35.76亿元。商品房施工面积126.61万平方米（新开工面积76.86万平方米）。其中，60个商品房项目在建在售，建筑规模1533.31万平方米，核准预售面积823.92万平方米，已售商品房面积601.21万平方米，销售率72.97%。竣工商品房在售项目62个，建设规模605.67万平方米，核准销售面积484.38万平方米，已售商品房面积391.99万平方米，完成销售率80.93%。其中，累计竣工在售住宅小区45个，建设规模478.35万平方米，已售商品住宅337.74万平方米。

【房地产市场管理】全年核发商品房预（销）售许可证63张，核准预售面积181.42万平方米。全区商品房销售面积163.91万平方米，销售金额157.06亿元。行政许可项目全部实现网上运行审批，加强商品房资金监管，按时完成房地产市场月度简报及季度分析报告，建立全区房地产市场基础数据。制定出台《关于加强房地产市场监管的通知》，进一步规范房地产市场秩序。

【房产管理】全区有直管公房约14万平方米，租金收入达到年度目标。进一步加强公房住用安全管理，严格规范公房维修程序，加快落实成幢危险房屋解危腾退加固工作，其中东港镇一栋危房完成加固解危，通过验收。至年末，完成12幢危房主体加固施工并通过验收。认真排查直管公房内文保点10处，并确定启动第一批维修加固点3处，对确定修缮的3处文保点进行勘察和方案设计。

【住房保障】抓好2013年前开工的政府投资公租房分配入住工作，完成省政府要求的分配率达到90%以上工作目标；及时对符合条件的住房困难家庭实施保障，全年新增住房保障对象43户，完成18户住房保障家庭租赁补贴发放工作。

【物业管理】加强从业人员业务培训，积极开展物业管理服务达标和市示范项目验收活动，加强物业行业管理，引导和规范业主委员会工作。做好住宅专项维修资金管理工作，依托完善的信息系统和先进的管理系统，规范资金归集及支取。

【房管社会服务】全面推开房管“122”抢修服务，累计完成抢修服务155次，抢修及时率、回访率、满意率均为100%。及时调处群众来信来访，协调处理信访投诉事件981起，主要涉及物业管理、房屋群租、房产销售等问题，投诉答复率100%。继续延伸白蚁防治及测绘服务工作，签订预防施工合同69份，合同面积421.58万平方米，签发白蚁防治合格证82份，完成124个项目186万平方米的预防施工任务，预防面积与2016年同期相比略有增加，对462户（个）单位及私房进行灭治施工。测绘房屋面积800余万平方米。（徐 凤）

交通基础设施建设

【概况】交通基础设施建设稳步推进。黄土塘路（锡港公路—S228省道）改建工程通过交工验收；黄土塘外环路已完成工程量的60%，2018年3月完工；晃山桥路和西联路完成工程量的70%，2018年3月完工；卢巷路和黄东路完成工程量的85%，2018年1月下旬完工；延祥路（蔺芳路—锡甘路）大修工程正在路面基层施工，约完成工程量的70%，2018年春节前主体完工；锡甘路（夏莲桥—人民路）大修工程于10月上旬进场施工，约完成工程量的20%，合同期到2018年7月完工；东升路（锡港公路—港陈路）改建工程施工队伍于10月底进场，到12月底完成工程量的10%。S228省道大修工程于7月28日正式启动，12月12日全面完工，完成投资额4070万元。深入开展农村公路危桥改造，稳步推进农村公路桥梁提档升级工程，年内全面完成省市下达的农村公路建设任务2.164千米，完成投资额2600万元；完成2座农村桥梁的建设任务，完成投资额460万元。锡北线水上服务区工程建设按期落实，自2016年10月开工建设，主体工程基本完成，待相关部门验收。精心组织实施航道日常养护工程。于11月中旬开工建设的锡十一圩线大东港段航道疏浚养护工程顺利完工并通过验收为优良工程，疏浚长度685米，疏浚土方30012立方米，完成投资额49.77万元。锡山区内等级航道视频监控项目全面竣工，并正式投入使用，完成投资额99万元，在辖区等级航道主要汊口15处设立监控点18个，利用网络实时传送监控情况，对过往船舶进行24小时实时视频监控。

【锡北线水上服务区主体工程基本完成】2016年10月8日，锡北线水上服务区正式开工建设，总投资1960万元，占地面积1.1公顷，建筑面积1420平方米，建设主体工程分为房建和道路护岸两部分，至2017年12月20日，主体工程建设任务基本完成，等待工程验收。

【锡山区首条“感知航道”监控项目完工投入运行】由省航道局统一规划、建设的锡山区首条“感知航道”监控项目于5月8日通过专家组竣工验收，正式投入使用。该项目主要针对省干线航道锡十一圩线（锡北线）锡山段进行视频监控，设立监控点位11个，监控摄像头22个，做到对全程15.79千米的锡十一圩线锡山段视频监控全覆盖。该项目的投入使用，将进一步加快锡山区内河航道智能化、信息化管理的步伐，对规范航政管理减少涉航违章有重要现实意义。

【S228省道大修工程全面完成】S228省道（锡山段）养护大修工程是锡山区公路管理处2017年度的一项重点养护工程，于7月28日正式启动，12月12日完工。该次养护大修主要是针对文八路交叉口至江阴锡山交界全线纵横向裂缝、坑槽、车辙以及局部路面的病害，以整体铣刨、沥青混合料铺装修补为主，整个工程量约150000平方米，投资额约4070万元。（顾丽萍）

交通行业管理

【概况】全力抓好日常养护主业，提升路况管养水平，全年人工清扫路面1778千米，机械清洗路面145万平方米，路面灌缝32650米，铣刨摊铺路面约3000平方米。辖区干线公路路况综合指数（MQI）92.5，优良路率100%，县道公路路况综合指数（MQI）92.0，优良路率94.0%。全年完成优化公交线路5条，新辟线路3条。至年末，全区公交线路81条，城市公交行政村通达率100%，公共交通出行分担率28.25%。大力发展绿色公交，全区投入新能源公交车110辆，其中金色山联专线全部采用新能源公交车。逐步推广使用新能源客运车辆，全区有纯电动客车57辆，油电混合动力客车13辆。全区1143辆汽油出租车有1138辆改装使用压缩天然气燃料，改装率99.56%，提前两年完成无锡市交通运输管理处下达的指标，出租车营运成本每千米减少三分之一。全区驾校379辆教练车有326辆改装使用压缩天然气燃料。全面推进交通干线沿线环境整治“五项行动”，辖区内普通国省道、高速公路、航道、港口、铁路沿线环境综合整治任务全面完成，取得较好的成效。积极落实“四好（建好、管好、养好、运行好）农村公路”建设，严把建设质量关，完成安镇街道跃进桥支座安装病害的整改，确保农村公路建设项目的有序推进。加强锡北线航道保洁管理工作，全年清除水草、白色垃圾、杂物等水面漂浮物及岸脚垃圾500余吨，清除桥洞、驳岸广告标语20余处，较好地改善了锡北线锡山段航道环境。大走访活动进展顺利见成效。充分利用交通服务“双进”（交通运输行业服务进社区、进企业）活动平台，落实“全面覆盖、全员参与、全体联动”的活动要求，扎实推进“连心富民、联企强区”大走访活动，并坚持问题导向，及时梳理和解决企业与村民反映的问题，全年参加大走访人数137人次，分组走访123户农户和42家企业，组织参加村民代表大会及企业经营会议，疏理出各类问题12个；认真办理每一个工单，对涉及公交发展、线路改善、道路设施维护等27个问题全部解决，并派专人对接，得到对方认可。

【运输产业供给侧改革加快】推进甩挂运输发展，促进物流企业联盟发展。加快发展标杆企业甩挂运输、零担运输和集装箱运输业务，开展“公路+铁路”“公路+水路”等多式联运服务，推进城市配送体系工作，积极做好城市配送体系建设服务工作。骨干企业无锡众盟物流有限公司自有营运车辆161辆，合作联营车辆1000余辆，有快货线路35条，业务覆盖长三角、珠三角、东北三省、华南、华中、西南、西北等地区。

【全面抓好交通系统“263”环保专项行动】全面完成港口码头水污染防治工作。由区交通运输局牵头环保、水利、住建和城管部门组成联合检查小组开展三轮码头水污染防治的检查验收，检查码头125家，占任务总数的100%，其中合格118家，占整治任务总数的94.4%，开具整改建议书22份。另外有7家因列入拆除或关停计划暂未实施水污染防治措施。全面完成汽车维修行业挥发性有机化合物（VOCS）治理年度目标任务，辖区内65家一、二类汽车维修企业治理顺利通过检查验收。

【锡东汽车综合性能检测站升级改造完成】根据交通部和无锡市车辆管理所要求，锡东汽车综合性能检测站5月进行招投标，9月9日完成升级换代，改造费用150万元。该检测站按新的行业标准完成检测设备和检测技能升级改造，并相继通过有关部门验收，进一步增强检测站市场竞争能力。

【锡山区2017年汽车维修技能大赛成功举办】大赛由区交通运输局、区人社局、区总工会联合举办，是专门为锡山区汽车维修从业人员进行的一次大型行业专项技能培训和比赛，投入费用近50万元，历时4个月，区内所有维修人员参赛不收取任何费用。经筛选，全区有44家企业108名选手参加比赛，一次性发放国家承认的高级工等级资格证书90张。通过比赛，不仅提高了锡山区汽车维修从业人员的业务素质，还体现了锡山交通为民办实事的精神。

【无锡市公路养护应急处置中心锡山基地一类工区机械设备标准化配置完成】2017年，4台标准扫路车、1台高压清洗车，1台沥青摊铺机以及裂缝测宽仪、绿篱修剪机等一批小型公路桥梁养护设备先后列装无锡市公路养护应急处置中心锡山基地，完成其一类工区机械设备标准化配置。该标志着锡山公路养护机械化水平又迈上了一个新的台阶，实现了基地机械配置成套、养护水平机械化，加强了应急养护和专项养护等的服务提供能力。

【G312国道绿化提升创建文明示范路工作完成】为期一年的G312国道绿化提升创建文明示范路工作圆满完成。主要包括三个方面，分别为G312国道中心绿化景观提升工程，投资额125万元；G312国道安保工程，投资额80万元；G312国道路域环境整治，投资额147.35万元。经过创建，有效提升G312国道（锡山段）的路容路貌，并建立长效管理机制，为2018年锡山区交通干线环境综合整治的持续深入开展打下扎实牢固的基础。

【交通干线沿线环境综合整治五项行动任务完成】2017年是交通干线沿线环境综合整治“五项行动”的第一年。辖区内普通国省道，整治G312国道、S342省道、S228省道三条，累计整治乱倒乱扔、乱贴乱画71处；迁移公路用地范围内垃圾桶38处；清除公路两侧“白色垃圾”314处；清理侵占路基路肩、疏通边坡边沟54处；清除柴草、砖石、垃圾堆等堆积物38处；整顿摆摊设点105次；整顿占用公路打谷晒场3处。辖区内高速公路，整治G42国道沪宁高速、S19省道锡通高速两条，累计清除桥涵下方空间范围内的“白色垃圾”、生活垃圾、建筑垃圾等各类垃圾404平方米、非法堆积物165平方米、非法搭建物4平方米、非法种植物38平方米；清除高速公路建筑控制区范围内的非法搭建物（含建<构>筑物）229平方米；高速公路用地外缘起100米范围内的建（构）筑物陈旧立面粉刷、破旧屋顶整修等364712平方米。辖区内河干线航道，整治锡十一圩线，左岸16.05千米，右岸17.75千米，明确锡十一圩线航道水面保洁工作单位，累计完成清理垃圾19处；修复航道里程牌5块。辖区内港口码头，整治125个，累计完成水污染综合防治工作码头118个。辖区内铁路整治为京沪高铁，拆除违法建筑4处，计75平方米，清除违章设置的各类横幅广告18处，新增绿化面积7000平方米，清理红线内生活垃圾、建筑垃圾、乱堆乱放的物料等97处，计359.9立方米，绿化20.45千米。（顾丽萍）

城市管理

【概况】2017年，区城管局紧紧围绕全区中心工作和全年目标任务，奋发进取，担当作为，圆满完成年度各项目标任务，营造了整洁有序的城市环境，为全区经济社会发展提供良好的环境保障。

【城市管理综合创建】不断提升城市管理工作创建水平，圆满完成全国文明城市省级复查测评迎检保障工作，成功创建“江苏省优秀管理城市”。“9351”城市环境综合整治接续行动圆满收官，完成1个城郊接合部、1处占道集中区域、4个建设工地、1.45万平方米违建拆除的整治任务和1处经营疏导点、2处30辆公共自行车、73处户外广告的设置任务以及136个城市家具、1座公共厕所的改造出新。

相关链接

“9351”城市环境综合整治：即“九整治、三规范、五完善、一提升”，整治城郊接合部、整治城中村、整治棚户区、整治老旧小区、整治背街小巷、整治城市河道环境、整治低洼易涝易淹片区、整治各类工地、整治违法建筑；规范占道经营、规范车辆停放、规范户外广告设置；完善城市各类公共家具、完善绿化配套设施、完善地铁道口周边设施配套、完善公共自行车布点、完善城区公厕配套；提升城市长效管理水平。

【村庄环境长效管理】深入推进村庄环境长效管理，加强村庄日常保洁、设施维护、绿化养护管理等工作，巩固提升村庄环境管理成效。牵头组织好定期检查和交叉检查，突出加强暴露垃圾、村级河道管理，加强问题整改，促进长效管理工作。2017年，组织区级检查6次，累计抽查9个镇（街道）80个行政村（社区）的1050个自然村庄，抽查比例76.6%。加强市级村庄环境长效管理示范村创建，东北塘街道正阳村厚庄巷、东港镇黄土塘村严家庄等15个村获评市级村庄环境长效管理示范村。2017年，全区村庄环境长效管理工作年度考核位居全市第一位。

【老镇区环境综合整治】按照“展现地域特色、浓厚文化氛围、丰富城镇内涵、营造宜居环境”的原则，全面推进查桥、八士、甘露、东湖塘4个老镇区21条道路和1个广场环境综合整治，通过实施环境整治、形态包装、设施改造，老镇区环境面貌得到明显改善。

【数字城管建设】推进数字城管建设，制定区级数字城管平台软硬件升级改造方案，结合区委政法委牵头的“数字锡山”项目，统筹规划整合全区视频监控资源。全面加强数字城管平台绩效案件整改工作，定期通报各镇（街道）和相关横向部门案件整改情况，通过锡山城管微信群，加大重点案件督办整改力度，提高案件整改时效，提升数字城管平台运行成效。2017年，通过平台落实办理案件18547个，按期处置率99.44%，按期结案率96.36%。

【市容秩序管理】全面巩固“江苏省优秀管理城市”创建成果，先后开展“奋战两个月，市容大提升”、夏季占道经营“三项整治”、工程运输车辆联合执法专项整治、“百日会战”市容环境提升等大型整治活动，对辖区内无证设摊、店外经营、夜排档、道板违停、“三乱”（乱张贴、乱涂写、乱刻画）、运输车辆擅自运输、抛撒滴漏等各类显见性市容违章进行重点整治。2017年，查处无证摊点1426个，查处占道经营546起，查拍车辆违停13835起，实施三乱报停725起。加强共享单车新生事物管理，约谈共享单车运营单位，明确共享单车停放管理要求，全年规整共享单车停放3千余车次。

相关链接

三项整治：龙虾摊（店）、烧烤摊（店）、水果摊（店）整治。

【违法建设整治】强力推进违法建设整治，坚持对违法建设“零容忍”，严控新增违建，结合住建部下达的5年建成区违法建设整治工作，推进历史违建整治，形成违法建设整治高压态势，违法建设整治工作力度不断加强。2017年，累计拆除违法建设1016起，拆除面积9.51万平方米，完成年度任务164%。

【建筑垃圾管理】实行城区工地24小时视频监控管理，加强工地出入口环境、渣土运输车辆车容车貌源头管控，严控车辆带泥上路行为。严厉整治车辆抛撒滴漏等行为，严格审核备案渣土运输线路162条，加强车辆运输线路、出土点和消纳点“两点一线”巡查。2017年，查处渣土车辆违章行为306起，罚款742500元，工地及道路环境质量有效提升。落实人员24小时值守，安装视频监控加强对偷倒高发路段全时段监控，严防主要道路偷倒建筑垃圾行为。2017年，累计查处建筑垃圾违法偷倒行为35起，协调公安部门介入偷倒建筑垃圾处置6起，有力震慑偷倒者，有效遏制偷倒行为。

【户外广告管理】按照全市楼顶及墙面外挂建（构）筑物专项集中检查要求，组织拆除安全隐患设施15处。加强违章设置户外广告整治，强力拆除东亭路跨线桥、兴塘大桥、锡宁路跨线桥两侧违法设置的大型户外广告，切实消除安全隐患。

【生活垃圾运输车辆监管】按照锡东电厂复工保障要求，为确保运输车辆做到“全密闭、无异味、无渗漏、无抛洒”，落实人员、车辆，明确责任分工和要求，严格开展锡东电厂生活垃圾运输车辆检查工作，从2017年8月30日锡东电厂启动运营开始至年底，检查锡东电厂进厂生活垃圾运输车辆1.5万余辆，高标准、高要求做好生活垃圾运输保障工作。（房　胜）

公用事业

【环卫设施建设】按照锡东电厂复工保障要求，全面完成镇（街道）6个小型中转站进出道路、压缩设备等设施更新改造，完成全区生活垃圾运输车辆、箱体和中转站更新改造工作，全区更新生活垃圾转运车辆12辆，有力保障全区生活垃圾转运工作。2017年，全区清运生活垃圾29.5万吨，比上年增长11%，生活垃圾收集率、清运率和处理率始终保持100%，生活垃圾无害化处理率100%。加大环卫终端处置设施建设力度，启动区环卫综合作业中心建设，完成50万立方米建筑（装潢）垃圾消纳场建设，推进500万立方米建筑（渣土）消纳场建设。加强城市公厕改造提升，完成5座公厕新（改）建。

【生活垃圾分类试点】按照“263”专项整治行动目标要求，推进生活垃圾治理工作，开展生活垃圾分类收集试点工作，完成东亭城区春江花园一二三期、首创隽府、华亭苑、蔚蓝都市花园、柏木南苑等小区和其他镇（街道）部分小区生活垃圾分类设施覆盖建设。研究制定《锡山区生活垃圾分类工作实施意见》《锡山区开展“垃圾分类——公共机构率先行动”活动的实施方案》，按照《无锡市生活垃圾分类设施配置指南》的标准和要求，指导东亭街道、云林街道完成生活垃圾分类收集设施覆盖率达25%的年度目标。

【公用设施管理】完成全区36条城市道路6119座雨水收水井清淤工作，更换雨水井盖233套，抬平雨水检查井33座，对友谊路、东亭路等道路9处积水点进行整改，增设管道158米。整修沥青路面7900余平方米、人行道2200余平方米、路侧石560米，沥青路面灌缝27311米。对58座城市桥梁桥面伸缩缝逐一清理，更换友谊路长征桥北堍水泥护栏，保障桥梁安全。完成照明箱变预防性试验和路灯接地超标整改工作，有效消除照明设施用电方面的安全隐患，累计更换路灯光源3000余盏、电源103个、电缆线730米，处理线路故障13次。做好道路交通安全设施日常巡查、维修工作，整修护栏900余米、警示（隔离）桩89根，设置人行道提示牌68套，漆划交通标线21400余平方米。加强馨和园、长流湿地公园、景苑等5座公园长效管理，做好园内设施的日常保修、秩序的日常管理和安全的保障工作，协调东亭街道完成长流湿地公园外围墙修补工作。

【园林绿化管理】推进完成48万平方米建成区绿化建设。完成绿化一期标段整合工作，实行养护经理现场办公、作业车辆定位（GPS）监管、养护项目定期互查等举措，加强绿化养护质量监管，切实提升绿化养护品质。结合绿化养护管理的精细化要求，完成春秋两季苗木补种等工作，补植各类乔灌木3987株、草坪色块等5万余平方米、更换草花4万余平方米。全力做好重要节点绿化景观提升工作，完成S228省道与金港大道西南角节点、赛维拉小区东出入口等节点的绿化提升工作。全年办理审批件59个，其中移植树木、临占绿地案件8个、绿化工程方案审查26个、绿化工程竣工验收备案25个，办结率100%。（房 胜）

环境保护

【概况】2017年，全区环境空气质量优良（空气质量指数小于等于100）天数210天，环境空气质量优良天数百分比59%；主要大气污染物细颗粒物（PM2.5）年平均浓度比上年下降10.9%；国考钓渚大桥断面达到Ⅲ类水质，省考庙桥断面达到Ⅳ类水质；全年自测主要污染物排放量削减率完成市下达任务。

【污染物减排】重点抓好污水处理厂新建、扩建、改建，重点河道清淤、煤改气等工程绩效核算，全年化学需氧量、氨氮、总氮、总磷、二氧化硫、氮氧化物削减量完成市下达任务。开展排污许可证全覆盖和污染排放量确权工作，安排部署1800家企业纳入排污许可系统管理中，全年发放国家级排污许可证41张，市级排污许可证638张。贯彻落实国务院《土壤污染防治行动计划》（简称“土十条”）相关要求，完成全区400余个重点地块卫星遥感布点工作，核实并确定107个重点地块，同时对2006年后关闭的257家化工和重金属企业进行复核，对地块现状进行梳理汇总。启动18个重点地块的场地调查和风险评估工作，评审南京信息工程大学滨江学院地块土壤修复方案等重点工程。全面启动在产企业的土壤污染日常监测监管工作。完成10家企业的强制性清洁生产审核工作，不断降低企业能耗、物耗，减少污染排放。

【环境综合整治】强化水环境综合整治。区环保局、区水利局以及各镇（街道）组成13个工作组，利用1个月时间对29条区级及以上河道排水口进行全面排查，发现和整改问题81个。切实加强水质监测监控，做好“区域补偿”“河长制”全覆盖、河道综合整治验收、太湖流域预警等监测工作，为科学治理提供技术支撑。开展太湖安全度夏行动，紧紧围绕重点区域、重点行业、重点企业，对废水治污设施运行和达标排放情况进行检查，严厉打击涉水违法排污行为，有效减少入湖污染。太湖安全度夏期间，检查企业210家，出动检查人员642人次。锡山区列入省市考核的32个太湖治理工程均完成年度任务。强化大气污染防治。按照省市“两减六治三提升”专项行动计划要求，制定锡山区挥发性有机物整治专项行动分方案。完成新材料产业园园区挥发性有机物摸底调查，明确每家企业的排放总量，并在无锡市排污许可管理系统中完成申报。全年完成94家化工企业的泄露检测与修复体系建设，18家重点行业的挥发性有机物整治，59家汽车零配件制造、集装箱企业的挥发性有机物综合整治工作。完成300余家企业的全国挥发性有机物普查申报工作。在全区印刷企业开展试点整治，打造行业整治样板工程。区级层面成立4个联合巡查组，全力做好秸秆禁烧巡查工作。全力做好国家公祭日、无锡物联网大会和秋冬季节重污染天气应对期间各类保障工作，动态更新全区空气应急管控保障限产、停产企业名单，并全面落实各类应急管控措施。完成各类上级督查工作和应急保障任务，接报突发环境事件信息为零。完成市下达的PM2.5平均浓度下降目标。

【行政审批管理】严把项目环保审批关，加强对项目的全过程监管，大力促进经济转型和产业升级。全年完成建设项目环评审批103件，比2016年增加46件。劝退不符合环保要求的项目6个。完成“三同时”（新建、改建、扩建的基本建设项目、技术改造项目、区域或自然资源开发项目，其防治环境污染和生态破坏的设施，必须与主体工程同时设计、同时施工、同时投产使用）项目验收106件，比2016年增加20件。严格落实“3550”要求，简化相关手续，实行并联审批，提高审批效率。突出事中事后监督要求，在审批过程中，对部分材料容缺，改用承诺制，做到简政便民。保持环评审批公众参与的规程，保障群众的知情权和参与权。确保环评审批和项目验收信息公开，环评审批和项目验收从受理、许可到发文全程在网上进行公示，项目公开率100%。

【生态文明创建】严守“生态红线”，确保生态红线区域面积不减少、质量不下降，全区生态红线区域占国土面积比例20.01%。推进《无锡市锡山区生态文明建设规划》修编工作，按专家评审意见进行修改完善并下发。编制实施2017年生态文明示范区创建实施方案，启动全区所有镇（街道）生态文明建设规划编制工作，羊尖镇、鹅湖镇、锡北镇、东港镇生态文明建设规划经区政府批准实施，其余板块以及山联村规划通过专家评审。积极推动鹅湖镇、锡北镇、东港镇、山联村创建省级生态文明示范镇、村，11月，通过市级复核，12月，接受省级考核。持续推进覆盖拉网式农村环境综合整治试点工作，全面完成区级自行验收，锡山区成为无锡市首个全部通过区级验收的辖区，在江苏省处于领先水平。

【环境监察】积极配合省环保督察，逐一核实督察组交办的384件环境投诉问题，采取坚决有力措施对79件属实、253件基本属实问题进行查处，一批突出环境问题得到有效整改落实。坚持依法行政与铁腕治污并举，严格执法与热情服务并重，强化环境监管，确保环境安全。全年检查企业4414厂次，出动执法人员13242人次，作出行政处罚281件，处罚金额1678万元（处罚金额创历史最高水平），征收排污费1736万元。开展“绿刃2017”环保11个专项行动，保持环境违法“零容忍”态度，按照“深挖一批、曝光一批、重处一批、移送一批”的工作思路，进一步强化环境执法监管，严厉查处环境违法行为。全面实施环境监管“双随机”（人员随机，企业随机）抽查制度，把1279家企业纳入“双随机”监管名单。贯彻落实新修订的《中华人民共和国环境保护法》，对11家企业进行查封扣押，对11家企业责令限制生产，对3家企业启动按日计罚，向公安部门移送环境违法案件，追究刑事责任2起；移送行政拘留3起。畅通投诉、举报热线，实行24小时“110”值班制度，及时、高效、规范地办理环境信访调处，全年受理、调处各类环境信访1919件。

【环境监测】全区环境空气质量优良天数210天，优良天数比例59%，主要大气污染物细颗粒物（PM2.5）年平均浓度比上年下降10.9%。国考钓渚大桥断面、省考庙桥断面水质达到考核要求。重点开展“区域补偿”“河长制”全覆盖、太湖流域预警监测等专项监测工作，持续强化农村环境质量监测。对列入减排计划的企业及时出具监测报告，为总量减排提供数据支持。持续加强对辖区内的监测对象进行监督性监测，按要求完成全区各类污染物排放企业的不同频次的监督监测工作。全面完成河道水质调查监测、“三同时”项目验收、“蓝天工程”、农村生活污水微动力处理设施等专项监测工作。全年获得有效监测数据32296个。

【环保法制宣传】加大处罚力度，创新执行方式，主动加强与区人民法院行政庭和执行局的沟通协调，积极参与强制执行全过程，协调处理现场执行情况，定期跟踪执行状态。全年作出环境行政处罚281件，移交法院强制执行案件138件。积极开展“6·5”世界环境日宣传活动，在荟聚购物中心开展以“描绘美丽锡山，畅享绿色生活”为主题的大型公益环保活动。开展环保摄影比赛、“百家社区环保行”、“青少年环境知识科普课堂——生命之水”等系列活动，组织新闻媒体、环保志愿者、市民代表参观各类生态文明教育基地和“绿色社区”“绿色企业”“绿色景区”，大力弘扬生态文明理念。利用区环保局微信公众平台，为公众提供环保部门的最新工作动态、各类环保权威消息和最新环保政策法规。积极推进企业环境行为信息公开，完成全区480家企业的等级评定和信息公开。有序推进环境风险评估以及环境污染责任险参保工作，制定下发2017年锡山区新参保企业名单和续保企业名单（220家），对全区重点行业企业实现环境污染责任险全覆盖。

（姚圣波）

编辑：钱惠芳

电厂路绿化　　　　　　　　　　　　　　　　　　　　（郁　鑫 摄）

7月7日，干线航道沿线环境综合整治后的锡北线黄土塘锚地　　　　（肖喻中 摄）

4月12日，区城管局直属中队走进柏庄实验小学开展“城管家校论坛”活动

（区城管局 供稿）

鹅湖玫瑰文化园

（区环保局 供稿）

教　育

Education

综　述

【概况】2017年，区教育局坚持以中共十八大后历次全会、中共十九大和习近平总书记系列重要讲话精神为指引，以全面推进教育公平、提升教育质量为目标，深化教育领域改革，加快教育现代化建设，全区教育发展水平进一步提升。

【教育资源优化】全年投资总额1.33亿元，竣工校舍面积2.89万平方米，完成并启用东亭中学、甘露学校改扩建等7个校园建设项目，启动并推进新建东湖塘中心小学、羊尖实验小学等9个校园建设项目。根据区内学龄人口发展趋势和教育资源实际，完善教育布局规划，研究出台《锡山区义务教育布局发展“十三五”规划》和《2016—2020年锡山区学前教育设施布局修订规划》，制定《锡山区学校建设行动计划》，明确未来三年区内27所学校（幼儿园）新建和改扩建的时序要求，进一步优化和提升区域教育资源的供给能力。

【教育内涵深化】基础教育课程建设项目推进有力，阶段性成果获省评估专家好评。锡东高级中学“立体阅读”入选省级课程基地，八士中学“行知教育”入选省级课程项目建设；蔚蓝都市幼儿园、东湖塘中心幼儿园入选省第四批课程游戏化建设项目园。省市基础教育前瞻性教改项目研究不断深化，天一中学、天一实验学校“品格提升”分别成功申报省市级项目。东亭实验小学面向全市介绍“新优质学校”培育经验。职业及社区教育“校企合作”项目获评市示范组合，“锡山学习在线”获评省社区教育品牌项目。

【教育品质提升】加强课堂教学研究，深化“三品课堂”（品位、品质、品牌）实践，开展中小学课堂教学联动、“同课异构”等系列活动，推动校本质量提升。完善区、校两级科研管理机制，开展“课程·课题·课堂”课题研究阶段成果交流研讨活动，创新科研方式，提升教育科研品质。推进学校文化建设，开展新一轮学校文化建设方案论证评比，凝练阶段性成果，推动学校品质发展。积极构建“校园书香文化”，营造“爱读书、读好书、善读书”的氛围。

【素质教育推进】全面加强学校德育工作，积极构建学校教育和家庭教育有机融合的德育工作体系，开展以核心价值观为主要内容的系列主题教育活动，加强学生思想道德和意识形态教育。重视学生心理健康教育，推进标准化心理咨询室建设，加强“心育”教材教法研究，开展心理健康教育主题研讨活动，促进“心育”工作取得实效。扎实推进体育、艺术、科技教育，全面提升学生综合素养。

【队伍建设加强】落实青年干部培养规划。组织青年教师参加青年干部首期培训活动；开展青年干部读书活动；选派优秀青年干部到天津市耀华中学、天一中学“跟岗培训”。加强人才队伍建设，完成“新中国教育名家大师”和国家“万人计划”教学名师候选人推荐工作，研究起草教育系统高层次人才引育计划，推动教育人才高地建设。加快推进骨干队伍建设，加大教师培训力度。创新培训形式，通过“名师工作室”、品质课堂教学研究班、乡村骨干教师培育站等加强骨干培养。

【教育环境优化】成立中共锡山区教育工作委员会，全区教育系统党建工作进一步加强。深入推进“两学一做”学习教育常态化制度化；组织中共十九大报告宣讲和学习活动；创新开展教育系统大走访工作。落实校园安全管理责任，加强卫生及技防设施专项督查，开展校园反欺凌、安全管理等培训教育活动，联合开展中小学、幼儿园及周边秩序整治集中攻坚行动。创建“全国中小学校责任督学挂牌督导创新县（市、区）”，统筹开展“挂牌督导”、“一日督导”、专项督导和综合督导。　（王昭煜）

【两所民办学校投保“校园食品安全责任险”】从2月21日开始，春蕾学校及幼儿园部、锡北镇石村学校两所民办学校正式实施“校园食品安全责任保险”，在全市各级各类学校中尚属首次。食品安全责任保险，是承担食品生产经营者民事赔偿责任的一种保险，在发生食品安全事故时，可以为食品生产经营者承担风险，保障消费者权益。该种保险规定，在参保单位发生食品安全事故时，可以获得单次最高额50万元、累计100万元的赔偿。春蕾学校表示，每年的保费均由校方承担，不给师生及家长增添负担。

【“锡山区男幼师俱乐部”成立】由区教育局教研室牵头的“锡山区男幼师俱乐部”，4月19日在爱尔艺术幼儿园正式成立，区内引进的首位男幼师杨廷厚，被推举担任“第一任部长”。爱尔艺术幼儿园专门开辟活动场所，以方便俱乐部成员们交流、学习、研讨。至4月末，全区有18名幼儿园男教师。区教育局相关负责人表示，成立“男幼师俱乐部”，是基于对幼儿园男教师团队管理策略的一种新思考，其目的是为了促进男幼师之间的沟通与互动，为他们的成长发展搭建平台、创设条件。

【沈茂德入选“全国教书育人楷模”】9月1日，第八届“全国教书育人楷模”推选活动入选名单正式揭晓。天一中学校长沈茂德入选。从4月开始，教育部协助《人民日报》、《光明日报》、《中国教育报》、新华网、新浪网、腾讯网、教育部门户网站等十余家中央媒体开展第八届“全国教书育人楷模”推选活动。经过各省推荐、媒体展示、公众投票、组委会推选，最终推选出10+1名“全国教书育人楷模”。沈茂德35年教育生涯，连续12届高三毕业班教学工作，21年的一线校长工作，视学校为家，视教育事业为自己的生命，放弃各种机会，始终坚守在寄宿制学校的一线岗位上，宁静而执着地耕耘在教育的热土之上，为教育事业奉献了全部的青春。

【朱谢浩跻身全国初中“国学达人”五强】在9月15—17日举办的“礼敬国学·滋养青春”第二届中华学子青春国学荟“国学达人”挑战赛全国总决赛中，天一实验学校学生朱谢浩荣获一等奖。以江苏省首届“国学达人”初中组冠军身份参加全国总决赛的朱谢浩，经过激烈的角逐，在数十名优秀选手中脱颖而出，最终跻身“五强”。该次大赛由共青团中央、全国学联、中国少年先锋队全国工作委员会等部门联合主办，参与者涵盖全国29个省、市，内容涉及中华优秀传统哲学、史学、文学、语言文字、艺术、民俗、宗教、服饰、饮食、建筑、交通、历史地理、文物古籍、法制、经济、科技、医学、农学等，旨在全面考察学生对中华优秀传统文化知识以及经典书目的内容掌握情况。（余 磊）

基础教育

【概况】全区有幼儿园40所，其中开发区、商务区、镇（街道）中心幼儿园15所，教育局直属幼儿园1所，中心幼儿园分园18所，民办幼儿园（含附属园）6所。在园幼儿总数20965人，其中外来人口子女9175人，占在园幼儿总数的43.76%。3—6岁幼儿毛入园率（在园户籍幼儿数除以统计局提供的户籍幼儿数的比例）100%。全区有小学23所（含村小6所、民工子弟学校1所），另有九年一贯制学校2所、十二年一贯制学校1所（其小学部招收小学生）。在校小学生总数42854人，其中公办学校小学生38030人，民办学校小学生4824人。公办学校小学生中外来务工人员随迁子女17868人，占公办学校小学生总数的46.98%。全区有初中学校12所，另有完全中学2所、九年一贯制学校2所、十二年一贯制学校1所（其初中部招收初中生）。在校初中生总数17158人，其中公办学校初中生16735人，民办学校初中生423人。公办学校初中生中外来务工人员随迁子女5960人，占公办学校初中生总数的35.61%。全区有普通高中4所（其中四星级高中3所），另有十二年一贯制学校1所（其高中部招收高中生）。在校高中生总数6875人，其中公办学校高中生6745人，民办学校高中生130人。公办学校高中生中外来务工人员随迁子女1247人，占公办学校高中生总数的18.49%。（马品汝）

【核心价值观教育】开展“锡山少年梦、献礼‘十九大’”“放眼强军路、同筑中国梦”“我向习爷爷说句心里话”等主题教育活动；上好中小学生“开学第一课”；组织“十佳小公民”“三好学生”“美德少年”“文明风尚好少年”“优秀班集体”评选推荐；举行“育中华美德，扬爱国之心”主题展览暨“‘爱心书屋’进校园”活动；开展“学雷锋”“网上祭英烈”“向国旗敬礼”等活动；中国梦主题教育活动进一步深化。

【全员德育】“分层、递进、衔接”的学校教育体系和“科学、互动、协同”的家庭教育体系有机融合，不断完善学校家长委员会“六项制度”（学校家委会例会制度；家委会成员与学校相关部门对口联系制度；家委会成员驻校办公制度；家长义工制度；家长评价学校制度；家委会参与学校决策制度）建设，常态化开展“金色葵”家长体验沙龙活动。创新开展教师义工进社区、优秀青年教师志愿助学活动，圆满完成市、区第四批德育工作能手评选，开展优秀德育论文评比，举行第五届班主任（辅导员）基本功大赛。天一中学成功申报“江苏省中小学品格提升工程项目”、天一实验学校成功申报“无锡市中小学品格提升工程项目”。

【“心育”特色】中小学心理咨询室标准化建设有序进行；小学“心育绘本”、中学“心育微视频”、省编心育教材实验研究取得新进展；成功举办区第八届中小学心理健康教育优质课评选；开展心理健康教育优质课现场观摩研讨活动；锡山、滨湖、新吴三区联动开展“构建良好师生关系”心理主题研讨活动。3位教师参加市心理健康教育优质课评比获2个一等奖、1个二等奖。

【团队工作】中学共青团、少先队改革稳步推进，中小学仪式教育制度逐步建立和规范，“活力共青团、魅力少先队”打造初显成效，“一队一品”建设量质齐升，市少先队活动课月观摩（锡山专场）活动深受好评。组队参加市辅导员风采展示获团体特等奖，云林实验小学大队辅导员单霞娟参加省辅导员风采展示获少先队基础专业知识笔试项目特等奖第一名；港下实验小学、厚桥实验小学、勤新实验小学选送的“红领巾寻访”视频获省辅导员风采展示视频案例特等奖。锡山中等专业学校获评省“三下乡”社会实践活动先进团队；“少先队活动课‘四步教研法’”被评为“省优秀少先队工作项目”。

【学校文化建设】印发《关于在全区中小学开展学校文化建设方案论证评比活动的通知》，举办锡山区学校文化建设专家讲座，指导学校做好新一轮学校文化建设方案的顶层设计。开展新一轮学校文化建设方案论证评比，组织专家评委组通过答辩的形式对各校的学校文化建设方案进行论证评比，评出学校文化建设方案“最佳奖”中学组、小学组各5个。（徐　霞）

【生态文明建设】广泛开展生态文明和环境保护教育实践活动，积极参与绿色学校、节水型学校创建。在全区各小学组织开展“青少年环境科普知识课堂——生命之水”教育活动。区教育局、区环保局举办“描绘美丽锡山，畅享绿色未来”世界环境日大型公益环保活动。2017年，怀仁中学创建成省节水型学校，荡口实验小学创建成市节水型学校。

【教育救助】落实《锡山区教育救助暂行办法》，对符合教育救助条件的中小学及幼儿园学生实施教育救助，全年发放教育救助金1211人次，计118万元；继续对经济困难家庭儿童实施免费幼儿教育，全年免除困难儿童保育教育费156人次，计39万元；发放本一、本二困难大学生救助金111人，计33.1万元。2017年，继续对辖区内中等职业学校学生全额免除学费，对中等职业学校家庭经济困难学生进行资助，全年免除学费447.59万元，发放经济困难学生中等职业学校国家助学金456人次，计45.6万元。

（虞海平）

【学校体育】举办区第六届校园体育节、第十一届中小学生球类棋类比赛和区2017年青少年校园足球联赛。区体校（东北塘中学）、东北塘实验小学被国家体育总局评为“全国群众体育先进单位”；锡东高级中学、天一实验学校、云林实验小学、查桥实验小学被评为“全国青少年校园足球特色学校”；羊尖实验小学被评为“全国第一批青少年校园篮球特色学校”；东湖塘中学、查桥中学、锡山实验小学被评为“无锡市青少年校园足球特色学校”；天一中学、东北塘中学、安镇实验小学等16所学校被评为“无锡市体育传统项目学校”；锡山实验小学龙狮队在全国舞龙舞狮锦标赛（少儿组）比赛中再次夺得儿童组第一名；在江苏省青少年垒球锦标赛中，锡山区青少年体校队（东北塘中学）囊括甲、乙组的冠军；在江苏省第四届中小学生跳绳踢毽锦标赛中，寨门小学代表队获小学组团体一等奖；在无锡市小学生武术比赛中，安镇实验小学在三个集体大项中夺得2金1银；厚桥实验小学、柏庄实验小学应邀参加2017年“希望杯”苏（江苏）台（中国台湾）青少年棒球交流赛暨“太湖风、两岸情”两岸青少年棒球嘉年华活动；经省体育局审批，东北塘实验小学学生杨博凯被授予“国家一级运动员”称号。

【学校卫生】八士实验小学成功创建成省健康促进金牌学校，天一实验学校、港下实验小学、港下中学成功创建成省健康促进银牌学校，协和双语国际学校成功创建成省健康促进铜牌学校；云林实验小学被评为“流动人口健康促进示范学校”；区教育局、区残联、区卫计局联合开展儿童青少年脊柱侧凸残疾预防和康复干预项目，对小学五六年级及初中学生进行免费筛查；在全区小学开展儿童龋齿筛查和充填；组织校医、保健教师参加红十字救护培训活动；组织开展江苏省健康促进区创建活动。

（陈　辉）

【学校艺术教育】“2017世界大师在中国——美国国家男童合唱团（无锡）合唱指挥大师班”在天一中学举行；精心组织区第九届校园文化艺术节中小学（幼儿园）各专场决赛，爱尔艺术幼儿园、安镇中心幼儿园、东亭实验小学、安镇实验小学、天一中学、天一实验学校6所学校获团体金奖；在市第三十七届“百灵鸟”艺术展演中，云林实验小学、张泾实验小学、锡山实验小学、天一实验学校获市级合唱金奖，区教育局获“优秀组织奖”；组织开展“锡山阅读工程”启动仪式暨首届“读书节”开幕式活动，组织开展区第一届“读书节”活动；组织开展2017年区中小学生“独唱独奏独舞”比赛，286名学生参加该次比赛；组织举行“奠基未来”区第九届校园文化艺术节暨第一届“读书节”展示活动颁奖展演。在省第八届中学音乐课展评活动中，天一中学教师王文颖执教的《流行与经典——茉莉流芳》获省一等奖；在省中国民族音乐文化传承与实践研究专题研讨活动中，云林实验小学教师胡海燕的展示课《一只鸟仔》入选省“教学新时空”名师课堂；在省中华优秀传统文化进校园美术模拟课堂教学比赛中，柏庄实验小学教师曹浩洁获一等奖。（张湘君）

【学校科技教育】推进学生科技创新教育，在第二十八届江苏省青少年科技创新大赛上，天一中学3个项目荣获一等奖，总成绩位居中学组全省第一位；锡东高级中学学生方博石发明的“汽车涉水智能控制装置”获国家专利（专利号为ZL201610092762.8）；锡东高级中学学生虞扬《大巴车自动逃生、求救装置系统》获“首届中国（上海）国际发明创新博览会金奖”。羊尖中学学生丁嘉伟制作的“基于物联网的智能输液架”、锡东高级中学学生陈子奇制作的“基于物联网控制的智能轮椅”、东北塘实验小学学生廉李澜制作的“智能垃圾箱”在2017世界物联网博览会物联网设计竞赛创新创客大赛（青少年组）决赛中均获一等奖。天一中学学生项国及其团队获“登峰杯”全国中学生学术科技创新大赛第一名。天一中学学生项国和虞森在中国科学技术协会与中央电视台联合打造的大型科普益智节目《中国青少年科学总动员》中表现出色，其中项国获“最佳选手”称号。在第二十九届“国际科学与和平周”全国中小学生（江苏地区）金钥匙科技竞赛系列活动（初三学生CESL<大学生创意创业联赛>活动）中，天一实验学校成绩突出，1人获特等奖、4人获一等奖、2人获二等奖，另有27人获三等奖。八士实验小学获无锡市“科学环保、开动头脑”环保知识竞赛总决赛特等奖。锡东高级中学被评为“省青少年科技教育三星级先进集体”；天一中学、锡东高级中学、锡山实验小学被评为“江苏省STEM教育项目学校”；锡山实验小学投资40余万元新建“科技馆”。在第十三届中国少年科学院“小院士”课题研究成果全国展示交流活动中，荡口实验小学“钱伟长少年创造学院”的学生戴岩、朱峻佑分别被授予“中国少年科学院小院士”和“中国少年科学院预备小院士”称号；朱晓军等3位指导教师被授予“全国优秀科技教师”称号。（陆 逊）

【学前教育】全区各镇（街道）不断加大学前教育投入力度。安镇街道新增东城一品幼儿园，东北塘街道新增东方天郡幼儿园、民办天成幼儿园。全区学前教育机构有序开展公益性婴幼儿早期教养指导服务，开放25个指导站（点），有19700余人次获免费早教指导。全区15所公办中心幼儿园实现独立建制，经费渠道为全额拨款，为公益二类事业单位，列镇（街道）幼儿园管理序列。全区省优质幼儿园比例为72.5%。协和双语国际学校附属幼儿园、春蕾学校附属幼儿园创建成市优质幼儿园，爱尔艺术幼儿园等17所幼儿园通过省优质幼儿园复审。蔚蓝都市幼儿园和东湖塘中心幼儿园成为省第四批课程游戏化建设项目园，甘露中心幼儿园、正兴幼儿园成为市级《3–6岁儿童学习与发展指南》实验园。

【特殊教育】2017年，全区有特殊教育学校1所，学生127名，其中101名在校就读，5名在区康复中心接受康复训练，21名“送教上门”；教职工32人，其中专任教师23人。全区义务教育阶段有随班就读学生106名，其中小学阶段“随班就读”学校17所，学生88名；初中阶段“随班就读”学校8所，学生18名。义务教育阶段适龄残疾学生入学率100%。2017年，区教育局、区编办、区发改局等8个部门联合印发《关于建立锡山区特殊教育联席会议制度的通知》，区教育局、区民政局、区卫计局、区残联4个部门联合印发《关于建立锡山区特殊教育指导中心制度的通知》，有效推动锡山区落实国家、省、市《第二期特殊教育提升计划》。锡山特殊教育学校被评为“无锡市依法治校示范校”，通过市平安校园示范校的验收，获“无锡市第三届特殊教育青年教师基本功大赛团体奖”。

（蒋丽芬　陈新颜）

职业教育·社区教育

【概况】2017年，全区有职业学校1所（锡山中等专业学校），在籍学生2200人。有省级社区教育学院1所、镇（街道）社区教育中心9所（均建成省级标准化社区教育中心）、成人教育中心校9所，省级农科教结合示范基地2个。全区122个行政村（社区）普遍建立社区学校，其中省级标准化居民学校83所；区优秀社区学校109所，比例为89.35%。

【职业教育】深入推进现代职业教育体系建设，锡山中等专业学校继续与江苏信息职业技术学院等4所高职院校合作，开展计算机应用等8个专业的合作办学；加快增材制造（3D打印）创新实训中心建设；机电技术应用专业获评市级现代化品牌专业，数字媒体技术应用专业获评市级现代化特色专业；与鹰普（中国）有限公司的合作项目获评市校企合作示范组合，与无锡时新标影科技有限公司合作的数字媒体技术应用获评市现代学徒制重点项目；《电子商务创业项目》获评市职业院校创新创业教育重点项目；《中等职业学校“五模块四星级”发展性德育评价体系构建的研究与实践》获评省教学成果奖（职业教育类）一等奖；积极参加市职业学校教学大赛和“创新杯”教学设计说课比赛，教师周洁获市赛一等奖；成功举办第八届“海联杯”师生技能大赛；积极参与国家、省、市各级各类比赛，在全国职业院校技能大赛中实现历史性突破，学生向天才获中职组机械装配技术项目一等奖；在省技能大赛中，获车加工教师组别一等奖1个、二等奖4个，三等奖2个，学校获“无锡市参加全国职业院校技能大赛杰出贡献奖”“无锡市参加全省职业学校技能大赛杰出贡献奖”，学生向天才获“无锡市参加全国职业院校技能大赛标兵”称号，郭锋、翁燕等8名师生获“无锡市参加全省职业学校技能大赛标兵”称号；在市职业院校技能大赛中，13名师生、7个项目晋级省赛，实现了市赛项目与层次的新突破；在市职业院校创新大赛中，获二等奖、三等奖各1项；9件师生作品获国家实用新型专利，学校累计专利项目71项；另外，“对口单招”高考再创佳绩，本科达线率36.9%；省中职学业水平考试综合合格率99.4%，学校人才培养质量不断提高。

【社区教育】2017年，不断完善社区教育双月交流、定点联系等制度，提炼、分享“双月交流”经验，推进“校校互助”“职社联动”“校企合作”等项目建设，推动组建社区教育综合体；厚桥、云林两街道完成省标准化社区教育中心创建，实现区域省级标准化社区教育中心全覆盖；安镇街道锦安社区申报创建市示范居民学校；东北塘、厚桥两街道完成市级社区教育课题结题；“锡山学习在线”获评省社区教育品牌项目和市终身学习品牌项目，冯可民、陈喜红、沈雪芬分获省“百姓学习之星”“社区教育先进工作者”“社区教育优秀志愿者”称号；区教育局获“省社会教育宣传工作先进集体”称号，区青少年活动中心事业规模进一步扩大，“一体多点，以点带面”办学格局逐步延展；镇（街道）老年学校建设稳步、规范推进，开设课程班近40个；组织参加首届市社区书法大赛，丁华翔等社区居民的11幅作品获佳绩，并在省社区书法比赛中获表彰。“锡山学习在线”实名注册学习人数2423人，开设锡剧、太极等10个“线上学习”和“线下活动”相结合的培训项目；二次升级改版上线，开发“服务一条街”相关功能及App应用程序，“微信公众号”推广应用工作深入展开；组织开展“传统文化锡山行”“悦读”等系列活动，专题片《乐学、悦行——锡山学习在线》获第十四届全国中小学校园影视奖一等奖；常态推进具有锡山地方特色的社区教育课程建设，启动建设3门“媒体课程”和9门“文本课程”，策划、拍摄《这里的社区教育显特色》社教成果纪录片素材，指导锡北镇社区教育中心完成乡土课程《渔篮花鼓》的拍摄。举办社区教育骨干培训班，通过省市专家报告、分片研训、社区教育调研等手段，着力提升社区教育骨干意识理念和工作水平。编发区、镇两级“工作简报”4期，并在“中国社区教育”、“江苏学习在线”、《新锡山》等媒体上大力宣传锡山成人及社区教育；完成143名兼职教师聘任工作，组建区社区教育专家师资库，建立社区达人（带头人）资源库。各社教中心自主或协同开展“全民终身学习活动周”“三服务下乡”等社区教育活动，广泛开展育婴师、电子商务等成人培训活动，为广大锡山居民提供更为优质的教育培训服

务。　　　　　　　（陈　弢）

教师队伍

【概况】2017年，全区学校教职工总数7300人（含幼儿园、小学、中学、特殊教育学校、中等专业学校），专任教师5894人。中等专业学校、中小学有教授级中学高级教师7人，中学高级教师、中等专业学校高级讲师842人，中学一级教师、中等专业学校讲师、小学高级教师2331人。全区教育系统在职人员中，1547人获区教学新秀（含区班主任新秀）及以上学术荣誉，其中省特级教师19人，市名教师5人。全年有1人被评为第八届“全国教书育人楷模”，1人被评为江苏省“最美教师”，1人被评为第四批“江苏省人民教育家培养工程”培养对象，1人被推荐为2017年国家“万人计划”教学名师遴选候选人，3人被评为锡山区省第五期“333工程”培养对象；完成691名锡山区骨干教师2017年度区级考核工作。

2017年锡山区中小学、中等专业学校专任教师数量及学历结构情况一览

表11

类别	人数（人）	学历结构					合格率（%）
		研究生（人）	本科（人）	专科（人）	高中（人）	专业合格证（人）	
合计	4233	428	3413	369	23	0	99.7
小学	2042	91	1630	302	19	0	100
初中	1217	60	1096	58	3	0	99.8
高中	741	220	514	6	1	0	99.1
中等专业学校	233	57	173	3	0	0	98.7

2017年锡山区中小学、中等专业学校专任教师年龄结构情况一览

表12

类别	专任教师总数（人）	34岁以下		35—44岁		45—54岁		55—59岁	
		人数（人）	比例（%）	人数（人）	比例（%）	人数（人）	比例（%）	人数（人）	比例（%）
合计	4233	1171	28	1713	40	1238	29	111	3
小学	2042	791	39	721	35	482	24	48	2
初中	1217	162	13	522	43	499	41	34	3
高中	741	160	22	355	48	201	27	25	3
中等专业学校	233	58	25	115	49	56	24	4	2

说明：教职工人数、专任教师数和学历、职称等数据摘自《2017年无锡市锡山区教育事业概况》

【干部培训活动】采用“远程网络”培训活动、自行组织培训活动和外派培训活动相结合的方式，为校（园）长和中层干部提供各种培训机会，全面提升领导干部的综合素质。组织197位校（园）长参加2017年无锡市中小学、幼儿园校（园）长远程网络培训活动；组织近百名中小学、成人教育中心校、幼儿园校（园）长及区教育局机关中层以上干部，参加为期5天的暑期培训班；推荐20名教育管理干部参加第八十七期全国小学骨干校长高级研修班、第八期长三角中小学名校长联合培训活动、2017年高中校长分专题选学省级培训班、2017“领雁工程”领军校长培育计划、2017义务教育学校校长法治教育培训活动、2017年行知实验学校（幼儿园）校长教师培训活动、2017年省市合作项目小学校长提高培训班等省级以上培训；研究出台《锡山区教育系统青年干部培养规划（2017—2020年）》，加快青年干部培养，并举办由中小学、幼儿园99名学校青年教师参加的2017年锡山区教育系统青年干部培训班。

【教师培训活动】组织2696名中小学、幼儿园教师参加区级各类面授培训活动，组织3134名幼儿园、小学教师参加区全员远程网络培训活动，组织3997名中小学骨干教师参加市教育局组织的各类面授培训和网络培训活动，组织319名骨干教师参加省级及以上培训活动，组织5名骨干教师出国培训活动，各级各类富有针对性的培训活动，有效促进了教师素质提升。承办省教育厅2017年“名师送培” 无锡市锡山区“核心素养与课堂转型”项目，组织全区150名各义务教育学校语文学科教研组组长、语文学科骨干教师参加为期3天的集中培训活动。（黄永伟）

【开展“学校满意度”测评】11—12月，组织开展“学校满意度”测评工作。全区51所中小学、幼儿园参与，参加测评的学生、家长、教职工、理事会及社会各界人士7179人，总满意率99.02%。其中，51所学校满意率总评在90%以上，30所学校满意率总评100%。

【评选表彰区教育系统“最美阅读者”】6月，区教育局、区教育工会组织开展“最美阅读者”评选活动。该举措旨在激励广大教职工“爱读书，读好书，善读书”，争做“锡山阅读工程”的实践者、推行者、指导者，进一步推动“锡山阅读工程”活动深入开展，促进“优良锡山教育生态”的构建。经各中小学（幼儿园）民主推荐，区教育局评审小组认真评审，天一中学唐缨等67名教师被评为“2017锡山区教育系统‘最美阅读者’”，并在锡山区教育系统第33个教师节庆祝大会上受到表彰。

（朱　漫）

2017年锡山区教育事业概况一览

表13

类别	学校数（所）	班级数（个）	毕业生数（人）	招生数（人）	在校学生数（人）	毕业班学生数（人）	教职工数（人）	
							合计	其中：专任
中等专业学校	1	60	1048	970	2200	534	255	227
普通中学	19	542	6990	8751	24033	7353	2191	2001
高中	5	159	2167	2316	6875	2271	—	741
初中	14	383	4823	6435	17158	5082	—	1260
职业中学	—	—	—	—	—	—	—	—
小学	17	925	6114	8084	42854	6212	2410	2221
特殊教育学校	1	9	11	110	101	26	33	24
盲聋哑培智学校	—	—	—	—	—	—	—	—

续表13

类别	学校数（所）	班级数（个）	毕业生数（人）	招生数（人）	在校学生数（人）	毕业班学生数（人）	教职工数（人）	
							合计	其中：专任
幼儿园	36	616	6601	6733	20878	7199	2335	1288
教师进修学校	—	—	—	—	—	—	—	—
成人技术培训学校	194	—	164857	165032	165032	—	352	199

2017年锡山区教育经费情况一览

表14

项目	金额（万元）	占全区教育经费的比例（%）
公共财政教育经费—教育事业费	123333	69.42
公共财政教育经费—教育费附加	18110	10.19
其他公共财政预算安排的教育经费	73	0.04
政府性基金预算安排的教育经费	70	0.04
民办学校中举办者投入	118	0.06
事业收入	23309	13.13
其中：学杂费	21168	11.91
其他收入	12653	7.12
其中：择校费	—	—

（全晓东）

教育督导

【概况】2017年，根据全省教育工作会议精神和深化“管、办、评”分离改革要求，区政府教育督导委员会、区政府教育督导室以及区教育局督导科继续深入贯彻落实《教育督导条例》，紧扣教育现代化建设的目标任务，完善教育督导制度体系，拓宽教育督导工作领域，有效履行督政、督学、评估监测职责，大力推动教育督导工作的改革与创新，提高教育督导工作实效，切实保障全区教育事业健康发展。

【教育督导委员会工作会议召开】区政府教育督导委员会于1月3日召开全体成员单位会议，回顾总结2016年全区教育督导工作，研究问题整改的策略、措施，部署2017年教育督导重点工作。副区长陈奕主持会议。会议要求各成员单位进一步统一思想、提振精神、克难前行，为实现锡山区教育督导的新发展、新提升，为“十三五”教育改革发展奠定坚实基础，为全面深化教育综合改革、加快推进教育现代化提供坚强保障。

【探索创新素质教育综合督导工作机制】4—6月，依据《无锡市锡山区中小学校素质教育综合督导评估方案》《无锡市幼儿园督导评估方案（修订稿）》和“学校三年发展性规划”，对天一实验学校、东亭中学、东北塘中学、张泾中学、云林实验小学、查桥实验小学、安镇实验小学、荡口实验小学、张泾实验小学9所中小学和爱尔艺术幼儿园、正兴幼儿园、蔚蓝都市幼儿园、新光幼儿园、甘露中心幼儿园、厚桥中心幼儿园6所幼儿园开展综合督导。2017年的综合督导突破常规做法，在综合督导中邀请新吴区的教育专家加盟评估工作。该项机制的实施不但使综合督导评估工作更为公正、客观，而且能集聚专家智慧对学校的进一步发展作出有效指导，有力提高了督导评估的专业性、权威性、客观性和实效性。

【持续开展素质教育“一日督导”】依据《第三督学责任区中小学校素质教育“一日督导”评估标准（试行）》，与新吴区共同组建的“无锡市第三督学责任区”对新吴区第一实验学校、梅里中学、坊前实验小学、南丰小学和锡山区天一实验学校、安镇中学、锡山实验小学和安镇实验小学8所学校开展素质教育“一日督导”，有效促进各校（园）办学水平的提升。

（郭　昭）

【校园安全】全年组织开展20次专项安全检查。其中：春季（秋季）开学阶段，集中开展学校卫生（疾病防控）大检查各1次、校园安全专项大检查各1次；片安全员每学期督查1次，整治一般隐患30个、重点隐患3个；“挂牌督学”每学期安全督查1次，整治一般隐患10个；暑期和寒假，对社会力量办学机构安全督查各1次，整治一般隐患10个；暑期，区、镇（街道）集中排查校车安全隐患1次，整改线路一般隐患5条，重点隐患1个。全区79辆校车全部符合国家标准。春蕾学校率先购买“校园食品安全责任险”；东北塘中心幼儿园、东方天郡幼儿园、锡山中等专业学校率先启动“食堂‘明厨亮灶’工程”。全区“安全知识进校园”主题教育活动全面推进，参与学生7万余人。协和双语国际学校率先开辟“安全知识角”。东亭实验小学等12所中小学及幼儿园被市教育局授予“无锡市平安校园示范校”称号；东湖塘中心幼儿园被省公安厅、省教育厅确定为江苏省消防安全示范校；隆亭实验小学《平安集结号》主题队会被省公安厅、省教育厅评为“2016年江苏省消防安全示范课”。2017年，区教育局被评为“无锡市安全生产先进单位”。

（过小健）

教育研究

【概况】以“阅读素养”的提升推动教学质量的提升。组织开展“锡山阅读工程”启动仪式暨首届“读书节”开幕式活动；组织开展区第一届“读书节”活动。以“校本质量”的提升推动区域质量的提升。校本质量监控的主体意识得到增强，学校与教研部门共同商议有效的反馈矫正策略，实现区域、校本质量监控体系的互动与补充。深化对区第二批“名师工作室”教学研究活动的专业支撑与服务，开展骨干教师示范课、送教、送研等活动。细化学术荣誉评选方案，开展无锡市第八批、锡山区第七批中小学教学能手的评选工作。组织参加市第十六届教师教学技能大赛，其中2名教师获一等奖。组织开展区第三届“远航杯”课堂教学大赛，75名教师获一等奖。举办区第四届“启航杯”青年教师教学基本功大赛，75名青年教师获一等奖。聚焦“核心素养”，加强新型课堂构建的实践研究，“学生发展核心素养视域下的课堂教学变革丛书”（19册）由东北师范大学出版社出版。全区小学毕业考试三科合格率在98%以上；中考五科一次性合格率在87.66%。高中学业水平测试（小高考）四A211人，四A率10.17%，位居全市第一位。

（蒋洪兴）

【课题研究】围绕“十三五”区教育局总领课题“现代学校课程规划发展的区域实践研究”，进行调查研究分析，形成实施方案，提出思路策略，为全区学校教育科研发展提供借鉴；全面完成学校“十三五”省市级第一批规划课题的开题论证工作，做好第二批规划课题的申报工作。创新科研方式，继续分学段开展“课程·课题·课堂”课题研究阶段成果交流研讨活动，努力为区域科研品牌打造奠定基础。积极提升内涵品质，不断完善区、校两级科研管理机制，推广区内一批学校优秀科研管理经验。在2017年江苏省教学成果奖评选中，天一中学《校园生态课程的开发与实践》、隆亭实验小学《儿童生长课堂的理念与行动策略》获一等奖，天一中学《促进学生生长的学习系统构建与实践》、安镇实验小学《智慧云校中的教学变革行动》获二等奖，另外，天一中学与

南京市教研室合作完成的一项成果，获特等奖。（田长青）

招生考试

【概况】2017年，锡山区招生考试办公室按上级统一部署，组织并圆满完成学业水平测试、高考、中考、中职学测考试、高等教育自学考试、书法、全国计算机等级考试等一系列国家、省、市级考试，涉及各级各类考生26270人，所有考试都做到安全、平稳，没有发生一起重大责任事故，没有发生一起违纪舞弊事件，无上访、“零投诉”。其中，参加高考的考生2011人，参加学业水平测试的考生2254人，参加中考的考生4554人，参加中职学测考试的考生422人，参加高等教育自学考试的考生5648人，参加各类证书考试的考生11381人。

【高考高招】锡山区设天一中学一个高考考点，72个考场，2011名考生在天一中学参加考试。高考工作平稳顺利完成。全区实际参加高考人数中普通类考生1961人，艺术类考生50人。普通类考生本二以上进线人数1913人，进线率97.55%。全区高考录取总数1971人，录取率98.01%。

2017年锡山区高考各报名点录取人数情况统计一览

表15

类别	参考人数（人）	提前本科（人）	本一（人）	本二（人）	本科合计（人）	专科（人）	录取总数（人）	录取率（%）
锡东高级中学	690	25	290	346	661	18	679	98.4
怀仁中学	654	57	141	407	605	33	638	97.6
天一中学	657	46	527	75	648	1	649	98.8
东北塘中学	9	1	0	0	1	4	5	55.6
区招生考试办公室	1	0	0	0	0	0	0	0
总计	2011	129	958	828	1915	56	1971	98.0

【中考中招】2017年，锡山区6月文化中考报考人数4554人，参加初（中）职（校）分流考生131人。除去缺考67人，参加中招现场录取考生总数4487人（6月文化中考人数加天一中学少年部直升120人、协和双语国际学校直升47人），录取3973人，录取率88.6%。其中录取普通高中2141人，录取职教类学校1832人，普通高中录取人数占录取总数的53.9%。其余514人未通过无锡市高等学校招生委员会办公室集中录取，绝大多数通过其他渠道升入职业类学校或回原籍读高中。全区考生总升学率超过98%。

【自学考试和证书考试】2017年，锡山区高等教育自学考试（学历教育）规模5648人，比2016年减少64人。自学考试本、专科毕业人数415人，其中本科毕业328人，专科毕业87人。高等教育自学考试万人报考率120。各类证书考试规模11381人，比2016年增加1015人。其中，全国计算机等级考试768人，书法等级考试10613人。（区招生考试办公室）

教育法治

【概况】认真贯彻落实国务院《全面推进依法行政实施纲要》《关于加强法治政府建设的意见》和区依法行政工作会议精神，高举教育现代化大旗，以办人民满意的教育为宗旨，紧紧围绕教育改革发展稳定各项工作，强化组织领导，深化基础建设，优化工作举措，大力推进行政决策制度化、行政执法规范化和行政监督全程化建设，依法行政、依法治教工作水平进一步提升。

【依法行政推进】坚持便民利民，全面清理行政许可事项，优化行政审批流程，依照相关法律、法规和规定认真开展对全区13所民办学校和机构的年审工作，进一步指导、督促其规范办学行为，推动民办教育办学条件完善、办学质量提高。依法批准1所民办幼儿园、2所培训机构的设立，2所培训机构的变更以及2所培训机构终止办学的审批事项。积极落实新修订的《中华人民共和国民办教育促进法》，稳步推进民办教育分类管理，探索制定民办教育机构设立标准，协同推进教育培训市场专项整治，加大非法办学机构取缔力度，促进民办教育健康发展。140人通过初中及以下教师资格认定；进一步落实《锡山区教育局机关工作人员行为规范》，局机关人员依法依规行政意识不断强化。完善首遇负责制、岗位责任制、服务承诺制、限时办结制等基本制度。高度重视咨询投诉、来信来访、舆情引导等工作，进一步完善信访通报、信息上报等工作机制。继续推进党务、政务和教务信息公开，加强校长任期审计和职务犯罪预防工作。

【依法治教推进】 贯彻落实《关于加强中小学校党的建设工作的意见》，成立中共锡山区教育工作委员会，区教育系统党建工作进一步加强。深入推进"两学一做"学习教育常态化制度化，全面开展中共十九大报告宣讲和学习活动，创新开展教育系统大走访工作，党员干部党性意识、宗旨意识进一步增强。落实校园安全管理责任，强化校园安全隐患排查，抓好诺如等传染疾病防控工作，加强卫生及技防设施专项督查，开展校园反欺凌、安全管理等培训教育活动，联合开展中小学、幼儿园及周边秩序整治集中攻坚行动，全区学校安全工作水平得到新提升。积极创建"全国中小学校责任督学挂牌督导创新县（市、区）"，统筹开展"挂牌督导"、"一日督导"、专项督导和综合督导，全年开展督导工作超400所次，在规范学校办学行为、消除安全隐患、提升办学水平方面起到积极作用，教育整体发展环境得到优化。3所学校获评无锡市依法治校示范校。

【社会监督强化】 自觉接受区人大法律监督与区政协民主监督，人大代表、政协委员、行风监督员、家长委员会、理事会成员等教育监督作用得到充分发挥。全年高质量提前办结"两会"建议、提案22件，建议、提案办理答复率、见面率、满意率均为100%。积极回应群众诉求，建立信访情况季度通报制度，推进信访工作分级负责，特别加强矛盾纠纷调处和网上舆情处理，全年受理咨询、投诉、举报292件，人民群众对行政行为的监督权利得到依法保障。（孟　丹）

教育信息化

【概况】 全区中小学均建成独立校园网并通过光纤宽带接入因特网，平均接入带宽每秒100兆位（部分学校接入带宽升级每秒500兆位）。生机比（不含教师用机）小学9.1∶1、中学（含高中和职高）5.8∶1，师机比1∶1，全区中小学实现"班班通" 的比例为100%。安镇实验小学被评为"首批无锡市无线校园示范学校"。锡东高级中学、锡山实验小学、安镇实验小学和东北塘实验小学申报成为首批无锡市"创客教育"实验学校。东北塘实验小学、锡山实验小学、厚桥实验小学、荡口实验小学和锡东高级中学申报成为第一批无锡市校园物联网感知教育基地。羊尖实验小学申报成为第二批无锡市校园物联网感知教育基地。天一中学学生陈曦、邱天异、孙迅、施彧、戴一帆、宋俊澔、王智琪获第二十三届全国青少年信息学奥林匹克联赛一等奖。天一实验学校学生刘子涵获2017年第十八届全国中小学电脑制作活动网页设计初中组全国一等奖。天一中学教师马畅获江苏省高中信息技术评优课一等奖。锡东高级中学教师顾晔获2017年"领航杯"江苏省信息化教学能手大赛高中语文组一等奖。天一中学教师王菁获江苏省高中生物实验教学说课比赛一等奖第一名。

【继续开展"一师一优课、一课一名师"活动】 出台《关于做好2017年锡山区"一师一优课、一课一名师"活动的通知》，组织教师在国家平台和市级平台上"晒课"，完成20节小学语文五年级下册"名师教学实录"系列课程拍摄工作。在国家平台上"晒课"2841节，视频实录课304节，经过评审获部优课4节，省优课8节，市级优课156节。在市级平台上"晒课"2210节，视频实录课128节。

【承办江苏省数字化学习试点学校研讨会】 4月6日，省电化教育馆、市电化教育馆、区教育局联合在安镇实验小学举办"数字化学习"试点学校研讨会，探索如何通过"互联网+"环境下的新型教学模式，促进信息技术与课堂教学的融合创新。省电化教育馆、省教育学会、华东师范大学相关领导专家，以及全省各试点学校学科教师、各市联络员200余人参加活动。安镇实验小学的教师们进行课堂教学展示，并作《融通家校：基于BYOD（自带设备）的数字化学习汇报》的专题介绍。

【举办2017年无锡市“智慧课堂”教学展示锡山专场】12月6日，无锡市“智慧课堂”教学展示活动锡山专场在东亭实验小学举行。全区各中小学信息技术分管主任及小学数学骨干教师参加活动。东亭实验小学教师徐艳和查桥实验小学教师徐明珠“同课异构”，分别进行了“智慧课堂”教学展示。两课均使用“新东方”智慧课堂教学系统。教师通过系统，适时定位教学的重点、难点，了解学生对知识的掌握程度，使个别指导更加有的放矢；学生每人使用一台平板电脑，学习更灵动，答题也更有趣味性；师生互动及评价凸显量化、细化、多样化。智慧化手段延伸了课堂教学的空间和时间，个性化教学成为现实。活动期间，江南大学教育技术系副教授刘向永应邀作《走向智慧学习》的学术讲座，向与会人员介绍多种简单而实用的App，并结合“工具应用、方式改变、生态重构”三层境界，深入浅出地阐述现代技术对教育教学的积极作用。

（陈月清）

教育国际化

【概况】暑期，区教育局组织130名中小学生赴美国、英国、新加坡等地开展境外“修学旅行”活动，其中赴东南亚沿线国家（新加坡、日本）交流活动的学生113人。安镇实验小学与新加坡启化小学开展“友好学校”互访活动。天一中学和东亭实验小学正式成为无锡市首批国际理解教育特色品牌项目学校，安镇实验小学和协和双语国际学校获批新一批立项项目，并启动为期一学年的项目培育建设工作。组织参加无锡市国际理解教育论文大赛和“一带一路”倡议主题知识竞赛，天一中学教师和天一实验学校学生分别获特等奖、一等奖的好成绩。推荐2名校长（教师）参加由省教育厅组织的学校管理者（教师）赴英国等国家培训或进修活动。全年接纳美国、英国、韩国等国家以及中国香港、澳门、台湾地区的121名学生在锡山区就读。

【美国“指挥大师”教学法在锡引起共鸣】4月13—15日，由市教育局、世界音乐艺术教育协会共同主办的“2017世界大师在中国——美国国家男童合唱团（无锡）合唱指挥大师班”培训活动在天一中学举行。培训期间，美国国家男童合唱团艺术总监、博士费尔南多·马瓦尔·鲁伊斯为无锡、苏州等地400余名音乐教师进行合唱指挥的实践性地指导和培训。博士费尔南多的合唱教育理念、合唱教学智慧以及注重激励的培训方式，得到所有参训老师的一致认同，认为“本次培训注重参与、注重对话、注重问题的解决，很‘接地气’”。

【市人大领导视察协和双语国际学校】9月19日，市人大常委会副主任华博雅以及市政府教育督导室、市人大教科文卫工作委员会负责人等，视察协和双语国际学校（以下简称“协和双语”），察看学校专业级剧院、国际化幼儿园、现代化图书馆、400米塑胶操场、NBA标准建造的室内篮球场、两层千人餐厅以及学生宿舍等硬件设施后，听取有关学校发展、教育教学等方面的情况汇报。办学四年，“协和双语”学生数增长15倍；首届“IB DP”（国际文凭）毕业生录取率较高；小学生在各项测评中均取得优异成绩。

【区教育局党委学习会推介国外先进教育】10月30日，区教育局举行党委中心组（扩大）学习会议，邀请刚刚从国外考察归来的天一中学校长沈茂德作主题报告《北欧小国芬兰的启示》。区教育局机关中层以上干部，各中小学（中等专业学校）工职领导、教科研分管领导、教科室主任，各幼儿园园长、教科研分管园长，社区教育中心校长等近百人参加学习会议。沈校长结合“课程、课堂、教师队伍”三个“关键词”，畅谈了对“芬兰教育”的所见、所闻和所思。区教育局党委书记、局长冯冬雁要求全区教育系统尤其是各中小学、幼儿园，要根据各自具体情况，积极、认真地学习和借鉴先进的教育思想和经验，博采众长，从而推动锡山教育再上新的台阶。　（黄小红）

编辑：钱惠芳

6月23日，团中央宣传部思想理论教育处副处长李洪杰（左二）考察天一实验学校团队工作。（华旦丹 摄）

3月31日，区教育局班子成员走访“挂钩单位”（王昭煜 摄）

5月9日，安镇实验小学校长和班主任探望在家中休养的患病学生

（马 钰 摄）

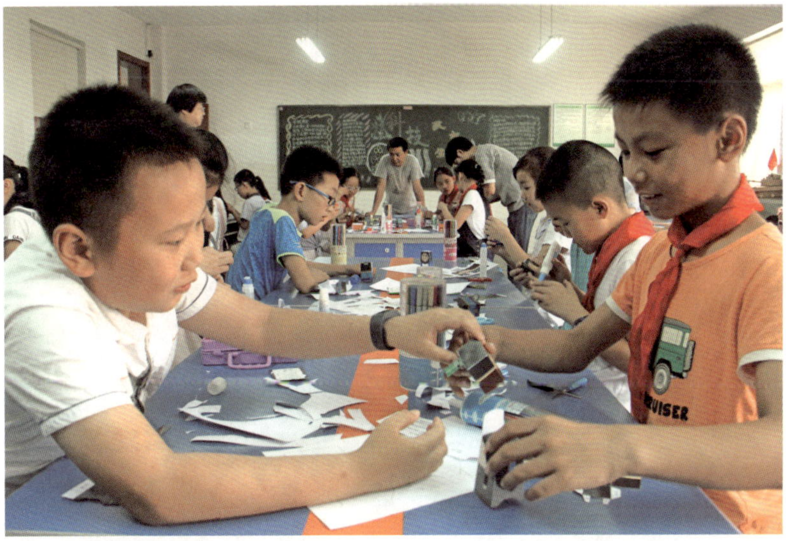

暑假期间，云林实验小学学生兴致勃勃地参加学校组织的“小马达机器人”制作活动。

（刘秀先 摄）

8月中旬，区教育局在北京大学举办北京大学——江苏省无锡市锡山区校（园）长领导力提升研修班 （巫春华 摄）

12月11日，工艺美术大师喻湘涟（中）到柏庄实验小学，向师生们传授技艺 （孙 艳 摄）

科学技术

Scientific Technology

科学技术

【概况】2017年，全区科技工作紧紧围绕区委、区政府的中心工作和决策部署，进一步深化科技体制改革，全力攻坚、克难奋进，各项核心指标保持良好的增长势头，全区全社会研发费用占地区生产总值比重为3.21%；高新技术产业产值占规模以上工业总产值比重为43.02%；每万人有效发明专利拥有量39.05件。区科技局获“2017年度中国产学研合作促进奖”，开发区通过国家知识产权试点园区验收，无锡新能源电动车产业园获评苏南国家自主创新示范区优秀科技园区，“星创工场”获评苏南国家自主创新示范区优秀众创空间。全区获国家专利奖1项，省科学技术奖励1项。3家企业与美国麻省理工学院达成合作，与麻省理工学院展开第三轮产学研全面合作。

（刘　骁）

【高新技术产业培育】2017年，全区新认定高新技术企业65家，累计拥有高新技术企业180家，新增江苏省科技企业上市培育计划入库企业5家，省高新技术企业培育库入库企业48家。全区高新技术产业产值（八分类）553.59亿元，占规模以上工业总产值比重为43.02%。全区高新技术产业增加值占GDP比重为13.42%。高新技术企业研发经费支出23亿元，全区R&D支出占GDP比重为3.21%。高新技术企业逐步成为锡山区资本市场中坚力量，全区10家境内外上市企业中有8家为高新技术企业，34家新三板挂牌企业中有25家为高新技术企业。

相关链接：

八分类：航空航天制造业、电子计算机及办公设备制造业、电子及通信设备制造业、生物医药制造业、仪器仪表制造业、电气设备制造业、新材料制造业和新能源制造业。（吴凯峰）

【科技载体平台建设】2017年，新增省级工程技术研究中心4家，市级工程技术研究中心9家，江苏省企业研究生工作站1家。至年末，累计建成市级以上工程技术研究中心152家（其中省级70家），省级企业研究生工作站19家，市级以上院士工作站16家（其中省级9家）。着力打造区域特色创新平台，其中无锡市计量测试院无锡市智慧计量科技公共服务平台和江苏容大材料腐蚀检验有限公司金属检测公共服务平台被认定为市级科技公共服务平台。“星创工场”入驻注册企业及项目109家，入驻率在90%以上，形成“星创学院”“光华创业大讲堂”“快乐周末”等一批具有较高知名度的创新创业活动品牌。锡山科创园在2016年度江苏省科技企业孵化器绩效评价中被评为优秀。台创园“星创天地”引进无锡丰金源生物科技有限公司、无锡微云农业科技有限公司等6个公司（项目），总投资超5000万元，推动了台创园的快速发展。

（孔祥存）

【政产学研合作】2017年，与中国科学院金属研究所、中国科技大学、浙江大学、北京航空航天大学、西安电子科技大学等科研院所开展多层次产学研对接活动，全年达成产学研合作项目62项。浙江大学新农村发展研究中心无锡分中心正式建立，中国工程院院士、南京大学教授张全兴团队创业项目落户开发区，无锡隆达金属材料有限公司和中国工程院院士谢建新、无锡佳腾磁性粉有限公司与中国科学院院士李洪钟建立院士合作协议。继续深化与麻省理工学院的合作，组织企业参加上海2017麻省理工学院中国年会，15个麻省理工学院中国创新与创业论坛创业团队到锡山区考察创新创业环境，全区有无锡富瑞德精密机械有限公司、江苏航天大为科技股份有限公司、江苏新日电动车股份有限公司、无锡隆达金属材料有限公司等10家企业与麻省理工学院相关教授开展正式合作，其中无锡富瑞德精密机械有限公司与麻省理工学院机械工程系机械电子研究实验室就“高精度、大范围、高机动的无损型坐标测量机”研发项目签署为期三年的研究合作协议，并聘请南京航空航天大学毕业的博士孟凯常驻麻省理工学院开展合作研究，加快推动后期成果转化。（裴文超）

【科技创新创业】2017年，组织开展赴沈阳市、长沙市等地的招才引智活动，认真参与江苏发展大会无锡分会场活动、高层次人才创新创业无锡交流大会等专题引才活动，近10名国家“千人计划”专家到锡山考察交流，无锡洪汇新材料科技股份有限公司、无锡英特派金属制品有限公司等6家企业在2017年高层次人才创新创业无锡交流大会上成功签约。大众创业、万众创新深入推进，全区纳入统计的115家“530”企业中，经营收入超100万元的企业32家，超500万元的企业15家，超1000万元的企业9家。无锡优为照明科技有限公司和无锡亮源激光技术有限公司谋划在新三板挂牌上市。无锡英领之途信息科技有限公司成功入围第六届中国创新创业大赛互联网及移动互联网行业总决赛。锡山区推荐的量具中的“潜水艇”等3个项目在无锡年度创客大会暨苏南全球创客大赛上分获一、二、三等奖。 （董洪高）

科技计划和项目实施完成情况

【概况】2017年，锡山区申报国家、省、市级科技计划项目400余项。其中，省高新技术产品134项，立项省重大科技成果转化项目1项，省重点研发专项1项，省重点企业研发机构能力提升项目1项，市科技发展项目42项，建成省级工程技术研究中心4家，江苏省企业研究生工作站1家，市级工程技术研究中心9家，国家“千人计划”1项，省“双创计划”10项（其中省“双创人才”1项，省“双创博士”2项，科技副总7项），完成申报市“太湖人才计划”创新领军型团队1项（评审中），无锡市创新能力建设项目立项3项，1家企业获“中国专利优秀奖”，1家企业获“无锡市专利优秀奖”，5家企业列入无锡市知识产权战略示范推进计划，1家企业列入市级企业高价值专利培育示范项目，4家企业获市级专利保险项目立项，12家企业进入省知识产权管理标准化示范创建，10家企业通过国家知识产权管理体系认证，2家企业申请省知识产权战略推进计划。

2017年锡山区国家级专利奖一览

表16

序号	专利号	专利名称	申报单位	奖项类别
1	ZL201630076353.X	电动车（风雅铂金）	江苏新日电动车股份有限公司	中国专利奖外观设计优秀奖

2017年锡山区新认定高新技术企业一览

表17

序号	企业名称	所在地
1	无锡双益精密机械有限公司	开发区
2	无锡吉兴汽车部件有限公司	开发区
3	无锡康伟工程陶瓷有限公司	开发区
4	无锡圆方半导体测试有限公司	开发区
5	鹰普（中国）有限公司	开发区
6	江苏新广联科技股份有限公司	开发区
7	无锡市迈日机器制造有限公司	开发区
8	江苏海泽医疗科技发展有限公司	开发区
9	飞潮（无锡）过滤技术有限公司	开发区
10	申锡机械有限公司	开发区
11	无锡福祈制药有限公司	开发区
12	无锡汉神电气股份有限公司	开发区

续表17

序号	企业名称	所在地
13	无锡吉兴汽车声学部件科技有限公司	开发区
14	江苏亚太安信达铝业有限公司	开发区
15	无锡市大元广盛电气股份有限公司	开发区
16	江苏杰尔科技股份有限公司	开发区
17	江苏远翔物联科技有限公司	开发区
18	无锡市新达轻工机械有限公司	开发区
19	江苏优为视界科技有限公司	开发区
20	罗斯（无锡）设备有限公司	开发区
21	无锡米诺医疗科技有限公司	开发区
22	无锡东谷工程科技有限公司	开发区
23	无锡开普机械有限公司	开发区
24	无锡全裕电子科技有限公司	开发区
25	无锡华诺威动物保健品有限公司	东亭街道
26	江苏航天大为科技股份有限公司	东亭街道
27	江苏聚慧科技有限公司	东亭街道
28	雅迪科技集团有限公司	商务区（安镇街道）
29	无锡赛盈动力科技有限公司	商务区（安镇街道）
30	中铁一局集团城市轨道交通工程有限公司	商务区（安镇街道）
31	无锡市宝玛精密部件有限公司	羊尖镇
32	江苏工力重机有限公司	羊尖镇
33	无锡美羊动力科技有限公司	羊尖镇
34	无锡锡东能源科技有限公司	鹅湖镇
35	无锡恒尚装饰工程有限公司	鹅湖镇
36	无锡友方电工股份有限公司	鹅湖镇
37	无锡华利达新型材料有限公司	鹅湖镇
38	博硕皓泽自动化设备无锡有限公司	鹅湖镇
39	无锡市东舟船舶设备股份有限公司	东北塘街道

续表17

序号	企业名称	所在地
40	无锡大塘复合材料有限公司	东北塘街道
41	江苏西维斯智能保安服务有限公司	东北塘街道
42	无锡德林防务装备股份有限公司	东北塘街道
43	无锡锡州机械有限公司	锡北镇
44	无锡杰夫电声股份有限公司	锡北镇
45	吉姆西半导体科技（无锡）有限公司	锡北镇
46	无锡友鹏机场除雪装备有限公司	锡北镇
47	无锡鸿海龙船机有限公司	锡北镇
48	无锡吉迈微电子有限公司	锡北镇
49	无锡佳腾磁性粉有限公司	锡北镇
50	无锡英特派金属制品有限公司	锡北镇
51	无锡市神力齿轮冷挤有限公司	东港镇
52	无锡市明江保温材料有限公司	东港镇
53	无锡统力电工股份有限公司	东港镇
54	无锡洲翔成套焊接设备有限公司	东港镇
55	江苏通用科技股份有限公司	东港镇
56	无锡斯贝尔磁性材料有限公司	东港镇
57	无锡安士达五金有限公司	东港镇
58	无锡阿科力科技股份有限公司	东港镇
59	无锡市南方电器制造有限公司	东港镇
60	江苏成龙服饰科技有限公司	东港镇
61	灏昕汽车零部件制造无锡有限公司	东港镇
62	无锡绿缘汽车零部件有限公司	东港镇
63	无锡洲翔激光设备有限公司	东港镇
64	江苏捷阳科技股份有限公司	东港镇
65	无锡赛弗安全装备有限公司	东港镇

2017年锡山区江苏省科技企业上市培育计划入库企业一览

表18

序号	企业名称	所在地
1	无锡亮源激光技术有限公司	开发区
2	无锡鑫宏业特塑线缆有限公司	开发区
3	无锡全盛安仁机械有限公司	开发区
4	无锡鼎邦换热设备有限公司	商务区（安镇街道）
5	无锡晶石新型能源股份有限公司	东港镇

2017年锡山区江苏省高新技术企业培育库入库企业一览

表19

序号	企业名称	所在地
1	无锡德兴塑料科技有限公司	开发区
2	高德（江苏）电子科技有限公司	开发区
3	无锡意凯自动化技术有限公司	开发区
4	无锡艾度科技有限公司	开发区
5	无锡邦得机械有限公司	开发区
6	无锡港湾网络科技有限公司	开发区
7	无锡贯方信息科技有限公司	开发区
8	江苏云光智慧信息科技有限公司	开发区
9	无锡市麦杰机械工程有限公司	开发区
10	江苏容大材料腐蚀检验有限公司	开发区
11	江苏瑞尔医疗科技有限公司	开发区
12	江苏南江智能装备股份有限公司	开发区
13	无锡南方声学工程有限公司	开发区
14	无锡琨圣科技有限公司	开发区
15	无锡贝恩外科器械有限公司	开发区
16	无锡鹰智科技有限公司	开发区
17	无锡恒诺纺织科技有限公司	开发区

续表19

序号	企业名称	所在地
18	无锡荣源环保设备有限公司	东亭街道
19	无锡诚优专用器材股份有限公司	商务区（安镇街道）
20	无锡晶瑜智能机械有限公司	商务区（安镇街道）
21	无锡微茗智能科技有限公司	商务区（安镇街道）
22	无锡凹凸自动化科技有限公司	商务区（安镇街道）
23	无锡市惠浩塑胶机械有限公司	商务区（安镇街道）
24	江苏恒森烟草机械有限公司	羊尖镇
25	无锡安尔达机械有限公司	羊尖镇
26	无锡佳健医疗器械股份有限公司	鹅湖镇
27	无锡市剑鹰机械有限公司	鹅湖镇
28	无锡市锡山环宇金属软管有限公司	鹅湖镇
29	无锡市锡山江海机械制造有限公司	鹅湖镇
30	无锡科立雅纯水科技有限公司	鹅湖镇
31	无锡寿德木业有限公司	鹅湖镇
32	无锡凯顺医疗器械制造有限公司	锡北镇
33	无锡蜜蜂照明科技有限公司	锡北镇
34	无锡宇瑞特合金制造有限公司	锡北镇
35	无锡和源精密机械有限公司	锡北镇
36	无锡市福莱达石油机械有限公司	锡北镇
37	江苏法兰德电机科技有限公司	锡北镇
38	无锡安欣达科技有限公司	东港镇
39	无锡宏日机电科技有限公司	东港镇
40	无锡德润电子有限公司	东港镇
41	无锡小刀电动科技股份有限公司	东港镇
42	邦威防护科技股份有限公司	东港镇
43	江苏金维氨生物工程有限公司	东港镇
44	无锡巨龙硅钢股份有限公司	东港镇

续表19

序号	企业名称	所在地
45	安乃达驱动技术（江苏）有限公司	东港镇
46	无锡市高润杰化学有限公司	东港镇
47	无锡市泰新环保科技有限公司	东港镇
48	无锡市华诚石化设备有限责任公司	东港镇

2017年锡山区新认定江苏省高新技术产品一览

表20

序号	产品名称	企业名称	所在地
1	真空电子管用高镍含量银铜镍合金焊料	无锡日月合金材料有限公司	开发区
2	抽气式自动上袋定量包装秤	无锡大东机械制造有限公司	开发区
3	高密度互联阶梯线路板	健鼎（无锡）电子有限公司	开发区
4	高密度互连镜像压合线路板	高德（无锡）电子有限公司	开发区
5	本田K81F摩托车铝合金车轮	江苏中联铝业有限公司	开发区
6	港口专用钢丝绳	江苏赛福天钢索股份有限公司	开发区
7	温控离缸式搅拌机	新麦机械（无锡）有限公司	开发区
8	Delite-S直线型座椅电梯	希姆斯电梯（中国）有限公司	开发区
9	真空开关管用金属化陶瓷管壳	无锡康伟工程陶瓷有限公司	开发区
10	高效节能型凸点蛋糕模	三能器具（无锡）有限公司	开发区
11	三层薄板叠压型氮化铝基板	无锡海古德新技术有限公司	开发区
12	HT-WPD水体净化装置	无锡海拓环保装备科技有限公司	开发区
13	游戏数据采集分析系统V1.0	无锡江南影视传播有限公司	开发区
14	高兼容性凸轮轴传感器	无锡法雷奥汽车零配件系统有限公司	开发区
15	用于汽车控制臂的高强度铝合金棒材	江苏亚太安信达铝业有限公司	开发区
16	高可靠光源支架LED灯具	江苏优为视界科技有限公司	开发区
17	3D印花效果高厚实感涤纶拉舍尔毛毯	无锡贝旭环球电子商务有限公司	开发区
18	数控机床用高精度轴承	无锡三立轴承股份有限公司	开发区
19	QY500高智能节能型充电器	无锡全裕电子科技有限公司	开发区

续表20

序号	产品名称	企业名称	所在地
20	风冷热泵模块机组	无锡同方人工环境有限公司	开发区
21	高对准度背钻线路板	健鼎（无锡）电子有限公司	开发区
22	超高密度互连固态硬盘用线路板	高德（无锡）电子有限公司	开发区
23	平稳长寿命电梯钢丝绳	江苏赛福天钢索股份有限公司	开发区
24	可监控面包醒发的无下水式冻藏醒发箱	新麦机械（无锡）有限公司	开发区
25	涤纶交织车辆用阻燃松紧带	无锡百和织造股份有限公司	开发区
26	高耐温柔性电动汽车用高压电缆	无锡鑫宏业特塑线缆有限公司	开发区
27	多连式附测量功能轮刀	三能器具（无锡）有限公司	开发区
28	内窥镜LED用氮化铝衬底	无锡海古德新技术有限公司	开发区
29	一次性外科牵引软组织扩张器	江苏海泽医疗科技发展有限公司	开发区
30	智能锁体件	鹰普（中国）有限公司	开发区
31	LEAP发动机零部件	鹰普航空零部件（无锡）有限公司	开发区
32	高度集成自带动态路径管理的线性充电芯片	无锡麟力科技有限公司	开发区
33	SEO全自动智能更新维护系统V1.0	无锡江南影视传播有限公司	开发区
34	基于热熔技术的PP纵向中空瓦楞周转箱	江苏远翔物联科技有限公司	开发区
35	变流量碳罐电磁阀	无锡法雷奥汽车零配件系统有限公司	开发区
36	阻湿抗温不干胶薄膜标签	无锡百得包装材料有限公司	开发区
37	机器人减速机用角接触球轴承	无锡三立轴承股份有限公司	开发区
38	24GHZ高频汽车线路板	健鼎（无锡）电子有限公司	开发区
39	轻量化环保型汽车后搁板	无锡吉兴汽车部件有限公司	开发区
40	SSD250可伸缩式吊篮	申锡机械有限公司	开发区
41	高清双摄模组集成封装载板	高德（无锡）电子有限公司	开发区
42	高密闭耐高温箱式烟气挡板门	无锡市华通电力设备有限公司	开发区
43	矿用综合自动化控制系统	无锡中科电气设备有限公司	开发区
44	高性能剑麻芯电梯钢丝绳	江苏赛福天钢索股份有限公司	开发区
45	电开门锁系统	无锡忻润汽车安全系统有限公司	开发区
46	智能网络化控制柴油发电机组	江苏瑞昌哥尔德发电设备股份有限公司	开发区

续表20

序号	产品名称	企业名称	所在地
47	双并光伏电缆	无锡鑫宏业特塑线缆有限公司	开发区
48	轨道交通动态目标安全检测激光光源系统	无锡亮源激光技术有限公司	开发区
49	HY-7HLV型高速弹力丝机	无锡宏源机电科技股份有限公司	开发区
50	高强度耐磨不锈钢慕斯圈	三能器具（无锡）有限公司	开发区
51	一次性切口牵开固定器	江苏海泽医疗科技发展有限公司	开发区
52	危险气体探测装置的座体零件	鹰普（中国）有限公司	开发区
53	MC-21飞机液压系统零部件	鹰普航空零部件（无锡）有限公司	开发区
54	利用OPO结构油脂生产的植脂末	无锡超科食品有限公司	开发区
55	一种双面高防粘包装纸	江苏利特尔绿色包装股份有限公司	开发区
56	承重型PP瓦楞周转箱	江苏远翔物联科技有限公司	开发区
57	长维护型发电机组	百发动力（无锡）有限公司	开发区
58	窄轨系统LED轨道灯	江苏优为视界科技有限公司	开发区
59	一种环保型耐压内胎	三浦橡胶（无锡）有限公司	开发区
60	智能化串联水表检验检定装置	江苏金钰铭电子有限公司	开发区
61	偏光板运转盒	无锡德兴塑料科技有限公司	开发区
62	谷物精深加工处理与混配散装系统	无锡东谷工程科技有限公司	开发区
63	矿用信息管理系统	无锡中科电气设备有限公司	开发区
64	LED集成面板灯	江苏新广联光电股份有限公司	开发区
65	高性能精密风冷式中冷器气室	无锡邦得机械有限公司	开发区
66	硫酸核糖霉素及其制剂	无锡福祈制药有限公司	开发区
67	高耐磨大牵伸高速纺纱胶圈	无锡二橡胶股份有限公司	开发区
68	超耐磨充电桩电缆	无锡鑫宏业特塑线缆有限公司	开发区
69	智能增程控制器	江苏新日电动车股份有限公司	商务区（安镇街道）
70	雾化内置式除氧器	无锡联营电力设备有限公司	商务区（安镇街道）
71	智能中控电动车（晶致）	江苏新日电动车股份有限公司	商务区（安镇街道）
72	油浆蒸汽发生器换热器管束	无锡鼎邦换热设备有限公司	商务区（安镇街道）
73	智能电网配网用高导铝合金芯架空绝缘电缆	无锡华能电缆有限公司	商务区（安镇街道）

续表20

序号	产品名称	企业名称	所在地
74	高性能耐蚀白铜合金管	无锡隆达金属材料有限公司	商务区（安镇街道）
75	增程控制电动车（风雅铂金）	江苏新日电动车股份有限公司	商务区（安镇街道）
76	旋膜式除氧器	无锡联营电力设备有限公司	商务区（安镇街道）
77	节能电动车（MINE）	江苏爱玛车业科技有限公司	羊尖镇
78	MXL-150D扩大头多功能钻机	无锡市安曼工程机械有限公司	羊尖镇
79	智能化液压冲击多功能钻机	无锡市安曼工程机械有限公司	羊尖镇
80	智能化环保型卸船机（装卸桥）	江苏工力重机有限公司	羊尖镇
81	流化气流床气化炉干式净化系统	无锡市特能机电有限公司	羊尖镇
82	KMM600CS中封制袋机	无锡鼎茂机械制造有限公司	羊尖镇
83	SJW-60智能高压旋喷钻机	无锡市安曼工程机械有限公司	羊尖镇
84	智能化双轴桨叶混合机	无锡市太湖粮机有限公司	羊尖镇
85	多功能智能化门座式起重机	江苏工力重机有限公司	羊尖镇
86	抗风沙火车涂料	无锡卡秀堡辉涂料有限公司	鹅湖镇
87	高耐温高机械性能立绕漆包扁线	无锡友方电工股份有限公司	鹅湖镇
88	节能型外装饰幕墙	无锡恒尚装饰工程有限公司	鹅湖镇
89	紫外光固化陶瓷涂料	无锡卡秀堡辉涂料有限公司	鹅湖镇
90	机车用复合纸绝缘漆包换位导线	无锡友方电工股份有限公司	鹅湖镇
91	无溶剂型紫外光固化涂料	无锡卡秀堡辉涂料有限公司	鹅湖镇
92	医用磁共振低温超导铜槽线	无锡友方电工股份有限公司	鹅湖镇
93	三维可调式高水密性能单元式外装饰幕墙	无锡恒尚装饰工程有限公司	鹅湖镇
94	超精密镍带材	无锡市东杨新材料股份有限公司	鹅湖镇
95	船用蔬果气调保鲜装置	无锡德林船舶设备有限公司	东北塘街道
96	带汽水分离的进排气装置	无锡市海联舰船内装有限公司	东北塘街道
97	船用风雨密屏蔽舱口盖	无锡德林防务装备股份有限公司	东北塘街道
98	船用液压系泊平台	无锡市东舟船舶设备股份有限公司	东北塘街道
99	可快速拆装的船用防弹窗	无锡市海联舰船内装有限公司	东北塘街道
100	船用锚机	无锡德林船舶设备有限公司	东北塘街道

续表20

序号	产品名称	企业名称	所在地
101	海洋工程用高性能特种钢带	无锡市方正金属捆带有限公司	锡北镇
102	汽车发动机减压滚轮式挺柱	无锡锡州机械有限公司	锡北镇
103	虚拟七声道条形音箱	无锡杰夫电声股份有限公司	锡北镇
104	智能电动车控制器	无锡台翔电子技术发展有限公司	锡北镇
105	X线拍片机组合件	无锡锡州机械有限公司	锡北镇
106	直线式六声源阵列音箱	无锡杰夫电声股份有限公司	锡北镇
107	涤纶清洁印染用液体分散染料	菲诺染料化工（无锡）有限公司	锡北镇
108	超薄5mm大功率OLED专用音箱	无锡杰夫电声股份有限公司	锡北镇
109	盘扣式桁架平台	江苏速捷模架科技有限公司	锡北镇
110	防静电反应釜	无锡市张泾压力容器制造有限公司	锡北镇
111	多功能智能修复控制器	无锡台翔电子技术发展有限公司	锡北镇
112	高精度失重式喂料机	无锡正佳自控系统股份有限公司	锡北镇
113	龙门式H型钢自动焊接机	无锡洲翔成套焊接设备有限公司	东港镇
114	汽车前桥与转向连接扭力支架	无锡市中捷减震器有限公司	东港镇
115	PET膜包铝绕组线	无锡统力电工股份有限公司	东港镇
116	螺旋式多鼓型抽芯铆钉	无锡安士达五金有限公司	东港镇
117	低生热高分散白炭黑	确成硅化学股份有限公司	东港镇
118	带行星减速机构的单向离合器	无锡市神力齿轮冷挤有限公司	东港镇
119	节能变频控制器用滤波磁分路直流电抗器	无锡晶磊电子有限公司	东港镇
120	汽车排气管吊耳缓冲减震保护装置	无锡绿缘汽车零部件有限公司	东港镇
121	H型钢拼焊矫一体机	无锡洲翔成套焊接设备有限公司	东港镇
122	摩擦式单向离合器	无锡市神力齿轮冷挤有限公司	东港镇
123	带有智能安控装置的快速匀化设备	无锡宝丰石化装备有限公司	东港镇
124	新型汽车低损耗高耐磨制动拉索	无锡市华锋车业部件有限公司	东港镇
125	新型数控切割机	无锡洲翔成套焊接设备有限公司	东港镇
126	生物质固定床气化发电系统	无锡湖光工业炉有限公司	东港镇
127	宽温高Bs低损耗材料JF96	无锡斯贝尔磁性材料有限公司	东港镇

续表20

序号	产品名称	企业名称	所在地
128	击入式铆钉	无锡安士达五金有限公司	东港镇
129	ETT-3B铁心	无锡希恩电气有限公司	东港镇
130	宽行驶面轻型载重子午线轮胎8.25R16LT	江苏通用科技股份有限公司	东港镇
131	可拆卸纳米阀门保温套	无锡市明江保温材料有限公司	东港镇
132	动力型锰酸锂材料	无锡晶石新型能源有限公司	东港镇
133	基于激光切割圆孔工艺的光纤激光切割机	无锡洲翔激光设备有限公司	东港镇
134	水性共聚乳液	无锡洪汇新材料科技股份有限公司	东港镇

2017年锡山区江苏省民营科技企业一览

表21

序号	企业名称	所在地
1	无锡力扬纤维有限公司	开发区
2	江苏优为视界科技有限公司	开发区
3	无锡江南影视传播有限公司	开发区
4	江苏云光智慧信息科技有限公司	开发区
5	无锡优赛科技有限公司	开发区
6	无锡德兴塑料科技有限公司	开发区
7	江苏亚太安信达铝业有限公司	开发区
8	无锡艾度科技有限公司	开发区
9	江苏尚诚精密模具科技有限公司	开发区
10	江苏海泽医疗科技发展有限公司	开发区
11	无锡市迈日机器制造有限公司	开发区
12	江苏普越睿讯科技有限公司	开发区
13	无锡琨圣科技有限公司	开发区
14	无锡知本电子有限公司	开发区
15	无锡全盛安仁机械有限公司	开发区
16	无锡国通环境检测技术有限公司	东亭街道

续表21

序号	企业名称	所在地
17	无锡市沃森德机械科技有限公司	商务区（安镇街道）
18	无锡市宝业机械制造有限公司	商务区（安镇街道）
19	江苏东郁园林科技有限公司	商务区（安镇街道）
20	无锡联营电力设备有限公司	商务区（安镇街道）
21	无锡微茗智能科技有限公司	商务区（安镇街道）
22	无锡赛盈动力科技有限公司	商务区（安镇街道）
23	无锡隆达金属材料有限公司	商务区（安镇街道）
24	无锡市鑫鼎车辆配件有限公司	羊尖镇
25	无锡锡东电力电气安装工程有限公司	羊尖镇
26	无锡安尔达机械有限公司	羊尖镇
27	无锡佳培科技有限公司	羊尖镇
28	江苏工力重机有限公司	羊尖镇
29	无锡市东特机械科技有限公司	羊尖镇
30	无锡新势力电机科技有限公司	羊尖镇
31	江苏永尚能源科技有限公司	羊尖镇
32	无锡市奇盛针织手套厂	羊尖镇
33	江苏华中冷弯机械有限公司	羊尖镇
34	无锡市汇鼎金属制管有限公司	羊尖镇
35	无锡市锡山区羊尖镇锦达商业设备厂	羊尖镇
36	无锡市金蜘蛛复合丝线厂	羊尖镇
37	无锡金宸合环机械装备有限公司	羊尖镇
38	无锡市鹅湖玫瑰园艺文化有限公司	鹅湖镇
39	无锡科磊阀业有限公司	鹅湖镇
40	无锡华利达新型材料有限公司	鹅湖镇
41	无锡友方电工股份有限公司	鹅湖镇
42	凯撒（无锡）精密五金有限公司	东北塘街道
43	无锡友盟车业有限公司	东北塘街道

续表21

序号	企业名称	所在地
44	无锡市天利流体科技有限公司	锡北镇
45	无锡吉迈微电子有限公司	锡北镇
46	无锡正佳自控系统股份有限公司	锡北镇
47	江苏知原药业有限公司	锡北镇
48	无锡市宏宇汽车配件制造有限公司	东港镇
49	无锡市华锋车业部件有限公司	东港镇
50	无锡阿科力科技股份有限公司	东港镇
51	安乃达驱动技术（江苏）有限公司	东港镇
52	无锡市兴港包装股份有限公司	东港镇
53	无锡中浦电气有限公司	东港镇
54	无锡市德玛电器有限公司	东港镇
55	无锡双锚新材料有限公司	东港镇
56	无锡洪汇新材料科技股份有限公司	东港镇
57	江苏红豆杉药业有限公司	东港镇
58	江苏钱达能源科技有限公司	东港镇
59	无锡赛弗安全装备有限公司	东港镇

2017年锡山区江苏省创新创业人才一览

表22

序号	姓　名	所在单位	类别	所在地
1	吴静静	无锡忻润汽车安全系统有限公司	科技副总	开发区
2	钱晓明	无锡富瑞德测控仪器股份有限公司	科技副总	开发区
3	秦宁宁	无锡港湾网络科技有限公司	科技副总	开发区
4	王计平	江苏东珠景观股份有限公司	科技副总	东亭街道
5	杨维维	无锡市羊尖华强塑料彩印有限公司	科技副总	羊尖镇
6	苏　岚	无锡友方电工股份有限公司	科技副总	鹅湖镇
7	叶红仙	无锡英特派金属制品有限公司	科技副总	锡北镇
8	汤伟彬	江苏红豆杉药业有限公司	双创博士（企业创新类）	东港镇

2017年锡山区省市级科技指令性计划立项项目一览

表23

序号	项目类别	项目编号	项目名称	承担单位
1	省重大科技成果转化项目	BA2017100	基于倒装技术的紫外/蓝光LED芯片的研发及产业化	江苏新广联科技股份有限公司
2	省重点研发专项资金	BE2017043	新型超导绕组材料—铌三锡（Nb3Sn）超导卢瑟福电缆研发	无锡统力电工股份有限公司
3	省重点研发专项资金	BE2017303	蔬菜智能化精细生产装备研发	无锡悦田农业机械科技有限公司
4	省重点企业研发机构能力提升		红豆集团有限公司重点企业研发机构能力提升	红豆集团有限公司
5	市科技发展（创新能力—公共服务平台）项目	CMB31S1701	无锡市智慧计量科技公共服务平台	无锡市计量测试院
6	市科技发展（创新能力—公共服务平台）项目	CMB31S1702	无锡市金属检测公共服务平台	江苏容大材料腐蚀检验有限公司
7	市科技发展（创新能力—众创空间）项目	CMB21S1702	无锡市奇点加速连锁咖啡孵化器公众服务平台	无锡新人居科贸有限公司
8	市科技发展（新药与医疗器械）项目	CSB21N1701	用于治疗活动性银屑病关节炎的国家新药阿普斯特片原料药及片剂的研发开发	江苏知原药业有限公司
9	市科技发展（新药与医疗器械）项目	CSB21N1702	降糖药物阿卡波糖片的一致性评价	无锡福祈制药有限公司
10	市科技发展（成果产业化贷款贴息）项目	CYE22C1703	高层高速平稳长寿命电梯绳关键制备技术的研发及产业化	江苏赛福天钢索股份有限公司
11	市科技发展（成果产业化贷款贴息）项目	CYE22C1704	智能化焊装车间技术研发及产业化	无锡汉神电气股份有限公司
12	市科技发展（成果产业化贷款贴息）项目	CYE22C1705	通过拐点控制制备锰酸锂的研发及产业化	无锡晶石新型能源有限公司
13	市科技发展（成果产业化贷款贴息）项目	CYE22C1706	轨道交通、舰船等用高强轻质合金管材的研发及产业化	无锡隆达金属材料有限公司
14	市科技发展（成果产业化贷款贴息）项目	CYE22C1707	汽车轻量化、环保、阻燃材料的研发及产业化	无锡市宏宇汽车配件制造有限公司
15	市科技发展（成果产业化贷款贴息）项目	CYE22C1708	基于车联网和智能装配技术的新能源汽车自吸门锁系统的研发及产业化	无锡忻润汽车安全系统有限公司
16	市科技发展（成果产业化贷款贴息）项目	CYE22C1709	SMART客梯及座椅电梯研发及产业化	希姆斯电梯（中国）有限公司
17	市科技发展（产业前瞻性与共性技术）项目	CGE02G1708	纯电/混动新能源汽车电机用高功率耐ATF油绕组线技术研究	无锡友方电工股份有限公司
18	市科技发展（产业前瞻性与共性技术）项目	CGE02G1707	新型超导绕组材料—铌三锡（Nb3Sn）超导卢瑟福电缆的研发及应用	无锡统力电工股份有限公司
19	市科技发展（产业前瞻性与共性技术）项目	CGE02G1704	基于自组装镍纳米模板技术的GaN基高效蓝光LED芯片研发	江苏新广联半导体有限公司
20	市科技发展（产业前瞻性与共性技术）项目	CGE02G1705	船用可控被动式减摇水舱及其控制系统的研究与开发	无锡德林防务装备股份有限公司
21	市科技发展（产业前瞻性与共性技术）项目	CGE02G1706	智能化汽车声学部件后搁板制造系统集成及应用	无锡吉兴汽车声学部件科技有限公司
22	市科技发展（产业前瞻性与共性技术）项目	CGE02G1703	智能三维膜式壁等离子激光切割机器人系统研究与应用	江苏大德重工股份有限公司
23	市科技发展（科技型中小企业技术创新基金）项目	CBE01G1712	高精度失重式喂料机	无锡正佳自控系统股份有限公司

续表23

序号	项目类别	项目编号	项目名称	承担单位
24	市科技发展（科技型中小企业技术创新基金）项目	CBE01G1711	真空电子管的银合金密封焊片	无锡宇瑞特合金制造有限公司
25	市科技发展（科技型中小企业技术创新基金）项目	CBE01G1706	新型快速充放电硅负极锂离子电池	安普瑞斯（无锡）有限公司
26	市科技发展（科技型中小企业技术创新基金）项目	CBE01G1708	具有无变形抗擦伤内套的液压联轴器	无锡鸿海龙船机有限公司
27	市科技发展（科技型中小企业技术创新基金）项目	CBE01G1707	永久防静电超净化无尘手套	江苏英普科电子材料有限公司
28	市科技发展（科技型中小企业技术创新基金）项目	CBE01G1709	新型通用内镜直线切割吻合器	无锡市宝玛精密部件有限公司
29	市科技发展（科技型中小企业技术创新基金）项目	CBE01G1713	基于物联网技术的光纤激光管板切割一体机	无锡洲翔激光设备有限公司
30	市科技发展（科技型中小企业技术创新基金）项目	CBE01G1710	高可靠高效率锂电池浆料全自动输送系统	无锡唯勒科技有限公司
31	市科技发展（现代农业）项目	CLE02N1701	红豆杉水生培养技术开发及产业化	江苏红豆杉生物科技股份有限公司
32	市科技发展（现代农业）项目	CLE02N1702	规模化节水节能高效生态养殖技术研发	无锡市保兴农业发展有限公司
33	市科技发展（现代农业）项目	CLE02N1703	生态高效设施化蔬菜种植关键技术研发	无锡市三阳生态农业发展有限公司
34	市科技发展（现代农业）项目	CLE02N1704	斗山地区茶树主要病虫害无公害防治技术研发	锡北镇斗山村村民委员会
35	市科技发展（医疗与公众健康）项目	CSE31N1726	ENST00000430471与蛋白相互作用在结直肠癌淋巴转移过程中的机制研究	无锡华能电缆有限公司
36	市科技发展（专利权质押贷款贴息）项目	CPB41Z1701	江苏杰尔科技股份有限公司专利权质押贷款贴息项目资助	江苏杰尔科技股份有限公司
37	市科技发展（专利权质押贷款贴息）项目	CPB41Z1702	激光视觉定位系统的研发及产业化	无锡亮源激光技术有限公司
38	市科技发展（专利保险）项目	CXB01P1701	轮胎（KTX766）	江苏通用科技股份有限公司
39	市科技发展（专利保险）项目	CXB01P1702	用于光盘紫外固化的光源结构	江苏新广联科技股份有限公司
40	市科技发展（专利保险）项目	CXB01P1703	一种试管塞及使用其的便携式一次性密闭体液留置器	无锡市凯顺医疗器械制造有限公司
41	市科技发展（专利保险）项目	CXB01P1704	助力梯过速保护机构	希姆斯电梯（中国）有限公司
42	市科技发展（知识产权战略示范企业）项目	CPB61Z1701	知原药业知识产权优势企业项目	江苏知原药业有限公司
43	市科技发展（知识产权战略示范企业）项目	CPB61Z1702	无锡恒诚硅业有限公司知识产权战略示范企业项目	无锡恒诚硅业有限公司
44	市科技发展（知识产权战略示范企业）项目	CPB61Z1703	无锡亮源激光技术有限公司知识产权战略示范企业项目	无锡亮源激光技术有限公司
45	市科技发展（知识产权战略示范企业）项目	CPB61Z1704	无锡洲翔成套焊接设备有限公司知识产权管理规范计划项目	无锡洲翔成套焊接设备有限公司
46	市科技发展（知识产权战略示范企业）项目	CPB71Z1704	通用科技企业高价值专利培育计划项目	江苏通用科技股份有限公司
47	市企业院士工作站		无锡隆达金属材料有限公司谢建新院士工作站	无锡隆达金属材料有限公司

2017年锡山区新认定市级以上科技基础设施建设项目一览

表24

序号	项目类别	项目名称	承担单位	所在地
1	省工程技术研究中心	江苏省（健鼎）印刷电路板工程技术研究中心	健鼎（无锡）电子有限公司	开发区
2	省工程技术研究中心	江苏省新能源特种线缆工程技术研究中心	无锡鑫宏业特塑线缆有限公司	开发区
3	市工程技术研究中心	无锡市高端食品机械工程技术研究中心	新麦机械（无锡）有限公司	开发区
4	市工程技术研究中心	无锡市汽车电子工程技术研究中心	乐星汽车电子（无锡）有限公司	开发区
5	市工程技术研究中心	无锡市精密刃具工程技术研究中心	无锡国宏硬质合金模具刃具有限公司	开发区
6	省工程技术研究中心	江苏省智能电动车工程技术研究中心	雅迪科技集团有限公司	商务区（安镇街道）
7	市工程技术研究中心	无锡市超薄不锈钢带工程技术研究中心	无锡环胜金属制品有限公司	商务区（安镇街道）
8	市工程技术研究中心	无锡市大型发电机组基础部件工程技术研究中心	无锡市东特机械科技有限公司	羊尖镇
9	省工程技术研究中心	江苏省特种工业涂料工程技术研究中心	无锡卡秀堡辉涂料有限公司	鹅湖镇
10	市工程技术研究中心	无锡市高性能镍/镍合金板带工程技术研究中心	无锡市东杨新材料股份有限公司	鹅湖镇
11	市工程技术研究中心	无锡市高性能特种钢带工程技术研究中心	无锡市方正金属捆带有限公司	锡北镇
12	市工程技术研究中心	无锡市电动车智能驱动系统工程技术研究中心	无锡小刀电动科技股份有限公司	东港镇
13	市工程技术研究中心	无锡市中置电机系统工程技术研究中心	安乃达驱动技术（江苏）有限公司	东港镇

2017年锡山区“无锡市科学技术进步奖”一览

表25

序号	项目类别	项目名称	承担单位	所在地	奖项等级
1	市科技进步奖	高光功率密度LED紫光模组研发及在光盘复制中的固化应用	江苏新广联科技股份有限公司、江苏新广联半导体有限公司	开发区	一等奖
2	市科技进步奖	轻量化耗散性汽车声学部件关键技术研发及产业化	无锡吉兴汽车声学部件科技有限公司	开发区	三等奖
3	市科技进步奖	智能化机床上下料桁架机械手	江苏新光数控技术有限公司、无锡百禾工业机器人有限公司	开发区	三等奖
4	市科技进步奖	船用液压拖曳绞车的研究与应用	无锡德林船舶设备有限公司、无锡市海联舰船附件有限公司	东北塘街道	三等奖
5	市科技进步奖	高精度智能CO_2激光三维加工成套设备关键技术的研发创新及整机制造	无锡洲翔成套焊接设备有限公司	东港镇	三等奖

2017年锡山区无锡市专利奖优秀奖一览

表26

序号	专利号	专利名称	申报单位	奖项类别
1	ZL201010114649.8	一种白色微珠状白炭黑生产工艺	无锡恒诚硅业有限公司	无锡市专利奖优秀奖

2017年锡山区江苏省企业知识产权管理标准化示范创建单位一览

表27

序号	企业名称	所在地
1	无锡安士达五金有限公司	开发区
2	飞潮（无锡）过滤技术有限公司	开发区
3	无锡英普林纳米科技有限公司	开发区
4	高德（无锡）电子有限公司	开发区
5	江苏商达水务有限公司	开发区
6	无锡溥汇机械科技有限公司	开发区
7	新麦机械（无锡）有限公司	开发区
8	无锡海特精密模具有限公司	开发区
9	无锡忻润汽车安全系统有限公司	开发区
10	新蕾车业无锡有限公司	商务区（安镇街道）
11	无锡市东杨新材料股份有限公司	鹅湖镇
12	无锡德林船舶设备有限公司	东北塘街道

2017年锡山区无锡市知识产权优势（示范）企业一览

表28

序号	企业名称	所在地
1	无锡恒诚硅业有限公司	开发区
2	无锡亮源激光技术有限公司	开发区
3	江苏知原药业有限公司	锡北镇
4	无锡洲翔成套焊接设备有限公司	锡北镇
5	江苏通用科技股份有限公司	东港镇

2017年锡山区通过国家知识产权管理体系认证企业一览

表29

序号	企业名称	所在地
1	无锡亮源激光技术有限公司	开发区
2	江苏大德重工股份有限公司	开发区
3	飞潮（无锡）过滤技术有限公司	开发区
4	无锡忻润汽车安全系统有限公司	开发区
5	新蕾车业无锡有限公司	商务区（安镇街道）
6	无锡宏锐汽车零部件有限公司	鹅湖镇
7	无锡市东舟船舶设备股份有限公司	东北塘街道
8	无锡洲翔成套焊接设备有限公司	东港镇
9	江苏捷阳科技股份有限公司	东港镇
10	无锡安士达五金有限公司	东港镇

（刘　晓）

知识产权工作

【概况】2017年，锡山区专利申请数8592件，其中发明专利申请数3306件，专利授权数5446件。全区12家企业进入省知识产权管理标准化示范创建，10家企业通过国家知识产权管理体系认证，2家企业申请省知识产权战略推进计划。1家企业获“中国专利优秀奖”，1家企业获“无锡市专利优秀奖”，5家企业列入无锡市知识产权战略示范推进计划，全区知识产权执法维权“护航”专项执法检查9次，检查流通领域卖场12家，检查商品3500件；假冒专利立案量87件，结案率100%。

2017年锡山区专利申请情况一览

表30

所在地	单位	当年累计	发明	实用新型	外观设计
开发区	件	2605	1255	1219	131
商务区（安镇街道）	件	822	279	327	216
东亭街道	件	393	197	126	70
羊尖镇	件	687	243	324	120
鹅湖镇	件	1415	140	276	999
东北塘街道	件	667	410	256	1
锡北镇	件	960	389	532	39
东港镇	件	1043	393	444	206
合计	件	8592	3306	3504	1782

2017年锡山区专利授权情况一览

表31

所在地	单位	当年累计	发明	实用新型	外观设计
开发区	件	1439	292	1031	116
商务区（安镇街道）	件	452	25	253	174
东亭街道	件	128	17	46	65
羊尖镇	件	506	40	300	166
鹅湖镇	件	1031	23	133	875
东北塘街道	件	579	32	359	188
锡北镇	件	837	53	533	251
东港镇	件	474	90	255	129
合计	件	5446	572	2910	1964

2017年锡山区每万人拥有有效发明专利情况一览

表32

所在地	单位	有效发明专利量	每万人拥有发明专利量
开发区	件	1315	134.2
商务区（安镇街道）	件	124	12.6
东亭街道	件	86	7.0
羊尖镇	件	153	27.3
鹅湖镇	件	111	17.0
东北塘街道	件	143	22.1
锡北镇	件	256	27.4
东港镇	件	563	46.7
合计	件	2751	39.05

（陈逸君）

编辑：钱惠芳

7月13日，市科技局局长孙海东（右三）调研江苏通用科技股份有限公司

（区科技局 供稿）

10月25日，区科技局局长王彪（左二）参加麻省理工学院上海年会，并与麻省理工学院产业联盟办公室主任卡尔（左四）等进行交流

（区科技局 供稿）

文化

Culture

综 述

【概况】2017年，锡山区文化工作以习近平总书记关于文化建设的一系列重要论述为指引，以服务锡山区经济社会发展大局为中心，以满足人民群众多层次、多样化的精神文化需求为根本，继续深化完善公共文化服务体系建设，着力丰富公共文化产品和服务的有效供给，努力激发群众文化的创新创造活力，全区文化工作呈现出公共服务全面优化、文化活动遍地开花、群众文化社团百舸争流、传统文化传承发展、文化市场监管有力的喜人态势。群众文化活动蓬勃开展，全年开展各级各类文化活动1470场，受惠群众265.46万人次。主题活动有声有色，精心组织开展“喜迎十九大，共赴新征程”和宣传中共十九大精神系列文化主题活动，举办“迎国庆，喜迎十九大”舞动锡山——锡山区广场舞大赛、“喜迎十九大”锡山区优秀美术作品回顾展暨“喜迎十九大胜利召开”老年书画作品展，各镇（街道）普遍开展以宣传中共十九大精神为主题的文化展演活动、“喜迎十九大”专题广场文艺演出活动，营造了“喜迎十九大、永远跟党走”的浓厚氛围。品牌活动持续开展，“走进新锡山”广场文艺演出活动继续深化，活动范围辐射至村（社区），全年举办大型广场文艺演出90场次。公共服务继续优化，全区新增的36个村（社区）综合文化服务中心通过省文化厅的考核验收。文化遗产保护扎实推进，完成华氏襄义庄、华蘅芳故居两处省级文物保护单位的修缮工程，其中华氏襄义庄修缮工程入选“2017年度江苏省红色遗产、名人故居保护与利用”立项名单。非遗文化传承有力，广泛开展形式多样的非遗传承活动，举办“锡韵流芳”锡山区第二届锡剧票友大赛和“吴风锡韵，多彩锡山”主题活动。文化市场监管有序，区“扫黄打非”办公室获全省执法办案有功集体、江苏省“扫黄打非”先进集体等荣誉，安镇街道获评全国“扫黄打非”进基层示范点和江苏省“扫黄打非”进基层示范标兵。群众文化创作取得新突破，区美术家协会会员曹俊伦创作的版画《忆江南·风筝》入选2017中国·观澜国际版画双年展和江苏省文华奖优秀美术作品展，区书法家协会会员郁枫的书法作品获“第二届江苏书法奖提名奖”，“太湖情，鹅湖韵”曹耀棠、张忻喜原创作品音乐会举办，区作家协会的《灵动锡山》和《太湖风》两本散文集由文汇出版社出版。

（朱丽娟）

群众文化

【群众文化活动精彩纷呈】锡山区群众文化紧扣“中共十九大胜利召开”主线，突出主题宣传，不断拓展文化活动的广度和深度，群众文化活动呈现勃勃生机。突出主题文化展演活动，以中共十九大召开为契机，组织举办形式多样的展示展演活动，举办“迎国庆，喜迎十九大”舞动锡山——锡山区广场舞大赛、“喜迎十九大”锡山区优秀美术作品回顾展暨“喜迎十九大胜利召开”老年书画作品展、迎接十九大召开“锡山美”写生作品展、“喜迎十九大”锡惠两区书法交流展。各镇（街道）普遍举办“喜迎十九大”专题广场文艺演出活动。抓住中国人民解放军建军90周年、中国香港回归20周年时间节点，举办庆祝中国人民解放军建军90周年暨中国香港回归20周年锡山区书法小品展。为推进锡山区“七五”普法规划的全面深入有效实施，区文体局、区依法治区领导小组办公室、区司法局联合开展锡山区“法艺双润，唱响主旋律”法治宣传活动，传播法治理念，弘扬法治精神。继续打造群众文化品牌活动，深入开展“走进新锡山”广场文艺演出活动，并把活动辐射到村（社区），进一步扩大活动的影响力，全年开展大型广场文艺演出90场次，其中10场纳入无锡市“激情周末”广场文艺演出。成功举办2017年云林街道民俗文化活动周、2017年安镇街道民俗文化节，两项活动一年一办，已经连续举办多年，成为基层群众文化品牌活动，影响力进一步扩大。广泛开展各类群众性文化活动，结合元旦、“五一”、中秋、国庆、重阳等传统节日，推出群众喜闻乐见的节庆文化活动，首届锡山区“新人星秀”少儿才艺大赛成功举办，街道（镇）、社区文化（邻里）节活动遍地开花。大力推进文化下乡活动，推出“锡山书场”巡回讲演活动，开展“送电影下基层、送戏下基层、送展览下基层、送书下基层”的“四送”活动，把优秀文化送到群众身边，全年送书10399册，送电影2832场次，送戏725场次，送展览61场次。积极开展书画高雅艺术交流展示活动，依托中国艺术研究院中国画院无锡研创基地，举办“寄情于民”中国艺术研究院中国画院写生创作展、首届“云林遗韵”书法作品展、锡山区美术家协会精品展、无锡市青年书协作品展等20余场书画作品展览，有力地推动了锡山区书画艺术的高水平发展。推进原创音乐事业发展，成功举办“太湖情，鹅湖韵”曹耀棠、张忻喜原创作品音乐会，获得较好反响，中央、省、市媒体都作了报道。

【公共服务继续优化】 锡山区继续深化公共文化服务体系建设，推进公共文化服务重心下移，努力实现公共文化服务模式由数量扩张向提质增效转变。开展村（社区）综合文化服务中心达标创建活动，全年有36个村（社区）综合文化服务中心通过省文化厅的考核验收，全区累计有57个村（社区）综合文化服务中心达标。不断完善公共文化设施网络，积极推进各级各类公共文化设施优先对群众文化社团免费开放，安镇街道水岸佳苑睦邻中心、山韵佳苑睦邻中心、大成苑文化中心及鹅湖镇尚书苑活动中心等成为文艺团队演出交流和居民群众文化娱乐的重要场所。大力开展群众文化素养提升工程，充分发挥乡镇企业博物馆、文化馆、图书馆的主阵地作用，举办戏曲身韵培训班、少儿唱歌培训班、广场舞培训班、“走进春天，相约诗歌”诗文朗诵讲座、“漫谈临创”书法讲座等公益文化讲座和培训班，普及和提升艺术骨干和爱好者的专业素养，全年举办各类公益讲座和培训活动46次。加强对群众文化社团的服务和指导，全区84支特色文化团队成功申报无锡市小额资助扶持资金。为鼓励群众文化社团发展，安镇街道设立社会团队小额资助专项资金，对一年中表现突出的团队给予2000元至20000元不等的资金奖励。建立基层群众需求征集、服务评价反馈等机制，通过“锡山文体快线”微信平台，提前发布各类讲座、活动等信息，增强文化活动的知晓率和参与率。

【群众文化社团繁荣发展】 推进基层文化社团高水平发展，以社团为依托带动锡山群众文化的普及与提升。经过多年的培育、引导，锡山区群众文化社团发展迅猛，至年末，全区有群众文化社团185支，常年活跃在群众文化舞台上，组织、承办、参与各级各类展演、赛事活动，成为锡山群众文化发展的生力军。2017年，区美术、书法、摄影、音舞、文学五大协会走进安镇街道、台创园、锡北镇农业园区、鹅湖玫瑰文化园、东港镇山联村等地开展采风创作活动，推出一批反映锡山区经济、社会、文化发展的书法、美术、摄影、文学作品，取得良好的社会效益。区书法家协会和美术家协会组织、主办、承办“云林遗韵”书法作品展、锡山区美术家协会精品展、“喜迎十九大”锡山区优秀美术作品回顾展等较高水平的展览。区美术家协会会员曹俊伦创作的版画《忆江南·风筝》入选2017中国·观澜国际版画双年展和江苏省文华奖优秀美术作品展。区作家协会的《灵动锡山》和《太湖风》两本散文集由文汇出版社出版。区书法家协会开展新春送祝福现场书写春联活动，区作家协会走进东亭街道映月社区举办“诗心飞扬”诗文朗诵会。全区基层优秀群众文化社团的示范引领作用日益增强。安镇街道的金牛艺术团、锡北镇艺术团以及东港镇的凤凰音乐沙龙、开心戏友社、飘飘舞蹈队、里西舞蹈队，在“九里有戏”2017年安镇街道优秀文体特色团队展演、2017无锡市“激情周末”广场文艺展演锡北镇特色团队专场演出、“全民炫舞、幸福东港”特色文化团队走进红豆万花城等文艺演出活动中唱主角，获得广泛赞誉。“云林一家亲”颁奖文艺晚会暨锡山区优秀特色文艺团队展演和“乐活鹅湖，情浓重阳”广场文艺演出暨鹅湖镇优秀特色文艺团队展演活动还纳入第十九届中国上海国际艺术节无锡分会场的无锡市特色文艺团队展演活动之列。遍布全区的镇（街道）和社区文化社团、协会常年开展活动，活跃和丰富了基层文化生活。安镇街道、锡北镇、羊尖镇三地书画协会联合举办2017年锡山区迎春“三镇”书画联展，130余幅会员作品精品在3个镇（街道）巡回展出。锡北镇摄影协会、东亭街道映月社区摄影协会常年开展活动，举办展览展出，丰富了基层文化生活。东亭街道春江舞蹈队、桑达园社区舞蹈队和鹅湖镇月秀艺术团牵头举办社区春晚，活跃了社区文化生活。

（朱丽娟）

文物保护

【文化遗产保护扎实推进】 锡山区统筹文物保护与经济社会发展，扎实推进文物保护、管理、研究和利用工作，取得明显成效。扎实推进文化遗产的修复保护工作，完成华氏襄义庄、华蘅芳故居两处省级文物保护单位的修缮工程，其中华氏襄义庄修缮工程成功入选“2017年度江苏省红色遗产、名人故居保护与利用”立项名单。切实维护文物安全，完成第七批江苏省文物保护单位、第一批至第五批无锡市文物保护单位和文物遗迹控制单位的保护范围和建设控制地带的“两线”划定工作。与各镇（街道）签订2017年度锡山区文物保护单位安全责任书，明确各板块文物安全的职责与范围。大力挖掘、宣传地域历史文化，营造全社会共同关注文物事业的氛围。举办“锡山藏珍——锡山区第一次可移动文物普查成果图文展”“喜迎十九大·让文物活起来——锡山区文物保护与利用成果展”，并在全区范围内巡展。区文体局、锡北镇联合举办“纪念爱国乡贤严金清（紫卿）诞辰180周年暨弘扬乡贤文化座谈会”，获得较好的社会反响。加强非遗保护，弘扬地域文化。成功举办“锡韵流芳”锡山区第二届锡剧票友大赛、“吴风锡韵，多彩锡山”非遗展示等系列活动。完成省市级非遗代表性传承人补助资金申报工作和传承人（项目、基地）申报工作，组织非遗调研讨论会和非遗项目实地考察。省级吴歌传承人唐建琴收查桥实验小学音乐老师蔡玉英为徒。羊尖实验小学学生肖陆霆昱参加第二十一届中国少儿戏曲小梅花奖比赛，被授予“金花”称号。（朱丽娟）

公共图书馆

【图书管理服务不断优化】 锡山区图书馆以第六次全国公共图书馆评估定级为契机，不断完善图书馆的硬件和软件建设，努力拓展和优化服务内容和手段，图书管理工作取得明显成效。全年采购新书3万余册，接待读者10万余人次，年文献外借量18万余册次。加强图书馆信息化、数字化建设，推进总分馆和街道、村（社区）图书馆三级通借通还系统建设，将全区镇（街道）公共图书馆和农家书屋纳入区总分馆体系，实现与各区馆馆际互借与文献传递目标。优化读者服务，区图书馆坚持实行全年无休免费开放制度，图书馆门户网站、地方特色数据库、微信公众号、读者QQ群建成并投入使用，向读者提供电脑查询、新书介绍、业务咨询、电话续借、网上续借、政府信息公开查询、可远程访问数字资源下载等服务内容。新增LED智慧大数据图书查询平台，并加入江苏省少儿数字图书馆共享平台，共享海量的少儿文献数字资源。丰富馆藏资源，持续开展地方文献征集活动，征集了荡口古镇、非遗项目、《锡山年鉴》、本区域发行的资料等数字资源。创新服务形式，新增区政务服务中心、荟聚综合体、区国税局3个馆外流动图书服务点。广泛开展全民阅读活动，全年举办50余次阅读推广读书活动，参与读者3万人次。举办“走进春天，相约诗歌”诗文朗诵讲座、“享受阅读，开卷有益”公益讲座进学校、“智慧空间体验盛宴”、锡山区少年儿童“我爱英语”征文比赛等阅读活动。由区图书馆牵头成立的“爱·成长”读书会每月定期开展主题活动。东亭街道映月社区盛向阳家庭获无锡市第四届“十大书香家庭”称号，并获“书香飘万家”2016全国家庭亲子阅读活动“书香之家”称号。充分发挥图书馆公共文化阵地的宣传功能，推出“舌尖上的春节”“抗战中的长城”“迎国庆、迎重阳书画展”“锡山特藏”等10场主题展览。开展缤纷假日系列活动，举办“挑战满分作文”“法语启蒙活动”“消防安全讲座”等主题讲座，暑假推出7期童舟亲子故事会，深受孩子和家长们的欢迎。指导、推进全区农家书屋提档升级，锡山区被认定为无锡市农家书屋提升工程示范区，新增无锡市星级农家书屋6家，并推荐两家农家书屋参加江苏省五星级示范农家书屋评选活动。（朱丽娟）

文化市场管理

【文化市场监管成效显著】 锡山区文体市场以整顿和打击违规经营行为为重点，进一步深化“扫黄打非”工作，强化文体市场监管，保障全区文体、新闻出版市场健康有序发展。全年出动检查人员5324人次，检查文化、体育、新闻出版生产经营单位2466家次，区文体局与相关部门开展联合执法行动21次，查办各类行政处罚案件39起。查处、取缔无证“黑网吧”5家，收缴非法音像制品1310张、非法书刊3906册，取缔非法演出活动2起。加强安全生产管理，与网吧、娱乐场所、印刷企业的负责人签订安全生产责任书，抓好元旦、春节、“五一”、国庆等重要时间节点的安全生产工作，组织开展夏季安全生产百日执法行动、夏季文化娱乐场所安全生产大检查、游泳场所安全检查等整治行动。强化执法检查，抓住重点环节、重要时间节点开展专项检查，组织开展“迎十九大”文化市场专项整治、网吧市场专项整治、社会文化环境专项治理、“黑网吧”专项整治、无证游戏机专项治理等行动。深入开展“扫黄打非”工作，完善“扫黄打非”进基层长效工作机制，切实加大监管和打击力度，组织开展“两会”、春节前后出版物市场专项检查、“护苗2017”、“净网2017”、“清源2017”、“秋风2017”、“固边2017”以及节场庙会出版物市场专项行动、校园周边文化环境专项整治，严厉打击各类侵权盗版活动，扫除淫秽色情文化垃圾，封堵查处利用互联网传播有害信息。进一步加强对文体、新闻出版市场从业人员以及广大群众的普法和法制宣传，开展“三下乡”、“4·26”世界知识产权保护日宣传活动，结合“护苗2017”行动的开展，组织开展“绿书签”进校园、进社区、进商业广场等系列宣传活动。创新管理手段，服务行业发展。组织印刷企业参加2017江苏印刷业创新发展博览会、首届江苏印博会、2017中国国际瓦楞展、2017中国国际彩盒展、2017中国包装容器展等展览，让企业了解印刷技术和印刷工业发展的趋势。组织网吧行业赴杭州市、扬州市参观学习网吧经营新业态，推动行业转型升级。区印刷协会获“江苏省示范性社会组织”称号，被评为“无锡市先进行业商（协）会”。

（朱丽娟）

文化产业

【文化产业稳步推进】锡山区着眼于营造良好的服务发展环境，进一步强化对全区文化产业的指导和服务，助推文化企业转型发展，促进全区文化产业加快发展，全区新增文化产业类企业132家。积极培育壮大文化产业新业态，推进“互联网+”和“文化创意+”新兴文化产业的发展。注册资本1亿元的江苏天地缘影视文化传媒有限公司和注册资本5000万元的江苏车霸王网络科技有限公司建成启动。注重文化企业的创新能力，推进文化企业的科技水平。无锡广新影视动画技术有限公司的动画片《成长不烦恼》获第十三届中国国际动漫节“金猴奖”提名。江苏利特尔绿色包装股份有限公司董事长顾成被评为“第五届无锡市唐鹤千卓越青年文化创意人才奖”。进一步加强对文化产业企业的跟踪扶持。在区文体局的指导、扶持下，江苏新广联科技股份有限公司、江苏新广联光电股份有限公司、江苏新广联半导体有限公司、无锡市鹅湖玫瑰园艺文化有限公司、无锡广新影视动画技术有限公司、江苏利特尔绿色包装股份有限公司6家企业的8个项目获2017年度无锡市文化产业政策第一批扶持项目资金。助力文化企业提升管理水平。应锡山区印刷协会的要求，组织举办“2017锡山区印刷企业中高干部精英研习班”。

（朱丽娟）

档案史志

【概况】2017年，锡山区档案史志工作以基层建设规范化、档案管理现代化、窗口建设标准化、征集编研多元化、史志编纂精品化、业务技能全面化“六化”建设为目标，充分发挥档案史志工作在建设富强美丽和谐幸福新锡山中的职能作用，不断开创档案史志工作的新局面。年初，区档案局（史志办）被无锡市史志办公室评为“2016年度全市史志工作先进集体”。3月，在中国出版协会年鉴工作委员会主办的2015—2016年度年鉴编校质量检查评比活动中，《锡山年鉴（2016）》获二等奖。年末，区档案馆有馆藏全宗90个，馆藏档案总量26621卷、201719件，其中文书档案14162卷、151055件，科技档案12459卷、50664件。另外，图书资料16956册。全年接待查档群众1529人次，调阅案卷1651卷，另有1000余人次的电话查档。

【馆藏资源建设】加强新一轮档案集中进馆。3月，再次向全区所有档案进馆单位发送档案进馆通知，要求各单位加快档案进馆进度，确保档案资料移交工作按时、规范、有序完成。至12月底，有32个单位完成档案进馆工作，接收档案48619件。其中，接收婚姻档案4754件、重点工程档案55卷，接收报纸期刊98册。扎实推进档案开放划控、鉴定工作。按照常态化工作要求，全年完成1987年到期档案的划控开放工作，共计10个全宗、422卷。认真做好政府信息纸质文件的移送工作。按照《关于进一步做好主动公开政府信息移送工作的通知》，严格执行按季度发布各部门政府公开信息移送情况的通报。全年接收政府信息公开文件822件，并及时开放，供社会各界人士查阅。坚持对全区重大活动、重要会议进行现场拍摄，全年拍摄、征集原始图片1000余张，整理归档600余张，至2017年年末，图片数据库有照片4.9万余张。征集成果丰富。全年征集各类档案史料136件，其中《马氏统谱延祥乡支杨巷派杨巷村支谱》《锡山施氏宗谱》《华氏通六支宗谱》《陶氏宗谱》《马氏统谱延祥乡支唐巷桥派唐巷桥支谱》等宗谱18册。9月起，在全区范围内启动征集重要音视频和历史文化出版物工作，年内征集到《无锡华氏》《乡镇企业家访谈录》《新四军六师师部》等涉及教育、卫生、文化、经济商贸等多领域的音视频48件，征集到《华氏遗风》《安文璀璨》《人文锡北》等地方历史文化书籍35册。

【档案规范化建设】 积极开展档案标准化、规范化建设。2017年，锡北镇正法禅寺、东亭基督教堂等10个单位创建星级档案室，其中锡北镇正法禅寺、东亭基督教堂升级为三星级档案室，羊尖镇天台寺、羊尖镇云庆寺等8家寺庙创建成二星级档案室。锡山国土分局、锡山地税局通过省五星级档案工作复查，安镇街道、怀仁中学、柏庄实验小学等11个单位通过省三星级档案工作复查。年内完成全区77家进馆单位的档案年度评估工作。至2017年年末，全区累计有省五星级标准档案室6家、四星级8家、三星级80家、二星级48家。切实做好民生档案建设工作。与区人社局、区民政局、区卫计局继续协作，继续对低保档案、劳动保障档案、企业退休人员档案、计生档案进行业务指导。做好全区重点工程档案指导检查工作。积极与区发改局、区重点办、区住建局城建档案室联系沟通，走访各重点工程施工现场并指导各重点工程档案的规范整理，为进馆打好基础，全年指导和培训重点工程档案30次。继续配合农村土地承包经营权确权登记颁证成果检查验收工作，召集相关人员进行集中培训，对农村土地承包经营权确权登记颁证相关村进行业务指导，确保其规范整理各类资料。全年对6个镇（街道）的33个村进行农村土地承包经营权确权登记颁证成果检查验收。2017年，全区开展企业档案、上岗资格等业务培训班6期，参训人数250人次，其中企业人员60人次。

【档案信息化建设】 做好馆藏档案数字化整合。按照省AAAAA数字档案馆标准推进馆藏档案的数字扫描工作，指导进馆单位的档案数字化工作，并对扫描的全文数据进行专题汇总、校对和挂接；进一步做好档案电子数据的备份工作，保障档案电子数据的安全。加强锡山区数字档案室软件的全面运用。对进馆单位档案员进行全面系统的数字档案室网络版培训，并上门指导，全区数字档案室网络版运行正常。加强网站信息的更新维护。与区政府办信息科沟通，组织材料，对2017中国锡山网站“走近锡山”栏目进行更新维护；全年在区档案局网站发布动态信息63篇。做好区档案局政府信息公开文件的及时更新上传和锡山区政府各部门信息公开文件的收集、整理，及时向社会各界开放。为筹建中的江苏省乡镇企业档案馆提供电子数据资料。根据省档案馆要求，锡山区档案局对馆藏乡镇企业档案的电子数据库进行认真梳理，移交省档案馆电子数据3.66千兆，其中文书档案631件，图书资料22册，实物档案15件。

【档案史志宣传】 积极开展档案宣传。结合大走访、“三下乡”服务、“12·4”国家宪法日和全国法制宣传日等活动，向区级机关各部门、各镇（街道）、村（社区）发放宣传材料2000余份和家庭档案盒500余个，进一步扩大社会各界了解档案法律法规和档案知识的覆盖面。开展“6·9”国际档案日宣传。订购并向各镇（街道）发放《档案我们共同的记忆》《家的档案家的记忆》宣传挂图20套及《寻找我们共同的记忆》宣传材料80册。“锡山档案”微信公众号运行良好。挖掘地方文化资源，编辑发布《抗战岁月》《真实的农事老照片》《唐氏家族的前世今生》《斗山的神话传说》等8篇微文，进一步宣传档案文化。根据《锡山名人》等书籍，编辑发布“锡山名人”31个；根据《新锡山》等，编辑发布锡山区大事23件，进一步宣传锡山区历史文化和改革开放建设新成果。加强档案史志学术研究和信息宣传报道。全年上报各类信息28篇，录用39篇次；撰写大走访调研文章2篇；撰写史志学术论文2篇；撰写档案学术论文5篇，其中3篇入选江苏省档案学会《2017档案学术交流会论文集》，1篇在区委办《内部参考》刊登，1篇在《无锡档案》发表。发挥锡山图片数据库作用，先后为市档案局、市史志办、区委办、区政府办等单位编史筹展、《无锡导刊》插图等提供各类照片200余张；8月1日，向东港镇人民政府移交有关“两弹一星”元勋姚桐斌的档案史料复制件6件，供姚桐斌故居陈展使用。

【江苏名镇名村志编纂指导】 年初，鹅湖镇和羊尖镇严家桥村被列入江苏名镇名村志（第一辑）编纂候选名单。2月初，区档案局（史志办）及时传达省市文件精神和工作要求，指导镇村完成镇志、村志编纂方案、篇目设置，组织镇志、村志主编参加江苏省地方志办公室举办的江苏名镇名村志编辑业务培训班，为江苏名镇名村志的编纂打下坚实的基础。4月底，联系市史志办，共同调研走访鹅湖镇和严家桥村，了解镇志、村志编纂工作实际，对志书篇目提出具体的修改意见，确定最终篇目。6月底，联系市史志办，在区档案局召开座谈会，调研指导《鹅湖镇志》《严家桥村志》编纂工作。市、区、镇、村共15人参加，主要对志书试写篇目提出具体修改意见，共同探讨入志人物筛选标准、大事记选材标准、方言土语能否入志、习俗礼仪是否必须入志等业务问题，力求打造锡山区精品良志。至2017年年末，《鹅湖镇志》初稿完成95%；《严家桥村志》初稿完成并送区、市史志办审核。

【《锡山年鉴（2017）》出版】 9月28日，由区档案局编纂的《锡山年鉴（2017）》出版发行，全面翔实地辑录了2016年锡山区经济社会发展的基本资料。全书设30个类目、167个分目，共计87万字；采用图片274张。整体设计大气简洁。年鉴封面全新改版，封面颜色采用沉稳大气的藏青色，封面字体采用烫银设计，更加精美，简洁明快；内部图文印刷比往年更为明亮清晰，整体档次明显提升。篇目设置保持稳定。《锡山年鉴（2017）》继续保持总体框架的稳定性，原有的30个类目保持不变，确保了内容和数据的连续性，结构更趋合理。编纂质量精益求精。年鉴编辑部从制订方案、组稿、编辑、设计到反复校对、出版印刷，各项工作循序渐进、有条不紊；年鉴撰稿人员和编辑精心修改，进一步提升年鉴质量；各单位领导和区领导用心把关，进一步提升年鉴品位；方志出版社尽心审阅，进一步提升年鉴内涵。（吴 霞）

编辑：吴 霞

【锡山区文物珍品】

青花褐彩金鱼纹碗一对（明晚期）（区文管办 供稿）

青花褐彩金鱼纹碗一对，是明代晚期民窑精品，高4.5厘米，口径15.3厘米，足径5.8厘米，1987年无锡县堰桥乡出土，国家三级文物。该对瓷碗大小、器形均相同：敞口，浅腹，圈足。器表和碗心均以褐釉绘制游动的金鱼纹，金鱼鼓眼凸肚双尾，栩栩如生，颇具神韵。口沿有一圈青花花边。

5月28日，由区文体局主办的“锡韵流芳”锡山区第二届锡剧票友大赛决赛在荡口古镇义盛桥南广场举行，图为羊尖实验小学学生肖陆霆昱表演锡剧《白水滩》选段　　（朱丽娟 供稿）

9月27日，由区文体局、鹅湖镇政府、荡口古镇管委会主办的“太湖情，鹅湖韵”曹耀棠、张忻喜原创作品音乐会在荡口古镇广场举办，图为著名歌手叶莺演唱《恋江南》　　（朱丽娟 供稿）

卫生和计划生育

Health and Family Planning

综　述

【概况】2017年，全区设医疗卫生机构208个，其中区、镇两级公立医疗卫生机构15家；开放床位2362张；执业（助理）医师1283人；平均每千人口拥有床位3.34张，医生1.82人，卫技人员4.78人。区、镇两级医疗卫生机构完成门急诊406.83万人次，比上年增长12%；收住住院病人5.91万人次，与上年同期持平；病床使用率80.09%；完成业务量11.07亿元，比上年增长7.69%。卫生基础设施加快建设。锡山人民医院新建工程计划于2018年1月28日试运行。东港急救分站建设完成，农村院前医疗急救网络进一步健全。（钱　艳）

卫生体制改革

【概况】调整区深化医改领导小组。召开全区医改工作推进会，全面部署工作任务。加强全区医疗卫生服务体系建设，编制完成《锡山区“十三五”卫生与健康暨现代医疗卫生体系建设规划》。规范实施国家基本药物制度，各社区卫生服务中心（含服务站）全年采购基本药物金额7264.76万元；二级医院采购药品34658.04万元，其中网上采购药品33583.83万元，网上采购基本药物7876.52万元，网上采购药品占采购药品总金额的96.91%。增加基层医疗机构用药品种，增补药品数达到现有基本药物品种数的14.2%。

【医联体建设推进】落实现代医院管理制度，召开区医联体第一届理事会第三次会议，完善以理事会为核心的公立医院法人治理结构。锡山人民医院与东南大学附属中大医院开展全方位深度合作。成立东南大学附属中大医院影像远程会诊中心无锡分中心。19个合作科室的中大医院专家到锡山人民医院开展诊疗工作，举办全院讲座34次，组织疑难病例讨论4次、教学查房5次，开展各类手术200余台次。锡山人民医院与安镇院区实现一体化管理；“锡山人民医院妇产科东亭门诊部”成立，积极打造东亭分院专科特色。加快区中医医院“西转中”步伐，推动中医药发展。

【分级诊疗制度健全】以高血压、糖尿病为突破口，建立健全基层首诊和双向转诊制度，共同建立慢病治疗签约团队。开展二级医院与社区卫生服务中心对口帮扶工作，开设4个联合帮扶病房，二级医院医生下乡援建330人次、诊疗7152人次。实行居民医保“联合定点、总额包干”政策成效显著，居民区域内就诊率进一步提高。

【公立医院医药价格综合改革深化】全面落实政府投入责任，落实医药价格改革财政补助1000万元。取消药品加成，药占比降至39.24%。医疗费用增长有效遏制，全区公立医院门诊收入4.22亿元，比上年增长9.96%；住院收入4.76亿元，比上年增长0.86%。（钱　艳）

医政管理

【概况】加强医疗机构监管，完成所辖医疗机构监督检查2次，病历甲级率95%，“三符合”（医嘱与病情相符合，病历记录与病情相符合，医嘱与收费相符合）达标率93%，病案首页管理率100%。开展抗菌药物、基层院感等专项检查，未发生院感暴发事件。无偿献血率100%，未发生用血安全事件。开展“优质护理服务示范工程”活动，提供全面、全程、连续、专业的护理服务，优质护理病房覆盖率100%。

【医疗服务质量改善】深入落实进一步改善医疗服务行动计划重点工作实施方案，推进日间病房、预约诊疗、临床路径、多学科协助诊疗模式等工作，优化服务流程，改善患者就医体验。提升等级医院创建水平，锡山人民医院通过等级医院复核评审。加强二级医院临床重点专科建设。二级医院新增5个市级特色科室。推进疾病应急救助工作。进一步完善医疗救助申请流程和审批手续，建立健全部门协调机制，指导医疗机构按照国家《需要紧急救治的急危重伤病标准及诊疗规范》收治病人，充分发挥疾病应急救助的托底作用。加强平安医院建设。多部门联动，加大医疗机构隐患排查力度，有效维护医疗机构正常秩序。加快二级医院医患沟通中心建设。

【中医药服务能力建设加强】出台《锡山区基层中医药服务能力提升工程“十三五”行动计划实施方案》，进一步加强基层医疗机构中医药内涵建设。全面开展基层中医适宜技术工作，开展包括中成药、针灸、推拿、火罐、敷贴、刮痧、熏洗、穴位注射等6种以上中医药服务，每个镇（街道）卫生院（社区卫生服务中心）配备不少于

50种中成药（服务站配备不少于30种），开展10项以上中医药适宜技术（服务站开展4项）。加强中医药综合服务区建设，基本实现全区基层医疗机构全覆盖。区中医医院、南京中医药大学联合举办“西学中”培训班，切实提高锡山区中医药服务能力。组织开展第七届“中医药就在你身边”宣传活动，推动《中华人民共和国中医药法》的宣传和贯彻实施，促进基层中医药服务能力提升工程实施。开展基本公共卫生服务中医药项目，全区65岁以上老年人完成中医体质辨识人数47038人，完成率67.97%；0—3岁儿童中医健康管理完成人数17878人，完成率66.38%。 （钱 艳）

公共卫生

【概况】传染病保持低发水平，全区甲乙类法定传染病发病率每10万人76.24例。巩固慢性非传染性疾病综合防控示范区创建成果，居民电子健康档案建档率83.17%；高血压健康管理率41.89%；糖尿病健康管理率31.91%。制定并出台《无锡市锡山区突发公共卫生应急事件预案》，进一步有效防控并规范处置全区突发公共卫生应急事件。全区发生突发公共卫生事件18起，均得到有效处置。全区人均期望寿命82.08岁（男80.01岁，女84.16岁）。

【重大传染病防控措施强化】积极开展中老年男性人群艾滋病综合防治干预工作和扩大性病就诊者HIV（人类免疫缺陷病毒）和梅毒检测试点工作两项特色项目，扎实推进锡山区艾滋病防治示范区创建工作。完善艾滋病检测监测网络，强化质量控制，做好疫情报告和管理。全区累计艾滋病病毒感染者和艾滋病病人335例（存活292例）。3个VCT（艾滋病自愿咨询检测）门诊累计提供免费咨询检测854人次，初筛梅毒4例，发现HIV阳性4例。深入艾滋病高危场所进行现场干预，新干预娱乐场所903家，新干预暗娼3418人。重点推进结核病分级诊疗服务模式，完善村级结核病推荐筛查工作，全年65岁以上老年人体检数53199人，透视筛查12825人，摄片筛查5310人；全区落实管理糖尿病患者数17384人，透视筛查500人，摄片筛查1965人。

【严重精神障碍患者管理推进】区卫计局与综治、公安等部门联合制定《关于加强特殊人群长效管理工作的意见》，扎实推进严重精神障碍患者管理工作，全区严重精神障碍患者检出率4.09‰，检出患者管理率91.23%。深入推进鹅湖镇尚书苑社区的康复试点工作，探索指导严重精神障碍患者恢复社会功能的有效方式，有效提升精神病防治工作的内涵质量。

【妇幼健康服务能力提升】推动省级妇幼健康规范化门诊创建，羊尖镇卫生院创建成省基层医疗卫生机构妇幼健康规范化门诊。深入推进产科标准化建设，在锡山人民医院东亭分院、锡山区中医医院（东港院区）积极开展创建活动。执行高危妊娠分级分类管理制度，加强高危孕产妇的早期发现、专案管理、有效治疗和规范转诊。继续抓好体弱儿分级分类管理制度，强化体弱儿和高危儿的筛查、诊治和随访等管理。全区孕产妇保健覆盖率100%，早孕检查率99.98%，孕产妇系统管理率99.94%，围产儿死亡率2.82‰，婴儿死亡率0.94‰，5岁以下儿童死亡率2.26‰。实施重大妇幼卫生服务项目，完成3.28万名妇女宫颈癌、乳腺癌“两癌”检查，孕产妇住院分娩补助3128人，补助资金141.33万元。 （钱 艳）

社区卫生

【概况】2017年，按照人均基本公共卫生服务项目补助标准，常住人口人均补助不低于70元。羊尖镇卫生院和东北塘街道社区卫生服务中心于3月27日代表无锡市参加国家基本公共卫生服务项目省级考核，获全省2016年度基本公共卫生服务项目绩效考核第一名；组织全区基层医务人员岗位练兵和技能竞赛活动，锡北镇卫生院代表队获市级康复技能竞赛三等奖；推进基层医疗卫生机构特色科室建设，羊尖镇卫生院普外科确定为江苏省基层医疗卫生机构特色科室，深化社区卫生服务中心（卫生院）运行机制改革，提升社区卫生服务中心运行活力和服务利用水平，在锡北镇卫生院开展财政定额补助试点工作。锡北镇卫生院纳入“2016—2017年建设群众满意的乡镇卫生院”候选名单。 （钱 艳）

爱国卫生

【概况】启动江苏省健康促进区创建工作，相继出台《锡山区创建江苏省健康促进区工作方案》《锡山区创建江苏省健康促进区评价体系及责任分解》《锡山区创建江苏省健康促进区领导小组》等12个文件。成功举办“锡山区创建江苏省健康促进区启动仪式”和“锡山论坛——将健康融入所有政策”等大型活动。举办各类业务培训班5期。大力推进健康社区（村）、健康机关、健康企业、健康医院、健康学校等健康场所创建活动。建成江苏省健康社区（村）9个、省健康单位5个、省健康企业2家、省健康促进医院3家，新建健康步道8条、健康主题公园1个、健康小屋1个。东港镇创建江苏省健康镇工作通过省级评估。安镇街道安西社区建成高标准江苏省示范健康社区。96个省卫生村通过复查。完成生态改厕470座。建成社区规范化毒饵点18个、病媒生物防制社会化外包服务试点社区2个。（钱　艳）

计划生育

【概况】 加强计划生育工作组织领导，坚持计划生育一票否决制。积极开展创建省“十三五”时期人口协调发展先进县（市、区）活动。全面实行生育服务登记，开展生育服务登记5140例，其中二孩登记2432例，审批再生育一孩117例，生育服务登记满意度在99%以上。

【计划生育家庭发展】 实施新一轮特殊家庭帮扶项目。全区享受奖励扶助19303人，奖励金1729.24万元；享受特别扶助897人，扶助金597.77万元。全区落实公益金救助358户，计118.6万元。做好企业职工一次性奖励金的集中登记工作。认真开展计划生育特殊家庭帮扶活动。进一步做好计划生育特别扶助对象医疗保障工作，确定锡山人民医院、锡山人民医院东亭分院、锡山人民医院鹅湖分院为区级特别扶助对象定点医疗服务机构，无锡阿福护理院为区级特别扶助对象定点老年护理服务机构，为计划生育特殊家庭成员开通就医绿色通道。开展计划生育特殊家庭大走访活动，为全区555户计划生育特殊家庭建立档案，落实帮扶联系人。开展计划生育特殊困难家庭心理援助服务，邀请有资质的心理咨询师对有需求的计划生育特殊家庭进行入户心理健康调查评估，并对排查后有心理服务需求的失独对象及失独家庭的第三代未成年子女进行心理疏导和情感抚慰。

【流动人口服务加强】 建立流动人口生育服务登记制度，落实便民服务，对符合条件的生育服务登记、电子婚育证明即时即办，流动人口生育服务网上登记1427人。抓好流动人口卫计服务中心（窗口）建设。依托镇（街道）社区卫生服务中心，为流动人口提供“一站式”便捷服务，实现流动人口基本公共卫计服务中心（窗口）全覆盖。开展流动人口健康教育健康促进活动。开展流动人口健康促进示范企业、学校、家庭评比活动，云林实验小学获“国家流动人口健康促进示范学校”。结合2017婚育新风进万家“人口流动，健康同行”活动，通过进社区、进企业、进工地、进市场、进园区、进学校，开展健康讲座26场。深入村、企、流动人口集聚区等地，开展“服务百村千企，你我同行共享”主题活动，全面落实流动人口计划生育“七免一普及”，为23067名流入已婚育龄妇女开展孕环情检测，落实免费技术经费32.60万元。

相关链接

七免一普及：免费发放宣传资料，免费发送避孕药具，免费开展孕环情监测，免费提供国家规定的计划生育技术服务项目，免费进行婚前检查，免费开展孕前风险评估，免费孕前优生检测，普及科学适用的计划生育知识。

（钱　艳）

卫计监督

【概况】 完成卫生计生监督执法资源整合，切实履行综合监督职责。扎实推进传染病防治监督提升年系列活动，开展医疗机构依法执业等各类专项监督检查，检查各级各类医疗卫生机构81家；开展传染病防治监督抽检工作，抽检医疗机构22家。对1家社会医疗机构医疗废物暂存设施提出整改意见，有效规范锡山区医疗服务市场。加强医疗市场监管，继续保持“打击非法行医”的高压态势，积极开展“打击非法行医”活动，出动行政执法人员125人次，执法检查25户次，取缔9户次，立案调查8件，罚款2.10万元，申请法院强制执行3件。积极开展“打击非法行医”宣传活动，印制各种宣传材料300余份，悬挂宣传横幅2条，发放宣传材料230余份，接受咨询500余人次。

【行政服务窗口审批规范】 推进行政审批改革，加大投入力度，吸引社会资本积极开办医院，批准医疗机构设置24家。完善医疗机构年度校验、执业许可办理流程，落实书面审核和现场审核相结合的监管措施，依法做好执业登记、年度校验、事项变更等工作。审核公共场所卫生许可99家；为151家公共场所单位延续（换领）新许可证；开展医疗机构、医师及护士登记注册工作，办结医师、助理医师执业注册170件，受理放射诊疗许可申请6件，受理护士执业注册申请643件；办理医疗机构年度校验164家，变更注销事项38件。

（钱　艳）

卫计人才和科研

【概况】推进住院医师规范化培训制度建设，加强住院医师规范化培训基地管理，落实基层卫生专业人才培训工作，完成各类培训67人。积极组织二级医疗机构、区级公共卫生机构参加省卫生和计划生育委员会、市科技局组织的科研项目申报工作，组织申报科研项目16项，锡山人民医院获立项10项，鹅湖分院获立项1项。

【卫计人才队伍建设强化】探索高层次、紧缺型人才常态化招聘制度，实行一次公告、多次招聘。2017年，实际录用179人，其中高层次、紧缺型人才53名。研究制定《“锡山英才计划”社会事业（卫生）人才政策实施细则》。选送100余名医务人员参加省市级各类培训班，提高基层医务人员业务能力。落实乡镇卫生院技术骨干和乡村医生实用技能进修任务，选送24名B超医务人员参加市妇幼保健院务实进修活动，4名临床医生参加省级务实进修活动，15名乡村医生参加市级技能进修活动，8名社区护理人员参加市级岗位能力培训活动，24名妇产医技人员参加市级产前筛查学习班。（钱　艳）

卫计信息化建设

【概况】以科技惠民项目“锡山区城乡协同医疗服务体系建设”为契机，加快推进全区公立医疗机构卫生信息化建设。全面建成全科医生协同工作平台，实现全区全科医生日常医疗服务数字化；新建成的区域影像协同诊断中心、区域心电协同诊断服务及数据中心等区域协同医疗服务平台，以及开发的以基本医疗和公共卫生为核心的全区互联卫生信息平台，实现了公共卫生与医疗服务的信息共享。区域医学影像远程诊断和区域心电远程会诊工作运行顺利，实现区域影像协同诊断2.72万人次，心电诊断6145人次。加快推进区域数字智能化改造，探索打造先进的银医服务平台。

（钱　艳）

红十字会工作

【概况】开展“红十字人道万人捐”活动，全年募集善款176.88万余元；组织开展“迎新春、送温暖”走访慰问活动，对全区86位白血病、256位尿毒症患者发放慰问金162.5万元；开展日常应急救助活动，对突发灾害的33户困难家庭实施救助，计12.9万元。开展“双癌家庭暖冬行动”，对全区67户双癌家庭开展救助，计13.4万元。开展对艾滋病患者和感染者的关爱活动，对24名因感染艾滋病而生活困难的家庭实施救助，计2.4万元。全区有3258人参加无偿献血，其中捐献全血2956人，捐献成分血302人。扎实开展应急救护“五进”（进机关、进社区、进企业、进学校、进农村）工程，培训初级救护员416人，普及救护员4299人；开展养老照护知识技能培训527人，服务家庭51户。积极开展造血干细胞、角膜、遗体捐献和无偿献血、防灾减灾知识的宣传动员活动，造血干细胞配型成功1人。

（钱　艳）

编辑：吴　霞

7月19日，区红十字会在区委党校为区老年人体育协会的老年朋友们开展养老照护知识培训活动（区卫计局 供稿）

11月28日，区卫计局党委书记、局长徐志军（右二）出席新锡山人民医院搬迁启用动员大会并讲话（区卫计局 供稿）

体　育

Sports

综 述

【概况】2017年，锡山区体育工作以习近平总书记关于体育工作系列重要讲话为指引，以“共建共享，全民健康”为发展宗旨，继续优化体育公共服务，广泛开展全民健身运动，促进群众体育和竞技体育全面发展。研究出台《锡山区全民健身规划（2017—2020）》，为锡山区“十三五”期间全民健身运动发展奠定基础。全区各类全民健身运动蓬勃开展，成功举办东北塘“诚毅杯”中国（锡山）第六届国际象棋女子名人赛暨“天一中学杯”2017中国国际象棋明星混双对抗赛、锡山区全民健身节启动仪式暨锡山区第四届“锡东新城杯”全健排舞大赛、2017年江苏省老年人体育节无锡市锡山分会场启动式暨全国“百城千村”交流展示系列活动等大型体育活动，承办“映美杯”2017中国国际象棋甲级联赛无锡站“锡山体彩杯”专场，组织开展第十届区级“普天铁心杯”羽毛球赛、第四届江苏省企业家乒乓球赛、2017年“锡山体彩杯”足球联赛、2017年锡山区篮球比赛暨锡山区第一届“篮协杯”篮球比赛、锡山区2017年气功站点联赛等群众体育赛事和活动150余场次。区体校和东北塘实验小学获“全国群众体育先进单位”称号。竞技体育再创佳绩，区体校棒、垒球队在国家级、省级比赛中多次取得优异成绩。（朱丽娟）

群众体育

【全民健身蓬勃开展】锡山区群众体育秉承“全民参与，全民共享”的发展理念，创新思路，谋求实效，精准施策，全区群众体育呈现出欣欣向荣的喜人态势。群众性体育健身蓬勃开展，全年举办各级各类群众性体育健身活动150余场次，全区群众通过各种渠道参与全民健身运动的人数超过20万人次。统筹推进全民健身工程建设，出台《锡山区全民健身规划（2017—2020）》。成功举办锡山区全民健身节启动仪式暨锡山区第四届“锡东新城杯”全健排舞大赛，承办无锡市第十二届运动会中小学生棋类比赛和无锡市第十二届运动会暨2017年无锡市青少年校园足球冠军赛。以举办“全民健身节”为抓手，举办锡山区2017年气功站点联赛、小学生跳绳踢毽比赛、庆“三八”妇女门球赛、千人徒步活动以及“喜迎十九大”系列球类比赛活动。锡北镇政府、锡山区老年人体育协会、东北塘中学、安镇街道武术协会、东港镇港下社区居民委员会、锡北镇周家阁健身中心、东亭街道春合苑体育健身站点7个单位被评为“2013—2016年度无锡市群众体育先进集体”，区体校校长张斌等12人获评先进个人。区文体局获“无锡市第十二届运动会体育道德风尚奖”。积极争取社会力量支持体育事业，打造全民健身品牌活动。举办2017年“锡山体彩杯”足球联赛、“欣盛杯”女子乒乓球邀请赛、第四届江苏省“三建杯”特色学校象棋比赛、第十届区级“普天铁心杯”羽毛球赛、锡山区“慈云杯”象棋联赛、第四届江苏省企业家乒乓球赛等群众基础较高的赛事活动。积极搭建大众体育交流平台，提升群众体育项目的水平和参与度，举办首届“过百龄杯”业余围棋棋王公开赛，承办苏锡友好乡镇象棋团体邀请赛。锡山老年体育品牌深入人心，成功举办2017年江苏省老年人体育节无锡市锡山分会场启动式暨全国“百城千村”交流展示系列活动。锡山区32式太极剑在江苏省老年人体育节太极拳（剑）的展演活动中获第一名。创编《老年健身微运动法》，引导广大老年朋友科学健康运动。在首届无锡市门球争霸赛中，羊尖镇冯云飞获“球王”称号。

【公共服务继续强化】大力推进公共体育设施标准化、公共体育服务全面化、基层体育社团制度化建设。积极倡导“体育生活化”理念，大力推进群众身边的体育设施建设。2017年，向全区各镇（街道）投放健身路径90套、篮球架30副和室内乒乓球桌30张，新增健身步道13千米。进一步强化体育组织网络建设，加大社会体育指导员培训力度。指导成立区健身气功协会和区篮球协会。全年组织健身气功、门球、手杖操、太极拳等多个种类的培训班12期，培训三级社会体育指导员300余人次，申报国家级社会体育指导员8人、一级社会体育指导员7人。大力提高群众体育服务水平，通过开展国民体质监测工作，为省市制订全民健身政策提供科学依据，全年完成市国民体质抽测样本472人。（朱丽娟）

竞技体育

【竞技体育成绩斐然】锡山区竞技体育继续取得不凡业绩，棒、垒球和国际象棋三大优势项目在各级各类赛事中取得好成绩。区体校棒、垒球队以“立足江苏、引领全国、走向世界”为目标，发扬敢打敢拼精神，不断攀登新高峰。区体校垒球队在全国少年U16垒球锦标赛中获得普校组冠军、体校组亚军的优异成绩，在江苏省青少年垒球锦标赛中包揽甲、乙两个组别的冠军。区体校棒球队在江苏省青少年棒球锦标赛上获得甲组冠军、乙组亚军的好成绩。在全国第十三届运动会中，江苏垒球队的陈佳、奚凯琳、张燕、范舒瑶4名主力都是区体校输送的队员，由区体校输送的杜晓磊、褚夫佳、陈浩、陆毅、陆振洪、陆晨杰、虞俊岩、余尧、高健、陈晨、张凡11人在全国第十三届运动会中为江苏垒球队夺冠、为江苏棒球队夺得第三名做出了较大的贡献。继续打造国际象棋品牌优势，通过举办高水平赛事推进国际象棋的普及和提高，成功举办东北塘“诚毅杯”中国（锡山）第六届国际象棋女子名人赛暨“天一中学杯”2017中国国际象棋明星混双对抗赛，承办“映美杯”2017中国国际象棋甲级联赛无锡站的比赛。一批青少年国际象棋新秀脱颖而出，在2017年全国国际象棋青少年锦标赛（个人）暨第二十五届“李成智杯”全国青少年冠军赛上，锡山区国际象棋小将杨博凯获得男子丙组（12岁）冠军，张潇、朱锦尔分别获女子乙组（14岁）和女子甲组（16岁）冠军。（朱丽娟）

体彩销售

【体彩销售再创佳绩】锡山区体彩销售从“抓基础、抓队伍、抓营销、扩网点”四方面着手，全年实现体彩总销量2.62亿元，其中传统电脑型彩票销售0.6亿元，11选5彩票销售0.69亿元，即开型彩票销售0.18亿元，竞猜型彩票销售1.15亿元。推进体彩销售网点的精细化、标准化管理工作，在全区范围内开展2017年江苏体彩销售网点星级评定工作，评出五星级网点10个，四星级网点17个，三星级网点81个。提升体彩销售网点的运营水平，84个网点采用高频电子走势图，替换原先的板材走势图。强化服务，加强驻店培训，实施“点对点”指导和帮扶，全年开展4期驻店培训活动，共计77场。加强重点玩法和新玩法的宣传营销，开展“卧虎藏龙”“20倍现金”即开新票、11选5组合、大乐透5亿元大派送等宣传推广活动，促进销量提升。

（朱丽娟）

编辑：吴　霞

【锡山区文物珍品】

“八仙庆寿”包金木梳（明）　　（区文管办 供稿）

“八仙庆寿”包金木梳，长11厘米，宽5.5厘米，厚2.7厘米，重73克，1976年无锡县荡口乡出土。木梳呈半月形，梳背包金，用高浮雕技法锤出八仙（铁拐李、钟离权、张果老、吕洞宾、何仙姑、蓝采和、韩湘子、曹国舅）和南极仙翁的形象，间饰云纹和花草纹。“八仙庆寿”是中国古代传统的吉祥纹样之一，有祝颂长寿、驱邪保安的寓意。

2月25日，由美的公园、无锡运动网、安镇街道文体中心共同主办的2017美的“公园之上行者天下”千人徒步活动在映月湖中央公园举行，图为活动现场

（朱丽娟 供稿）

4月20日，由区文体局、民政局、老年人体育协会主办，台创园、安镇街道承办的2017锡山区老年人体育节启动式暨全国百城千村健身气功交流展示系列活动在农博园鱼跃广场举行，图为千人展演健身大型项目现场

（蒋雪芬 供稿）

人力资源和社会保障

Human Resources and Social Security

综　述

【概况】 2017年，全区实现城镇新增就业1.93万人，城镇失业人员再就业2279人，就业困难人员再就业3563人，被征地劳动力就业1984人，本区户籍实名制登记高校毕业生就业率92.3%；开展城乡劳动者职业技能培训3816人，城乡新成长劳动力技能培训1137人，农村劳动力培训7690人，企业职工技能提升培训20475人；重点扶持自主创业1268人，创业带动就业6317人；企业职工基本养老保险净增缴费11487人，实现被征地农民接续缴费4682人；居民养老和居民医疗保险参保覆盖率分别在98.5%和99%以上；引进各类人才8430名，其中高层次人才385名、海外留学人才95名、大学生3193人；规模以上企业劳动合同签订率99.79%，区劳动人事争议仲裁委员会立案处理案件结案率99.7%。　（刘宗汉）

就业创业

【就业创业政策落实】 全面贯彻市人力资源和社会保障局、市财政局《关于贯彻实施失业保险支持企业稳定岗位工作的通知》精神，认真组织开展优惠政策宣传和补贴审核工作，发放稳岗补贴资金3800余万元。认真落实“两项补贴”（社保、岗位补贴）、开业补贴、租金补贴等就业创业扶持政策，审核发放“两项补贴”5400余万元，惠及就业困难人员3.8万余人次；发放创业开业补贴、租金补贴148万余元。大力推进创业担保贷款试点工作，发放担保贷款525万元。

【自主创业大力扶持】 深入实施创业引领工程，以青年大学生、失业人员、军转安置人员等对象为重点，大力开展创业意识和创业技能培训活动，着力激发创业意识、提升创业能力和素质，累计开展创业培训1313人；重点扶持自主创业1268人，创业带动就业6317人；扶持大学生创业162人，农村劳动力自主创业345人。认真组织开展省级创业型镇（街道）、社区（村）创建工作，云林街道成功创建省级创业型街道，东亭街道华亭社区等9个社区（村）成功创建省级创业型社区（村）。

【职业技能培训强化】 认真落实职业技能培训制度，依托区定点培训机构，在认真开展技能培训需求调查的基础上，针对性组织举办电工、焊工等职业技能培训活动，通过培训提升就业能力，促进充分就业。完成城乡劳动者就业技能培训3816人，城乡新成长劳动力技能培训1137人，农村劳动力培训7690人，新生代农民工技能提升培训1151人，企业职工岗位技能提升培训20475人。

【弱势群体帮扶加强】 深入贯彻《区政府办公室转发区人社局区民政局关于进一步做好深度贫困家庭子女就业帮扶工作的操作办法的通知》精神，认真开展深度贫困家庭子女就学就业情况调查，依托区爱心企业数据库，大力开发爱心就业岗位，强化个性化、定制化帮扶措施，全力促进充分就业，列入帮扶对象的29名深度贫困家庭子女基本实现就业就学。切实加大下岗失业人员、被征地农民、登记未就业高校毕业生等困难群体帮扶力度，认真组织开展创业指导、技能培训和就业援助，实现援助就业困难人员就业1714人，实现公益性岗位安置就业困难人员就业80人。

【公共就业服务提升】 加强重点企业用工情况监测，依托区公共人力资源市场平台，认真组织开展“春风行动系列”“三八女性专场”“就业援助专场”“迎五一促就业专场”“高校毕业生专场”等各类专场招聘会20余场，参会企业2000余家，提供就业岗位20000余个。组织江苏大明金属制品有限公司、国泰精密机件（无锡）有限公司等区内规模骨干企业赴陕西省宝鸡市等地开展劳务招聘活动，达成就业意向800余人。　（刘宗汉）

社会保障

【社会保险扩面推进】 加大《中华人民共和国社会保险法》等劳动保障法律法规贯彻实施力度，认真组织开展企业参保情况等专项检查活动，依法规范企业参保行为。加大企业规范用工指导培训力度，不断提升企业规范用工意识和能力，在鹅湖镇举办企业规范用工管理培训班，培训企业110余家。深入推进全民参保登记工作，依托全民参保登记数据库，精准推动失业人员、企业职工、自由职业者等群体参保缴费，实现企业职工基本养老保险净增缴费11487人，压降本地户籍断保人员9114人。深入落实断保被征地农民参保补贴政策，发放2016年度被征地农民参保补贴3800余万元，惠及被征地农民13652人次，实现新增被征地农民接续缴费4682人。巩固实施居民养老和居民医疗保险政策，2017年居民养老保险适龄居民参保缴费22040人，2018年居民医疗保险（不含学生）参保缴费162702人。

【工伤保险政策落实】深入贯彻《市政府办公室转发市人力资源和社会保障局等部门关于进一步做好建筑业工伤保险工作意见的通知》等文件精神，大力推进建筑业参保工伤保险工作，65个项目申报建筑业工伤保险，涉及缴费金额560余万元。切实加强工伤认定工作，进一步规范流程，提高办事效能，维护职工合法权益，受理工伤认定案件2000余件。

【社会保障待遇提升】按照无锡市统一部署，出台《关于调整我区2017年度居民养老保险待遇的通知》，居民养老保险基础养老金由每人每月370元调整至405元，其中本市市区户籍年限不满6年的，调整至每人每月202.5元。征地补偿性养老金女50周岁以上、男60周岁以上的，由每人每月400元调整至425元；女40周岁以上未满50周岁、男50周岁以上未满60周岁的，由每人每月290元调整至315元。

【退休人员服务强化】坚持以推进企业退休人员住院医疗互助参保为主抓手，统筹抓好健康体检、走访慰问、文体生活等重点工作。完成2017年度住院医疗互助参保工作，参保人数2.4万余人。认真开展企业退休人员帮困工作，发放企业退休人员慰问金78万余元；做好1000余人次异地退休人员的资格认证工作；完成企业退休人员健康体检3100余人次；新接收企业退休人员档案3900余份。（刘宗汉）

人才人事

【人才加快集聚推动】认真贯彻无锡市“太湖人才计划”和“锡山英才计划”，着力夯实人才发展载体，落实人才工作政策，全力为创新驱动发展提供强有力的人才支撑，全年引进各类人才8430名，其中“双高”（高学历、高职称）人才385名，海归留学人才95名。深入贯彻无锡市高技能人才培养优惠政策，组织举办职工职业技能大赛，新增高技能人才1786人，全区职业技能鉴定取证（不含统考）完成3264人。开展专业技术人员知识更新工程培训4630人，新增专业技术人才3580人，柔性引进外国专家和海外智力项目10个。

相关链接

太湖人才计划：无锡市出台《关于实施“太湖人才计划”打造现代产业发展新高地的意见》，重点支持引进、培育产业升级创新领军人才、企业经营管理领军人才、先进制造技能领军人才、新兴产业创业领军人才、生产性服务业领军人才和优秀大学毕业生6类产业发展人才。

【人才服务支持加强】认真落实各类人才政策，为江苏迈迪基因生物科技有限公司邵棠等3名高层次人才居住证持有者申请个人所得税奖励6.7万余元，为无锡新人居科贸有限公司王鑫海等3人申请安家费16.2万元。组织无锡隆达金属材料有限公司和无锡统力电工股份有限公司两家单位成功申报省级创新实践基地，国家级博士后科研工作站锡山经济技术开发区管理委员会成功申报江苏省示范博士后科研工作站。为无锡宏源机电科技股份有限公司等单位申请建站资助45万元，进站资助15万元。

【人事管理改革强化】严格按照“编制招考计划、发布招考简章、资格复审、笔试、面试、体检、组织考察（政审）、公示、录用”等程序开展公务员招录工作，招录16名公务员。完成事业单位招录工作，招录事业人员5名。招聘教育系统编内人员181名，卫生系统编内人员73名。认真落实《锡山区实施公务员职务与职级并行制度操作办法》，为56人办理职级晋升。积极做好企业军转干部的安全稳定工作。做好2017年企业军转干部医药费自理部分的补助，补助21人，计5.05万元。发放2016年度春节慰问金29.4万元和体检费4.65万元。完成2017年度营以下军转干部安置工作，安置19人，其中公务员16人、事业3人。

【工资福利待遇落实】根据无锡市有关文件精神，按照区委、区政府年初下发的绩效考核意见，完成年终考核奖励中“区级机关和各镇（街道）机关工作人员重点工作考核补贴”和“机关绩效考核奖励”的审批。对机关事业单位工作人员2016年度考核结果称职（合格）及以上的，做好正常晋升工资工作，对工作年限达到上一级工作性津贴（岗位津贴）标准的人员及时作了调整。对各部门推荐的2016年度锡山区区镇机关嘉奖人员、记三等功人员、记功人员，进行认真梳理、考察，并通过区纪委（区监察局）、锡山公安分局、区检察院、区卫计局等部门对奖励候选人员进

行审察，及时做好奖励证书和物质奖励的审批发放工作。（刘宗汉）

劳动关系

【劳动监察执法加强】 畅通网络、电话、来信、来访等投诉举报渠道，依托区人社局监察仲裁联合接访室认真做好接访工作，提高接访效率，方便群众投诉举报。全年立案查处劳动监察投诉举报689件，结案率100%，将3起涉嫌拒不支付劳动报酬刑事责任案件移送公安部门依法查处。切实加大农民工工资支付等情况的监督检查力度，追发工资1600余万元。开展整顿人力资源市场秩序、规范快递行业劳动用工、夏季高温期间职工权益保障、社会保险法律法规执行情况、招聘信息发布情况管理等专项检查，累计检查用人单位610个，人均主动监察用人单位101个。

【调解仲裁加强】 坚持优质高效办案，切实加大案件调处力度，累计处理劳动人事争议案件1010件，其中立案受理案件784件，结案率99.7%。举办全区劳动人事争议仲裁员和调解员业务技能竞赛，取得“以赛评优、比找差距、相互学习、共同进步”的良好效果。开展“仲裁开放日”活动，向社会全程公开案件审理过程，切实加强群众监督。注重与区法院劳动争议庭进行案件共商研讨，加大裁审衔接力度，提升裁决案件的专业水平。

【基层平台建设加强】 加强镇（街道）调解仲裁平台规范化建设，加强工作人员业务技能培训，加大硬件建设投入力度，安镇街道劳动人事争议调解中心成功创建省首批劳动人事争议优秀基层调解组织，鹅湖镇人社所成功创建省乡镇（街道）巡回仲裁庭示范单位。在全市劳动人事争议仲裁员调解员业务技能竞赛活动中，区劳动人事争议调解仲裁院获调解员组第二名。在2017年度全市人社系统案卷评查中，区人社局获劳动仲裁案卷评查第二名。（刘宗汉）

编辑：吴　霞

【锡山区文物珍品】

青花婴戏折沿碗（清·康熙）　（区文管办 供稿）

青花婴戏折沿碗，高13厘米，口径18.7 厘米，1980年苏州文物商店移交（无锡县境征集）。三级珍贵文物。该碗沿口外撇，弧腹渐收，底有圈足。主题纹饰是明清时期青花瓷器中常见的婴戏纹，可爱有趣，充满童真，寄托着人们期望多子多福的美好愿景。碗底有“大明成化年制”寄托款。

3月，区人社局举办“春风行动”专场招聘会 （刘宗汉 摄）

5月，区人社局在鹅湖镇举办劳动用工法律法规知识讲座 （刘宗汉 摄）

6月，区人社局举办锡山区职工职业技能大赛，图为技能操作竞赛在无锡世霖汽车销售服务有限公司举办 （刘宗汉 摄）

7月，区人社局在锡北镇组织举办锡北SYB创业培训班 （刘宗汉 摄）

社会生活

Social Life

人民生活

【概况】据百户调查资料显示，2017年，锡山区城镇居民人均可支配收入50137元，比上年增加3843元，增长8.3%；农村居民人均可支配收入28569元，比上年增加2238元，增长8.5%。

【农村居民经济收入】2017年，锡山区农村居民人均可支配收入28569元。其中，工资性收入仍居主导地位，人均22350元，占纯收入的78.2%；家庭经营纯收入2914元，占纯收入的10.2%；转移性纯收入2210元，占纯收入的7.7%；财产性纯收入1095元，占纯收入的3.9%。

【耐用消费品拥有量】调查资料显示，2017年，锡山区农村居民每百户农民拥有耐用消费品：家用汽车68辆，洗衣机115台，电冰箱108台，彩电216台，空调器245台，普通电话96台，移动电话248台，电脑101台。

【农村居民消费支出】调查资料显示，2017年，锡山区农村居民人均生活消费支出17361元，比上年增长8.6%。其中，食品烟酒消费6357元，比上年增长9%，占生活消费支出的36.6%；衣着消费1151元，比上年增长8.8%，占生活消费支出的6.6%；居住消费2443元，比上年增长7.1%，占生活消费支出的14.1%；生活用品及服务消费1014元，比上年增长6.7%，占生活消费支出的5.8%；交通通信消费2531元，比上年增长9.3%，占生活消费支出的14.6%；教育文化娱乐消费2730元，比上年增长8.9%，占生活消费支出的15.7%；医疗保健消费740元，比上年增长9.5%，占生活消费支出的4.3%；其他用品和服务消费395元，比上年增长6.8%，占生活消费支出的2.3%。（缪　鹏）

民政工作

【概况】2017年，锡山区民政工作牢固树立“民政为民、民政爱民”理念，不断提高为民履责、为民服务水平。全年新命名地名36个，其中居民住宅区12个，道路14条，大型建筑物3个，桥梁7座。全年新登记成立社会组织28个，办理变更11个，注销9个，全区有正式登记的组织383个。新增社会工作师和助理社会工作师31人，累计303人获得相关资质证书。全年办理结婚登记2895对、离婚登记1190对，补领婚姻证687件。中福在线东港厅落成开业，全区2017年度福彩销售总额2.19亿元。

【社会救助】从7月1日起，城乡低保标准提高至月人均820元。全年向低保家庭发放低保金1497.63万元，发放低保春节补贴173.8万元。向困难群众发放临时救助金415.21万元、水费补贴35.87万元。孤儿保障标准由月人均1300元提高至1540元，全年发放孤儿福利保障金17.92万元。对88名困难精神障碍患者住院医疗个人自负部分57.43万元予以全额救助。加大深度贫困家庭救助力度，区政府向特困帮扶基金会专项捐赠2亿元，母本规模为4.48亿元，全年发放深度贫困救助资金1405.79万元。

【社区治理】加快新建住宅小区建居步伐，新设东港镇怀仁社区、东北塘街道锦旺新村社区居民委员会，全区有75个行政村、47个社区。完善社区、社会组织、社工“三社联动”机制，重点培育列入市级“三社联动”试点的东亭街道映月社区、庄桥社区，两个社区顺利通过市级督查评估。开展以“村民小组或自然村为单元”的村民自治试点工作，确定锡北镇泾新村云浦上和斗山村陆家水渠两个自然村为试点单位，选举产生村民理事会和监事会。顺利通过省级和谐社区建设调研评估，97%的城市社区、96%的农村社区达到省级和谐社区建设标准。积极开展公益创投活动，11个市级、20个区级公益创投项目均顺利结项，获福彩公益金资助181.75万元，其中8个区级公益创投项目获评锡山区第三届公益创投优秀项目。

【老龄事业】推进养老服务业供给侧改革，完成安镇街道养老服务中心公办民营试点，引入社会资本投资新建1家医养融合型养老机构。新建3家居家养老服务中心，7家居家养老服务中心与专业服务机构签订合作协议，实行社会化运营。建成区域性老年人助餐中心6家、老年人日间照料中心4家，以满足社区老年人就餐、送餐、日间照料等服务需求。抓好养老机构安全生产管理，全区9家养老机构完成消防喷淋改造，总投资500余万元。为60周岁以上老年人免费办理优待证2892张，向80周岁以上老年人发放尊老金1037.95万元，为4400余户特定老年人家庭提供居家养老上门援助服务。

【优抚安置】春节和“八一”期间走访慰问驻无锡共建部队，赠送慰问金、慰问品100余万元。出台《关于实施部分重点优抚对象门诊医疗补助的通知》，对部分重点优抚对象每人每年补助门诊医疗费用500元。为47名无固定收入60周岁以上退役士兵办理军龄补贴。举行无锡市“光荣人家”牌首发仪式，全区累计发放“光荣人家”牌1.14万块，增强了涉军群体的荣誉感。全年接收退役士兵177人，发放经济补助金1152.55万元，岗位安置转业士官1名。对109名退役士兵进行免费培训，为15名退役后完成学业的退役士兵报销复学费用。落实2017年度“军嫂进社区”安置工作，8名军嫂全部到岗就业。

【社会事务】 区民政局、区残联联合完成全区残疾人“两项补贴”的交接发放工作，全年发放残疾人“两项补贴”2534.32万元。成立锡山区困境未成年人社会保护和分类保障工作领导小组，并印发工作实施方案，推动形成家庭、社会、政府“三位一体”的困境未成年人社会保护格局。完成第二次全国地名普查工作，普查居民点、行政区域、陆地水系等地名4189个，标绘工作图33幅。进一步深化殡葬改革，鹅湖镇、东亭街道、东北塘街道、东港镇安息堂建设改造基本完成，保障群众殡葬活动平稳安全有序。

相关链接

两项补贴：困难残疾人生活补贴和重度残疾人护理补贴

（高怀民）

民族宗教

【概况】 锡山区是少数民族散杂居区，少数民族分布在全区9个镇（街道），有民族成分26个，户籍人口2815人，大部分来自甘肃、青海、宁夏、云南、贵州等地的少数民族地区。主要有佛教、道教、伊斯兰教、天主教、基督教五大宗教，信教群众6万余人。其中，信仰佛教、道教的信徒5万余人，道教从业人员198人；信仰伊斯兰教的信徒300余人；信仰天主教的信徒3500余人；信仰基督教的信徒8000余人。全区有6个民族宗教团体组织，宗教教职人员300余人，经政府批准的合法宗教活动场所30处，其中佛教21处、道教1处、天主教2处、基督教6处。2017年，全区有8个宗教活动场所被评为“江苏省二星级档案室”，有2个宗教活动场所被评为“江苏省三星级档案室”，全区有三星级宗教活动场所15处、四星级宗教活动场所1处。3月10日，全区统战（民宗、侨务）工作会议在区会议中心召开。会议回顾总结2016年工作，研究部署2017年任务，向各镇（街道）下达民族宗教工作目标任务书。

【保障宗教领域安全】 注重抓好庙会节场宗教活动场所的安全。从正月初九嵩山寺庙会到四月十五甘露庙会、“五一”期间鹅湖庙会，全区涉及宗教活动场所的庙会有10处，庙会人数均在1000人以上。同时，针对大年三十夜、春节，开展宗教活动场所安全工作巡视活动。做好重大宗教活动安全工作。严格审批和协调处理大型宗教活动，做到活动之前审批备案、安全检查，活动期间参与协调、现场保障，活动结束登记汇总、总结指导；坚持500人以上的宗教活动，与锡山公安分局共同审批，与公安、城管等部门做好安全工作，确保全年宗教活动安全有序无事故。做好宗教活动场所安全工作。至3月底，各镇（街道）民宗办与辖区内宗教活动场所全部签订2017年度安全责任书。下半年，开展“全市宗教领域安全大检查”“无锡市电气火灾综合治理”“宗教活动场所安全隐患专项排查”等活动，对全区各宗教活动场所进行排查整改，确保全年宗教活动场所安全。开展“四项排查”、“宗教活动场所内设立高档会所、一桌饭等高档消费场所”、“基督教私设聚会点”、宗教活动场所“去商业化”等排查工作，锡山区宗教活动场所安全情况良好。开展基督教私设聚会点排查，排查出私设聚会点18处，分别通过以堂带点、认可临时场所、劝散临时场所等方式进行治理，全年完成以堂带点8处，认可临时场所8处，劝散临时场所3处，报送公安部门侦查1处，治理率100%。

相关链接

四项排查：对民族宗教领域突出信访问题、有风险预警的项目、安全生产事故隐患、基层基础工作薄弱环节进行集中排查。

【民族工作】 推进基层统战工作。建立健全基层少数民族联络员和清真网点自治管理组织，锡北镇寨门村建立少数民族之家、江苏新日电动车股份有限公司累计接受新疆柯尔克孜族职工300余人次。开展扶贫帮困、助学、走访活动。针对元旦、春节等重大节日，区民宗局组织各镇（街道）民宗系统对少数民族贫困户开展走访慰问扶贫帮困活动，走访87户贫困家庭，合计送上慰问金（品）10万余元。针对高考情况，开展全区少数民族贫困子女高考助学活动，对6名少数民族贫困学子助学每人2000元。充分发挥民促会作用，加强全区各民族之间的联络联谊和民族团结政策的宣传。组织少数民族代表举办座谈会、联谊会，倾听少数民族群众心声，切实帮扶解决困难；走上街头，向群众宣传法律法规、民族政策。5月17日，锡山区举办外来穆斯林法制讲座，全区9个镇（街道）清真拉面店店主等20余人参加讲座，广大清真拉面店店主表示一定守法经营，提高服务水平。

【宗教慈善事业】 锡山宗教界开展丰富多彩的慈善活动。东港镇慈云禅寺大和尚明琛到港下敬老院和东湖塘敬老院，看望敬老院的老人，送上慰问金各1万元，还向6名经济困难的学生发放助学金每人1000元。锡北镇统战部门和辖区宗教活动场所举办宗教慈善基金助学奖励发放仪式，10名品学兼优、家庭贫困的学生受到表彰，并获书包、书卡、学习用品等奖励。东北塘街道双刹贤寺慰问周边村民和养老院老人，送上多份油米和慰问金。东北塘街道宗教活动场所负责人戴娟丽参加康乃馨、爱心妈妈团队，扶持特困家庭贫困户，捐款5000元赞助多名贫困家庭学生。2017年，全区宗教界积极参与社会慈善捐款187万余元。（崔小迪）

残疾人工作

【概况】 2017年，区残联和9个镇（街道）残联分别召开区、镇残疾人代表大会，完成两级残联换届工作，总结过去五年的残疾人工作，确定今后五年的残疾人工作目标和工作措施；开展全国残疾人基本服务状况和需求信息数据动态更新工作，完成调查7875户，其中入户调查7563人、电话调查312人，数据录入准确率96.04%；锡山区残疾人工作以加快推进残疾人小康进程为根本，大力推进残疾人康复、教育就业、社会保障、托养、权益维护等工作，切实解决了残疾人最现实的问题，优化了残疾人事业的发展环境。

【残疾人生活保障】 全面实施困难残疾人生活补贴和重度残疾人护理补贴政策，残疾人社会保险制度初步建立，残疾人社会福利不断丰富。全年有213人享受低保家庭内重残生活补贴，434人享受低保家庭内非重残生活补贴，2056人享受低保外无固定收入重残生活补贴，222人享受“一户多残”、依老养残生活补贴，271人享受低保外无固定收入精神智力非重残生活补贴，3149人享受护理补贴。为7941名持证残疾人投保团体人身意外伤害商业保险，117名残疾人得到保险理赔32.86万元。对2237名重度残疾人参加居民医疗补贴免交个人参合费。对68户贫困残疾人实施以“环境改造、无障碍实施适配、必要家电配送”为内容的宜居工程。

【残疾人精准康复服务】 围绕“人人享有康复服务”目标，完善以区残疾人康复中心为龙头，以社区康复站（室）为基础，以民办康复服务为补充的康复网络，出台《锡山区残疾人精准康复服务行动实施方案》，对11352名残疾人开展“四进家庭”服务；通过广场宣讲、残疾儿童家长座谈会、残疾预防知识问卷调查、免费义诊等方式，普及残疾预防和精准康复科学知识。推进重点康复项目，完成0—6岁残疾儿童免费抢救性康复训练107例，7—14岁残疾儿童康复训练44例，白内障患者复明手术补贴1116例，精神病患者服药救助665例，人工耳蜗植入救助2例；对6740名小学四年级升五年级的学生进行脊柱筛查干预。区残联与区蓝天音乐健康发展研究中心合作，对120名精神、智力残疾人举办音乐治疗康复班40期。

相关链接

四进家庭：康复指导进家庭，辅助器具适配进家庭，无障碍改造进家庭，康复知识普及进家庭。

【残疾人教育就业】 采取资金支持、免费培训、社保补贴等政策措施，依法推进残疾人集中安置就业、按比例分散就业。举办以“就业帮扶、真情相助”为主题的就业援助月活动，多家知名企业设摊提供近80个工作岗位，定向招聘20名残疾人。根据残疾人的自身特点，举办电子商务、种植养殖、面点制作、编织等实用技术培训班11期，为175名残疾人进行个性化培训，全年新增实名制就业81人，对30名残疾人自主创业者和自由职业者给予社保缴纳补贴。根据新修订的《江苏省残疾人就业保障金征收使用管理实施办法》要求，对341个企事业单位进行残疾人按比例就业年审；对30个单位发放按比例安排残疾人就业补贴和超比例安排残疾人就业奖励。对21名残疾人开展送教上门活动，对残疾学生和残疾人家庭子女提供教育救助，救助率100%。

【残疾人权益维护】 深入贯彻《中华人民共和国残疾人保障法》，举办3场残疾人保障法宣讲活动，协助区人大开展《中华人民共和国残疾人保障法》执法检查，办结人大代表建议1件、政协委员提案2件，设立理事长信访接待日制度，信访办结率100%，为两名残疾人提供法律援助。对38名残疾人发放残疾人专用车能源补贴。开展残疾人家庭无障碍改造，为聋人家庭安装闪光门铃43件；为肢体残疾人家庭安装洗澡椅92件、座便椅16件、扶手51件；为盲人家庭安装燃气泄漏报警发声装置7件、上网读屏软件2件；为残疾人家庭适配闪光报警水壶106件。

【残疾人文体活动】 大力开展残疾人文体活动，丰富残疾人精神生活。举办11场以“成风化人，融合共享”为主题的残疾人文化传播公益活动。区残联、中狮联江苏灵山服务队联合开展以“携手助残，快乐游园，拥抱自然”为主题的畅游活动，带领200余名听障孩子游览荡口古镇、鹅湖玫瑰文化园等。通过文艺演出、读书会、摄影比赛、艺术作品义卖、观影等形式，在“何振梁与奥林匹克陈列馆”举办“书香志远·自强不息”主题活动2场。努力推进残疾人体育公共服务均等化，开展锡山区残疾人康复体育关爱家庭计划，举办18期残疾人乒乓球、羽毛球培训班；为30户不易出户的重度残疾人提供基本康复体育服务，适配系列哑铃3件、助行器22件、辅助步行训练器4件、上肢协调功能练习器2件。组织60名运动员参加无锡市第十二届运动会残疾人部比赛，锡山区获全市团体总分第三名、奖牌榜第三名的成绩。

【“残疾人之家”建设】 围绕“残疾人之家”规范化建设“七有七服务”标准，以安镇街道“残疾人之家”为示范，全年新建6家“残疾人之家”，全区累计有镇级“残疾人之家”9家、村级“残疾人之家”3家；对126名精神、智力残疾人开展辅助性就业、日间照料等服务，为残疾人提供就近就便常态化的基本服务，实现了“增加收入、改善生活、实现自我、解放家庭”的目标。

相关链接

七有七服务：有合法的法人登记注册，有独立的财务核算，有统一的名称和标识，有适宜的活动场所，有管理服务队伍，有健全的管理制度，有安全保障；提供日间照料、辅助性就业、康复服务、文体活动、学习培训、志愿者服务、其他服务。

（胡鹏殿）

编辑：吴　霞

【锡山区文物珍品】

紫砂桃形水注（清）　　（区文管办 供稿）

紫砂桃形水注，通长9厘米，高6.5厘米，1980年无锡县地区征集。整器以紫砂制作，成蟠桃形状，有桃叶及叶柄，形态逼真，惟妙惟肖。叶柄处有小孔，可用于贮水点砚，为文房一宝。该件水注，是清代紫砂花货中的精品。

8月25日，锡新线平安边界建设联席会议在区民政局召开　　（区民政局 供稿）

9月30日，烈士纪念日公祭活动在锡北革命烈士陵园开展

（区民政局 供稿）

5月，区残联组织残疾人参观“何振梁与奥林匹克陈列馆”，图为合影

（区残联 供稿）

8月，区残联组织残疾人参加无锡市第十二届残疾人运动会比赛

（区残联 供稿）

8月3日，无锡市残疾人乒乓球锦标赛在天一中学体育馆举行 （区残联 供稿）

9月9日，云林街道绿动爱巢服务社开展“梦想起航，阳光共享”手工编织技能培训活动 （云林街道残联 供稿）

各镇（街道）

Townships & Sub-districts

东亭街道

【概况】 东亭街道是锡山主城区，区委、区政府所在地。辖区总面积13.31平方千米，下辖16个社区。总人口20.2万人，其中常住人口11.7万人，流动人口8.5万人。街道位于无锡市主城区东门户，区位优势明显，区域交通便捷。周边设有京沪高铁无锡东站、沪宁城铁新区站、苏南硕放国际机场等交通枢纽。G42国道、G312国道、S342省道贯穿全境，京沪高速在辖区内设有互通式立交道口。无锡地铁2号线在辖区内设有柏庄、东亭、庄桥3个站点，成为贯通无锡东西的城市动脉。2017年，东亭街道完成公共预算财政收入3.7亿元，国地税开票销售收入292亿元，全社会固定资产投资36.68亿元。

【经济发展稳中有增】 全年新增服务业企业580家，累计注册资本15亿元，其中注册资本超1000万元企业52家，超5000万元企业5家。科创中心、劳动就业服务中心、隆亭商务大楼、航天大为等载体新增注册企业75家，新增注册资本2.5亿元，其中科创中心纳税超1亿元。企业境外投资取得突破，上海金丝猴集团无锡可可制品有限公司与尼日利亚奥孙州政府签订协议，设立江苏无锡太湖工业园区，园区占地面积200公顷，投资6亿美元。8个重点产业项目完成投资29.4亿元，超额完成全年计划投资。绿地、龙湖、恒大等地块项目顺利推进，康诗丹花园二期开启预售，宏诚花园二期和三期完成规划调整方案，原建筑完成调整。数字动漫二期完成基层龙骨架构安装进度的70%，外场环网柜开展基础施工。锡山八佰伴生活广场进行主体结构底板浇筑施工，完成桩基、基坑验槽及人防基础验收，预计2018年6月底能建设到“正负零”。红豆置业一期8万平方米住宅全面开工建设，第2、3、15、16号楼预售。

【创新驱动活力增强】 全年完成工业国税开票销售收入19亿元，8家规模工业企业实现销售收入4.1亿元，其中上海金丝猴集团无锡可可制品有限公司、青志（无锡）粉末铸锻有限公司等企业销售收入实现较大增长。企业技术创新进一步增强，每万人拥有发明专利7件，新增发明申请200件、专利授权150件。新申报省高新技术企业4家，上海金丝猴集团无锡可可制品有限公司立项市级技术中心。新认定省高新技术产品2件。申报市级以上科技奖1项。PCT专利申请2件。江苏东珠景观股份有限公司立项省“科技副总”项目，无锡华诺威动物保健品有限公司申报省工程技术研究中心项目，无锡国通环境检测技术有限公司申报省民营科技企业。新培育无锡昆太自动化设备有限公司等3家高新技术企业，超额完成高新技术产值1000万元。全力助推企业上市。江苏东珠景观股份有限公司于9月在上海证券交易所主板上市，成为街道首家上市企业；江苏聚慧科技有限公司股改工作结束；江苏大为科技股份有限公司进入券商讨论阶段；上海金丝猴集团无锡可可制品有限公司聘请北京会计事务所进行审计，完成企业管理项目要求。

【集体经济快速发展】 进一步规范农村产权交易运行，确保集体资产保值增值，全年通过产权交易中心成交集体资产租赁项目183个，成交金额3955.3万元，并全部纳入省级管理系统。其中，公开拍租项目11个，面积4911.2平方米，成交金额657.92万元，溢价78.75万元，溢价率13.6%。村级集体年可支配总收入7000万元，村均可支配收入833万元，比上年增长4.5%。2017年，东亭街道农村产权交易服务中心被授予“全省农村产权交易市场建设先进集体”称号。

【城市功能日趋完善】 完成景苑一期、易买得西和隆亭公园3个项目的清点工作，签约面积6.37万平方米，拆除总面积3.06万平方米，其中住宅5户、0.1万平方米，非住宅21家、2.96万平方米。加快推进景苑二期签约工作。全力攻坚地铁庄桥站南地块、绿地加油站地块拆迁工作。天一行政楼、南栈房食品厂和新屯化工厂拆房工作全面完成。竹苑小区部分二次置换工作全面有序展开。全面深化老新村改造，立足优化小区环境，提升居民生活质量，投入200余万元对两个老旧住宅小区进行墙体、路面地坪、雨污管等基础设施配套改造，总建筑面积4500平方米。1305户天然气入户工作基本完成，实施完成111户自来水出户改造项目。对5个“城中村”进行改造，开展道路硬化、环境绿化等工程。春合苑环境整治工程和竹苑小区改造工程启动。

【安置建设协同推进】 在建安置房项目总建筑面积2.22万平方米。竹苑南区竣工交付，华亭苑二期完成雨污水管线、自来水和天然气安装，进入外场供电施工阶段。安置工作同步推进，华亭苑、资景苑等7个小区配房264户321套。开展安置房不动产权证转移登记工作，收件1544套。

【生态环境显著改善】 全面更新“河长公示牌”，出台河道水质达标专项考核办法，每月对街道33条河道水质进行检测，掌握河道水质动态。加快河道疏浚，完成柏东港、张周桥港南、五房巷浜等7条河道的清淤工作，实施三大房浜和三二房浜水系沟通工程。推进控源截污，对柏木桥港等11条河道进行干河排查，封堵沿河排污口35个，排查雨污水管网280千米，完成雨污水管网整改5.2千米，增设污水提升泵站18座。开展排水达标区复查工作，完成整改18个。规范企业排水行为，登记上报企业118家，为企业办理排水许可证99家。优化城区河道调水方案，调入水量1700万立方米，提高河道自净能力。因地制宜开展河道生态修复工作，通过微生物修复、增氧曝气、种植水生植物等形式，对赛维拉浜等5条河道进行生态修复，稳定水质。全面落实省环保督察组整改要求，街道涉及中央督办和省督察交办件22件及“263”环境信访19件，均及时处理完毕。落实化工企业“四个一批”专项行动目标，完成对无锡市染宝化学有限公司生产安全和环保水平的升级工作。对两家涉及挥发性有机物重点单位实施整治，积极开展11家汽车维修企业挥发性有机物整治。加大再生资源回收点整治力度，89家回收点完成整治。做好锡山污水处理厂二期停产检修应对工作，落实属地责任和各项保障措施，确保不发生环境污染事件。完成1家“三高两低”（高污染、高能耗、高排放、低效益、低产出）、1家循环型经济企业整治目标。

【城市管理持续优化】 对G312国道、京沪高速公路两侧进行重点整治，清理垃圾30余吨，有效遏制沿线非法种植现象。落实4个商品房小区市容综合治理工作，整治毁绿种菜、毁绿停车近2000平方米。以主要道路、农贸市场、学校周边的“三乱”（乱设摊、乱停车、乱堆放）行为等为重点开展环境整治，查处无证经营96起、占道经营24起、道路违停688起，清理暴露垃圾400余处，确保市容环境整洁有序。加大违法建设整治力度，拆除违建116起，总面积9600余平方米。顺利完成省优秀管理城市迎检工作，巩固春江花园省级示范社区创建成果。深化生活垃圾分类收集工作，做好10个居民小区及5个企事业单位生活垃圾分类设施覆盖，完成建成区生活垃圾分类设施覆盖率25%的总体目标。健全基础设施巡检巡查机制，重点开展雨水管网及照明系统日常养护，更换破损井盖109个，新增路灯19盏。完成11.5万平方米新增绿化目标任务。街道城市管理绩效成绩在全市名列前茅，连续获得“无锡市城管创优优胜街道”称号。

【社会事业加速发展】 加大教育基础设施建设，柏庄实验小学东璟分部、隆亭实验小学食堂和田径场启用。完成东亭实验小学春江分部和新光幼儿园塑胶运动场地高标准重建。东亭中学二泉路新校区开工建设，学士路老校区20个班专业教学楼于9月建成并投入使用，较好地解决了东亭街道中学资源不足问题。东亭实验小学列入市“新优质学校”培育建设名单。积极实施文化惠民，开展广场文艺晚会、健身书画等文体活动70余次。东亭街道成功创建江苏省农家书屋提升工程试点工作先进街道。全面推进省“健康促进区”细胞工程各项验收工作，庄桥社区建成国家级流动人口社会融合示范社区。切实做好二孩生育登记、婴幼儿早教、计生特殊家庭帮扶、“两癌”筛查、流动人口服务管理等利民工作。扎实开展血地寄防、麻疹疫苗接种、禽流感和诺如病毒防控工作。

【民生保障更加健全】 加大就业帮扶力度，提供就业岗位2879个，成功推荐1066人就业，实现就业困难人员再就业462人，就业援助对象就业率在80%以上。对失业人员、失地农民和城镇居民进行免费创业培训和职业指导，参训人员3000余人。落实就业政策扶持，发放灵活就业补贴1987人。制定《东亭街道就业促进工作专项资金和发放办法》，大力推广创业担保贷款政策，两家单位成功申请创业担保贷款60万元。深化退休人员社会化管理工作，7707名退休人员纳入社区管理。推进居家养老民营化运作，与市便民服务中心、安康养老等专业机构签订合作协议。安息堂改扩建项目进入整体装修阶段，增添格位2万余个。健全社会救助体系，发放低保金、重残救助金和各类临时救助金近300万元。落实无锡市华夏房地产开发有限公司等企业慈善认捐资金150万元。全面推进“阳光扶贫”工作，与76名困难对象开展“一对一”结对帮扶。顺利完成街道残联换届选举工作。

【平安法治不断加强】开展矛盾纠纷排查134次，调处各类矛盾纠纷267起，调处成功率100%，落实各类补偿、赔偿等379.54万元。严格落实禁毒举措，解除社区戒毒对象6人。强化政法综治中心规范化建设，柏庄等5个社区达到三级社区综治工作站标准。16个社区均建成市级民主法治社区，其中6个社区被授予“省级民主法治示范社区”称号，街道实现法治社区全覆盖。加快法治文化阵地建设，华亭苑小区“法治文化长廊”竣工，并被评为“无锡市法治文化建设示范点”。进一步完善大防控体系建设，春合苑、竹苑小区等5个小区新增云端监控95个。处理“12345”信访件484件，办结率100%。深化出租房屋安全隐患集中整治，累计排查出租户10712户，合计28236人。依法严厉打击各类违法犯罪活动，刑事案件破案107起，“八类”案件破案7起。

【社区服务创新提升】深化推动“幸福东亭”微信公众平台，平台关注数近2万人，其中“百事帮”栏目处理居民反映各类问题637件，平均处理周期不足1天。持续优化政务服务，街道政务服务中心累计办件21225件，接待群众咨询、来访近1000人次；东亭街道政务服务中心柏庄分中心运行，陆续开展社保办理等10项业务。人口服务协会提升发展，开展青少年信息采集等各类专项服务，涉及居民6万余户。加大社会组织培育力度，申报市、区公益创投项目5个。映月社区被列入市级“三社联动”试点社区。有效落实东望景苑、悦诚源筑等社区配套用房近2000平方米。3个安置房小区获“无锡市管理优秀住宅小区”称号。强化居民自治管理，桑达园、宏城花园一期、春江花园三期3个小区成立业主委员会。

2017年东亭街道各社区基本情况一览

表33

社区	户籍户数（户）	户籍人口（人）	书记	主任
门楼社区	1462	4468	项晓斌	吴惠明
柏庄社区	3217	9539	李培忠	朱建清
春星社区	1228	3496	王亚明	钱　挺
春合社区	1484	4335	徐　健	陈峰波
庄桥社区	2684	8328	周伟峰	虞红伟
新屯社区	637	2142	曹末生	潘志东
北街社区	1790	5666	周世兴	孙惠国
东亭社区	1888	5846	薛志荣	曹　军
东街社区	2045	5411	沈伟庆	沈伟庆
桑达园社区	2034	6146	李　敏	李　敏
柏庄一村社区	1067	3095	曹士良	曹士良
春江花园社区	3191	9088	华智平	过益东
映月社区	1206	3390	邹红霞	施伟杰
华亭社区	2268	6541	李建红	唐　松
东城社区	213	474	邵莎莎	邵莎莎
明泉社区	636	1594	朱　杰	陈建国

（华智平　王　寅）

安镇街道

【概况】安镇街道位于无锡市东部，是锡东新城商务区核心区域，南与无锡市新区交界，区内与东亭街道、锡北镇、鹅湖镇、羊尖镇及开发区接壤。街道总面积49.5平方千米，户籍人口6.4万人，外来人口7.4万人，下辖13个行政村、4个社区。境内有吼山、翠屏山、胶山、白丹山、鞋山五大山体和九里河、走马塘河、春丰河三条主要水系，青山绿水交相辉映，生态环境得天独厚。2017年，安镇街道实现财政收入18.6亿元，其中公共财政预算收入12.4亿元，比上年增长7.1%；实现工业总产值95.6亿元，其中规模以上工业总产值83.7亿元，比上年增长17%；实现开票销售收入360.93亿元，比上年增长41.3%，其中工业开票销售收入183.96亿元，比上年增长12.3%；完成固定资产投资149.66亿元，比上年增长8%，其中服务业投资132.95亿元，比上年增长9.7%；实现外贸进出口总额1.74亿美元，比上年增长3.7%。

【综合实力显著提升】强力推进项目引建。加大招商引资力度，2017年完成超1亿元工业项目土地挂牌6个，出让工业用地40.6公顷；储备中国台湾和大等一批优质在谈项目。项目建设快速推进，国威摩托、台铃电动车一期项目竣工投产；斯吉利机械、浩枫车辆进入主体厂房建设阶段，力争在2018年竣工投产；新签约项目中博瑞纳科技、巨龙科技、新日新能源汽车等项目启动建设。积极抓好企业上市工作。重点培育企业上市，江苏新日电动车股份有限公司在上海证券交易所成功上市，成为国内首家主板上市的电动车企业；江苏淘车无忧汽车管理服务股份有限公司完成新三板挂牌，街道累计有上市公司及新三板挂牌企业5家；无锡隆达金属材料有限公司、无锡华能电缆有限公司、无锡鼎邦换热设备有限公司等企业上市按序推进，其中无锡鼎邦换热设备有限公司完成股改和新三板材料申报。统筹加快科技创新。创新能力显著提高，全年组织企业申报国家、省、市各类科技项目51项，其中国家级1项，省级38项，市级12项。江苏新日电动车股份有限公司与湖南大学就电动汽车研发合作达成框架协议，中铁一局城轨公司与美国麻省理工学院签署项目合作协议，产学研合作进一步深化。

【拆迁安置步履坚实】按照年初拆迁工作任务要求，全年完成签约面积9.21万平方米，拆除面积8.77万平方米，其中住宅签约89户、2.95万平方米，拆除2.76万平方米；非住宅签约12户、6.26万平方米，拆除6.01万平方米，地块清点工作有效突破。完成东翔路、石园变、新华路西、养老院地块、新锡路东、安镇黄四房、先锋王叙里、安南沈家桥8个地块的拆除工作，同时对新锡路两户国有土地被征收户完成司法强制搬迁，为保障新锡路高架北延工程按时推进奠定了基础。切实做好安置工作，严谨规范把好安置关，全年实现安置150户、255套，完成结算入户261户、370套，完成过渡户压降150户，完成金牛苑、润福里、润康里等9个小区1216户共计2295套的房屋资格审查，1839户安置户取得不动产权登记证。

【民生福祉不断提高】积极推进“48小时推荐就业服务直通车”工作，全年为失业人员提供就业岗位2391个，实现城镇失业人员再就业562人，实现被征地农民就业587人，实现困难人员再就业502人，开展技能培训810人，开发公益性岗位86个。积极推进大众创业、万众创新，以创业带动就业，全年实现自主创业162人，创业带动就业833人；居民养老保险、医疗保险覆盖面进一步提高，参保覆盖率均超过99%。公共服务向纵深化覆盖，教育布局持续优化，东城一品幼儿园投入使用，完成查桥中学实验艺术楼、锡东新城中心幼儿园主体建设；养老服务更加专业，完成安镇街道养老服务中心公建民营试点工作，养老服务科学化、专业化水平进一步提高；文体事业蓬勃发展，全年完成主题性大型广场文艺16场，文体“四进”（进社区、进校园、进企业、进敬老院）活动40场，水岸佳苑、山韵佳苑、鑫安三大睦邻中心举办各类活动478场次，服务居民8.5万人次。

【新城品质稳步提升】以新理念提升城市建设管理水平，完成盛源北路、安吉二路改造工程，优化调整公交线路3条；完成查桥宾馆路、安镇安国路200户天然气接管工作；完成查桥片区街西新村和经一路环境整治提升工程；完成安置小区维修项目、车位改造等重点工程19个，新增及改造车位177个。在城市管理上突出健康文明，全年完成健康步道4条，完成学校体育设施免费开放1个，创建省级健康社区1个、省级健康单位1个，街道获评2017年度全国、省“扫黄打非”工作先进单位。因地制宜建设美丽乡村，完成山河村南山头、鲍更巷自然村村庄环境整治工作，山河村获评无锡市美丽乡村示范村；科学规划推进农村住房翻建，完成谈村住房建设前期规划方案设计及成本估算等工作，在充分征求群众意见的情况下将分批启动建设。务实开展“连心富民、联企强区”大走访活动，走访农户和社区家庭13960户，走访企业487家，梳理问题和建议2185条，解决实际问题2103件。积极推进平安新城建设，认真开展社会矛盾纠纷大排查大整治，调处各类矛盾纠纷390余起，纠纷受理和调处成功率100%，信访积案量明显下降。高度重视安全生产工作，相继开展燃气安全大检查、“打非治违”、危化品专项整治等一系列专项整治行动，安全生产形势平稳趋好，全年未发生重特大安全生产事故。

【生态环境加速改善】 务实推进“263”专项行动，加强水污染治理，不断深化完善“河长制”管理机制，实现河道水质监测全覆盖；完成北兴塘河、九里河、吼山港等5条河道的环境综合整治工程；完成摇车条河、大河头浜等4条河道的清淤工作；完成胶山南新河水生态治理试点工程；加快清洁能源替代进度，完成5家燃煤企业锅炉注销或清洁能源替代工作，减煤1.3万吨。强化污染行业监管，完成12个汽车销售、维修单位挥发性有机物治理工作，完成7个船舶码头的污染防治工作；查封无证照“小、散、乱、污”企业29家。推进控源截污工作，完成村庄截污工程8个；完成排水达标区问题整改37个；完成企业排污许可证办理82家、企业排水许可证办理41家；加大村庄环境整治力度，扎实开展交通干线沿线环境、废品回收点、木制品加工点综合整治等专项整治行动，整治废品回收点124个、木制品加工点15个，村庄环境整体改善。

【政民互动更加便捷】 深化“民情安镇”App和“安镇播报”微信公众平台功能建设。2017年，“民情安镇”App完成2.0版开发上线工作，通过加强App数据汇总、分析需求，量化各办事部门的工作效能，新增反映案例软件公示制度，提升App公共服务精准化，全年“民情安镇”App线上收集群众反映事项362件，办结357件，四星以上评价345件，好评率96.6%，平均办结时长15个工作日。《“民情安镇”加盟合力解难题》《安镇街道“掌上大走访”解决6000户群众出行难问题》等文章相继被《无锡日报》《江南晚报》《新锡山》及“江苏大走访”“无锡大走访”微信公众号报道。“安镇播报”微信公众平台不断加强新闻策划，突出民生导向，展示锡东新城新形象，全年累计推送图文信息98篇，用户阅读量5万余人次，内容涉及二十四节气、假期安全温馨提示、好人好事、文明短语、节日小常识、防盗窃安全提示、高考温馨提醒等。

【“365”关爱工作持续深化】 深入推进“365”关爱扶贫帮困工作，对困难家庭做好信息跟踪动态管理，实行一户一策，精准扶贫；加大四类困难家庭（低保家庭、特困家庭、深度贫困家庭、准深度贫困家庭）救助力度，积极发动社会资源共同参与扶贫帮困，覆盖面和救助金额比上年有所提高。2017年，“365”医疗援助接待门诊95人，减免各项费用3000余元，随访110户；为18户“365”残疾人家庭进行辅助器具适配；为11户残疾人家庭提供家庭卫生、健康检查等志愿服务；开展残疾人农疗锻炼活动4次；对34名贫困学生免除社会实践费、伙食费和校车费等23290元；为200户贫困家庭购买“和谐家庭”综合保险；全年救助困难群众900余户，发放低保、临时救助、大病救助等各类救助金近400万元。

【锦安社区打造便民服务新平台】 锦安社区于1月揭牌成立，是锡东新城唯一一个纯商品房城市社区，承担锡东新城商务区核心区商品房小区的社区管理任务。锦安社区秉承“责任心、耐心、用心、细心、倾心”的“五心”工作法，切实抓好各类社区事务和居民服务。锦安社区重点围绕党员教育、亲子互动、家风建设、创业课堂，利用“线上+线下”模式，主动征求服务对象的需求，真正实现群众开“菜单”、社区做“好菜”，全年开展56次丰富多彩的社区活动，涵盖了传统文化、思想道德、核心价值观、自然科学、安全、法治等各方面内容，参与群众4000余人。2017年，社区校外辅导站作品《童心向党，快乐成长》获江苏省校外教育辅导站优秀活动推广项目二等奖。

2017年安镇街道各村（社区）基本情况一览

表34

村（社区）	户数（户）	人口（人）	书记	主任	开票销售收入（万元）
先锋村	996	3786	华旭东	王立新	26637.1
春光村	1433	5098	丁伟东	陈晓峰	8947.5
山河村	925	3555	虞鸣雷	虞鸣雷	4411.8
查桥村	1073	3945	华伟峰	钱　群	3106.1
大厍头村	550	2135	倪伟强	倪伟强	10637.7
白丹山村	777	2619	陆利清	许学明	698.8
安南村	1475	6120	蒋红良	吕恩宇	64068.2
安镇村	1208	4408	黄　锋	黄　锋	10523.7
安西村	611	2275	朱民权	马中新	1095.1
胶西村	324	1390	万加农	倪　赟	31978.3
胶南村	521	2075	安益民	陆德林	6125.2
团结村	576	2220	何　军	黄晓红	17426.6
胶山村	1050	4250	殷继福	朱　峰	13286.7
谈村社区	255	905	朱成平	万颖波	2869.2
吼山社区	949	2414	朱小平	陆　滨	—
鑫安社区	2561	6912	方　桦	赵春明	—
锦安社区	4100	10800	陈小英	陈小英	—

（靳　璐）

羊尖镇

【概况】 羊尖镇是无锡市的东大门，总面积50.8平方千米，常住人口6万人，下辖8个行政村和1个社区。2017年，羊尖镇紧紧围绕建设富强美丽和谐幸福新羊尖的目标，全年完成财政总收入5.16亿元；完成公共财政预算收入2.82亿元，比上年增长11%，其中税收收入2.66亿元，比上年增长12%；完成全部国税开票销售收入90亿元；工业用电比上年增长8%；完成全社会固定资产投资33亿元，其中工业投资24亿元；完成外贸进出口总额9000万美元，其中自营出口总额8600万美元。

【项目引建扎实有力】 招商引资精准发力，全年成功引进中国香港精明、张家港美景荣、中民筑友等优质项目10个，总投资22亿元，预计产出30亿元。加速推进在建项目建设进程，启动建设云娜家居、清晟机械、恒森烟草等项目8个，富宏电力项目计划于2018年3月竣工。扶持企业发展，新增销售超1亿元企业2家。

【现代服务业快速发展】 大力发展生活性服务业，镇区现代服务业覆盖领域不断拓宽，商贸快速发展，社会消费品零售总额比上年增长12%，限上单位零售额比上年增长10%；通过公开招租的方式，盘活安置小区门面房48间，面积4568平方米，增加租金收入100万元；结合特色小镇创建，充分挖掘严家桥古镇、绿羊园区、丽安村水墩上等地的自然资源和人文底蕴，着力发展特色旅游，全年实现旅游营业收入1700万元。

【创新能力显著增强】实施“千企技改”行动，完成技改项目87个，总投资23亿元。申报高新技术企业6家，全镇授权专利500件，万人发明专利拥有量24件；江苏工力重机有限公司、无锡市东特机械科技有限公司等7家企业签订产学研项目8个。积极宣传企业股改上市的重要作用，大力营造全社会重视企业股改上市的良好氛围，无锡市太湖粮机有限公司完成股改。人才引育力度加大，引进各类人才673人，其中高层次人才26人、海归留学人才5人；申报省乡土人才7人；无锡鼎茂机械制造有限公司申报市级外国专家项目，无锡市羊尖华强塑料有限公司成功申报“双创博士”科技副总。

【基础设施不断完善】健全路网体系，完成羊高路改扩建、廊宛路大修和蠡河港路北延新建工程。稳步推进羊尖实验小学异地新建工程，完成招投标工作。全力推进道路亮化工程，亮化各级各类道路4千米，安装路灯829盏。启动小桥头排涝站新建工程，完成老街内河道封坝、金羊厂区、平家塘、孙家圩水下工程建设，防洪防涝工程全线推进。

【城镇管理有效加强】探索政府购买服务方式，对全镇范围内道路保洁、绿化养护、河道保洁、污水外运、农贸市场、安置小区等政府服务项目进行公开招投标，由村级物业公司和市场化公司参与竞标，基本公共服务水平明显提升。开展新一轮环境卫生秩序综合整治行动，建立健全“疏堵”结合管理模式，对农贸市场、安置小区、工业园区、镇区停车场等环境卫生秩序薄弱地段开展各类整治78次，清理“三乱”（乱涂写、乱张贴、乱刻画）1200余处，经过整治的羊尖农贸市场考核在全区名列前茅；开展无证无照经营查处工作和废旧物品回收站点专项整治行动，整治和关闭无证无照废旧物品回收站点43个，环境面貌有效改善。与交警部门对接，投入200万元对锡沪路羊尖镇区范围进行机动车、非机动车隔离设施改造，有效解决交通混乱问题，满足群众安全出行需求。严厉打击违法用地和违章建设行为，全年纠正违法用地6400平方米，拆除违章建筑面积6440平方米。启动垃圾分类收集试点，更新生活垃圾中转站配套设施，改造转运车辆，启动市级500万立方米渣土消纳场工程建设。

【农业农村活力显现】大力推行农业机械化全覆盖，购置专业化农机设备77台，农业机械化覆盖率位于全区前列。成立益农信息社，利用“互联网+”，推动公益服务、便民服务、电子商务和培训进村入户。加快培育农业新业态，严家桥村6.67公顷菊业园完成建设，丽安村8公顷模拟生态稻田蟹池启动建设，羊尖镇申报家庭农场2家、申报省级示范家庭农场1家。新增高效农业面积14.67公顷、设施农业面积13.33公顷。规范土地流转行为，基本完成宛山村、廊下村、南丰村、严家桥村土地承包经营权确权工作，完成土地确权791.6公顷，确权人口10343人。农民人均纯收入30211元，比上年增长8.5%。

【生态立镇提速增力】大力实施“263”专项行动，整改535个问题，完成排水达标区复查37个，完成39个自然村庄的污水接管和外运工作，完成排水许可证办理120家。大力推进畜禽养殖整治，累计关闭畜禽养殖场81家，整改提升16家。全年清淤河道15条，清淤土方15万立方米，完成宋家桥浜、董更巷浜、尖角村浜等15条河道综合整治。完成绿化造林14.67公顷、森林抚育13.33公顷，空气质量不断提升。全年行政处罚环境违法行为7件、处罚金额40.6万元。

【社会建设全面加强】全年完成城乡劳动者职业技能培训360人，城乡新成长劳动力技能培训90人，企业职工技能提升培训1611人，本地农村劳动力培训700人。深化“48小时就业直通车”机制，实现城镇失业人员再就业192人，本地农村劳动力就业130人，被征地劳动力就业155人，就业困难人员再就业361人；重点扶持自主创业120人，创业带动就业610人。全年实现被征地农民断保净增缴费348人，新增居民养老保险参保3197人、居民医疗保险参保19073人，社保扩面净增300人。社会救助日臻完善，核查优抚对象信息280人次，协助申报各级各类困难救助350人，调整更新低保人员12人，发放民政救济款、慈善救济款和深度贫困救助款等350万元；开展人道万人捐、爱心助学、“送温暖、献爱心”等慈善捐款活动，募集各类善款60余万元。

【安全稳定形势趋好】集中开展出租房屋安全隐患整治活动，摸底、排查、登记出租户2988家、流动人口10490人。加大安全生产宣传力度，扎实开展安全生产大检查，发放安全生产宣传手册10000余份，排查企业512家，发现隐患1311个，整改到位1285个。排查苗头性倾向性问题，收集问题134个，成功调处122个。

【美景荣超1亿元项目落户羊尖镇】无锡美景荣生物材料有限公司是由张家港美景荣化学工业有限公司于2017年1月5日通过变买神羊化纤整体资产后注册的独资公司，注册资本1.2亿元，项目总投资5亿元。张家港美景荣化学工业有限公司是全球第二家、亚洲第一家能够大规模工业化生产生物基1,3-丙二醇的公司，拥有1,3-丙二醇、PTT切片、PTT纤维全产业链。公司通过自主创新，依靠自己的科研团队，攻克了生物法1,3-丙二醇的关键技术，成功实现1,3-丙二醇的生物制造，并实现工业化大规模生产，打破了国外公司的垄断，为中国PTT纤维的发展奠定了坚实的基础。至年末，无锡美景荣生物材料有限公司现有设备的维修整改和局部改造基本结束，外购设备到位，环评能评完成，消防有待验收，供电设计方案在完善中。公司预计2018年5月投产，将形成年产12万吨生物基PTT弹性纤维，实现年销售30亿元，上缴税收1亿元。

【羊尖镇获评省和谐社区建设示范乡镇】羊尖镇紧扣建设富强美丽和谐幸福现代化新羊尖的主线，以社会和谐为目标，全力以赴安民生。成立领导小组，明确相关部门职责，全面推行“网格化、扁平化”服务管理机制，健全“三社联动”机制，实现“政社互动”机制良性运行。同时，依法选优配强社区工作力量，定期对社区党组织书记和村（居）委会主任以及其他工作人员进行培训，组织各村（社区）工作人员参加社会工作者从业资格培训和考试，并及时指导村（居）委会完善民主制度，依法制定自治章程、村规民约、居规民约。依托综合服务中心，推行“一站式”服务，社区志愿服务氛围浓厚，公益创投项目形式多样，丰富了社区文化活动。在推进村（居）民自治进程中，有效落实村（社区）减负增效措施。全面加强民生工程建设，使困难群众、弱势群体得到及时救助和服务，居民幸福指数显著提升。羊尖镇下辖8个村和1个社区，其中4个村创建成省级和谐社区建设达标村。2017年1月，羊尖镇被江苏省民政厅评为“江苏省和谐社区建设示范乡镇”。

【羊尖农机专业合作社获评全国农机合作社示范社】羊尖农机专业合作社成立于2008年，机库占地面积3550平方米，其中建筑面积3650平方米（双层机库），“三库二间一室”（机库、配件库、油料库、烘干间、维修间、学习室）功能完备，是集农机停放、机具维修、生产加工和机手培训于一体的现代化农机场库。合作社拥有各类大型作业机械30余台，机具原值350万元；另有日本进口太阳能玻璃烘干房面积162平方米、中国台湾育秧流水线1套、谷物烘干机2台、精米加工及真空包装设备1套、粮食保鲜冷库1座。合作社秉承“立足当地，服务第一”的理念，积极探索经营管理新模式，以公益性为主，不简单追求经济效益，采用订单式服务，主要为当地农户提供优质且价格合理的农机作业服务。合作社是无锡市农机专业合作社公益性、经营性融合发展试点单位，在无锡市农机专业合作社中发挥引领和示范作用；是江苏省四星级农机专业合作社，被评为“江苏省明星服务组织”。2017年12月，羊尖农机专业合作社被农业部评为“2017年全国农机合作社示范社”。

2017年羊尖镇各村（社区）基本情况一览

表35

村（社区）	户数（户）	人口（人）	书记	主任	开票销售收入（万元）
羊尖村	1409	5176	戴红星	杨建刚	14390
南村村	987	3340	沈巍锋	吴耀明	22169
宛山村	1560	6298	杜伟东	陆文明	41371

续表35

村（社区）	户数（户）	人口（人）	书记	主任	开票销售收入（万元）
廊下村	1658	6176	王建新	费　斌	114148
南丰村	1094	4321	尤雯梁	吴　科	17128
严家桥村	1751	5890	—	巫　伟	18767
丽安村	1169	4510	钱世凯	徐利平	23650
龙凤巷村	1211	4280	张建新	席晓燕	44919
羊尖镇社区	1048	3280	曹剑方	曹剑方	—

（何　波）

鹅湖镇

【概况】鹅湖镇位于锡山区东南部，与苏州市常熟市、相城区交界，因东倚鹅湖而得名，境内土地平坦，河荡众多，风光旖旎，景色宜人，是典型的江南水乡城镇，素有“古镇、水镇、重镇”之美誉。镇域总面积54.7平方千米，下辖9个行政村和4个社区，总人口7.5万人。2017年，全镇完成公共财政预算收入3.25亿元。

【经济运行持续向好】经济增长平稳有序。始终把经济发展放在突出位置，稳增长、促改革、调结构，经济发展呈现良好态势。全年完成公共财政预算收入3.25亿元，其中税收收入3.06亿元，分别比上年增长14.9%和15.3%；完成工业总产值102.3亿元，其中规模以上工业总产值69.5亿元，分别比上年增长17.1%和18.3%；完成全社会固定资产投资43.3亿元；完成全部国税开票销售收入146.2亿元，比上年增长23.4%；限额以上零售额比上年增长10%。项目引建扎实推进。坚持把项目建设作为经济工作的重中之重，围绕供地、开工等关键环节，着力推进超今新材料、世星新材料、华力钢杆、润达光伏等9个超1亿元产业项目建设。项目招引力度不断加大，全年累计引进签约12个超1亿元项目，其中包括巨轻科技、双杰电气等11个工业项目，中洲控股1个服务业项目。中洲控股花溪樾项目总投资超10亿元，开创鹅湖镇项目招引新高度。强化项目建设保障，完善园区基础设施，基本完成工业地块管线迁移、新老园区道路及绿化修复等各项工作。创新驱动激发活力。高新技术产业蓬勃发展。全年新增国家级高新技术企业5家，高新技术产业产值比上年增长约15%，占全镇规模以上工业总产值的比重在30%以上。研发投入持续有效增加，全年研发投入总额超1.6亿元。企业创新载体水平不断提升，无锡卡秀堡辉涂料有限公司、无锡市东杨新材料股份有限公司分别被认定为省市级工程技术研究中心，江苏润达光伏无锡有限公司、无锡德华彩印包装有限公司和无锡市锡山东亚彩印厂申报无锡市技改扶持资金项目，无锡市东杨新材料股份有限公司申报2017年无锡市信用管理贯标企业，无锡锡东能源科技有限公司被评为“无锡市两化融合示范企业”，无锡市金海岸彩印包装厂、江苏博宇建筑工程设备科技有限公司、无锡市鸿太阳印刷有限公司等13家企业进入两化融合项目库。高层次人才引育取得进一步突破，友方电工—北科大研究生工作站签约，1人入选全区唯一的省“双创人才”。知识产权保护意识逐步增强，专利质量不断提升。全年万人有效发明专利拥有量19件。

【古镇旅游纵深发展】创新营销，拓展市场。细化市场，加大多平台营销力度。借助438家旅行社，扩大“在线旅行社”（OTA）线上合作平台，并在多个城市开设散客班。全年接待旅客284.4万人次；完成购票人数27.79万人，比上年增长5.37%。深挖文化内涵，加大特色宣传力度。在上海市、浙江省、南京市、苏州市、南通市等地投入形象宣传广告。开展“唐伯虎点秋香”、非遗文化展示等荡口特色活动，推出钱穆国学课堂、寻找荡口讲述者等节目，举办“冰雪嘉年华”“花田荡口音乐节”等精品活动。荡口古镇获全省首个“中国摄影小镇”、“TT100世界旅游古镇联盟”创始成员、2017中国最美村镇50强等荣誉。扎实管理，提升服务。全面完善工作细则，深入落实《旅游安全应急预案》等制度措施。落实专业人才培养机制，提升古镇软实力。明确分工，开展水陆网格化保洁，推进沿河走廊专项治理，硬化部分沿河绿地，增设休闲桌椅，全面完善古镇基础设施。统筹部署，提升保安和绿化等专业化服务水平，对古镇商户食品卫生、游船安全等进行检查整改，全面保障古镇公共服务，全年无重大旅游安全事故和投诉。持续招商，调整业态。加强制度保障，制定出台《荡口古镇关于加强商铺招商引资工作的意见》等试行意见2项。加大调整力度，淘汰低产商铺，挖掘自身特色，自主开发经营俄罗斯商品直营店、油纸伞店、古镇邮局等特色旅游产品商铺，同时引入肯德基、泰芒了、锦廷等连锁品牌，提升古镇业态层次。加强共赢合作，设立招商中心，加大与民宿品牌合作力度，荡口书香世家酒店运营态势良好。

【城乡区域协调发展】 城镇功能日益完善。修编完成《无锡市锡山区鹅湖镇总体规划（2015—2030）》，通过市委、市政府“无锡市城乡发展一体化示范镇”验收审核，为新一轮建设发展明确了方向、指明了道路。城镇品质不断优化。荡口、甘露老镇区外立面翻新、人行道改造、店招改造、污水管网铺设等改造工程全部完成。中洲控股、当代置业等国内品牌地产落户鹅湖镇，带动居住商业品质同步提升。南青荡玫瑰步道工程建成使用，为推动全镇滨水旅游休闲宜居区建设树立了样板。鹅湖污水处理厂二期扩容工程进入全面施工阶段。公交710路荡口古镇快线和810路鹅湖环线全线开通，群众出行日趋畅通。基础配套加速健全。镇区道路改造工程有序推进，延祥路（锡太路—蘅芳路段）、新杨路（科技路—蘅芳路段）、景园路延伸工程完工通车，锡甘路（杨安桥—夏莲桥段）、延祥路（蘅芳路—锡甘路段）、甘吴路道路及桥梁工程、青虹路北段（锡太路—甘厚路段）新建工程、学海路（景园路—新杨路段）综合改造工程加速实施。望虞河西岸控制和除险加固工程、张塘河防洪工程等12个水利工程稳步推进。拆迁工作稳步开展，完成总面积3.65万平方米的征收工作。安置工作妥善落实，安置资格审核完成176户353套，累计发放安置房不动产权证460套。北新河二期、三期和香花苑三期完成验收，尚书苑二区店面招租工作全面开启，各项配套设施逐步完善。农业农村活力彰显。全面完成农村土地承包经营权确权登记颁证工作，并顺利通过省级验收，农民合法权益得到有效保障。大力推进补充耕地实施项目，完成20公顷补充耕地计划。农村“三资”管理不断优化，对全镇各村（社区）逐一进行“三资”管理“回头看”。无锡现代渔业产业园基础设施全面提升，完成水产养殖尾水净化及生态湿地建设示范工程项目。环南青荡农业园区建设逐步推进，启动南青荡杜鹃培育基地项目，打造现代农业示范园区。粮食生产全程机械化创建达标，鹅湖村粮食烘干中心、三新村育插秧中心工程顺利完工。新建稻田综合种养示范基地6.67公顷。积极创建“三化”（效益化、珍贵化、彩色化）项目，创建成省级“三化”示范村1个（圩厍村范家塘）、省级村庄绿化示范村1个（青荡村南荡角）。城镇管理井然有序。强势推进市镇环境整治，着力对古镇周围、农贸市场周边、主干道路两侧等重点区域进行集中清理。全面加大环卫工作力度，专业设备添置到位，生活垃圾收集率、清运率和处理率保持100%，镇区生活垃圾机械化收集率95%。不断加大控违拆违力度，坚决遏制违建蔓延，拆除各类违法建筑1.21万平方米，营造了良好的防违控违工作氛围。大力提升镇区绿化和亮化品质，完成青虹路、延祥路、甘露大街等街道绿化提升整治工程和甘东路、翰林路路灯亮化工程。

【生态环境不断改善】 防污治污效果明显。坚决打好治污攻坚战，不断推进“263”行动，着力推动区域生态环境持续改善。完成减煤减化目标任务，企业减煤8109吨，取缔和关闭落后小化工企业4家，完成5家企业高耗能配电变压器更新工作，完成6家企业“蓝天工程”项目，全镇规模企业万元产值能耗下降16%。无锡市恒昌包装彩印厂、无锡市伟华阀业有限公司两家企业完成清洁生产审核。大力开展联合执法，完成市级挂牌督办木制品清理整治任务。荡口、甘露新建排水达标区完工，同时完成26个排水达标区复查工作。逐步开展排水许可证办理，全年办理排水许可证验收合格的企业150家。“美丽鹅湖”展现新貌。全面开展以环境绿化、墙面出新、道路修缮等为重点的“美丽鹅湖”创建工作，累计投入资金超3000万元，全镇282个自然村全部完成第一阶段创建工作。建章立制，实施长效管理，成立环境管理队伍，制定薪酬绩效制度，划分片区落实责任，全年清理乱堆放点930余处。完善设施，提升群众幸福感，新建活动广场57处、小型停车场78处，完成绿化造林面积16.99公顷，新增公共绿地面积8000平方米，全镇生活环境迈上新台阶。河道整治提速推进。深入贯彻落实上级部署，制定《关于深化鹅湖镇“河长制”管理工作的实施意见》，建立并实施联席会议制度、检查巡查制度等7项管理工作制度，强化全镇230条河道“河长制”管理。做好重要河道断面水质监测，完成每月河道保洁督查考核工作，督促各级河长完成日常巡查，确保河道长治久洁，完成解放桥河、北界泾河、六步港等12条河道清淤工程，水环境质量稳步提升。

【社会事业全面推进】 民生救助精准开展。做好困难家庭动态管理工作，加大精准扶贫社会救助力度。全年发放低保、特困救助、深度救助、残疾人“两项补贴”、重点优抚对象生活补助等各类补助891.35万元，14户低保低收入家庭区级危房改造工程全面完成。全力推进“阳光扶贫”监管系统，大力推广“阳光扶贫”App，市、区、镇各级党员干部结对挂钩338户贫困家庭，实行分类指导，实现精准脱贫。基础保障常态推进。持续推进社会保障工作，社保扩面净增599人，被征地农民断保人员接续缴费269人，公积金扩面新增603人，居民养老保险参保4267人，居民医疗保险参保22792人。认真推进就业创业工作，全年新增就业岗位1500余个，促进就业困难人员就业270人，全年扶持自主创业120人。社会事业稳步发展。鹅湖镇卫生院门诊楼整修完毕。甘露学校综合信息大楼竣工启用，荡口中学、荡口实验小学、荡口中心幼儿园配套设施工程全面完工，甘露中心幼儿园改扩建一期主体工程完工，荡口中学田径运动场工程加快推进。公益性安息堂“承露堂”全面启用。完成襄义庄修缮保护工作。群众文体活动丰富多彩，举办综合性广场文艺演出10场，送戏、送电影进社区55场，香花苑小区运动场地新建工作基本完成。

【社会大局和谐稳定】 社会治理多手段同步推进。社会治理公共服务平台有效发挥作用，乐活鹅湖“百事帮”平台稳定运行。平台关注量突破3万人次，注册量1.3万人，办结事项9749件，办结率99.6%，回访率100%。扎实推进“连心富民、联企强镇”大走访活动，解决问题585件。全面推行法律顾问制度。“七五”普法深入开展，组织各类法制活动48场。智慧社区试点创建工作积极推进。矛盾纠纷多部门联合化解。各项安全排查工作有序推进，全年召开矛盾纠纷排查会议407次。深入落实信访接待制度，常态化开展“两代表一委员”（党代表、人大代表和政协委员）信访接待工作。狠抓欠薪类、劳资纠纷类等社会影响较大的矛盾纠纷，受理77起，涉及金额565万元，阶段性纠纷处理率100%。加快基层综治组织建设，健全13个村（社区）人民调解委员会机构，镇、村两级调解委员会全年成功调处矛盾纠纷411起，调处成功率在99%以上。安全防控多举措紧抓落实。深入推进社会治安防控体系建设，全镇设立治安监控点81个、监控探头549个。全面加强群防群治队伍建设，鹅湖消防队伍优化升级，创建微型消防站，组建500人平安志愿者队伍。扎实开展以危化品、罐装液化气等为监管重点的安全生产大检查，取缔和关闭非法燃气经营点14个，全面落实企业主体责任，自查隐患6460条，整改率100%。

2017年鹅湖镇各村（社区）基本情况一览

表36

村（社区）	户数（户）	人口（人）	书记	主任	开票销售收入（万元）
鹅湖村	1115	4125	夏家平	平建荣	51375
青荡村	979	3403	华庆祥	华　建	41567
三新村	1149	4139	华民勇	谢秀琦	58042

续表36

村（社区）	户数（户）	人口（人）	书记	主任	开票销售收入（万元）
圆通村	675	2219	蔡毅涛	蔡 军	21708
新桥村	567	2184	华志伟	陆 磊	17816
圩库村	799	2621	浦向华	殷明明	39090
群联村	1174	3985	陈志刚	方雪忠	48472
彩桥村	1394	5149	周建华	季益新	58520
松芝村	1044	3692	王铭华	华向东	31828
甘露社区	1586	5015	章晓燕	钱 来	241201
人民路社区	1217	3085	徐筱惠	钱孙棋	6048
青虹路社区	1026	3107	平锡峰	华舟玲	20701
尚书苑社区	1262	4489	华志伟	朱 斌	—

（杜英豪）

东北塘街道

【概况】 东北塘街道位于无锡市主城区东北，与惠山区、梁溪区及锡山经济技术开发区交界。街道辖区总面积18.5平方千米，下辖6个行政村、5个社区和3个社区事务工作站，户籍人口3.2万余人，暂住人口4.5万余人。2017年，东北塘街道以提高经济增长质量和效益为中心，着力稳增长、调结构、促转型，努力推动街道经济平稳健康发展。全年完成财政总收入9.79亿元，公共财政预算收入5.6亿元，比上年增长13%；完成规模以上工业总产值35.59亿元；完成全社会固定资产投资32.19亿元，比上年增长8%，其中服务业投资31.4亿元，比上年增长133%；完成到位注册外资及港澳台资2450万美元；完成自营进出口总额3.1亿美元，比上年增长15.5%；完成限上单位零售额2.23亿元，比上年增长13.3%；完成限额以上批发业商品销售额543.07亿元，比上年增长32.1%。新办企业340家，其中工业企业59家，服务业企业281家。江苏明佳供应链管理有限公司和无锡众盟物流有限公司两家企业成功入选首批无锡市国家物流标准化试点项目，成为无锡物流企业现代化发展的代表。

【项目建设稳步推进】 列入计划的超1亿元重大产业项目6个，其中续建项目5个，分别为栖霞房产、融创房产二期、恒达房产、恒大御澜湾河东项目和恒大御澜湾河西项目；新开工项目1个（恒大观澜府项目）。同时，狠抓项目储备，至2017年年末，街道有储备项目10个，其中商贸服务业项目3个、工业项目7个；抓好签约项目建设，完成智能制造项目和大明总部科创中心项目两个新签约项目，经济可持续发展基础进一步夯实。

【科技创新氛围浓厚】 引进“双高”人才40人，海归留学人才5人。申报省重点研发计划产业前瞻技术研究项目、关键共性技术攻关项目各1项，申报2017省科技成果转化项目2项，申报2017无锡市专利奖2项，申报2017年无锡市科技进步奖1项，申报市级关键共性技术研发项目1项，申报江苏省高新技术企业5家，新认定江苏省高新技术产品7件，申报江苏省2017年度第二批企业知识产权管理贯标备案企业1家。企业科技创新项目逐年增长，知识产权保护意识进一步增强，经济发展质量、效益实现双提升。

【产业转型全面提速】 新办企业340家，其中服务型企业281家；

完成服务业开票销售收入798.44亿元。龙头企业带动作用突出，江苏大明协好贸易有限公司、江苏大明金属制品有限公司、无锡诚栋不锈钢有限公司等31家贸易企业销售收入超1亿元，其中12家企业销售增幅超50%。大明集团继续领跑，完成销售收入195.09亿元，占街道服务业销售的比重为38.9%。实际上缴税收超过500万元的服务业企业有10家，其中超1000万元的有8家，产业转型发展取得丰硕成果。江苏明佳供应链管理有限公司和无锡众盟物流有限公司两家企业成功入选首批无锡市国家物流标准化试点项目，成为无锡物流企业现代化发展的代表。

【土地征收稳步进行】 完成东亭北路延伸段、芙蓉山庄西二期B地块、大明商业地块、罗西地块（G7）、承塘路延伸东地块（G10）5个地块的拆迁（征收）工作。完成评估38户，评估面积3.11万平方米；完成签约33户，签约面积3万平方米；完成拆除33户，拆除面积3万平方米，评估面积、签约面积、拆除面积分别占目标任务的99.36%、95.85%、95.85%。大明商业拆迁地块成功实现拆迁清点，为企业发展拓展空间，为街道经济发展再添新动力。

【村庄环境管理长效】 集中开展暴露垃圾整治行动，全年清理暴露垃圾78处、1.45万余吨。推进村庄环境卫生市场化运作，抓好各村（社区）对市场承包单位和街道对各村（社区）的村庄环境长效管理督查考核，围绕农村环境卫生、村级道路、河道水质三项重点内容，建立街道党政联席会议每月通报督查情况制度，全年督查发现环境问题5200余处，整改率96%，村庄环境长效管理的科学化机制初步建立，农村环境面貌得到改善。

【“263”专项行动强势推进】 打赢“263”环境保护攻坚战，5家企业的8个工业窑炉全部整治到位，走在锡山区前列，关闭燃煤工业窑炉1家，使用清洁能源4家，关闭燃煤工业窑炉和锅炉形成的煤炭削减量7649吨，提前超额完成2018年目标任务。开展化工企业“升级一批”和砖瓦生产企业专项整治，关闭、清理砖瓦企业4家。办结省环境保护督查交办件18件，完成省、市、区环境信访问题14件，均在第一时间处理，全部整改落实到位。完成绿化面积11.33公顷，其中成片造林面积4公顷；培育珍贵用材1万株。深化“河长制”管理，街道党政领导班子成员对47条辖区内河道逐条踏勘，水质检测实现全覆盖。制定47条河道治理的“一河一策”方案，河道治理针对性进一步增强。

【民生工程全面完成】 2017年为民办实事总投入超过1.5亿元，内容涵盖治安监控技防设施、学校建设、道路建设、恒大公园建设、“城中村”整治、安置房小区停车位和天然气工程、安息堂续建工程、防汛及河道整治工程、污水截污工程、农村片区环境整治提升工程10项民生工程。为民办实事工程均按期完成，全面兑现政府承诺，群众信任感进一步增强。

【社会保障落实到位】 惠民政策全面落实。落实社会最低生活保障制度，全年为74户144名最低生活保障对象发放低保金超过100万元。完善临时生活救助制度，全年发放临时社会救济款380人次、45万元。走访支出型深度贫困户48户，发放慰问金69.7万元。全面落实就业帮扶优惠政策，累计提供就业岗位310个，完成城镇失业人员再就业705人。做好被征地农民安置补偿和被征地农民断保工作，断保参保人员净增306人，完成区下达目标任务的191%。全面落实双拥优抚工作，组织2016年度11名退伍士兵参加区职业技能免费培训工作，发放现役军人优待金75.15万元。切实解决突出问题。3月起，全体党员干部深入基层一线开展大走访活动，着力解决群众身边困难，破除企业发展瓶颈。全年累计走访农户6748户、社区家庭2705户、企业474家、高层次人才26人、困难户150户，收集各类问题1205条，解决1117条，一批制约群众致富、企业发展的老大难问题得到集中化解；针对重点、难点问题完成专题调研文章6篇，积极探寻富民强企之策，政民同心、政企合力，共谋发展机制初步形成。“阳光扶贫”精准到位。积极做好“阳光扶贫”对象（共110户）的结对匹配及建档立册（市、区部门结对62户，街道党政领导和中层干部结对48户），对第一次入户走访后发现的有关问题进行整改完善，帮助结对户制订帮扶思路和举措，春节前再次进行入户走访。同时，对脱困对象及时动态调整，实现精准扶贫。

【特色教育再结成果】 东北塘中学垒球队获2017年全国少年垒球锦标赛U16冠军，张燕等5人入选国家垒球队，备战2020东京奥运会，有望打破无锡市参加奥运会选手人数最多的纪录；美国职业棒球大联盟无锡发展中心学生获2017年上海满贯赛冠军，并获全国青年棒球锦标赛冠军，创造中国学生棒球队的奇迹；东北塘中学（区体校）获“2013—2016年度全国群众体育先进单位”称号。

【“三资”管理更加规范】 积极开展“三资”管理专项整治行动，认真做好自查、互查并配合做好抽查工作，加强对“三资”管理平台建设、农村集体资产、百村审计问题村整改落实情况、台账建设的监督检查，对检查中出现的问题抓好整改落实。制定出台《东北塘街道固定资产管理规定的通知》，规范租赁协议签订程序，加大村级陈欠租金收缴力度，“三资”管理整治工作取得有效成果。2017年，各村（社区）收回各类陈欠租金828.56万元，其中裕巷村87.71万元、埨坝村156.60万元、大马巷村89.89万元、正阳村117.63万元、严埭社区58.28万元、锡通社区109.47万元、锦阳村171.81万元、梓旺村37.17万元。

【综合治理科学高效】 大力推进综治工作规范化建设，在梓旺新村社区、裕巷村、埨坝村进行综治中心标准化建设试点。开通村（社区）综治信息PC平台12个、综治E通手机平台13个，实现综治信息互联互通。推进“红袖标”义务巡防队伍建设与“平安志愿者”活动，街道有平安志愿者900余人；试行推广“平安江苏”App，积极探索“互联网+综合治理”新模式。东北塘街道被评为“2017年度无锡市交通安全综治工作示范单位”。突出抓好刑释解教和社区矫正人员安置帮教、信访重点人员管控、重点领域矛盾稳控工作，确保社会更加稳定和谐。

【两所幼儿园建成投用】 2月25日，无锡锡山栖霞建设有限公司代建（土建）的东方天郡幼儿园移交街道。3月起，街道对幼儿园进行装饰、装潢，投入约600万元。9月1日，规模为5轨15个班、建筑面积4100平方米的东方天郡幼儿园投入使用，同时埨坝幼儿园并入东方天郡幼儿园。11月，芙蓉山庄幼儿园投入使用。芙蓉山庄幼儿园是街道第一所民办幼儿园，于2016年年底移交街道，由无锡市翠竹房地产开发有限公司代建（土建），规模为4轨12个班，建筑面积6500平方米。

【“智慧用电”安全隐患监管服务系统安装】 7月，东北塘街道扎实开展“智慧用电”安全隐患监管服务系统工程建设。经过隐患排查、准确分析，结合街道实际，在街道机关先行试点安装“智慧用电”安全隐患监管服务系统，累计安装5套，实现24小时全天候监控，以图文的形式生成“体检报告”，实现预警、排查、防患“三合一”。通过手机App、电脑客户端登入“智能安全用电平台”，及时掌握用电情况，消除安全隐患。2017年，东北塘街道党政办公室获评江苏省公共机构节能示范单位。

【“明厨亮灶”工程率先开展】 12月，街道以学校食堂为重点，按照“先易后难”原则，在东北塘中心幼儿园、东方天郡幼儿园组织开展校园“明厨亮灶”试点工作。在幼儿园食堂的操作间、配菜间等关键部位和重点区域安装高清视频摄像头9个，通过网络平台向家长、老师展示食品原料采购、检查、加工、制作以及餐饮具清洗消毒、留样全过程，使“后厨”可视、可感、可知，实现厨房“透明化”。严格把好进货关，坚持索证制度，杜绝“三无食品”（无生产日期、无质量合格证、无生产厂家）流入。定期在全体食堂人员中开展业务培训活动，科学制定幼儿营养食谱，树立责任意识和服务意识，以“明厨亮灶”工程助力食品安全。

【党员志愿者进社区活动启动】 为学习宣传贯彻中共十九大精神，12月，东北塘街道制定《锦旺社区服务中心文体设施开放方案》，拓展街道党员志愿者服务渠道，丰富居民文体生活。12月9日起，每周六周日下午1：00—4：30，开放锦旺新村社区服务中心（街道文体服务中心）羽毛球馆（含桌球室）、乒乓室（2间）、图书馆等文体设施。每班次配备党员志愿者3名，其中一楼咨询台1人，负责登记并安排活动场地；二楼1人，负责各活动室活动的秩序；三楼图书馆1人，负责借还书籍的电脑录入工作，以及维持阅读秩序。东北塘街道文体服务中心被江苏省爱国卫生运动委员会评为“江苏省健康单位”。

2017年东北塘街道各村（社区）基本情况一览

表37

村（社区）	户数（户）	人口（人）	书记	主任	开票销售收入（万元）
裕巷村	534	1590	王协东	徐卫兵	81012
埭坝村	676	2374	谢继锋	谢　峰	126678
大马巷村	696	2423	阚　巍	蒋　彪	98279
正阳村	1439	4653	缪家平	沈其龙	3146220
锦阳村	666	2241	陆武斌	章文昇	35031
梓旺村	1818	5471	顾晓东	惠勇良	255116
严埭社区	808	2604	周惠奇	李国栋	20351
锡通社区	898	2750	袁　东	王仁昌	2558444
东北塘社区	1181	3415	缪建新	—	13249
梓旺新村社区	1396	4737	张雪峰	—	—
锦旺新村社区	948	2944	杨晓芳	杨晓芳	—

（章煜晨）

锡北镇

【概况】 锡北镇位于无锡市东北郊，北接江阴市，紧靠锡东新城、开发区和锡山主城区。全镇总面积70平方千米，总人口12.11万人，其中常住人口9.8万人（户籍人口6.47万人），下辖13个行政村、3个社区。2017年，锡北镇完成公共财政预算收入4.29亿元，比上年增长16.5%；实现国税开票销售收入198亿元，比上年增长30.7%，其中工业开票销售收入144亿元，比上年增长19.8%；完成全社会固定资产投资70.2亿元，比上年增长11.5%，其中工业投资51.3亿元，比上年增长13.7%；完成规模以上工业总产值103.8亿元，比上年增长21.7%；完成外贸进出口总额3.28亿美元，其中自营出口总额2.7亿美元；限上单位零售额比上年增长25.9%；实现农民人均纯收入30311元，比上年增长8.9%。为民办实事项目全面完成。锡北镇被省统计局评为“江苏省统计规范化建设百佳单位”，被省国土资源厅评为“2016年度省级耕地保护激励单位”，被市委宣传部评为“无锡市马克思主义大众化（理论宣讲）示范基地”。

【项目引建步伐加快】 精心组织各类专题招商活动，年内签约超1亿元产业项目10个，重大产业项目招引超额完成区下达目标任务，投资总额80.7亿元，占地面积72.92公顷。总投资30亿元的尚品宅配一期完成土地摘牌，预计年产值超60亿元。项目建设全面提速，全年在建超1亿元产业项目11个，完成投资28亿元；年内新增开工项目5个、续建项目3个、竣工项目3个，其中威尔诺恩、知原药业二期建设工程按序推进，艾福斯新材料车间办公楼封顶，普天铁心二期完成主体工程建设，森科金属整体竣工、准备验收，泾州机械竣工投产，村级联合体顺利交付运营。

【创新驱动活力激发】 新申报高新技术企业13家，研发投入占GDP的比重为2.21%。年内完成专利申请741件，其中发明专利申请278件；专利授权818件，国际专利授权4件；万人发明专利拥有量27件。申报各类科技项目40个，累计获得省市立项11个，其中省级项目3个、市级项目8个。鼓励和引导企业加强技改投入，新增技改项目35个，实现技改工业投资20.6亿元，比上年增长13%。政产学研合作持续深化，与浙江大学合作共建“浙大技术转移中心锡北工作站”，江苏知原药业有限公司与中南大学湘雅药学院、无锡佳腾磁性粉有限公司与中科院过程工程研究所均成功签约，新材料院士工作站建设加快推进，锡北镇有望实现院士工作站“零”突破。全面落实锡北人才计划，成功引进省“双创”博士、省科技副总计划人才各2名。上市工作有序开展，储备上市挂牌企业13家，IPO申请获中国证监会受理1家。

【要素保障力度加大】主动服务企业发展，跟踪办理行政许可2.5万余项，开展“创投无锡”、银企对接等活动，组织召开企业家座谈会和重点企业上市培训会，积极构建为企服务、帮企解难的新型“亲”“清”政商关系。深化党政领导、经济部门定期走访和挂钩联系企业制度，及时协调解决企业供电、融资、土地、审批等方面的实际困难和问题。统筹上级政策资源，加大对上争取力度，为企业争取各级各类扶持资金2000余万元。强化项目用地保障，实施占补平衡8.75公顷，盘活存量土地46.86公顷。

【城镇建设加快推进】深化完善城镇规划管理，大力实施八士镇区综合改造工程，完成八士老街门头店招改造、外立面出新，落实怡丰苑、双荷苑、八士村委和新坝村委大楼等沿街沿线建筑物亮化工程，完成天富广场改造提升和万昆路、大马桥路、长八路（S228省道—振达路）修复改造，振新路（S228省道—怡丰苑）综合改造工程完成半幅路面建设。道路结构不断优化，河张路光明段沥青摊铺工程全线竣工，西新路（S228省道—泉星路）拓宽改造工程有序推进，华张路（诸巷路—锡东大道）改造工程完成立项工作。配套功能不断完善，泉山文化公园健康步道及广场完成改造，泉山体育公园完成规划方案设计和立项，在编制标底；新增泉新路开闭所1座、农村生态改厕120座；完成东亚电厂10千米燃气管网施工、热力管网二线新建和农丰变10千伏改造工程。宜商宜居环境日益优化，泉山中心广场、星天地滨水步行街运行良好，星邻里广场开业，鸿景雅园二期、金世名园、泉山荣邸按期完成交房，丰泰苑安置房二期工程建设启动招投标。

【城市管理持续强化】进一步巩固“全国文明村镇”创建成果，深入开展市容环境综合整治，主街口、主干道、农贸市场等重点区域专项整治富有成效。强化市容秩序管理，组织开展乱设摊、乱停车、占道经营、渣土车等专项整治，累计查处各类违法建设398起，拆除违法建筑9080平方米，及时制止在建违建30余起。加强市政公用设施规范管理，完成3个居住小区的天然气接管工作。扎实推进技防建设，647个点位的高清监控建设进入施工阶段。认真落实斗山花苑环境综合整治措施，完成停车位改造2.2万平方米、外墙翻新101幢、活动场地改造1200平方米。拆迁安置有序推进，工业园区A4-1、A11、B6、A9地块清点顺利完成，577套安置房完成转移登记发证。

【农村事业纵深发展】推进农村宅基地翻建试点工作，启动周家阁村、泾西村、东房桥村3个行政村宅基地翻建规划编制工作，完成方案设计。加强集体产权交易管理，建立完善农村产权交易系统，农村集体资产全部纳入平台进行交易，实现集体经济有效增收。制定出台《锡北镇村级集体资产资源购建处置工作流程（试行）》，细化完善操作流程，提升资产资源管理水平。稳步推进农村土地承包经营权确权登记颁证工作，13个村顺利通过省级验收。实施村级公益事业“一事一议”财政奖补项目5个、薄弱村扶持项目18个，创建省级休闲观光农业示范村1个、省级示范家庭农场1家、市级美丽乡村示范村1个、市级示范家庭农场1家，申报省级特色田园乡村1个，培育成立新的家庭农场6家。着力培育特色农业品牌，新增国家级生态原产地产品1个、国家级绿色食品产地产品1个、国家级有机食品产地产品1个、市级“知名商标”5个，农业“三品”（无公害农产品、绿色食品、有机农产品）基地29个。积极推进斗山保护性开发，有效整合斗山地区生态旅游资源，完善基础配套建设，加快节点功能提升改造，完成斗山塘边沟、挡土墙建设，登山道改建工程完成招投标，切实推进斗山禅寺改建和月亮湖生态园改造提升工程。大力发展生态高效农业，新增高效设施农业1.33公顷、高标准农业20公顷，农业适度规模经营比重为95%，成功创建市级粮食生产全程机械化示范镇。

【集约发展加力加码】“263”专项行动步伐持续加快，全年削减煤炭消费企业用煤总量2.7万吨，淘汰整治燃煤工业窑炉3家、小型燃煤锅炉（窑炉）10家。积极开展化工企业“四个一批”专项整治，关停化工企业7家，完成挥发性有机物专项治理企业2家、汽车维修店6家。配合做好省环保督察期间企业整治“回头看”工作，全年累计下发整改通知书53份，关闭无证无照企业7家，完成企业环保违法违规项目“回头看”复查整治196家，审核强制性清洁生产重点企业2家，整治“三高两低”企业2家，处理环保信访投诉105起，处理率100%。

【水体整治提速提质】 深化“河长制”管理，编制出台《锡北镇全面深化河长制实施方案》，完成“河长制公示牌”安装，区、镇、村三级河道实现长效化、市场化管理。完成镇区河道清淤9条、家塘家河整治60余条，西新河和母亲河清淤工程全线完工。排水达标区“回头看”工作有序开展，完成复查整改41块、污水设施改造61块、企业排水许可证上报218家、发证145家，实现自然村生活污水集中处理19个，全面完成长八路污水主管网和12台微动力改造。稳步推进水利工程建设，新建三房巷、西大房防洪工程，完成春风猪油湾泵站更新改造、大家桥明渠修筑工程及龙潭浜防洪排涝站建设，完成2017年中央财政小型农田水利工程建设，新翻建防渗明渠1.1千米、低压管道2.05千米。

【环境保护固优固强】 “263”有奖举报、镇村联动夜间巡查、“周曝光”、断面考核、河道保洁等制度陆续出台，《无锡市锡山区锡北镇生态文明建设规划（2016—2020年）》编制完成，顺利通过省级专家评审验收，成功创建省级生态文明建设示范镇。扎实做好环境隐患防治工作，完成12家环境风险企业“八查八改”安全达标建设自查和27块土壤修复地块调查摸底工作。建立健全生活垃圾、河道垃圾长效管理机制，3家混凝土公司完善废水处理设施，28家港口码头实现污水垃圾集中收运。推进源头减量和资源化利用，开展垃圾偷倒、清理专项整治，累计查处、制止各类偷倒行为26起，清理偷倒垃圾900余千克、卫生死角100余处。健全完善区、镇、村三级联动的生活垃圾“四集中”收运体系，实施村级生活垃圾机械化收集新模式，镇、村两级生活垃圾机械化收运率、清运率、无害化处理率均为100%。强势推进新一轮畜禽养殖整治，关闭养猪场10家、提升5家，种养殖户规范化管理不断加强。深化“绿色锡北”建设，完成造林绿化面积16.67公顷、珍贵树木种植面积6.67公顷。

相关链接

八查八改：查改企业环境应急管理机构与人员、企业突发环境事件风险等级识别情况、企业突发环境事件隐患排查治理情况、企业监测预警机制建设情况、企业环境风险防控措施、企业环境应急预案备案工作、企业环境应急演练工作、企业环境应急保障体系建设情况。

四集中：村（社区）集中收集、镇（街道）集中清运、区集中转运、市集中处理。

【社会保障水平提升】 大力促进就业创业，开发公益性岗位10个，培育高技能人才185人，安置困难人员就业358人，创业带动就业729人，办理补贴4454人次，获取市政府补贴543万元。民生保障力度持续加大，完成社保扩面350人，住房公积金扩面700人，断保被征地农民接续参保缴费363人。加大社会救助力度，动态完善和规范城乡社会救助体系建设，实施白内障免费手术160例，办理老年人优待证251张，完成4家居家养老服务站标准化建设、1家老年人日间照料中心建设，残疾人综合保险实现全覆盖。救助力度持续加大，开展“希望之星”慈善助学等救助活动，走访慰问低保、残疾家庭、困难群众、贫困学生1580户，全年累计发放各类救助保障金967.46万元。

【惠民事业协调发展】 教育事业高质均衡提升，启动实施新一轮“优教育先优教师”工程，制定骨干教师考核奖励方案；八士中学风雨操场及教学楼工程开工建设；寨门小学改扩建工程完成地质勘查、施工图设计等前期准备；张泾实验小学新建工作进入编制建设方案、筹备立项阶段。医疗卫生事业稳步发展，锡北镇卫生院创新运营机制试点工作成效明显，基层医疗卫生机构规范化建设不断提升，创建成省示范卫生室1家。打造“一站式”服务平台，形成“全覆盖、同待遇、共享受、促融合”的流动人口卫生计生基本公共服务均等化工作体系。文体事业繁荣推进，组织开展各类群众文化体育活动72场次，进村、进社区、进学校放映法制宣传片和爱国主义教育片123场，创建市级科普示范社区（村）1个，被评为“无锡市群众体育先进单位”。注重非遗保护与传承，年内完成严子陵先生祠修复工程的80%，新四军六师师部旧址纪念馆累计接待参观团队291个、2.5万余人次。

【社会治理切实加强】积极开展“连心富民、联企强镇”大走访活动，进一步健全社会矛盾常态化排查机制，走访农户12692家、社区家庭4351户、企业872家和困难家庭345户，查找问题1086个，协调解决1036个，解决率95.4%。开展“法润锡山”春风行动和“德法同行”系列活动，办结法律援助案件81件；新坝村法治文化公园、劲丰村法治文化公园、张泾小学法治文化长廊建成并投入使用，八士天富法治文化广场提档升级；成功创建省级民主法治示范村1个、市级法治文化建设示范点1个，法律服务实现全覆盖。加大劳资纠纷、工伤赔偿调处力度，追讨工资款200余万元。认真落实社会矛盾纠纷排查化解机制，矛盾纠纷排查率100%，调处成功率99%。安全监管持续加强，排查出租房、群租房1687户，整治群租、私自隔断转租、“三合一”（居住与生产、销售场所相通连的家庭作坊式场所）等安全隐患住户45户。对危化品、喷涂烤漆行业、易燃易爆企业等重点领域开展安全检查850余家次，签订安全生产责任书808份，发现并整改隐患949条，完成危化品企业三级标准化创建31家、智能“二道门”建设19家，取缔非法喷漆烤漆厂8家，集中开展交通安全、校园安全、食品药品安全等专项整治工作，社会大局持续和谐稳定。

【尚品宅配工业4.0智能定制家居华东生产基地项目落户锡北镇】9月27日，尚品宅配工业4.0智能定制家居华东生产基地项目落户锡北镇，并举行签约仪式。该项目由广州尚品宅配家居股份有限公司投资建设，计划总投资30亿元，占地面积34.53公顷，主要建设智能定制家居生产车间、华东配套中心智能立体结构仓库及相关设施，致力于打造华东地区智能家居定制的重要支撑产业基地。项目计划分两期供地，其中一期13.33公顷于2017年12月1日完成土地摘牌，在办理开工前期各项手续；二期21.2公顷拟于2018年12月前完成土地挂牌，项目建成后，预计可实现年产值超60亿元，亩均税收超30万元。

【晋拓金属汽车高端零部件智能制造基地项目落户锡北镇】11月16日，晋拓金属汽车高端零部件智能制造基地项目落户锡北镇，并举行签约仪式。该项目由上海晋拓金属制品有限公司投资建设，在无锡锡北园区新增16.67公顷工业用地，计划总投资15亿元，在准备土地挂牌前期资料，项目建成后预计可实现销售25亿元，年综合纳税2亿元左右。

2017年锡北镇各村（社区）基本情况一览

表38

村（社区）	户数（户）	人口（人）	书记	主任	开票销售收入（万元）
新明村	1238	4940	陆介正	沈科伟	5753
周家阁村	1090	3907	周国君	王春秋	34348
泾西村	1443	5707	苏宪忠	唐新宇	31987
泾新村	1071	3886	卢益芳	吴　斌	62207
寨门村	5120	1380	严诚伟	严　红	33465
光明村	1185	4445	辛红伟	徐　锋	22466
新坝村	826	2893	吴建洪	过希军	34174
八士村	1120	3728	—	过献新	28531
联新村	727	2758	顾晓宇	王秋涛	10505

续表38

村（社区）	户数（户）	人口（人）	书记	主任	开票销售收入（万元）
劲丰村	795	2987	方伟东	陆叶洲	14671
斗山村	960	3459	陆　云	张　健	4252
东房桥村	791	2662	秦国强	黄李明	54952
春风村	972	3365	华　军	陆志丹	7267
张泾社区	1485	3851	徐　承	徐　承	—
八士社区	2147	5603	陆秋萍	王士刚	—
斗山花苑社区	1575	5330	凌均毅	包　准	—

（黄　锋　李　俊　潘　龄）

东港镇

【概况】 东港镇位于无锡市东北部，与江阴市、常熟市接壤，是无锡市城市“一城、两核、三片、六组团”规划中的组团城镇之一。东港镇交通便捷，S228省道、锡东大道、锡张高速公路、锡虞路及筹建中的锡昆高速公路贯穿全境，距张家港、江阴港、沪宁高速公路、京沪高铁、苏南硕放国际机场均约20千米。全镇总面积85.05平方千米，辖15个行政村、5个社区，下辖469个自然村，总人口约15万人，其中户籍人口7.8万人，外来人口5.7万人。2017年，全镇完成地区生产总值192.3亿元；国税开票销售收入464.87亿元，其中工业开票销售收入313.24亿元；财政总收入19.53亿元，其中公共财政预算收入10.31亿元；农民人均可支配收入32258元。东港镇再次入围全国科学发展“千强镇”，位列第57位；入选“第二批全国特色小镇”，成为全区首个列入经济发达镇行政管理体制改革名单的乡镇。东港镇被评为“江苏省健康镇”，入围省农业委员会农业特色小镇名录。东港镇山联村被评为“全国文明村”。

【综合实力显著增强】 工业稳步快速发展。2017年，全镇完成规模以上工业总产值312.5亿元，比上年增长13.8%，占工业总产值的92.7%；国税开票销售收入超1亿元企业36家。农业高标高效发展。新增高效设施农田10.6公顷，港东村高标准农田一期完成开发利用，二期工程加紧建设。服务业提档提速发展。全年完成服务业投入36亿元。红豆万花城商业中心全面投运，红豆首府二期主体封顶。累计投入735万元实施山联村生态休闲旅游提升工程，“美丽乡村直通车”公交专线开通运营，山联村首届“金色山联”菊花旅游文化节系列活动开展，累计接待游客120余万人次。

【产业强镇强势推进】 项目引建持续加力。新签约彩云东方、金维氨科技、引力新材料等重大产业项目10个，总投资28亿元。全年完成工业投资54.45亿元，大于装饰、宏宇汽配项目全面竣工，阿科力二期、洪汇二期等项目进入设备安装调试阶段，东亚电力、希恩电气等项目进行主体建设。技改创新深入推进。全年完成技改投入33亿元、高新技术产业产值133亿元。新增市级以上企业技术研发中心3家、省级“两化”深度融合创新试点企业7家，打造市级以上名牌企业6家，新认定“专精特新”产品6件，红豆集团获评江苏省质量奖、品牌江苏建设“金帆奖”和省商标战略实施示范企业。

【上市培育提速增量】 上市集群不断壮大，无锡阿科力科技股份有限公司成功主板上市，江苏大德重工股份有限公司、无锡丰华智慧轮胎股份有限公司、无锡晶石新型能源股份有限公司、邦威防护科技股份有限公司挂牌新三板，全镇上市（挂牌）企业16家，约占全区上市（挂牌）企业的40%，位居全市各乡镇板块前列。确成硅化学股份有限公司转主板材料报江苏证监局辅导，无锡市锡山区阿福农贷股份有限公司上市材料报全国中小企业股份转让系统，江苏中捷精工科技股份有限公司完成股改。

【城镇改造快速有力】东港西路北段、创业路西延段建成通车，红豆天马宿舍、利港路、兴港北路、健康路北段完成改造，府前东路、东升路、健康路南段改造加紧施工，道路绿化、照明等配套工程同步完善。东湖塘段锡港公路、东升路沿线立面改造出新稳步开展。大塘河沿线、山联姜叉庄等4项防洪工程全面完工，城镇防洪体系加紧完善。市民公园北地块等待挂牌出让，起重机械厂地块、原东湖塘镇政府地块的经营工作有序推进。全年完成土地复垦项目19个，总面积23.27公顷。

【镇村管理扎实有效】开展交通干线沿线环境综合整治“五项行动”，整治环境突出问题314个，拆除违建1.3万平方米。推进无证无照非法生产、无证无照经营查处及无照废旧物品回收站点的专项整治，排定无证无照非法生产企业29家，取缔关闭无证无照经营户33户，整治废旧物品回收站点41个。完善垃圾收运处置体系，建立镇级建筑装潢垃圾转运点，政府、安置小区、学校的生活垃圾分类试点工作稳步开展，全镇生活垃圾机械化收集率70%。制定东港镇农贸市场分级分类管理实施方案，乔巷农贸市场完成改造，港下、东湖塘农贸市场成功创建市三星级农贸市场。强化交通秩序管理，继续加大对锡港公路、东升路等重点区域的严管力度，加强对两街区（港下街区、东湖塘街区）、两高峰（上下班高峰）的现场执法，查纠违停300余车次。深化文明城市创建，山联村获评全国文明村。

【环境治理创新推进】积极探索安全环保综合治理新举措，华东村、港东村首批综合治理试点工作高质量推进，全镇完成“一企一档”建档企业1051家，累计排查企业720家，整改安全隐患2524条；查处环境问题企业120家，整治环境问题155条；规范企业经营35家，依法取缔非法经营企业7家，安全环保综合治理成效明显。分类推进燃煤锅炉整治，整改煤炭消费企业12家，削减煤炭消费总量9800吨。大力开展化工企业“四个一批”专项行动，淘汰落后化工企业7家。推进废气污染治理，制定实施园区检漏检测工作方案，开展企业废气排放检测30次，辖区企业废气达标排放整治工作全面完成。

【河道整治成效显著】制定实施《东港镇全面深化河长制实施方案》，重点开展6条区级考核河道的问题排查和整改，完成河道整治5条，河道沿线码头整治17个、关闭2个；锡北运河、大塘河、东风河3条河道断面水质考核顺利达标，达标比例位列全区第一名。分批实施黑臭水体治理，第一批23条镇、村级河道全面整治到位，66个排水达标区复查整改实现全覆盖。全年完成河道清淤6.77千米，清淤土方6.52万立方米。积极开展生态创建，东港镇通过省级生态文明示范镇考核验收，山联村通过省级生态文明示范村考核验收。

【惠民工程高效推进】围绕锡东电厂复工投运总目标，切实兑现惠民承诺，全力开展锡东电厂惠民工程“百日攻坚”行动。累计完成住宅拆迁795户、非住宅签约40户，完成土地置换社保签约1030户、置换3601人。新湖南苑全面开工，东湖塘实验小学、怀仁幼儿园新建工程有序推进。分批次高质量实施村庄整治，严家庄自然村形象全面出新，卢巷上、荷花池头、北村头、史家圩4个自然村加紧整治，黄土塘古街改造同步实施。黄土塘南路、晃山桥路南段、黄土塘外围路西段3条道路建成通车。

【富民保障切实加强】认真开展“阳光扶贫”入户走访活动，镇村干部与149户困难家庭实现“一对一”结对帮扶。制定完善陈墅、亚光等4个市级经济薄弱村发展规划，积极落实“一村一策”脱贫转化项目，加强各类奖补资金的对上争取，完成“一事一议”项目申报5个。全年实现各类人员就业1165人，培育自主创业161人，创业带动就业801人。新增社保缴费1794人，被征地农民接续缴费497人。累计发放养老生活保障金6095万元、失地农民生活保障金6073万元、各类临时救助金71万元、低保金308万元、大病救助金282万元。农村土地承包经营权确权登记颁证工作顺利通过区级验收，镇级项目土地租金发放到位。

【公共服务持续优化】全力提升办学质量，教育系统设备设施添置基本到位，东湖塘中学、勤新小学、港下幼儿园等相关改造工程全面完工，全镇中考高分率、合格率在全区继续保持领先。深入推进全民健康行动，成功创建江苏省健康镇。各类群众文化活动和全民健身运动广泛开展，“文化走亲、乐活百姓”系列主题活动深受群众欢迎。加快改善基础配套设施，港下天福园改造基本完工，港下敬老院、东湖塘敬老院相关项目实施到位，便民服务中心建成投用，优化调整镇内交通线路2条。

【社会治理不断创新】 强化安置房小区自治管理，怀仁社区揭牌，社区工作全面铺开。深化“平安东港”创建成果，创新推动“平安村村通”工程，专职巡防队伍初步建立。成功组建锡山区平安志愿者协会东港分会。加快实施“天网”工程，新增高清视频探头230个。“七五”普法深入实施，组织开展普法宣传12次，举办法治讲座11场。巩固完善法律顾问制度，充分发挥司法行政服务站、法律诊所效能，累计提供法律服务2365人次、办结法律援助案件74件。东湖法治公园被评为第五批“省级法治文化建设示范点”，新巷村获评江苏省民主法治示范村。全年接待来信、来访145批次，办结“12345”政府公共服务热线信访418件，调处矛盾纠纷1365起，调处成功率超99%。加大“两非”整治力度，整治非法行医6处，取缔非法办学4所。持续强化危化品企业、建筑工地、主干道沿线以及人员密集场所的专项整治，出租房屋安全隐患集中整治工作有序推进。

【红豆万花城开业】 8月30日，东港镇红豆万花城开业。红豆万花城位于东港镇核心地段，建筑面积约7万平方米，是东港镇首个全业态、全年龄层主题情景式体验型商业中心。红豆万花城汇聚了肯德基、屈臣氏、上影国际影城、字里行间、红豆男装等诸多国内外知名品牌，构建了情景体验式的购物空间，营造了环球主题的商业氛围，满足了互联网时代的新型消费需求，为推动新型城镇化建设、打造宜居城镇典范做出显著贡献。

【区首届乡村旅游节暨首届“金色山联”菊花旅游文化节举办】 10月28日，锡山区首届乡村旅游节暨首届“金色山联”菊花旅游文化节在东港镇山联村开幕。文化节为期5天，举办了摄影大赛、美食大赛、王者荣耀大赛、亲子淘菊等一系列精彩纷呈的活动，累计接待游客12万人，实现旅游收入259万元。

【无锡阿科力股份有限公司主板上市】 10月25日，无锡阿科力股份有限公司在上海证券交易所上市，成为无锡市首家从新三板成功转板主板的企业。公司该次公开发行2170万股，募集资金2.44亿元，主要用于年产2万吨脂肪胺扩产项目和1万吨高透光材料新建项目的建设。至年末，东港镇累计主板上市（挂牌）企业16家，其中新三板挂牌3家、中小板1家、新三板12家。

2017年东港镇各村（社区）基本情况一览

表39

村（社区）	户数（户）	人口（人）	书记	主任	开票销售收入（万元）
新巷村	1841	7015	宋林达	董晓平	62283
港东村	1018	3902	王　伟	袁　锋	63832
山联村	1704	6356	吴岳平	朱　虹	19584
陈墅村	832	2971	包燕峰	孙　红	7130
张缪舍村	647	2309	蒋志远	黄晓东	40607
勤新村	1386	5276	冯　东	顾敏锋	16870
港南村	1119	4614	陈　雨	王建新	14800
东湖村	1098	3946	吴亚平	胡　旦	34636
华东村	719	2653	吴国栋	周文江	32884

续表39

村（社区）	户数（户）	人口（人）	书记	主任	开票销售收入（万元）
东青河村	547	2035	沈卫东	顾云良	176600
东南村	1325	5246	程惠鹤	周　峰	12256
亚光村	872	3194	张　峰	郁　斌	74966
黄土塘村	2086	8145	蒋红江	姚卫刚	68203
东升村	719	2625	顾科伟	蒋东晖	71246
朝阳村	1323	4602	顾仪洪	顾仪洪	49534
湖塘桥社区	685	2509	陈立明	朱晓明	42515
蠡西社区	729	2775	顾　铿	冯义忠	21112
港下社区	1674	4237	冯　东	张军海	1445077
东湖塘社区	705	1662	陶继军	钱盛凯	32364
怀仁社区	1064	3472	蒋　霞	顾晓丰	—

（赵金力）

云林街道

【概况】 云林街道地处无锡市东部、开发区腹地，西与锡山主城区毗邻，东与锡东新城（商务区）接壤，紧邻G312国道、锡沙公路、沪宁高速公路无锡东出入口，友谊路、团结路贯穿全境，南临九里河，北依锡北运河，兴塘河环带东西，区位优势明显，交通便捷。街道下辖云昌、云龙、云林、云祥、云扬、春雷、竹园、新农丰、蓉阳9个村（社区），并托管芙蓉、双桥两个行政村，总面积34平方千米，户籍人口1.7万余人，外来人口7.8万余人。2017年，云林街道着力促进区域经济发展，优化城乡建设管理，狠抓生态环境保护，完善民生公共服务，维护安全稳定大局，年度工作实效进一步提升，整体工作基础进一步夯实。

【区域经济发展稳中有进】 2017年，街道工商业企业实现开票额133亿元，比上年增幅31.68%；实现利税4.8亿元，比上年增长36.36%。61家工业企业进入开票额2000万元以上规模企业行列，35家商业企业进入开票额5000万元以上规模企业行列。加强税源管控，全年累计代征增值税1358.6万元，比上年增长16.68%。推进招商引资，1家省高科技民营企业签约落户。做大集体经济，街道股份合作联社投资约1.3亿元的标准厂房启动建设。扩大技能培训覆盖面，增强岗位供给，提供就业岗位2500余个；城镇和农村新增就业289人，就业困难人员再就业263人。开展创业培训，重点扶持自主创业138人，创业带动就业624人；新办租赁企业214家、个体工商户55户。全面完成104家无证无照废品回收点的专项整治；关停整治小化工企业5家，两家化工企业完成升级改造任务；完成企业减少燃煤用量任务，削减用煤241吨。常态性走访挂钩企业，发挥云林商会平台作用，对接银企合作，达成贷款500余万元；对接科技扶持，帮助企业赢得相关奖补资金78.3万元；促进小微企业健康发展，为19家新进规模企业申请鼓励扶持资金95万元。

为779家企业发放稳岗补贴1000余万元。开展规范用工管理培训活动，指导企业规范用工3150人次。

【城乡建设管理不断优化】 全年完成5个项目的清点任务，拆迁面积10.11万平方米；完成21户过渡户的安置工作，完成1400套安置房不动产登记的收件、审核、交税、发证工作。建成城市管理监控网，细化工作网格，加强市容环境综合整治，强化市政设施及辖区绿化的养护管理。严查违法建设，拆除各类违建11838.9平方米。回应群众关切，受理各类投诉584起，处理市容监管平台案件4297起；查处违法案件299起。提升水利防汛基础设施，实施教育、卫生、文化等领域的公共投资项目，安置房小区维修建设工程及小区燃气管道改造工程的实施切实提升了社区居民的居住质量。推进农村住房改革试点，制定实施方案及工作流程，不断优化设计方案。

【生态环境保护持续发力】 高度重视举报及交办问题的整改工作，对区“263”办通报、市区“263”热线转办及省督办组交办的问题，立查立改，即刻整治；与相关部门开展联合执法，依法关闭企业5家，责令停产企业19家，依法处罚企业12家。做好日常监管，开展各类环保检查；对5家企业开展“蓝天工程”废气处理提标改造工作，4家企业完成清洁生产验收；加强宣传与巡查，落实秸秆禁烧工作。加大河容河貌整治力度，加强对九里河、锡北运河、八士港、北兴塘河等河道的综合整治。推进河道清淤，治理黑臭水体，引入第三方机构，实施集面源污染拦截、点源污染削减、生态修复等措施于一体的“河保姆”工程。全面深化“河长制”工作，下发整改通知单96份；建立健全村级河道考核奖惩办法。完成排水达标区及排水达标区未覆盖区域的排查整改工作。大力整治雨污混流，加速推进自然村截污工程；推进企业排水证办理工作，210家企业验收合格，19家企业关闭搬迁；完成8家码头企业的整改验收。

【民生公共服务日趋完善】 社保扩面工作有序开展，企业职工基本养老保险净增缴费人数3082人，完成率257%。同步推进被征地农民自由职业参保和就业参保工作，被征地农民断保人员继续缴费580人，为1261名失地农民发放2016年度社保返还补贴352.92万元。完成“全民参保登记”570人次的信息采集工作。为10036人办理居民医疗保险，为220人办理居民养老保险；办理发放市民卡13628张。1649名企业退休人员纳入社会化管理，企业退休人员免费健康体检率100%。严格落实低保提标工作，开展动态核算和排查。及时开展社会救助，发放各类款物78.68万元，惠及家庭248户。做大救助“蓄水池”，认真开展特困帮扶基金捐款工作，募捐5.6万元，完成慈善认捐目标任务。推进“三社联动”，11个社会组织蓬勃发展，7个项目新入选市级、区级公益创投项目。新建商品房小区社区配套用房落实到位，以云林苑西区为试点，启动安置房小区物业管理体制改革，成立长大厦物业管理有限公司，实行物业属地管理。运用“互联网+”手段，外来务工人员子女入学查验更加便民；深入排查，整治3处非法办学点。街道残联顺利换届，项目化、常态化的助残服务进一步增强了残疾人参与社会活动的信心。建成许巷惨案纪念馆，成功举行许巷惨案遇难同胞公祭暨许巷惨案纪念馆开馆仪式。新增体育设施面积300平方米，创建省三星级农家书屋2个，新建阅读联盟点4个；申报资助民间文体团队8个，常态化开展各类文体活动120余场次，切实丰富了群众的文体生活。

【安全稳定防线切实巩固】 开展各项安全生产大检查大督查工作，综合检查企业780余家次，责令整改安全隐患1674条；关闭企业5家，责令15家企业停产停业、限期整改到位。以完善“一企一档”工作为基础，实现重点行业领域检查全覆盖。大力开展安全生产宣传教育，建成全市首个街道层级的大型综合类安全生产宣教基地。把好食品安全关，健全食品安全三级责任网格（以街道为一级网格，行政村、社区为二级网格，一定数量的村、居民小组为三级网格），农贸市场快速检测室完成升级改造。受理各类来电来信来访及交办的信访案件160件、600余人次。加强“公调对接”（公安机关接处警与人民调解对接的工作机制），排查、协调、处置各类矛盾纠纷579件（起）；处理劳资纠纷235起，办理劳动仲裁案件33起，为425名劳动者主张工资、补偿金等475万余元。推进出租房隐患排查、铁路护路工作，做好重点领域、重点人群的稳控与管控，对3个项目开展社会稳定风险评估。推进公共法律服务，村（社区）法律顾问全覆盖；3个法治文化阵地完成建设，开展各类法治宣传咨询65场次，帮助申请法律援助2件。

【全面从严治党引向深入】 推进“两学一做”学习教育常态化制度化，充分运用12个基层远程教育站点开展基层党员教育6000余人次；加强学习型党组织建设，推动中共十九大精神落地生根，开展专题学习12期，举办各类专题学习宣传活动14场，编发“学习进行时”等各类信息130余条。优化“云林新韵”政务微信平台，推送信息115期，回复意见、建议230余条（次）。扎实开展“连心富民、联企强街”大走访活动，组织党员干部走访居民4252户、企业637家，收集问题333件，并全部办结和予以答复。依托“阳光扶贫”系统，做好帮扶结对。严格干部选拔任用，注重梯队建设，调整任用干部23名，其中提拔30岁以下年轻干部5名。抓好干部教育培训工作，举办中层以上干部专题研修班2期、青年干部能力提升班1期，培训党员干部331人次。完成两个非公企业党支部整建制转入工作。强化廉政文化建设，编发廉政公益广告12条、廉文荐读12篇，发送廉政短信60余条。对19名新提任的街管干部开展任前廉政测试，邀请区检察院领导作廉政警示教育专题讲座，举办“5·10”思廉日系列活动，不断提高街道党员干部的廉洁自律意识。

【云林街道第五届民俗文化活动周举办】 5月1—7日，云林街道第五届民俗文化活动周举办。文化活动周以“传承云林文化，共建和谐家园”为主题，通过15大系列、32项文娱活动，展现云林街道丰富的文化内涵，激发广大百姓扎根云林、建设云林的凝聚力和向心力。活动周期间，民间艺术展演、特色团队巡游等民俗文化依然是重头戏；街道联合云林实验小学、仓下中学共同举办“云林诗词大赛”。活动周突出“草根文化”、全民参与的特色，群众自编、自演、自乐，讲述云林人自己的故事。“最美志愿者”评选、“美丽云林·和谐家庭”才艺大赛、“唱响青年之声”纪念建团95周年文艺晚会等活动，展现了不同居民群体的良好精神风貌。作为分会场，云林苑的5个安置社区充分展现自身特色，举办“欢歌笑语进社区”文艺晚会、“机智老人”养成训练、“家庭有爱瞬间”摄影展等17个精彩纷呈的活动。

【区首个村级企业家协会建会十周年】 5月28日，锡山区首个村级企业家协会——芙蓉村企业家协会举行建会十周年庆祝大会，无锡市中小企业服务机构协会、锡山区女企业家协会、云林街道商会到会祝贺，芙蓉村企业家协会全体会员企业家等120余人出席庆典。协会有会员企业40家、理事会成员17个。在协会的助力下，芙蓉村企业数量由2007年的100余家发展至2017年的215家；企业总产值由5.5亿元增至9.2亿元，利税总额由3200万元增至5100万元。协会有无锡正大轴承机械制造股份有限公司和江苏南江智能装备股份有限公司两家上市企业，协会企业无锡市强顺钢结构件安装有限公司于2014年在柬埔寨西港特区红豆工业园建厂房、引客商，积极参与“一带一路”倡议建设。协会企业在发展地方经济的同时，不忘回报社会，践行社会责任。2007年5月，协会制定《关于开展结对帮扶活动的意见》，40家企业与贫困户、贫困生结对，采用资金慰问、实物慰问、就业安排和学艺培训等多种形式开展帮扶，全年帮困30余户、助学6人、安置就业150余人，资助物资价值超过20万元，慈善捐款总计56万余元。在2016年锡山区特困帮扶基金会成立之时，协会捐资50万元。

【市首个街道层级大型安全生产宣教基地揭牌成立】 6月29日，云林街道安全生产宣教基地揭牌成立。云林街道办事处与无锡宏源技师学院签约共建安全生产宣教基地，成立锡山区安全生产青年志愿者云林分队及云林街道安全生产宣教志愿者小分队并授旗。全市首个街道层级大型综合类安全生产宣教基地启用。基地占地面积200平方米，包括八大主题模块，紧扣“安全生产，预防为主”主题，融图文、影像、警示教育、安全培训与互动体验于一体，旨在优化安全生产教育模式，扩大培训教育覆盖面，增强广大企业职工的安全技能。同时，云林街道依托安全生产青年志愿者和宣教志愿者两支队伍，面向基层、面向企业、面向生产一线，实现安全生产宣教和安全文化建设全覆盖，真正做到强化安全发展观念，提升全民安全素质。

【“心亦云林公益发展中心”成立】 9月22日，“心亦云林公益发展中心”通过民政部门审批，注册登记为民办非企业单位（法人）。中心由云林街道人大工委、政协工委和云林商会共同发起成立，是利用非国有资产自愿举办，从事非营利性社会服务活动的社会组织。中心立足街道辖区及周边开展公益创投、承接公益项目、提供公益服务，主要开展助学助残、扶老济困、环境保护等方面的公益活动。中心积极筹划，制订公益活动三年计划，陆续开展和启动以青少年环保实践为主题的“为梦手牵手”示范项目、以中小学生为服务对象的“流动书柜”阅读推广项目、以关爱锡山特殊教育学校教师为主题的“爱，让我们在一起”公益项目、以关爱老年人为主题的“最美夕阳红”云林饭馆公益项目、以认领培育一棵树为主题的“绿色的呼唤”公益项目5个公益项目。

【首届“云林遗韵”书法作品展举办】 11月1日，由无锡市倪云林艺术研究会、无锡市书法家协会、锡山区云林街道联合主办，锡山区书法家协会承办的首届“云林遗韵”书法作品展，在中国艺术研究院中国画院无锡研创基地开幕。作品展以倪云林诗词为书写内容，收到参评作品120余幅，最终入选作品60幅（其中优秀作品6幅），并集结印制成册，在开幕式现场赠送给参观作品展的市民。作品展现场展出的80幅作品，除无锡市10位书法家的作品以外，还有特邀参展的“元四家”故里余杭区、常熟市、嘉善县、富阳县、平阳县五地的10位书法家的作品。

【首届“云林一家亲”社区文化节举办】 10月20日至11月10日，云林街道举办首届“云林一家亲”社区文化节。文化节以乐助、乐学、乐爱、乐活、乐颂五大主题为引领和线索，开展群众文化活动25场，旨在展现和弘扬和谐云林的精神风貌，传递邻里间互知、互敬、互帮、互信、互促的和合理念。10月20日下午，突出公益与互助主题的“乐助一家亲”社会组织展示活动举办，拉开了文化节系列活动的序幕。11月4日，“云林朗读者”体验活动举行，无锡新闻综合广播“朗读直播车”开进社区，30名朗读爱好者积极参与。在重阳节，各村（社区）纷纷开展各类敬老慰问活动。10月27日，无锡新闻广播“紫丝带”关爱老人公益行走进云林社区，为上寿老人送去糕酒祝寿。10月21日，云林街道团工委举办“比拼1+1，邻里一家亲——青年之声线下交流实践活动”，从“中国地图拼图比赛”到“平板支撑挑战”，现场近30名青年朋友，比智力、拼体能，强合作、增友谊。文化节期间，街道还表彰“公益之星”3个、“云林好邻里”3人，弘扬凡人善举，传递榜样力量。

【区首家镇级社会组织联盟成立】 11月10日，作为云林街道社会公益事业的全新载体——云林街道社会组织联盟成立。它将成为街道改善社区治理、推进“三社联动”的又一个新平台，更加充分地发挥公益文化领航的集成效应。89个备案社会组织、8个注册社会组织用接地气、暖人心的公益项目，切实提高社区服务质量，满足为老、帮困、助残、文体休闲等多样化、个性化的民生需求，探索出一条符合安置社区实际的治理创新之路。

【许巷惨案纪念馆开馆】 11月24日，在许巷惨案发生80周年纪念日，云林街道举办许巷惨案遇难同胞公祭仪式，并启用异地新建的许巷惨案纪念馆。市、区各有关单位部门和社会各界代表近160人受邀参加活动。新落成的许巷惨案纪念馆位于春笋北路39号、中国乡镇企业博物馆东南处，总占地面积1667平方米，总建筑面积397平方米。纪念馆围绕“铭记历史，珍爱和平”主题，分“抗日救亡卫中华”“许巷惨案永难忘”“抗战烽火铸忠贞”“以史为鉴创未来”四个单元，展示了雕塑、图片、视频、实物和有关许巷惨案的研究著作等52件展品，生动讲述了许巷惨案血泪史和伟大抗日战争史，提醒人们“前事不忘，后事之师”。许巷惨案纪念馆和中国乡镇企业博物馆两座承载着不同历史信息的展馆，形象地诠释了在中国共产党的领导下，云林人民走进了从站起来到富起来，再到强起来的新时代。

【“云林青春微力量”获评省优秀青年志愿服务项目】 4月，云林街道“云林青春微力量——社区工作支持项目”被共青团江苏省委员会、江苏省志愿者协会评为“江苏省优秀青年志愿服务项目”。2011年起，云林街道“青春微力量”公益服务社具体实施该项目，有56名志愿者，累计服务时间5992个小时。服务社秉承“助人自助”理念，在8名专业社工的带领指导下，运用专业社区社会工作方法，通过开展“云林青春荟”活动、“绿动爱巢”空巢独居老人关爱、“亲子有爱，和谐邻里”共建、“青少年成长护航”行动等活动，以搭建完善社区支持网络为主要手段，年均开展活动20余场次，辐射带动30人投身公益事业，服务身边有需要的群体560余人次，支持服务对象生活能力的提升、生活环境和质量的改善、社区人际关系的融合。该团队相关工作曾多次被《无锡日报》、《无锡商报》、《江南晚报》、《现代快报》、江苏文明网等媒体报道。

【云林街道职工服务中心投用】2017年，云林街道工会借助云昌社区启动职工服务中心建设工程。11月1日，云林街道职工服务中心投用，地址位于钱长路59号，建筑面积1000平方米。按照阵地规范、功能齐备、管理科学、保障有力等建设标准，中心内部划为服务大厅、功能室（区）两个分区。服务大厅设有工会组建、法律援助、就业援助、生活救助、会员普惠等窗口，功能室（区）包括心理咨询疏导室、职工学习阅览室、女职工健康服务室、职工教育培训室、职工文化展示区等场地。随着中心的开放投用，云林街道工会服务职工的能力和水平将得到有效提升。

2017年云林街道各村（社区）基本情况一览

表40

村（社区）	户数（户）	人口（人）	书记	主任	开票销售收入（万元）
竹园社区	110	334	华逸明	华逸明	4800
新农丰社区	292	733	方云平	沈建伟	18900
云昌社区	646	1932	高　宏	高　宏	0
云龙社区	762	2542	陈群献	陈群献	0
云扬社区	692	1922	包国东	施伟军	50342.05
云林社区	862	2524	倪向红	包洪明	36872
云祥社区	419	1338	徐忠明	徐　军	25000
春雷社区	1014	3463	蔡立勇	王　浩	48077
蓉阳村	244	677	章建红	平国忠	37000
芙蓉村	180	609	包建国	姚志兴	120000
双桥村	418	1458	陈　征（至12月） 浦凤丹（12月任）	沈纪林	42000

（章　燕　项盛林）

厚桥街道

【概况】厚桥街道成立于2009年4月，是开发区的重要承载板块之一，是锡山区重点打造的锡东新城S-park（高新技术产业园）区。街道地理位置优越，东与羊尖镇接壤，西至走马塘，南邻鹅湖镇和新吴区鸿山街道，北接锡虞路，与东港镇交界，京沪高铁、锡张高速公路贯穿而过，锡太路、锡东大道、锡沪路三条主干道从南、西、北三个方向环绕，区域优势突出。下辖8个行政村、1个社区，总面积33.5平方千米，常住人口4.2万人，流动人口1.4万人。2017年，厚桥街道凝心聚力、务实奋进，经济发展稳中有进，城乡统筹全面推进，生态环境不断优化，民生福祉持续增进，社会大局稳定和谐，获“2016年度全省基层党员冬训工作示范街道”“无锡市城市管理绩效考评优秀街道”等荣誉。

【发展动能持续增强】街道全年完成税收收入1.38亿元，比上年增长20.0%；完成国税开票销售收入34.9亿元，比上年增长35.9%，其中规模以上企业开票销售收入17.5亿元，比上年增长49.5%；完成全社会固定资产投资1.36亿元，其中技术设备改造投入5000万元。项目引建步伐坚实。优先引进先进制造业和智慧农业等高端产业项目，成功推动总投资1.5亿元的中科微至项目和投资5000万元的欧姆龙智能农业产业园项目签约落地。全年接洽中合置业、汉能控股集团移动能源产业等有效招商信息14条，积极跟踪推进。全盛安仁机械有限公司厂房建设全面完成，中安投资园区扩建项目加速推进。全年新增各类企业55家、个体工商户138户。企业发展后劲十足。全年新增规模以上企业6家，开票销售收入超1亿元企业5家，其中工业企业4家、商业企业1家。以“连心富民、联企强街”大走访活动为契机，党政领导牵头走访企业55家，全面摸清企业生产经营状况、发展态势；召开企业家代表座谈会，深入了解企业诉求。加大小微企业扶持力度，工商银行、农业银行、中国银行、交通银行等多家金融机构集中为辖区小微企业提供融资咨询，营商环境日益优化。

【村级发展蹄疾步稳】 落实经济薄弱村“一村一策”脱贫项目，加快村级股份合作社和物业管理公司等富民合作组织建设，新联村、南桥头村两家村集体物业公司运行良好。加快富民载体建设，2.8万平方米村级工业标准厂房项目全面启动建设。规范农村集体“三资”管理，推进村级财务代理制度，农村集体资产交易行为得到有效监管，完成集体资产租赁交易10笔，收取租金495万元。举办“韵香梨花·情醉中东”主题梨文化推介会、“纯美水乡情、梦回谢埭荡”谢埭荡乡村旅游文化周，乡村旅游持续升温。完成全国农业普查工作，农村土地承包经营权确权登记颁证工作基本完成。

【城乡统筹全面推进】 强化空间形态、产业布局、生态理念设计，初步编制完成南部片区整体规划，为新一轮城乡建设奠定坚实基础。加强道路建设，完成河北道、厚荡路等道路修建，道路通达能力有效提升。紧贴民生诉求，大诚苑东区文化广场建成投用，大诚苑小区5栋楼的破损墙面维修完成，厚谢路沿线86个路灯全部更换。完善现代水利基础设施，对谢埭荡圩堤进行翻建和加固。EV产业园（北京新日）等重点地块拆除完毕，kfq-10号、南桥头35、36、37号等地块拆迁有序推进，累计签约33户，签约面积0.83万平方米。全力做好南桥头恩捷项目等地块清障工作，为开发区重大产业项目落地提供保障。全年安置各类拆迁户69户，安置面积1.45万平方米。稳妥推进农村住房建设试点工作，谢埭荡村住房翻建实施方案初步完成。

【城市管理日益精细】 厚桥街道连续第六年获评无锡市城市管理绩效考评优胜街道。开展交通干线沿线环境综合整治行动，清理沿线暴露垃圾20处、270平方米。全面推行垃圾分类，在安置小区、重点公共场所、主次干道设置垃圾分类箱。村庄环境长效管理深入推进，完成厚鸿路和厚荡路背街小巷包装出新，新联村陈三房桥成功创建市村庄环境整治提升示范村。数字化城管立案1436件，结案率100%。对希兰特材料科技有限公司（原灵凯机械有限公司）厂区开展联合整治，厂区内“三合一”场所全部清空，有效消除安全生产隐患。严格违建管控，全年拆除违建30处、9800余平方米。

【生态环境持续改善】 排水达标区复查整改、村庄截污实现全覆盖，全年复查排水达标区17个，达标区覆盖范围外151家排水户排水设施改造完成。加大污水管网建设力度，完成丁家桥污水管网维修工程；启动南部片区污水二级管网延伸工程，建设长度7000米，计划投资1900万元。强力推进“两减六治三提升”专项行动，出台《厚桥街道环境保护工作监管意见》等系列文件。积极配合省环保督查，逐一核实交办的环境投诉问题，采取坚决有力的措施对查实的问题进行整改。整治并铝、塑料造粒、倾倒垃圾、喷涂、酸洗等违法违规单位35个，配合区环保局对14个单位进行立案处罚。开展水环境精细化管理，以“河长制”管理为有效抓手，持续改善区域水环境质量。宛山荡水环境改善工程开建，完成15条河道清淤轮浚，钓渚大桥国考断面水质稳定达标。严控农业面源污染，加大畜禽养殖整治力度，收回钓渚大桥点位周边及沿线鱼塘养殖面积3733平方米，整治畜禽200余只。强化大气污染综合防治，整治燃煤锅炉12台，紧抓秸秆禁烧工作，秸秆焚烧零发生。生态修复深入实施，完成造林绿化面积13.33公顷，培育珍贵用材树种1万株，创建“珍贵化、彩色化、效益化”绿化示范单位1个。宛山荡获评省级生态湿地公园。

【民生福祉持续增进】 推进社保征缴扩面，新增被征地农民断保人员续保523人，新增企业基本养老保险653人，兑现2016年参保补贴1529人，发放补贴408.2万元。构建和谐劳资关系，巡查企业48家，调处劳资纠纷26起、工伤赔偿纠纷4起。扶贫救助精准发放，发放低保金162.43万元，发放临时救助金、各类节日慰问救助金420.74万元。完成特困户建房11户，发放残疾人救助金178.24万元，为677名残疾人提供康复服务，对102名残疾人进行家庭无障碍设施改造排查适配。深化“48小时就业直通车”工程，举办现场招聘会4期，提供就业岗位670个，实现本地劳动力就业341人，实现城镇失业人员再就业和就业困难人员就业111人，发放稳岗补贴94.35万元。大力扶持创新创业，举办创业政策咨询会，创业带动就业586人。落实省市最新脱贫攻坚工作要求，推进“阳光扶贫”工作，增强扶贫工作精准度和透明度。厚桥实验小学二期工程竣工，厚桥中心幼儿园异地新建工程主体工程封顶，厚桥街道养老服务中心完成招投标。成功举办“活力厚桥·美丽乡村行徒步”活动，举办各类文艺演出58场、培训活动64场。发放农村计生家庭奖励扶助金130万元，完成企业退休独生子女父母一次性奖励申报310人。完成第二次全国历史地名普查工作。

【社会治理切实加强】 创新社会治理，建立综合巡查工作机制。组织开展“连心富民、联企强街”大走访活动，街道各级党员干部深入基层一线走访群众7730余户、企业170余家，解决问题823件。深化矛盾纠纷网格化排查预警模式，深入开展社会矛盾纠纷大排查大化解专项行动，化解各类矛盾纠纷171起。全面开展“七五”普法宣传，举办法治教育活动4次，参与群众2200余名，受惠群众300余名，发放法治宣传材料12000余份。完成366家企业安全生产基础信息普查。深入开展危化品、特种设备等重点行业和领域专项整治行动，检查各类企业232家次，整改隐患442条。全面摸底排查群租房情况，排查出租房屋3058户，整改安全隐患15个。举办安全生产培训活动4期，培训企业人员450人次，辖区重大生产安全事故零发生，安全生产形势持续稳定。2017年，厚桥街道被评为“无锡市安全生产先进单位”。

【从严治党全面落实】 抓好中共十九大精神学习宣传贯彻工作，开展中共十九大精神专题宣讲，在街道掀起学习宣传贯彻中共十九大精神的热潮。落实意识形态责任制，加强正面宣传，把控舆论导向，强化阵地管理，意识形态工作得到切实加强。厚桥街道获评全省党员冬训示范镇（街道）。加强干部教育，分批分层次组织党政领导、村（社区）书记参加上级培训活动，举办街管正职以上干部培训班，提升干部岗位履职能力。全年提拔、调整街管正职干部6人，提拔、调整街管副职干部9人，提拔助理级干部10人，新提拔人员平均年龄34岁、大专以上学历者占85%，干部梯队建设不断加强。坚持党要管党、从严治党，组建“两个责任”办公室，推动党委（党组）主体责任、纪委（纪检组）监督责任落到实处。加强作风建设，持续开展常态化督查。深化群众身边不正之风和腐败问题专项治理工作，严肃执纪审查，确保党规党纪执行到位。组织全体党员干部深入学习贯彻《中国共产党廉洁自律准则》和《中国共产党纪律处分条例》，参观预防职务犯罪警示教育基地，党风政风持续向好。推进“两学一做”学习教育工作常态化制度化，开展党员示范户评选表彰、“不忘初心·永跟党走”主题党日活动、“践行党员微公益”党员志愿者行动，推动党员干部以实际行动真正取信于民、造福于民。搭建“一体两联盟”平台，区域化党建工作取得实效。

相关链接

一体两联盟：建立覆盖26个党组织的党建工作联合体，建立区域内党员“互学互鉴”联盟和“红色”志愿服务联盟。

【厚桥街道中东村第六届梨文化节举办】 4月1日，厚桥街道中东村第六届梨文化节开幕。第六届梨文化节以“韵香梨花·情醉中东”为主题，推出“韵香梨花·情醉中东”开幕式、“我爱家乡”魅力厚桥摄影展、“梨花香雪海”寻宝活动等10余项精彩纷呈的活动，让游客们游梨花美景，品农家美食，赏梨乡文化，享悠闲人生。活动现场还举办“最美梨花情”志愿签名活动，倡导“志愿传递文明·服务成就精彩”的理念，引导广大市民积极践行社会主义核心价值观，有效提升辖区的精神文明建设水平。同时，“我爱家乡”魅力厚桥摄影巡展活动在梨花节现场举办，50幅摄影师的优秀作品，体现了厚桥街道的山水田园之美、经济嬗变之美、游山玩水之美和人文景观之美。

【区首届乡村旅游节暨谢埭荡乡村文化旅游周开幕】 6月11日，锡山区首届乡村旅游节暨谢埭荡乡村文化旅游周开幕，众多市民到谢埭荡村畅游水乡美景，品味渔家文化。

活动以“纯美水乡情·梦回谢埭荡”为主题，开幕当天推出品尝特色小龙虾、畅饮甘醇鲜啤酒、游玩纯美谢埭荡等丰富多彩的活动；还特别引入青年团员“寻访最美青年农民”活动，学习先进典型艰苦奋斗、创业致富的精神，推动辖区农村青年创业就业工作深入开展，促进精神文明建设。

【欧姆龙智能农业产业园合作项目落户厚桥街道】 6月25日，欧姆龙智能农业产业园合作项目签约，欧姆龙智能农业产业园开园仪式举行，总投资5000万元的欧姆龙智能农业园落户厚桥街道。仪式上，欧姆龙集团与开发区以及江苏步蓝智能科技有限公司签订战略合作协议。欧姆龙集团将与江苏步蓝智能科技有限公司一同加快以无锡为中心的商务活动，发展农业LoT事业和技术，扩大无锡欧姆龙智能农业产业园面积与功能。同时，打造与农业相关的全产业链服务平台，引入国外优秀农业厂商，集成农业自动化设备研发与生产、农业自动化生产技术创新、高端农产品品牌建设、农业观光园区企划等功能。

2017年厚桥街道各村（社区）基本情况一览

表41

村（社区）	户数（户）	人口（人）	书记	主任	开票销售收入（万元）
新厚桥村	1420	4845	华东明	华叶峰	31854.7
谢埭荡村	821	2630	杨玉兴	杨玉兴	37052.1
中东村	828	3024	毕永良	毕永良	102510.9
嵩山村	1700	6078	蔡江峰	蔡江峰	55679.6
新联村	938	3373	张晓东	周国良	28237.8
年余村	436	1692	瞿梅红	朱　峰	26264.6
太芙村	912	3155	俞国良	祁　垚	767.9
南桥头村	744	2775	金大明	金大明	26570.1
厚桥社区	466	1161	许　媛	刘光大	—

（严洪杰）

编辑：吴　霞

【锡山区文物珍品】

紫砂扁壶（清）　（区文管办 供稿）

9月19日，江苏省关工委主任曹鸿鸣（左五）、无锡市关工委主任缪根宝（左三）调研锡北镇六师师部旧址纪念馆，区委常委、锡北镇党委书记陈秋峰（左二）陪同 （王国铮 摄）

9月28日，市委宣传部部长袁飞（右二）调研锡北镇六师师部旧址纪念馆，无锡市副市长、中共锡山区委书记陆志坚（右三），区委常委、区委办主任、宣传部部长徐悦（左一），区委常委、锡北镇党委书记陈秋峰（左三）陪同 （华一奇 摄）

9月30日，无锡市副市长、中共锡山区委书记陆志坚参加锡北革命烈士陵园祭扫活动 （华一奇 摄）

1月4日，东亭街道社区服务协会工作人员在柏庄一村聚江苑开展送“福”到家活动 （华莉燕 摄）

6月28日，东亭街道工会在丰汇广场乐购超市举办2017年东亭街道服务行业职工技能大赛 （胡懿文 摄）

9月29日，东亭街道庆祝建国68周年暨喜迎十九大、欢度老年节广场文艺汇演在春合苑广场举行 （胡懿文 摄）

1月16日，安镇街道锦安社区居民委员会揭牌成立 （袁 琼 摄）

8月28日，东城一品幼儿园开园典礼举行　　　　　（袁　琼 摄）

12月9日，“九里有戏”2017年安镇街道第二届老年人体育节“十大孝义崇善家庭”“十佳最公益志愿服务先进典型”颁奖广场文艺在和泽公园举行，图为颁奖现场　　　　　（袁　琼 摄）

羊尖镇机械装备产业园　　　　　（羊尖镇 供稿）

羊尖镇严家桥村 （羊尖镇 供稿）

5月20日，华氏宗亲联谊会在鹅湖镇举行

（鹅湖镇文化体育服务站 供稿）

5月25日，鹅湖镇甘露童韵才艺节举行，图为甘露中心幼儿园小朋友表演《甘露端午真闹猛》（鹅湖镇文化体育服务站 供稿）

9月7日，锡山区“三下乡”集中活动暨2017“鹅湖好人、最美家庭”颁奖晚会在鹅湖镇甘露广场举行，图为颁奖现场（黄佳明 摄）

国庆节期间，荡口古镇游客络绎不绝（邹 炜 摄）

10月20日，东北塘街道党员志愿者进社区活动在锦旺新村步行街举行，图为志愿者为90余岁的老人理发（吴崎嘉 摄）

12月4日，东北塘街道坎坝小学30余名师生到锡山区法院旁听庭审（顾志强 摄）

2017年，改造一新的东北塘街道锦旺新村小区（陈惠初 摄）

11月30日，锡北镇全体党政领导，各村（社区）党总支（党委）书记、各村（居）委会主任，镇机关各部门主要负责人等90余人，参观学习无锡市预防职务犯罪警示教育基地（王国铮 摄）

3月18日，无锡市首条乡村旅游公交专线——金色山联旅游专线开通
（许华昀 供稿）

8月30日，东港镇红豆万花城开业　　（许华昀 供稿）

10月28日，锡山区首届乡村旅游节暨首届“金色山联”菊花旅游文化节在东港镇山联村举办　　（许华昀 供稿）

10月20日，云林街道2017年“云林一家亲”社区文化节开幕式、“乐助一家亲”社会组织展演活动同时举行，图为云祥至心志愿服务社表演小品《老妈我爱你》

（鲍绘宇 摄）

11月10日，云林街道社会组织联盟成立仪式在祇陀寺广场举办　（鲍绘宇 摄）

3月29日，“厚桥街道全民健身启动仪式暨活力厚桥·美丽乡村行徒步”活动在谢埭荡村开幕　　（耿生国 摄）

4月，厚桥街道中东村第六届梨文化节举办，图为游客在梨园驻足合影　　（陈惠初 摄）

6月25日，欧姆龙智能农业产业园开园仪式在厚桥街道举行　　（耿生国 摄）

人物·荣誉栏

Figures, Honor List

先进人物

盛玉红 女，1971年3月生，江苏无锡人，民进锡山区基层委员会会员，大学本科，中级教练。

盛玉红作为国家女子坐式排球队主教练、江苏省男女坐式排球队总教练，一直坚守着自己的岗位，她不仅做好队伍的建设工作，带领队伍取得优异成绩，还积极为运动员们解决后顾之忧，为他们创造良好的训练环境，并改善他们的生活条件，尽心尽力帮助每一个需要帮助的人。作为一名警嫂，她在做好自己本职工作的同时还兼顾好家庭，她全力支持丈夫的事业，对公婆更是照顾有加，多次被评为“无锡警嫂”“江苏省十大警嫂”。

作为教练，在本职岗位上，她以身作则，刻苦训练，认真思考，带领国家女子坐式排球队在亚洲、大洋洲锦标赛上夺得冠军，获世界六强锦标赛第三名，全国坐式排球锦标赛江苏女子坐式排球第二名、江苏男子坐式排球第三名。2017年在国家级运动刊物上发表论文《提升坐式排球训练方法实用性研究》。2017年7月2日，盛玉红被亚洲排球协会、中国残疾人联合会联合授予“中国女子坐式排球队亚洲锦标赛、大洋洲锦标赛冠军主教练”荣誉称号。（盛玉红）

周海江 1966年2月生，江苏无锡人，中共党员，博士研究生，红豆集团党委书记、董事局主席兼首席执行官，高级经济师。

1988年，周海江从河海大学教员岗位辞职到农村创业，成为“改革开放后全国第一个辞职的大学教员”。他从工人到车间主任、副厂长、总经理；2004年10月经无记名投票，高票当选为集团总裁；2017年1月接任红豆集团董事局主席兼首席执行官。周海江身上既有第一代企业家不畏艰难、勇于创业的冒险精神，又有新一代知识型企业家运筹帷幄、纵横捭阖的睿智。近三十年来，周海江艰苦创业，开拓进取，逐步成长为“乡镇企业异军突起”中的一位领军人物。

周海江善于把握企业发展规律，加速产业转型升级，首创了中国特色现代企业制度，即“现代企业制度+企业党建+社会责任”，努力推进集团“三自六化”（自主创新、自主品牌、自主资本和智能化、绿色化、服务化、高端化、国际化、证券化）建设。周海江引领企业关心员工、关爱社会、关注环境。他带领企业积极履行社会责任。个人捐款300万元，在北川、映秀、聚源地震灾区设立“七一红豆奖学金”；带领集团全体员工向雅安地震灾区捐款捐物614.2万元；设立1亿元基金支持大学生创业；周海江与父亲周耀庭捐款2000万元成立无锡耀庭慈善基金会；周海江个人出资2000万元，设立全国首个党内关爱私募基金——无锡红豆关爱老党员基金会。红豆集团累计向社会捐款捐物超3亿元。

周海江先后被中共中央评为“全国优秀党务工作者”，被中央统战部等单位评为“优秀中国特色社会主义事业建设者”，被共青团中央和中华全国青年联合会授予“中国青年五四奖章”，被中华全国总工会评为“全国劳动模范”，被中央宣传部、中央文明办等部门授予“第六届全国道德模范提名奖”，他还荣登过全球著名财经杂志《福布斯》封面人物，当选中共十七大、十八大、十九大代表，担任全国工商联十一届副主席、中国民间商会副会长、APEC中国理事会副主席、中国香港中国商会会长等职务。2017年3月，周海江被评为“全国纺织行业党建工作先进带头人”；2017年11月，周海江被中央宣传部、中央文明办等部门授予“第六届全国道德模范提名奖”。

（肖建新）

沈茂德 1958年4月生，江苏无锡人，中共党员，大学本科，江苏省天一中学校长，中国创新人才教育研究会副会长、中国人才研究会超常人才专业委员会副理事长，兼任教育部校长培训中心教授、江南大学教授及南京师范大学硕士生导师，享受国务院政府特殊津贴专家，江苏省地理特级教师，江苏省首批教授级中学高级教师。

他倾心教育事业，潜心研究教育规律和学生成长规律，在国家、省级刊物发表100余篇研究论文，出版专著《播种者的期盼与困惑》《窗内窗外》《教育，真的不能简单》《家庭教育是什么？》，参与编写《给校长的101条建议》等10余本专著。他在全国、省、市各种教育论坛作了数百次主题性报告，应邀在省内外校长研修班作学术报告，在国内基础教育领域有一定影响力。

他和他的团队竭尽全力推进学校事业不断发展，将学校建设成“文化圣园、生态公园、数字校园、温馨家园”；实践教育多元化理念，探索创新人才早期培养，超常教育在全国乃至国际上形成影响；引导教师确立“每个孩子都是一座金矿”的学生观，实施高层次的素质教育；用勤奋、智慧和激情带领教师开拓进取，“敬业奉献、崇尚科学、追求卓越”的“天一精神”形成巨大影响；他承担了多项国家、省级重点课题，“超常教育研究”“科技教育”等研究项目成为江苏省“六大人才高峰”等重点项目。学校“创新人才早期培养”项目获“江苏省人民政府基础教育改革成果奖特等奖”；“天一科学院学生自主学习模式探索”被评为“基础教育国家级教学成果奖一等奖”。

他是江苏省十一届、十二届、十三届人大代表，先后获得全国先进工作者、全国优秀中学地理教师、江苏省有突出贡献中青年专家、江苏省劳动模范、首届感动江苏教育十大人物、无锡市名校长、无锡市名教师等多项荣誉。2017年8月，沈茂德被全国教书育人楷模推选委员会授予“2017年度全国教书育人楷模”荣誉称号。

（周　丹）

杜华军 1974年7月生，江苏连云港人，大专学历，江苏大明金属制品有限公司焊工班班组长。

22年前，杜华军走上焊接岗位，凭着刻苦勤学的韧劲，相继学会手工电弧焊、二氧化碳气体保护焊、手工氩弧焊和埋弧焊等多种焊接技能，成为一位名副其实的“全能焊将”。为了提高自己的理论知识水平和专业技能，杜华军于2013年主动到江南大学（机电一体与自动化专业）学习，在课堂上求教大学教授，课外也拜访过不少焊工老师傅。通过理论与实践相结合，他摸索出多项焊接新工艺，大大提高了焊缝合格率。他两次改进四面送风碳弧气刨枪，创新大口径管对接焊的操作方法，焊接过程一次性合格率在99.8%以上，为公司创造了良好的效益。他发明了半自动焊缝打磨机，减少了手工打磨强度，提高了效率。“有焊接难题就去找杜华军！”这是江苏大明金属制品有限公司工友们的口头禅。杜华军带领他的班组出色完成双相钢对接、奔驰汽车部件、张家港富瑞压力容器支撑架、百达冲床、先导烘箱、超高烟囱等重大项目的焊接任务。

多年来，杜华军长期奋战在焊接加工车间一线，取得了突出成绩，收获了不少荣誉。2009年，他获全国锅炉行业技能大赛分赛区第四名，同年在无锡新区焊工技能大赛中获第二名；2011年获焊接高级技师证书；在2013年锡山区焊接技能大赛中，他一举夺冠；在2013年9月举办的首届“无锡技能技工节”上获焊工职业技能竞赛一等奖；2014年获“无锡市五一劳动奖章”；2015年被授予“江苏省五一劳动奖章”；2016年，他入选由无锡市总工会、无锡日报社共同主办的“我心目中的无锡工匠”。2017年4月，杜华军被中华全国总工会授予“全国五一劳动奖章”。

（金小洪）

周　雷 1982年10月生，河南巩义人，中共党员，大学本科，锡山区人民检察院职务犯罪侦防局副局长。

周雷于2005年7月毕业于西南政法大学；2005年8月进入区检察院，从事刑事诉讼监督工作；2008年3月起从事职务犯罪侦查和预防工作，至2017年年底累计主办贪污、受贿、渎职等职务犯罪案件10余件、20余人，为国家挽回经济损失2000余万元。2017年，周雷两次参与市检察院组织查办的北京金融领域专案，工作态度和工作能力得到市检察院的认可。

在办案时，他不仅注重案件事实，而且注重办案程序，充分保障犯罪嫌疑人、证人的诉讼权利，保障人权、尊重人格。在和犯罪嫌疑人家属接触时，给予家属充分的理解，耐心劝解、宽慰，通过耐心的疏导换取家属对检察工作的理解和支持。他工作兢兢业业、乐于奉献，经常在审讯室一坐就是十几个小时，十天、半个月不回家是家常便饭，有时家里老人、孩子生病、住院都不能在身边照顾，仍然坚守在办案点上。2017年7月，周雷被最高人民检察院授予“全国检察机关职务犯罪侦查部门优秀侦查员”荣誉称号。

（周　雷）

邹涵君 女，1975年1月生，江苏无锡人，大学本科，中共党员，锡山地税局稽查局副局长。

为解除纳税人对税收执法公正性和透明度的疑虑，邹涵君建议在锡山区执法机关率先建立柔性执法机制，尝试对税务稽查案件采取“公众参与、民主公开”的审理模式——庭审制。在她的建议下，2010年4月，锡山地税局创新组建“稽查参事团”。该创新做法不仅使锡山地税的稽查模式实现大转型，有效推动了辖区征纳关系的互动双赢，还大幅度提高了稽查工作的透明度和公信力。自2004年起，邹涵君将自己办公室的地址、电话、手机号码等联系方式印在名片上，主动向纳税人分发，随时接受纳税人的咨询和求助。十多年来，她的手机号码从来没有换过，通过电话帮助纳税人解决涉税疑问上万人次，纳税人都称她为“税收百事通”。邹涵君还是锡山地税局巾帼维权志愿者“三师”（注册会计师、税务师、律师）团的带头人，多年来，她带领着该团队主动了解女企业家涉税维权情况，将维权工作前置、关口前移。在她的影响下，18名女税官自发组成“巾帼爱心团”，十年来相继与东北塘实验小学、东亭中心小学、天一中学结对，捐资助学；成立“爱心妈妈”基金，结对资助优秀的贫困学生，先后有12名中学生以优异的成绩考入国内知名的高等学府。2017年9月，邹涵君被国家税务总局授予“中国好税官”荣誉称号。

（王黎佳）

过　杰 1984年4月生，江苏无锡人，中共党员，大学本科，锡山区安全生产监察大队副大队长。

自2005年11月进入安监系统后，他严格按照共产党员的先进性标准要求自己，始终以饱满的工作热情和忘我的工作态度，负责好全区安全生产监察执法、事故调查、烟花爆竹监管等各项工作。他勤学习，始终坚持安全生产监管执法的正确方向。面对安全生产工作的新形势、新要求，以强烈的事业心和工作责任感，将学习安全法律法规作为自觉行为，不断丰富积累新时期安全生产法律法规及知识，做到学有所获、学有所思、学有所用。他重实干，扎实推进安全生产监管执法的各项工作。牢固树立“爱岗敬业、勤奋工作、乐于奉献、积极创新、务实争先”的工作理念，本着抓安全无小事的工作原则，以严谨细致的工作作风抓好协调和具体落实工作，依法开展安全生产监管执法工作，在工作中体现出了较高的执法质量和水平。他严要求，遵章守纪树形象。严于律已，严谨认真，思想上始终保持警钟长鸣，时刻牢记全心全意为人民服务的宗旨，廉洁奉公，坚持依法行政，坚持秉公办事原则，做规范执法的“文明人”和知耻明荣、廉洁自律的“形象人”。

多年来，先后被省、市、区有关部门多次评为“安全生产先进个人”，并在省市安监系统各类业务竞赛中取得优异成绩。2018年1月9日，过杰被国家安全生产监督管理总局授予“国家安全生产监管监察先进个人”荣誉称号。

（过　杰）

朱　虹 女，1986年2月生，江苏无锡人，中共党员，大学本科，锡山区东港镇山联村委会主任、山联富民合作社总经理。

2009年3月，朱虹开办山联村第一家“农家乐”，带动村民创业就业，山联村累计有“农家乐”20余家，形成一个“农家乐园”，每个“农家乐”带动村里5—6名村民就业，奠定了山联村乡村旅游的基础，促进了山联村经济社会的发展。同时，朱虹整合资源，成立山联水产专业合作社，大力发展水产养殖项目，并新建33.33公顷的龙虾生态养殖区域，主要养殖淡水龙虾、大闸蟹、鱼类等水产品。2011年开始，在村书记带领下，发展山联乡村旅游产业，打响“金色山联”名片，发展山联皇菊一二三产融合业态，山联村成功创建全国文明村、全国休闲农业与乡村旅游示范点、中国美丽乡村。

朱虹全力打造山联村的农产品品牌，带领村级经济稳固发展，逐步实现强村富民目标。朱虹先后获得“全国农村青年致富带头人”“江苏省优秀大学生村官”“江苏省最美新型青年农民”等称号。2015年1月，朱虹被中央文明办授予“中国好人（敬业奉献类）”称号。2016年5月，朱虹被共青团中央、农业部、人力资源和社会保障部授予第三届“创青春”中国青年创新创业大赛铜奖。2016年9月，朱虹被全国大学生村官论坛组委会评为“全国大学生村官十佳村民贴心人”。2017年11月，朱虹被全国“村长”论坛组委会授予“2017中国十大杰出村官”称号。

（朱　虹）

尤迎九 1969年2月生，江苏无锡人，民进锡山区基层委员会会员，研究生学历，羊尖中学教科室主任，锡山区心理指导中心常务主任，中学高级教师。

1992年，他开始接触并研究学校心理健康教育课程和心理辅导，1993年在学校开设心理健康教育课程。他先后取得国家心理咨询师等各种专业证书。主持《Movie SPA创新心理课研究》等多项课题的研究；执教的心理活动课多次获国家、省、市、区评比一等奖，《心与心的交流》被国家开放大学收录并发行，《做一件让世界更美丽的事》等多篇文章在国家、省、市级刊物上发表或获奖；编著《成长足迹》《健康百问》《无锡市学校心理健康教育指导》《高中生心理指导手册》等书籍；先后为常州市心理学会、嘉兴市教育局、苏州幼儿师范高等专科学校等多个单位作心理健康讲座，为锡东高级中学等近50所学校开展师生考前辅导、潜能开发、家长培训等活动。

他主要致力于思维教学、“Movie SPA”心理课程以及体验式团体教育模式的研究和推广工作，独创的“Movie SPA心理课”获中国第二届教育公益博览会优秀成果奖，由其倡导的小学绘本心理课程在无锡市得到推介。因在学校心理健康教育方面做出的贡献，先后被评为“全国心理教育十佳教师”“心理健康教育卓越人才老师”“无锡市心理学科带头人”。2017年8月，尤迎九被中国杰出心理讲师协会授予“中国杰出心理讲师”称号。 （吴虹霞）

荣誉栏

2017年度获省级（含省条线）以上表彰先进个人一览

表42

姓名	单位	荣誉名称	授予单位
盛玉红	区体校	中国女子坐式排球队亚洲锦标赛、大洋洲锦标赛冠军主教练	亚洲排球协会、中国残疾人联合会
周海江	红豆集团	第六届全国道德模范提名奖	中央宣传部、中央文明办等
沈茂德	天一中学	2017年度全国教书育人楷模	全国教书育人楷模推选委员会（教育部代章）
杜华军	江苏大明金属制品有限公司	全国五一劳动奖章	中华全国总工会
周海江家庭	红豆集团	全国最美家庭	全国妇女联合会
周　雷	区检察院	全国检察机关职务犯罪侦查部门优秀侦查员	最高人民检察院
邹涵君	锡山地税局稽查局	中国好税官	国家税务总局
过　杰	区安监局	国家安全生产监管监察先进个人	国家安全生产监督管理总局
朱　虹	东港镇山联村	2017中国十大杰出村官	全国“村长”论坛组委会
尤迎九	羊尖中学	中国杰出心理讲师	中国杰出心理讲师协会
周海江	红豆集团	全国纺织行业党建工作先进带头人	中国纺织职工思想政治工作研究会
孙　悦	区体校	2017年全国少年垒球锦标赛U16（普校组）第一名	国家体育总局手曲棒垒球运动管理中心
龚冰烨	区体校	2017年全国少年垒球锦标赛U16（体校组）第二名	国家体育总局手曲棒垒球运动管理中心
周肖波	区检察院	第六届“迎新春、颂检察”春联征集活动三等奖	中国检察官文联、中国楹联学会
刘辰锴	区检察院	第六届“迎新春、颂检察”春联征集活动优秀奖	中国检察官文联、中国楹联学会
高一萌	区检察院	第六届“迎新春、颂检察”春联征集活动提名奖	中国检察官文联、中国楹联学会

续表42

姓名	单位	荣誉名称	授予单位
曹玮琳	区检察院	第六届“迎新春、颂检察”春联征集活动提名奖	中国检察官文联、中国楹联学会
华　渊	区检察院	第六届“迎新春、颂检察”春联征集活动提名奖	中国检察官文联、中国楹联学会
曹俊伦	区文体局	作品入选中国·观澜国际版画双年展	中国·观澜国际版画双年展组委会
邓建华	区人大常委会人事代表联络工作委员会	全省人大机关系统先进工作者	江苏省人大常委会办公厅、江苏省人力资源和社会保障厅
戴雪泉	区纪委	江苏省纪检监察系统先进工作者	江苏省纪律检查委员会、江苏省人力资源和社会保障厅
严　琳	区法院	全省优秀法官	江苏省高级人民法院
徐　凯	区法院	全省法院执行系统先进个人	江苏省高级人民法院
费家华	区检察院	“政法干警永远忠于党”书画摄影作品展绘画类优秀奖	中共江苏省委政法委员会
张　伟	区检察院	全省检察研究人才库	江苏省人民检察院
莫斯敏	区检察院	全省检察研究人才库	江苏省人民检察院
周　婷	区检察院	全省检察教育培训优秀“小课堂”	江苏省人民检察院
王雪萍	区检察院	2017年全省检察机关书记员培训第一期优秀学员	江苏省人民检察院政治部
何　莹	区检察院	江苏省法学会行政法学研究会2017年年会优秀学术论文一等奖	江苏省法学会、江苏省行政法学研究会
莫斯敏	区检察院	江苏省法学会行政法学研究会2017年年会优秀学术论文一等奖	江苏省法学会、江苏省行政法学研究会
尹　吉	区检察院	江苏省法学会行政法学研究会2017年年会优秀学术论文一等奖	江苏省法学会、江苏省行政法学研究会
何　莹	区检察院	江苏省法学会行政法学研究会2017年年会优秀学术论文二等奖	江苏省法学会、江苏省行政法学研究会
尹　吉	区检察院	江苏省法学会行政法学研究会2017年年会优秀学术论文二等奖	江苏省法学会、江苏省行政法学研究会
吴永军	区检察院	江苏省法学会行政法学研究会2017年年会优秀学术论文二等奖	江苏省法学会、江苏省行政法学研究会
莫斯敏	区检察院	江苏省法学会行政法学研究会2017年年会优秀学术论文二等奖	江苏省法学会、江苏省行政法学研究会
何　莹	区检察院	江苏省行政法学研究会2017年年会论文二等奖	江苏省法学会行政法学研究会
莫斯敏	区检察院	江苏省行政法学研究会2017年年会论文二等奖	江苏省法学会行政法学研究会
张央琴	九三学社锡山区基层委员会	江苏省九三学社第七届委员会思想宣传标兵	九三学社江苏省第七届委员会
王　俊	九三学社锡山区基层委员会	江苏省九三学社2017年度参政议政先进个人	九三学社江苏省委员会

续表42

姓名	单位	荣誉名称	授予单位
丁益民	区侨办	全省侨办系统先进工作者	江苏省人民政府侨务办公室
周　筠	区委农办	全省农村产权交易市场建设先进工作者	中共江苏省委农村工作领导小组办公室、江苏省农村综合改革领导小组办公室
周　军	区委老干部局	全省先进老干部工作者	中共江苏省委组织部、中共江苏省委老干部局、江苏省人力资源和社会保障厅
许　芹	天一中学	江苏省最美教师	中共江苏省委宣传部、江苏省教育厅
陈　莹	区知识产权局	2017 年度知识产权工作成绩突出个人	江苏省科学技术厅、江苏省知识产权局
晏才明	区司法局	全省司法行政系统中共十九大安保维稳工作先进个人	江苏省司法厅
严　泓	区交通运输局	优秀共产党员	中共江苏省交通运输厅党组
华佳晨	区城区畜牧兽医站	江苏省检疫状元	江苏省农业委员会
张　军	区安监局	2017年度危险化学品先进个人	江苏省安全生产监督管理局
孙亚强	区安监局	2017年度全省职业健康监管工作先进个人	江苏省安全生产监督管理局
蒋　凯	区文体局	江苏省第一次全国可移动文物普查先进个人	江苏省第一次全国可移动文物普查领导小组
曹俊伦	区文体局	第二届江苏美术奖作品展提名奖	江苏省文学艺术界联合会、江苏省美术家协会
周　欢	区体校	2017年江苏省青少年棒球锦标赛15—16岁组第一名	江苏省体育局
王立子	区体校	2017年江苏省青少年棒球锦标赛13—14岁组第二名	江苏省体育局
马曹怡	区体校	2017年江苏省青少年垒球锦标赛13—14岁组第一名	江苏省体育局
许佳艳	区体校	2017年江苏省青少年垒球锦标赛15—16岁组第一名	江苏省体育局
张正怿	锡山公安分局	民警的“好娘家”和贴心人	江苏省公安厅
张正怿	锡山公安分局	个人二等功	江苏省公安厅
朱子良	锡山公安分局	全省优秀人民警察	江苏省人力资源和社会保障厅、江苏省公安厅
浦泉峰	锡山国土分局	2016年度推进依法行政工作先进个人	江苏省国土资源厅
阎　霞	锡山国土分局	2016年度推进依法行政工作先进个人	江苏省国土资源厅
汤振伟	区市场监管局	嘉奖	江苏省工商行政管理局

续表42

姓名	单位	荣誉名称	授予单位
陆　静	区市场监管局开发区分局	嘉奖	江苏省工商行政管理局
顾一军	区市场监管局开发区分局	全省工商和市场监管工作先进工作者	江苏省人力资源和社会保障厅、江苏省工商行政管理局
戴新峰	锡山地税局第一分局	2016年度江苏省用户满意服务之星	江苏省质量管理协会、江苏省总工会、江苏省妇女联合会
杨辰玥	锡山地税局第一分局	2016 年度江苏省优秀共青团员	共青团江苏省委员会
邱海波	高铁商务区派出所	江苏好人	江苏省精神文明建设指导委员会办公室
姜志刚	东亭派出所	全省公安机关在中共十九大安保维稳工作中成绩突出个人	江苏省公安厅
姜志刚	东亭派出所	个人二等功	江苏省公安厅
周士良	羊尖镇农服中心	江苏省农技推广服务先进工作者	江苏省人力资源和社会保障厅、江苏省农业委员会
荣　江	鹅湖司法所	全省司法行政“四个全覆盖”体系建设先进个人	江苏省司法厅
夏家平	鹅湖镇鹅湖村	2016—2017年度江苏省农村基层党建工作突出贡献者	中共江苏省委组织部
吴崎嘉	东北塘街道办事处	全省宣传信息工作先进个人	中共江苏省委宣传部
过锡贤	锡北镇司法所	江苏好人	江苏省精神文明建设指导委员会办公室
周国君	锡北镇周家阁村	2016—2017年度江苏省农村基层党建工作突出贡献者	中共江苏省委组织部
包立坚	东湖塘派出所	江苏省最美警察	江苏省公安厅
包立坚	东湖塘派出所	个人一等功	江苏省公安厅
吴岳平	东港镇山联村	2016—2017年度江苏省农村基层党建工作突出贡献者	中共江苏省委组织部
杜飞义	东港镇朝阳村	江苏省优秀大学生村官	中共江苏省委组织部、中共江苏省委宣传部、江苏省人力资源和社会保障厅
浦俊敏	云林派出所	全省优秀人民警察	江苏省人力资源和社会保障厅、江苏省公安厅
周亚坚	无锡凌樱童装厂	江苏省归侨侨眷先进个人	江苏省归国华侨联合会、江苏省人民政府侨务办公室
丁道俊	无锡卡秀堡辉涂料有限公司	江苏省五一劳动奖章	江苏省总工会
盛向阳家庭	中国人保财险锡山支公司	江苏省最美家庭	江苏省妇女联合会

2017年度获省级（含省条线）以上表彰先进集体一览

表43

获奖单位	荣誉名称	授予单位
农工党锡山区基层委员会	参政议政工作先进集体	中国农工民主党中央委员会
东港镇山联村	第五届全国文明村	中央精神文明建设指导委员会
锡山地税局	第五届全国文明单位	中央精神文明建设指导委员会
安镇街道	2017年全国“扫黄打非”进基层示范点	全国“扫黄打非”工作小组办公室
安镇街道胶西村	2015年“百县千乡万村无邪教创建示范工程”活动创建无邪教示范社区	国务院防范和处理邪教问题办公室
东港镇港下社区	2015年“百县千乡万村无邪教创建示范工程”活动创建无邪教示范社区	国务院防范和处理邪教问题办公室
锡山地税局	2016年全国学雷锋志愿服务“四个100”最佳志愿服务组织	全国宣传推选学雷锋志愿服务“四个100”先进典型活动组委会
区检察院	全国检察机关文明接待示范窗口	最高人民检察院
锡东高级中学	全国青少年校园足球特色学校	教育部
天一实验学校	全国青少年校园足球特色学校	教育部
查桥实验小学	全国青少年校园足球特色学校	教育部
羊尖实验小学	全国青少年校园篮球特色学校	教育部
东港镇	第二批全国特色小镇	住房和城乡建设部
锡山区现代农业产业园	第二批国家现代农业产业园	农业部、财政部
羊尖农机专业合作社	2017年全国农机合作社示范社	农业部
区检察院公诉科	2015—2016年度全国青年文明号	共青团中央
锡山地税局	全国巾帼建功先进集体	中华全国妇女联合会
区体校（东北塘中学）	2013—2016年度全国群众体育先进单位	国家体育总局
东北塘实验小学	全国群众体育先进单位	国家体育总局
东北塘中学	2017年全国少年U16垒球锦标赛暨青少年垒球训练营第一名	国家体育总局手曲棒垒球运动管理中心
东亭街道庄桥社区	流动人口社会融合示范社区	国家卫生计生委流动人口计划生育服务管理司
区检察院	2017年度全国检察宣传先进单位	《检察日报》
区检察院	第六届“迎新春、颂检察”春联征集活动组织能力较强单位	中国检察官文联、中国楹联学会

续表43

获奖单位	荣誉名称	授予单位
锡山区	2016年度平安县（市、区）	江苏省社会治安综合治理委员会
锡山区	2016年度全省高标准厂房建设与使用先进地区	江苏省国土资源厅
锡山区	2016年度江苏省国土资源节约集约利用模范市、县（区）	江苏省国土资源厅
锡山区	2016年度平安铁路县（市、区）	江苏省综治委铁路护路联防工作组
锡山区	2016年度体育彩票工作先进单位	江苏省体育彩票管理中心
区委研究室（调研科）	全省党委办公室（厅）系统、研究室系统先进集体	中共江苏省委办公厅、中共江苏省委研究室、江苏省人力资源和社会保障厅
区政府法制办	全省政府法制工作先进集体	江苏省人力资源和社会保障厅、江苏省人民政府法制办公室
区纪委	江苏省纪检监察系统先进集体	江苏省纪律检查委员会、江苏省人力资源和社会保障厅
区法院	推进司法体制改革试点工作先进集体	江苏省高级人民法院
区法院执行局	全省法院执行系统集体三等功	江苏省高级人民法院
区检察院	2016年度全省检察“十佳微信作品”	江苏省人民检察院新媒体中心
农工党锡山区基层委员会	优秀基层组织	中国农工民主党江苏省委员会
九三学社锡山区基层委员会	九三学社江苏省第七届委员会思想建设优秀基层组织	九三学社江苏省第七届委员会
九三学社锡山区基层委员会	2017年思想宣传工作先进集体	九三学社江苏省第七届委员会
区委农办	全省农村产权交易市场建设先进集体	中共江苏省委农村工作领导小组办公室、江苏省农村综合改革领导小组办公室
区发改局	全省发展改革系统先进集体	江苏省发展和改革委员会、江苏省人力资源和社会保障厅
区知识产权局	2017年度江苏省知识产权行政执法工作成绩突出单位	江苏省知识产权局
区交通运输局	2016年度全省交通运输行业“安康杯”竞赛优胜单位	江苏省交通运输厅
区疾病预防控制中心	血吸虫病检测工作先进集体	江苏省血吸虫病防治研究所
区安监局	2017年度危险化学品先进集体	江苏省安全生产监督管理局
区安监局	2017年度全省职业健康监管工作先进单位	江苏省安全生产监督管理局
区文体局	江苏省第一次全国可移动文物普查先进单位	江苏省第一次全国可移动文物普查领导小组
区“扫黄打非”办公室	2016年度江苏省“扫黄打非”先进集体	江苏省“扫黄打非”工作领导小组

续表43

获奖单位	荣誉名称	授予单位
区体校	2017年江苏省青少年垒球锦标赛13—14岁组第一名	江苏省体育局
区体校	2017年江苏省青少年垒球锦标赛15—16岁组第一名	江苏省体育局
区体校	2017年江苏省青少年棒球锦标赛15—16岁组第一名	江苏省体育局
区体校	2017年江苏省青少年棒球锦标赛13—14岁组第二名	江苏省体育局
区科协	第二十八届江苏省青少年科技创新大赛基层赛事优秀组织奖	江苏省科学技术协会、江苏省教育厅、江苏省科学技术厅等
锡山国土分局	2016年度推进依法行政工作先进单位	江苏省国土资源厅
锡山国土分局	江苏省国土资源系统先进集体	江苏省国土资源厅
锡山国土分局	全省第27个“全国土地日”宣传提名奖	江苏省国土资源厅
区市场监管局行政服务科	嘉奖	江苏省工商行政管理局
区国税局第一税务分局办税服务厅	江苏省巾帼文明岗	江苏省妇女联合会、江苏省妇女“双学双比”“巾帼建功”活动领导小组
锡山地税局	江苏省健康单位	江苏省爱国卫生运动委员会
锡山地税局	2017年度江苏省档案工作五星级规范单位	江苏省档案局
开发区总工会	全省厂务公开民主管理先进单位	江苏省厂务公开协调小组办公室
东亭街道	江苏省农家书屋提升工程试点工作先进乡镇（街道）	江苏省新闻出版广电局
东亭中学	江苏省第十五届“蓝天杯”中小学教师优秀论文评选组织奖	江苏省教师培训中心
隆亭实验小学	江苏省教学成果评选一等奖	江苏省教育厅
东亭中心幼儿园	江苏省第十三届“蓝天杯”幼儿园教师会课二等奖	江苏省教师培训中心
东亭派出所	全省优秀公安基层单位	江苏省人力资源和社会保障厅、江苏省公安厅
东亭街道华亭社区	江苏省民主法治示范社区	江苏省依法治省领导小组
东亭街道华亭社区	第一批省级创业型社区	江苏省人力资源和社会保障厅
东亭街道映月社区	江苏省健康社区	江苏省爱国卫生运动委员会
东亭街道春江花园社区	2016年度江苏省城市管理示范社区	江苏省住房和城乡建设厅办公室
东亭街道春星社区	江苏省廉政文化建设示范点	江苏省廉政文化建设联席会议成员单位

续表43

获奖单位	荣誉名称	授予单位
安镇街道	全省“扫黄打非”进基层示范标兵	江苏省“扫黄打非”工作领导小组办公室
安镇法庭	2014—2015年度全省优秀人民法庭	江苏省高级人民法院
安镇街道农村产权交易服务中心	农村产权交易市场建设先进集体	中共江苏省委农村工作领导小组办公室、江苏省农村综合改革领导小组办公室
安镇街道校外教育辅导总站	江苏省校外教育辅导站优秀活动推广项目二等奖	江苏省关心下一代工作委员会
安镇街道村镇建设档案室	江苏省一级村镇建设档案室	江苏省住房和城乡建设厅办公室
安镇街道人社所	江苏省首批劳动人事争议优秀基层调解组织	江苏省人力资源和社会保障厅
安镇街道胶西村	江苏省和谐社区建设示范社区（村）	江苏省民政厅
安镇街道胶西村	江苏省健康社区	江苏省爱国运动卫生委员会
安镇街道锦安社区	江苏省校外教育辅导站优秀活动推广项目二等奖	江苏省关心下一代工作委员会
羊尖镇	江苏省和谐社区建设示范乡镇（街道）	江苏省民政厅
羊尖镇	江苏省爱国卫生工作先进集体	江苏省爱国卫生运动委员会、江苏省卫生和计划生育委员会
羊尖镇	江苏省文明乡镇	江苏省精神文明建设指导委员会
羊尖镇	2015—2017年江苏省科普示范乡镇	江苏省科学技术协会
羊尖镇	江苏省爱国卫生工作先进集体	江苏省爱国卫生运动委员会、江苏省卫生和计划生育委员会
羊尖实验小学高年级组	江苏省巾帼文明岗	江苏省城镇妇女“巾帼建功”活动领导小组、江苏省妇女“双学双比”竞赛活动领导小组
羊尖镇卫生院	江苏省示范基层医疗卫生机构妇幼健康规范化门诊	江苏省卫生和计划生育委员会
羊尖镇卫生院	江苏省基层医疗卫生机构特色科室	江苏省卫生和计划生育委员会
羊尖镇卫生院丽安村卫生室	2017年江苏省示范村卫生室	江苏省卫生和计划生育委员会
羊尖镇廊下村	江苏省校外示范辅导站	江苏省关心下一代工作委员会、江苏省精神文明建设指导委员会办公室
羊尖镇严家桥村	江苏省健康村	江苏省爱国卫生运动委员会
羊尖镇龙凤巷村	江苏省文明村	江苏省精神文明建设指导委员会
羊尖镇严家桥村祥里自然村	省级“水美乡村”	江苏省水利厅

续表43

获奖单位	荣誉名称	授予单位
甘露中心幼儿园大班年级组	江苏省巾帼文明岗	江苏省城镇妇女“巾帼建功”活动领导小组、江苏省妇女“双学双比”竞赛活动领导小组
鹅湖镇人保所	江苏省乡镇（街道）巡回仲裁庭示范单位	江苏省人力资源和社会保障厅
鹅湖镇总工会	江苏省“五星级”工会劳动保护监督检查员镇级片区服务站	江苏省总工会
鹅湖镇人民路社区	2017年度江苏省侨务工作示范社区	江苏省人民政府侨务办公室
东北塘街道文体服务中心	江苏省健康单位	江苏省爱国卫生运动委员会
东北塘街道党政办公室	江苏省公共机构节能示范先进单位	江苏省机关事务管理局、江苏省经济和信息化委员会
东北塘街道社区卫生服务中心	省级诚信计量示范单位	江苏省质量监督局
东北塘街道社区卫生服务中心	江苏省健康促进医院	江苏省卫生和计划生育委员会、江苏省爱国卫生运动委员会
锡北镇	2016年度省级耕地保护激励单位	江苏省国土资源厅
锡北镇	江苏省统计规范化建设百佳单位	江苏省统计局
锡北镇司法所	江苏省法律援助先进集体	江苏省司法厅
锡北镇卫生院东房桥村卫生室	2017年江苏省示范村卫生室	江苏省卫生和计划生育委员会
锡北镇斗山花苑社区	江苏省和谐社区建设示范社区（村）	江苏省民政厅
锡北镇周家阁村	江苏省健康村	江苏省爱国卫生运动委员会
锡北镇斗山村	江苏省休闲观光农业示范村	江苏省农业委员会
锡北镇新坝村	江苏省第一批省级创业型社区（村）	江苏省人力资源和社会保障厅办公室
锡北镇泾新村	江苏省民主法制示范村	江苏省依法治省领导小组
锡北镇八士村	2017年江苏省卫生村	江苏省爱国卫生运动委员会
锡北镇联新村	2017年江苏省卫生村	江苏省爱国卫生运动委员会
锡北镇斗山村	2017年江苏省卫生村	江苏省爱国卫生运动委员会
锡北镇东房桥村	2017年江苏省卫生村	江苏省爱国卫生运动委员会
锡北镇春风村	2017年江苏省卫生村	江苏省爱国卫生运动委员会
锡北镇新明村	2017年江苏省卫生村	江苏省爱国卫生运动委员会

续表43

获奖单位	荣誉名称	授予单位
锡北镇周家阁村	2017年江苏省卫生村	江苏省爱国卫生运动委员会
锡北镇泾西村	2017年江苏省卫生村	江苏省爱国卫生运动委员会
锡北镇泾新村	2017年江苏省卫生村	江苏省爱国卫生运动委员会
锡北镇寨门村	2017年江苏省卫生村	江苏省爱国卫生运动委员会
锡北镇光明村	2017年江苏省卫生村	江苏省爱国卫生运动委员会
锡北镇新坝村	2017年江苏省卫生村	江苏省爱国卫生运动委员会
锡北镇劲丰村	2017年江苏省卫生村	江苏省爱国卫生运动委员会
锡北镇泾新村工会劳动保护监督检查员片区服务站	全省“五星级”工会劳动保护监督检查员片区服务站	江苏省总工会
东港镇	江苏省农业特色小镇	江苏省农业委员会
东港镇卫生和计划生育服务中心	江苏省巾帼文明岗	江苏省城镇妇女“巾帼建功”活动领导小组、江苏省妇女“双学双比”竞赛活动领导小组
东港镇山联村	江苏省巾帼电商服务示范基地	江苏省妇女联合会、江苏省妇女“双学双比”竞赛活动领导小组
东港镇陈墅村	全省校外教育工作优秀辅导站	江苏省精神文明建设指导委员会办公室、江苏省关心下一代工作委员会
东港镇港东村	江苏省和谐社区建设示范社区（村）	江苏省民政厅
东港镇勤新村	江苏省2017年度“水美村庄”	江苏省水利厅
东港镇东升村	第一批省级创业型社区（村）	江苏省人力资源和社会保障厅
东港镇东升村	2017年度江苏省绿化示范村和“三化”示范村	江苏省林业局
东港镇山联村巾帼电商服务站	江苏省巾帼电商服务站示范基地	江苏省妇女联合会、江苏省妇女“双学双比”竞赛活动领导小组
云林街道	省级创业型街道	江苏省人力资源和社会保障厅
云林街道社区卫生服务中心	江苏省健康促进医院	江苏省卫生和计划生育委员会、江苏省爱国卫生运动委员会
云林街道蓉阳村	省级创业型村（社区）	江苏省人力资源和社会保障厅
云林街道云龙社区	江苏省和谐社区建设示范社区（村）	江苏省民政厅
云林街道云扬社区	江苏省健康社区	江苏省爱国卫生运动委员会

续表43

获奖单位	荣誉名称	授予单位
厚桥街道	2016年度全省基层党员冬训工作示范街道	中共江苏省委组织部、中共江苏省委宣传部
厚桥街道社区卫生服务中心	江苏省健康促进医院	江苏省卫生和计划生育委员会、江苏省爱国卫生运动委员会
厚桥街道新联村	江苏省民主法治示范村	江苏省依法治省领导小组
厚桥街道谢埭荡村	江苏省健康村	江苏省爱国运动委员会
红豆集团	江苏省五一劳动奖状	江苏省总工会
无锡杰夫电声股份有限公司	江苏省工人先锋号	江苏省总工会
乐丰精密零件制造（无锡）有限公司	江苏省工人先锋号	江苏省总工会
江苏赛福天钢索股份有限公司	江苏省工人先锋号	江苏省总工会
无锡锡州机械有限公司	全省厂务公开民主管理示范单位	江苏省厂务公开协调小组办公室
无锡统力电工股份有限公司	全省厂务公开民主管理先进单位	江苏省厂务公开协调小组办公室
江苏新日电动车股份有限公司	全省厂务公开民主管理先进单位	江苏省厂务公开协调小组办公室
无锡吉兴汽车部件有限公司	全省厂务公开民主管理先进单位	江苏省厂务公开协调小组办公室
无锡歌迪服饰有限公司（江苏自营一区）	江苏省巾帼文明岗	江苏省城镇妇女“巾帼建功”活动领导小组、江苏省妇女“双学双比”竞赛活动领导小组
江苏宸扬律师事务所	江苏省巾帼文明岗	江苏省城镇妇女“巾帼建功”活动领导小组、江苏省妇女“双学双比”竞赛活动领导小组
无锡市锡农生态茶叶专业合作社	江苏省巾帼示范专业合作组织	江苏省妇女联合会、江苏省妇女“双学双比”竞赛活动领导小组
无锡市厚桥中东桃梨专业合作社	江苏省巾帼示范专业合作组织	江苏省妇女联合会、江苏省妇女“双学双比”竞赛活动领导小组
无锡市鹅湖玫瑰园艺文化有限公司	江苏省巾帼农家乐示范基地	江苏省妇女联合会、江苏省妇女“双学双比”竞赛活动领导小组
无锡中皓创业孵化管理有限公司	江苏省巾帼创业创新孵化示范基地	江苏省妇女联合会、江苏省妇女“双学双比”竞赛活动领导小组
锡山区鹅湖朱更上毛线编织加工厂	江苏省巾帼来料加工示范基地	江苏省妇女联合会、江苏省妇女“双学双比”竞赛活动领导小组
锡山区大自然家庭农村	省级示范家庭农场	江苏省农业委员会

（区档案局）

编辑：吴　霞

2017年，锡北镇东房桥村创建成江苏省卫生村　　（区卫计局 供稿）

美丽乡村——羊尖镇丽安村水墩上　　（羊尖镇 供稿）

附　录

Appendix

锡山区社会经济主要指标一览

表44

指标	单位	2017年	2016年	2017年比2016年增长（%）
年末户籍总人数	人	455086	443301	—
年末常住人口	万人	70.67	70.44	—
地区生产总值（按2015年可比价）	亿元	809.27	724.42	7.4
人均地区生产总值（按现价、常住人口计算）	元	114701	102959	11.4
农林牧渔业总产值（当年价）	万元	328046	323256	—
规模以上工业企业工业总产值	万元	11214140	9889729	13.4
规模以上工业企业销售产值	万元	11107837	9825164	13.1
500万元以上固定资产投资完成额	万元	7224998	7138791	1.2
工业投资	万元	3608466	3622150	－0.4
社会消费品零售总额	万元	1843637	1646542	—
到位注册外资及港澳台资额	万美元	39203	35052	—
财政收入	万元	2253396	1455793	54.8
公共财政预算收入	万元	787894	722367	9.1
公共财政预算支出	万元	778291	731266	6.4
各项存款余额	万元	10141373	9556608	6.1
各项贷款余额	万元	8361862	8024656	4.2
城镇居民人均可支配收入	元	50137	46295	—
农村住户人均可支配收入	元	28569	26331	—

说明：地区生产总值的增长幅度按可比价计算

锡山区地区生产总值一览

表45

指标	单位	2017年	2016年	2017年比2016年增长（%）
		按当年价格计算		按2015年可比价
地区生产总值	亿元	809.27	724.42	7.4
第一产业	亿元	17.78	17.45	2.5
第二产业	亿元	417.92	379.44	7.0
工业	亿元	354.06	326.95	6.9
建筑业	亿元	63.86	52.49	7.8
第三产业	亿元	373.57	327.52	8.0
交通运输、仓储及邮政业	亿元	9.86	9.16	6.8
批发和零售业	亿元	130.42	116.86	7.6
批发业	亿元	102.56	91.32	8.2
零售业	亿元	27.86	25.54	5.5
住宿和餐饮业	亿元	34.74	31.38	7.4
住宿业	亿元	1.41	1.30	7.1
餐饮业	亿元	33.33	30.08	7.4
金融业	亿元	42.37	34.96	15.8
房地产业	亿元	48.88	48.60	－10.7
其他服务业	亿元	104.25	83.57	17.0
营利性服务业	亿元	41.15	30.45	31.2
非营利性服务业	亿元	63.10	53.12	6.4
三产所占比重	%	46.2	45.2	提高1个百分点
人均地区生产总值（按现价、常住人口计算）	元	114701	102959	11.4

说明：地区生产总值的增长幅度按可比价计算

锡山区户籍人口基本情况一览

表46

指标	单位	2017年	2016年
年末总户数	户	137820	133017
年末总人数	人	455086	443301
男	人	222206	216832
女	人	232880	226469
全年出生人数	人	4512	3960
全年死亡人数	人	3306	3006
人口自然增长率	‰	2.7	2.0
迁入人口	人	11072	8327
迁出人口	人	1142	979
机械增长率	‰	22.1	16.7

锡山区常住人口情况一览

表47

指标	单位	2017年	2016年
年末常住人口	万人	70.67	70.44
城镇人口	万人	49.95	49.55
城市化率	%	70.68	70.40
从业人员	万人	45.42	45.28
第一产业	万人	1.54	1.70
第二产业	万人	29.96	30.03
第三产业	万人	13.92	13.55
三次产业从业人员比	%	3.3：66.0：30.7	3.8：66.3：29.9

锡山区农林牧渔业总产值与增加值一览

（按当年价格计算）

表48

指标	单位	2017年	2016年
一、农林牧渔业总产值	万元	328046	323256
农业产值	万元	199088	193197
粮食	万元	19929	21236
蔬菜	万元	106021	96908
茶、桑、果	万元	41243	36543
林业产值	万元	29577	29270
牧业产值	万元	11063	13466
猪	万元	8862	9677
家禽	万元	1876	3421
渔业产值	万元	42716	42593
淡水鱼类	万元	32531	30509
农林牧渔服务业产值	万元	45602	44730
二、农林牧渔业增加值	万元	208264	204448
农业增加值	万元	132103	127965
林业增加值	万元	16652	16476
牧业增加值	万元	5490	6671
渔业增加值	万元	23493	23423
农林牧渔服务业增加值	万元	30526	29913

锡山区规模以上工业企业主要经济指标一览

表49

指标	单位	2017年	2016年	2017年比2016年增长（%）
单位数	家	639	642	—
工业总产值	万元	11214140	9889729	13.4
销售产值	万元	11107837	9825164	13.1
营业收入	万元	11520688	10239836	12.5
主营业务收入	万元	11228483	9996550	12.3
营业成本	万元	9706635	8527337	13.8
主营业务成本	万元	9476665	8314558	14.0
营业税金及附加	万元	56124	50078	12.1
主营业务税金及附加	万元	56045	49988	12.1
销售费用	万元	354805	337808	5.0
管理费用	万元	749634	712115	5.3
财务费用	万元	127084	80316	58.2
利润总额	万元	637350	680113	－6.3
资产总计	万元	14145673	12626526	12.0
负债合计	万元	7137926	6250684	14.2
应收账款	万元	2477796	2316282	7.0
存货	万元	1876044	1609434	16.6
应付职工薪酬	万元	882569	892627	－1.1

锡山区公路、航道、桥梁情况一览

表50

指标	单位	2017年	2016年	2017年比2016年增长（%）
一、公路				
里程合计	千米	1081	1080	0.1
干线公路里程	千米	78	59	32.2
支线公路里程	千米	219	167	31.1
镇道里程	千米	374	429	−12.8
村道里程	千米	410	424	−3.3
二、航道				
里程合计	千米	233	233	0
水深一米以上	千米	233	233	0
经常养护里程	千米	128	128	0
三、桥梁				
实有桥梁座数	座	539	519	3.9
实有公路桥梁座数	座	70	56	25.0
实有农村桥梁座数	座	469	463	1.3
实有桥梁全长	米	27511	26670	3.2
实有公路桥梁全长	米	9476	8589	10.3
实有农村桥梁全长	米	18035	18011	0.1
竣工桥梁座数	座	0	18	—
竣工桥梁全长	米	0	1051	—

锡山区运输、交通情况一览

表51

指标	单位	2017年	2016年
一、客运企业个数	家	8	8

续表51

指标	单位	2017年	2016年
出租企业个数	家	3	3
二、客运汽车总数	辆	1834	1910
旅游、接送班车	辆	130	130
出租客运	辆	1143	1143
三、货运企业个数	家	1318	1812
普货运输企业个数	家	1312	1806
危货运输企业个数	家	6	6
四、货运汽车总数	辆	4388	4258
普货运输车辆数	辆	4202	4073
危货运输车辆数	辆	186	185
五、货运总吨位	吨	37356	37538
六、水路运输企业个数	家	1	1
七、水路运输船舶数	艘	4	3
八、公交运行线路	条	80	80
九、公交站台数	个	225	215
十、公交运行车辆数	辆	625	621

锡山区固定资产投资完成额一览

表52

指标	单位	2017年	2016年	2017年比2016年增长（%）
投资项目数	个	1126	1644	−31.5
500万元以上固定资产投资完成额	万元	7224998	7138791	1.2

续表52

指标	单位	2017年	2016年	2017年比2016年增长（%）
一、按建设性质分				
新建	万元	4644981	3874426	19.9
扩建	万元	215804	997857	－78.4
改建和技术改造	万元	2313920	2241113	3.2
迁建	万元	50293	25395	98.0
二、按构成分				
建筑工程	万元	4162865	4139973	0.6
安装工程	万元	263140	566570	－53.6
设备工器具购置	万元	1995636	2272436	－12.2
其他费用	万元	803357	159812	402.7
三、按产业分				
第一产业	万元	—	—	—
第二产业	万元	3608466	3622150	－0.4
工业	万元	3608466	3622150	－0.4
能源工业	万元	253050	33820	648.2
原材料工业	万元	366399	350570	4.5
机电工业	万元	2119574	2374112	－10.7
轻纺工业	万元	1070887	1031017	3.9
第三产业	万元	3616532	3516641	2.8
房地产投资额	万元	1568467	678906	131.0
四、房屋建筑面积				
施工面积	万平方米	989.51	984.55	0.5
竣工面积	万平方米	269.86	392.59	－31.3

锡山区社会消费品零售总额一览

表53

指标	单位	2017年	2016年
社会消费品零售总额	万元	1843637	1646542
按规模分组			
限额以上	万元	722645	656536
限额以下	万元	1120992	990006
按行业分组			
批发业	万元	54840	54094
零售业	万元	1625576	1468491
住宿业	万元	16660	14394
餐饮业	万元	146561	109563

锡山区开放型经济情况一览

表54

指标	单位	2017年	2016年
到位注册外资及港澳台资额	万美元	39203	35052
制造业到位外资及港澳台资额	万美元	20635	21951
服务外包接包合同金额	万美元	105229	87349
服务外包接包执行金额	万美元	99260	85863
离岸外包接包合同金额	万美元	85032	67198
离岸外包接包执行金额	万美元	78845	59805
外贸进出口总额	万美元	489361	427286
外贸自营出口总额	万美元	365404	335469
境外项目中方投资额	万美元	10202	14726

锡山区财政收入情况一览

表55

指标	单位	2017年	2016年	2017年比2016年增长（%）
财政收入	万元	2253396	1455793	54.8
中央	万元	554656	450284	23.2
地方	万元	1698740	1005509	68.9
公共财政预算收入	万元	787894	722367	9.1
税收收入	万元	681326	640332	6.4
增值税	万元	350774	248817	41.0
营业税	万元	6069	130952	−95.4
企业所得税	万元	99473	67276	47.9
个人所得税	万元	30894	23117	33.6
城市维护建设税	万元	46557	50170	−7.2
房产税	万元	32326	27711	16.7
印花税	万元	9641	8582	12.3
城镇土地使用税	万元	21159	19937	6.1
土地增值税	万元	37656	33721	11.7
车船税	万元	3005	2526	19.0
耕地占用税	万元	6249	3093	102.0
契税	万元	37523	24430	53.6
非税收入	万元	106568	82035	29.9
行政性收费收入	万元	16109	21352	−24.6
罚没收入	万元	4797	2780	72.6
专项收入	万元	46224	47737	−3.2
其他专项收入	万元	11495	11033	4.2
国有资源（资产）有偿使用收入	万元	33771	10158	232.5

锡山区财政支出情况一览

表56

指标	单位	2017年	2016年	2017年比2016年增长（%）
公共财政预算支出	万元	778291	731266	6.4
一般公共服务	万元	72091	60077	20.0
国防	万元	48	409	－88.3
公共安全	万元	35840	32700	9.6
教育	万元	141443	124834	13.3
科学技术	万元	49844	33954	46.8
文化体育与传媒	万元	3656	18073	－79.8
社会保障和就业	万元	46717	33724	38.5
医疗卫生	万元	60681	55297	9.7
节能环保	万元	27538	13202	108.6
城乡社区事务	万元	258524	222663	16.1
农林水事务	万元	27538	31846	－13.5
交通运输	万元	7504	50863	－85.2
资源勘探电力信息等事务	万元	14937	29600	－49.5
商业服务业等事务	万元	9363	6589	42.1
金融监管等事务支出	万元	790	420	88.1
国土资源气象等事务	万元	6676	2133	213.0
住房保障支出	万元	869	4026	－78.4
粮油物资储备事务	万元	1264	1604	－21.2
国债还本付息支出	万元	8311	4786	73.7
他支出	万元	190	920	－79.3
援助其他地区支出	万元	4443	3419	30.0
债务发行费用支出	万元	24	127	－81.1

锡山区金融系统信贷收支情况一览

表57

指标	单位	2017年	2016年	2017年比2016年增长（%）
一、各项存款余额	万元	10141373	9556608	6.1
企业存款	万元	5911682	5196939	13.8
储蓄存款	万元	3921844	4216587	−7.0
二、各项贷款余额	万元	8361862	8024656	4.2
短期贷款	万元	2122782	2097038	1.2
中长期贷款	万元	4832047	4195583	15.2
票据融资	万元	108232	326776	−66.9
消费贷款	万元	762515	989817	−23.0
三、存贷款比例	%	82.5	84.0	下降1.5个百分点
四、银行承兑汇票	万元	641766	822033	−21.9
五、外汇存款余额	万元	119084	148214	−19.7
六、外汇贷款余额	万元	10526	5601	87.9

2017年锡山区各级各类教育事业情况一览

表58

指标	学校（所）	教职工数（人）	专任教师数（人）	在校学生数（人）	毕业生数（人）	招生数（人）
合计	38	4889	4473	69188	14163	17816
中等学校	20	2446	2228	26233	8038	9721
中等专业学校	1	255	227	2200	1048	970
普通中学	19	2191	2001	24033	6990	8751
高中	5	—	—	6875	2167	2316
初中	14	—	—	17158	4823	6435

续表58

指标	学校（所）	教职工数（人）	专任教师数（人）	在校学生数（人）	毕业生数（人）	招生数（人）
小学	17	2410	2221	42854	6114	8084
特殊教育学校	1	33	24	101	11	11
附：幼儿园	36	1288	—	20878	—	—
成人技术培训学校	194	352	199	165032	164857	165032

锡山区文化艺术事业情况一览

表59

指标	单位	2017年	2016年
一、文化馆	个	1	1
二、文化中心	个	9	9
三、电影事业			
电影放映队	个	7	7
镇办	个	4	4
电影放映场次	万场次	0.11	0.1
观众人数	万人次	28.25	22
四、图书馆			
区图书馆	个	1	1
镇图书馆	个	9	9
藏书数	万册	97.19	100.48
区图书馆	万册	23.49	20.68
镇图书馆	万册	73.70	79.80

2017年锡山区卫生机构、床位情况一览

表60

指标	机构数（家）	床位数（张）	卫生技术人员数（人）	医师数（人）
合计	208	2362	3377	1283

续表60

指标	机构数（家）	床位数（张）	卫生技术人员数（人）	医师数（人）
医院	10	2116	2092	731
社区卫生服务中心	5	100	394	151
卫生院	4	146	367	165
综合门诊部	20	—	189	84
个体诊所、医务室	95	—	214	95
疾病预防控制中心	1	—	28	17
卫生监督所	1	—	27	—
妇幼保健所	1	—	30	22
村、社区设置的医疗点	71	—	36	18

锡山区城镇居民家庭总收入、人均可支配收入、家庭总支出情况一览

表61

指标	单位	2017年	2016年
一、家庭总收入	元	57039	52668
工资性收入	元	37652	34767
工资及补贴收入	元	37141	34295
其他劳动收入	元	511	472
经营性收入	元	4009	3702
财产性收入	元	3805	3513
利息收入	元	127	117
股息与红利收入	元	170	157
其他投资收入	元	46	43
出租房屋收入	元	3462	3196

续表61

指标	单位	2017年	2016年
转移性收入	元	11573	10686
养老金或离退休金	元	9174	8471
辞退金	元	17	16
保险收入	元	48	44
失业保险金	元	41	38
赡养收入	元	430	397
捐赠收入	元	1060	979
来自城镇居民的捐赠收入	元	206	190
记账补贴	元	216	199
其他转移性收入	元	628	580
二、人均可支配收入	元	50137	46295
工资性收入	元	33510	30790
经营净收入	元	3530	3269
财产净收入	元	3433	3142
转移净收入	元	9664	9094
三、家庭总支出	元	31598	30123
消费性支出	元	23809	22698
财产性支出	元	174	166
转移性支出	元	4315	4113
交纳所得税	元	238	227
捐赠支出	元	3126	2989
购买彩票	元	17	16
赡养支出	元	513	485
在外就学子女费用	元	307	289

续表61

指标	单位	2017年	2016年
各种非储蓄性保险支出	元	384	361
车辆保险支出	元	260	244
其他转移性支出	元	37	35
社会保障支出	元	1708	1628
个人交纳的养老基金	元	849	809
个人交纳的住房公积金	元	568	541
个人交纳的医疗基金	元	220	210
个人交纳的失业基金	元	71	68
购房与建房支出	元	1592	1518
购房	元	1592	1518

锡山区农村住户全年总收入、人均可支配收入、全年总支出情况一览

表62

指标	单位	2017年	2016年
一、全年总收入	元	30926	28503
工资性收入	元	22062	20334
在非企业劳动得到收入	元	3670	3383
在本地企业劳动得到收入	元	15797	14559
外出从业得到收入	元	1678	1547
其他	元	917	845
经营性收入	元	3888	3583
第一产业收入	元	335	309
农业收入	元	307	283
牧业收入	元	28	26
第二产业收入	元	2973	2740

续表62

指标	单位	2017年	2016年
工业收入	元	1192	1099
建筑业收入	元	1781	1641
第三产业收入	元	580	534
交通、运输和邮电业收入	元	280	258
批发零售贸易、餐饮业收入	元	52	48
其他家庭经营收入	元	248	228
转移性收入	元	3908	3602
财产性收入	元	1068	984
二、人均可支配收入	元	28569	26331
工资性收入	元	22350	20498
经营净收入	元	2914	2713
转移净收入	元	2210	2129
财产净收入	元	1095	991
三、全年总支出	元	20033	18446
家庭经营费用支出	元	370	341
农业生产支出	元	252	232
牧业生产支出	元	29	27
购置生产用固定资产支出	元	6	6
生活消费支出	元	17361	15986
转移性支出	元	2296	2113
财产性支出	元	—	—

（区统计局 区档案局）

区委、区政府主要文件目录

2017年中共锡山区委主要文件目录

1. 中共锡山区委　锡山区人民政府关于印发《锡山区“两减六治三提升”专项行动实施方案》的通知
锡发〔2017〕1号　2017年3月3日

2. 中共锡山区委印发《关于开展“连心富民、联企强区”大走访活动的实施方案》的通知
锡发〔2017〕2号　2017年3月9日

3. 中共锡山区委批转区妇联关于召开锡山区妇女第四次代表大会的请示的通知
锡发〔2017〕3号　2017年3月13日

4. 中共锡山区委批转区委干部教育培训工作领导小组关于锡山区2017年干部教育培训工作计划的通知
锡发〔2017〕4号　2017年3月13日

5. 中共锡山区委　锡山区人民政府关于印发《锡山区全面深化河长制实施方案》的通知
锡发〔2017〕5号　2017年4月28日

6. 中共锡山区委关于2016年度区管干部嘉奖奖励人员的通报
锡发〔2017〕6号　2017年5月5日

7. 中共锡山区委关于推荐评选优秀共产党员的通知
锡发〔2017〕7号　2017年5月12日

8. 中共锡山区委批转团区委关于召开锡山区青年联合会第五届委员会第一次全体会议的请示的通知
锡发〔2017〕8号　2017年5月12日

9. 中共锡山区委关于印发《中共锡山区委常委会2017年十项重点工作》的通知
锡发〔2017〕9号　2017年5月15日

10. 中共锡山区委　锡山区人民政府关于2017年度开发区商务区台创园各镇（街道）工作绩效考核的意见
锡发〔2017〕10号　2017年6月8日

11. 中共锡山区委　锡山区人民政府关于2017年度区级机关部门工作绩效考核的意见
锡发〔2017〕11号　2017年6月8日

12. 中共锡山区委　锡山区人民政府关于聚力创新实施“锡山英才计划”的意见
锡发〔2017〕12号　2017年6月8日

13. 中共锡山区委批转区残联关于召开锡山区残疾人联合会第四次代表大会的请示的通知
锡发〔2017〕13号　2017年6月20日

14. 中共锡山区委关于推荐评选2014—2016年度优秀共产党员情况的通报
锡发〔2017〕14号　2017年6月28日

15. 中共锡山区委关于2017—2021年锡山区加强年轻干部培养选拔工作的意见
锡发〔2017〕15号　2017年6月28日

16. 中共锡山区委批转区委统战部关于2017年区委同民主党派开展政党协商工作安排的请示的通知
锡发〔2017〕16号　2017年7月28日

17. 中共锡山区委　锡山区人民政府印发《关于深化行政审批制度改革加快简政放权激发市场活力的实施意见》的通知
锡发〔2017〕17号　2017年7月28日

18. 中共锡山区委关于印发部虎林、王唤春同志在省委第九巡视组巡视无锡市锡山区工作动员会上的讲话和陆志坚同志表态发言的通知
锡发〔2017〕18号　2017年8月3日

19. 中共锡山区委关于认真学习宣传贯彻党的十九大精神的通知
锡发〔2017〕20号　2017年11月16日

（区委办）

2017年锡山区人民政府主要文件目录

1. 锡山区人民政府关于进一步加强食品安全基层责任网络建设的意见
锡府发〔2017〕8号　2017年3月24日

2. 锡山区人民政府关于加快推进全区粮食生产全程机械化的意见

锡府发〔2017〕15号　2017年4月25日

3. 锡山区人民政府关于调整城乡居民最低生活保障标准的通知

锡府发〔2017〕30号　2017年7月12日

4. 锡山区人民政府关于推行政府法律顾问制度的若干意见

锡府发〔2017〕36号　2017年8月1日

5. 锡山区人民政府关于统筹推进城乡义务教育一体化促进优质均衡发展的实施意见

锡府发〔2017〕49号　2017年8月30日

6. 锡山区人民政府关于发布锡山区食品小作坊允许申报登记清单目录（第一批）的通知

锡府发〔2017〕50号　2017年9月4日

7. 锡山区人民政府关于调整我区2017年度居民养老保险待遇的通知

锡府发〔2017〕51号　2017年9月6日

8. 锡山区人民政府关于印发锡山区土壤污染防治工作方案的通知

锡府发〔2017〕53号　2017年9月9日

9. 锡山区人民政府关于印发《锡山区生态文明建设规划（2016—2020修编）》的通知

锡府发〔2017〕67号　2017年11月6日

10. 锡山区人民政府关于调整我区居民医疗保险筹资标准的通知

锡府发〔2017〕75号　2017年12月6日

11. 锡山区人民政府关于深化现代产业发展政策的意见（试行）

锡府发〔2017〕80号　2017年12月27日

（区政府法制办）

指导性文件

中共锡山区委　锡山区人民政府关于印发《锡山区“两减六治三提升”专项行动实施方案》的通知

（锡发〔2017〕1号）

开发区、商务区、台创园党工委、管委会，各镇（街道）党（工）委、政府（办事处），区各部委办局，区各人民团体，区直各单位，驻区各条线单位：

《锡山区“两减六治三提升”专项行动实施方案》已经区委、区政府同意，现印发给你们，请结合实际抓好贯彻落实。

中共锡山区委

锡山区人民政府

2017年3月3日

锡山区“两减六治三提升”专项行动实施方案

为全面贯彻落实省委、省政府和市委、市政府“两减六治三提升”专项行动实施方案，抓住中央环保督察问题整改契机，紧紧围绕结构调整、治污减排、生态保护、政策调控、执法监管等重点领域，采取更加系统、更加精准、更加严格的措施，着力解决突出环境问题，有效控制环境风险，尽早实现生态环境质量的根本性好转，特制定本方案。

一、总体要求和目标

深入贯彻党的十八大和十八届三中、四中、五中、六中全会精神，认真落实习近平总书记系列重要讲话特别是视察江苏时重要讲话精神，按照“五位一体”总体布局和“四个全面”战略部署要求，坚持绿色发展理念，以更大的决心、更高的标准、更实的举措、更大的力度推进生态文明建设和环境保护工作，确保环境质量明显改善，主要污染物排放总量大幅减少，环境风险得到有效控制，环境矛盾得到切实化解，群众满意度明显提高。到2020年，全区PM2.5年均浓度比2015年下降22%，空气质量优良天数比例达到69.2%，断面水质优Ⅲ比例达到70%，确保国考省考断面水质达标。地表水丧失使用功能（劣于Ⅴ类）的水体基本消除，土壤环境质量总体保持稳定。

二、主要工作举措

（一）减少煤炭消费总量

到2020年，全区煤炭消费总量削减量完成上级下达目标任务，电力行业煤炭消费占煤炭消费总量的比重提高到65%以上。（区发改局牵头，区经信局、区住建局、区环保局、区市场监管局、锡山国土分局等参与，开发区、商务区、台创园，各镇〈街道〉负责落实。以下均需开发区、商务区、台创园，各镇〈街道〉落实，不再列出）

1．压减燃煤发电和热电机组数量，严格控制新建燃煤发电项目，除公用燃煤背压机组外不再新建燃煤发电、供热项目，并实现等量或减量替代；在热电企业密集地区实施热电整合，2019年年底前，基本完成大机组供热半径范围内的燃煤小热电和分散锅炉关停整合工作。

2．分类整治燃煤锅炉，禁止新建燃煤供热锅炉，2019年年底前，65蒸吨/小时及以上的燃煤锅炉全部实现超低排放，其他燃煤锅炉全部达到特别排放限值要求。

3．压减非电行业生产用煤及煤制品，组织实施焦化、煤化工、工业窑炉煤炭清洁高效利用改造工程。削减钢铁、水泥产能，取缔地条钢等非法钢铁生产企业；对未通过规范条件公告的钢铁企业，限期退出市场。在纺织、印染、电镀、机械等其他传统行业退出一批低端低效产能。对钢铁、水泥行业耗煤项目实行煤炭消费量2倍及以上减量替代。

4．大力发展清洁能源，扩大天然气利用，大力开发风能、生物质能、地热能，全面推进绿色建筑发展，推动太阳能多元化利用，到2020年，非化石能源占一次能源比重完成上级下达目标任务。

（二）减少落后化工产能

着力去库存、控增量、优总量，加快化工行业结构调整。到2020年，全区化工企业数量大幅减少，化工行业主要污染物排放总量大幅减少，化工园区（含化工监测点）主营业务收入占全区化工行业主营业务收入达60%以上，完成上级下达的淘汰落后化工产能目标任务。（区经信局牵头，区发改局、区环保局、区商务局、区安监局、锡山公安分局等参与）

1．加大低端落后化工企业（化工监测点）淘汰力度，开展化工企业基本情况排查，编制全区化工行业整治方案，实施“一企一策”，明确淘汰关闭、搬迁入园、整治提升等要求。2018年年底前，对生产工艺和技术装备落后、达不到安全和环保要求的化工企业，坚决予以淘汰。

2．推动化工企业入园进区，禁止园区外（除重点监测点化工企业外）一切新建、扩建化工项目。园区外化工企业（除重点监测点化工企业外）只允许在原有生产产品种类不变、产能规模不变、排放总量不增加的前提下进行安全隐患改造和节能环保设施改造。禁止限制类项目产能（搬迁改造升级项目除外）入园进区。

3．强化危化品生产、经营和储运企业监管，企业要建立危化品贮存品种、数量动态管理清单，对违法违规和不符合安全生产条件的危化品生产、经营和储运企业一律予以关停。

4．清理并规范化工园区，禁止新增化工园区。强化锡山经济开发区新材料产业园环境保护体系规范化建设，完善现有化工园区环保基础设施，落实卫生防护距离。

（三）治理太湖水环境

突出源头治理、精准治理、综合治理、依法治理，抓好新一轮太湖治理和河道综合整治工作，到2020年，总氮、总磷污染物排放量比2015年分别削减13%和15%以上。（区环保局牵头，区发改局、区经信局、区住建局、区水利局、区农林局、区交通运输局等参与）

1．建立氮磷控制制度，大幅削减氮磷排放总量，增加区域水环境补偿断面，将总氮指标纳入补偿因子，全面提高补偿标准。贯彻实施《江苏省太湖流域“十三五”总氮总磷总量控制方案》，完成太湖流域无锡市各控制单元“十三五”总氮、总磷减排目标。

2. 强化农业面源污染控制。实行畜禽养殖总量控制，不得新建、扩建畜禽养殖场。全面规范所有养殖场（小区）、养殖专业户养殖行为，取缔所有非法和不符合规范标准的养殖场（小区）、养殖专业户。严格控制网围养殖面积，规范池塘循环水养殖，严格执行太湖流域池塘养殖水排放标准。

3. 提升生活污水处理水平。执行更加严格的总磷总氮排放要求。提高农村污水处理设施运行效率，实现行政村污水处理设施全覆盖，同时，建立行之有效的农村生活污水处理设施运行保障和维护机制，村庄生活污水处理设施第三方运行管理或专业化管理实现全覆盖，已建村庄生活污水处理设施运行率达到90%以上。加快船舶生活污水处理设施改造。

4. 切实加大河道综合整治力度。深入推进“河长制”管理，按照“属地负责、一河一策、协调推进、综合治理、确保达标”的原则，大力开展全区河道综合整治，统筹推进控源截污、河岸整治、调水引流、生态修复，重点对全区23条河道（河段）实施整治，提升流域水环境质量。到2020年全面完成整治任务，河道断面水质达到考核要求。

（四）治理生活垃圾

到2020年，建成区生活垃圾分类设施覆盖率达到70%，积极开展镇村生活垃圾分类收集试点工作，全区生活垃圾无害化处理率达到98%。（区城管局牵头）

1. 全面开展城乡生活垃圾分类收集，加快垃圾分类收集、中转和处理处置体系建设，推进城乡垃圾源头减量和资源化利用。

2. 实现全区生活垃圾无害化处理全覆盖，全区基本实现生活垃圾全量焚烧。

3. 加强餐厨垃圾和建筑垃圾处理与资源化利用，实现餐厨废弃物处理全覆盖，推进建筑垃圾资源化利用。

（五）治理黑臭水体

到2020年，建成区基本消除黑臭水体。（区住建局牵头，区水利局、区环保局等参与）

1. 大力推进城镇雨污分流管网建设，加强城镇排水与污水收集管网的日常养护工作，提高养护技术装备水平，强化城镇污水排入排水管网许可管理，规范排水行为。到2020年，建成区基本实现全收集、全处理。

2. 全面推进城镇污水处理设施建设，到2019年，东亭地区污水集中处理率达到95%以上，其他地区污水集中处理率达到85%以上，到2020年，建制镇污水处理设施全覆盖，污水收集与处理水平显著提高。

3. 加快推进城镇污水处理厂提标改造，到2017年，全区所有城镇污水处理厂全面达到一级A排放标准。

4. 加强污泥处理处置，2017年年底前，全面完成现有城镇污水处理厂污泥处理处置设施达标改造，无害化处理处置率达100%。

5. 加强水系沟通，实施清淤疏浚，提升水体自净能力，构建健康水循环体系。到2020年，全区城乡黑臭河道疏浚一遍。

6. 建立完善长效管护机制，切实加强各项管护制度建设，明确水体养护单位及其职责、绩效评估和养护经费来源。

（六）治理畜禽养殖污染

以畜禽养殖为重点，切实加强农业污染治理。全面清理整顿禁养区外所有非法和不符合规范标准的养殖场（小区）、养殖专业户。到2017年、2020年规模化养殖场（小区）治理率分别达到70%、90%。（区农林局牵头，区环保局、锡山国土分局等参与）

1. 优化养殖业布局。全面实施《无锡市区畜禽养殖禁养区和限养区界定规划的通知》，以生态红线区域、国考省考断面周边地区及其他环境敏感脆弱地区为重点，2017年全面完成禁养区内养殖场（小区）、养殖专业户关闭搬迁。强化畜禽养殖场规范管理，2017年年底前完成禁养区外养殖区域、总量、畜种和规模的合理确定工作。

2. 强化规模化畜禽养殖场粪污综合利用和污染治理，规模化畜禽养殖场全部建成粪污收集、处理利用设施。落实“种养结合、以地定畜”的要求，加强粪污还田，推进化肥施用减量化，到2020年，规模化养殖场畜禽粪便综合利用率达到98%，化肥施用量较2015年削减5%，农药施用量确保实现零增长。

3. 压缩网围养殖面积。开展湖泊网围养殖综合整治，到2017年，全区无湖泊网围养殖。

（七）治理挥发性有机物污染

到2020年，全区挥发性有机物（VOCs）排放总量削减20%以上。（区环保局牵头，区发改局、区经信局、区住建局、区城管局、区交通运输局、区商务局、区文体局、区市场监管局、区安监局、锡山交警大队等参与）

1．2017年年底前，石化、化工企业全部开展泄漏检测与修复，完成重点化工园区（集中区）和重点企业废气排放源整治工作。

2．强制使用水性涂料，2017年年底前，印刷包装以及集装箱、交通工具、机械设备、人造板、家具、船舶制造等行业全面实现低VOCs含量的水性涂料、胶黏剂替代。

3．2017年年底前，全面开展原油成品油码头油气回收工作，已建油气回收装置确保稳定运行。

4．认真落实淘汰高污染车辆的政策措施，加快淘汰一批高污染车辆。建成区非道路移动机械使用燃油达到国Ⅲ及以上标准。

5．全面推广新能源汽车，加快推进电动汽车充电基础设施建设。

6．推进实施船舶污染控制，2018年起，具备岸电供受条件的，船舶在港口码头停靠期间应优先使用岸电。

7．加强餐饮油烟污染控制，在城市主次干道两侧、居民居住区禁止露天烧烤。

（八）治理环境隐患

到2020年，环境风险隐患得到有效防范和化解。（区环保局牵头，区发改局、区交通运输局、区农林局、区安监局、锡山公安分局、锡山国土分局等参与）

1．全面开展重点环境风险企业环境安全达标建设，严格安全生产监管，避免因安全生产事故引发环境污染。

2．强化水上运输安全监督管理，推进危化品运输船舶定位识别设备安装使用，完善应急响应机制。

3．根据全市统一规划，推进危险废物集中处置，提高企业危险废物规范化管理水平，严厉打击危险废物非法转移、处置和倾倒行为。

4．根据省、市统一部署，2017年年底前，完成重点地区土壤污染状况详查。强化“退二进三”污染土地监管和治理修复，到2020年，污染地块安全利用率达到90%以上。

（九）提升生态保护水平

推进污染企业加快退出，实施建设项目环境准入制度，扩大污染企业发展禁区。守护绿水青山，突出山水林田湖的系统性、整体性、综合性保护；建立具有地方特色的绿色产业体系，实行生态优先的差异化考核；强化污染防治，狠抓大气、水和土壤污染治理；打造宜居家园，注重统筹发展；深化改革，创新体制机制；共建生态文化，推动生态文明建设与文化建设有机融合，确保区域生态环境状况指数和绿色发展指数逐年提升。（区环保局牵头，区委组织部、区发改局、区经信局、区住建局、区农林局、区水利局、锡山国土分局等参与）

（十）提升环境经济政策调控水平

建立健全环境经济政策体系，注重运用经济杠杆，提高排污成本，强化绿色金融等激励机制，用价格机制和市场机制倒逼企业转型。（区财政局牵头，区发改局、区环保局、区水利局等参与）

1．按照省、市统一要求，实施与污染物排放总量挂钩的财政政策。根据开发区、商务区、台创园，各镇（街道）排放的化学需氧量、氨氮、总氮、总磷、二氧化硫、氮氧化物、挥发性有机物等污染物总量，通过市财政向省财政缴纳费用。根据省、市财政最终返还比例和各地区环境质量改善情况等向各地区财政返还，返还资金和结余资金专项用于生态环境保护。

2．全面推开排污权有偿使用和交易。开展新、改、扩建项目排污权有偿取得，逐步开展现有排污单位排污权有偿取得，加快推进排污权交易，进一步完善排污权有偿使用和交易管理体系。

3．加大财政转移支付力度。继续完善生态补偿机制，重点支持生态保护和发展，开展多种形式的生态补偿工作。增加补偿断面，提高水环境区域补偿标准。

4．严格落实差别化的环境价格政策。实施差别化电价、水价和排污收费政策，严格执行新的排污费征收标准，开展总氮、总磷和挥发性有机物排污收费。

5．推进绿色金融政策。动员和鼓励更多社会资本投入到绿色产业，大力发展绿色信贷，引导金融机构加大对绿色经济的融资支持。积极支持符合条件的绿色企业上市融资和再融资。完善环境污染责任保险体系。

6．积极争取省级生态环境保护投资基金，发挥财政资金的“种子”作用，引导更多金融和社会资本进入生态环保领域。发挥政府环保投融资引导作用，更好地吸纳各类人才、技术和资本加入，加快推动全区环保基础设施提档升级。

（十一）提升环境执法监管水平

严格落实新修订的环境保护法，完善环境执法与刑事司法联动，实施联合惩戒，促进环境守法成为常态。（区环保局牵头，区委办、区政府办、区法院、区检察院、区委宣传部、区编办、锡山公安分局、区

法制办等参与）

1. 加大执法力度。建立完善网格化监管的执法责任体系，实行“双随机一公开”制度，加快推进全国流域排污许可证试点工作，对存在环境违法等严重失信行为的生产经营单位及其法定代表人，实施联合惩戒。贯彻实施《江苏省水污染防治条例》和新修订的《江苏省太湖水污染防治条例》。

2. 加大环境执法与刑事司法联动力度。完善环境执法与刑事司法衔接机制，进一步规范案件移送受理程序，提高侦办、起诉、判决效率，从快从严从重打击环境犯罪行为。大力推进环境公益诉讼，维护公众合法环境权益。

3. 曝光环境违法行为。每周曝光典型环境问题，公布整改情况，接受社会各界监督，彰显党委政府解决问题、惩治违法的决心和态度。

4. 开展区域督查。配合省委省政府、市委市政府开展环保督察。重点督办各级党委、政府落实国家和省、市、区生态环境保护决策部署、解决区域突出环境问题、改善环境质量等情况。

三、保障措施

1. 加强组织领导。落实党政同责、一岗双责。成立专项行动领导小组，由区政府主要领导担任领导小组组长，相关区级领导担任副组长，从相关部门抽调精干人员成立领导小组办公室，分管副区长兼任办公室主任，实行实体运作，集中办公，财政保障。各镇（街道）均成立相应工作机构，负责协调、督查、推进专项行动工作。（区委办、区政府办牵头）

2. 强化推进落实。牵头部门按照行动方案，组织参与部门抓紧制定实施计划，细化分解目标任务，明确时间要求，指导各板块有序开展工作。各板块按照目标任务要求，确保各项政策措施落到实处。各部门、各板块要将贯彻落实情况及时向专项行动领导小组办公室报告。区委、区政府就贯彻落实情况定期组织专项监督检查。（区委办、区政府办牵头，各有关部门参与）

3. 实施综合考评。把环境质量“只能更好、不能变坏”作为各级党委、政府的责任红线，每年依据签定的目标责任书进行综合考评，考评情况报送区委、区政府，通报区纪委、区委组织部，并向社会公布。（区委办、区政府办牵头，区纪委〈监察局〉、区委组织部等参与）

中共锡山区委
印发《关于开展“连心富民、联企强区”
大走访活动的实施方案》的通知

（锡发〔2017〕2号）

开发区、商务区、台创园党工委，各镇（街道）党（工）委，区委各部委办局，区各办局、区各人民团体、区直各单位、驻区各条线单位党委（党组、总支、支部）：

现将《关于开展“连心富民、联企强区”大走访活动的实施方案》印发给你们，请结合实际抓好贯彻落实。

中共锡山区委

2017年3月9日

关于开展“连心富民、联企强区”
大走访活动的实施方案

为进一步凝聚创新富民之力，弘扬求真务实之风，强化担当作为之责，着力推动富强美丽和谐幸福新锡山建设取得新进展新成果，根据省市委部署要求，结合锡山实际，现就在全区党政机关、人民团体、事业单位党员干部中组织开展“连心富民、联企强区”大走访活动，提出如下实施方案。

一、指导思想

全面贯彻党的十八大和十八届三中、四中、五中、六中全会精神，深入贯彻习近平总书记系列重要讲话精神，认真落实省、市第十三次党代会及区第四次党代会部署要求，围绕“两聚一高”和建设“强富美高”新无锡及富强美丽和谐幸福新锡山的目标任务，结合推动“两学一做”学习教育常态化制度化，开展“连心富民、联企强区”大走访活动，组织动员各级党员干部深入农村、社区、企业，在基层工作一线摸实情、办实事、求实效，在改革发展前沿强责任、强服务、强效能，切实解决基层和群众关心的突出问题，有效激发干事创业活力，统筹推进“五位一体”总体布局，协调推进“四个全面”战略布局，以优异成绩迎接党的十九大胜利召开。

二、基本原则

1．坚持以上率下。突出领导干部带头，各级党组织主要负责同志要以身作则、率先垂范，班子成员要全员参与、亲力亲为，广大机关干部要踊跃参加，找准岗位职能与服务群众的结合点，推动工作重点转到深入基层、服务群众上来。

2．坚持问题导向。围绕创新富民和产业强区的目标定位，深入基层一线，找准深化改革的制约瓶颈，找准改善民生的短板差距，找准化解矛盾的有效路径，做到摸实情全面见底，查问题深入透彻，定措施精准到位，切实推动问题的有效解决。

3．坚持全面覆盖。采取区、镇（街道）、村（社区）三级联动的方式，建立纵向到底、横向到边的大走访网络体系，确保党员干部走基层、察实情全覆盖。

4．坚持务求实效。针对基层和群众反映的问题，结合实际认真剖析，找准症结制定措施，持续发力加以解决。注重经验总结和成果巩固，努力构建服务改革、服务发展、服务民生的长效机制，形成面向基层常走常访、面对问题力促力改的责任体系。

5．坚持统筹兼顾。把大走访活动与推进“两学一做”学习教育和推动经济社会更好更快发展结合起来，妥善处理好大走访活动和日常工作的关系，一手抓活动实施，一手抓工作推进，努力将大走访的过程变为解决问题的过程、加强干部队伍建设和机关作风建设的过程，以实实在在的活动成效推动各项工作全面进步。

三、主要内容

1．贯彻省、市、区党代会精神，力促工作落实。深入了解基层学习贯彻省、市、区党代会精神情况，看党员干部是否学深悟透、基层干部是否全面熟悉、广大群众是否知晓了解，看贯彻落实的思路是否清晰、措施是否扎实，促进省、市、区党代会精神在基层深入人心、落地生根。

2．围绕富民惠民，力促脱贫攻坚。强化对基层困难人群、困难家庭的精准帮扶，深入经济薄弱村、困难职工家庭尤其是深度贫困家庭，了解财产收入、日常生活、增收致富等情况，加强创业就业指导，落实扶贫帮困措施，增进群众的获得感和幸福感。围绕城乡公共服务体系建设、生态环境保护和民生政策落实等重点问计问需于民，着力办好民生实事。

3．围绕产业强区，力促转型升级。深入企业特别是重点骨干企业，了解影响企业生产经营、转型升级的瓶颈制约，摸清企业对政府服务效能、优化发展环境的意见建议，帮助企业解决融资难、投资难、创业难、盈利难等实际困难，助推企业抢抓发展机遇、提升科技含量、增强转型动力，实现健康发展。

4．围绕人才工作，力促创新引领。紧扣“太湖人才计划”部署要求，以锡山领军人才计划为核心，以科创园、台创园为重点，与各类创新创业人才沟通交流，把脉人才服务政策、机制、保障等方面的问题和短板，加大人才引育、科技创新力度，营造尊重人才、鼓励创新的浓厚氛围。

5．围绕社会治理，力促和谐稳定。坚持“带案走访”“带题走访”，摸排影响社会治理、和谐稳定方面的矛盾和问题，采取积极有效措施，把矛盾纠纷化解在基层，把信访积案化解掉、把源头问题治理好，预防新的矛盾发生，有效减少越级上访和非正常上访数量，切实履行维护一方和谐责任，为党的十九大胜利召开营造和谐稳定的社会环境。结合锡东电厂复工工作，对电厂周边重点企业和村民群众进行全覆盖走访。

6．围绕固本强基，力促全面进步。深入了解掌握基层党组织加强和规范党内政治生活情况，了解基层党组织带头人履职情况，了解基层党建工作创新实践情况，了解作风效能建设和反腐倡廉建设情况，做到及早发现问题，及时整改落实，进一步让争做合格党员成为广大党员的思想自觉和行动自觉，推动基层党组织全面进步、全面过硬。

四、活动要求

1．深入基层、根植群众。通过大走访，深入基层一线，促进党员干部密切联系群众、增进群众感情，牢固树立群众观念，始终站稳群众立场，心贴心为群众解忧，零距离为企业服务，真正了解群众所思所想、企业所急所难，更好地服务群众、服务企业。通过走访调研，见微知著、由下及上，从群众最关注的热点、难点问题着手，推动事关民生和发展的突出问题解决。

2．全面覆盖、联动走访。坚持上下联动、条块互动、点面结合、统筹推进。区领导和相关领导分别走访1个村（社区）、5家重点骨干企业、1名高层次人才和3户以上深度贫困户，区级机关部门分别走访1个村（社区）、3家重点骨干企业。区领导走访时间原则上不少于7个工作日，区领导和相关领导所在单位负责协调区领导和相关领导的走访工作；区级机关部门走访由班子领导带队，赴各走访单位开展工作，区级机关部门党员干部走访时间原则上不少于10个工作日。镇（街道）要结合实际参照制定本级的走访工作要求，确保党政干部参与全覆盖，所有村（社区）联系全覆盖。

全区以镇（街道）为单位划分区域网格，由区领导班子、机关部门、镇（街道）、村（社区）组成团队，全面走访属地村、社区和企业，并对应做好市级机关走访活动的协调工作；村、社区结合日常工作，走访辖区内每一户农户、居民家庭以及企业。

各级机关党员干部要依托"在职党员进社区"活动载体，全面融入所在地社区，积极开展当地组织的党员志愿服务活动、主题实践活动以及各类公益活动，在基层一线为群众做好事、办实事、解难事。

3．分门别类、推进实施。走访村（社区）要突出富民惠民主题。区领导和区级机关要走基层、察实情，做到参加一次村（社区）两委班子会议，组织一次村（居）民代表会，走访3户以上困难户，并填写信息采集表，形成一篇高质量的走访调研报告。走访企业要突出产业强区主题。区领导和区级机关要深入生产经营一线、研发一线，深入了解发展中的难题、制约发展的突出问题，帮助寻找推动发展的突破口和着力点，做到参加一次管理层会议，组织一次中层及党员骨干代表会，与3名以上一线工作人员谈心交流，并填写信息采集表，至少形成一篇高质量的调研报告。镇（街道）、村（社区）要结合实际，明确本级走访的工作要求。

4．找准问题、制定清单。各地各部门按照大走访活动的部署安排，深入村、社区、企业，采取现场察看、调查问卷、谈心交流等方式开展走访工作，深入了解各类走访对象的基本情况，做好对基础信息和共性需求的系统掌握，注重对难点问题和焦点矛盾的根源查找，形成全面、直观、准确的第一手资料。认真对走访中收集的各类问题进行梳理归纳、制定清单，理清问题解决的层级和条线，列出问题解决的目标任务、时间进度和责任主体，提出解决问题的意见和方向，做到问题查得清、靶向定得准、措施落得实。

5．汇总信息、有效处理。全市将分市、区、镇（街道）三级统筹建立三级大走访信息数据处理系统。市级在市政府"12345"综合服务平台设立"一级数据库"；我区设立"二级数据库"，负责对全区收集问题的梳理研判，处理自身能够解决的问题，对涉及到市级管理权限、需要与其它市（县）区联动解决的重大问题，报送"一级数据库"和市委大走访活动办公室；镇（街道）设立"三级数据库"，负责收集汇总涉及本辖区内村、社区、企业的问题，处理自身能够解决的问题，对涉及到跨区域跨部门、需要上级解决的重大问题，报送"二级数据库"。

五、工作步骤

1．动员部署（2月下旬至3月上旬）。3月上旬召开大走访活动动员部署会议、下发实施方案，全面部署落实各项工作要求和任务。各地各部门和大走访活动办公室，根据要求分别制定实施方案，健全完善全区大走访活动组织和工作体系。区领导和区级机关部门的走访工作，由区委大走访活动办公室协同相关职能部门分类制定具体方案。镇（街道）、村（社区）要对应区活动方案，分层细化各自的实施意见。各镇（街道）、各区级机关部门的实施方案，于3月17日前上报区委大走访活动办公室。

2．走访调研（3月中旬至5月底）。各地各部门根据实施方案的部署安排，按照"边走访、边调研、边梳理、边解决"的基本思路开展集中走访，对能够现场解决的问题及时解决，对一时解决不了的问题，认真分析研判并提出初步解决意见。各专项工作组、镇（街道）需每月汇总梳理走访信息，形成综合信息分析报告，于月底前集中上报"二级数据库"和区委大走访活动办公室。

区级机关要加强与联系镇（街道）的沟通交流，研究推进相关工作。区领导按照各自分片联系走访要求，于5月上旬召开专题会议，集中听取片区开展大走访活动情况汇报，并结合实际研究部署整改攻坚工作。

3．整改攻坚（6月初至9月底）。坚持分层负责、分类解决问题，对属于地区和部门解决的问题，及时明确责任并加以解决；对需要有关地区和部门共同解决的问题，报请大走访活动领导小组办公室协调解决；对需要面上研究的体制机制性问题，提交大走访活动领导小组，由相应专项工作组研究制定解决措施；对一些重大问题、共性难题，由各级大走访活动领导小组及其专项工作组开展专题研究，从制度和政策层面落实解决措施，并通过媒体、网络向社会公布，接受基层和群众的评判监督。注重在解决问题过程中再走访、再征求意见、再发现和解决问题，注重在走访工作中及时总结先进经验和培育先进典型，让基层和群众切实感受到大走访活动带来的实效。区委大走访活动办公室将适时对开展走访和解决问题情况进行集中督查。

4．拓展成果（10月初至年底）。认真总结提炼大走访活动中形成的好经验好做法，用制度的形式固定下来，建立基层走访调研、问题整改落实的长效机制。围绕大走访活动常态化制度化的要求，推动各地各部门既坚持从严从实、又勇于创新实践，定期不定期地回访联系对象，了解掌握问题解决结果特别是基层和群众满意度，持续关心关注基层工作新情况，排查解决群众反映新问题，巩固拓展大走访工作的实践成果和制度成果。

六、组织实施

1．强化组织领导。区委建立大走访活动领导小组，副市长、区委书记陆志坚任组长，区委副书记、区长顾中明，区委副书记言国强，区委常委、区委组织部部长窦虹，区委常委、区委办主任、区委宣传部部长徐悦任副组长，领导小组下设民生改善工作组、改革发展工作组、产业发展工作组、基层党建工作组、社会治理工作组，由区领导牵头、相关区级机关部门、驻区条线单位组成，主要职责是加强大走访活动的分类指导、问题解决和工作推进。领导小组办公室设在区委办公室，内设综合组、宣传组、信息组、督导组，负责大走访活动的组织协调、督导检查、宣传报道等工作。各地各部门结合实际建立相应领导机构和专项工作机构。

2．强化责任落实。各地各部门负责同志要把大走访活动作为全局工作的重点抓在手上，认真按照区委有关部署和要求，定方案定措施，抓推进抓落实。区领导和区级机关要以上率下，强化引领。镇（街道）、村（社区）要加强整体衔接和沟通联系，确保走访工作有序推进。要建立大走访活动信息采集交办会办督办制度、联络员制度等，保障大走访活动扎实有效推进。

3．强化调度推进。全区大走访活动部署后，区委大走访活动领导小组将根据走访调研、问题汇总、整改落实等工作的推进情况，分别召开专题推进会，加强工作调度，加大整改力度。各地各部门要坚持高起点谋划、高标准推进、高要求落实，不折不扣地完成大走访各项工作任务。

4．强化纪律执行。认真执行领导干部下基层活动的纪律要求，坚持轻车简从、厉行节约，不搞蜻蜓点水、走马观花。要扑下身子扎根基层，下去前准备充足，下去后身到、心到、情到。在走访基层和群众时要带着责任、带着问题，着力帮助基层和群众解决好工作和生活方面的现实问题，多做暖人心、稳人心、得人心的实事好事。

5．强化督促检查。各地各部门要建立督导组，定期对大走访活动进行督查，推动走访调研，切实解决问题。要综合分析研判督导对象的情况报告和数据资料，分类梳理大走访活动中存在的共性问题，总结推广成功经验和典型案例。要加强对相关任务落实情况的督查督办，及时进行通报，并把大走访活动开展情况纳入目标考核体系，作为各级机关部门作风建设和党员干部年度述职述廉的重要内容。

6．强化氛围营造。充分运用报刊、网络等新闻媒体，切实加强对大走访活动的宣传报道，营造强大的宣传声势。深入挖掘宣传大走访活动中涌现出的新鲜经验和先进事迹，适时推出一批“连心富民、联企强区”先进典型，充分发挥以点带面、推动全局的导向作用。

7．强化制度建设。将群众路线教育实践活动及本次大走访活动中形成的好做法、好经验，固化为长效工作机制，切实巩固活动成果。各级党员干部要定期对联系镇（街道）、村（社区）、企业和群众进行回访，及时了解并帮助解决群众和企业的新要求、经济社会发展中出现的新问题。

（附件略）

中共锡山区委　锡山区人民政府 关于聚力创新实施“锡山英才计划”的意见

锡发〔2017〕12号

（2017年6月8日）

人才是经济社会发展的第一资源。为加快构建以新兴产业为先导、先进制造业为主体、现代服务业为支撑的现代产业发展体系，根据市委、市政府《关于实施“太湖人才计划”打造现代产业发展新高地的意见》（锡委发〔2016〕28号）及其补充意见，现就实施“锡山英才计划”提出如下意见。

一、主要目标

第一条　“十三五”期间，聚力创新，聚集人才，优先支持顶尖人才，重点支持100名以上“高精尖缺”的产业领军人才创新创业，加快引育10000名以上优秀人才在锡山工作，完善配套支持政策，创新人才工作机制，为建设富强美丽和谐幸福新锡山提供人才保证和智力支持。

二、优先支持顶尖人才

第二条　我区园区和企业在新兴产业、先进制造、现代服务业等重点领域引进的诺贝尔奖获得者、海外院士、两院院士、国家科学技术奖最高奖获得者、国家“千人计划”和“万人计划”获得者以及与其相同层次的顶尖人才，带技术、带项目、带资金、带团队，来锡山创新创业，能够实现核心技术产业化、产生重大经济和社会效益，经评审认定，实行“一事一议”扶持政策。

上述顶尖人才，依托我区企业、科研院所等研发平台，采取项目合作、技术指导、培训咨询、成果转化等方式，开展短期合作，能够实现关键技术突破和创新成果转化，经评审认定，每引进1名，按照引进人才实际纳税薪酬的30%给予薪酬补贴，最高不超过30万元。

三、重点支持产业领军人才

第三条　新兴产业创业领军人才及团队。主要是指能引领我区新兴产业和现代农业发展方向，具有硕士以上学位，拥有自主知识产权的关键技术，技术成果国际先进、填补国内空白并能产业化、具有较好市场前景，熟悉相关产业领域和国际规则，带团队、带技术、带项目、带资金且在创办企业中占股不低于30%，来锡山自主创业、兴办企业的科技领军人才及团队，其中团队需由1名团队带头人和不少于2名核心成员组成。经评审认定，对每个项目给予50万—200万元启动补贴，视项目运行情况给予最高50万元奖励补贴，优先提供专项贷款和股权投资，3年内每年给予最高10万元办公场所租金补贴或无偿提供100—300平方米创业载体。

第四条　产业升级创新领军人才。主要是指我区企业单独引进、或与在我区高校、科研机构联合引进的，具有硕士以上学位或副高以上职称，具有国际科学视野和科技战略眼光，有重大发明和重大技术创新成果，领衔重大研发项目、解决核心技术难题，每年纳税薪酬不低于30万元，在企业担任技术总监、总工程师或其他同等级别职务，促进产业转型升级的高层次人才。经评审认定，每引进1名给予企业2万元一次性引才奖励；给予个人每月1000—3000元的薪酬补贴，最多补贴3年。经无锡市认定的企业柔性引进“海外星期天工程师”，按照所获市级扶持资金的20%给予配套。

第五条　先进制造技能领军人才。主要是指由我区先进制造业领域的企业引进、培育，熟练掌握专门知识和技术，具备精湛的操作技能，在工作实践中能够解决关键技术和工艺等操作性难题的领军型技术技能人才；具有高超技艺和精湛技能，并在相关技术领域有突出创新能力的“大国工匠”。经评审认定，每引进1名给予企业2万元一次性引才奖励；给予个人每月1000—3000元的薪酬补贴，最多补贴3年。在我区企业获得技师和高级技师资格的分别给予个人1000元和3000元的奖励。

第六条　生产性服务业领军人才。主要是指在风险投资、科技金融、法律、财务、人力资源服务、知识产权、服务外包、电子商务、检验检测认证等领域引进的，为企业在资金筹集、战略计划、技术转移、信息咨询、生产业务、财务管理、销售管理、人力资源管理、并购重组、公司上市、检验检测认证等方面提供优质服务，推动企业向产业链、价值链、市场链的高端攀升，具备行业认可的从业资质，有较大知名度和影响力，有较强的创新服务能力，有设计和实施服务模式的成功经验或若干成功案例的高层次人才。经评审认定，给予个人最高10万元奖励；入围无锡“太湖人才计划”的，按照所获市级扶持资金的20%给予配套。

第七条　企业经营管理领军人才。主要是指具有本科以上学历，有5年以上知名企业管理工作经验，能在我区企业全职工作3年以上，对企业的创新发展、效益提升发挥重大作用，担任企业总经理、副总或规模以上企业中层管理人才。经评审认定，每引进1名给予企业1万元一次性引才奖励；入围无锡“太湖人才计划”且每年纳税薪酬不低于24万元的，给予个人每月1000—3000元的薪酬补贴，最多补贴3年。建立企业家培训制度，每年安排企业家培训经费50万元左右，铸造新锡商群体。

四、加快引育优秀人才

第八条　加强社会事业人才队伍建设。重点引育在教育、卫生、文体、农林等领域内，具有硕士以上学位或相当于副高以上职称，具有较高声望和较大影响，在基础学科研究中有突出成就，或在技术领域有较强专业技能的高层次人才。各主管部门依据行业特点，将行业人才队伍建设列入相关职能部门“三定”方案，并在高层次人才引进和培养、市级以上人才项目争取、重点学科和载体建设等方面制定专项政策。

第九条　加强企业专技人才队伍建设。重点引育具有正高以上职称、具备自主创新能力、能够突破关键技术、发展高新产业的专业技术人才。本区企业从区外引进正高级人才，每引进1名给予企业5000元一次性引才奖励；人才在我区企业获评正高级，给予个人5000元一次性奖励。

第十条　加强乡土人才队伍建设。对拥有一技之长、掌握绝技绝活的能工巧匠、民间艺人，在带领技艺传承、带强产业发展、带动群众致富等方面具有典型示范、产生积极影响，经评选认定的，给予个人最高3000元奖励。“乡土人才”领衔设立大师工作室，在开展带徒授艺、技艺传承创新、促进富民增收、形成产业规模等方面成效明显，通过无锡市评审认定的，按照所获市级扶持资金的20%给予配套。

第十一条　加强年轻人才队伍建设。统筹全区产业、科技和人才等各类项目资源，提高对年轻人才的资助比例，形成集成支持。优秀大学毕业生来锡山工作，按照无锡市有关规定享受租房补贴。壮大众创队伍，对获得市级以上大学生创业项目奖励的，按照所获市级扶持资金的30%给予配套。企业从区外引进40周岁以下、具有硕士以上学位或副高以上职称人才，在本企业工作满3年，给予博士或正高人才3万元、硕士或副高人才1万元一次性工作奖励。完善年轻企业家培育机制，选送优秀年轻企业家参加海内外研修。

五、完善配套支持政策

第十二条　鼓励科技园区、专业园区建立创新创业载体。

1．推进“一镇一院一产业”建设，支持科技园区、专业园区与国内外高校、科研院所建立产业研究院、重大创新载体等高端政产学研合作机构，已实际运作并有实质性合作内容的，按每年实际投入的50%给予补助，连续补助3年，总额不超过500万元。对特别重大高端合作机构的建设运行，实行“一事一议”扶持政策。

2．经认定为国家、省、市众创空间的分别给予最高不超过50万元、30万元、10万元的支持。

3．科技园区、专业园区新建的公共服务平台、技术研发平台，凡经认定为省级公共服务平台，给予50万元的支持；经认定为国家级科技公共服务平台，再给予80万元的支持。

第十三条　鼓励企业建立应用型研发机构。

1．企业建立的研发中心新认定为国家、省、市级工程技术研究中心的（企业工程中心、企业技术中心，不重复奖励），参考硕士以上研发人才引进或使用情况和近一年发明专利申请量以及研发项目实施情况，分别给予最高不超过50万元、30万元、10万元的支持。

2．企业新认定的省级企业研究院、院士工作站、研究生工作站、重点实验室、科技公共服务平台根据近一年发明专利申请量分别给予最高不超过20万元的支持。

3．支持行业龙头企业研究院升级为产业级研究院，按产业研究院标准给予支持。

4. 企业建成省级博士后创新实践基地、国家级博士后科研工作站，分别给予企业10万、20万元的支持。区域性博士后工作站新设立分站，给予3万－5万元的支持。现有博士后科研工作站（省博士后创新实践基地）招收博士后进站开展科研活动，每进站1名博士后给予5万元的经费资助。

第十四条　支持企业有效参与省级以上重大人才项目。对由我区企业申报并符合评审条件的人才，给予人才所在企业奖励支持。参加省级以上人才项目答辩的最高给予1万元一次性补助，如入选按照所获省级以上扶持资金的20%给予奖励，最高不超过30万元。

第十五条　加强“人才+项目+平台”联动。坚持“双招双引”融合发展，招才引智享受招商引资出国（境）审批政策，实现招商部门与人才部门、招商队伍与人才队伍力量整合、工作联合、项目融合。拓宽寻才引才渠道，在高端人才密集国家和地区，建立引才工作站等联络机构，视成效给予每年最多10万元经费扶持。搭建聚才活动平台，定期举办海内外高端人才交流会、“凤还巢”活动等，吸引高端科技活动、学术会议、行业论坛在我区举办或永久性落地。依托对接“无锡人才云”大数据平台，掌握人才、企业、产业供需动态，打造人才供需精准对接渠道。

第十六条　加强人才金融支持。依托市太湖（浦发）股权投资基金，探索设立现代产业发展和创业创新人才基金，积极开展“人才投”“人才贷”“人才保”“人才筹”等金融服务，加大对人才创业企业和创新项目的融资支持。对符合条件的自主创业企业，优先支持股改、挂牌、上市，利用多层次资本市场加快发展。

第十七条　加强人才公共服务。优化教育服务，由教育行政部门在全区范围内提供优质公办教育资源，鼓励和引导国际合作办学，为高层次人才子女入学入托提供优质服务。优化卫生服务，建立人才健康档案和补充医疗保险。优化住行服务，领军人才在锡山区购房用于自住，给予5万－10万元安家补贴；在锡山区购车，给予5万－10万元购车补贴。

第十八条　大力表彰先进典型。推荐优秀人才和企业参加“无锡市优秀人才贡献奖”“无锡市留学回国人员创业奖”“无锡市高技能人才成就奖”“无锡市引进人才工作奖”等人才奖项评审，对获区级推荐但未入选的个人和企业，根据推荐排名，前3—5位作为区级优秀个人和企业，并按照无锡市入围奖励标准的20%给予奖励。

六、创新人才工作机制

第十九条　建立健全组织领导机制。进一步加强党委、政府和组织部门三个“一把手”抓人才“第一资源”领导机制。区级设立人才工作办公室，按照编制、职责、人员和经费“四到位”要求，配齐配强工作力量，充分发挥区人才办的积极作用。开发区、商务区、台创园和各镇（街道）明确分管领导，配备专人负责。

第二十条　建立健全人才工作考核机制。完善各级党政领导班子和领导干部人才工作目标责任制，把人才工作列入落实党建工作责任制述职的重要内容。将人才发展绩效纳入开发区、商务区、台创园和各镇（街道）绩效考核体系，考核结果作为领导班子评优、干部评价的重要依据。

第二十一条　建立健全投入保障机制。区、开发区、商务区财政部门要根据人才发展实际需要，优先足额安排人才发展资金，建立健全资金使用、监管机制，定期开展人才政策绩效评估，加强资金管理，加强跟踪检查，防范资金使用风险，提高财政资金使用绩效。各级财政部门要优先足额安排人才工作日常经费，保障人才工作支出需要。

第二十二条　建立健全容错免责机制。在对人才项目扶持、科技成果转化、综合服务保障等方面，符合规定条件、标准和程序，但未达预期发展效果，相关领导干部在勤勉尽职、没有牟取非法利益、未造成严重损失和恶劣影响的前提下，对有关人员免除责任，不作负面评价。

七、附则

第二十三条　本意见在区委、区政府的统一领导下，由区科技和人才工作领导小组组织实施。

1. 区人才办牵头抓总，负责统筹推进、督促检查、强化考核，创新人才工作机制，调整完善政策体系，组织重大人才活动，搭建锡山人才工作网络和大数据平台，会区财政局负责资金预算、审核与拨付等。

2. 领导小组相关责任部门按照工作职能，制定实施细则，抓好人才引进和培育，发布申报公告，组织项目评审、认定、管理，负责资金测算和后续考核。其中新兴产业创业领军人才及团队由区科技局负责，产业升级创新领军人才、先进制造技能领军人才由区人社局负责，生产性服务业领军人才由区人社局会区商务局负责，企业经营管理领军人才由区经信局负责，社会事业人才由相关部门负责。

3．领导小组其他成员部门各司其职、加强协助，协同抓好本意见相关政策的落实、相关人才队伍的培育、相关服务细则的制定等。

4．开发区、商务区、台创园、各镇（街道）结合实际制定完善配套政策，共同推动落实“锡山英才计划”。

第二十四条　本意见由区人才办负责解释，与我区其他政策有重复交叉的，按照“从优从高不重复”的原则执行，与市级政策重复的，可重复享受。

第二十五条　本意见所述人才扶持资金中，第十二条、第十三条1—2款根据《区政府办公室印发关于加快推进现代产业发展的政策意见（试行）的通知》（锡府办〔2016〕12号）安排，并保持同步调整；其他人才扶持资金中，涉及各镇（街道）、台创园辖区范围内的由区财政承担，涉及开发区、商务区辖区范围内的按现行财政体制由各自承担，其中第十四条奖励资金由区财政承担。

第二十六条　本意见自发布之日起施行，之前的人才扶持政策同时废止，正在兑现但尚未到期的人才扶持政策可继续兑现。

锡山区人民政府
关于推行政府法律顾问制度的若干意见

（锡府发〔2017〕36号）

开发区、商务区、台创园管委会，各镇人民政府（街道办事处），区各办局，区各直属单位，驻区各条线单位：

为落实党的十八届四中全会关于“积极推行政府法律顾问制度”的要求，进一步建立健全政府法律顾问体系，提高政府依法行政、依法管理和依法办事的能力和水平，区政府决定在全区范围内全面推行政府法律顾问制度。现提出意见如下：

一、建立健全政府法律顾问制度的重要意义

积极推行政府法律顾问制度，建立政府法制机构人员为主体、吸收专家和律师参加的法律顾问队伍，是规范政府行为，有效推进依法行政的重要保证；是促进政府科学、民主、合法决策的重要手段；是维护政府经济活动安全的重要保障；是完善政府行政管理方式，预防和化解社会矛盾纠纷的重要途径，对推进依法行政、加快法治政府建设具有十分重要的意义。

二、指导思想和工作目标

以邓小平理论和“三个代表”重要思想为指导，深入贯彻落实科学发展观，紧紧围绕促进我区经济社会转型发展的工作大局，在区委全面深化改革领导小组的领导下，通过充分发挥行政机关职能作用和政府购买社会服务相结合的方式，构建政府主导、政府法制机构牵头、司法行政和有关部门协助、执业律师和法学专家参与的政府法律顾问体系，推进法治政府建设，提高政府依法行政的能力和水平，在已建立法律事务咨询委员会的基础上，通过政府采购公开招标方式确定入围的律师事务所名单，按照“一级建立，二级使用”模式，区各有关部门实现政府法律顾问制度全覆盖。

三、基本原则

（一）优势互补原则。建立健全政府法律顾问制度，既要发挥政府和部门法制机构的职能作用和工作优势，又要发挥专家、律师实务经验丰富、熟悉办案程序的专业优势，还要借助专家、律师独立性、中立性、民间性的职业特性，共同促进政府依法行政能力和水平的有效提升。

（二）定点采购原则。各单位可根据法律服务需求量的大小，按照实用、便捷、高效的原则，选择具备相应专长的执业律师和部分法学专家担任政府法律顾问。聘请常年法律顾问或处理单项委托事务的需在区政府通过政府采购（公开招标）程序确

定的律师事务所名单中选用。入围律师事务所名单每3年通过政府采购方式调整一次。聘请专家学者仅限从事行政决策专家论证事项，人员可在区政府法律事务咨询委员中选任，也可在符合遴选条件的专家学者中选任。

（三）诚信尽责原则。政府法律顾问应当诚信、正直，忠于事实和法律，认真负责，恪尽职守；有履行政府法律顾问职责的时间和精力，有全面的知识和工作能力，能够出具合法、准确、客观、全面的法律意见。

（四）保守秘密原则。政府法律顾问要保守工作中知悉的国家秘密、商业秘密和个人隐私；未经聘请单位许可，不得透露或公布未决定事项、已决定未公开事项和审议过程。

（五）接受监督原则。执业律师、法学专家担任政府法律顾问，要在聘请单位、法制机构、司法行政部门和律师协会的指导和监督下开展工作，遵守法律规定和执业纪律，信守服务承诺。对经查证核实的政府法律顾问违法违纪和不信守服务承诺行为，由区政府法制部门抄告其主管部门予以处理。

（六）有偿服务原则。落实“谁聘请谁付费、谁接受服务谁付费和以事定费”原则，实施“固定付费和协商付费”相结合模式。相关单位可根据涉法工作事务的多少自行决定本单位政府法律顾问的构成，涉法事务量大的可选定一家律师事务所作为常年法律顾问单位，涉法事务量较少的可在遇到具体单项法律事务时在律师事务所名单库中选用。有偿服务费用包括常年法律顾问费用、诉讼类服务费用和非诉讼类服务费用。常年法律顾问服务期限不超过一年，费用每年一般不得超过2万元（涉法事务量特别大的单位，提高该费用标准的，需报区政府批准），该费用包含提供日常法律咨询服务。诉讼类、非诉讼类服务费用要结合上一年度服务费支付情况、工作量大小、工作难易程度、执行标的到位率等因素综合考虑，按律所对外公示的收费标准协商确定：固定收费比例的，按五折以下向下协商确定；浮动收费比例的，按最低收费比例向下协商确定。聘请专家学者从事行政决策论证的，费用参照《无锡市党政机关培训费管理办法》讲课费下限标准按次支付，严禁超标支付。各单位要切实保障政府法律顾问能够得到与其服务相适应的报酬，不断提高政府法律顾问工作积极性。

四、实施范围和组织模式

（一）政府法律顾问制度的实施范围

凡使用财政性资金支付法律顾问费用的国家机关、企事业单位和团体组织，包括开发区、商务区管委会，台创园管委会，各镇人民政府（街道办事处），区各有关单位，且涵盖前述部门下属企事业单位。

（二）政府法律顾问制度的组织模式

1. 法制机构人员。各单位要进一步加强法制工作人员队伍建设，畅通具备条件的法制工作人员交流渠道，将政治素质高、工作能力强、有法律素养的人员充实到法制工作岗位。新招录、调入的法制工作人员以及新任命法制科长原则上需具备全日制法律专业本科学历或取得法律职业资格证书。

2. 聘请专家学者。遴选条件：（1）遵守宪法和法律，拥护党的路线、方针和政策，具有良好的职业操守和道德修养；（2）受过系统的法律及其他领域专业教育，具有较高的专业理论水平和丰富的实务工作经验；（3）具有教授、研究员等高级职称，或从事法律教学、研究、法律实务工作10年以上；（4）在所从事的专业领域享有较高的社会知名度和影响力；（5）熟悉政府工作规则，热心社会公共事业。

3. 聘请执业律师。区政府通过政府采购（公开招标）方式确定15家律师事务所，建立区政府法律顾问定点律师事务所名单库，服务资格期限3年。聘请律师的需从该名单库中选用，如出现重大、疑难、复杂涉法事务，可聘请名单库以外的律师事务所，但需报请区政府批准。投标人应具备的条件：（1）依照《中华人民共和国律师法》成立的律师事务所，如果注册地在无锡市外的，须在无锡市范围内设有分支机构；（2）律师事务所及其执业律师三年内未受过行政处罚或行业处分，无违法违纪行为，司法行政部门年度考核为合格等次；（3）具备《中华人民共和国政府采购法》第二十二条规定的条件。律师事务所在投标时须指定4—5名律师作为服务团队人员，中标后服务团队人员不得更换。政府采购公开招标评标方法采用综合评分法，主要考虑因素：律师事务所和服务团队的商业信誉、以往业绩、服务质量、综合实力等。建立以实绩、品德、知识、能力等要素构成的考核评价指标体系，对年度考核不达标的律所终止其服务资格定期对外公示。

五、政府法律顾问的服务内容

政府法律顾问，主要负责或者参与办理下列法律事务：

（一）参与政府和部门重大行政决策；

（二）参与起草、修改和审查行政规范性文件；

（三）参与重大经济项目、重大招商引资活动的谈判，以及有关合同（协议）的起草、审查和修订；

（四）参与国企改制、国企破产清算等重大经济事项；

（五）参与重大行政执法、行政征收（征用）等具体行政行为；

（六）参与处置重大突发事件、群体性事件；

（七）参与重大、疑难的行政复议、行政裁决、行政调解、行政赔偿案件的处理；

（八）参与重大、疑难信访案件的接待、处理；

（九）代理诉讼、仲裁、调解活动；

（十）协助进行法制宣传教育和法律培训；

（十一）办理其他法律事务。

六、工作要求

（一）加强领导，精心组织。各部门要充分认识全面建立政府法律顾问制度的重要性和必要性，建立“行政一把手负总责，法制机构牵头、相关部门配合”的推进机制，将政府法律顾问制度建设工作列入重要议事日程，抓好落实。政府法制部门要会同有关部门研究制定加强政府法律顾问制度建设的工作方案和具体措施，组织协调和引导政府法律顾问提供优质高效的法律顾问服务。

（二）完善制度，建立长效工作机制。要建立和完善政府法律顾问工作规则和相关配套制度，落实政府法律顾问专项经费；各地、各部门要积极主动搭建工作平台，为政府法律顾问发挥职能作用提供便利和创造条件，确保政府法律顾问制度真正发挥作用，克服“聘而不用、顾而不问”和“虽问不听，我行我素”的现象，促进工作科学化、规范化。

（三）强化考评，加强监督。完善日常管理、考评奖惩等工作机制，将法律顾问制度落实情况纳入依法行政考核范畴。对履行职责过程中应当请法律顾问参加而未落实、应当听取或采纳法律顾问的法律意见而未听取或采纳，造成重大损失或者严重不良影响的，依法依规追究相关人员责任。政府法制部门、司法行政部门要密切配合，加强对律师和律师事务所开展政府法律顾问工作的监督和指导。

七、其他

本意见自公布之日起实施，原《区政府关于推行政府法律顾问制度的若干意见（试行）》（锡府发〔2015〕3号）停止执行。常年法律顾问合同已到期的，自确定的律师事务所名单库公布之日起执行；常年法律顾问合同尚未到期的，自期满之日起按本意见执行。

无锡市锡山区人民政府

2017年8月1日

锡山区人民政府
关于发布锡山区食品小作坊
允许申报登记清单目录（第一批）的通知

（锡府发〔2017〕50号）

各有关单位：

为进一步加强具有锡山地方特色、采用传统工艺加工制作食品的监管工作，保证食品安全，保障公众身体健康和生命安全，根据《江苏省食品小作坊和食品摊贩管理条例》《无锡市食品小作坊登记证管理办法》等法律、法规规定，参照食品类别风险等级及小作坊食品安全保障能力，结合本区实际，制定《锡山区食品小作坊允许申报登记清单目录（第一批）》（见附件）。本通知自发布之日起实施，由区市场监督管理局负责解释。原锡府办〔2008〕90号文件废止。

附件：锡山区食品小作坊允许申报登记清单目录（第一批）

无锡市锡山区人民政府

2017年9月4日

（此件公开发布）

锡山区食品小作坊允许申报登记清单目录（第一批）

表63

序号	食品类别	允许生产具体食品类别名称	理由
1	肉制品	1. 酱卤肉制品（酱卤肉类、糟肉类、白煮类） 2. 烧烤肉制品（烤鸭、烧鹅、烤肉、烤鸡腿、叉烧肉等）	地方特色、传统工艺
2	酒类	1. 黄酒（原酒、加工灌装） 2. 其他发酵酒（米酒）	地方特色、传统工艺
3	淀粉及淀粉制品	1. 淀粉制品（粉皮） 2. 淀粉糖（饴糖、麦芽糖）	传统生产加工食品
4	糕点	一、热加工糕点： 1. 烘烤类糕点（酥类、松酥类、松脆类、酥层类、酥皮类、松酥皮类、糖浆皮类、硬皮类、水油皮类、发酵类、烤蛋糕类、烘糕类、烫面类） 2. 油炸类糕点（酥皮类、水油皮类、松酥类、酥层类、水调类、发酵类） 3. 蒸煮类糕点（年糕、团子、片糕、发糕、松糕、粽子） 4. 其他类［发酵面制品（馒头、花卷、包子、豆包、饺子、发糕、馅饼）、油炸面制品（油条、油饼、炸糕）、非发酵面米制品（窝头、烙饼）］ 二、冷加工糕点： 熟粉糕点（热调软糕类、冷调韧糕类、冷调松糕类、印模糕类、挤压糕点类、其他类）	地方特色、传统工艺
5	豆制品	非发酵性豆制品（豆浆、豆腐、豆腐脑、豆腐泡、豆腐干、百叶、油豆腐）	地方特色、传统工艺

说明：类别参照《食品生产许可管理办法》食品许可分类目录

锡山区人民政府关于调整我区2017年度居民养老保险待遇的通知

（锡府发〔2017〕51号）

开发区、商务区、台创园管委会，各镇人民政府（街道办事处），区各办局，区各直属单位，驻区各条线单位：

根据无锡市人力资源和社会保障局和无锡市财政局《关于调整2017年度市区居民养老保险待遇的通知》（锡人社发〔2017〕199号）文件精神，结合我区实际，经研究，决定调整我区2017年度居民养老保险待遇标准。现将有关事项通知如下：

一、居民养老保险基础养老金由每人每月370元调整到405元，其中：本市市区户籍年限不满6年的，调整到每人每月202.5元。

二、征地补偿性养老金女50周岁以上、男60周岁以上的，由每人每月400元调整到425元；女40周岁以上未满50周岁、男50周岁以上未满60周岁的由每人每月290元调整到315元。

三、本次调整所需资金按原渠道列支。

四、从2017年7月1日起执行。

无锡市锡山区人民政府

2017年9月6日

（此件公开发布）

锡山区人民政府关于调整我区居民医疗保险筹资标准的通知

（锡府发〔2017〕75号）

开发区、商务区、台创园管委会，各镇人民政府（街道办事处），区各办局，区各直属单位，驻区各条线单位：

根据无锡市人力资源和社会保障局、无锡市财政局《关于调整市区居民医疗保险筹资标准的通知》（锡人社发〔2017〕264号）的精神，结合我区实际，经研究，决定提高我区居民医疗保险筹资标准。现将有关事项通知如下：

一、筹资标准中的财政补贴部分，所有参保居民统一上调至每人每年520元。

二、筹资标准中的个人缴费部分，（1）在校学生（大学生除外）和市区户籍18周岁（含18周岁）以下的非在校居民（简称学生少儿）调整为每人每年170元；（2）在校大学生调整为每人每年120元；（3）市区户籍的男满60周岁、女满55周岁的老年居民调整为每人每年400元；（4）市区户籍的其他居民调整为每人每年480元。

三、本次提高标准所需资金按原渠道列支。

四、本通知自2018年1月1日起执行（2018年度居民参保缴费工作自2017年10月1日起开始）。

无锡市锡山区人民政府

2017年12月6日

（此件公开发布）

（区委办 区政府法制办 区档案局）

编辑：吴　霞

【锡山区文物珍品】

青花云龙纹盘（清·光绪）（区文管办 供稿）

青花云龙纹盘，高4.4厘米，口径25.3厘米，足径16.5厘米，1979年无锡县地区征集。该盘内外均以青花色为底，留白绘云龙戏珠纹，笔线流畅，豪放生动，青花色泽浓重艳丽，制作精良。圈足底内施白釉，有“大清光绪年制”六字双行青花楷书款。

鹅湖玫瑰文化园　（区环保局 供稿）

羊尖镇宛山石塔　（羊尖镇 供稿）

索　引

Index

说明：（1）本索引采用主题分析法编制，也有部分选用关键词。（2）本索引设有条目索引、表格索引、随文图片索引三个分目。按标引词首字的汉语拼音音序排列，首字相同按第二字音序排列，依次类推。（3）标引词后的阿拉伯数字表示内容所在的页码，数字后面的a、b、c表示栏别，即a为左栏，b为中栏，c为右栏。在表格索引和随文图片索引中，索引主题词后只标注页码。

条目索引

A

B

C

D

E

F

G

N

O

P

Q

R

S

T

表格索引

A

C

D

E

随文图片索引

编辑：孙剑光